Fernando Pessoa

Fernando
Pessoa

José Paulo Cavalcanti Filho

Fernando Pessoa
uma quase autobiografia

7ª edição, revista pelo autor

EDITORA RECORD
RIO DE JANEIRO • SÃO PAULO
2023

CIP-BRASIL. CATALOGAÇÃO NA PUBLICAÇÃO
SINDICATO NACIONAL DOS EDITORES DE LIVROS, RJ

C365f Cavalcanti Filho, José Paulo
7. ed.   Fernando Pessoa : uma quase autobiografia / José Paulo Cavalcanti Filho.
– 7. ed. – Rio de Janeiro: Record, 2023.

Inclui bibliografia e índice
ISBN 978-65-5587-706-9

1. Pessoa, Fernando, 1888-1935. 2. Poetas portugueses - Biografia. I. Título.

23-82152
CDD: 928.69
CDU: 929:821.134.3

Meri Gleice Rodrigues de Souza - Bibliotecária - CRB-7/6439

Copyright © José Paulo Cavalcanti Filho, 2011

Imagem de capa: Almada Negreiros, coleção do autor do livro.

Agradecimento pela cessão de fotos:
Arquivo Fotográfico Municipal de Lisboa
Diário de Notícias (de Lisboa)
Fundação Calouste Gulbenkian
Herdeiros de Almada Negreiros
Joaquim Vieira

Texto revisado segundo o Acordo Ortográfico da Língua Portuguesa de 1990.

Direitos exclusivos desta edição reservados pela
EDITORA RECORD LTDA.
Rua Argentina 171 - 20921-380 Rio de Janeiro, RJ - Tel.: 2585-2000

Impresso no Brasil

ISBN 978-65-5587-706-9

Seja um leitor preferencial Record.
Cadastre-se e receba informações sobre
nossos lançamentos e nossas promoções.

Atendimento e venda direta ao leitor:
sac@record.com.br

EDITORA AFILIADA

PARA MARIA LECTICIA,

"ofereço-te este livro porque sei que ele é belo, inútil e absurdo. Que seja teu como a tua Hora"

Livro do desassossego ("Peristilo"), Bernardo Soares

*"Não fizeram, Senhor, as vossas naus viagem
mais primeira que a que o meu pensamento,
no desastre deste livro, conseguiu."*
Livro do desassossego ("Grandes trechos"), Bernardo Soares

Uma edição revista

O primeiro compromisso de uma biografia é com a verdade. Mesmo tendo consciência de que, apesar de todo esforço, nem sempre é possível chegar a ela. Ou talvez nem haja uma verdade só, que o bom Deus tenha piedade das nossas almas. Por isso, e com humildade, busquei a precisão humanamente possível. Mesmo depois da primeira edição do livro, em maio de 2011. Nesse esforço, contei com a colaboração do mel e do fel. Amigos tantos, convertendo este trabalho em também deles. E críticos (poucos, por sorte). A todos agradeço. Por tornar o livro mais e mais exato. Pessoa disse sobre esses críticos, em carta (sem data) a um editor inglês: "Não sou orgulhoso a ponto de desprezar completamente uma opinião diferente da minha própria, nem tão humilde a ponto de aceitar completamente." Corrigi, então, quando entendi devido. E não, quando não.

O leitor brasileiro, nesta nova edição, além dos acréscimos da versão portuguesa (tão bem acolhida, no além-mar), e de edições em Alemanha, Espanha, França, Inglaterra (Estados Unidos), Israel, Itália, Romênia, Rússia, tem também muitos outros, feitos posteriormente. E mais farei, com o tempo, se mais for preciso e se tempo me for dado, nessa vasta e insensata vida. Contando, ainda, com valiosas observações do escritor português Joaquim Vieira; e da tradutora para a edição italiana, Guia Boni. Seja como for, vejo com ventura que, no fundamental, nada mudou. Faltando só reiterar que se deve ter, este livro, somente pelo que é — mais uma prova de devoção, e veneração, pelo gênio absoluto que foi, e será sempre, Fernando Pessoa.

JPCF, 13 de junho de 2023

Præludium
(Prefácio)

> *"Um prefácio é sempre mau...*
> *Mas, às vezes, como a imoralidade,*
> *um prefácio é uma coisa necessária."*
> Anotação de Ricardo Reis,
> para uma apresentação de Alberto Caeiro

Este livro é "a biografia de alguém que nunca teve vida". Apenas "uma espécie de apresentação" do homem e da obra. Da obra que é o homem. Tentativa de compreender os mistérios por trás dessa "figura de romance por escrever", que "pode ser apenas uma noite ou pode ser uma aurora". Como diz o heterônimo Vicente Guedes, "Este livro não é dele: é ele." Em carta àquele que seria seu primeiro biógrafo, João Gaspar Simões (17/10/1929), "refletindo sobre a questão dos prefácios", Fernando Pessoa sugere: "Acho preferível não pôr prefácio nenhum." Apesar disso, aqui está. Mesmo sabendo tratar-se de tarefa "onerosa deveras para a consciência que tenho dos limites da minha competência". Mas fique sobretudo registrado, na viagem agora iniciada, que "procurei a verdade ardentemente".

Em outra carta, agora ao poeta açoriano Armando César Côrtes-Rodrigues (19/1/1915), Pessoa confessa invejar "aqueles de quem se pode escrever uma biografia ou que podem escrever a própria". É que *os poetas não têm biografia. A sua obra é a sua biografia* — proclama Octavio Paz, na abertura de um livro sobre ele. *Nada na sua vida é surpreendente, nada, exceto os seus poemas.* "Tornei-me uma vida lida." E *custa-me imaginar que alguém possa um dia falar melhor de Fernando Pessoa do que ele mesmo,* segundo Eduardo Lourenço. *Pela simples razão de que foi Pessoa quem descobriu o modelo de falar de si tomando-se sempre por um outro.* Assim será, neste livro, em que o biografado se converte em "historiador futuro de suas próprias sensações". O próprio Pessoa nos legando essa "autobiografia sem fatos, a minha história sem vida".[1] "Fragmentos de uma autobiografia",

---

[1] Por Bernardo Soares, ele como que completa: "São as minhas confissões, e, se nelas nada digo, é que nada tenho que dizer." O que lembra episódio ocorrido em 1878, quando a Livraria Editora Ernesto Chardron (atual livraria Lello), do Porto, pediu a Eça de Queiroz um pequeno esboço biográfico a ser incluído em edição de seus livros. Eça responde a Ramalho Ortigão, que com ele escreveu *As farpas*, em 10 de novembro deste mesmo ano, com frase quase igual à que depois diria Pessoa: *Eu não tenho história, sou como a República de Andorra.*

como está no *Livro do desassossego*. "Autobiografia de quem nunca existiu", em apresentação de Vicente Guedes. Autobiografia escrita por dois, poderia ser. Ou, talvez melhor, uma quase autobiografia.

É que Pessoa escreveu, pela vida, perto de 30 mil papéis. Tendo quase sempre, como tema, ele mesmo ou o que lhe era próximo — a família, os amigos, admirações literárias, mitologia, ritos iniciáticos. Algo equivalente a quase 60 livros de 500 páginas. Tantas que, em um momento mágico, percebi poder contar sua vida com essas palavras. Usando não as que escreveu em sequência cronológica, como um diário, próximo das autobiografias convencionais, mas dizendo o que eu queria dizer, como se fosse ele escrevendo — posto serem mesmo dele ditas palavras. Tome-se, como exemplo, seus últimos meses. Sabia que o fim estava próximo e começou, freneticamente, a organizar papéis e escrever. Sem uma linha, sequer, em que expressasse aquele desalento que é companheiro inseparável das mortes anunciadas. Assim, para falar dessa época, usei sobretudo textos dos anos 1916-1917, quando teve uma sucessão do que chamava "crises psicológicas". Repetindo-se a prática em todas as passagens de sua trajetória. Este livro, pois, não é o que Pessoa disse, ao tempo em que o disse; é o que quero dizer, por palavras dele. Com aspas é ele, sem aspas sou eu. Sem indicação das fontes, por serem numerosíssimas — salvo em poemas, por títulos (ou datas) e heterônimos que o assinam. Como imagina em "Passos da cruz" (XI), "Não sou eu quem descrevo. Eu sou a tela/ E oculta mão colora alguém em mim". Aqui, essa mão é minha.

Não é um livro para especialistas — por já terem, à disposição, páginas demais. Que contam seus poemas octossilábicos, ano a ano — três em 1919, seis em 1920, e por aí vai; ou os advérbios de modo usados, equivalentes a 2,94% das frases de sua obra; ou estudam o uso do vocativo nos seus versos; ou examinam cada palavra de *Mensagem* — após o que se sabe haver, no livro, dez com 13 sílabas; ou sustentam que castelos, espadas, gládios e padrões, expressões nele tão frequentes, seriam *símbolos fálicos*; ou relacionam o *horizonte paradigmático que modifica o buraco negro da luz ofuscante da melancolia* de Bernardo Soares com as teorias de um filósofo alemão da Escola de Frankfurt ou com a *lituraterra* da psicanálise; ou discutem o número de vezes, 125, em que neles aparece a palavra *coração*. Sendo mais frequente na obra, só para constar, a palavra *mar* — em *Mensagem*, 35 vezes; no seu mais longo poema, "Ode marítima", 46; mais 13 em fragmento de uma "Ode to the sea" que escreveu como Alexander Search;

muito mais, parei de contar quando o número se aproximava das duas centenas. Nem proponho uma nova interpretação de Pessoa — que também muitas existem, para todos os gostos. Reduzidos, então, os bons propósitos dessas páginas, a serem simples guia para não iniciados.

Nem sempre foi fácil reconstituir os ambientes em que viveu. Assim se deu, por exemplo, quando tentei encontrar certa farmácia A. Caeiro — "cujo cabeçalho", disse Pessoa, em carta a Côrtes-Rodrigues (4/10/1914), "por acaso" ter visto ao passar de carro na Avenida Almirante Reis. Até achou graça, porque talvez aquele A fosse de Alberto — mesmo prenome que destinou ao heterônimo Caeiro. Mas jamais teve interesse em confirmar isso. Nos vários quilômetros daquela avenida existem dezenas. Conversei com seus proprietários, um por um, sem mais lembranças dela. Não há registros no Arquivo das Finanças do bairro. Nem na Associação Nacional de Farmácias. O Arquivo Histórico da Cidade de Lisboa tem duas fotografias de farmácias antigas em seus *ficheiros*, as de número 46 e 78, sem indicação de nomes. O 46 ainda há pouco era farmácia, agora bem moderna, a Confiança; o 78 não existe mais. O Museu da Farmácia guarda anotação de uma, número 22, com decoração exterior de palmeira em pedra de cantaria. Conferi no local. Lá está agora o Café Palmeira dos Anjos, entre uma loja de fotografias e a Pastelaria Liz; retendo em alto-relevo, na parede envelhecida de sua esquina, imagem de cobra enroscada em palmeira — em vez do cálice, que é símbolo das farmácias. Já admitia não tivesse mesmo existido — algo natural, tratando-se de Pessoa. Até que, conferindo o Anuário Comercial de Portugal de 1922, encontrei *António Joaquim Caeiro, pharmaceutico, Avenida Almirante Reis 108-D*. António e não Alberto, pois. Fim da peregrinação.

Em outras ocasiões, as dificuldades puderam ser contornadas. Assim se deu, mais um exemplo, quando fui pela primeira vez ao local em que nasceu Pessoa. Informado de que o carrilhão da Basílica dos Mártires tocava ao meio-dia, cheguei lá dez minutos antes. Por querer estar onde ficava seu quarto, para comprovar se de lá era mesmo possível ouvir aqueles sinos e ver o Tejo. No térreo do edifício, então filial da Fidelidade Mutual Seguros, apenas havia um agente de segurança, Fernando José da Costa Araújo. Expliquei-lhe a razão da visita, mostrei exemplar provisório do livro e pedi autorização para subir. Comigo estavam Maria Lectícia, minha mulher, e um querido amigo brasileiro, há mais de 30 anos morando em Lisboa, o jornalista Duda Guennes. Mas dito sr. Araújo, com cara de poucos amigos, apenas disse:

— Não tenho autorização para deixar o sr. dr. subir.

— Então, por favor, gostaria de falar com o diretor da empresa.

— Não tenho autorização para isso.

— Então, por favor, chame sua secretária ou algum outro funcionário que o possa fazer.

— O sr. dr. deve se dirigir à matriz.

— Então, por favor, me informe o telefone dessa matriz.

— Não tenho autorização.

— Por favor, me empreste — apontei — as Páginas Amarelas.

— Não tenho autorização.

Como que por uma conspiração do destino, e precisamente após sua última frase, ouvimos tocar o sino — primeira "pancada tua, vibrante no céu aberto". Precisava estar lá. Então lhe disse: — *Por favor, chame a polícia para me prender que, sem sua autorização, estou subindo ao quarto andar.* E assim fiz. Para ver, sobre duas das suas janelas, um Tejo brilhante e o som de sinos que tocavam sem parar. Quando voltei, o segurança estava parado, em frente ao elevador, com rosto zangado:

— O sr. dr. subiu sem minha autorização?

— Foi.

— E agora, o que hei de fazer?

— O sr. chama a polícia, vou sentar e esperar que ela venha, explicamos o ocorrido e ela decide se me prende. Ou então o sr. me deixa ir.

— Não sei, sr. dr.

— Eu sei.

Dito isto, dei-lhe *boa-tarde* e fui embora. No ar frio daquele meio-dia de inverno, os sinos da *aldeia* de Pessoa tocaram novamente. Agradeci, em uma reverência exagerada, como se tocassem para mim. As pessoas na rua acharam graça.

*

Procurei seus rastros por muitos anos, muitos; e ao menos uma vez, em Paris, pensei ter descoberto um pedaço ainda ignoto de seu passado. Lá morou seu maior amigo, Mário de Sá-Carneiro, com quem trocou extensa correspondência. De Sá-Carneiro, todas guardadas por Pessoa, ficaram 216 cartas. Ignora-se o destino de quase todas as que Pessoa escreveu. Ao *monsieur le Gérant* do Hotel de Nice, em que estava Sá-Carneiro quando se suicidou, o próprio Pessoa escreveu (em 16/9/1918) pedindo-as de volta.

Sem resposta. Carlos Alberto Ferreira (amigo de Sá-Carneiro e depois cônsul de Portugal em Nice) confirma ter, no dia seguinte ao do funeral, guardado em mala o que havia nas gavetas do quarto — entre esses achados, grande número de cartas. Mais tarde, voltou ao hotel e já não teve acesso a elas. Talvez tivessem ficado, assim pensou, com quem providenciou o enterro, o comerciante José de Araújo. Mas, nesse caso já se teria sabido delas. Para Manuel Jorge Marmelo, algumas foram parar em mãos do astrólogo inglês Aleister Crowley — que o teria confessado *alargando os lábios, num sorriso que podia ser de satisfação, de triunfo, de troça ou de outra coisa qualquer.* Brincadeira, claro. Mais provavelmente, se terá dado que ficaram mesmo na mala em que guardava Sá-Carneiro seus pertences, retida no hotel como penhor da dívida. E nada mais havia nela quando chegou às mãos do pai, anos depois, além de pedaços de roupa velha e papéis roídos por traças, tristes restos do filho perdido. Tentei refazer os passos de Sá-Carneiro; e, de pergunta em pergunta, cheguei à simpática marroquina Mme. Fatima Hannouf, proprietária desse hotel — atual *des Artistes.* Confessou ter guardado várias cartas que encontrou, escritas em outras línguas e não procuradas por ninguém nas dezenas de anos em que ali estava. Quem sabe fosse a correspondência de Pessoa (ou parte dela). Fui consultar os papéis, tremendo, com cópias de cartas que escreveu nesse período (para comparar as letras). Não eram suas. Mas valeu a pena tentar. "Tudo vale a pena."

*

Esta edição é feita sobretudo para brasileiros e outros estrangeiros. Por isso dou indicações mais concretas sobre personagens e um pouco da história de Portugal. Para facilitar a leitura, atualizei a ortografia e indico entre parênteses ( ) ou colchetes [ ] traduções e o sentido de palavras e expressões presentes em frases suas, quando escapam do usual. Os poemas (e textos de prosa) em inglês e francês traduzi, todos, o mais literalmente possível, sem preocupação com rimas, sobretudo para lhe ser fiel; e seguem transcritos apenas parcialmente — com indicações que permitam aos leitores chegar às fontes. Para dar unidade ao livro, escrevi, sempre que possível, tentando me aproximar ao seu jeito de escrever. Até mesmo na ausência de adjetivos e no ritmo das frases. Saramago (segundo conta que fiz no início de seu *Evangelho segundo Jesus Cristo*) usa 21 vírgulas antes de um ponto (17, em *Caim*). Eu próprio quase não as uso. Em Pessoa, na média, são duas por frase. Ideias que deslizam por três ondas. Assim aqui está, quando escrevo entre suas citações, para não quebrar o ritmo da leitura. Também usando citações latinas, prática para ele tão cara — uma inspiração que lhe veio de antigo professor da Durban High School, o *headmaster* Willfrid Nicholas. Observações sobre outras redações de versos vão em notas de rodapé, como prova de que, à margem da inspiração, havia nele também obsessão pela perfeição da forma. E seus textos fui escolhendo, no conjunto da obra, segundo preferências estritamente *pessoais* — assim me sugeriu dizer Millôr Fernandes.

O livro começou quando pretendi saber quantos foram seus heterônimos. Por isso, em destaque, seguem *biografias* de todos. Para Pessoa, eram suas máscaras. "Depus a máscara e tornei-me a pô-la. Assim é melhor. Assim *sou*[2] a máscara." A imagem é nele recorrente: "*How many masks wear we, and undermasks?*" (Quantas máscaras e submáscaras nós usamos?), diz no oitavo de seus *35 sonnets*. Nas máscaras mortuárias do Antigo Egito, os olhos dos faraós eram furados como preparação para o futuro de sombras que lhes fora prometido. O mesmo morto em um "mundo que fosse qualquer coisa que não fosse mundo". No teatro grego, ao contrário, os atores (homens, todos) eram convertidos em personagens representados por máscaras — na Grécia, *prosopon*; em Roma, *persona*, pessoa. O carioca Ronald de Carvalho não por acaso dedicou livro *a Fernando Pessoa, esquisito escultor de máscaras,* seus heterônimos. Aos poucos, criador e criaturas se confundem. "Quando quis tirar a máscara, estava pegada à cara." Um de seus biógrafos, Robert Bréchon, diz dele que *não se pode arrancar do rosto único qualquer de suas máscaras sem que a carne venha agarrada.* Foram pelo menos 127, conformando o doloroso mosaico de seu verdadeiro rosto — se é que tinha um, apenas.

*

Agradeço aos amigos que me acompanharam nessa caminhada. Em Portugal, presidente Mário Soares, Ana Rita Palmeirim, António de Abreu Freire, Augusto Duarte Rozeira de Mariz, Fernando Ronto, Maria Manuela Nogueira Rosa Dias Murteira (sobrinha de Pessoa) e seu marido (Bento José Ferreira Murteira), Luis Miguel Nogueira Rosa Dias (sobrinho de Pessoa), Miguel Luso Soares, Maria da Graça Borges Queiroz Ribeiro

---

[2] Uso, aqui, recomendação de Cleonice Berardinelli — que sugere seja esse verso de 1934, como usualmente posto nos livros ("Assim *sem* a máscara"), produto de uma transcrição equivocada de manuscrito atribuído a Álvaro de Campos. Sem sucesso as tentativas que fiz, na Biblioteca Nacional de Lisboa, de conferir o original.

(sobrinha-neta de Ophelia Queiroz), professor Henrique Veiga de Macedo, Manuel Monteiro Grilo, Pedro de Azevedo, *Barão* Abel (e Zira) de Santiago; astrólogo Paulo Cardoso; jornalistas Duda Guennes, João Paulo Sacadura, Joaquim Vieira, José Carlos Vasconcelos, Ronald de Carvalho e Victor Moura Pinto; escritores Jerónimo Pizarro, José Blanco; professor doutor Luís Felipe Teixeira, D. Marcus Noronha da Costa, Richard Zenith, Teresa Rita Lopes, Teresa Sobral Cunha e Yvette Centeno. Também a Victor Luís Eleutério, pela correção nos dados históricos e na geografia de Lisboa. Aos amigos da Torre do Tombo, da Biblioteca Nacional de Lisboa, da Casa Fernando Pessoa (especialmente Teresa Diniz d'Almeida), das Conservatórias de Lisboa e do Porto. Na França, em busca dos passos de Sá-Carneiro, Maria Lia e Jean-Paul le Flaguais. No Brasil, reconhecimento aos professores doutores Carlos Roberto Moraes, Francisco Trindade (Chicão), José Maria Pereira Gomes, Lúcia Figueiroa, Othon Bastos, Paulo Meireles, Pedro Arruda, Samuel Hulak, Saulo Gorenstein e Vital Lira, que me ajudaram a compreender melhor quem era e as razões do seu fim. Em mitologia, Lawrence Flores Pereira. Em latim, Francis Boyes e Padre Theodoro Peters. A Cleonice Berardinelli, Edson Nery da Fonseca, Eduardo Lourenço, Mário Hélio e padre Daniel Lima, especialistas em Pessoa, pelas conversas. A Alberto Dines, Antônio Portela, Fábio Konder Comparato, Janio de Freitas, Joaquim Falcão, Juca Kfouri, Marcelo Tas e Marcos Vilaça, por observações ao texto. Tantos mais.

*

Conheci Fernando Pessoa, em 1966, pela voz de João Villaret. Foi o começo de uma paixão que até hoje me encanta e oprime. Tenho mesmo a sensação de que gostava dele ainda mais naquele tempo. Talvez porque todo começo de paixão seja assim mesmo... depois arrefece; ou então, como o rio de sua aldeia, ele apenas pertencesse a menos gente. Pouco a pouco, fomos nos aproximando. Leio frases suas, hoje, como se tivesse estado a seu lado quando as escreveu; e chego a pressentir as reações que teria perante algum fato do quotidiano. Não se deu apenas comigo. Jorge Luis Borges, 50 anos depois de sua morte, pediu: *Deixa-me ser teu amigo*; e Luiz Ruffato lembra que *era outono e azul quando apresentei-me a Fernando Pessoa*. No íntimo, é como se continuasse vivo. Penso que será sempre assim em livros como este, que se propõem contar a história de uma vida. Ao passar dos anos, fui compreendendo melhor esse homem inquieto, o corpo frágil, a angústia da alma, a dimensão grandiosa da obra. Em Lisboa, pude conversar com pessoas que o conheceram. Tocar, com os dedos, papéis escritos por ele. Visitar as casas onde morou. Em frente à escrivaninha do seu quarto, imaginar que o via escrever *O guardador de rebanhos*. No fundo, agora o percebo, queria sentir os limites do seu destino; e, a cada passo dessa viagem ao passado, era como se sua figura fosse ganhando matéria. Como se em cada canto, impressentidamente, começasse a escapar das sombras. Tanto que o vi, no Chiado, próximo à esquina da Livraria Bertrand. Amigos juram que não era ele; mas esses, coitados, nada conhecem de fantasmas.

"Cada um de nós é um grão de pó que o vento da vida levanta, e depois deixa cair." Não será assim com todos. "Deuses são amigos do herói, se compadecem do santo; só ao gênio, porém, é que verdadeiramente amam"; e alguns poucos apenas, os escolhidos por esses deuses, alcançam "aquela coisa que brilha no fundo da ânsia, como um diamante possível, o cárcere infinito". Tocados pela eternidade. "Mais vivos, depois de mortos, que quando estão vivos." Os vemos de longe, reverenciosos, em "um grande silêncio, como um deus que dorme". Entre eles, sem dúvida, o corpo, a alma, a lenha e o fogo que é Fernando Pessoa.

> Senhor, meu passo está no Limiar
> Da Tua Porta.
> Faze-me humilde ante o que eu vou legar...
> Que fique, aqui
> Esta obra que é tua e em mim começa
> E acaba em Ti.
> O resto sou só eu e o ermo mundo...
> E o que revelarei.

"Prefácio – Prece", Fernando Pessoa

JPCF, 13 de junho de 2011

ATO I

Em que se conta dos seus primeiros passos e caminhos

Quomodo fabula, sic vita; non quam diu,
sed quam bene acta sit, refert

(A vida é como uma fábula; não importa quanto seja longa,
mas que seja bem narrada. Sêneca)

O paraíso perdido

"Se, depois de eu morrer, quiserem escrever a minha biografia,
Não há nada mais simples
Tem só duas datas — a da minha nascença e a da minha morte.
Entre uma e outra coisa todos os dias são meus."

"Poemas inconjuntos", Alberto Caeiro

Nascimento

"Um raio hoje deslumbrou-se de lucidez. Nasci." Então, "como se uma jane-la se abrisse, o dia já raiado raiou". É quarta-feira, 13 de junho de 1888. O amplo apartamento, no 4º andar esquerdo,[1] exibe luxo burguês — incompatível com os poucos recursos da família que o habita. Em lugar das janelas dos apartamentos inferiores, esse tem portas protegidas por pequenos balcões de ferro. De duas delas se vê o Tejo "sobre umas casas baixas". A entrada em pórtico envernizado e uma escadaria larga com corrimão de ferro dão ares aristocráticos ao edifício — número 4 *de polícia*, assim se diz ainda hoje. Fica no Largo de São Carlos, bem em frente ao Real Teatro de São Carlos — o mais rico e elegante de Lisboa. Convidados festejam na "sala de jantar apenumbrada", por entre móveis escuros, dunquerques, marquesões, "cadeiras de braços, reposteiros, tapetes", cristaleira com louças da China e um "relógio sonolento" que decora o "papel velho das paredes".

São *três horas e vinte minutos da tarde*, segundo sua certidão de nascimento.[2] Mas o horário real talvez seja outro. Numa carta em inglês, ao

---

[1] Em Portugal, os apartamentos são sempre caracterizados — esquerdo, frente ou direito — em relação à saída da escada ou do elevador, no andar. Aqui fica à esquerda de quem do edifício olha para o exterior.

[2] De 21 de julho de 1888, número 20, na igreja basílica de Nossa Senhora dos Mártires. Assim se deu porque, desde o Concílio de Trento, esses registros eram feitos apenas em paróquias, passando a se dar nas Conservatórias do governo só depois da República (1910).

Prédio onde nasceu Pessoa

editor do *British Journal of Astrology* (8/2/1918), diz: "A data do nascimento é bastante aproximada, fornecida como sendo às 15h20 com indicação, a título de reserva, da observação *por volta*. Alguns meses atrás, entretanto, lendo o *Manual de Serpharial* [*The New Manual of Astrology*], tentei aplicar os princípios que ali constavam para obter o dado real da época. Este número refletiu, corretamente ou não, 15h12 como a hora certa do nascimento.[3] Uma investigação junto à família — muito difícil para uma contagem em pontos de minutos tão pequena — resulta na convicção de que o nascimento teria sido pouco antes das 15h15, trazendo a marcação da época para uma probabilidade próxima. Estou desatualizado com os últimos progressos da teoria de marcação da época e lhes deixo o encargo da retificação final." O astrólogo português Paulo Cardoso, comparando o cálculo

---

[3] Em comunicação mediúnica de pouco antes (1916), o heterônimo Henry More já indicava ter sido "*at 3h12 p.m.*" (às 3h12 da tarde).

da Progressão do Sol (com sua chegada ao chamado Meio do Céu do horóscopo) aos dados de sua vida, disse estar seguro de ter ele nascido às 3h22 da tarde. Dois minutos a mais que a hora oficial, portanto.

> Sei ter o pasmo essencial[4]
> Que teria uma criança se, ao nascer,[5]
> Reparasse que nascera, deveras...
> Sinto-me nascido a cada momento
> Para a eterna novidade do Mundo...[6]
>
> "O guardador de rebanhos", Alberto Caeiro

De lá se tem uma vista bem ampla da cidade. "A casaria de Lisboa vai abaixo em degraus e para à beira da minha emoção, e a minha emoção chama-se o Tejo." O Largo de São Carlos é só teatro, de um lado; e edifício, do outro. Hoje, no térreo desse edifício, está a loja Marc Jacobs, com painel sobre Pessoa (de Alexandre Paulo); e, nos demais andares, uma sociedade de advogados. Em frente, estátua de Pessoa em bronze (do escultor belga Jean-Michel Folon) e quatro árvores, antes arrancadas, que foram repostas. Quadrado em declive (mais baixo no teatro), e com uma fonte ao centro, contei 35 passos grandes nos dois sentidos do Largo. À direita de quem está no edifício fica a Rua Paiva de Andrade e, pouco mais alta, a que se chega por uma pequena escadaria; à esquerda, no lado em que se vê o rio, dá para a Serpa Pinto. Construções baixas ficam entre essa rua e a igreja de Nossa Senhora dos Mártires; tão próxima do seu quarto que o pequeno Fernando pode ouvir cantilenas de Natal, ainda hoje entoadas pelos fiéis:

> Pastorinhas do deserto
> Ó meu Menino Jesus
> Do varão nasceu a vara
> A lua vai tanto alta
>
> Pela noite de Natal
> Olé, rapazes pimpões
> Deus lhes dê cá boas-noites
> Moradores desta casa

---

[4] Numa primeira versão, "Sei ter o pasmo *comigo*".

[5] Teresa Rita Lopes, a partir de leitura nos originais, indica ser essa a redação correta — com *teria* em lugar do *tem* que se vê em todas as publicações do poema (a partir da edição da Ática, de 1946).

[6] Numa primeira versão, sucessivamente, escreve e risca "Para a *serena, futura, súbita, grande, completa*" — até, finalmente, "eterna novidade do Mundo".

Essas casas são mui altas
Ó da casa, cavalheira
Partidos são de Oriente
Ai, acabadas são as Festas.[7]

Naquele "dia lento e suave" de Santo Antônio, o carrilhão da igreja toca mais vezes que de costume, com o som dos sinos se misturando aos "ruídos da cidade". Ao longo da "rua parada" e "cheia de sol vago", aguadeiros, alfarrabistas, trapeiros, engraxadores, limpa-chaminés, "sons alegres", modistas, varinas, "a gargalhada do andar alto", "risos e ditos de carregadores pondo caixotes nas carroças" ou pelo chão, ardinas, "gritos de vendedores de hortaliça", capilé (xarope), perus, gelados, refrescos, renadas, figos, petiscos e "um bulício [burburinho] que não quer dizer nada". Famílias andam aos bandos, "com passos mais rápidos que apressados, pela claridade limpa do dia que se velara". Nas calçadas "movimentadas de bichos humanos", "um leiteiro a conversar com a criada gorda", "garotos que dançam a brincar", "rapazes com pressa de prazer", "casais futuros, pares de costureiras", saltimbancos, "um homem velho e mesquinho, a alegria dos banais falando a sorrir" e "gente normal" que "surge de vez em quando", homens que são inocentes sem saber e homens que sabem ser culpados, embora não se importem muito com isso. Nas janelas, "roupas ao sol" e pequenos jarros de flores com lírios, cravos, manjericões de folhas miúdas e alfavacas de folhas maiores.

Flores de junho
Dure em vós o pensamento
Sois apenas um momento
Esperando ser terminado.

Sem título (27/3/1909), Fernando Pessoa

Sentados em cadeiras nas portas das casas, como se nada houvesse de mais importante, vizinhos conversam animadamente. No campo das artes, o assunto daquele fim de primavera não é mais ópera, que a temporada lírica do São Carlos findara em abril. Agora só se fala no suicídio da cantora lírica Bastia, prima-dona que tanto sucesso fez nesse teatro, pelo descon-

---

[7] Segundo folheto distribuído nas missas, "Primeira cantata de Natal", do compositor Fernando Lopes-Graça (1906-1994). O mesmo que por coincidência publicou, no número 48 da revista *Presença* (julho de 1936), *Uma canção de Fernando Pessoa musicada por Fernando Lopes-Graça* — em que essa canção era na verdade poema (sem título, de 15 de janeiro de 1912) que começa pelos versos *Põe-me as mãos nos ombros.../ Beija-me na fronte.../ Minha vida é escombros.*

forto de ter engordado e não mais poder representar papéis destinados só às enxutas de carne; ou no lançamento do novo romance daquele que é "o exemplo mais flagrante do provincianismo português", (José Maria d') Eça de Queiroz (1845-1900). Trata-se de *Os Maias*, para Casais Monteiro *o romance da inutilidade da vida*, em que o jovem e rico Carlos Eduardo da Maia seduz Maria Eduarda sem saber ser sua irmã. Mas tudo, naquela tarde, gira em torno da festa de Santo Antônio, espalhada pelo Chiado — nesse bairro que Eça define (em *Prosas bárbaras*) como *fina flor da graça dissipada*. Sobretudo ali bem perto, no Largo do Chiado, pelo povo conhecido como das Duas Igrejas — a do Loreto (*dos Italianos*, assim se diz) e a da Encarnação.

Nas janelas, um festival de colchas e toalhas coloridas. As ruas são ornadas por cordões de pequenas bandeiras (*vistões*), ramos de cidreira vendidos nas barracas, vasinhos de manjericão para dar sorte ou presentear as namoradas (posto ser *casamenteiro* o santo daquele dia), ramalhetes de flores (*festões*), arcos (com folhas de buxo, alfazema e louro), fogueiras (onde são queimados alecrim e murta), bailes, balões e meia dúzia de fogos de artifício próprios dos arraiais daquele tempo. Além de crianças pedindo *uma moedinha para o Santo Antônio*[8] e cantigas de moças que repetem sempre o mesmo refrão: *Santo Antônio, Santo Antoninho, arranje-me lá um maridinho*. Dia seguinte o *Correio da Noite* (de Lisboa) noticia seu nascimento, à primeira página, na seção *Crônica elegante*.

Notícia do nascimento de Pessoa

---

[8] O costume vem da época do terremoto que destruiu Lisboa, em 1755, quando erguiam pequenos tronos e pediam contribuições aos passantes. Com o tempo essas moedas, no início destinadas à re-

A aldeia de Pessoa

"Da minha aldeia vejo quanto da terra se pode ver no Universo." Essa aldeia é Lisboa, claro. Mas não propriamente Lisboa; pois, com 7 anos, Pessoa vai para a África e só volta com 17, já quase homem feito (para os padrões de então), "estrangeiro aqui como em toda parte". Estuda com a mãe, porque, naquela época, crianças não iam à escola antes dos 7 ou 8 anos. E brinca nos arredores do edifício. Seu horizonte é pequeno e perto. O mundo que conhece é só aquele espaço que tem à mão. "A aldeia em que nasci foi o Largo de S. Carlos" — confessa em carta a João Gaspar Simões (11/12/1931). *Ah, sim! Ele afirmava isso tantas vezes, e dizia também que a aldeia em que nascera era o Largo de São Carlos* — segundo Teca, a irmã Henriqueta Madalena. O jornalista e escritor Luis de Oliveira Guimarães (1900-1980) confirma: *Quando o conheci perguntei "onde é que você nasceu?". "Nasci numa aldeia que tem um teatro de ópera", disse-me. "É uma aldeia que se chama São Carlos."* Seria sua primeira pátria, dolorosamente abandonada. "Amo esses largos solitários, intercalados entre ruas de pouco trânsito." De lá "se pode pensar no infinito. Um infinito com armazéns em baixo, é certo, mas com estrelas ao fim". A imagem de um largo assim, com jeito de "clareira de aldeia", permanecerá na criança eternamente.

> Ó sino da minha aldeia,
> Dolente na tarde calma,[9]
> Cada tua badalada
> Soa dentro da minha alma.
>
> E é tão lento o teu soar,
> Tão como triste da vida,[10]

---

construção das igrejas, passaram a ficar para elas próprias. Apesar de ser o santo mais popular de Portugal, e de ter nascido em Lisboa, não é ele o padroeiro da cidade, cabendo essa honraria a São Vicente, com festa em 22 de janeiro. Nascido em Huesca, nos Pireneus (Espanha), São Vicente foi sagrado padroeiro de Lisboa na primeira dinastia portuguesa. Torturado pelo imperador romano Diocleciano, manteve sempre um estranho sorriso no rosto. Morreu sorrindo. O culto espalhou-se, durante o domínio muçulmano, por toda a Península Ibérica. Seu corpo, encontrado numa barca à deriva, era guardado por dois corvos — hoje adotados como emblemas da cidade. É padroeiro também de Berna, Charlone, Faro, Magdeburgo, Milão, Saone, Saragoça e Valência. Padroeiros do Reino são dois: a Virgem Nossa Senhora da Conceição — proclamada em 1646, por El-Rei D. João IV (O Restaurador); e aquele Santo Antônio para quem as crianças pedem moedas, pelo papa Pio XI (em 1934) feito *patrono secundário de Portugal*.

[9] Numa primeira versão, "*Já lenta* na tarde calma".

[10] Para comentadores de Pessoa haveria, nesse verso, uma elipse da palavra *lento*, referida no verso anterior; o sentido seria, pois, *tão lento como triste da vida*.

Que já a primeira pancada
Tem o som de repetida.

Por mais que me tanjas perto
Quando passo, sempre errante,[11]
És para mim como um sonho.
Soas-me na alma distante.[12]

A cada pancada tua,
Vibrante no céu aberto,
Sinto mais longe o passado,
Sinto a saudade mais perto.

Sem título (1913),[13] Fernando Pessoa

Esse sino fica longe das cidadezinhas do interior em que sonha findar seus dias. "O sino da minha aldeia, Gaspar Simões, é o da Igreja dos Mártires, ali no Chiado" (carta de 11/12/1931). Das janelas laterais do apartamento se vê seu campanário — dois sinos superpostos num lado, outro maior, em cima quatro pinhas; no alto, pequeno globo terrestre, palma e cruz de ferro negra; mais um sino pequenino de lado, afastado dos outros. Situados não na frente da igreja, como seria o usual, mas nos fundos. Apenas uma rua estreita, a Serpa Pinto, o separa da "alcova velha da minha infância perdida". Nesse tempo, em seu quarto, quase sente os sinos fisicamente; até quando ficam só lembranças, "soas-me na alma distante".

Toquem sinos — toquem claramente
Talvez o vago sentimento que acordem
Não sei por quê — lembre a minha infância
Toquem sinos, toquem! A sua alma é uma lágrima.
O que importa? A alegria da minha infância
Vocês não podem me devolver.

"The bells" (Os sinos), Alexander Search

Apesar de não ser religiosa sua mãe, nessa igreja é batizado (em 21/7/1888), pelo monsenhor António Ribeiro dos Santos Veiga. Padrinhos são tia Anica, Ana Luísa Xavier Pinheiro Nogueira (casada com o agrônomo João Nogueira de Freitas), única irmã da mãe de Pessoa — que o res-

---

[11] Numa primeira versão, "Não me soas como a um monge"; e, depois, "Quando passo *triste e* errante".
[12] Numa primeira versão, "Soas-me *sempre* distante".
[13] O poema, a que Pessoa por vezes se refere como "O aldeão", tem uma primeira versão de 8 de abril de 1911. A versão definitiva foi publicada, em 1914, na revista *Renascença*.

tante irmão, António Xavier Pinheiro Nogueira, morreu solteiro (em 1883) com apenas 19 anos; e um aparentado, o general do Exército Cláudio Bernardo Pereira de Chaby — que batalhou na Patuleia, foi membro da Academia de Ciências de Lisboa e era tio do grande ator Chaby Pinheiro, o mais gordo da história de Portugal. Ao prior da igreja Pessoa escreve depois, protestando por se dar tão cedo; que "o batismo subentende, segundo penso, a integração da vítima na Igreja Católica". Provavelmente por se sentir constrangido — dada sua ascendência paterna, que é judia. No diário, em anotação de 26 de maio de 1906, diz "comecei a carta". Minuta de 1907, que tem o prior como destinatário, figura em relação de *cartas enviadas ou a enviar* com carimbo do heterônimo C.R. Anon. Mais tarde, ainda confessaria ter nascido num tempo "em que a maioria dos jovens havia perdido a crença em Deus, pela mesma razão que os maiores a haviam tido sem saber por quê". E do catolicismo não voltaria a se aproximar; embora sentisse o Cristo bem perto, no fim da vida, como se vê neste poema em honra ao Homem na cruz:

> O Rei fala, e um gesto seu tudo preenche,
> O som de sua voz tudo transmuda.
> Meu Rei morto tem mais que majestade:
> Fala a Verdade nessa boca muda;
> Suas mãos presas são a Liberdade.
>
> Sem título (1935), Fernando Pessoa

Portugal

O país, com cinco milhões e meio de habitantes, exibe uma dívida externa que passa dos 20 mil contos de réis. A economia é um caos. Apesar da penúria dos cofres públicos, são adquiridos pelo governo os manuscritos da Casa Pombal — mesmo neles não estando os documentos que se referem à guerra aos jesuítas, desde 3 de setembro de 1759 expulsos do país. O ministro Joaquim Augusto de Aguiar, por decreto de 19 de dezembro de 1834, extinguira todas as ordens religiosas — passando, por isso, a ser conhecido como o *Mata-frades*. Agora, na crise moral em que mergulhou o país, assiste-se a nova invasão da Companhia de Jesus. Mas o ódio a jesuítas e freiras é ainda forte, e uma campanha nacional tenta impedir a volta das irmãs hospitaleiras ao país. Em 1888, por toda parte, reis perigam. A Alemanha perdeu seus dois imperadores. O do Brasil está doente. Humberto de Itália padece gravemente. E Leão XIII, em breve, afinal conheceria o Deus com quem sempre sonhou. Apenas uns poucos não se dão conta de que a cor vermelha, da República, já mancha o azul e o branco da bandeira dessa monarquia findante em Portugal. Naquele ano, a família real viaja até Marselha, escapando ao forte calor do verão. A rainha vai a Paris, fazer o vestido com que será testemunha do casamento do irmão Amadeu, duque d'Aosta, que, em Turim, esposará a princesa Laetitia. E o infante Pedro Augusto decide casar com a princesa Josefina, sobrinha do rei da Bélgica. Entre as muitas razões para tal escolha pesou terem sido as despesas do casório feitas por conta do primo belga. Os jornais falam do exausto cofre do tesouro, dessa comédia ruinosa de grandezas e das flatulências do velho rei.

O longo e paternal reinado de D. Luís (O Popular), vigente desde 1861, vive seus estertores. Pelas ruas, o povo canta *A Marselhesa*. Um ano mais, em 1889, também nós brasileiros a cantaríamos nos primeiros meses da República. A Europa, segundo uma lógica própria de poder, trama repartir o continente africano sem respeitar domínios portugueses ainda mantidos na região. O *Times* de Londres anuncia que o Marrocos será dado à Espanha, Trípoli à Itália, o oásis de Figuig e uma área sobre o Níger à França. A Grã-Bretanha teria o Egito e a baía de Lourenço Marques, sem indenizações a pagar, mais a consolidação de territórios ingleses no golfo de Guiné. Em troca, abandonaria a baía de Wahlfish (Walvis Bay) para a Alemanha, que preservaria também o predomínio sobre a zona de Lagos. Portugal ainda seria humilhado pelo *Ultimatum* britânico, pouco mais tarde (em 11/1/1890), perdendo possessões que tinha na África. Em todos os campos da sociedade só se vê corrupção. Causa perplexidade o enriquecimento do ministro Emígdio Navarro, misterioso e rápido, em menos de dois anos. Seu caro chalé no Luso pode ser prova de comissões recebidas pelas obras do porto de Lisboa. O político regenerador e escritor Manuel Pinheiro Chagas é agredido com bengala de ferro, por um anarquista, à entrada do Parlamento. O país sofre uma sucessão de levantes populares. A monarquia agoniza.

Lisboa

Para muitos, essa *Felicitas Julia* dos romanos continua a ser a *nobre Lisboa que no mundo facilmente das outras és princesa*, como a sonhara Camões em *Os lusíadas* (canto III); enquanto, para Pessoa, é "a única cidade portuguesa a que se pode chamar *grande* sem ser forçoso que se ria do adjetivo", uma "eterna verdade vazia e perfeita".[14] Ao contrário do país, vive progresso evidente. O Rossio se completara em 1870, a partir da Praça D. Pedro IV.[15] A cidade, que em 1864 tinha 200 mil habitantes, agora já tem 100 mil a mais — segundo censo oficial de 1890, exatos 300.964. Em 1865, são inauguradas linhas regulares de transporte para o Porto. Entre Sintra e Colares, tão próximos, já se viaja de carros públicos por tração animal. Em 1888, carroças com pipas de água são insuficientes para lavar o entulho de tantas obras públicas. A Companhia Portuguesa de Ascensores faz projeto para construir elevador que, da Mouraria, irá à Costa do Castelo. Incendeia-se o Palácio do Calhariz e o governo desiste de instalar, ali, o Ministério da Justiça. Em nome do progresso, consolida-se o monopólio da viação, com prejuízo das pequenas empresas de transporte. Tem início a construção da Praça de Campo Pequeno, destinada a corridas de touros (inaugurada em 18/8/1892). O engenheiro Henrique de Lima e Cunha propõe construir um sistema de caminhos de ferro subterrâneos, que viria a ser o Metropolitano de Lisboa (inaugurando só em 29/12/1959). A Associação Comercial dos Lojistas de Lisboa quer ver o comércio fechado aos domingos.

Hábitos mudam. Agora, brinca-se carnaval com batalhas de flores e bisnagas — como no Bois de Boulogne ou no Jardin des Tuileries. Os chapéus femininos imitam a moda de Paris. É uma vida calma feita de acordar tarde, fazer a sesta, falar mal dos outros e dormir cedo. Os homens usam polainas e tiram o chapéu sempre que encontram senhoras de família, para eles *donas*; ou mulheres da vida, que carinhosamente chamam de *perdidas*. Pelas ruas, miséria e luxo se misturam. E seriam sempre duas cidades, aos olhos do poeta: uma real, por fora, onde penosamente sobrevive; outra delirante, por dentro, em que consome sua alma atormentada.

> Lisboa com suas casas
> De várias cores,
> (...)

---

[14] Nem todos a exaltavam. Em *A formosa lusitânia*, escreve Catharina Carlota Lady Jackson sobre a cidade: *Pode comparar-se o Tejo a um bonito véu de filó que esconde o rosto de uma mulher feia. Lisboa é uma desilusão. Aqui, não há monumentos, nem grandeza, nem civilização, nem sociedade. Isto diz em uma obra recente o popular romancista Camilo Castelo Branco.* Ocorre que Castelo Branco foi contratado para fazer a versão desse livro do inglês para o português e, em nota de rodapé, fez constar: *O tradutor, sem querer desfazer na palavra da ilustre estrangeira, declara que não se recorda de haver escrito as frases que a escritora lhe atribui, e até recorda perfeitamente de não as ter escrito.* Só para lembrar, Castelo Branco morreu cego, em São Miguel de Seide, tendo ao lado a atriz Ana Plácido.

[15] No Brasil, imperador Pedro I.

Quero alongar a vista com que imagino
Por grandes palmares fantásticos,
Mas não vejo mais.
(...)
Fica só, sem mim, que esqueci porque durmo,
Lisboa com suas casas
De várias cores.

Sem título (11/5/1934), Álvaro de Campos

Teatro São Carlos

O São Carlos "está aos meus pés". Esse teatro foi inaugurado em 30 de junho de 1793, com a ópera de Cimarosa *La ballerina amante,* num tempo em que mulheres não podiam subir aos palcos portugueses, sendo seus papéis representados por atores de vozes finas. Assim se deu até 1800, quando a proibição foi revogada por D. Maria I (A Rainha Louca) — descrita pelo historiador Rocha Martins como *desgrenhada, pálida, sentindo-se em pecado, e que só via em sua volta figuras do inferno.* Nesse teatro, mais tarde, assistirá Pessoa aos espetáculos sempre em pé, como convém aos que pagam bilhetes mais baratos. São três arcos guardando as portas da entrada, mais duas portas de cada lado (em que se converteram as janelas baixas

Teatro São Carlos

do projeto original) e fachada com luz de gás — que a iluminação pública na cidade começaria só em 1902, por obra das Companhias Reunidas de Gás e Eletricidade (nas casas, ainda timidamente só, dois anos depois). No primeiro andar do teatro, em simetria com o térreo, três portas dão para um pequeno terraço com duas janelas de cada lado. No segundo, mais duas janelas e relógio — *"the clock strikes, today is gone"*.[16] Por cima, o brasão real e uma inscrição em latim, reverenciando aquela que deu nome ao teatro (resumo):

> A Carlota, princesa do Brasil por sua régia prole, dedicado pelos cidadãos lisboetas de comprovado amor solícito e longa fidelidade para com a casa augusta. Ano de 1793.

Essa, claro, é Carlota Joaquina Teresa Cayetana de Borbon y Borbon,[17] com dez anos prometida a D. João VI (O Clemente), terceiro filho de D. Maria I. Não se podia prever era que, mais tarde, essa espanhola de Aranjuez e ninfomaníaca trairia o marido com quase todos os mulatos do Rio — quando, em 1808, a família real veio dar nesta terra por ela odiada. *Que horror; antes Luanda, Moçambique ou Timor*, assim disse ao chegar. Como castigo, nosso calor tropical lhe deixou marcas de bexiga no rosto áspero; além, segundo versões, de generosas barbas. *Ao procurar seus amantes, nem os via. Tudo lhe servia, tudo, desde que tivesse a forma aproximada de um homem* — escreveu seu contemporâneo, o historiador Luiz Edmundo. *Era quase horrenda, quase anã, ossuda e mal-aventurada*, segundo Octávio Tarquínio de Souza. Em 25 de abril de 1821, voltando a Lisboa com marido e nove filhos (dos quais apenas cinco legítimos), bateu um sapato no outro e desabafou: *Nem nos calçados quero como lembrança a terra do maldito Brasil.* Deixou terra e levou parte do tesouro real, mais 50 milhões de cruzados sacados no Banco do Brasil — que acabou quebrando, por falta de fundos. Para aumentar seu infortúnio, ou por castigo, não teve um final feliz; pois,

---

[16] Trata-se de uma brincadeira, escrita pelo heterônimo Alexander Search. O verbo *strike* significa tocar as horas e também bater. Como *"the clock strikes"* (o relógio bate) vem seguido de *"today is gone"* (o hoje foi embora), é como se sua batida levasse o hoje a fugir.

[17] A homenagem se justifica, mesmo não sendo inaugurado no seu aniversário, porque, segundo a tradição ibérica, todos comemoram duas datas: esse aniversário (*cumpleaños*) e o dia do santo (*el día del santo*). Ainda quando não haja correspondência exata — caso em que, na ausência de uma santa mulher com o nome da homenageada, aproveita-se um masculino. Dando-se uma das festas de dona Carlota precisamente no dia em que se homenageava São Carlos Borromeu (30/6/1584) — que, ao contrário daquela senhora espalhafatosa, tinha como lema *humilitas* (humildade).

depois de sonhar em ser rainha da Espanha, regente do Rio da Prata ou imperatriz da América Espanhola, viveria os últimos nove anos desterrada no Palácio de Queluz. *Megera de Queluz*, assim se dizia dela. E acabou se suicidando. Para azar do desafortunado marido, morto quatro anos antes (gordo, sofrendo com varizes, hemorroidas e dores de cabeça que não passavam), foi enterrada ao seu lado, no mosteiro de São Vicente de Fora. Mas essa história nunca interessou ao jovem Pessoa, que via no teatro apenas seu "quintal". Por isso guarda "íntima, como a memória de um beijo grato, a lembrança de infância de um teatro em que o cenário azulado e lunar representava o terraço de um palácio impossível". Ao longe, bem longe, ainda havia o sonho e "a velha casa sossegada, ao pé do rio". Passa o tempo e aquele cenário não muda. O Teatro continua exercendo seu papel de teatro. O Tejo é sempre o mesmo. O homem é que será diferente.

Origem do nome

O nascimento do primogênito, em uma família religiosa, tem sempre significado muito especial. Sobretudo quando ocorre no dia do mais importante santo do lugar. Naquela não seria diferente. A mãe decide prestar homenagem a uma parenta distante, dona Teresa Taveira Martins de Bulhões. Mas Fernando — assim se chamava o filho dessa dona Teresa —, segundo velha superstição ibérica, era designação de um acólito do demônio; razão pela qual, ao se ordenar frade menor franciscano em Coimbra (1220), esse filho de dona Teresa repudia o primitivo nome e escolhe ser apenas António — em latim, *o que está na vanguarda*. Nascido em 15 de agosto de 1195 (ou talvez mesmo antes), vive uma vida pura e morre dormindo. Nu, como sempre dormia, apesar do frio. Em um 13 de junho (de 1231) como aquele em que nasceria Pessoa, pronuncia suas últimas palavras, *Estou vendo o meu Senhor*; e as crianças gritam pelas ruas *Morreu o Santo, morreu o Santo*.[18] Esse morto é Santo Antônio, que viria a ser de Lisboa (onde nasceu) e também de Pádua (onde morreu, no eremitério da Comuna de Camposampiero). Canonizado pelo papa Gregório IX, em 30 de março de 1232, acabou depois como que esquartejado pelos interesses da fé: com antebraço esquerdo e maxilar mandados, para serem adorados, a uma aldeia próxima de Marselha; restando o corpo, incluindo língua e dentes (sem nenhuma cárie), em cripta de relicário próximo de Pádua.

---

[18] A festa em sua homenagem se dá nesse dia porque a tradição católica celebra sobretudo as datas de morte dos seus santos e mártires, com a única exceção de João Batista.

Antônio é também conhecido como *Santo Lutador*, por conta de episódio em que enfrentou demônios que marcavam seu corpo com dentadas, chifradas e unhadas, até que um clarão os pôs a correr. Reconhecendo Cristo, disse: *Por que não estavas aqui desde o começo, para me socorrer?* Respondendo o Senhor: *Eu estava aqui, mas ficava vendo-te combater. Como lutaste bem, tornarei teu nome célebre.* Por ser *lutador*, sua bandeira milagrosa teria inclusive levado tropas portuguesas à vitória na guerra da Restauração, sobre os espanhóis do marquês de Caracena. Mais tarde, *por tão patriótico serviço,* foi ungido capitão de regimento, por D. Pedro II (O Pacífico)[19] — 437 anos depois de morto. Com direito a soldo mensal, religiosamente pago à Ordem Franciscana.[20] Pessoa o venera; e tem sempre, no bolso, uma pequena estampa sua — sobre a cabeça, o resplendor de prata; à mão direita, cruz e flores; à esquerda, no braço, o Menino Jesus com cetro e coroa de rei. "Um Santo Antônio concebido irremediavelmente como um adolescente infantil."

Ao fim da vida, Pessoa busca semelhanças entre eles; como o fato de ser 7, número sagrado, o resultado da prova dos nove de seus nascimentos — tomando-se os dígitos dos anos de 1195, do santo (assim então se pensava), e de 1888, o dele próprio. Também 7 seria a soma do ano da morte do santo, 1231 (sem dúvidas quanto a essa data), mas não o do poeta, 1935 — embora isso, à época, não pudesse saber. Igual também, nas suas vidas, a importância das tempestades tropicais. Horror e padecimento, para Pessoa; desígnio dos céus, para o santo. À África moura viaja, em 1220, com o sonho de ser martirizado — antecipando saga que D. Sebastião provaria três séculos mais tarde. Em Marrocos, prega aos sarracenos e logo adoece gravemente. Na volta a Coimbra, onde se trataria, e por conta dessas tempestades, o navio acaba ancorando na Sicília. Interpreta o episódio como um sinal e decide consagrar seu resto de vida àquela terra nova a que o levara seu Deus. Apesar de tantas semelhanças, por dentro, sente-se Pessoa diferente desse outro Antônio abençoado por Deus. "Nos grandes homens de ação, que são

---

[19] O Pedro II português, bem entendido, visto que nosso Pedro II, filho do Pedro I brasileiro e da arquiduquesa D. Maria Leopoldina, não seria nunca rei em Portugal.

[20] Unidos em Portugal Igreja e Estado, era então comum a nomeação, pela Corte, de um santo militar para sustentar ordens religiosas. No Brasil, é vereador perpétuo em Igarassu (Pernambuco), nomeado em 23 de novembro de 1754, pelo rei D. José I, com salário ainda hoje pago pela Câmara de Vereadores (que tenta, na Justiça, escapar desse encargo); e ganhou patente de soldado na Paraíba e no Espírito Santo; tenente em Pernambuco; capitão na Bahia, em Goiás, em Minas e no Rio; coronel em São Paulo; e general do Exército brasileiro, em 1890, por ordem expressa do marechal Deodoro da Fonseca, primeiro presidente da República; passando, em seguida, à reserva remunerada. Há 71 cidades brasileiras com o nome de Santo Antônio.

os Santos, pois que agem com a emoção inteira e não só com parte dela, este sentimento de a vida não ser nada conduz ao infinito. Engrinaldam-se de noite e de astros, ungem-se de silêncio e de solidão." Enquanto "nos grandes homens de inação, a cujo número humildemente pertenço, o mesmo sentimento conduz ao infinitesimal; puxam-se as sensações, como elásticos, para ver os poros da sua falsa continuidade. E uns e outros, nestes momentos, amam o sonho". Só que os sonhos puros do santo são bem diferentes daqueles negros, de horror, que assaltam as noites sem sono do poeta.

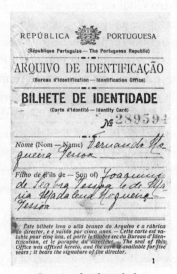

Carteira de identidade

No passaporte da mãe (de 7/1/1896), tirado para viagem a Durban, apenas consta a indicação *levando em companhia seu filho Fernando, de 7 anos*; e também é só Fernando na certidão de nascimento. Como Fernando Nogueira Pessoa está no *bilhete de identidade* (número 289.594, tirado em 28 de agosto de 1928, já com 40 anos); em correspondência ao ministro do Comércio e Comunicações, requerendo registro da patente de um Anuário Indicador (16/10/1925); e em requerimento com que se apresenta ao cargo de Conservador no Museu de Cascais (15/9/1932). Fernando, em honra à certidão de batismo do Santo; mais Nogueira, da mãe; e Pessoa, do pai, "apelido[21] nobre, que veio da Alemanha para Portugal, mas não se sabe quem o trouxe".

---

[21] Sobrenome. *Apelido*, com o sentido que damos à palavra no Brasil, em Portugal seria *alcunha*.

Dois sobrenomes indicando sua ascendência, que seria sefaradita.[22] Mas na família, além de Fernando, será para sempre também António. À semelhança de tantos outros Antónios que igualmente nasceram nesse dia. António, como aquele em que se converteria o Fernando (de Bulhões) inspirador do seu nome. Assim, como Fernando António Nogueira Pessôa, está no diploma do Queen Victoria Memorial Prize; no diploma da University of the Cape of Good Hope; em "nota biográfica" que escreve; na Declaração de Óbito, providenciada pela Funerária Barata; na Certidão de Óbito, hoje na 7ª Conservatória do Registro Civil da freguesia[23] dos Mártires; e em todas as publicações em que seu nome é referido por inteiro. Isso inclusive diz, com todas as letras: "O meu amigo Fernando António Nogueira Pessoa sou eu." Mas, na literatura, acabaria sendo apenas Fernando Pessoa. É que bem cedo abandona os nomes intermediários e o "acento circunflexo do apelido", para "desadaptar-se do inútil, que prejudica o nome cosmopolitamente" — para ele, um fato que significará "grande alteração de minha vida". A última carta em que se assina com acento no Pessôa é de 4 de maio de 1916; e a primeira, já sem ele, de 4 de setembro de 1916, em que diz estar se "reconstruindo" — ambas a Côrtes-Rodrigues. Talvez para ser reconhecido como um escritor inglês, língua em que nomes não levam acentos. Fernando Pessoa, por fim.

O pai

Joaquim de Seabra Pessôa nasce em 28 de maio de 1850, na freguesia da Sé Patriarcal de Lisboa. É filho de Dionisia Rosa Estrela de Seabra Pessôa (1823-1907), de Santa Engrácia, Lisboa; e do general Joaquim António de Araújo Pessôa (1813-1885), de Santa Maria, Tavira (Algarve) — combatente liberal da guerra civil (no início do século XIX) contra partidários de D. Miguel (O Absoluto), que chegou a merecer numerosas condecorações por bravura, entre elas a da Torre e Espada.[24] Duas ascendências galegas. Esse

---

[22] *Sefaraditas* (ou *sefarditas*) são judeus de Portugal e Espanha (Sefaradim, do hebraico Sefarad, é como os judeus eram conhecidos na Península Ibérica), que depois se espalharam pelo Mediterrâneo, Norte da África, Oriente Médio, Brasil e México. Com língua própria, hispânica, o *ladino*. Diferentes dos *asquenazitas* (ou *asquenazes*), da Alemanha e da Europa Central, que falam um dialeto da Idade Média ainda hoje usado por mais de um milhão de pessoas, o *iídiche*.

[23] Freguesia é termo que designa o território de uma paróquia.

[24] Dos seus feitos a família se orgulha de ter tomado parte na perseguição do Remexido — nome de guerra de José Joaquim de Souza Reis, célebre guerrilheiro miguelista do Algarve, morto em 2 de agosto de 1839.

pai escreve e fala, fluentemente, francês e italiano. Mas nem curso superior tem. Ao batizar o filho Fernando, define-se como *empregado público*. Modesto funcionário, era então subchefe da Repartição de Contabilidade (ao morrer, primeiro-oficial) da Secretaria dos Negócios Eclesiásticos e de Justiça, hoje Ministério da Justiça. Mas às noites trabalha, desde os 18 anos, junto à direção do *Diário de Notícias*, na época o mais lido em Lisboa.[25] Inclusive escrevendo pequenas e despretensiosas críticas musicais publicadas sem assinatura — quase sempre tendo, como referência, a programação daquele teatro em frente à casa. Deixou 16 livros com recortes dessas crônicas — de 1875 até (quando já não podia escrever) 1892 — e chegou a editar opúsculo sobre *O navio fantasma*, de Wagner. Apesar de tão cedo morto, será uma presença constante no coração de Pessoa. "De meu pai sei o nome, disseram-me que se chamava Deus."

A mãe

Maria Magdalena Pinheiro Nogueira nasce em 30 de dezembro de 1861, aos pés do Monte Brasil, na freguesia da Sé, em Angra do Heroísmo, nos Açores; e ganha o Pessôa do marido quando se casam, na Igreja dos Mártires, em 5 de setembro de 1887. Com antepassados fidalgos das Ilhas Terceira e São Miguel, nesses Açores,[26] a família tem amigos influentes, como o poeta Tomás (António) Ribeiro (Ferreira), depois governador civil do Porto; ou aquele que viria a ser o primeiro presidente da República Portuguesa, Manuel de Arriaga. Seu pai, Luís António Nogueira (1832-1884), de Angra do Heroísmo e formado em Direito por Coimbra, veio morar no continente quando nomeado secretário-geral do Ministério do Tesouro no Governo Civil do Porto (em 1864); e chegou a Lisboa, logo depois, para ser diretor-geral da Administração Civil e Política no Ministério do Reino. Dr. Luís, em casa, por vezes representava diversos personagens, com respectivos trejeitos, legando esses pendores teatrais ao neto que não conheceu. A mãe

---

[25] Quase todos os jornais, revistas, colégios, cafés e livrarias do tempo de Pessoa não existem mais. No livro, quando ainda existirem, assim será assinalado. Como esse *Diário de Notícias*, que hoje funciona na Avenida da Liberdade, 266, Lisboa.

[26] *Açor* é uma ave de rapina do tamanho de um gavião. Mas a origem do nome das nove ilhas (que em conjunto formam o arquipélago) é outro, como esclareceu Antonio Cordeiro, em 1789, posto vir de um nome dado pelos povos mediterrâneos, que as conheciam pela expressão italiana *Azzurri* (azuis), da cor de suas águas — donde *Azor*, *Açores*. Eram, assim, as Ilhas Azuis. Ilha Terceira vem de ter sido a terceira ocupada (depois das de Santa Maria e São Miguel), pelo flamengo Bruges.

A mãe e o pai de Pessoa

de dona Maria, Magdalena Amália Xavier Pinheiro (1836-1898), de Matriz, Velas, dá à filha uma educação esmerada no colégio britânico de Miss Calf, na Rua do Alecrim. Exemplo de mulher culta da *belle époque*, essa filha lê muito, faz versos, toca piano, conhece latim e fala fluentemente francês; além de inglês, que estuda com o mestre Júlio Joubert Chaves, preceptor dos príncipes D. Afonso e D. Carlos — este mais tarde rei, em 28 de dezembro de 1889. É *do lar*, como costumam ser as esposas de boa linhagem. Mas tão prendada, e educada, que a família por vezes lamenta não ter nascido rapaz. "A mãe em nós é mais forte que o pai."

A avó Dionísia

Com os pais, de quem sempre diz ser "filho legítimo", vive a avó paterna — para Joaquim Pessoa, *parvinha e demente*. Trata-se da querida, louca e desdentada avó Dionísia,[27] ao tempo do nascimento de Pessoa com 64 anos.

---

[27] O nome lhe vem de uma avó, Dionísia Maria Rita Oliveira de Seabra, filha do fidalgo de Cota de Armas João de Oliveira Delgado.

A avó louca (ao centro) e as tias, Pessoa entre mulheres

Nas fotos da juventude, apenas uma dama com olhar parado e triste; nas últimas, já uma velha com indisfarçáveis sinais de demência. Em 3 de maio de 1895, pela primeira vez seria internada no Hospício de Rilhafoles.[28] Volta à família em 14 de junho. Mas, a pedido de dona Maria, em 3 de setembro está novamente sob cuidados médicos, alternando períodos no hospital e em casa — primeiro com a mãe de Pessoa, depois com tias dessa mãe. Dita avó Dionísia sofre de furiosa *loucura rotativa*, fala sozinha pelos cantos da casa e vive fazendo discursos obscenos — tantos que, por vezes, tem de ser trancada no quarto com chave. Sem contar que odeia crianças, muito, indistintamente, todas. Menos, por desígnios que jamais se soube, aquele pequeno Fernando, o menino de sua vó. Cuidando dela, e servindo à casa, vivem duas amas, Joana e Emília, que acabam por se afeiçoar à criança. "Lembra-me a voz da criada velha, contando-me contos de fada", "conta-me contos, ama…"

---

[28] A razão do nome remonta ao século XVII e decorre da legião de funileiros que, no local, trabalhavam em objetos de folha de flandres. Mas os foles usados para manter as brasas dos fornos incandescentes faziam um rilhado (rangido) tão característico como desagradável, passando o lugar, em razão desse constante *rilhar dos foles,* a ser conhecido como Rilhafoles.

Amei tanta coisa...
Hoje nada existe.
Aqui ao pé da cama
Canta-me, minha ama,
Uma canção triste.
(...)
Canta-me ao ouvido
E adormecerei ...

Sem título (4/11/1914), Fernando Pessoa

A morte do pai

O pai, desde muito cedo, tem tuberculose — o mesmo mal que já vitimara seu único irmão, José. Temendo contagiar a família, e na busca por natureza e ar puro,[29] em 19 de maio de 1893 vai para as Termas de Caneças, nos arredores de Lisboa; mas, apesar do bom clima e das doses maciças de quinino e arsênico, aos olhos de todos é só um cadáver adiado. *Expelia os pulmões pela boca*, palavras de Gaspar Simões. O médico João Gregório Korth, amigo da família de dona Maria nos Açores, quer dar-lhe um fim confortável e oferece estadia em sua quinta de Telheiras — um pequeno povoado rural entre o Campo Grande e o Lumiar. Para lá então se muda Joaquim Pessoa, com uma criada e a sogra, Magdalena. A mulher fica em Lisboa, com o filho *Fernandinho* (assim o chama seu pai), que a família quer manter longe da doença. Em volta da criança restam só mulheres — mãe, avó, amas e irmãs da avó materna de Pessoa (Rita, Maria, Adelaide e Carolina). Também uma prima segunda do pai de Pessoa, Lisbela da Cruz Pessoa, sem filhos, que do marido herdou o sobrenome Tavares Machado — a querida e prestativa *tia* Lisbela, que veio de povoação próxima a Tavira para ajudar nos afazeres da casa. Só umas poucas vezes, e muito rapidamente, mulher e filho visitam o doente distante. Para ela, o marido escreve cartas singelas que sempre começam por *minha querida Maria* e findam com discretos *até logo*. Dona Maria conserva esses papéis enrolados com fita azul e por cima uma anotação — *cartas para entregar ao Fernando, quando chegar a altura de tomar conta delas.*

---

[29] Era uma prática comum naquele tempo. O poeta pernambucano Manuel (Carneiro de Sousa) Bandeira (Filho, 1886-1968), por exemplo, tentou se curar em Clavadel, Suíça (1913), logo voltando, no ano seguinte, temendo a guerra e por ter sido desenganado. Ficando bom aqui mesmo, nos altos de Quixeramobim (Ceará), Pouso Alto (Minas) e Teresópolis (Rio).

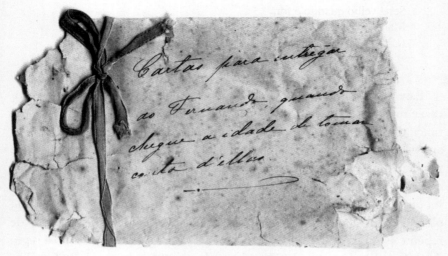

Maço de cartas do pai de Pessoa

Esse maço o poeta guarda, como relíquia, por toda vida. Mas não durariam muito, ausência ou pai; já que, apesar de tantos cuidados, a doença avança. E tão fraco está que não consegue ir ao aniversário de 5 anos do filho.

> No tempo em que festejavam o dia dos meus anos,
> Eu era feliz e ninguém estava morto.[30]
> (...)
> Quando vim a ter esperanças, já não sabia ter esperanças.
> Quando vim a olhar para a vida, perdera o sentido da vida.
> (...)
> O que eu sou hoje é terem vendido a casa,[31]
> E terem morrido todos,
> É estar eu sobrevivente a mim mesmo como um fósforo frio...
> (...)
> Para, meu coração!
> Não penses! Deixa o pensar na cabeça!
> Ó meu Deus, meu Deus, meu Deus!
> Hoje já não faço anos.
> Duro.
> Somam-se-me dias.

---

[30] *Ninguém* porque, à altura daquele aniversário (13/6/1893), ainda não haviam morrido os pais, três irmãos, duas avós, o tio, as duas tias-avós que lhe eram mais próximas e tantos amigos.

[31] Aqui, só metáfora, visto que nenhuma casa em que morou Pessoa jamais foi vendida, por ele ou pela família, dado serem todas apenas alugadas.

Serei velho quando o for.
Mais nada.
(...)

"Aniversário",[32] Álvaro de Campos

Esse pai volta para Lisboa, em 12 de julho de 1893, sem mais esperanças; e morre no dia seguinte, às 5h da manhã, na "madrugada dessa esperança triste". *Sem sacramentos*, segundo seu Assento de Óbito. Tem só 43 anos. Como os números mágicos de Santo Antônio, 4 mais 3 são 7. "Hoje vejo a manhã e fico triste. A criança emudeceu." Para Eduardo Lourenço, *a aventura espiritual e carnal de Fernando Pessoa resume-se nessa interminável busca do pai,* mesmo sendo uma figura que *não aparece nunca na sua obra.* E assim, como uma nuvem negra que vem quando não se espera, "de repente estou só no mundo". Ele e a mãe. Dona Maria, cumprindo a regra dos lutos, abandona gargantilhas de rendas, vestidos de gorgorão de seda e chapéus da moda, para usar apenas crepes ou roupas negras fechadas; e, mês seguinte, louva o marido com versos:

Triste e só! Duas palavras
Que encerram tanta amargura
Ver-se só, e sentir na alma
O frio da sepultura.
(...)
Triste e só! Duas palavras
Que uma só resumem — saudade!
É saber que o mundo é grande,
Não lhe ver a imensidade.

A infância

Apesar dessa tragédia, tem "uma infância serena". E solitária. "Não é — não — a saudade da infância, de que não tenho saudades: é a saudade da emoção daquele momento." *Horret animus meminisse* (a alma treme só de lembrar), como na sentença de Virgílio. Nesse tempo, brinca com uma bola de borracha que "rola pelo despenhadeiro dos meus sonhos interrompidos",

---

[32] O poema tem, nos originais, uma data falsa — 15 de outubro de 1929. O próprio Pessoa explica, em carta a Gaspar Simões (4/7/1930): "Escrevi esses versos no dia dos meus anos (de mim), quer dizer, em 13 de junho; mas o Álvaro [de Campos] nasceu em 15 de outubro, e assim se erra a data para certa." Foi publicado no nº 27 da revista *Presença*, em junho/julho de 1930.

Pessoa com 7 anos

um jóquei amarelo, um cavalo azul "que aparece por cima do muro", soldados de chumbo, barcos de latão e de papel. "Gostaria de ter outra vez ao pé da minha vista só veleiros e barcos de madeira"; mesmo sabendo que "nunca tornaremos a ter essas horas, nem esse jardim, nem os nossos soldados e os nossos barcos". Não há registro, nesse tempo, de ter tido um único amigo. Alguém de sua idade com quem pudesse conversar ou brincar. Para enfrentar a solidão, "meu maior sonho era ter um cão". O que lhe dão é de madeira. Verde. Para crianças como as outras, talvez fosse pouco; mas, nele, "todos os brinquedos se transformam em coisas vivas, e um cortejo formam: cavalos e soldados e bonecos". Era como se estivesse escrito. "Deus criou-me para criança e deixou-me sempre criança. Mas por que deixou que a Vida me batesse e me tirasse os brinquedos, e me deixasse só?"

Numa anotação em francês, mais tarde, dirá dele próprio como se fosse outro: "Aos 7 anos mostra já um caráter reservado, não infantil. Gosta de brincar só. A tudo isso é preciso acrescentar muitos impulsos de raiva e quase de ódio, e muito medo." Por isso "sobem-me as lágrimas aos olhos e, junto com o sabor do chocolate, mistura-se o sabor da minha felicidade passada". A esse passado voltaria sempre, na imaginação. "Sim, outrora eu era de aqui; hoje, a cada paisagem, nova para mim que seja, regresso estrangeiro, hóspede e peregrino da sua apresentação, forasteiro do que vejo e ouço, velho de mim." Em "A hora do Diabo", a descrição é precisa: "Nunca tive infância, nem adolescência, nem portanto idade viril a que chegasse. Sou o negativo absoluto, a encarnação do nada. O que se deseja e se não pode obter, o que se sonha porque não pode existir — nisso está meu reino nulo e aí está assente o trono que me não foi dado." A Sá-Carneiro (carta de 14/3/1916), pergunta: "A criança que fui vive ou morreu?" E segue na vida até que, aos poucos, o "cadáver da minha infância ida" começa a ficar para trás. "Amanhã eu também serei o que deixou de passar nestas ruas, a que outros vagamente evocarão com um *o que será dele?*"

> O tempo que eu hei sonhado
> Quantos anos foi de vida!
> Ah, quanto do meu passado
> Foi só a vida mentida
> De um futuro imaginado!
> (...)
> Gastei tudo que não tinha.
> Sou mais velho do que sou.
> A ilusão que me mantinha,
> Só no palco era rainha:
> Despiu-se, e o reino acabou.
> (...)
> Sou já o morto futuro
> Só um sonho me liga a mim —
> O sonho atrasado e obscuro
> Do que eu devera ser — muro
> Do meu deserto jardim.
>
> "O andaime", Fernando Pessoa

Dona Maria e sua solidão

A mãe, desde bem antes, já vivia *triste e só*, como nos versos que escrevera em louvor do marido morto que a deixou com um bebê nos braços; mas, ainda jovem, quer ardorosamente recomeçar a vida interrompida. Depois de um namoro distante, como era então comum, pouco soube o que era estar ao lado de um homem e, decididamente, não quer consumir o resto dos dias que lhe sobram no papel de viúva. Assim, após um ano de luto cerrado, tira do armário os vestidos coloridos de antes. E não tardaria muito essa busca, logo entrando em sua história João Miguel dos Santos Rosa

— nascido em 1º de dezembro de 1850, comandante da Marinha e capitão do porto de Lourenço Marques (hoje Maputo, capital de Moçambique). O primeiro encontro se dá em outubro de 1894, *num célebre passeio de elevador* — segundo Teca, filha dessa dona Maria. Pouco depois novamente se falam, ela mesmo registrou, quando passeia num *americano*.[33] Até consta que teria o comandante confidenciado a um amigo, nessa ocasião — *Vês aquela loira? Só não caso com ela se ela não quiser*. Dona Maria não queria outra coisa. Começa então a relação. E tanto efeito lhe faz o militar que novamente encontra inspiração para escrever poemas — agora, em suspiros por aquele que logo viria a ser pai dos seus outros filhos:

> A mim esse dia em que nos encontramos
> Olhando-te a furto, temendo trair-me
> Senti-me que minh'alma à tua prendera
> Queri-te! E tu? Nem tentaste fugir-me!

Mas, até fins de 1895, ainda viveria solitária, por não ser de bom tom, na conservadora sociedade local, um segundo casamento tão cedo. O comandante faria bem a seu coração e a seu bolso, que as rotinas da família mudaram. O modesto montepio que herdara do pai, morto em 1884, já não lhe permite sustentar casa num sítio que lhe ficara demasiado caro — desde que perdera o primeiro marido com seu duplo salário de funcionário público e crítico musical; e só depois de novamente casada teria mais algumas rendas e foros da Terceira, herdados no inventário da mãe. Cinco meses depois de viúva, para ter um mínimo de recursos, leiloa parte do que tinha de mais valioso. Pessoa guarda a relação desses bens, assinada pelo avaliador António Maria Silvano — general, seu primo distante e depois tutor do inventário da avó Dionísia; após o que se mudam mãe, seus dois filhos e a sogra louca, em 15 de novembro de 1893, para local afastado e modesto, mais compatível com a nova renda familiar. A essa altura já nascera (em 21/1/1893) o irmão Jorge Nogueira Pessoa, ainda no Largo de São Carlos. Batizado em 13 de maio de 1893, na Igreja dos Mártires (registro na folha 7 do Livro X), tem como padrinhos a *tia* Lisbela e João Nogueira de Freitas, casado com tia Anica.

---

[33] Veículo puxado por cavalos que circulava sobre os trilhos dos bondes, correspondente no Brasil a *bonde de burro*. Na última frase de *Os Maias*, de Eça, está: *Então, para apanhar o americano, os dois amigos romperam a correr desesperadamente pela rampa de Santos e pelo Aterro, sob a primeira claridade do luar que subia.*

O novo endereço é Rua de São Marçal, 104, 3º andar — um edifício despojado, com escadaria em madeira ordinária e janelas simples, sem os balcões aristocráticos do Largo de São Carlos. Nada hoje indica ter vivido Pessoa nesse imóvel. A poucos passos fica a Praça das Flores, em triângulo e com fonte no meio, um dos mais românticos recantos de Lisboa. O Tejo vai junto com ele, "ancestral e mudo", ao tempo visto do quarto novamente sobre telhados e bem longe. Como antes havia também um sino próximo (embora mais distante que o da primeira casa), o da igreja basílica da Estrela. No ano seguinte (1894), em 2 de janeiro, nesse endereço morre seu até então único irmão. Concebido quando já ia longe o mal do pai e frágil no físico, não resiste às muitas vacinas que toma. Segundo Teca, *Jorge, também tuberculoso, tinha sido vacinado contra a varíola, o que lhe provocou um choque no organismo.* O mundo em que Pessoa vive passa a ser apenas ele e dona Maria. "Quando a mãe embala ao colo um filho morto, todos nós embalamos ao colo um morto." Pensando nesse irmão, depois, escreve poemas como "Inscriptions" (VIII)[34] e este:

> Minha mãe, dá-me outra vez
> O meu sonho.
> Ele era tão belo, mãe,
> Que choro porque o tive...
> Quero voltar para trás, mãe,
> E ir buscá-lo ao meio do caminho.
> Não sei onde ele está
> Mas é ali que está
>
> E brilha onde eu o não vejo...
> O meu sonho, mãe,
> É o meu irmão mais novo.
>
> Sem título (1916), Fernando Pessoa

O primeiro verso

No início de 1895, dona Maria já sabe que vai casar novamente. E morar no estrangeiro. A família deve decidir com quem ficaria o pequeno Fernando. Primeira candidata é a tia-avó Maria Xavier Pinheiro, conhecida por es-

---

[34] *Mal se passaram cinco anos os quais também aqui passei./ A morte veio e levou a criança que achou/ Nenhum deus poupou, ou destino sorriu, restou/ Pequeninas mãos, segurando tão pouco.*

crever lamentáveis poemas românticos e viver cantando canções de amor, casada com um oficial da armada que apoiou a Revolução de Outubro de 1846, Manuel Gualdino da Cunha — para Pessoa, *Taco*. Sem filhos, e já perdidas as últimas esperanças de os ter, acabam se afeiçoando àquela criança. Gualdino, por muito gostar do pequeno *Fernandinho*, chega a fazer todas as suas vontades, até mesmo frequentando circos. "Nunca me sinto tão próximo da verdade como quando nas raras vezes que vou ao teatro ou ao circo." Tanto que lembra com saudade o famoso palhaço espanhol Little Walter, que uma noite viu no Coliseu: "Esplêndido, bastante." Mais tarde, confessaria: "Quando era criança, o circo de domingo divertia-me toda semana. Hoje só me diverte o circo de domingo de toda semana da minha infância." Segunda candidata é tia Anica — que, ao expressar esse desejo, quer permitir à irmã começar sozinha uma vida nova, em uma terra nova, com marido novo. Ou melhor, para a criança, talvez seja continuar com a mãe de quem é tão próximo. O futuro padrasto, naquele tempo, para todos os fins sociais se apresenta como um *amigo de família*; mas, militar por profissão e sempre direto nos sentimentos, faz saber que o quer longe. De preferência nos Açores. A mãe consulta a criança — que aos 7 anos (em 26/7/1895), como resposta, explicita sua escolha numa quadra dedicada "à minha querida mamã": "Eis-me aqui em Portugal/ Nas terras onde eu nasci/ Por muito que goste delas/ Ainda gosto mais de ti."

Os primeiros versos de Pessoa

Depois o filho pediria desculpas por tê-la tratado, tão intimamente, por *ti*. Dona Maria, ouvindo essas palavras, lhe dá um comovido beijo na testa. E compreende que não tem alternativa senão levá-lo consigo. Escreve os versos num caderno e assina por ele, premonitoriamente, apenas *Fernando Pessôa*. Ainda com circunflexo, mas já sem o resto do nome. E o guarda, por toda a vida, em meio a umas poucas joias que lhe sobraram — dele se sabendo apenas quando a família revirava seus pertences, em busca de documentos para cumprir as formalidades do inventário. O dia da partida se aproxima. "Crença e jardim me foram tomados. Minha infância, meu dia e noite confiscados. Levaram embora o bosque de minha infância."

> Agora o quarto está fechado para sempre
> Meu coração está enterrado vivo
> Meu coração está cerrado para sempre;
> Todo o quarto está enterrado vivo.

"The broken window" (A janela quebrada), Fernando Pessoa

Segundo casamento da mãe

O segundo casamento da mãe, discreto e despojado, se dá em 30 de dezembro de 1895, no próprio dia em que completa 34 anos. Na Igreja de São Mamede (e não naquela do primeiro casamento), perante uma Nossa Senhora de mármore atribuída a Bernini. O noivo é representado pelo irmão, o general Henrique Rosa — com quem viria Pessoa, mais tarde, a ter acesas discussões literárias, a conhecer poetas de Lisboa e a se iniciar na arte de beber. É que o comandante, desde julho, viajara para Durban (África do Sul) — onde tomou posse, em 5 de outubro de 1895, como cônsul interino de Portugal. Gorduchão, com rosto quadrado e largos bigodes, em nada faz lembrar as feições finas do primeiro marido. Pessoa o chama de "papá", ou simplesmente "pai"; e, sobretudo nos primeiros anos, demonstra gostar dele:

> Meu padrasto
> (Que homem! que alma! que coração!)
> Reclinava seu corpo basto
> De atleta sossegado e são
>
> Na poltrona maior
> E ouvia, fumando e cismando
> E o seu olhar azul não tinha cor.

Sem título (sem data), Fernando Pessoa

Mãe de Pessoa e o segundo marido

Em 20 de janeiro de 1896, partem de Lisboa a mãe já casada, o filho e também o tio Manuel Gualdino — que, naquela época, senhoras respeitáveis não viajavam sozinhas. Vão primeiro à Madeira, no Funchal; seguindo em 31 de janeiro, no paquete inglês *Harwaden Castle*, para Durban. "A minha infância passou como o fumo de um vapor no alto mar." A criança treme só de pensar na viagem. "Meu coração é um almirante louco que abandonou a profissão do mar." Com 14 anos, e num estilo ainda juvenil, lembra desse tempo:

> O navio vai partir, sufoco o pranto
> Que na alma faz nascer cruel saudade;
> Só me punge a lembrança que em breve há-de
> Fugir ao meu olhar o teu encanto.
> (...)
> Vai largando o navio para largo giro:
> Eu meu adeus lhe envio num suspiro,
> Ela um adeus me envia num soluço.
>
> Sem título (sem data), Fernando Pessoa

O tio Taco logo volta da África e ao sobrinho manda jornais de Lisboa. A partir de então, em uma terra estranha, serão somente a mãe, o padrasto e "a criança que morreu depois, da vida e da maravilha". "Aquilo que fui e nunca mais serei." Essa primeira infância de Pessoa, que quase não aparece nos escritos, iria desempenhar relevante papel no seu futuro; por ter ali deixado, enterrada, a única paz que verdadeiramente conhecera. O pai, para ele, foi quase um fantasma amigo que poucas vezes viu. Naquela época, e nunca mais, terá sido verdadeiramente o menino de sua mãe. Como essa mãe era, no início, do seu menino apenas. Agora, tudo iria mudar nesse lugar diferente. Em vez das tias e das amas, perto da mãe tem um intruso. Lisboa já faz parte do passado. Para a criança, evocando o título do mais importante livro de Milton, passa a ser o *Paraíso perdido*. "Todo cais é uma saudade de pedra", as pedras do porto de onde partiu. Começa a dolorosa "sensação de arrepio" que é a aventura africana.

> Adeus, adeus, adeus, toda a gente que não veio despedir-se de mim,
> Minha família abstrata e impossível...
> (...)
> Partir!
> Nunca voltarei.
> Nunca voltarei porque nunca se volta.
> O lugar a que se volta é sempre outro.
> A gare a que se volta é outra.
> Já não está a mesma gente, nem a mesma luz, nem a mesma filosofia.
>
> Partir! Meu Deus, partir! Tenho medo de partir!...
>
> "Là-bas, je ne sais où..." (Lá, não sei onde), Álvaro de Campos

Terra incognita

(Terra desconhecida. Indicação, nos mapas antigos, de um território por explorar)

África branca

> *"Braços cruzados, fita além do mar*
> *(...)*
> *O mar que possa haver além da terra."*
> *Mensagem* ("D. João, O Segundo"), Fernando Pessoa

Uma terra nova

Foram 30 dias de mar. "Trinta dias de viagem, três dias de viagem, três horas de viagem — sempre a opressão se infiltra no fundo do meu coração"; até "quando a nau se aproxima" e "ergue-se a encosta em árvores onde o longe nada tinha". Esse primeiro pedaço do continente, coberto por uma floresta rala e de longe mais parecendo um hipopótamo, era o monte Bluff — uma "encosta arborizada reluzente" que, à noite, brilhava sob o "grande luar da África". No fim dela, o lugar a que chamam The Point, onde aquele monte afunda nas águas. Depois de tantos dias vão surgindo afinal, em um sol mais claro e mais quente, "as linhas das costas distantes, achatadas pelo horizonte, as praias" de Durban. "Ah, as praias longínquas, o cais visto de longe, e depois as praias próximas, o cais visto de perto." Por conta das areias do rio, o porto não está preparado para receber grandes navios, obrigando os visitantes a usar pequenas chalupas. "Abre-se a terra em sons e cores. E, no desembarcar, há aves, flores, onde era só, de longe, a abstrata linha." Perdida a pátria distante, afinal chegava a um mundo novo.

> Ah, a frescura das manhãs em que se chega,
> E a palidez das manhãs em que se parte,
> Quando as nossas entranhas se arrepanham
> E uma vaga sensação parecida com um medo
> — O medo ancestral de se afastar e partir,
> O Misterioso receio ancestral à Chegada e ao Novo —
> Encolhe a pele e agonia-nos.
> "Ode marítima", Álvaro de Campos

Durban fica na província de Kwazulu Natal, colônia do Cabo — hoje, África do Sul. A história dessa pequena cidade começa em fins de 1497, com Vasco da Gama, num tempo em que "éramos essencialmente navegadores e descobridores". O velho marinheiro sabe que, "para além da distância absoluta", se esconde o mar tenebroso. Mas não o teme, tanto que decide buscar uma rota marítima para chegar às Índias. Em página solta, com tinta verde, escreve Pessoa: "A única coisa tipicamente portuguesa que houve em Portugal foram as descobertas. A Hora da Raça chegou, enfim, com Vasco da Gama" — que já ostentava a Cruz da Ordem de Cristo e ainda seria, depois, vice-rei da Índia. Para ele, era um "argonauta".[35] De Lisboa, primeiro vai ao limite da costa ocidental da África e do medo, o Cabo Bojador — ultrapassado em 1434 por Gil Eanes, após 12 anos de tentativas trágicas que deixaram numerosos navios enterrados nos seus baixios.

> Quem quer passar além do Bojador
> Tem que passar além da dor.
> Deus ao mar o perigo e o abismo deu,
> Mas nele é que espelhou o céu.
>
> *Mensagem* ("Mar português"), Fernando Pessoa

Continuando em sua viagem, no rumo do mar gelado da Antártida, passa pelo Cabo Negro, vencido em janeiro de 1486 por Diogo Cão; e afinal encontra outro cabo, que em 1488 Bartolomeu Dias chamou das Tormentas, por el-rei D. João II (O Príncipe Perfeito) rebatizado como da Boa Esperança. Mais razão tinha Dias que em 29 de maio de 1500, naquelas mesmas águas, entregou seu espírito aos deuses.

> Jaz aqui, na pequena praia extrema,
> O Capitão do Fim. Dobrado o Assombro[36]
>
> O mar é o mesmo: já ninguém o tema!
> Atlas[37] mostra alto o mundo no seu ombro.
>
> *Mensagem* ("Epitáfio de Bartolomeu Dias"), Fernando Pessoa

---

[35] Argonautas eram heróis gregos que, segundo a lenda, viajaram em busca do Velocino de Ouro — uma pele de carneiro alado, com cachos de lã de ouro.

[36] Assombro era esse Cabo das Tormentas (da Boa Esperança), que Camões depois metamorfoseou no gigante Adamastor.

[37] A imagem evoca o herói grego por Zeus condenado a sustentar, nos ombros, a abóbada do céu.

Durban, em fins do século XIX

Então, dando a volta nos confins da África, abandona o Atlântico para encontrar o Índico, de águas menos salgadas, "mais misterioso dos oceanos todos"; e afinal descansa em uma baía, já no começo de 1498, a que se dá nome de Porto do Natal — depois, com a colonização inglesa, Port of Natal. O lugar é rebatizado, no ano de 1835, em homenagem a sir Benjamin D'Urban — general britânico que lutou nas guerras napoleônicas, governador e *commander in chief* da colônia do Cabo. As raças se misturam, naquele fim de mundo, como especiarias — *canela e caril, cominho e cravinho, pimenta e noz-moscada*, sugere Clara Ferreira Alves. Não tanto. Ali vivem cerca de 2 mil indianos e zulus, o *povo de Shaka*,[38] mais 31.870 brancos — segundo números de Albertino dos Santos Matias, antigo cônsul de Portugal em Durban. A província é a mais importante de um país que tem cerca de 400 mil indígenas, 80 mil indianos e 40 mil brancos. Ali, desde 1899, ingleses enfrentam bôeres — colonos da África Meridional, de origem holandesa, que lutam por sua independência, em comum tendo apenas um ódio recíproco e o tratar aqueles negros nativos como escravos. A África que Pessoa conhece, naquele tempo, é branca. Em fotografias de época, Durban mais

---

[38] Assim eram conhecidos os nativos, numa referência ao grande chefe tribal Shaka Zulu, que legou a seu povo um império (até ser morto, por longas azagaias, sob ordem de tia e irmãos).

parece uma dessas pequenas cidades destinadas a turistas, com casinhas brancas de madeira, zinco, pedra e tijolo, tudo bem simples, tão distante da cosmopolita Lisboa de onde veio. As ruas são largas, no verão com carroças e carruagens abertas por conta do calor, rostos sempre cobertos de suor, cheiro de mato, o pó grudando nos cabelos e entrando pela boca.

> Quem me dera que eu fosse o pó da estrada
> E que os pés dos pobres me estivessem pisando...
> (...)
> Quem me dera que eu fosse o burro do moleiro
> E que ele me batesse e me estimasse...
> Antes isso que ser o que atravessa a vida[39]
> Olhando para trás de si e tendo pena...
>
> "O guardador de rebanhos", Alberto Caeiro

Nessa cidade, que nunca foi de fato sua, dormiu (em 23/12/1899) o jovem jornalista do *Morning Post* (de Londres) Winston (Leonard Spencer) Churchill (1874-1965) — depois membro da House of Commons (1900), primeiro-ministro (1940) e Prêmio Nobel de Literatura (1953). Feriado é decretado para receber aquele herói que vinha para organizar a resistência na luta, depois de fugir espetacularmente da prisão de Transval e das tropas de Krueger na Guerra dos Bôeres. Churchill foi uma das duas figuras que o impressionaram, naquele fim de mundo. Ele e o Mahatma (grande senhor) Mohandas Karamchand Gandhi (1869-1948), um "herói sem armas", "única figura verdadeiramente grande que há hoje no mundo". Gandhi tinha escritório de advocacia em Joanesburgo (o *M. K. Gandhi Attorney*) e chegou a Durban, em 1893, para representar um cliente indiano. Mas logo teve problemas. Recusou-se a tirar o chapéu ante um juiz, no tribunal, e foi expulso da primeira classe de um trem, tradicionalmente ocupada só por brancos, mesmo tendo na mão o bilhete comprado. Acabou mandado embora. Mas, em fins de 1896, quando já Pessoa morava na cidade, voltou para protestar contra o colonialismo inglês. Seu navio ficou em quarentena, fora do porto, que ninguém o queria por ali; e ao desembarcar, em 13 de janeiro de 1897, no cais havia 4 mil europeus e seus criados negros, todos com olhos de ira. Agredido fisicamente, só não foi linchado graças à polícia local; mas, para além do bom-senso, continuou sua pere-

---

[39] Em uma de suas "Odes" (29/8/1915), Ricardo Reis usa construção semelhante: *Antes isso que a vida/ Como os homens a vivem,/ Cheia da negra poeira/ Que erguem das estradas.*

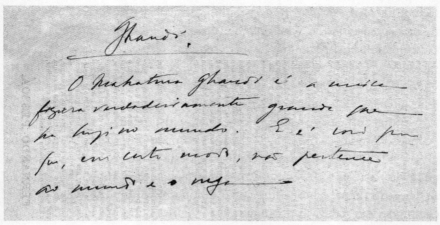
Escrito de Pessoa sobre Gandhi

grinação. Pessoa se fascina com tanta ousadia; e como que lhe dá razão quando critica o *colonial-secretary* Joseph Chamberlain (1836-1914), mais tarde primeiro-ministro do rei Jorge VI:

> Que o teu nome seja apagado
> Da boca plena dos homens; nem haja traço de glória
> Que ligue a ti e a tua pátria
> Mas, diante de nós e diante de Deus te encontrarás
> Com teu ato para sempre mais desgraçado
> Onde jazem os filhos e maridos, onde estão os entes queridos
> Que o teu feito maldito fez perder?
> Um por um caídos, e muitas lágrimas cadenciadas,
> Com a justiça tripla, pesava três vezes o terror,
> Irão, cada um, rolar para uma torrente flamejante e esmagar a tua
> negra alma.
> Que o sangue deles caia sobre tua cabeça.
> "Joseph Chamberlain", Alexander Search

A escravatura

A cidade é pedaço da Inglaterra colonial encravado em um continente negro. Mas a escravatura, tão presente ali, parece não incomodar Pessoa. Incorporado a uma cultura de apartação, e ainda jovem para compreender a dimensão social do preconceito, escreve: "Deu-se que um tipo atirou um tijolo à cabeça de um preto e o que se partiu foi o tijolo." Em livro de John

George Godard, *Racial supremacy* (Supremacia racial), faz diversas anotações no teor semelhantes. E, em artigo de 1916 ("A opinião pública"), defende "a escravidão dos tempos antigos". No *Ultimatum* (1917), estende o conceito e sustenta uma dominação por "super-homens" — dado considerar que os operários devem ser "reduzidos a uma condição de escravatura ainda mais intensa e rígida que aquilo a que chamamos a *escravatura* capitalista".

Vai mais longe. "A velha afirmação de Aristóteles — aliás tão pouco propenso a soluções tirânicas — de que a escravatura é um dos fundamentos da vida social, pode dizer-se que ainda está de pé. Porque não há com que deitá-la abaixo." "A escravatura é lógica e legítima; um zulu [negro da África austral, que falava a língua banto] ou um landim [indígena de Moçambique, que falava o português] não representa coisa alguma de útil neste mundo. Civilizá-lo, quer religiosamente, quer de outra forma qualquer, é querer-lhe dar aquilo que ele não pode ter. O legítimo é obrigá-lo, visto que não é gente, a servir aos fins da civilização. Escravizá-lo é que é lógico. O degenerado conceito igualitário, com que o cristianismo envenenou os nossos conceitos sociais, prejudicou, porém, esta lógica atitude." "A escravidão é lei da vida, e não há outra lei, porque esta tem que cumprir-se, sem revolta possível. Uns nascem escravos, e a outros a escravidão é dada. O amor covarde que todos temos à liberdade é o verdadeiro sinal do peso de nossa escravidão." Na *Revista de Comércio e Contabilidade*, número 2 (1926), o tema, nele, é já mais elaborado: "Ninguém ainda provou que a abolição da escravatura fosse um bem social"; ou "Quem nos diz que a escravatura não seja uma lei natural da vida das sociedades sãs?" Contraditório, ficaram dele também textos contra essa escravatura, sobretudo em inglês, como este soneto crítico à Inglaterra:

> Mãe de escravos e tolos. Vós que aprisionais
> Entre vossas cadeias de ferro a humanidade escravizada,
> Velha sob o vosso jugo e cega na sua escravidão;
> Endurecida diante da dor e do desespero, corrupta e fria.
>
> Permanecendo desde sempre em pusilânime assentimento
> A esses velhos modos; insensata, fraca e cruel.
> Infinitamente presa aos elos que enlaçam os animais
> O peixe, o pássaro e a besta aos cardumes, manadas e bandos
>
> A luz esvaiu muitos nomes queridos.
> E muitas terras amadas deles cuidaram.
> Mas o consumido coração dos homens é para sempre o mesmo.

De infinda recusa em livrar-se da maldição.
Da angústia autoinfligida e da vergonha que com o tempo cresce
Sobrecarregando o universo esgotado e sombrio.

"Convention" (Convenção), Alexander Search

Tempos da Convent School

O comandante Roza (com Z, assim é conhecido nessa terra), dado ainda não estar pronta a residência oficial, leva sua família primeiro a um hotel — o Bay View, em Musgrave Road. Para amigos deixados em Lisboa, o casal redige cartão protocolar: *Maria Magdalena Nogueira Roza e João Miguel Roza participam o casamento e oferecem a sua casa, Durban, Natal.* Essa *casa*, onde logo estarão, é a própria sede da Chancelaria Portuguesa, a Tersilian House — em estilo colonial do século XIX, rodeada por varandas, caniços, mangueiras e palmeiras, tudo hoje reduzido a um depósito de máquinas. De lá se consegue ver as construções da Baixa e o porto. Fica em 157 Ridge Road, West Street — principal rua do centro de Durban, que leva

A família em Tersilian House

ao passeio da Ocean Parade e às praias. Esse West (Oeste) é não ponto cardeal, mas o primeiro governador da colônia — comandante Martin West. As ruas ali, por essa época, têm quase todas nome de gente: Thomas Street, Musgrave Road, com as quatro principais se cruzando — West Street, Smith Street, Broad Street, Grey Street.

No mesmo mês em que chega, fevereiro de 1896, Pessoa começa a estudar em uma escola de freiras irlandesas — a Saint-Joseph Convent School, situada na rua em que mora. Construção antiga, austera, com campanário em frente, ali funciona o West Street Convent, onde fará sua primeira comunhão (em 13/6/1896). Apesar dos muitos colegas de classe, não consegue (ou quer) fazer amigos. Segundo a irmã Teca, *ele sempre foi uma criança que gostava de se isolar, vivia no seu mundo, refugiava-se na sua imaginação*. Junto à família vive também Paciência, ama que as crianças tratam por Pá, e um criado negro moçambicano, Saturnino. Dos poucos textos sobre seu tempo africano, ficou este:

> Meu coração está pleno de uma dor indolente
> E uma velha canção de ninar inglesa
> Emerge da neblina do meu cérebro.
>
> "Lullaby" (Canção de ninar), Fernando Pessoa

Ganha irmãos. Henriqueta Madalena, nascida em 27 de novembro de 1896 — mesmo ano em que morria, na Terceira, a avó materna. Depois de um tio *Taco*, agora uma irmã *Teca*. Essa irmã, que nos últimos 15 anos de Pessoa seria sua companhia mais constante, estuda em um colégio só para mulheres — o *Stella Maris*. Dois anos mais, em 22 de outubro de 1898, nasce também Madalena Henriqueta (morta em 25/6/1901, de meningite). Os nomes trocados nas irmãs são homenagens às avós Henriqueta Margarida Rodrigues (mãe do comandante Rosa), e Madalena Xavier Pinheiro Pessoa (mãe da mãe). Uma homenagem merecida e em dobro. Em seguida, irmãos homens: Luís Miguel (*Lhi*), em 11 de janeiro de 1900, e João Maria (*Mimi*), em 17 de janeiro de 1902. Segundo me confessou Manuela Nogueira, filha de Teca, João Maria *odiava a alcunha*. Talvez por isso, e dada sua educação inglesa, o irmão Luís Miguel só o chamava de *John*. E nasce finalmente Maria Clara, em 16 de agosto de 1904 (também morta, em 11 de dezembro de 1906, por septicemia). "De Durban trouxe apenas o ruído longínquo de coisas da infância das quais não me consigo esquecer, a voz mansa de minha mãe sentada à mesa, as lágrimas dos funerais de meus irmãos." Para Madalena Henriqueta, tão cedo falecida, segundo se acredita escreveu:

> Cristãos! Aqui jaz no pó da segunda terra
> Uma jovem filha da melancolia
> O seu viver foi repleto de amargura
> Seu rir foi pranto, dor sua alegria.
>
> Quando eu me sento à janela,
> Pelos vidros que a neve embaça
> Julgo ver a imagem dela
> Que já não passa... não passa...[40]

"Epitáfio", Fernando Pessoa

Há dúvidas sobre essa motivação. Por ter morrido a irmã em junho de 1901, enquanto o poema vem bem depois — só em 15 de abril do ano seguinte. Mais certamente aquele que lhe foi dedicado, escrito em inglês e tendo ao lado a indicação "DG",[41] começa assim:

> Canta em tristes lágrimas nosso dissabor!
> Oh, deixa que o suave pranto seja o teu fardo!
> Ela se foi para além da carícia do nosso amor;
> Dando mais solidão à vida
> E ao mistério, mais sofrimento.

"On baby's death" (Sobre a morte do bebê), Alexander Search

Apesar do novo mundo em que vive, o coração continua em outras terras. As músicas de sua preferência, por exemplo, são todas de longe — xácaras de origem árabe ou cantigas populares portuguesas como "Era um Homem Muito Rico", "Donzela que Vai à Guerra", "Cego Andante", "Gerinaldo o Atrevido". Em "Ode marítima", chega a lembrar uma "velha tia" que "costumava adormecer-me cantando-me", "às vezes ela cantava a *Nau Catrineta*" — pelo povo, indistintamente, conhecida também por "Nau Catarineta", "Catarineta", "Náo Caterineta", "Caterineta" ou "Santa Caterina".[42]

---

[40] Essa última quadra quase reproduz a primeira de *Quando ela passa*, do heterônimo Dr. Pancrácio, escrita pouco antes, mudando apenas o último verso, que em Pancrácio é *Quando passa... passa... passa...*

[41] Provavelmente *Death of God* (Morte de Deus).

[42] Esse auto conta o drama épico de Jorge de Albuquerque Coelho, filho de Duarte Coelho Pereira, donatário da capitania de Pernambuco. Atendendo convocação de D. Sebastião, parte do Recife na

Há numerosas versões dessa cantiga e mesmo poemas — como "Prosopopeia", do judeu Bento Teixeira,[43] tida como a primeira obra literária do Brasil. Pessoa, na "Ode marítima", lembra seu começo:

> Lá vai a Nau Catrineta
> Por sobre as águas do mar...

Trata-se dos dois primeiros versos de uma das 12 variantes recolhidas pelo historiador (e primeiro presidente da República portuguesa) Teófilo Braga. Diferente da mais conhecida (*Versão do Algarve*), assim continua essa versão que Pessoa lembra (trecho):

> Deitaram sorte à ventura
> Qual se havia de matar;
> Logo foi cair a sorte
> No capitão general.
> Sobe, sobe, marujinho,
> Àquele mastro real,
> Vê se vês terras de Espanha,
> Areias de Portugal.
> Mais enxergo três meninas
> Debaixo de um laranjal:
> Uma sentada a coser,
> Outra na roca a fiar,
> A mais formosa de todas
> Está no meio a chorar.
> Todas três são minhas filhas
> Oh! Quem m'as dera abraçar!

Na mesma "Ode marítima", ainda cita outra música:

> E outras vezes, numa melodia muito saudosa e tão medieval,
> (...)
> Era a "Bela Infanta"...
> Eu fechava os olhos e ela cantava:

---

direção de Lisboa, em 1575; a bordo, enfrenta sublevações e cruentas batalhas com piratas; e afinal chega, milagrosamente, às costas de Portugal, depois de navegar sem rumo por muitos dias.

[43] Teixeira (1560-1618) é dado, por vezes, como nascido no Porto (terra de seus pais, cristãos-novos emigrados); e, outras vezes, na Capitania de Pernambuco, em Muribeca. De notável na sua vida, fora os dotes literários, só o fato de ter assassinado com perversidade, por faca, a cristã-velha Felipa Raposo, sua mulher, que o traía *a bandeiras estendidas*. Até mesmo com o vigário da Freguesia de Santo Agostinho, Duarte Pereira, dado nas crônicas da época como um *clérigo facinoroso*. Acabou condenado em Auto de Fé (1599). Não lhe valendo ter abjurado, visto morrer ainda sem cumprir sua pena.

Estando a Bela Infanta
No seu jardim assentada...

São os dois versos iniciais de uma das (muitas) versões editadas por Almeida Garrett. Dela, apenas mais dois versos são citados na "Ode":

Seu pente de ouro na mão,
Seus cabelos penteava...

Continuando, nessa versão (trecho):

Deitou os olhos ao mar
Viu vir uma nobre armada
Capitão que nela vinha
Muito bem a governava.
Dize-me, ó capitão
Dessa tua nobre armada
Se encontraste meu marido
Na terra que Deus pisava.

Durban High School

Em 7 de abril de 1899, matricula-se na Durban High School — uma escola, àquele tempo, só para crianças brancas do sexo masculino (hoje, nela, também estudando negros e mestiços). O velho edifício em tijolos vermelhos, situado na St. Thomas Street, tem arcadas ao longo da fachada, amplas salas de aula com paredes revestidas de mogno e, em volta, alguns campos de jogos. Classificado com distinção, *First Class*, é o quadragésimo oitavo entre 673 candidatos. Nessa escola de ensino médio foi inaugurado em 2005 um busto seu (com chapéu e sem óculos), perto da reitoria, onde se situava a sala do diretor, na ala conhecida como Dead Poets (poetas mortos). Já em nova construção, que aquela do seu tempo fora demolida em 1973. Na coluna de granito preto estão datas de nascimento e morte, mais um verso de *Mensagem* ("Mar português"): "Oh salty sea, how much of your salt/ Are tears of Portugal" (Ó mar salgado, quanto do teu sal/ São lágrimas de Portugal).[44] Matérias obrigatórias do currículo são inglês, latim, matemática

---

[44] No caso, quase uma ironia. Que esses versos não são propriamente de Pessoa — dado terem como inspiração uma quadra de *Cantigas* (1898), de António Correia de Oliveira, que diz assim: *Ó ondas de mar salgado/ D'onde vos vem tanto sal?/ Vem das lágrimas choradas/ Nas praias de Portugal.*

e uma ciência. Escolhe física. Como cadeiras opcionais, história e francês. Pula o *Form I* e logo passa do *Form II-B* para o *Form II-A*, por decisão de Willfrid H. Nicholas, *headmaster* da Escola.

Herbert D. Jennings, comenta o fato: *Custa a entender por que terá mister Nicholas feito suportar um fardo tão pesado ao jovem estrangeiro. É de supor que achasse o rapaz possuidor de dotes que o fariam aguentar onde a maioria teria sucumbido. E aguentou, mas pagou decerto o seu preço.* Talvez por isso se considerasse, então, um "neuropata em miniatura". Ganha o *Form Prize*, correspondente à *General Excellence*, vai ao *Form III* e, em dezembro, ao *Form IV*. No primeiro ano, por ser o melhor aluno da classe, recebe como prêmio *The story of Rome from the earliest times to the end of the Republic*, de Arthur Gilman. Ano seguinte, *Stories from the Faerie Queene*, de Mary Macleod, um prêmio para escritos em francês. No seu histórico escolar, os conceitos invariavelmente são *excellent, brilliant, very good*, e sempre com as melhores notas. Em junho de 1901, presta o School Higher Certificate Examination, que corresponde ao fim do estudo secundário, completando o curso em dois dos cinco anos programados. Com só 13 anos, quando todos os outros alunos da classe têm 15 ou mais. Hoje, traduzidos para o inglês, nas paredes dessa escola estão alguns de seus mais conhecidos versos.

Viagem a Portugal

Em junho de 1901, o padrasto é nomeado cônsul de primeira classe; e, com direito a licença sabática,[45] decide passar um ano longe de Durban e dos riscos da Guerra dos Bôeres — que entrava em fase crítica (e findaria, no ano seguinte, com vitória inglesa). A decisão de viajar decorre de não lhe parecer a cidade lugar seguro para crianças e mulheres, sem contar já ser mesmo tempo de rever amigos e familiares deixados em Lisboa. Em 13 de setembro de 1901, *O Século* noticia: *Ingleses atacaram ontem, perto de Driefontein, o comando de Vanderven, aprisionando 37 Bôeres, entre os quais o Red-Cornet Duplessis, e matando dois, sendo um deles o tenente Vanderven. Ficaram mortos quatro ingleses e feridos três.* Dia seguinte, na página quatro: *No navio alemão* Koenig, *vieram de Durban o cônsul Rosa e três filhos*, indicados Pessoa (com 13 anos), a irmã Teca (com 5) e o irmão Luís (com 2). Faltam, nessa

---

[45] Essa licença de um ano era concedida a determinados funcionários públicos portugueses, a cada sete anos. O nome vem da tradição do *sabbath* — descanso religioso que os judeus deveriam, desde o tempo de Moisés, observar no último dia da semana.

relação, dona Maria, a ama Paciência e também, para serem enterradas em Portugal, as cinzas (segundo biógrafos de Pessoa) da irmã morta, Madalena Henriqueta. Mas talvez não se tratasse propriamente de cinzas; dado ser, à época, bem pouco usual recorrer ao sofisticado (e caro) processo de cremação. Para a família, seria o próprio corpo. Mas, quase certamente, foram seus ossos.

Já em Lisboa, depois de 43 dias de viagem, ficam em andar alugado na Rua de Pedrouços, 45, térreo, perto da Quinta Duque de Cadaval — onde moram a avó Dionísia (que acabara de sair do manicômio) e as tias-avós Maria Xavier Pinheiro da Cunha e Rita Xavier Pinheiro. Maria, recém-viúva do tio Gualdino, é "tipo de mulher culta do século XVIII, cética em religião, aristocrata e monárquica", mas, também, de um espírito "varonil, sem medos e pouca ternura feminina". Enquanto Rita, solteirona e doce, acaba mais próxima de Pessoa. A Quinta fica em Pedrouços, pequeno povoado de pescadores nos arredores de Lisboa, a mais atrativa praia da região. Esse lugar evocaria por toda a vida. A casa: "Havia, no andar lá de cima de onde morávamos, um som de piano tocado em escalas, aprendizagem monótona da menina que nunca vi. Eu era criança, e hoje não o sou; o som, porém, é igual na recordação"; e o quintal, "dividido por uma frágil grade, alta, de tiras cruzadas, de madeirinhas, em horta e em jardim meu coração anda esquecido". Em outubro vão todos a Tavira, para visitar parentes paternos de Pessoa — entre eles a querida *tia* Lisbela. Dessa curta viagem, marca mais notória é um poema:

> Cheguei, finalmente, à vila da minha infância[46]
> Desci do comboio, recordei-me, olhei, vi, comparei
> (tudo isto levou o espaço de tempo de um olhar cansado)
> Tudo é velho onde fui novo.
> (...)
> Essa vila da minha infância é afinal uma cidade estrangeira.
> Sou forasteiro, tourist, transeunte
> É claro: é isso que sou.
> Até em mim, meu Deus, até em mim.
>
> "Notas sobre Tavira", Álvaro de Campos

Em 2 de maio de 1902, para conhecer a família materna e resolver problemas no inventário da mãe de dona Maria, ainda vão a Angra do Heroísmo (Ilha Terceira), nos Açores. Pessoa descreve a paisagem com saudade:

---

[46] Em verdade, vila da infância do pai.

"A pequena praia, formando uma baía pequeníssima, excluída do mundo por dois promontórios em miniatura, era, naqueles fins, o meu retiro de mim mesmo." Ficam na casa de tia Anica, na Rua da Palha (atualmente, Rua Padre António Cordeiro); mas, nove dias depois, irrompe na cidade um surto de meningite cerebrospinal — mesmo mal que vitimara a irmã Madalena Henriqueta, em Durban. E logo regressam a Lisboa. Em 26 de junho, padrasto, mãe e irmãos voltam no *Kurfürst* para Durban, terra distante que jamais considerou verdadeiramente sua; viajando, só em 19 de setembro, *Herr F. Pessoa* — assim é registrado na relação dos *passageiros de primeira e segunda classe* do *Herzog*. "Ficou em Lisboa de agosto [em verdade setembro] de 1901 a setembro de 1902; inevitavelmente sofreu, pouco que fosse, a influência da sensualidade urbana e imoralmente corruptora."

> Criança, era outro...
> Naquele em que me tornei
> Cresci e esqueci.
> Tenho de meu, agora, um silêncio, uma lei.
> Ganhei ou perdi?
>
> Sem título (sem data), Fernando Pessoa

Durban Commercial School e University of the Cape of Good Hope

Em fim de 1902, começo de 1903, frequenta aulas noturnas em uma escola de conceito discutível, a Durban Commercial School. Não terá sido escolha do próprio Pessoa. Mais provavelmente, deu-se querer o padrasto encaminhá-lo em alguma profissão com a qual se pudesse manter na fechada sociedade local. "Foi muito bom para mim e para os meus que, até os 15 anos, eu tivesse estado sempre em casa, entregue à minha velha maneira de ser reservada. Mas nessa idade fui mandado para uma escola longe de casa e, ali, o novo ser que eu tanto temia entrou em ação e assumiu a vida humana." Essa escola longe de casa é a Universidade do Cabo da Boa Esperança. Nela presta *Matriculation Examination* em dezembro de 1903. Dos 899 candidatos, 19 passaram para a *first class*, 161 para a *second class* e 262 para a *third class* — entre estes, Pessoa. Os demais desistiram ou foram reprovados. A classificação, medíocre, resulta incompatível com seus antecedentes acadêmicos, e dá-se pelo tempo consumido na Commercial School ou por conta das matérias do exame — algumas, para ele, novidade absoluta (como álgebra e geometria). Augustine Ormond, colega com quem se corresponde até a Primeira Grande Guerra (quando Ormond se muda para a Austrália), o define como *um rapazinho tímido e amável, de caráter doce, extremamente inteligente, com a preocupação de falar e escrever o inglês da forma mais acadêmica possível e de um bom--senso raro para a sua idade. Um rapazinho vivo, alegre, de bom humor e feitio atraente; sentia-me arrastado por ele como um pedaço de ferro se sente atraído por um ímã.* Apesar de britânico, confessa Mr. Ormond que Pessoa *falava e escrevia o inglês melhor do que ele próprio*, e completa: *Lembro-me de que se sentia nele fosse o que fosse que, compreendo agora, era gênio.* Sem contar que, assim o atesta Alexandrino Severino, *encontrava-se muito além dos seus colegas da mesma idade.*

Queen Victoria Memorial Prize

Apesar do baixo conceito que tem nas provas de admissão à Universidade, ainda em 1903 ganha o prestigioso Queen Victoria Memorial Prize, instituído pela Young Jewish Guild of South Africa, em homenagem à recém--falecida (em 22/1/1901) Vitória I, rainha de Grã-Bretanha e Irlanda, imperatriz das Índias. O ofício, comunicando a atribuição desse prêmio pelo melhor ensaio de estilo inglês, é de 20 de fevereiro de 1904. Na prova, deveriam os candidatos escrever, em 60 minutos, duas ou três páginas sobre um de três temas propostos na hora: a) como vejo um homem culto; b) superstições comuns; c) jardinagem na África do Sul. Dado ter-se perdido o texto, não se sabe qual escreveu — certamente, pela natureza do tema, não o último. Ángel Crespo e Fernando Cabral Martins sugerem que, provavelmente, terá sido o segundo. Só palpite. O prêmio corresponde a 7 libras em livros, menos uma libra para encadernação. Escolhe obras de Ben Johnson, Poe, Keats e Tennyson. Nesse mesmo ano, começa a escrever regularmente para o *Natal Mercury*. A coluna, publicada todos os sábados (com repetição na edição semanal da sexta-feira seguinte), tem o estranho título de *The man in the moon* (O homem na lua), e é assinada por Charles Robert Anon. São charadas, publicadas entre setembro de 1903 e junho de 1904; ou textos mais sérios como esse, de 7 de julho de 1905:

> A nós, ingleses, os mais egoístas dos homens, nunca ocorreu que miséria e dor enobrecem... Uma mulher bêbada, trôpega pela rua, é uma visão que causa pena. A mesma mulher caindo desajeitadamente na sua bebedeira é,

talvez, um espetáculo divertido. Mas essa mesma mulher, bêbada e desajeitada que esteja, quando chora a morte de seu filho, não é criatura desprezível nem ridícula, mas uma figura trágica, tão grande como os seus Hamlets ou seus Reis Lears.

Intermediate examinations

No novo ano letivo iniciado, Pessoa se matricula em *Arts* (Letras). A universidade não tem cursos regulares. Nem exige frequência. O sistema escolar das colônias inglesas daquele tempo admite que um ano universitário apenas, o primeiro, seja cursado em terras distantes. Estuda sozinho, em casa, e se sai sempre bem. No *Intermediate examination*, em dezembro de 1904, tem a melhor nota — 1.098 pontos; anotando o *headmaster* Nicholas, à margem, *excellent*. Apesar disso acaba laureado oficialmente, com apenas 930 pontos, o outro aluno (em classe de apenas dois), Clifford E. Geerdts. É ele quem ganha o Natal Exhibition e vai estudar Direito no Lincoln College (Oxford), por quatro anos, tudo custeado pelo governo da província. Segundo lenda, essa escolha se explicaria pelo preconceito de não ser inglês *mister Pessoa*. Mas a razão real é outra e bem mais simples; assim ocorrendo por conta de uma das condições para obtenção dessa bolsa — a de ter o aluno frequentado escolas de Natal nos quatro anos anteriores à bolsa. Não atendendo Pessoa a essa exigência por conta de ter estado em Portugal entre 1901 e 1902. No mesmo dezembro, escreve, para o *Durban High School Magazine*, aquele que seria seu primeiro texto sério, assinado como F.A. Pessoa. Trata-se de um ensaio crítico, em inglês, publicado no *The Durban High School Magazine*, sobre a obra literária do historiador e político Thomas Babington Macaulay (1800-1859), autor de *The History of England, from the accession of James the Second*. Comparando Macaulay a Carlyle, com vantagem para este último sempre, o ensaio de 2 mil palavras tem esta conclusão:

> Há algo nele, ou melhor no estilo dele, que pode levar o cínico a pensar se deve considerá-lo gênio ou apenas um homem de enorme talento. Macaulay parece-nos apenas simplesmente sensato.[47]
>
> "Macaulay", Fernando Pessoa

---

[47] Mais certo estava Pessoa, pois Macaulay, então célebre, foi depois perdendo conceito entre seus concidadãos. Até findar a vida sem maiores reverências, como se fosse ninguém.

As espantosas tempestades africanas

Marca mais forte desse tempo africano são as espantosas tempestades, naquele canto do mundo bem mais fortes que as europeias. Ainda criança, Pessoa encostava a cabeça nos vidros do quarto para observar "um relâmpago frouxo, o som da chuva, o tremor da trovoada" sobre o monte Bluff. A irmã Teca lembra: *Quando era bastante pequeno assistiu a um raio que rachou uma árvore. A partir desse dia entrava em pânico sempre que rebentava uma trovoada. Até pressentia a sua aproximação e então metia-se na cama, tapava-se todo e punha a almofada por cima da cabeça. Metia-se no lugar mais escuro. Nem que fosse um cubículo. Já adulto, continuou com o mesmo horror.* Essas "chuvas na rua ressuscitada do abismo" se revelam, nele, "como um mal-estar de tudo", derramando "por toda a paisagem uma inquietação turva". "Se eu estiver morto, depois de amanhã, a trovoada de depois de amanhã será outra trovoada do que seria se não tivesse morrido. Se eu não estiver no mundo, o mundo será diferente — haverá eu a menos — e a trovoada cairá num mundo diferente e não será a mesma trovoada"; assim reproduzindo, nesse permanente pavor, o Antônio santo que inspirou seu nome.

> Verdadeiramente
> Não sei se estou triste ou não.
> E a chuva cai levemente
> (Porque Verlaine consente)
> Dentro do meu coração.[48]
>
> Sem título (1935), Fernando Pessoa

O amigo Almada Negreiros relata episódio acontecido no Martinho da Arcada: *Nisto rebenta subitamente tremenda trovoada e memorável tempestade. Chuva e mais chuva barulhenta, vento, relâmpago, trovões, um não parar. Fui à porta e gritei para fora — Vivam os raios! Vivam os trovões! Viva o vento! Viva a chuva! Quando voltei à mesa ele não estava. Mas estava um pé debaixo da mesa. Era ele todo. Puxei-o, pálido como um defunto transparente. Levantei-o inerte, se não morto.* Não só nesse momento. Certa vez é surpreendido, no trabalho, em uma "noite horrenda e cheia de verdade".

---

[48] Esses versos são inspirados no *Romances sans paroles*, de Paul Verlaine (1844-1896), um livro em que os poemas, sem título, são só numerados. O terceiro, sobre epígrafe de Arthur Rimbaud (1854-1891), *Chove docemente sobre a cidade*, assim começa: *Chove no meu coração/ Como chove sobre a cidade./ Que lugar é esse/ Que penetra em meu coração?*

A descrição é precisa: "Escurece tudo... Caio por um abismo feito de tempo... Varre tudo para o canto do teto que fica por detrás de mim, e sobre o papel onde escrevo, entre ele e a pena que escreve, jaz o cadáver do rei Quéops, olhando-me com olhos muito abertos." Esse medo explicita em poema (sem título) de 1º de dezembro de 1914, dizendo "que o ruído da chuva atrai a minha inútil agonia". No *Livro do desassossego*, há dez passagens sobre chuvas e 13 sobre tempestades. Em carta a Gaspar Simões (1/12/1931), confessa: "Só a falta de dinheiro (no próprio momento), ou um tempo de trovoada (enquanto dure) são capazes de me deprimir." Em outra carta, agora a Mário Beirão (1/2/1913), está: "Outro dia o céu ameaçava chuva. Não houve trovoada, mas esteve iminente e começou a chover — aqueles pingos (grandes), quentes e espaçados. Atirei-me para casa com o andar mais próximo de correr que pude achar, com a tortura mental que você calcula, perturbadíssimo, constrangido eu todo. E neste estado de espírito encontro-me a compor um soneto." Esse soneto, publicado bem depois no número 9 da revista *Ressurreição* (em 1/2/1920), começa assim:

> Toma-me, ó noite eterna, nos teus braços
> E chama-me teu filho.
> Eu sou um rei
> Que voluntariamente abandonei
> O meu trono de sonhos e cansaços.
>
> "Abdicação", Fernando Pessoa

Adeus, África

Não há maiores referências, na obra de Pessoa, a esse tempo africano; talvez porque, no íntimo, nunca tenha partido de Lisboa. O Tejo, ali, era o rio Ungeni, um nome que não deixou escrito em nenhum papel. Mas esse pedaço de sua vida, já pressentira bem antes, não poderia mesmo durar muito. "Riscarei África dos meus escritos, dos meus sentimentos, do meu coração. África e essa memória oprimem-me", diz em carta a seu *amigo secreto* — assim se define, a seu filho, Herbert D. Jenkins.[49] São muitas, entre especialistas, as tentativas de explicações intimistas para essa volta a

---

[49] Essa carta, dada a público por Clara Ferreira Alves (no nº 11 da revista *Tabacaria*, primavera de 2003), é posta em dúvida por Lucila Nogueira — para quem seria só ficção. Sem acesso aos originais, fica o registro.

Portugal, que sintetizo em palavras de António Quadros: *Lisboa foi para Fernando Pessoa uma demanda do Pai, projetada psicologicamente em demanda à Pátria.* Para mim, tenho serem bem mais simples essas razões. Tudo fazendo com que a África estivesse destinada a ser um hiato, para Pessoa, em tudo diferente do que aspirava. Ali jamais poderia, por exemplo, ter funções públicas — então reservadas apenas a ingleses. Nem ser professor universitário — dado lhe faltarem estudos superiores na Inglaterra, como se exigia. Melhor opção, entre bem poucas, seria o comércio. Algo fora de suas cogitações. A língua diferente, a geografia de província, a distância dos grandes centros culturais — sobretudo França e Inglaterra —, tudo sugeria mesmo que seu lugar era outro e longe. A volta definitiva à Europa se dá em 20 de agosto de 1905, segundo Teca *aos cuidados de um oficial de bordo.* No mesmo vapor alemão *Herzog* em que, findas as férias de 1901, havia voltado sozinho a Durban. A história se repete, como quem percorre um cordão sem pontas. "Há quanto tempo, Portugal, há quanto tempo vivemos separados", diz, lamentando, que ali está tudo "de que eu gostava, e tudo de que eu não gostava — tudo com a mesma saudade". Lá viveria com pequena pensão que o padrasto lhe destinara e modestíssimos montepios herdados da família da mãe. Na mala, umas poucas roupas e o maço das cartas que o pai escrevera para dona Maria em Telheiras. "Sou eu mesmo que aqui vivi e aqui voltei — e aqui tornei a voltar." Para sempre, "Oh, Lisboa, meu lar".

> Outra vez te revejo — Lisboa e Tejo e tudo —
> Transeunte inútil de ti e de mim,
> Estrangeiro aqui como em toda a parte,
> Casual na vida como na alma,
> Fantasma a errar em salas de recordações,
> Ao ruído dos ratos e das tábuas que rangem
> No castelo maldito de ter que viver...
>
> Outra vez te revejo,
> Sombra que passa através de sombras, e brilha.
>
> "Lisbon revisited (1926)",[50] Álvaro de Campos

---

[50] Pessoa escreveu dois poemas com o mesmo título, *Lisbon revisited.* Para diferenciar, quando os publicou na revista *Contemporânea*, indicou suas datas entre parênteses: "Lisbon Revisited (1923)", no número 8, em 1923, o primeiro poema datado por Campos; e "Lisbon Revisited (1926)", no número 2 da segunda série, em 1926. Abaixo dos títulos (estes em letras pretas, normais), as datas estão bem destacadas em azul vivo.

Hoc erat in votis

(Era isto que eu desejava. Horácio)

Regresso a Lisboa

"Outra vez te revejo,
Cidade da minha infância pavorosamente perdida..."[51]
"Lisbon revisited (1926)", Álvaro de Campos

Problemas com a família

Com a dispensa do serviço militar,[52] nada mais o prende à África. O padrasto decide ficar, definitivamente, naquela terra distante e, em 1910, já estaria morando em Pretória — hoje Tshwane, capital administrativa da África do Sul. O enteado, para ele um *teimoso manso*, tem aspirações muito diferentes. E começam os problemas com a família. Muitos. Em rascunho (sem data) de carta à mãe, o cenário é bem claro: "O Papá[53] é um homem honesto, a quem sou muito grato e a quem muito respeito e estimo, mas neste assunto não tem palavra nem entra no Templo.[54] Desculpo-lhe que não me compreenda; custa-me desculpar-lhe que não compreenda que me não compreenda e se meta em assuntos onde a sua boa vontade não é piloto, nem a sua honestidade guia. Há um campo onde podemos entender-nos: é no da nossa estima comum. Fora disso, desde que passa para o que é *meu* e começam as alfinetadas à minha alma, já não é possível acordo nem bem-estar relacional. Eu por minha parte saberei respeitar todos os preconceitos... e as honestas incompreensões da sua alma." Em texto do heterônimo Anon, como que completa: "Os afetos familiares — da minha família para comigo — assumi-

---

[51] Variável que escreveu foi "cidade da minha infância pavorosamente *passada*". Refletindo sobre o verdadeiro sentido dessas palavras, a Teresa Rita Lopes ocorre perguntar: *É a infância ou a cidade que sente como "pavorosamente perdida?"*

[52] O requerimento de remissão ao Distrito de Recrutamento e Reserva é de 9 de setembro de 1902.

[53] Primeiro escreve, e depois risca, "meu padrasto".

[54] Uma metáfora, com sentido iniciático, referência provavelmente genérica aos templos como espaço de acesso restrito aos mortais. Como o do rei Salomão (Jerusalém), em que, antes de chegar ao núcleo, era necessário passar por vários estágios.

ram um aspecto frio, uma aparência dolorosa." Aos poucos, sem sequer pressentir, já começara a deixar de ser o menino de sua mãe.

As incompreensões vão além do padrasto. Nem era mais a mesma sua relação com dona Maria, como se vê neste rascunho de carta: "A Mamã gosta de mim, não simpatiza comigo. Não nos damos mal. Por intolerante que a Mamã seja, eu não o sou. Eu compreendo que a Mamã não compreenda e, ainda que essa incompreensão me irrite e me fira, e a sua revoltante falta de tato me fira e me irrite mais, sofro demais os ímpetos de quase-ódio que isso causa. Bem sei que a Mamã vai responder a isto num tom um tanto ou quanto irônico. Mas isso não me fere. O que me nauseia é a droga dos conselhos e a incompreensão *a sério*." O texto acaba assim: "Desde hoje estou só, humanamente abandonado e só, mas couraçado contra as setas de sua inconsciência e contra as lanças de sua afeição incompreendedora. Quando se tiver dado o fato próximo, então talvez a Mamã compreenda por que não me compreende. Mas isso, que pode aproximar a sua alma da minha, não a fará compreender-me e eu ficarei só eternamente." Celeste Malpique sustenta (sem indicar fonte) que *esta carta não foi enviada pois anunciava ideias de suicídio*. Apesar da fonte respeitável, esse "fato próximo" mais provavelmente seria sua partida para Lisboa. Depois, em pedaço de papel, escreve: "Uma família não é um grupo de parentes; é mais do que a afinidade do sangue, deve ser também uma afinidade de temperamento. Um homem de gênio muitas vezes não tem família. Tem parentes."

Em anotação de 25 de julho de 1907, continuam as lamentações: "Estou cansado de derramar lágrimas de piedade de mim próprio. Na minha família não há compreensão do meu estado mental — não, nenhuma. Riem-se de mim, zombam de mim, não me acreditam, dizem que desejo ser alguém extraordinário. Não podem compreender que entre ser-se e desejar-se ser extraordinário apenas há a diferença de se acrescentar consciência a esse desejo. Não tenho ninguém em quem confiar. A minha família não entende. A minha família não entende nada. Um homem tanto pode sofrer vestido de seda, como coberto de um saco ou um cobertor roto. Basta." Não há certeza sobre quem tomou a decisão daquela volta para Portugal. A mãe e o próprio padrasto já sentiam ser esse um caminho lógico. Mas o gesto decisivo terá sido provavelmente dele por querer, desde muito tempo, andar por novos caminhos. Pouco depois (12/11/1907) escreve poema em inglês, indicando à margem "AG" (provavelmente destinado a volume que chamaria *Agony*), abrindo o coração:

Na família, ao conviver fácil
Nas alegrias banais do viver,
Seria feliz se não tivesse mais
A vida banal dos homens banais.
(...)
Eu, o eternamente excluído
Das relações sociais e do prazer.
(...)
Ai de mim! e ninguém que compreenda
Esse desejo das coisas que transcendem.[55]

"In the street" (Na rua), Alexander Search

Leituras preferidas

A decisão de viver em Lisboa, cidade tão maior que Durban, também se dá pelo gosto que tem por ler e escrever. Desde muito cedo e cada vez mais. Aos 3 anos, junta letras que vê em jornais e livros. Aos 4, já escreve frases inteiras. Por influência da mãe, conhece "livros que dormem comigo à minha cabeceira", sobretudo "numerosas novelas de mistério e de horríveis aventuras". "Minhas leituras prediletas são a repetição de livros banais, que não me deixam nunca": *A retórica*, do Padre (António Cardoso Borges de Figueiredo); *Reflexões sobre a língua portuguesa*, do Padre (Francisco José) Freire; *Paraíso perdido*, de John Milton, obra superior "pela escala coerente de valores", "um poema frio e colossal" que "avassala a imaginação"; *As viagens de Gulliver*, de Jonathan Swift, "brincadeira de exatidão inscrita num livro irônico ou fantasia para gáudio [júbilo] de entes superiores"; e *As aventuras do sr. Pickwick*, de Charles Dickens, que "ainda hoje leio e releio como se não fizesse mais que lembrar" e "sempre tenho a meu lado". "Alguns poetas e prosadores sobreviverão, não pelo seu valor absoluto, mas pela absoluta relatividade. Isso manterá viva e doce a obra de Dickens." Mais tarde, planeja inclusive publicar esse livro em sua empresa Íbis.

Ao personagem refere-se, continuamente, por toda a vida. "Mr. Pickwick pertence às figuras sagradas da história do mundo. Por favor, não aleguem que ele nunca existiu." Lamenta haver "criaturas que sofrem realmente por não poder ter vivido na vida real com o sr. Pickwick", e diz que "se um místico pode alegar um conhecimento pessoal e clara visão de Cristo, uma

---

[55] A construção da frase é arcaica, *This wish that doth all things transcend* — com *doth* em lugar do mais usual *does*.

Pessoa com 7 anos, antes de viajar a Durban
(uma foto que quase todas as crianças da época tiravam)

criatura humana pode alegar conhecimento pessoal e clara visão de mr. Pickwick" — embora confesse que "ter lido *Pickwick Papers* é uma das grandes tragédias de minha vida". Apesar disso não lhe fica, na estante, um único exemplar do livro. Talvez porque, como faz com muitas novelas policiais, o tenha revendido;[56] ou, apenas, o exemplar se desfez ao seu tanto

---

[56] Curioso em Pessoa é que, ao revender livro que lhe tenha sido dedicado pelo autor, arrancava a primeira página (da dedicatória). Mesmo tendo o amigo Joaquim Palhares insistido em que, com dedicatórias, colecionadores pagariam o dobro, nunca o fez.

folhear. Alexandrino Eusébio Severino diz ter localizado em Durban, numa biblioteca de livros ingleses, um exemplar bastante manuseado e com as folhas soltas. Quem sabe fosse o dele — deixado lá, pela família, quando voltou de vez a Portugal. Ainda jovem, lê um livro por dia. Tanto que, em anotação do diário (6/8/1903), diz não ter lido nesse dia livro nenhum por estar "demasiado ocupado a pensar". Em seu *diário de leituras*, desse 1903, a relação de autores é já vasta:

> *Abril, maio* — Júlio Verne, Guerra Junqueiro, Byron, Harold, Keats, Forjaz de Sampaio, Lombroso, Chesterton.
>
> *Junho* — Byron, Espronceda, Farnay, Hudson, Keats, Laing, Molière, Pigault Lebrun, Shelley, Silva Passos, Thomas Child, Tolstoi, Voltaire,[57] Weber.
>
> *Agosto* — Schopenhauer, Platão, Shakespeare, Fouillée.
>
> *Novembro* — Hamon, Zeno, Franz Funck-Brentano, Aristóteles, Rimbaud.[58]

Mais tarde, essa febre por leitura aumenta. Em anotação de maio de 1906, está que "lerei dois livros por dia, um de poesia ou literatura, outro de ciências ou filosofia". Em mais anotações no seu diário, entre outros autores, estão Campoamor, Lindholm, Zenão e outra vez "o meu confrade William Shakespeare, pessoa de alguma categoria ante os deuses", como diz em carta a Gaspar Simões (1/11/1931). Pessoa se inspira nele continuamente. A imagem da cotovia, por exemplo, tão cara a Shakespeare, está presente em muitos de seus poemas. Como em *In articulo mortis*: "Talvez não seja o rouxinol que canta... Esperemos ainda, talvez seja a cotovia." Ou em "The mad fiddler" ("The master said"), onde a "cotovia encontra o ar", quase reproduzindo a Cena V (Jardim de Capuleto) de *Romeu e Julieta*, na qual essa mesma cotovia era a *Mensageira da Aurora*. Ao amigo Côrtes-Rodrigues,

---

[57] Depois diria que "Voltaire é organicamente um cadáver".

[58] A este dedica poema, "A vida de Arthur Rimbaud", que acaba com uma sentença: "A tua vida foi o teu perdão." É que Rimbaud (1854-1891) viveu tumultuosa relação amorosa com Paul Verlaine (1844-1896). Chegaram mesmo a fazer juntos (duas primeiras estrofes de Verlaine, as duas últimas de Rimbaud) um "Sonnet du trou du cul" (Soneto do buraco do cu), que começa assim: *Obscuro e franzino como um cravo roxo/ Ele respira, humildemente escondido no musgo/ Úmido ainda de amor...* E assim viveram até quando o amante, depois de abandonar mulher e filho, lhe acertou um tiro de revólver (na bunda) em Bruxelas (1873). Então Rimbaud foi viver na África, em Aden (no atual Iêmen), onde ganhou a vida como comerciante de armas, escravos, peles, marfim e café, sem mais ter escrito uma única linha de poesia. E só no fim da vida voltou à companhia da irmã Isabelle, em Charleville, cidade da França onde nasceu, para morrer aos 37 anos, sem uma perna, em Marselha.

acrescenta "outras influências". Como (Lord Alfred) Tennyson — aquele que "pôs todo o paganismo num verso, *autoconhecimento, autorreverência, autocontrole*, que contém todo o calendário intelectual do ascetismo". Segue a relação: António Correia de Oliveira, António Nobre, Baudelaire, Garrett, seu tio Henrique Rosa, José Duro, Maurice Rollinat, Poe, Wordsworth, os simbolistas franceses e Goethe — o europeu mais apreciado por ele, depois de Shakespeare e Milton. Também Antero de Quental, "poeta completo, dos tais que falam alto, para a Europa toda, para a civilização em geral"; aquele para quem escreve poema (26/7/1914), *À la manière de Camilo Pessanha*; e Gide, apesar de dizer que "nunca pude ler o Gide". Em nota de 1914, completa essas preferências indicando "restos de influência de subpoetas portugueses lidos na infância" e "ligeiras influências de escola de Pope e da prosa de Carlyle".

Alguns autores que o influenciam, estranhamente, não estão nessa relação. Como Oscar Wilde, de quem diz: "Este homem, ao mesmo tempo que era um literato, dedicava-se à cultura da conversação e de todas as complexas futilidades que o mero convívio envolve"; ou que Wilde "já escreveu sobre esse ponto, deixando, como era seu costume, tudo por dizer sobre o assunto"; ou "ele usa a pura melodia das palavras, é singularmente desajeitado e primitivo"; ou, como que resumindo, "Wilde não era um artista". Cinco de seus livros estão na estante de Pessoa, incluindo aqueles que mais o impressionam: *Intenções; O retrato de Dorian Gray*, seu único romance; e *De profundis* — uma longa carta, escrita na prisão de Reading, ao amante Lord Alfred Douglas (Bosie). Há 50 manuscritos de Pessoa com referências diretas a Wilde. Em *Passagem das horas,* seu Freddie inclusive evoca a palidez do Bosie de Wilde, observa Mariana de Castro. Suzette Macedo, citada por Zenith, sugere ser mesmo impossível que não tenha sofrido a forte presença de Wilde, transparente em algumas frases do inglês: *Mentir e poesia são a mesma arte* ou *As únicas pessoas reais são as que nunca existiram* (em *A decadência da mentira*); *Em arte não há tal coisa como uma verdade universal* ou *Uma verdade, em arte, é aquela cujos contrários também são verdadeiros* (em *A verdade das máscaras*); e até admite que *Autopsicografia,* ou *Isto* seriam como que *traduções* de Wilde. Pessoa faz horóscopo do irlandês (em 1917), comparando-o com o dele próprio; e Bernardo Soares, no *Desassossego*, diz que "pela boca morreu o peixe e Oscar Wilde". No mesmo 30 de novembro em que morreria Pessoa, 35 anos depois.

Mas nenhuma dessas ausências é tão difícil de entender como a daquele para quem escreveu "Saúdo-te, Walt, meu irmão em universo", em *Saudação a Walt Whitman* — um poema escrito à máquina, com título a lápis, que começa por sua própria data: "Portugal-Infinito, onze de junho de mil novecentos e quinze, He-lá, á, á, á, á, á!" Pessoa até diz que Álvaro de Campos escreve "como Walt Whitman, com um poeta grego dentro de si". Walter Whitman Jr., só para lembrar, escreveu um único livro de poemas na vida, *Leaves of Grass* (Folhas de relva). A cada nova edição ia alterando, acrescentando ou suprimindo poemas. A primeira (de 1855), com 91 páginas, contém 12; a segunda, 32, entre eles o famoso "Salut au monde", que inicialmente aparece com o título de "Poem of salutation"; a terceira, 130; a nona e última, 293 — além de uma *Death bed edition*, de 1892, impressão póstuma com pequenas alterações. Pessoa tinha dois exemplares desse livro: um de 1895, com capa avermelhada e por ele rabiscada; outro de 1909, hoje na Casa Fernando Pessoa (entre os 18 assinados pelo heterônimo Alexander Search), com versos sublinhados em lápis negro comum ou lápis de cera lilás. Inquieto, e sem aceitar regras rígidas, com 12 anos Whitman abandona a escola para ser carpinteiro e jornalista. Ao tempo do nascimento de Pessoa, já perto do fim (morreria quatro anos depois), é só um velho com barba branca, paralítico (desde os 52 anos), que escreve como quem faz o balanço amargo de sua vida: *Eu agora, esperando parar só com a morte*; ou, falando de sua obra, *O valor disso o tempo decidirá*. Em *To foreign lands* (Para terras estrangeiras), como que se dirige a Pessoa: *Te envio os meus poemas para que neles tu contemples o que te falta*. Segundo o crítico Harold Bloom, *Pessoa é Whitman renascido*.

Mais tarde, Pessoa já não se encanta com esses autores que tanto o influenciaram. Em carta ao jornalista Boavida Portugal (sem data, 1912), reconhece que "as alturas máximas da poesia estão na *Ilíada* e em Shakespeare, e, logo abaixo, nos dramaturgos gregos e nos dois Épicos Supremos da Renascença, Dante e Milton" — embora, deste último, depois diga não ter o talento do gênio. Seria só um "bom operário", ainda assim "maior que Camões". Em fins de 1931, confessa: "Pasmo hoje — pasmo com horror — do que admirei — sincera e inteligentemente — até aos 30 anos, no passado e no [então] presente da literatura internacional"; afinal descobrindo "que a leitura é uma forma servil de sonhar". Por isso, "abandonei o hábito de ler"; e, "se devo sonhar, por que não sonhar os meus próprios sonhos?"

Então sonha, muito, "mais que Napoleão fez", até quando, "farto de sonhar", percebe já não lhe sobrar tempo.

> Entre o sono e o sonho,
> Entre mim e o que em mim
> É o que eu me suponho,
> Corre um rio sem fim.
> (...)
> E quem me sinto e morre
> No que me liga a mim
> Dorme onde o rio corre —
> Esse rio sem fim.

> Sem título (11/9/1933), Fernando Pessoa

Um poeta anunciado

Ainda na África, e dada a evidente qualidade dos seus poemas, era já claro seu destino de escritor. Seguem dois exemplos em poesia, não publicados à época. Um revelando a dor de estar naquela terra distante, escrito em inglês com apenas 12 anos:

> Em algum lugar onde jamais viverei
> O jardim de um palácio enrama
> Tanta beleza que o sonho aflige
>
> Ali, revestindo muros imemoriais
> Enormes flores prematuras
> Relembram, diante de Deus, a minha vida perdida
>
> Ali éramos felizes, eu e a criança
> Por termos as sombras frescas
> Para no seu interior sentirmo-nos docemente exilados.
>
> Levaram embora todas essas coisas verdadeiras
> Os meus campos perdidos!
> A minha infância antes da Noite e do Dia!

> "Anamnesis",[59] Fernando Pessoa

---

[59] O título "Anamnesis" (Lembrança) é inspirado em teoria defendida por Platão, segundo a qual todo conhecimento é lembrança de situações passadas.

Outro dedicado "à minha mãe", com 13 anos, escrito em português:[60]

Ave-Maria, tão pura,
Virgem nunca maculada
Ouvide a prece tirada
No meu peito da amargura.

Vós que sois **cheia de graça**
Escutai minha oração,
Conduzi-me pela mão
Por esta vida que passa.

O Senhor, que é vosso filho
Que seja sempre conosco,
Assim como **é convosco**,
Eternamente o seu brilho.

Bendita sois vós, Maria,
Entre as mulheres da terra
E voss'alma só encerra
Doce imagem de alegria.

Mais radiante do que a luz
E **bendito**, oh Santa Mãe
É o fruto que provém
Do vosso ventre, Jesus!

Ditosa[61] **Santa Maria,**
Vós que sois a **Mãe de Deus**
E que morais lá nos céus
Orai[62] por nós cada dia.

Rogai por nós, pecadores,
Ao vosso filho, Jesus,
Que por nós morreu na cruz
E que sofreu tantas dores.

Rogai, **agora**, oh mãe querida
E (quando quiser a sorte)

---

[60] São duas versões. A primeira, de 12 de abril de 1902; e uma segunda, com bem poucas diferenças, consensualmente tida como posterior — mas que, para Pessoa, seria de antes, 7 de abril de 1902. Com esta data, *april, 7th, 1902*, está numa relação de poemas escritos "até meus dezesseis anos".

[61] Na segunda versão, *gloriosa*.

[62] Na segunda versão, *velai*.

Na hora da nossa morte
Quando nos fugir a vida.

Ave-Maria, tão pura,
Virgem nunca maculada,
Ouvide[63] a prece tirada
No meu peito da amargura

"Ave-Maria", Fernando Pessoa

Estreia como poeta

Seu primeiro poema sério, apesar da desenhada caligrafia escolar do original (12/5/1901), terá sido *Separated from thee, treasure of my heart* (Separado de ti, tesouro do meu coração), depois incluído em seu *English poems* — segundo Jennings, escrito sob influência de um poema que Shelzeny escreveu aos 18 anos, *To the queen of my heart* (Para a rainha do meu coração). Mas o primeiro registro de publicação sua, como poeta, se dá em *O Imparcial,* de Lisboa (18/7/1902) — diário que se intitulava *defensor dos interesses econômicos e morais da nação*, dirigido por um político regenerador, o professor Carneiro de Moura. Assim consta, no jornal (resumo):

UM POETA DE 14 ANOS

Apresentamos hoje aos nossos leitores o sr. Fernando A. Pessoa Nogueira, uma simpática e irrequieta criança — de 14 anos, de espírito vivo e inteligente. É filho do falecido Seabra Pessoa. São do jovem poeta as rimas que abaixo publicamos, que muito prometem do talento do esperançoso poeta, que glosa assim a bela quadra de Augusto Vicente:[64]

Primeiro vem o mote:

Teus olhos, contas escuras,
São duas Ave-Marias
Dum rosário d'amarguras
Que eu rezo todos os dias.

---

[63] Na segunda versão, *ouvi*.

[64] A quadra, mais tarde se viu, na verdade é de outro Augusto, o Gil — diretor-geral de Belas-Artes do Ministério da Instrução —, publicada no seu livro *Versos*; o mesmo que viria, depois, a ser um dileto companheiro de Pessoa nos cafés de Lisboa.

Após o que vem a Glosa de Pessoa, em que cada verso dessa quadra de Gil é o verso final de cada uma das quatro estrofes:

> Quando a dor me amargurar,
> Quando sentir penas duras,
> Só me podem consolar
> Teus olhos, contas escuras.
>
> Deles só brotam amores
> Não há sombras de ironias:
> Esses olhos sedutores
> São duas Ave-Marias.
>
> Mas se a ira os vem turvar
> Fazem-me sofrer torturas
> E as contas todas rezar
> Dum rosário d'amarguras.
>
> Ou se os alaga a aflição
> Peço pra ti alegrias
> Numa fervente oração
> Que eu rezo todos os dias!
>
> Sem título (31/3/1902), Fernando Pessoa

Escola do Arco de Jesus

Pouco depois de voltar da África, em 2 de outubro de 1905, começa a frequentar o Curso Superior de Letras na Escola do Arco de Jesus — criada por D. Pedro V, em 1858, na Freguesia da Sé, e "assim chamada por causa do arco que ainda lá se encontra. Este edifício é a outrora sede do Convento de Jesus". Havia lá, então, quatro cursos: o geral, o de bibliotecário, o de habilitação para o magistério e o de habilitação para a carreira diplomática. Como se considera "um poeta animado pela filosofia, e não um filósofo com faculdades poéticas", inscreve-se como aluno ordinário pagante deste último — ao custo de 6 mil-réis no início e mais 6 mil no fim do ano letivo. São quatro alunos regulares, mais 22 inscritos como voluntários. O curso tem cinco disciplinas: francês, filologia românica, geografia, inglês e história universal. Pelos registros da classe, vê-se que também frequenta aulas como aluno voluntário de geografia, língua e literatura francesa, língua e literatura alemã e inglesa. Pensa também estudar grego e filosofia, mas essas duas últimas matérias estão rasuradas na inscrição. A timidez, a ausência de namoradas, o apuro nas roupas, a educação inglesa, o diferenciam dos outros estudantes da classe. "Já não tenho esperança em qualquer amizade aqui; procurarei ir-me embora o mais depressa possível." Únicos amigos íntimos desse tempo são os colegas Armando Teixeira Rebelo, educado em Pretória, e Beatriz Osório de Albuquerque, que só chamava Pessoa de *mon cher mage rouge* (meu querido mago vermelho). Os três, colegas de curso, conversavam sempre em inglês. Mais tarde, já casados, Pessoa acabou padrinho da filha dos dois, Signa.

Diferentemente do que em geral se pensa, não perde o ano em razão das faltas (como um terço dos alunos do curso); mas porque, doente entre maio e agosto de 1906, não faz as *normas* de julho. Em setembro, ainda tenta realizar esses exames, mas o requerimento é recusado, em 6 de outubro, *por não terem sido preenchidos os preceitos legais do prazo de encerramento... matrícula e certidão de doença no tempo competente*, segundo a direção da Faculdade. Acaba fazendo nova matrícula, como repetente, "no primeiro ano do curso diplomático e mais uma cadeira de filosofia". Não o completaria. Por conta do temperamento — que, confessa em palavras do heterônimo Jean-Seul de Méluret, "eu era anarquista, com 17 anos". Ou talvez mais provavelmente porque, caso viesse mesmo a ser diplomata, serviria a um governo em seus estertores. Sem encantar mais ninguém. Sobretudo jovens embalados por sonhos democráticos, como ele, que consideravam haver "em Portugal, ao menos, uma esperança, aquela que está no Partido Republicano". Pouco depois, em *Carta Aberta*, se posiciona contra essa monarquia "coroada por uma corte beata e devassa, nojentamente beata e nauseantemente devassa", que "nada em lama de toda espécie e atrai a si todo o gênero de podridão".

Num rascunho de carta destinada à mãe, está que se considera "pouco motivado para o curso". Apesar disso, naquele novo período letivo que começa, tem até menos faltas — prova de que sua saúde terá melhorado. Mas o interesse por se formar não existe mais. Em anotação de março de 1907, referindo os estudos, diz ser um "*dull and stupid day*" (dia monótono e estúpido) — anotando ainda à margem do texto, em português, palavras como "enfadonho" e "maçador". O país vive dias difíceis, dividido entre monárquicos de várias facções e a insurgência dos ideais republicanos. João Franco, antigo chefe do Partido Regenerador (então líder do Partido Regenerador Liberal, que fundou) e homem forte do governo, em agosto do ano anterior fechara por decreto a Universidade de Coimbra. A reação dos estudantes viria só em abril — numa greve que, de início, protestava pela reprovação do doutorando José Eugênio Ferreira e depois se estenderia contra a própria monarquia. O movimento de estudantes, com forte espírito republicano, espalhou-se por outras escolas superiores do Porto e de Lisboa. Segundo lenda, Pessoa teria sido um dos responsáveis por essa greve. Para o meio-irmão João Maria, *foi um dos instigadores. Mas suponho que não foi expulso.* Não há registro disso na faculdade. E a hipótese é altamente improvável. Não que fosse simpático à monarquia — longe disso, como vimos. É que seu temperamento, com certeza, dispensaria tanta ousadia. As aulas são suspensas, em 15 desse abril, por ordem do Ministério do Reino, e a Câmara dos Deputados é dissolvida, em 8 de maio, também por decreto. A família, novamente em férias lisboetas, volta sem ele para Durban. Seria a última vez em que estariam todos juntos. Finda a greve, em 1º de junho, os exames são adiados de julho (como seria normal) para setembro — mês em que, no dia 6, morre a avó Dionísia. Pessoa não estará na sala, posto haver já decidido abandonar a faculdade . Em anotação deixada em folha solta, está "*C.S.L. and end thereof*" (Curso Superior de Letras e assim termina).

Mais tarde (em 1908), por desaprovar fortemente o autoritarismo que se vivia em Portugal, cria a *Ordem do Fósforo Apagado (do valor, lealdade e mérito da asneira),* que tem, como condecoração, "uma caveira de burro em bronze, com um fósforo apagado na boca" e "servia para laurear devidamente os cultores da asneira nacional". Não apenas nacional, que "asneira não tem pátria". Os pretendentes a essa condecoração, esclarecia, poderiam se candidatar com requerimento "em papel almaço vulgar", sendo o primeiro *Diploma de Asneira* conferido a D. Manuel II (O Patriota) — que, com o assassinato do pai, D. Carlos, acabara de ser proclamado rei. E ainda planeja um "tratado revolucionário", *Pela República,* com introdução na qual justifica esse assassinato. As razões para a desistência do curso não são inteiramente claras; *Parece que ele não concordava com o modo como a Universidade*[65] *era orientada e decidiu desistir,* pensa João Maria. Ou não lhe atraía ser diplomata naquela monarquia findante. Segundo penso, a morte da avó terá também contribuído para essa decisão; porque Pessoa sabe ser seu único herdeiro e conta com os recursos do inventário para sobreviver, sem ter de se formar ou depender de terceiros. No mais, já começara a trabalhar em empresas comerciais. Assim, como se fosse mesmo natural, apenas desiste do curso e da carreira, como desistiu de quase tudo mais que

---

[65] Aqui equivocou-se, que a universidade clássica de Lisboa foi criada só em 1911.

um dia quis. "Grandes como são as tragédias, nenhuma delas é maior do que a tragédia de minha própria vida."

> Senhora das Horas que passam, Madona das águas estagnadas e das algas mortas, Deusa Tutelar dos desertos abertos e das paisagens negras de rochedos estéreis — livra-me da minha mocidade.

> *Livro do desassossego*[66] ("Grandes trechos"), Bernardo Soares

À disposição do destino

"Para onde vai a minha vida, e quem a leva?" Após deixar a faculdade, não volta a Durban. "Saí da nebulosa da infância e da adolescência", sem nenhuma ideia do destino que o esperava. Fim do período de aprendizagem. "Vinte e um anos pura e inutilmente vivi na prostração indefinida", se sentindo "inútil no rumoroso marejar da vida", *good but only in a real description* (bom mas apenas numa descrição real). Acentuam-se a sensação de isolamento e o medo obsessivo da loucura, levemente atenuado a partir de 1910. "Ah, mas como eu desejaria lançar ao menos numa alma alguma coisa de veneno, de desassossego e de inquietação." Passa então a viver, plenamente, "a doçura de não ter família nem companhia em... que sentimos o orgulho do desterro esbater-nos [esmaecer-nos] em volúpia incerta a vaga inquietação de estar longe". Naquela cidade, em que não conhece quase ninguém, sente-se "abandonado como um náufrago no meio do mar", condenado "ao meu exílio que sou eu mesmo". Apesar disso ainda tinha uma enorme confiança no futuro — que depois, aos poucos, iria desaparecer. Agora "a minha vida segue uma rota e uma escala"; e, nela, "a minha própria sombra me guia, porque Deus fez de mim o seu altar". Mais tarde escreveria, em inglês, esta nota:

> Todo ano terminado em 5 foi importante na minha vida.
> 1895. Segundo casamento de minha mãe; resultado, África.
> 1905. Regresso a Lisboa.
> 1915. *Orpheu*.[67]
> 1925. Morte de minha mãe.
> Todos são princípios de período.

Faltou 1935, também terminado em 5. O ano de sua morte.

---

[66] Todas as referências a textos do *Desassossego* neste livro, incluindo numeração de fragmentos, são feitas a partir da edição da Cia. das Letras organizada por Richard Zenith.

[67] Revista literária que dirige; adiante veremos.

Ecce homo

(Eis o homem. Palavras com que Pilatos, de vara nas mãos, apontou Jesus aos romanos)

Um cavalheiro de triste figura

"Sou um deserto imenso
Onde nem eu estou."
Sem título (sem data), Fernando Pessoa

Um espectador da vida

Saramago se pergunta, no início da apresentação de um livro de Sábat (*Anônimo transparente*): Que *retrato de si mesmo pintaria Fernando Pessoa se, em vez de poeta, tivesse sido pintor?* Certamente não um retrato, apenas. Muitos. Por isso tantas vezes, e de tantas maneiras, se tentou definir esse que "procurou ser espectador da vida, sem se misturar nela": como um *anjo marinheiro*, um *desconhecido de si próprio*, um *estranho estrangeiro*, um *estrangeiro lúcido de si mesmo*, um *homem que nunca existiu*, um *sincero mentiroso*, um *insincero verídico*, *esfinge propondo o enigma*, *narciso negro*, *labirinto*, *sistema solar infinito*, *galáxia*, *poeta da depressão*, *poeta da mansarda*, *poeta da hora absurda*. *Homem do Inferno*, como na curiosíssima definição de Eduardo Lourenço, *se acreditarmos em Dante*. Em todos os casos reconhecendo que a dimensão da obra excede este "barco abandonado, infiel ao destino", que é sua vida. António Mega Ferreira constata: *Como poeta, ele está acima do humano; como homem, ele vive abaixo do normal*. Em conversa, me confessou Cleonice Berardinelli ter a sensação de que *quanto mais se chega perto de Pessoa, mais ele escapa*. O próprio Pessoa completaria: "Há uma só arte, viver." O problema é que "esse viver me apavora e me tortura". Seja como for, e apesar de pressentir que "Deus sabe melhor do que eu quem sou eu", "é necessário agora que eu diga que espécie de homem sou".

> O meu caminho é pelo infinito fora até chegar ao fim!
> Se sou capaz de chegar ao fim ou não, não é contigo,
> É comigo, com Deus, com o sentido...
> (...)

Posso ser tudo, ou posso ser nada, ou qualquer coisa,
Conforme me der na gana... Ninguém tem nada com isso...

"Saudação a Walt Whitman", Álvaro de Campos

Mistura de fidalgos e judeus

Pessoa se considera "por varonia e fisionomicamente hebreu"; em razão do próprio rosto, que é o da mãe, com um "focinho envergonhado que ofende a humanidade". "Ventas de contador de gás", assim o descreve em carta à implausível amada Ophelia Queiroz (16/2/1929). Na Arca, ficaram desenhos de vários tipos de narizes, com anotações à margem na tentativa de adivinhar o caráter de seus portadores: *pride* (orgulho), *self-esteem* (autoestima), *confidence* (confiança). No diário, em anotação de 27 de fevereiro de 1913, está que um de seus amigos, o dentista judeu "Israel [Abraham Cagi] Anahory, sabendo por mim que eu tinha coisas semíticas", concorda — "o nariz, um pouco".

Não por acaso expressando essa ascendência em poemas de *Mensagem*, observou Ioram Melcer. Como "O das quinas", em que está variação de *Shadái, um dos nomes de Deus na Bíblia* — daí se tendo *Asher dái bo (Que dele basta)*, como inspiração para os versos "Baste a quem baste o que lhe basta/ O bastante de lhe bastar!". Ou "Padrão", em que está *parte da Massehet Hagigá*, onde se vê que *Deus* repreendeu o *mar que se quis alargar e impôs-lhe um limite*, "O mar com fim será grego ou romano"; diferente daquele de D. Sebastião, bem mais amplo, "O mar sem fim é português".

Esse rosto judeu evoca antepassados, mais antigo deles sendo Filipe Rodrigues, filho de judeus batizados em pé (1497), natural de Castelo Branco. Ou o sexto-avô Custódio da Cunha de Oliveira (1632-1669). Natural de Alcaide e escrivão da Almotaçaria[68] do Tribunal Fiscal de Montemor-o-Velho. Era casado com Madalena Pessoa de Gouveia — um nome de mulher que se perpetuaria na família. Origem dos Pessoa, em Tomar e no Algarve, foi Manuel da Cunha Pessoa (nascido em 1669). Era irmão de Sancho Pessoa da Cunha (nascido em 1662), um *psalmista*[69] e astrólogo que, em 1706, como tantos na Península Ibérica, foi processado em auto de fé. O processo na Torre do Tombo (número 9.478, da Inquisição de Coimbra) tem hoje suas 183 páginas deterioradas. Mesmo assim, nele, ainda se consegue ler que *o réu é Cristão Novo, tratante* [mercador], *casado não se sabe com*

---

[68] Almotacé era título dado ao encarregado de tributos, distribuição de alimentos, pesos e medidas.
[69] Assim, em latim eclesiástico, eram designados aqueles que compunham salmos — os salmistas.

quem, primo de Brites [Beatriz], *natural da Vila de Montemor-o-Velho, Bispado de Coimbra, e morador no lugar do Fundão, termo da vila de Covilhã, Bispado da Guarda.* Ao fim do processo, consta este *Termo de Abjuração em Forma,* com o qual declara Sancho Pessoa da Cunha (resumo):

> Eu, perante vós Senhores Inquisidores, juro em fé dos Santos Evangelhos em que tenho minhas mãos, que anatematizo e aparto de mim toda espécie de Heresia e Apostasia que for contra nossa Santa Fé Católica e Apostólica. E serei sempre muito obediente a nosso muito Santo Padre Papa, Presidente da Igreja de Deus. E se em algum tempo tornar a cair nos mesmos erros, quero ser havido por relapso e castigado, como for de direito, quero que essa absolvição me não aproveite e me submeto à severidade dos sagrados cânones.

Após o que é providenciado seu *Termo de Soltura e Segredo* (resumo):

> Ao réu foi dito que ele tenha muito segredo em tudo que viu e ouviu nos cárceres desta Inquisição e não diga a pessoa alguma os presos com que esteve nem os que ficam nos cárceres, nem deles leve recado algum. Fazendo o contrário do que está mandado será castigado com todo o rigor; o que tudo o Réu prometeu cumprir sob cargo do juramento dos santos Evangelhos. E os Senhores Inquisidores o mandaram soltar.

Menos sorte coube a seu neto, Martinho da Cunha e Oliveira — irmão de Diogo Nunes da Cunha Pessoa, fundidor e latoeiro,[70] nascido em 15 de janeiro de 1709, no Fundão, quarto-avô do poeta. Em 1747, primeiro foi preso pela Inquisição de Coimbra, tendo a chance de abjurar e ser beneficiado pelo correspondente *Termo de Soltura e Segredo*; mas, logo depois, acabou vítima de *excomunhão maior*, agora pela Inquisição de Lisboa Ocidental. *Preso debaixo da chave ao Alcaide das Chaves,* e mesmo pagando 188.070 cruzados em uma *conta de tudo* — que incluía as correspondentes remunerações do secretário do Conselho, do procurador, do meirinho e do próprio alcaide —, acabou seus breves dias no fogo. O processo na Torre do Tombo (número 8.106, da Inquisição de Lisboa), com 238 páginas, é hoje quase ilegível. Contando-se ainda (segundo trabalho dos genealogistas José António Severino da Costa Caldeira e Rui Miguel Faísca R. Pereira), entre seus ancestrais submetidos a processos inquisitoriais: Beatriz e Rodrigo da Cunha (presos pelo Santo Ofício em 28/11/1621), Custódio da Cunha e Oliveira (preso pelo Santo Ofício em 13/5/1669), Diogo Dias Fernandes (Processo n. 5.289 da Inquisição de Évora), Diogo Fernandes Bacalhau

---

[70] Assim se diz dos que trabalham com lata ou latão (funileiro).

(Processo n. 9.478 da Inquisição de Évora) e Diogo Fernandes (queimado em fogueira inquisitorial). Naquele tempo, quando um desses hereges morria, era costume fechar com pedra e cal a porta por onde o esquife saía, para que sua alma depois não pudesse voltar à casa. Reencontrando-se mais tarde, na torturada alma de Pessoa, as almas de todos esses familiares — que, se verdadeira a lenda, talvez estivessem vagando sem destino por céus imprecisos e distantes.

A família seria, então, "mistura de fidalgos e judeus".[71] Ficando o "fidalgos" por conta de dois antepassados. Por parte de mãe, Gonçalo Anes da Fonseca (nascido em 1475), em Lagos, cavaleiro de D. Manuel I e um dos primeiros habitantes dos Açores. Por parte de pai, o capitão do Regimento de Artilharia do Algarve e fidalgo da cota de armas José António Pereira de Araújo e Sousa (1746-1799), de Fermedo (Arouca), com carta de nobreza firmada no próprio ano em que morreu. Descendente de procuradores régios, foi autorizado a cunhar o brasão da família. Esse brasão a criança desenhou muitas vezes, copiando imagem que viu no Arquivo Heráldico Genealógico de Portugal, um escudo esquartelado com armas: no primeiro quartel, a dos Pereiras; no segundo, a dos Camisões; no terceiro, a dos Sousas; e, no quarto, a dos Araújos. Mesmo brasão que está gravado num anel do qual, adulto já, nunca se separa. O amigo Luís Pedro Moitinho de Almeida confirma: *Tinha peneiras* [modos] *de fidalguia e ostentava na mão, com certo orgulho, um anel de prata com o brasão das armas dos Sousas, dos Camisões e dos Araújos* (faltou referir a dos Pereiras). Ainda se contando, entre antepassados ilustres, o médico do Hospital Real de Tavira Daniel Pessoa e Cunha (1780-1822), de Serpe (Salvador). Considerando esses antepassados, é mesmo uma contradição ambulante: cristão-novo, por parte do pai, e católico, pela mãe — de raça, assim define o amigo e poeta Mário (Pais da Cunha) Saa, *judaico-luso-britânica*. Segundo ele próprio, mais simplesmente, é só um "pagão-novo".

Um homem discreto

"Não faço visitas, nem ando em sociedade nenhuma — nem de salas, nem de cafés"; que fazê-lo seria "entregar-me a conversas inúteis, furtar tempo se

---

[71] Em anotação no diário (28/3/1906), consta uma prova de sua ascendência judia: "Tenho de ser operado, circuncisão"; e até espera, logo, "ter remediado esse mal" — sem provas de que tenha sido operado.

não aos meus raciocínios e aos meus projetos, pelo menos aos meus sonhos, que sempre serão mais belos que a conversa alheia". A explicação que dá para tal aversão às práticas sociais é simples (e pretensiosa): "Devo-me à humanidade futura. Quanto me desperdiçar, desperdiço do divino patrimônio possível dos homens de amanhã; diminuo-lhes a felicidade que lhes possa dar." Na dimensão do pensamento, apenas, que "nunca tive uma ideia nobre de minha presença física. Pareço um jesuíta fruste [gasto]. Sou um surdo-mudo berrando, em voz alta, os meus gestos". Esses gestos são comedidos, de "extrema cortesia", mesmo delicados. Educado, *abria o portão para os empregados do prédio, com as compras, na Rua Coelho da Rocha* — segundo Manuela Nogueira. "Sou tímido, e tenho repugnância em dar a conhecer minhas angústias"; razão por que (quase) nunca distribui cartões de visita — dizendo sempre estarem na gráfica, por entregar. "Calmo e alegre diante dos outros" é, "em geral, uma criatura com que os outros simpatizam". Ri pouco e ouve mais do que fala — "não se deve falar demasiado". No fundo, "ouvir nunca foi para mim senão um acompanhamento de ver"; porque, "a não ser que ouças, não poderás ver". Seu interesse é mais dialogar que debater. E não gosta de se exibir. De magoar os outros, menos ainda. O heterônimo Barão de Teive, com vida que quase reproduz a do próprio Pessoa, diz: "Pus-me sempre à parte do mundo e da vida... Nunca alguém me tratou mal, em nenhum modo ou sentido. Todos me trataram bem, mas com afastamento. Compreendi logo que o afastamento estava em mim, a partir de mim. Por isso posso dizer, sem ilusões, que fui sempre respeitado. Amado, ou querido, nunca fui."

Os depoimentos dos que com ele conviveram são, entre si, parecidos. Segundo a irmã Teca, *era muito reservado e muitas vezes parecia alheio ao que o rodeava. Contudo sempre foi extremamente dedicado, fácil de contentar, não me lembro de o ver irritado. Nunca levantava a voz, era educadíssimo. Para todos tinha sempre uma palavra amável, era o que se chamava um gentleman, isso era.* Ophelia Queiroz a segue: *O Fernando era extremamente reservado. Falava muito pouco de sua vida íntima.* Carlos Queiroz, sobrinho de Ophelia, diz que *seus gestos nervosos, mas plásticos e cheios de correção, acompanham sempre o ritmo do monólogo, como a quererem rimar com todas as palavras. Nunca ouvi ninguém queixar-se de ter sido atingido por ele.* Para o escritor francês Pierre Horcade, *irradiava um encanto indefinível feito de extrema cortesia, de bom humor e ainda uma espécie de intensidade febril que borbulhavam sob a aparente fachada da boa convivência.* António Cobeira declara ser *uma criatura afável, irrepreensível no trato, de primorosa educação, incapaz de uma deslealdade, imaculadamente honesto, dedica-*

díssimo, triste e tímido. Jorge de Sena confirma ser *um senhor suavemente simpático, muito bem-vestido, que escondia no beiço de cima o riso discretamente casquinado* [irônico]. *A calvície, os olhos gastos, o jeito de sentar-se com as mãos nos joelhos e uma voz velada davam-lhe um ar estrangeiro, distante no tempo e no espaço.* Casais Monteiro sugere que *ninguém quis ser menos aparente*, resumindo sua vida em um *discreto pudor, de amor ao silêncio e à contemplação.* O amigo Almada Negreiros lembra ser uma *pessoa calada*, a mais silenciosa do grupo. *Ele era um auditivo, e eu um visual.* Em conversa com António Quadros, acrescenta: *Mas olha que nenhum de nós tinha dúvidas, ele era o mestre!* Luis de Oliveira Guimarães completa: *Como pessoa, o Pessoa não tinha graça nenhuma, um macambúzio que só visto. Conversávamos bastante, quer dizer, eu é que falava, ele estava quase sempre calado. Ninguém sabia, aliás, quem era o Fernando Pessoa. A glória só veio 20 e tal anos depois de sua morte.*

Conversa com o rosto encostado no braço e frequentemente, em meio a uma agitação intensa, comprime a cabeça entre as mãos. "A boca, última coisa em que se repara", tem "um sorriso de existir, e não de nos falar". "Entre mim e a minha voz, abriu-se um abismo", que "não tem na voz um grito, mal tem a própria voz". Talvez se apliquem, a ele mesmo, versos de 1914 — nos quais fala de uma "Serena voz imperfeita, eleita/ Para falar aos deuses inertes". Essa voz é "igual, lançada num tom de quem não procura senão dizer o que está dizendo — nem alta, nem baixa, clara, livre de intenções, de hesitações, de timidez". Mas o timbre às vezes se altera e então fala em tons agudos e monocórdios. O famoso declamador português João (Henrique) Villaret (1913-1961), ouvindo-o recitar poemas, segreda ao poeta António Botto, que os apresentara pouco antes: *Ó Botto, o seu amigo, com aquela voz, nunca poderia ser ator.* A frase muda algumas palavras, dependendo dos depoimentos daqueles que a ouviram. Mas preserva, em todas as versões, o mesmo sentido.

> Quem pôs,[72] na minha voz, mero som cavo
> O milagre das palavras e da sua forma
> E o milagre maior do seu sentido?
> Minha voz, meio ruído,
> Ilumina-se por dentro...
>
> Sem título (11/9/1913), Fernando Pessoa

---

[72] Numa primeira versão, *põe.*

O corpo débil do pai

"O meu corpo é o abismo entre eu e eu." Esse corpo é débil como o do pai — desconjuntado, a mesma cor sem sol, o mesmo peito chato de tuberculoso. Um desastre para quem, como ele, considera que "o artista tem de nascer belo e elegante, pois quem adora a beleza não deve ser, ele próprio, destituído dela. E é, seguramente, uma dor terrível para um artista não encontrar de todo em si mesmo aquilo que busca arduamente". Apesar de apreciar futebol, não pratica esportes — algo natural para quem tem pernas altas e pouco musculosas. *Era pálido, magro e parecia pouco desenvolvido fisicamente. Corcovado, de peito encolhido, tinha uma maneira de andar especial* — segundo Clifford Geerdts, seu colega em Durban. Anda com passos descoordenados ao mesmo tempo em que balança os braços flácidos. "Meu braço ei-lo, o estandarte de Deus." As mãos "são brancas, mãos humanas, tão humanas. Tão mistério! Que estranho o haver gente, e mãos!" Delgadas também, "esguias, um pouco pálidas, um pouco sombrias". Ao sentar-se, esconde essas mãos sob os joelhos. "Às vezes, quando fito as minhas mãos, tenho medo de Deus." Por indicação do dr. Egas Moniz,[73] a partir de 1907 passa a fazer regularmente exercícios "para fins ginásticos" — uma referência frequente, nos seus textos, mesmo quando discorre sobre estilos literários: "Vivi na atmosfera dos filósofos gregos e alemães, assim como dos decadentes franceses, cuja ação me foi subitamente varrida do espírito pela ginástica sueca." Seu professor de educação física (e também do infante D. Manuel) é Luís da Costa Leal Furtado Coelho, que deixa diversos livros sobre o tema — dos quais mais importante é *Método do sistema sueco de educação física: Rendimentos de uma técnica pedagógica (1935)*, dedicado *Ao meu antigo discípulo e bom amigo.* Pessoa escreve sobre ele em *A Fama* (1933), no artigo "O que um milionário americano fez em Portugal".[74] "Em menos de três meses, e a três

---

[73] António (Caetano de Abreu Freire) Egas Moniz (1874-1955), Catedrático de Neurologia na Universidade de Lisboa, inventor da arteriografia cerebral e da técnica de leucotomia pré-frontal, foi Prêmio Nobel de Medicina em 1949, dividido com o suíço Walter Rudolf Hess (1881-1973), por pesquisas na influência do cérebro sobre os demais órgãos. Dele Pessoa, num texto em francês, diz que "não exagera quando põe a questão em termos nítidos e precisos: todo homem é naturalmente sexual; toda mulher é naturalmente mãe. Todos os que se afastam disso não são normais. É bem verdade". E, em 13 de novembro de 1914, lhe dedica soneto (sem título) em que diz: *Ainda há do teu sangue em minhas veias./ E que pouco eu sou teu, longínquo avô.*

[74] Esse milionário era Bernarr Macfadden (1868-1955), dono de jornais, revistas e hotéis em Nova York. Decidido a usar sua fortuna em favor do bem comum, fundou numerosas instituições de educação destinadas a crianças pelo mundo, incluindo uma em São João do Estoril. A relação entre os

lições por semana, pôs-me o Furtado Coelho em tal estado de transformação que, diga-se com modéstia, ainda hoje existo — com que vantagens para a civilização europeia não me compete a mim dizer." Foi (provavelmente) Coelho quem o levou ao hábito de tomar banho com água fria todas as manhãs, assim que acordava — usando, fornecidos pelo amigo Francisco Peixoto Carvalho e Bourbon (natural de Angra do Heroísmo, botânico e professor da Universidade de Coimbra), sabonetes que em Portugal eram anunciados assim: *Nada de "Cê Cê" comigo, uso Lifebuoy.*

A descrição de um contemporâneo do Porto, o médico Taborda de Vasconcelos, é definitiva: *Franzino, pernas delgadas, tórax retraído, cabeça longa com testa de largas entradas, enxuto de carnes, sóbrio de palavras, ensimesmado e distante, tinha um ar esfíngico — no conjunto, pois, o tipo acabado astênico propriamente dito.* No *Desassossego,* o heterônimo Vicente Guedes (depois convertido em Bernardo Soares) marca encontro com "um indivíduo cujo aspecto, não me interessando a princípio, pouco a pouco passou a interessar-me". Assim foi descrito esse anônimo, que seria o próprio Pessoa: "Era um homem que aparentava trinta anos, magro, mais alto que baixo, curvado exageradamente quando sentado, mas menos quando de pé, vestido com um certo desleixo não inteiramente desleixado. Na face pálida e sem interesse de feições um ar de sofrimento não acrescentava interesse, e era difícil definir que espécie de sofrimento esse ar indicava — parecia indicar vícios, angústias, e aquele sofrimento que nasce da indiferença que provém de ter sofrido muito. Sua voz era baça e trêmula como a das criaturas que não esperam nada, porque é perfeitamente inútil esperar." Sem contar que "o meu ouvido, meio fraco", prova que "a audição era débil". Em conversa, Teresa Sobral Cunha o definiu como *alguém que não acreditava no seu corpo.* Considerando o desastre desse corpo, declara, constrangido, que "alguém em mim tem ódio de ser eu". Em resumo, "para ser cadáver[75] só me faltava morrer".

> Meu corpo pesa no meu pensamento
> De nunca deslocar-me até a alma

---

dois, o milionário e Coelho, decorre de ter esse americano criado um sistema de vida que combinava dieta simples, ar livre e ginástica sueca. Pessoa lhe escreveu duas cartas, em 15 e 19 de maio de 1933, comentando suas ações em Portugal. Sem registro das respostas.

[75] A palavra, segundo crença pouco acreditada, seria junção das três primeiras sílabas da expressão romana *caro data vermibus* (carne dada aos vermes). Pessoa, com certeza, dado seu fascínio pelo não convencional, consideraria essa uma boa definição.

E ter sempre o momento
Aqui, eterno enquanto dura...[76]

Sem título (10/1/1916), Fernando Pessoa

Da saúde sempre se queixou. No diário,[77] em anotações de um único mês (novembro de 1919), está: "Acordei com dores de garganta" (dia 15); "fisicamente indisposto, flatulência" e "tive por três vezes acessos de uma forma curiosa de tontura" (dia 16); "ataque de gripe com febre ao anoitecer" e "um estado ligeiramente final" (dia 29). Há também, esparsamente, anotações como "senti-me esvair, quase desmaiando"; ou "sinto-me muito anêmico e esvaído ainda que poeticamente excitado"; ou "ah, quem me dera ver o oásis no deserto da minha febre". Em cartas ao amigo Álvaro Pinto, diz ter "estado doente, com gripe" (31/12/1912); ou "estava cinco dias de cama com gripe... não tenho a cabeça ainda no estado normal" (13/6/1913). A Ophelia, confessa ter tido "outra angina" (18/3/1920). Em resposta, é clara a preocupação dela com sua saúde: Fiquei muito ralada por sabê-lo pior e sem poder ir vê-lo (18/3/1920); Tens então muitas dores de garganta, meu amorzinho? (outra carta de 18/3/1920); Grandes saudades que tinha tuas, do desgosto de estares doente sem eu te poder tratar (19/3/1920); Estás melhorzinho? (20/3/1920); Passaste bem a noite? (30/3/1920); Deus queira que nunca suceda, mas se alguma vez suceder estares doentinho depois de estarmos casados, verás, meu amor, o quanto serei carinhosa para contigo (20/7/1920). Só que Pessoa não gosta de falar disso. Na segunda fase da relação, inclusive escreve (29/9/1929): "Bem me basta estar doente: não é preciso pedir-me conta da minha saúde como se estivesse na minha vontade, ou eu tivesse obrigação de dar contas a alguém de qualquer coisa."

Tenho uma grande constipação,
E toda a gente sabe como as grandes constipações
Alteram todo o sistema do universo,
Zangam-nos contra a vida,
E fazem espirrar até à metafísica.
(...)

---

[76] Esse verso talvez seja inspiração para o "Soneto da fidelidade", de Vinícius de Moraes: *Que não seja imortal, posto que é chama/ Mas que seja infinito enquanto dure.* Palavras, a observação é de Alberto da Costa e Silva, inspiradas em Henri de Régnier, poeta e romancista francês (1844-1936), *O amor é eterno enquanto dura.*

[77] O diário de Pessoa, escrito primeiro em inglês, se inicia em 15 de março de 1905 e é interrompido em 2 de junho de 1906. Depois de algumas páginas escritas em 1912 e 1913, assinadas por C. R. Anon, é retomado em outubro de 1915, agora em português; mas, três dias depois, já volta ao inglês, e segue até próximo a 1920.

Excusez un peu[78]... Que grande constipação física!
Preciso de verdade e da aspirina.

Sem título (14/3/1931), Álvaro de Campos

Os olhos míopes

Tem "olhos e ouvidos atentos", de quem vê "como um danado", distante do que descreve em poema (sem título) de 1916, "Visão precisa... olhar do além". Para ele, seria sempre "a minha vista curta". São olhos *castanhos* — assim está no seu bilhete de identidade. E também míopes. "Somos todos míopes, exceto para dentro. Só o sonho vê com o olhar." A oculistas iria por toda a vida. Numa anotação com "obrigações do dia", de quando já tem mais de 40 anos, ao lado de "aniversário dos pequenos", está "oculista". Aos 17, segundo receita de L. Xavier da Costa, tem –3D em cada olho. Ao pé dessa receita consta *12 graus, míope*; e um complemento, *para ver de longe*.

Taborda de Vasconcelos diz que tem *olhos profundos e miúdos, rasgados em amêndoas, o olhar ausente por detrás das lentes grossas e sem aros*. Luís Pedro Moitinho de Almeida lembra que seus óculos *mais pareciam lunetas* que, no fim da vida, *davam-lhe um ar tímido, apesar da agressividade de seu bigode ruivo cortado à americana, contrastando com os poucos cabelos grisalhos que tinha na cabeça*. Esses óculos são redondos, indistintamente de metal (no começo da vida) ou tartaruga (no fim), com lentes frequentemente embaçadas.[79] Tudo que Pessoa via de longe era borrado, mesmo usando óculos, razão pela qual não seria capaz de praticar nenhum esporte que exigisse precisão na localização de bolas ou outros objetos. Mas usar óculos assim é incômodo limitado, para míopes, que não precisam deles para ler — dado restar tudo próximo, em seu mundo. Sendo mesmo comum que escrevam em letras pequenas e leiam sem óculos.

> Não sei com que olhos vejo,
> Ou com que ouvidos ouço
> Seus rostos e suas vozes
> Que não vejo, mas vejo

---

[78] Desculpe a minha ousadia.

[79] Essa observação, feita por alguns dos que conviveram com Pessoa, causa estranheza ao oftalmologista pernambucano dr. Saulo Gorenstein, porque *míope não suporta óculos sujos*. Prova de desleixo, talvez.

Que não ouço, mas ouço
Que não sonho, mas sonho,
Que não sou eu, nem outro...

Sem título (17/9/1916), Fernando Pessoa

Cabelo, bigode e barba

Pessoa desde sempre e até morrer nunca se barbeou a si próprio, atesta o primo Eduardo Freitas da Costa. Por isso ia tanto a barbearias. Sendo mesmo natural que muitos dos seus textos se passem lá, como este no *Desassossego*: "Entrei no barbeiro no modo de costume, com o prazer de me ser fácil entrar sem constrangimento nas casas conhecidas. Quando me sentei na cadeira, perguntei, por um acaso que lembra, ao rapaz barbeiro que me ia colocando no pescoço um linho frio e limpo, como ia o colega da cadeira da direita, mais velho e com espírito, que estava doente. Perguntei-lhe sem que me pesasse a necessidade de perguntar: ocorreu-me a oportunidade pelo local e a lembrança. *Morreu ontem*,[80] respondeu sem tom a voz que estava por detrás da toalha e de mim, e cujos dedos se erguiam da última inserção na nuca, entre mim e o colarinho. Toda a minha boa disposição irracional morreu de repente, como o barbeiro eternamente ausente da cadeira ao lado. Faz frio em tudo quanto penso. Não disse nada. Saudades!" Uma de suas brincadeiras favoritas era inclusive fingir que a sobrinha Manuela exercia o ofício de barbeiro; tantas vezes se repetindo a cena com ele no sofá, toalha no pescoço, e ela *com uma faquinha de baguelite a fingir que era a navalha*. Depois, colônia e o pagamento da barba com uma moeda, quase sempre destinada à compra de chocolates. Por nunca andar *a cabelo* — assim se dizia, naquela época —, critica o "comerciante que usa a cabeça para fins mais inferiores que a colocação do chapéu". E também usava bigode; o que levou Ophelia Queiroz a confessar, em carta de 22 de novembro de 1929, *sabe que o bigode do Íbis faz cócegas na boca da Íbis?*

Mas pobre sonho o que só quer não tê-lo!
Pobre esperança a de existir somente!
Como quem passa a mão pelo cabelo.

Sem título (2/8/1933), Fernando Pessoa

---

[80] Essa barbearia, com certeza, não é a de Manassés, onde jamais faleceu qualquer funcionário — assim me confirmou sua família.

Para cabelo e barba se serve, até onde pude conferir, de dois barbeiros. Armando Ventura Teixeira, no Chiado, mais próximo aos lugares em que antes morava; e, depois que se muda para Campo de Ourique (1920), Manassés Ferreira de Seixas, na barbearia do sr. Celestino Rodrigues, na Rua Silva Carvalho, 10; continuando a ser seu cliente quando Manassés fundou a Barbearia Seixas, da Rua Coelho da Rocha, 5C, quase em frente ao apartamento dos últimos anos. Homem simples, coxo e usando sempre bengala, acaba se convertendo em amigo e confidente. É ele o "barbeiro das anedotas" a que se refere Bernardo Soares. Foi Manassés quem fez sua derradeira barba, antes de ir ao hospital em que morreria. No fim, já doente, vai Manassés diariamente ao seu quarto para a barba. Bem cedo, antes que a barbearia abra, e quase sempre com o filho. É que, ao passar pelo estabelecimento, Pessoa vê o menino brincando, no salão, e pede que na ida ao quarto, para a barba, "leve o miúdo". Com a criança conversa mais que com o pai. Esse filho era António Manuel Rodrigues de Seixas — depois, técnico em eletrônica numa oficina que tinha o mesmo endereço da antiga barbearia, levado pela *indesejada das gentes* pouco antes da primeira edição deste livro. Assim António, criança ainda, passa quase a fazer parte daquele quarto que me descreveu como *deprimente*.

> Põe a tua mão
> Sobre o meu cabelo...
> Tudo é ilusão.
> Sonhar é sabê-lo.
>
> Sem título (15/12/1912), Fernando Pessoa

A elegância no trajar

No trajar é, certamente, um homem elegante. *Sua maneira de ser, de sentir, de vestir até, era especial*, segundo Ophelia. *Com corpo franzino*, lembra o amigo e jornalista Artur Portela, vivia *envolto friorentamente numa gabardina coçada* [gasta], *todo o físico rematado por um chapéu ridículo*. Uma descrição injusta, salvo talvez nos últimos dias. Esses chapéus, nele sempre tombados para o lado direito, são invariavelmente pretos ou cinzento-escuros, "de aba revirada e debruada", estilo *diplomata* — bem diferentes dos de palha usados em Durban. Mas por vezes, e apesar de não haver fotos comprovando, também os usa em Lisboa — como atesta Ophelia (1/6/1920): *Fica tão bem o chapéu de palha, meu amor! Faz-te parecer muito alegre.* "À noite fiquei satisfeito por ouvir duas amáveis referências ao fato de eu estar bem-vestido (Oh! eu?)." Essas duas referências, conquanto não as tenha revelado Pessoa, foram feitas pelos amigos Armando Côrtes-Rodrigues e José de Azeredo Perdigão — mais tarde presidente da Fundação Calouste Gulbenkian. Calças, quando jovem, usa enterradas nas polainas; depois, acompanhando a moda, passam a ser apertadas e curtas, conhecidas como *papo seco*. E sapatos sempre bem engraxados — há registro de compras feitas na Sapataria Contente, ao início da Avenida da Liberdade. As camisas, de um branco imaculado e *muito engomadas* (nos últimos 20 anos por Irene, lavadeira da família), segundo a sobrinha Manuela Nogueira *têm punhos retos e colarinhos de ponta* — e não aqueles tradicionais, à época, de dobra vincada. Em anotação está "camisas moles, sem colarinho, na camisaria que há no Rossio, a meio do 1º quarteirão, do lado da Rua do Ouro".[81] Trata-se da Camisaria Pitta,[82] uma das mais requintadas de Lisboa; e onde, segundo essa mesma anotação, "há lenços e outras coisas".

> A minha camisa rota
> (Pois não tenho quem me a cosa)
> (...)
> Mas sei que a camisa é nada,
> Que um rasgão não é mau,
> E que a camisa rasgada
> Não me traz a alma enganada,
> Em busca do Santo Graal.[83]
>
> Sem título (31/10/1933), Fernando Pessoa

Casaco usa comprido, apertado no corpo, e ternos de corte anglo-saxônico — feitos pelos mestres da Casa Lourenço & Santos, a mais cara de Lisboa. Dos três endereços da alfaiataria (que ainda hoje existe), confirmam Eduardo Freitas da Costa e Jorge de Sena, vai à que fica no térreo do Hotel Avenida Palace, esquina da Rua 1º de Dezembro com a Praça dos Restauradores,[84] onde está monumento homenageando as batalhas portuguesas — incluindo

---

[81] O nome oficial é Rua Áurea, mas toda gente a chama por aquele outro nome, incluindo Pessoa, que sonha "acordar na Rua do Ouro".

[82] Ainda hoje existe, só que em outro endereço — Rua Augusta 195-197.

[83] O Santo Graal é prato, vasilha, pedra mágica ou, na versão mais difundida, cálice usado por Jesus na Santa Ceia — depois, com ele, tendo José de Arimateia recolhido o sangue que lhe escorria na cruz.

[84] Hoje com novo endereço, na Praça dos Restauradores 47; ocupado agora, o antigo hotel, pela loja de lingerie Caledônia.

Pessoa com 26 anos

a dos Guararapes, com inscrição *Pernambuco 27 de janeiro de 1654*.[85] Mas luxo custa caro, sobretudo para quem tem ganhos modestos; não poucas vezes tendo, essa casa, que recorrer aos serviços profissionais da Procuradoria Fênix ou da Procural — empresas especializadas em fazer cobranças a clientes morosos, pouco dedicados à arte de pagar contas em dia. Seus cobradores, para constranger devedores, usavam sempre fraques vermelhos e vistosos.[86] Na arca ficou recibo de pagamento feito à Fênix (com endereço na Rua do Crucifixo), em 27 de janeiro de 1932, referente ao *restante do seu débito à firma Lourenço & Santos*, em um total de 200 escudos — valor correspondente ao de um sobretudo. Apesar dessas limitações financeiras, nunca procurou alfaiate mais em conta e acabou se acostumando com esse apuro por dívidas. O mesmo que também passa, quase todos os meses, por comprar livros na Livraria Inglesa da Rua do Arsenal — onde se encontra com Ophelia, depois do trabalho. Neste último caso, segundo o amigo Augusto Ferreira Gomes, porque *o Sr. Tabuada, gerente do estabelecimento, em matéria de contas era inflexível.*

---

[85] Data em que foram expulsos, de Pernambuco, os holandeses da Companhia das Índias Ocidentais.
[86] Ainda hoje é assim, como se pode ver em anúncio do *Diário de Notícias* (26/4/2010, p. 9), de um *El Cobrador de Frac*, com a figurinha de um desses cobradores.

Para completar "o meu traje de civilizado" usa gravatas borboleta, negras ou cinza, para combinar com seus ternos escuros. "Deixa-me tirar a gravata e desabotoar o colarinho, não se pode ter muita energia com a civilização à roda do pescoço." Ou então laços, também pretos. Em texto indicado apenas como *Prefácio*, está: "Arranco do pescoço uma mão que me sufoca. Vejo que na mão, com que a essa arranquei, me veio preso um laço que me caiu do pescoço com o gesto de libertação. Afasto com cuidado o laço, e é com as próprias mãos que quase me estrangulo." Ao "Dear Mr. Wieselthier", de Viena, responde carta em 18 de agosto de 1933: "Pediu-me amavelmente que lhe indicasse a medida do meu pescoço — não para me enforcar, espero —; assim, informo-o de que é de 39 centímetros."

Uma insônia permanente

"Não durmo nem espero dormir. Nem na morte espero dormir." São noites de horror, desde os tempos da África, pairando "como morcegos sobre a passividade da alma, vampiros que sugam o sangue da submissão, larvas de desperdício, vermes nauseantes, cobras dos recôncavos absurdos das emoções perdidas". Deita-se, por horas, e não dorme. "Tenho principalmente sono, não um sono que traz latente como todos os sonos, ainda que mórbidos, o privilégio físico do sossego." Deita-se de lado sobre o braço esquerdo, "ouvindo a existência expressa do coração". Mas é um sono "triste, cheio de sonhos, fisicamente doloroso", que "mesmo na cama essa dor persiste... Não durmo, minha ama". "Quem quisesse fazer um catálogo de monstros, não teria mais que fotografar em palavras aquelas coisas que a noite traz às almas sonolentas que não conseguem dormir." Sua noite, por tudo, é de um "sono que não consigo ter". "De meio-dormir." Sem contar que "acordo durante a noite e escrevo, tenho de escrever", confessa em carta a Ophelia (5/4/1920). "À noite, na cama, dificuldade de dormir devido à excitação mental" (diário, 14/11/1905). Essas noites passa em pé, à frente da escrivaninha do quarto, escrevendo. "Durmo pouco e com um papel e uma caneta à cabeceira." A sua seria, pois, uma "obra noturna". Mas não apenas dorme tarde e pouco, apenas. Com frequência também levanta cedo, enquanto "a cidade demora a acordar". De repente o "galo canta sem saber, deveras, que canta pela segunda vez" e "aguardo a aurora, que já tantas vi".

> Não fiz nada, bem sei, nem o farei,
> Mas de não fazer nada isto tirei,

Que fazer tudo e nada é tudo o mesmo,
Quem sou é o espectro do que não serei.

Vivemos aos encontros do abandono
Sem verdade, sem dúvida nem dono.
Boa é a vida, mas melhor é o vinho.
O amor é bom, mas é melhor o sono.

Sem título (1931), Fernando Pessoa

O fumo e a libertação dos pensamentos

Fuma em todos os lugares — na rua, nos cafés, nos escritórios em que trabalha, nos quartos em que mora. Muito. E limita-se a *queimar* os cigarros (sem tragar), reproduzindo o que se faz com charutos. As pontas dos dois dedos (e unhas) da mão direita, com que segura os cigarros, são amareladas — embora por vezes, apesar de destro, use para esse fim também a mão esquerda. O heterônimo Abílio Quaresma é assim descrito por Pessoa (a partir de sua própria figura): "O aspecto igualmente sujo do polegar e indicador da mão direita e da esquerda (menos) superindicava o tabaco."

"É o fumo do cigarro o que habitualmente mais espiritualmente me reconstrói momentos do passado." São *80 por dia*, confirma o primo Eduardo Freitas da Costa, intercalados por algumas xícaras de café — que, segundo o irmão João Maria, gosta de *tomar com um cálice de conhaque. Costuma acompanhar o café com ele, e bebe muito café durante o dia.* Assim seria, sempre. Ophelia, em carta de 6 de março de 1920, dá conta de que guardou a caixa onde Pessoa armazenava o fumo que usava para fazer seus cigarros. *Sabe onde vai passar a noite? Não adivinha? Debaixo do meu travesseiro que é onde ela pode ficar melhor.* Numa anotação (sem data) está: "Um dos volumes de um desses autores [Conan Doyle e Arthur Morrison], um cigarro de 45 ao pacote,[87] a ideia de uma chávena [*xícara*] de café... resume-se nisso minha felicidade." A imagem é reproduzida no *Desassossego*: "Uma chávena de café, um tabaco que se fuma e cujo aroma nos atravessa, os olhos quase cerrados num quarto em penumbra — não quero mais da vida do que os meus sonhos e isto!", porque "os meus sonhos substituem bem o universo e as suas estrelas".

"Nunca fiz mais do que fumar a vida." Segundo a irmã Teca, por vezes, ele mesmo *fazia os cigarros, como muita gente na altura, mas não engolia o fumo.* Para degustar esses *cigarros de onça*,[88] o fumador tinha de, pacientemente,

---

[87] Um tipo especial, então existente em Portugal, com maços de 45 cigarros.
[88] Medida de peso inglesa, correspondente a pouco menos de 30 gramas.

fazer antes o enchimento de uma *mortalha* de papel (ou palha) com fumo picado, seguindo-se o gesto de levar essa mortalha à boca para, com a ponta da língua, umedecer a extremidade da folha impregnada com cola, após o que restava o cigarro *selado*. O general Oscar Carmona, eleito presidente da República em 16 de novembro de 1926, era um dos seus grandes apreciadores. Mas não ficava bem, a um presidente fumante, que tanto usasse a língua em locais públicos; sem contar que a produção de cigarros, desde 1891 beneficiando a Companhia de Tabacos de Portugal,[89] deixara de ser monopólio privado em 30 de abril de 1926. No mesmo ano de 1926, a fábrica estatal Tabaqueira, dirigida por funcionários públicos, criou cigarro industrializado ao seu gosto, dando-lhe nome provisório de *Provisórios*. Logo, também Pessoa começa a fumar esse *Provisórios, tabaco francês* (apesar de feito em Portugal). Depois vem definitivamente, a partir de 1928, o *Definitivos*. As marcas se mantiveram no mercado até quase o fim do século XX. Mas a preferência de Pessoa, no fim da vida, seria mesmo pelos bons cigarros *Bons*.

"Acendi um cigarro, e só quando vi que tinha caído cinza sobre a cama compreendi que a consciência de mim se tinha intervalado com o abismo." Jamais lhe aconteceu algo de ruim nessas noites em que dormiu fumando. Mais sorte teve que a poetisa brasileira (nascida em Tchetchelnik, Ucrânia) Clarice (Chaya) Lispector (1925-1977), queimada gravemente quando incendiou a cama em que dormia com um cigarro aceso entre os dedos. Não fumava só cigarro. Cachimbo também. E "charuto caro". O *Banqueiro anarquista* de Pessoa, "grande comerciante e açambarcador notável, fumava como quem não pensa". Charuto, evidentemente. Num prefácio às novelas de Abílio Quaresma, está uma dessas marcas: "Podemos amar uma marca de charutos. Há quem se bata e morra por ideias abstratas, e sem cinta [anel de papel, com a marca do fabricante] nenhuma; e os Peraltas tinham-na." Em *O caso Vargas*, talvez reproduzindo o que acontecia com ele próprio, um dos capítulos termina com "Quaresma deixando cair a cinza do charuto em cima do peitilho da camisa". Na Casa Moitinho de Almeida, é comum passar parte da noite escrevendo — por lá ter, disponível, a máquina de escrever do patrão. *E as pontas de charuto denunciavam-lhe a presença na noite anterior*, declara o advogado Carlos Moitinho, filho de Luís Pedro Moitinho de Almeida.

---

[89] Com 70% de capitais estrangeiros, sobretudo franceses. A chamada *questão dos tabacos* foi tratada por Pessoa em longo texto, *"Régie, Monopólio, Liberdade"*, publicado nos números 2 e 3 da *Revista de Comércio e Contabilidade* (1926). Régie, "no caso particular dos tabacos", é o "sistema de administração do Estado".

"Através do sabor leve do fumo todo o passado revive-me." Quando Sá-Carneiro está em Lisboa, o acompanha nas idas à Tabacaria Mônaco[90] — onde o amigo compra jornais, revistas e novidades literárias de Paris. Mas Pessoa não tem um lugar específico para comprar tabaco: serve-se também da leiteria em que trabalha o velho amigo Júlio Trindade, na Rua Coelho da Rocha; da Tabacaria Costa, na Rua Áurea; da Tabacaria Inglesa, no Cais do Sodré; da Habaneza dos Retroseiros, bem em frente aos escritórios da Casa Moitinho de Almeida; ou da Havanesa, vizinha à Brasileira do Chiado. A ela se referiu Eça (n'*Os Maias*), "A uma esquina, vadios em farrapos fumavam; e na esquina defronte, na Havanesa, fumavam também outros vadios, de sobrecasaca, politicando". Em carta a Gaspar Simões (11/12/1931), exercita sua conhecida ironia: "Nunca me havia ocorrido, por exemplo, que o tabaco (acrescentarei e o álcool) fosse uma translação do onanismo [*masturbação*]. Depois do que li neste sentido, num breve estudo dum psicanalista, verifiquei imediatamente que, dos cinco perfeitos exemplares de onanistas que tenho conhecido, quatro não fumavam[91] nem bebiam, e o que fumava abominava o vinho." Ao fim da vida, sofre com uma tosse forte e aquele pigarro característico dos que têm a garganta seca pelo vício. Mas jamais admitiu deixar de fumar.

> Acendo um cigarro...
> E saboreio no cigarro a libertação de todos os pensamentos.
> Sigo o fumo como uma rota própria.
> (...)
> Depois deito-me para trás na cadeira
> E continuo fumando.
> Enquanto o Destino mo conceder, continuarei fumando.
>
> "Tabacaria", Álvaro de Campos

Selos

Pessoa tem pequenos hábitos, comuns naquele tempo, como o de colecionar postais e sobretudo selos. Sobre o tema inclusive escreve conto, "O filatelista". Essa pequena herança fica depois com a irmã Teca, *um álbum enorme, pesadíssimo e muito valioso,* ela própria confirma. Com capa de couro e título em

---

[90] A casa ainda funciona à Praça D. Pedro IV, no Rossio.

[91] Churchill, na Segunda Guerra, fumava 125 charutos por dia; enquanto Hitler foi o primeiro governante a proibir que se fumasse na sua frente. Segundo Carlos Heitor Cony, *é o patrono dos antitabagistas de hoje.* Só para lembrar, Mussolini também não fumava. Nem Salazar. Nem Kadafi, na Líbia.

letras douradas — *Grand Albun, Timbres/Postes* —, suas 844 páginas pesam exatamente 5,5 quilos. Foi presente dos pais no dia do seu aniversário de 14 anos. Na página de rosto, ao lado de sua assinatura com letra desenhada, está a data em que começa a coleção — 13 de junho de 1902. Pessoa chega a ter, no álbum, 605 selos — ainda fixados em *charneira* (pedacinho de papel gomado que une o selo ao álbum, lembrando um durex[92]) ou colados com goma arábica, em vez do *havid* atual. Mas nem todos ficaram em suas páginas. Mantidos, hoje, apenas 380 deles, sem registro do destino dos restantes. Descolados da coleção, talvez não por acidente, os selos todos de Açores (26), Lourenço Marques (12), Moçambique (16) e Portugal (41).

> Pia número DEZ,
> Para quem cola selos nas unhas dos pés.
> E, como as mãos já não estão frias,
> Tampa nas pias!
>
> "Casa branca", Fernando Pessoa

A música da juventude

Depois do jantar ouve música, em um tempo sem rádio nem televisão nas casas. "Só estou bem quando ouço música." É dos seus poucos gostos. Sobretudo a clássica — Beethoven, Chopin, Liszt, Mozart, Rimsky-Korsakov,[93] Verdi, Wagner. Segundo Teca, *o Fernando adorava ouvi-los, sentava-se muito calado e assim ficava*. Mesmo nos últimos anos, continua frequentando concertos no São Carlos. Também gosta do fado, claro, e escreve: "Toda a poesia — e a canção é uma poesia ajudada — reflete o que a alma não tem. Por isso a canção dos povos tristes é alegre e a canção dos povos alegres é triste. O fado, porém, não é alegre nem triste. É um episódio de intervalo. Formou-o a alma portuguesa quando não existia e desejava tudo sem ter força para o desejar. As almas fortes atribuem tudo ao Destino; só os fracos confiam na vontade própria, porque ela não existe. O fado é o cansaço de alma forte, o olhar de desprezo de Portugal ao Deus em que creu e também abandonou. No fado os Deuses regressam legítimos e longínquos."

Em anotação, evocando os tempos de Durban, lembra "músicas tocando num calmo serão louco". São seus "sons de paz e de lar". À noite, a fa-

---

[92] Assim se diga por ser o livro feito para brasileiros; que, em Portugal, *Durex* é marca de camisinha.
[93] A ele dedica poema, "Scherazad", em que diz: "Mais vale sonhar estar-te ouvindo que ouvir-te."

mília joga dominó, quino,[94] xadrez[95] ou *derby* — um tipo de corrida de cavalos que avançam à força dos dados.[96] No jogo, como na vida, *alea jacta est* (os dados estão lançados); mesmo sabendo, como no poema de Mallarmé, que "Um lance de dados jamais abolirá o acaso". Naqueles serões dos tempos idos, a flauta do padrasto acompanha o piano da mãe e "suave parece a música da juventude". Especialmente uma, de Félix Godefroid, em partitura que a família guarda ainda hoje — "Un soir à Lima". Sobre essa música escreve mais de 300 versos, no único texto em que evoca o padrasto e aquele tempo da África. Dois meses antes de morrer, ouve na *telefonia*[97] essa música e as recordações o assombram. Sente falta do pai, com quem não conviveu; da mãe, que o trocou por marido novo; de tudo "que poderia ter sido"; e então, pálido, "me invade uma saudade dum misterioso passado meu", como um presságio ruim de que sua hora estava próxima.

> Cesso de sorrir
> Para-me o coração
> E, de repente,
> Essa querida e maldita melodia
> Rompe do aparelho inconsciente
> Numa memória súbita e presente
> Minha alma se extravia.

"Un soir à Lima", Fernando Pessoa

Uma certa embirrança com retratos

Pessoa, definitivamente, não gosta deles. "Sou uma placa fotográfica prolixamente impressionável." A própria Ophelia diz: *Sempre embirraste a tirar*

---

[94] Equivalente, no Brasil, ao *loto* — em que os números sorteados, em uma sacola, vão preenchendo as cartelas dos jogadores. Esse hábito foi por ele mantido ao voltar para Portugal. Numa anotação de seu diário (16/3/1906), por exemplo, está que "jogou quino até a hora do chá".

[95] Nas estantes de Pessoa ficou livro de Edward Ernest Cunnington sobre o tema, *The british chess code*.

[96] Em *Inscriptions (V)*, Pessoa lembra esses dados: *Conquistei, Bárbaros ao longe ouvem o meu nome./ Os homens eram os dados do meu jogo,/ Mas quando eu mesmo os lancei o que veio foi menos/ Eu lancei os dados, o Destino o número.*

[97] "Assim se chamava o rádio, em Portugal. Depois da Telegrafia sem Fios (anunciada pelo jornal *O Século*, na primeira página, em 9 de novembro de 1901), agora a Telefonia sem Fios — ou, mais simplesmente, telefonia. A partir de 1925, começaram as emissões regulares com a CTIAA (ondas médias) e a CTIAB (ondas curtas)". Pessoa se acostumou a ouvir um programa famoso que anunciava: *Aqui, Rádio Lisboa, a estação de seu bairro*. Os filmes falados — *sonoros*, assim se dizia então — vieram pouco depois, em 1927; no primeiro deles, *O Cantor de Jazz*, com o lituano judeu Al Jolson (Asa Yoelson), pintado como se fosse um negro americano, cantando "Mammy". Para ele, era a "cinematografia das horas representadas".

retrato... devias logo que te pedi pôr as embirranças de parte e fazer-me a vontade (carta de 30/4/1920). Esta, que foi seu maior amor — se é que teve, realmente, algum amor na vida —, ao início da relação, roga por foto em numerosas cartas: *Não te esqueças do retrato, Nininho* (24/3/1920); *Quando vais tirar retrato para me dar?* (28/3/1920); *Tira o retrato, Fernandinho, faz-me a vontade* (24/4/1920); *Não te esqueças de tirar o retrato, eu já me não importo que seja pequeno conquanto que esteja em forma e ver-se bem a cara feia!!* (25/4/1920). Quase dez anos se passariam, desde aquele primeiro pedido de Ophelia; até que, no início de setembro de 1929, lhe envia foto em que aparece bebendo vinho à frente de um barril de *clarete*. Nela, está a famosa dedicatória

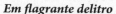
Em flagrante delitro

Ao fotógrafo, faz dedicatória diferente: "Em vilegiatura na Villa Abel (usa-se permanentemente). Obrigado, Manuel [Martins] da Hora." Essa foto foi tirada em "uma sucursal do negócio de bebidas alcoólicas" da firma Abel Pereira da Fonseca — à época, denominada Val do Rio. Hoje, o edifício daquela foto (Rua dos Fanqueiros 123) está integrado na numeração da Rua São Nicolau 8; e, em suas paredes, ainda se vê o baixo-relevo gravado na pedra com o desenho característico de uma velha fragata no Tejo, vela enfunada, transportando barris de vinho.[98] Depois manda outra, em fins desse 1929, com "um beijo", "para provar que (1) tem 8 meses de idade, (2) é bonito, (3) existe". Era uma foto do irmão Jorge, morto antes de completar um ano. E a troca deve ter sido intencional; pois Pessoa tinha, na data que está na foto, não 8 meses (a idade do irmão), mas quase 2 anos. Em outra mais, dedicada à tia Anica, diz ser "esta provisória representação visível de si próprio"; manda "um abraço tão grande como a sua (de quem?) desponderação"; e no fim assina, com graça, "o seu sobrinho muito amigo, genial e obrigado", ainda explicando: "Retrato tirado em janeiro de 1914, porque alguma vez se havia de tirar."

> Num meio-dia de fim de primavera
> Tive um sonho com uma fotografia.
> Vi Jesus Cristo descer à terra.
>
> "O guardador de rebanhos", Alberto Caeiro

Espelho meu

Era outra de suas embirranças, "o criador do espelho envenenou a alma humana". Talvez porque "a minha imagem, tal qual eu a via nos espelhos, anda sempre ao colo da minha alma". Esse malquerer foi-se dando aos poucos, que "quando eu era menino beijava-me nos espelhos". Depois, nunca mais. "A aversão adulta pelo meu aspecto me compelia sempre a escolher o espelho como coisa para onde virasse as costas." Poderia mesmo dizer, como Jorge Luis Borges em "Los espejos", que os espelhos e a cópula são abomináveis porque multiplicam os homens. "O espelho reflete certo; não erra porque não pensa; pensar é essencialmente estar cego e surdo." E "se me pedissem que explicasse o que é este meu estado de alma através de uma razão sensível, eu responderia mudamente apontando para um espelho, para um cabide e para uma caneta de tinta". Em carta a Ophelia (28/5/1920), diz que se vê, no espelho, como uma "expressão geral de não estar ali", mas "na pia da casa ao lado". Na mesma pia em que seu heterônimo Álvaro de Campos lhe pede que deite "a imagem mental que acaso tenha formado" de

---

[98] Além dessa, a Val do Rio tinha então mais 34 casas comerciais em Lisboa, dedicadas exclusivamente à venda de vinagres, licores, vinhos *por miúdo* e seus derivados A casa funcionou até os anos 60 do século XX. Sua sucessora, a Empresa Val do Rio Júnior, hoje tem sede na Rua dos Douradores, 69, primeiro andar, bem em frente a um monumento em homenagem aos calceteiros (aqueles que revestem calçadas de pedras portuguesas) de Lisboa.

seu "íntimo e sincero amigo" — o próprio Pessoa. "Pia número nove, para quem se parece com uma couve." Em outra carta, agora à tia Anica (24/6/1916), diz que "várias vezes, olhando para o espelho, a minha cara desaparece". Só que, nesse caso, a culpa talvez não fosse bem dos espelhos, mas dos *copinhos de aguardente* que o acompanham, leais amigos, por toda a vida.

> Partiu-se o espelho mágico em que me revia idêntico,
> E em cada fragmento fatídico vejo só um bocado de mim —
> Um bocado de ti e de mim!...
>
> "Lisbon revisited (1926)", Álvaro de Campos

O desamor por cães e gramofonógrafos

Simpatia tem pouca, ou mesmo nenhuma, por "cães a ganir e telefones". A própria Ophelia relata: *O Fernando era muito supersticioso, especialmente com cães a ganir. Dizia que, quando ia para casa, à sua passagem, os cães ganiam, e que isso significava haver qualquer coisa nele que os fazia ganir.*[99] Esse desamor foi depois estendido às máquinas em geral, que aceitava "do mesmo modo que a árvore". Também "dispenso e detesto veículos, dispenso e detesto os produtos da ciência — telefones, telégrafos — que tornam a vida fácil, ou os subprodutos da fantasia — gramofonógrafos, receptores hertzianos. Nada disso me interessa". No caso do rádio, talvez porque não estivesse ligado à sua infância. Com a família, na Rua Coelho da Rocha, depois se acostumou a ouvir sucessos musicais de Londres, Madri, Nova York, Paris e Roma, postos em discos que rodavam em um gramofone instalado na sala de visitas do apartamento.

> Qualquer música, ah, qualquer,
> Logo que me tire da alma
> Esta incerteza que quer
> Qualquer impossível calma!
> (...)
> Qualquer coisa que não vida!
> Jota, fado, a confusão
> Da última dança vivida...
> Que eu não sinta o coração!
>
> "Qualquer música", Fernando Pessoa

---

[99] Era a adrenalina produzida pelo medo, no seu corpo, que cães farejam de longe.

Máquinas de escrever

"Quero dominar o mundo através de um lápis." Para escrever, gosta de usar os muitos que sempre leva nos bolsos de fora do paletó, misturados com lenços e moedas. Segundo o amigo Luís Pedro Moitinho de Almeida, só *usados, novos nunca, pedaços aparados, muito bem-aparados nas duas extremidades*; e qualquer um, menos da marca Ko-hi-noor — usado à época pelos estudantes —, que, para ele, "não presta. É duro e tem bico áspero". Ou usa pena, razão pela qual fala no "pequeno aspecto do tinteiro, debaixo da grande indiferença das estrelas". Bem depois, também canetas — como a "minha Waterman (comprada com dinheiro que não pedi emprestado)!". Mas escreve, e bastante, à máquina. "Com o advento da máquina de escrever e do seu companheiro, o papel químico [carbono], suprimiu-se, com ganho de tempo, de perfeição e de eficiência, a velharia do copiador." O aprendizado se dá na Commercial School de Durban. "Quando escrevo cartas à máquina, que é sempre que são extensas, ou importa que sejam claras, tiro, a papel químico, a cópia que não custa tirar", explica a Gaspar Simões (carta de 14/12/1931). No início, andava longe de suas afeições porque "torna a poesia pouco poética"; mas passa a servir-se delas depois, sobretudo por razões práticas. "Escrever à máquina é para mim falar." Num estudo de Luiz de Miranda Rocha, citado por João Rui de Sousa, se vê que o surgimento dessas máquinas, àquele tempo, teve *uma força de impacto quase equivalente à que vem sendo hoje provocada pelos computadores*. Valendo lembrar que Pessoa foi um dos primeiros escritores portugueses a se valer dela com assiduidade.

"Escrevo depressa, e quando escrevo depressa não sou muito lúcido." A letra, então, resulta quase ilegível e "assim é mais rápido e nítido". Em outra carta a Gaspar Simões (30/9/1929), diz que "vai à máquina porque a letra é clara e a resposta mais livre dos empecilhos da escrita". Em mais uma (28/6/1930), "escrevo-lhe à máquina, mas assim lê-se". No início, usa só as de onde trabalha. A Olavo Pinto (1/5/1912), descreve o "escritório onde passo à máquina meus artigos" — a Casa Moitinho de Almeida, em que divide uma *Royal* com seu proprietário. Tem mesmo um jeito especial de se referir a esses textos, como se vê de carta a Luís Pedro Moitinho de Almeida (9/11/1931) — em que agradece, "como dizem os ingleses, o seu tipo escrito". Por vezes, declara o irmão João Maria, está datilografando poesia quando lhe chega trabalho. Então *tirava o papel à máquina, fazia a correspondência e depois continuava a escrever à máquina o seu poema.* Acabou se convertendo num hábito. "Estou consciente de que o meu manuscrito deveria ter sido escrito à máquina, mas os meios de que disponho não o permitem." Até que, afinal, já no fim da vida, teria uma em seu apartamento.[100]

> Ao lado, acompanhamento banalmente sinistro,
> O tique-taque estalado das máquinas de escrever.
> (...)
> Outrora, quando fui outro, eram castelos e cavaleiros
> (Ilustrações, talvez, de qualquer livro da infância),
> Outrora, quando fui verdadeiro ao meu sonho,
> Outrora.

> "Datilografia", Álvaro de Campos

Brincadeiras com os pequenos

Quando a família volta a Lisboa para novas férias sabáticas do padrasto (em outubro de 1906), Pessoa conta aos irmãos uma história divertida e sem fim, em capítulos diários, que se prolonga por toda a viagem. Mais tarde, na Rua Coelho da Rocha, o jeito de fazer graça muda. Ao voltar do trabalho, por exemplo, ainda na rua, finge ter perdido dinheiro e convida os passantes a procurá-lo. *Quem te vir, julga que és doido*, diz a irmã. Ele responde: "É o que queria." Gosta disso, claro. Mas gosta, especialmente, de divertir sobrinhos e outras crianças que porventura frequentem a casa. Como *os cinco ou seis filhos de tia Anica*, me disse a sobrinha Manuela Nogueira, confessando não lembrar o número exato. Eram sete, dois de Maria e cinco de Mário. Entre ditos cinco, a pequena Madalena, de quem Pessoa é padrinho — e que, ainda adolescente, morreria de tuberculose. Como seu pai. O irmão João Maria confirma, *Era extraordinariamente bom com as crianças pequenas. De certo modo, ele entrava no seu pequeno mundo como se fosse o seu próprio mundo.* Como se tivesse a idade delas. Uma de suas teatralizações preferidas consiste em reproduzir, fisicamente, os personagens de um poema. *Com gestos,* segundo Manuela Nogueira. Assim está neste, que recita fingindo capengar:

> Pia, pia, pia
> O mocho,

---

[100] Assim me confirmou o filho do barbeiro Manassés, que tantas vezes a viu. Essa máquina foi doada à Casa Fernando Pessoa; e, apesar da ferrugem, nela ainda se pode ver ter sido produzida pela fábrica *Lower*.

Que pertencia
A um coxo.
Zangou-se o coxo

Um dia,
E meteu o mocho
Na pia, pia, pia.

"Poemas para Lili",[101] Fernando Pessoa

Mas sua encenação preferida é imitar uma ave do Egito, representada por figura humana com cabeça de pássaro, o Íbis — deus egípcio da Lua (Thot) e patrono dos astrólogos, dos encantadores e dos magos. Na mitologia grega, acabou convertido em Hermes, filho de Zeus e Maia, deus do comércio e do roubo; embora, na representação de Hermes, a cabeça do Íbis tenha sido substituída por um chapéu de abas longas, o pétaso. Acabou denominação de tipografia que funda; heterônimo; nome pelo qual chama Ophelia, "Íbis do Íbis; e também pessoas próximas — o primo Mário é o "Íbis outro", tia Palmira o "Íbis Jesuítico", Maria Madalena (filha da tia Anica) o "Íbis combativo". Para imitar essa ave, encolhe uma perna, avança o pescoço, abre os braços em forma de asas e recita versinho composto especialmente para essas ocasiões:

O íbis, ave do Egito,
Pousa sempre sobre um pé
    (O que é esquisito).

É uma ave sossegada
Porque assim não anda nada.
Uma cegonha parece
Porque é uma cegonha.
    Sonha
    E esquece —

Propriedade notável
De toda ave aviável.
Quando vejo esta Lisboa,
Digo sempre, Ah quem me dera
    (E essa era boa)

---

[101] *Lili* era uma boneca de louça com que brincava a irmã Teca. Foi dos poucos pertences que sobraram da África quando voltaram a Lisboa, definitivamente, a mãe (já viúva) e os irmãos. Esse pequeno poema é um dos três que escreve sob o mesmo título.

Ser um íbis esquisito,
Ou pelo menos estar no Egito.

Sem título (sem data), Fernando Pessoa

A arca

O amigo Luís de Montalvor, em visita a um dos escritórios onde trabalha, lhe diz: *É um crime você continuar ignorado.* "Deixem estar, que quando eu morrer ficam cá caixotes cheios", responde. "Tenho a alma num estado de rapidez ideativa tão intensa que preciso fazer da minha atenção um caderno de apontamentos, e, ainda assim, tantas são as folhas que tenho a encher, que algumas se perdem." Um número tão expressivo que, "em inéditos, tenho aproximadamente uma biblioteca virtual". Essa quantidade enorme se deve a que, como regra, tira cópia de tudo que escreve; assim se tendo, por exemplo, intacta toda a sua correspondência — menos, lamentavelmente, a dele para Sá-Carneiro. Tudo separado em sacos de papel amarrados com cordão, indicados seus destinatários com anotações de próprio punho. "Encontro às vezes, na confusão vulgar das minhas gavetas literárias, papéis escritos por mim há dez anos, há 15 anos, há mais anos talvez." "Outras vezes encontro trechos que não me lembro de ter escrito — o que é pouco para pasmar — mas que nem me lembro de poder ter escrito — o que me apavora." Quase tudo, seria mais preciso dizer. Em 1968, começaram a ser catalogadas — depois de manuseadas por gente demais, com intenções muito variadas; e, desde 1973, estão no terceiro andar da Biblioteca Nacional de Lisboa. Em casa, ficavam numa arca, inseparável companheira de toda a vida. *Gavetas mal-arrumadas*, segundo Teresa Rita Lopes. *Mala cheia de gente*, prefere António Tabucchi. Para ele, "a minha caixa grande".

Também guarda papéis em mala *vulgar de madeira, com tiras de metal, que ficou com o irmão Luís Miguel*, segundo me confirmou Manuela Nogueira; mais ainda um grande saco, uma pasta de papelão e um embrulho. O resto ficou, esparsamente, sem classificação: 28 cadernos identificados como *contos correntes*, em que estão projetos e textos de Search — o último desses cadernos adquirido, pela Biblioteca Nacional de Lisboa, em novembro de 2007; cerca de 2 mil documentos em poder dos sobrinhos, entre eles as cartas dirigidas a Gaspar Simões; uma versão datilografada de *The mad fiddler*; o dossiê Crowley — depois vendidos a martelo num leilão. A Arca, um caixote de madeira castanho-vermelha com fechadura discreta e pés delicados, vendida ao martelo (em 13/11/2008) por herdeiros de Teca, durante décadas serviu de adorno à sala de visita da casa da família, tendo por cima vaso de flores e medalha dedicada ao poeta. Essa casa fica num sítio tranquilo de São João do Estoril, na Rua de Santa Rita, 331 (antigo 5), bem em frente à hoje Rua Fernando Pessoa. Segundo Mamela Nogueira, *vinha do Estoril de comboio e da estação de S. João até nossa casa a pé*. Na parede rosa, uma placa indica ter ali vivido o poeta.

"Releio? Menti! Não ouso reler. Não posso reler. De que me serve reler? O que está ali é outro. Já não compreendo nada. Choro sobre as minhas páginas imperfeitas, mas os vindouros, se as lerem, sentirão mais com o meu choro do que sentiriam com a perfeição." Papéis usa de muitas cores: azul-claro, branco, cor-de-rosa, sépia. Em parte manuscritos e em parte datilografados (em fitas azuis, pretas, roxas, verdes e vermelhas). Não só esses. Quando "acabou-se-me o papel decente", usa pedaços de jornais, faturas comerciais, papel timbrado de firmas em que trabalha ou "de cópia", folhas de calendário, costas de envelopes já utilizados, "o verso de uma carta", espaços em branco de outros textos, por vezes sem assinatura ou incompletos; e apaga o excesso de tinta com um "mata-borrão branco sujo" que fica "por sobre a grande idade da secretária inclinada". Esse móvel, pequeno e simples, na Rua Coelho da Rocha, ficava à direita da porta do quarto — segundo me confirmou António Manassés, que lá ia quase diariamente nos seus últimos anos; e está hoje na Casa Fernando Pessoa, junto a uma janela.

Na Biblioteca Nacional de Lisboa, os papéis estão, a partir de 1985, arquivados em 105 caixas — acessíveis, aos estudiosos, apenas em máquinas leitoras de microfilmes. Por especial deferência de sua direção, pude examinar alguns originais. Papéis tão finos, alguns deles, que, acaso manuseados com alguma frequência, logo estariam reduzidos a pó. No *Inventário Topográfico*, com título *Espólio de F.P.*, são dispostos por autores: como Anon, dois envelopes; Barão de Teive, um; Caeiro, dois; Campos, três; Mora, quatro (mais sete de *Prolegômenos*); Search, nove. Ganhando maior número de envelopes o *Desassossego* (assim está catalogado), com sete envelopes, cada um com seu anexo, mais dois envelopes (o oito e o nove) sem anexos. Outros são arquivados por assuntos: como Prefácios, um; Maçonaria, quatro; Sinais, sete; Religião, 26 envelopes. No total, segundo os arquivos da Biblioteca,[102] são:

---

[102] A incoincidência (aparente) dos números decorre dos diferentes critérios na classificação dos documentos.

Arquivos:

Imagens	45.000
Documentos	27.543
Envelopes	343

Originais de Pessoa:

Autógrafos	18.816
Datiloscritos	3.948
Mistos	2.662
Cadernos	29
Cópias de originais	893

Originais de terceiros:

Autógrafos de terceiros	267
Cópias manuscritas por Fernando Pessoa	291
Fragmentos impressos	893
Folhetos e outras publicações	34
Recortes de imprensa	289

A Gaspar Simões (carta de 28/9/1932), diz: "Estou começando — lentamente, porque não é coisa que possa fazer-se com rapidez — a classificar e rever os meus papéis." Em *Plano de vida* que rascunha (sem data), projeta organizar sua obra, inclusive contando "residir numa casa com bastante espaço, para arrumar todos os meus papéis e livros na devida ordem, substituir a minha caixa grande por caixas pequenas contendo os papéis por ordem de importância". Mas esse sonho, como tantos outros, jamais realizaria. Numa carta ao irmão Luís Rosa (10/10/1935), revela angústia pela desorganização: "Posso dizer que já terminei a arrumação preliminar de cerca de três quintos de todos os mais numerosos (oh, quão numerosos!) papéis; assim sendo, não falta muito para acabar." Só que, um mês depois dessa carta, estaria morto.

Regras de vida

"Meu nome não importa, nem qualquer outro pormenor exterior meu próprio. Devo falar de meu caráter." Nesse campo, sem constrangimento aparente, confessa que "por mim não tive convicções. Tive sempre impressões". "*This is a fundamental character of my mind*" (esta é uma característica fundamental do meu pensamento). Na *Revista de Comércio e Contabilidade*, constata que "estão cheias as livrarias de todo o mundo de livros que *ensinam a vencer*". Apesar da ironia com que trata livros assim, em numerosos papéis escreve suas próprias "regras de vida" — reproduzindo textos religiosos que professam os caminhos do bom proceder ou antecipando manuais de autoajuda que tanto sucesso fariam mais tarde. Em anotação sem data, sugere conjunto de regras que seria "trabalhar com nobreza, esperar com sinceridade, sentir as pessoas com ternura, esta é a verdadeira filosofia", após o que dá sete conselhos (resumo):

1 – Não tenhas opiniões firmes, nem creias demasiadamente no valor das tuas opiniões.

2 – Sê tolerante, porque não tens certeza de nada.

3 – Não julgues ninguém, porque não vês os motivos, mas sim os atos.

4 – Espera o melhor e prepara-te para o pior.

5 – Não mates nem estragues, porque não sabes o que é a vida, exceto que é um mistério.

6 – Não queiras reformar nada, porque não sabes a que leis as coisas obedecem.

7 – Faz por agir como os outros e pensar diferentemente deles.

No *Desassossego*, por exemplo, está: "Para que um homem seja distintivamente e absolutamente moral, tem que ser um pouco estúpido. Para que um homem possa ser absolutamente intelectual, tem que ser um pouco imoral." Cumprindo "reduzir as necessidades ao mínimo, para que em nada dependamos de outrem". Talvez porque "o escrúpulo é a morte da ação". A sobrinha-neta Isabel Murteira França testemunha: *O Fernando era assim; tinha sempre mil planos, mil ideias, esboços e, realmente, muitos não chegava a concretizar. O seu espírito, tantas vezes quase frágil, perdia-se na amargura de seu desassossego interior.* Pessoa diz também "pertencer à seita dos adiistas[103] e ser autenticamente futurista no sentido de deixar tudo para amanhã". Em texto inédito até 1979, em inglês (publicado na revista *História*, de *O Jornal*), mais *"rules of life"* (regras de vida) vão surgindo (resumo):

1 – Faça o menos possível de confidências. Melhor não as fazer, mas, se fizer alguma, faça com que sejam falsas ou vagas.

---

[103] Talvez fosse referência à dos *adeístas* — segundo a qual os muitos deuses seriam figuração de um único deus, maior e superior.

2 – Sonhe tão pouco quanto possível, exceto quando o objetivo direto do sonho seja um poema ou produto literário. Estude e trabalhe.

3 – Tente e seja tão sóbrio quanto possível, antecipando a sobriedade do corpo com a sobriedade do espírito.

4 – Seja agradável apenas para agradar, e não para abrir sua mente ou discutir abertamente com aqueles que estão presos à vida interior do espírito.

5 – Cultive a concentração, tempere a vontade, torne-se uma força ao pensar de forma tão pessoal quanto possível, que na realidade você é uma força.

6 – Considere quão poucos são os amigos reais que tem, porque poucas pessoas estão aptas a serem amigas de alguém. Tente seduzir pelo conteúdo do seu silêncio.

7 – Aprenda a ser expedito nas pequenas coisas, nas coisas usuais da vida mundana, da vida em casa, de maneira que elas não o afastem de você.

8 – Organize a sua vida como um trabalho literário, tornando-a tão única quanto possível.

9 – Mate o assassino.[104]

Aos poucos, conforma-se com seu destino. "Nunca fiz senão sonhar. Tem sido esse, e esse apenas, o sentido da minha vida"; e, por isso, "invejo a todas as pessoas o não serem eu". No fundo, é "todas essas coisas, embora o não queira", acomodado "à série de desastres que define a minha vida." "Nisto, talvez, consiste a minha tragédia, e a comédia dela." Em resumo, "nada fui, nada ousei e nada fiz".

O retrato final

"Cada um de nós, a sós consigo no seu silêncio de ser um ser, tem uma personalidade inexprimível que nenhuma palavra pode dar, que o mais expressivo dos olhares não interpreta"; e, assim, "repudiei sempre que me compreendessem. Ser compreendido é prostituir-me. Prefiro ser tomado a sério como o que não sou". Apesar disso, é possível traçar seu perfil como o de um homem discreto, contido, que não gosta de espelhos nem de tirar retratos. Alguém que ouve mal, fala baixo, dorme pouco e fuma muito, apesar do corpo frágil que lembra o pai tuberculoso. Uma descrição em tudo semelhante à multidão de anônimos em quem quase ninguém presta atenção. Sem

---

[104] Refere-se, aqui, a passagem que traduziu num livro de Helena Petrovna Blavatsky (*A voz do silêncio*). É que, para madame Blavatsky, a *mente é o grande assassino do real*; pregando, ao fim, que *o discípulo mate o assassino*.

contar, sobretudo, ser um homem extremamente vaidoso. Que compra sapatos e camisas em endereços próprios de abastados e faz roupas na casa mais cara de Lisboa, embora nem sempre tenha recursos para pagá-las. E que não se separa de um anel de prata com o brasão da família. Mas só até quando o fim se aproxima; e essa vaidade, para ele, deixa de ter qualquer sentido.

Assim se desenha a pessoa de Pessoa. Em palavras de Saramago, *o retrato está feito. É uma genuflexão devota, é uma risada de troça, tanto faz, cada um desses traços, sobrepondo-se uns aos outros, aproximam o momento... que não refletirá nenhuma luz, sequer a luz fulgente do sol.* Completando, *Entre a reverência e a irreverência, num ponto indeterminável, estará, talvez, o homem que Fernando Pessoa foi.* Um personagem complexo e contraditório. Eduardo Lourenço recomenda: *Talvez antes de "questionar" Fernando Pessoa, se deva começar por aceitá-lo na sua estranheza, real ou aparente.* Aceitá-lo como quem escolheu viver uma vida parecida às de tantos — mas distante delas, sobretudo, pela dimensão dos sonhos. "Que quero eu dizer com a minha vida?" As respostas, surpreendentes e majestosas, vai deixando em sua obra.

> Sou o fantasma de um rei
> Que sem cessar percorre
> As salas de um palácio abandonado
> Minha história não sei
> Longe de mim, fumo de eu pensá-la, morre
> A ideia de que teve algum passado.
> Eu não sei o que sou
> Não sei se sou o sonho
> Que alguém do outro mundo esteja tendo...
> Creio talvez que estou
> Sendo um perfil casual de rei tristonho[105]
> Duma[106] história que um deus está relendo...

Sem título (19/10/1913), Fernando Pessoa

---

[105] Variante era *Sou talvez um parágrafo risonho.*
[106] Variante era *numa.*

Amantes amentes
(Os apaixonados são desvairados. Terêncio)

Temperamento feminino, inteligência masculina

> *"Todo prazer é um vício."*[107]
> "Passagem das horas", Álvaro de Campos

As alegrias do amor

"Para a alegria e o amor não nasci." Ou talvez amar, para ele, fosse apenas "cansar-se de estar só". Na tentativa de compreender quem verdadeiramente era, em rascunho de carta à revista *Answers*, diz: "Não encontro dificuldade em definir-me: sou um temperamento feminino com uma inteligência masculina. A minha sensibilidade e os movimentos que dela procedem, e é nisso que consisto o temperamento e a sua expressão, são de mulher. As minhas faculdades de relação — a inteligência do impulso — são de homem." O tema o persegue, como uma obsessão. Olhando outros escritores, distingue Shakespeare (que "resultou pederasta") de Rousseau (em quem esse impulso foi "passivo"), e tem receio do que poderiam pensar dele. Em carta a Gaspar Simões (11/12/1931), confessa: "A Robert Browning,[108] não só grande poeta, mas poeta intelectual e sutil, referiram uma vez o que havia de indiscutível quanto à pederastia de Shakespeare, tão clara e constantemente afirmada nos *Sonetos*. Sabe o que Browning respondeu? If so the less Shakespeare he! [Então é menos Shakespeare!]." Sendo mesmo natural que Pessoa escreva poemas revelando receios de se assumir como é. São versos assim:

---

[107] No *Desassossego*, a imagem é repetida: "Todo o prazer é um vício, porque buscar o prazer é o que todos fazemos na vida, e o único vício negro é fazer o que toda a gente faz."

[108] Depois diria que Browning (1812-1889) — casado com Elizabeth Barrett Browning, autora de *Sonetos da portuguesa* —, como Byron (1788-1824), "não deixarão rastro, nem mesmo, talvez, os seus próprios nomes".

Que sei! que sei! há tanta gente em mim!
Tanto ímpeto perdido e contradito.
Sou o meu próprio ser tão pouco afim
Que talvez a maior tortura fosse
Aceitar-me e eu ver-me atado aflito,
Incapaz do último ato.

Sem título (1919), Fernando Pessoa

Talvez por isso, logo passa a considerar o "desejo sexual" como "um certo estorvo para alguns processos mentais superiores", porque "o amor é a mais carnal das ilusões". "Bem sei que ninguém é obrigado a corresponder ao amor, e que os grandes poetas não têm nada com ser grandes amados. Mas há um rancor transcendente." Para ele, "um artista forte mata em si próprio não só o amor e a piedade, mas as próprias sementes do amor e da piedade. O gênio é a maior maldição com que Deus pode abençoar um homem", porque "há em cada um de nós, por pouco que especialize instintivamente sua obscenidade, um certo elemento dessa ordem". Apesar de tudo, no fundo, considera o amor importante, mesmo quando não obedeça aos padrões ditados pela sociedade conservadora do seu tempo. "A influência que no aperfeiçoamento do ser tem um puro amor, quer por uma mulher quer por um rapaz, é um dos encantos da existência." Nada a estranhar em quem, nos textos e na vida, seria sempre um duplo. "Estou cansado de ser tudo menos eu." Aos poucos, vai então compreendendo que essa arte estava para além de suas possibilidades. Num epitáfio que escreveu em francês (4/9/1907), quando nem tinha 20 anos, está: "Ele pode morrer; ele nunca amou." E este, que "nunca soube como se amava", acabou renunciando ao amor em troca da grandeza que pressentia na sua obra.

Poemas do fenômeno amoroso

Em carta a Gaspar Simões (18/11/1930), diz planejar um livro que percorra "o círculo do fenômeno amoroso", traduzindo "o sentimento próprio do Quinto Império". O plano dessa obra, em um primeiro rascunho, seria: "Antinous: Divineness; Epithalamium; Prayer to a Fair Body, Spring 1917." Depois: "(1) Grécia, Antinous; (2) Roma, Epithalamium; (3) Cristandade, Prayer to a Woman's Body; (4) Império Romano, Pan-Eros; (5) Quinto Império, Anteros." Dois deles, "'Antinous' e 'Epithalamium', são os únicos poemas (ou, até, composições) que eu tenho escrito que são nitidamente o que se pode chamar obscenos". Os "três últimos poemas estão inéditos". "Anteros" talvez fosse o "amante visual" — brevemente referido, por Bernardo Soares, como aquele "que ama com o olhar, sem desejo nem preferência de sexo". Dos dois restantes nada foi encontrado, talvez porque nunca os tenha sequer iniciado. Escreve "Epithalamium" com 25 anos e "Antinous" com quase 27; dois poemas sugerindo passado, quando seus sonhos estão todos no futuro. Em inglês arcaico, num tempo em que sua língua é já o português. Para que atingissem um maior número de leitores em outros países. Bem pesado tudo, passado o tempo, e sem a repercussão que esperava, parece ter se arrependido: "Não sei por que escrevi qualquer dos poemas em inglês."

"Epithalamium"

"O primeiro poema, 'Epithalamium'", escrito em agosto de 1913 (com 377 versos), "representa o conceito romano do mundo sexual. É brutal, como todas as emoções coloniais; animalesco, como todas as coisas naturais, quando são secundárias, como eram para homens tais como os romanos, que eram animais a dirigirem um estado." "Direto e bestial",[109] resumiria em 1930. "Sete ou oito" de suas estrofes foram escritas "no escritório do Mayer" (Lima, Mayer e Perfeito de Magalhães Ltda.). Tálamo, em grego, é quarto de dormir; e epitalâmio, canção cantada por rapazes e donzelas à entrada do quarto da primeira noite de núpcias. Trata-se de um tema recorrente na literatura. De Roma nos chegaram 17 epitalâmios, dos quais mais famosos são os de Catulo. Em Portugal, ganharam notoriedade os de Francisco de Sá de Miranda (1481-1558) e António Ferreira (1528-1569) — limitados, entretanto, a celebrar casamentos de nobres da época. Nesse poema realista estão descritos o despertar da noiva no dia em que se casará, a opulência da festa, os desejos do futuro esposo, o ato sexual que completa essa união, sobretudo na visão dela — com temores, fantasias, "a mão do amado a tocar-lhe os seios", carícias de que Pessoa nem sequer suspeitava:

Canto I
Abram todas as portas, para que entre o dia
Como o mar ou um estrondo!
Não deixem que algum resquício de sombra inútil induza
Pensamentos da noite, ou que
A mente diga ao comparar que algumas coisas são tristes.
Por este dia todos se alegram!

---

[109] A palavra *bestial*, em português de Portugal, que hoje corresponde a algo como *genial*, no texto significa *animalesco*.

Canto V

Agora que a sepultura da sua virgindade intocada
Está cavada em seu desejo.
Juntem-se nesse funeral feliz
E teçam a sua mortalha vermelha
Por anseios da carne do homem que
Suavizou as suas horas secretas
E guiando a sua mão disposta e relutante
Para onde nasce o prazer.

Canto XIX

Meio tarde, próximo demais ao esguicho.
Mesmo assim um visitante mais velho e uma
Moça ruborizada em escuro abrigo apartado,
A dirige lentamente para manipular a carne que fez produzir.
Olhem como ela, carregando alguma coisa em seu coração,
Sente o trabalho de sua mão fazer crescer o dardo!

Canto XXI

Até que seus corpos abraçados, no calor transbordante
Com alegria, dormem doentes, enquanto que desgastadas
As estrelas, o céu empalidece no Leste e treme
Onde a luz corta a noite,
E com um clamor de alegria e o barulho jovem da vida
O novo dia quente vem.

"Epithalamium", Fernando Pessoa

"Antinous"

"O segundo, 'Antinous'", de janeiro de 1915 (com 361 versos), "representa o conceito grego do mundo sexual". É "grego quanto ao sentimento", mas "romano quanto à colocação histórica". Em Pessoa, mais remota referência do tema está no poema "Livro de outro amor" (1913) — em que se vê "Antinous esperando-me no céu". A Gaspar Simões (18/11/1930), confessa não ter ficado satisfeito com a versão publicada (já alterando uma inicial, de 1914) e lembra que depois o "poema foi reconstruído e aperfeiçoado" (em 1921). Diferentemente de "Epithalamium", e não obstante escrito posteriormente, apenas este foi publicado como um livro autônomo. Em razão da melhor qualidade do texto, é provável. Não obstante, ambos estão nos seus *English poems*. Primeiro um poema heterossexual; agora, um homossexual.

E é mesmo curioso que Pessoa tenha assinado esses dois poemas com o próprio nome; porque antes dissera em carta à revista *Punch* (21/2/1906), sobre outros poemas ingleses, que "assinei meu manuscrito com um pseudônimo; quando um estrangeiro escreve qualquer coisa, especialmente um poema, é melhor não lhe atribuir diretamente uma autoria". Muitos autores já haviam escrito antes sobre Antinous, entre eles Balzac, Baudelaire, Jean Lorrain, o Marquês de Sade, Proust, Ronsard e Oscar Wilde, que o cita em *O retrato de Dorian Gray*. Esse poema, "como todos os conceitos primitivos, é substancialmente perverso; como todos os conceitos inocentes, a emoção manifestada é propositadamente não permitida". Antinous, em latim, é Antonius. As mesmas letras. Aquele que Fernando António quis sempre ser, talvez.

Nele se conta a história do espanhol Publius Aelius Adrianus, nascido na atual Sevilha (em 76), imperador romano entre 117 e o ano de sua morte, 138 — um protetor das artes, das letras e do seu povo. Descendente de família da Andaluzia, às margens do rio Guadalquivir, é sucessor de Trajano — um primo, também hispânico, por quem foi adotado. Nos versos, importa a relação com o bitínio Antinous — jovem, atlético e de "cabelo loiro",[110] que conhece em 123. Sabendo por oráculo de que por sua causa morreria proximamente o imperador, afoga-se no Nilo para prolongar a vida do amante. Adriano declara essa morte acidental. No local em que morre, Tebaida, constrói cidade — Antinoopolis (hoje, Check Abade), no médio Egito, que seria a capital administrativa da região. E oito anos depois, já às vésperas da morte, escreve o famoso poema "Animula vagula blandula",[111] lamentando a morte do amado. Esse poema deixou inscrito no Castelo de Santo Ângelo, por ele construído e onde foi enterrado.

---

[110] A Bitínia era uma região da Ásia menor (atual Turquia), razão pela qual jamais poderia ser esse escravo *louro*, como o descreveu Pessoa. Seria, então, como o próprio Adriano — etmologicamente, *o que tem a pele morena*.

[111] Alminha leviana meiga (ou carinhosa) seria depois inspiração para o soneto 37 de Petrarca, dedicado a seu amor platônico Laura, que começa com o verso *Alma bela, solta daquele nó*; e, também, do conhecido soneto 48, de Camões, que começa dizendo *Alma minha gentil, que te partiste* — supostamente inspirado em amor de Camões, uma jovem chinesa conhecida por Dinamene, que teria morrido ao seu lado em naufrágio no rio Mecong. Só lenda; que o verdadeiro amor de Camões era Violante, mulher do Conde de Linhares, a quem serviu como aio. Em honra dela, escreveu: *A violeta mais bela que amanhece/ No vale, por esmalte de verdura,/ Com seu pálido lustre e formosura,/ Por mais bela, Violante, te obedece*. Sem esquecer que, afinal compreendendo ser Violante um amor impossível, apaixonou-se então Camões por sua filha, Joana; não tendo jamais, filha ou mãe, correspondido a esse amor.

A chuva lá fora caía fria na alma de Adriano.
O menino jaz morto
No divã todo o corpo desnudo,
Para os olhos de Adriano cuja dor amedrontava,
A luz sombria do eclipse da Morte se acendeu.
Antinous está morto, está morto para sempre,
Está morto para sempre e todos os amores lamentam.
Vênus ela própria, que foi a amante de Adônis,[112]
Ao vê-lo, aquele que até há pouco vivia, agora novamente morto,
Deixou renovar a sua velha dor misturando-a
Com a dor de Adriano.
As mãos vagas agarram, como se tivessem deixado cair a alegria.
Ao ouvir que a chuva para, levanta sua cabeça;
O seu olhar que se eleva envolve o adorável menino.

Ah, ali o não respirar lembra seus lábios
Que do além os deuses puseram uma neblina
Entre ele e este menino. As pontas dos seus dedos,
Em vão buscam sobre o corpo inquietas
Por alguma resposta carnal à sua disposição de despertar.
Mas a pergunta de amor que fazem não é compreendida:
O deus cujo culto era para ser beijado estava morto!

Ecoem sinos enlouquecidos, claros e profundos!
Não importa de quem seja a dor por quem tocam —
O que importa? Vida e morte são um passo

Cheio de sonhos de agonia.
Tudo é irreal e nós cegos.
Toquem a sua cantiga! Eu desejo chorar

O meu amor que te encontrou, quando te encontrou
Apenas encontrou seu verdadeiro corpo e seu olhar exato.

Os deuses chegam agora;
E levam algo embora, nenhum sentido sabe como;
Em braços invisíveis de poder e de repouso.

"Antinous", Fernando Pessoa

---

[112] Adônis morreu em caçada, ferido por um javali; segundo a lenda, e por conta de sua beleza, vítima da inveja de Ares.

Sexo e heterônimos

A mulher aparece, em alguns textos de Pessoa, em posição claramente secundária.[113] "Toda a literatura cristã é uma litania [ladainha] à Virgem Maria, na pessoa de várias senhoras que geralmente se parecem mais com a Maria Madalena da primeira fase. Toda a literatura cristã é conduzida pela mulher; pior, é fêmea"; e "não é tão absurda como parece a discussão... sobre se a mulher tem alma. Em relação ao homem, o espírito feminino é mutilado e inferior"; que "o verdadeiro pecado original, ingênito nos homens, é nascer de mulher!!!". Os heterônimos também o seguem nessa como que dança de preconceitos. Quaresma Decifrador diz que "as mulheres detestam os homens absolutamente fortes, os homens que elas sentem que as podem dispensar sentimentalmente". Para Thomas Crosse, "a abusiva libertação do espírito naturalmente servo da mulher e do plebeu dá sempre resultados desastrosos para a moral e para a ordem social". Segundo António Mora, "as três classes mais profundamente viciadas na sua missão social, pelo influxo das ideias modernas, são as mulheres, o povo e os políticos. A mulher, na nossa época, supõe-se com direito a ter uma personalidade; o que pode parecer *justo* e *lógico*, e outras coisas parecidas; mas que infelizmente foi de outro modo disposto pela natureza".

Em outros textos, Pessoa revela também traços de homossexualismo. O mesmo se dá com seus heterônimos. "Não sei quem foi a mulher que Caeiro amou. Nunca procurei sabê-lo, nem como curiosidade. Há coisas que a alma se recusa a não ignorar." Sobre a sexualidade de Ricardo Reis, insinua: "No que o Reis tem muita sorte é em escrever tão comprimido que é quase impossível seguir com a precisa atenção — supondo que ela é precisa — o sentido completo e exato de todos os seus dizeres. É isso que faz com que escreva aquela Ode [de 21/10/1923] que começa: *A flor que és, não a que dás, eu quero* (pasmem, aliás, do eu antes do quero, contra toda a índole linguística portuguesa do Ricardo Reis!), disfarce que é dirigido a um rapaz." Bernardo Soares, mesmo tendo confessado amar uma mulher, escreve: "Toda inapetência para a ação inevitavelmente feminiza. Falhamos em nossa verdadeira profissão de donas de casa e castelãs"; confessa que "o meu horror às mulheres reais que tem sexo é a estrada por onde fui ao teu encontro"; diz que "eu não saberia nunca como levar o meu corpo a possuir

---

[113] Um dos livros da estante de Pessoa era *La indigencia espiritual del sexo feminino,* do dr. Roberto Novoa.

o seu"; e, por fim, lamenta "não haver sido Madame de Harém! Que pena tenho por não ter isto acontecido". Ángel Crespo completa, sugerindo que pena sente *por não ter acontecido a ele, Fernando Pessoa*. Álvaro de Campos, nos anos 1910, é um homossexual assumido; tanto que, em 1916, se sente à vontade para escrever:

> Loucura furiosa! Vontade de ganir, de saltar,
> De urrar, zurrar, dar pulos, pinotes, gritos com o corpo,
> (...)
> De me meter adiante do giro do chicote que vai bater,
> De ser a cadela de todos os cães e eles não bastam.
>
> "Saudação a Walt Whitman", Álvaro de Campos

Mas esse, que no início diz não querer ser "casado, fútil, quotidiano e tributável", ao fim já não tem nenhum traço daquela homossexualidade — numa transição que quase reproduz a trajetória do próprio Pessoa, a partir da presença de Ophelia na sua vida.

Um diagnóstico possível

Até os 5 anos, aproximadamente, toda criança é assexuada — a idade que tem Pessoa quando morre o pai. O mesmo pai que já perdera bem antes; desde quando, com 2 anos, passou a viver apenas com a mãe — salvo ocasionais visitas à distante Telheiras. Sem amigos para brincar, tinha só mulheres a sua volta — a mãe, a avó Dionísia, duas amas e algumas tias. O padrasto que ganha, depois, não consegue substituir plenamente a figura paterna, e essa substituição incompleta pode acabar gerando distúrbios de comportamento. A libido que lhe falta espalha em personagens criados na imaginação, telas em que projeta sua sexualidade. Segundo estudo de Nancy J. Adresen, Ph.D. da Universidade de Iowa, a psicologia freudiana sustenta que *a criatividade é a sublimação da agressividade e de impulsos sexuais, ou uma resposta à dor emocional*; e conclui, dizendo que *escritores são pessoas diferentes*. Em começo de conto, Pessoa como que revela sua própria sina: "Era uma vez um elfo (que é fada macho) que estava apaixonado por uma princesa que não existia."

> Conta a lenda que dormia
> Uma Princesa encantada
> A quem só despertaria

Um Infante, que viria[114]
De além do muro da estrada.
(...)
Mas cada um cumpre o Destino —
Ela dormindo encantada,
Ele buscando-a sem tino
Pelo processo divino[115]
Que faz existir a estrada.
(...)
E, ainda tonto do que houvera,
À cabeça, em maresia,
Ergue a mão, e encontra hera,
E vê que ele mesmo era
A Princesa que dormia.

"Eros e Psique",[116] Fernando Pessoa

Álvaro de Campos, numa entrevista para *A Informação* (17/9/1926), lembra episódio ocorrido em Barrow-on-Furness — no lago County, ao sul da Escócia. Segundo ele, "acabara de escrever um soneto" e "aproximou-se de mim uma rapariga, por assim dizer — aluno, segundo depois se soube, do liceu local —, e entrou em conversa comigo... A tarde, segundo sua obrigação tradicional, caía lenta e suave". Muito se tem comentado sobre esse texto, porque, em numerosas publicações, esse "aluno" acabou convertido em "aluna" — para concordar, em gênero, com a "rapariga, por assim dizer". Só que não houve, no caso, nenhum equívoco. Carlos Queiroz inclusive lembra que o próprio Pessoa lhe teria chamado atenção para essa "gralha voluntária", expondo a sexualidade de Campos. Mas Campos não era Fernando. Ou deixara de ser, a partir de Ophelia. E aqui, longe de mero acidente de escrita, trata-se de algo detidamente pensado. Pessoa inclusive repete essa *gralha*

---

[114] Numa primeira versão, "Um príncipe (Infante), que viria". Mas, nesse caso, não se trata propriamente de uma nova redação. É que, ao longo dos seus textos, Pessoa escreve variantes, algumas vezes entre parênteses, para depois escolher a que usaria. No quarto verso está "Príncipe (Infante)"; escolhe *Infante*. No décimo verso "por o (pelo)", escolhe *por*. No décimo sétimo verso "Intenção (intuito)", escolhe *intuito*. Dando nova redação unicamente ao vigésimo nono verso, substituindo *voltando* por *vencendo*.

[115] Numa primeira versão, "*Por um* processo divino".

[116] Abaixo do título, quando publicado na revista *Presença* (números 41 e 42, maio de 1934), há uma epígrafe com indicação: "Do ritual do grão-mestre do Átrio na Ordem Templária de Portugal: *E assim vedes, meu irmão, ainda que as verdades que vos foram dadas... são opostas a nossa verdade.*" Depois, em carta a Casais Monteiro (13/1/1935), nega ter escrito o que escreveu: "Eu não citaria o trecho do ritual por estar essa ordem extinta... pois se não deve citar trechos de Rituais que estão em trabalho." O poema então, longe de adaptação à história da Bela Adormecida, seria sobretudo um compromisso de caráter iniciático.

com o heterônimo Maria José, que diz: "Eu mesmo não vou procurar saber"; ou, no *Desassossego*, "a minha melhor amiga — um rapaz que eu inventei... Uma deliciosa rapaz". Em resumo, como anota em inglês, "um homem normal tem três desejos na vida: paz (ou felicidade), poder (o poder inclui a fama)" e "prazer". Um prazer que valeria para qualquer sexo.

Pessoa homossexual?

Já com quase 30 anos, Pessoa escreve duas cartas ao *British Journal of Astrology* (8 e 11/2/1918), pedindo que façam o seu horóscopo, e recebe resposta do editor, E.H. Baley (6/3/1918): *É impossível obter ascendente Aquário para a época pré-natal, pois daria uma área ascendente feminina, e sendo a lua negativa, a época pré-natal teria de ser a de uma mulher*. Os dados do horóscopo estavam errados. Ou talvez não estivessem tão errados assim. Mas uma compreensão madura de sua vida rejeitará, veementemente, qualquer traço de prática homossexual. Também assim parece a Teresa Rita Lopes, em longa conversa que tivemos sobre o tema. Ophelia, em carta de 2 de dezembro de 1930, até diz: *Adeus, minha boneca — porque o Nininho também é menina — beijos, muitos beijos da dedicadamente sua Ophelia*. Mas essa lembrança é só brincadeira. Uma vez que não há, dando força à hipótese, uma foto qualquer em posição suspeita, um único escrito íntimo. Ao contrário. No já referido rascunho à revista *Answers,* por exemplo, confessa: "Reconheço sem ilusão a natureza do fenômeno. É uma inversão sexual fruste." E "Sempre, porém, nos momentos de meditação sobre mim, me inquietou, não tive nunca a certeza, nem a tenho ainda, de que esta disposição do temperamento não pudesse um dia descer-me ao corpo". O que talvez não tenha se dado apenas por falta de disposição. Como diz no *Desassossego*, "Aqueles de nós que não são pederastas desejariam ter a coragem de o ser". Seja como for, depois vem Ophelia, e aquele "descer-me ao corpo" já não tem mais sentido.

Também não há, sobre isso, nenhum depoimento de amigos ou conhecidos. Em verdade apenas um, de António Botto, quando sugere a Jorge de Sena que *ele olhava de certa maneira para os rapazinhos*. Mas o testemunho de Botto, homossexual assumido e delirante, é suspeito. Para José Blanco, *Botto era bicha,*[117] *louco e megalomaníaco,* devendo tudo que diz ser *tratado*

---

[117] Blanco não usou o sentido tradicional da palavra em que *bicha,* no português de Portugal, quer dizer *fila*.

com a maior reserva. Ele mesmo confidenciou aos amigos: *António Botto tem certo fraco pelos marinheiros, lá isso tem.* Blanco me relatou historinha, segundo ele contada pelo próprio Pessoa, que se deu no Coliseu dos Recreios. Botto olhava insistentemente para um casal e o marido foi tomar satisfações: *Que tem o senhor que está a olhar para minha mulher?* Respondendo Botto: *Não era para sua mulher que eu estava a olhar, era para si.* Segundo Álvaro Moura, Botto seria só um *rebotalho,* com *ânsia de satisfação duma carnalidade monstruosa.*

Seja como for, a vida não lhe sorriu. Acabou demitido da função de escriturário de primeira classe no Arquivo Geral de Identificação, em 1942, por assediar um colega de repartição. Sem contar que, com o tempo, passou a se considerar mais e mais injustiçado pela glória que Pessoa começava a ter, e ele não. Teresa Rita Lopes, consultando os papéis de Botto na Biblioteca Nacional, confessou ter ficado *desagradavelmente surpreendida com o papel de detrator que ele assume.* Havia rastros de inveja nas suas falas. Talvez por conta de certas críticas feitas por Pessoa. Como a de que seus livros, entre eles *Motivos de Beleza* (1923), "não prestam para nada, em resumo não são motivos senão de lástima. Assim o disse — moderando um pouco mais a expressão — ao autor", como está em carta a Adriano del Valle (23/4/1924). Ou resenha no *Diário de Lisboa* (1/3/1935) a outro livro, *Ciúme,* em que considera ser o autor um "inteligente das superfícies". No fim, já sifilítico, inventava histórias delirantes como a de que era dono de São Paulo (onde então morava). Em 1951, mudou-se para o Rio de Janeiro; e lá, como um maltrapilho qualquer, namorava marinheiros sob o olhar compreensivo de sua mulher, Carminda Rodrigues. Morreu atropelado na Rua Santa Luzia, defronte ao Palácio Monroe; completada a cena com essa mulher debruçada sobre ele, com as mãos carinhosamente no seu rosto e chorando convulsivamente.

Apesar de ser Botto fonte inconfiável, uma frase sua faz pensar, quando sugere que *o seu membro viril, muito pequeno, explicava sua abstinência envergonhada.* Coincidentemente vemos, em uma das comunicações mediúnicas de Pessoa, *Homem sem virilidade! Nasce sem pênis de homem! Homem com clitóris em vez de pênis.* Considerando que nessas comunicações é Pessoa escrevendo por seus *espíritos,* poder-se-ia especular que, caso tivesse mesmo bem pequeno seu órgão sexual, com tamanho próximo a um *clitóris,* essa abstinência sexual se explicaria pela vergonha. A vergonha física de se expor ante uma parceira, no ato sexual, com tão pequeno pênis.

Sem mais dados para confirmar a hipótese. Seja como for, pouco a pouco, perde interesse por um amor que "causa-me horror; é abandono, intimidade". Tem consciência da missão que lhe teria sido confiada pelos deuses; e, privilégio ou maldição, a ela se entrega completamente. Terá se arrependido disso, no fim da vida? Difícil saber.

> O amor é o que é essencial.
> O sexo é só um acidente.
> Pode ser igual
> Ou diferente.
> O homem não é um animal:
> É uma carne inteligente.
> Embora às vezes doente.
>
> Sem título (5/4/1935), Fernando Pessoa

Desejos por mulher

"Amantes ou namoradas é coisa que não tenho e é outro dos meus ideais; embora só encontre, por mais que procure, no íntimo desse ideal, vacuidade e nada mais. Impossível, como eu o sonho! Ai de mim!" Apesar disso, em seus textos, ficaram numerosos testemunhos de desejos por mulher. Como registro de certa Maria, que tinha "boquinha de cravo roxo". Ou anotação, no diário (29/11/1916), sobre visitas que fez ao Hotel Avenida Palace[118] — onde estava hospedada sua *tia* Lisbela: "Um dia desagradável porque choveu muito; o meu fato [terno] ficou enrugado, tive que esperar ½ hora na rua, e também porque a tradução [que fazia para o editor londrino Warren F. Kellog] progrediu muito pouco. Mas gostei de uma breve visita ao hotel" porque fiquei "*making eyes* [flertando]" para uma "raparigazinha" — a "rapariga (de 17 anos, excelente)", a irmã e a mãe surda. Depois, volta ao hotel: "Não me aborreci, e a doçura da rapariguinha não tinha desaparecido de todo, embora eu não tivesse aparecido durante três dias." Mais tarde, numa carta a Ophelia Queiroz (31/2/1920), diz ter ido lá para "deixar minha irmã". Em meio aos papéis de Pessoa, na Biblioteca Nacional, há também essa anotação: "Amei uma mulher; foi uma história de sexo, uma novidade emocional. Eram relações sexuais, nada mais." Sem mais referências, indicando ser fato da vida ou só mais um sonho.

---

[118] Esse hotel de luxo ainda existe, na Rua 1º de Dezembro 123, Lisboa.

Longe da obra, na vida real, consta que teria chegado a frequentar um bordel da Rua do Ferragial de Baixo — no Bairro Alto, bem próximo ao Teatro São Carlos, já na descida para o Cais do Sodré. Esse prostíbulo era o de madame Carriço, que orientava pessoalmente suas licenciosas pupilas. No mesmo edifício ainda havia outro, o de madame Blanche. Assim Victor Eleutério descreve o imóvel: *Era um prédio que se parecia com todos os outros. À entrada um portal escuro, escancarado sempre, ventasse ou chovesse, mais urinado que os demais da rua. A escada era ampla, em pombalino rico, com cunhais de pedra. Ascensão penosa com paragem obrigatória a cada apagar de fósforo, que a luz era frouxa e pouco alumiava. Elementos de orientação eram o cheiro e a algazarra vindos do primeiro andar. Não restava a menor dúvida. Uma porta de cancela a reforçar outra com postigo.* Ali, segundo seu companheiro de tertúlia Peixoto Bourbon, hospedava-se uma apaixonada. Para estudiosos de Pessoa, nada além de lenda. Com Ophelia Queiroz, a relação foi discretíssima. "Que ela fique anônima, até para Deus!" Pessoa, provavelmente para fazer graça, lhe propõe casamento — é Ophelia quem diz, em carta de 20/7/1920: *Perguntaste-me no carro se eu queria casar com o Íbis, foi a brincar decerto (pelo menos assim o tomei). Se quero esse noivado? É a minha maior preocupação, o meu maior desejo e minha maior alegria de toda a minha vida.* Mas essa alegria não teria. Entre as duas fases de relação com Ophelia, ainda se apaixona Pessoa por outra mulher — a filha de sua lavadeira Irene, a quem chamavam Guiomar, tudo como veremos ao falar sobre a "Tabacaria". "Não estarás onde eu te vejo... não estarás em parte alguma." Sem esquecer que, antes mesmo de Ophelia, teria tido um amor desconhecido — para quem escreveu "Adeus", derramando-se em lamúrias próprias dos 19 anos que tinha então. Com versos que, a rigor, podem se aplicar a homem ou mulher:

> Adeus, adeus para sempre
> Já que o amor não deixou
> Amizade nem desejo
> Nem qualquer pena ficou
>
> É bom o afastamento
> Se nele não há sofrimento.
>
> "Adeus", Fernando Pessoa

Com Madge Anderson, irmã de uma cunhada de Pessoa — Eileen, casada com John Rosa —, teve uma relação misteriosa. Recém-divorciada, visita Lisboa algumas vezes e ali se encontra com Pessoa. Voltando a Londres, escreve para *Fernando my dear* e agradece o envio de um *little poem*. Em postal, diz se considerar *uma pobre pateta*, pedindo que lhe *escreva outro poema e ensine como recuperar meu espírito*. Ele se excusa por não ter sido mais caloroso quando estiveram juntos. O sobrinho de Pessoa, Luis Miguel Rosa, me confirmou: *Ao que consta, teria havido uma certa simpatia recíproca. Mulher muito inteligente, consta que durante a última Guerra Mundial trabalhava na decifração de mensagens cifradas dos alemães. Era muito culta mas tinha um "feitio" algo complicado. Talvez por isso tivesse interessado ao meu tio Fernando.* Segundo o irmão Luís Miguel (Lhi), Teca inclusive o recriminou, *por ele não ter encontrado Madge da última vez que tinha visitado Portugal; mas provavelmente não teria aparecido por estar recolhido em casa numa das "crises psicodepressivas" que o assaltavam.* Ophelia reage: *Com certeza que essa inglesa é solteira e não pretende casar, e se é casada, não gosta o bastante do marido* (25/11/1929). Sem mais registros da importância que terá tido essa Madge em sua vida. Nem lhe ficaram mágoas do desencontro; que "um lar, repouso, filhos e mulher — nenhuma dessas coisas é para quem quer algo para além dessa vida". Pensando nela escreveu, no ano seguinte:

A rapariga inglesa, tão loura, tão jovem, tão boa
Que queria casar comigo...
Que pena eu não ter casado com ela
Teria sido feliz.
Mas como é que eu sei se teria sido feliz?

Sem título (29/6/1930), Fernando Pessoa

E, mais tarde:

Olho, desterrado de ti, as tuas mãos brancas
Postas, com boas maneiras inglesas, sobre a toalha da mesa.
(...)
Estou cansado de pensar...
Ergo finalmente os olhos para os teus que me olham.
Sorris, sabendo bem em que eu estava pensando...
(...)
É o mal dos símbolos, you know.
Yes, I know.

"Psiquetipia (ou Psicotipia)", Álvaro de Campos

A loura misteriosa

Falta, nessa relação, aquele que terá sido o último amor de sua vida. Em conversa que tive com José Blanco, me disse ele que Ángel Crespo lhe falara desse amor tardio cuja pista perseguia — *uma senhora loura, que vivia no Estoril, infelizmente mulher de um amigo*. Entre os textos de Pessoa, ficaram numerosos registros íntimos de supostas relações com mulheres casadas, sem que se saiba quem seriam. "Possuí-la? Eu não sei como isso se faz. E mesmo que tivesse sobre mim a mancha humana de sabê-lo, que infame eu não seria para mim próprio, ao pensar sequer em nivelar-me com o seu marido... Eu não posso possuir-te. Para quê? Era traduzir para palavras o meu sonho. Possuir um corpo é ser banal." Quem sabe pensando nela tenha dito que "uma malícia da oportunidade me fez julgar que amava, e verificar deveras que era amado: fiquei, primeiro, estonteado e confuso, como se me saíra uma sorte grande em moeda inconversível. Fiquei depois, porque ninguém é humano sem o ser, levemente envaidecido; esta emoção, porém, que pareceria a mais natural, passou rapidamente. Sucedeu-se um sentimento difícil de definir, mas em que se salientavam incomodamente as sensações de tédio, de humilhação e de fadiga". Numa das novelas policiárias de Abílio Quaresma, *Anteros*, eram esses (resumo) os "elementos para enredo: (1) o marido, homem são, simpático, trabalhador e forte, (2) a mulher, criatura elegante, artística de índole, com caprichos súbitos, (3) homem tímido, pessoalmente apagado, altamente intelectual mas com psicologismo". "Pessoalmente apagado", talvez as palavras fossem um código. Como se o próprio Pessoa fizesse parte dessa trama de amor. Sem contar carta escrita para uma dama, que não se imagina quem seja, em que diz:

> Exma. Senhora: Não a tenho visto muitas vezes, mas uma só que fosse bastaria para me convencer que não devo procurar em mais alguém não digo a minha felicidade — porque isso depende da aceitação que der a esta carta — mas a esperança que posso ter dessa felicidade. Não sei se acha esta carta uma ousadia, mas quem sente fortemente atreve-se com facilidade, mesmo que não seja por índole ousado. Queria que me dissesse se posso aspirar a obter um dia a sua simpatia, a sua afeição sincera, e eu não desejaria senão que a minha vida íntima consistisse só num dia assim. Diga-me se posso ter alguma esperança.

Voltando às pesquisas de Crespo, primeira suspeita sua recaiu sobre a escritora Fernanda de Castro, desde 1922 casada com o íntimo António

Ferro. Estando Ferro à época no Brasil, a convite de uma companhia de teatro, o casamento se deu por procuração. Uma tentação, talvez, que o remete ao passado com essa Fernanda, em seu espírito, lembrando a própria mãe que também casou assim. Luis de Oliveira Guimarães a define como *uma mulher enérgica, simpática, com talento,* após o que completa: *O Pessoa gostava muito dela.* Esse fato é confirmado por Manuela Nogueira ao lembrar que, por ela, Pessoa sempre sentiu *grande admiração.* Até por ser poetisa, fundadora da (hoje) Sociedade Portuguesa de Autores. "Artística de índole", pois, exatamente como na novela de Quaresma. Segundo me disse uma neta dessa Fernanda, a eminente jornalista Rita Ferro, para a avó Pessoa era *extremamente tímido e um pouco maçador.* Talvez para dita Fernanda tenha escrito rascunho de versos, em francês, sugerindo amor impossível "sobre a mulher de outro" (em 19/8/1933):

> Por que sofrer
> E sobretudo
> Por que lhe dizer?

Ou, também em francês, este outro de 28 de abril de 1935:

> Oh, ela
> Ela que é tão bela
> É sempre a mulher de outro.

Sendo morena dona Fernanda, tirou-a da relação das suspeitas. Passa o tempo e, morto Crespo, continuou José Blanco naquela busca. Então pensou na mulher do advogado José de Andrade Neves, filho do primo e médico de Pessoa, o dr. Jayme de Andrade Neves — para os íntimos, *Titita.* Em suas pesquisas, Blanco descobriu que, apesar de convidado para o casamento dos dois, lá não compareceu — o que, a rigor, nada prova, dado que Pessoa não ia mesmo a casamento de ninguém. *Ciúmes talvez,* especula, e mandou-lhes apenas um cartão. Descobriu também que, quando foram apresentados, Pessoa declarou a Titita ser "o primo bêbado da família" — sem que estivesse assim nesse encontro. Para Titita, *ele tinha muita culpa de certas coisas, mas nós nunca o vimos bêbado, nem sequer com a tal garrafa no bolso.* Segundo o primo Jaime, *depois de termos casado vinha cá muitas vezes, jantava conosco e adorava a aguardente da quinta do meu sogro.* Com o tempo, acabaram próximos; tanto que, doente ela, ficava *o primo Fernando* à cabeceira lendo-lhe livros. Blanco já a conheceu de cabelos brancos; e perguntou se, quando jovem, era loura. Não. Os cabelos de Titita, como os da sogra Georgina Cardoso, eram escuros.

Bem sei, bem sei... A dor de corno
Mas não fui eu que lho chamei
Amar-te causa-me transtorno,
Lá que transtorno é que não sei...

Sem título (3/4/1929), Fernando Pessoa.

Agora, também ando eu buscando aquele amor tardio de Pessoa. E a primeira ideia que me vem é que talvez não fosse tão tardio assim. A própria Ophelia diz, em carta de 27 de março de 1920: *Não vais ver a mulher loira de olhos azuis?* Essa *mulher loira* aparece em várias outras cartas de Ophelia. Segundo se depreende da leitura, ao menos em uma referência, tratar-se-ia só de dama que, sentada à frente de Pessoa no elétrico, um dia olhou para ele fixamente. Ocorre que, nas outras cartas, refere alguém com quem se relacionava fisicamente. Como uma, de 3 de junho de 1920: *Hoje viram-no com uma senhora loira, de olhos azuis, branca, alta, vestida de encarnado... É verdade ou não, tu tens andado acompanhado com uma senhora a essa hora?* Mais tarde, em "Acaso" (de Álvaro de Campos, 27/3/1929), está: "No acaso da rua o acaso da rapariga loura..." Depois, em anotação de 1929/1930, ainda lembra uma mulher com cabelos louros e dentes "limpos como pedras de rio". Talvez Madge — que, segundo Luís Miguel Nogueira Rosa Dias, sobrinho de Pessoa, tinha *o cabelo castanho alourado*. Ou quem sabe fosse aquela para quem, entre 26 e 28 de abril do seu último ano, escreveu, em francês:

Eu a encontrei.
Eu a reencontrei.
Porque eu a sonhei
Desde tantos dias.

E a amei
E a amaria sempre.

Não, não sei
Se você existe mesmo...
(...)

Você é rainha?
Você é sereia?
Que importa a esse amor
Que a faz soberana?

Sem título (1935), Fernando Pessoa

A mesma talvez que mereceu, em 22 de novembro de 1935, oito dias antes de morrer, este outro, em francês também, o último poema de amor por ele escrito:

> Minha loura.
> Talvez numa outra vez
> Ou numa esquina
> Tu[119] me amarás, e apenas um dia,
>
> A luz, cujo ouro cativante
> Me inunda,
> Serve apenas para me tornar constante
> Ao ouro do teu cabelo brilhante
> Minha loura.
>
> Sem título (1935), Fernando Pessoa

O fato de escrever esses versos em francês — língua que falava em casa, com a mãe — sugere referir tema de sua própria vida. Posto que, fosse um sentimento apenas *fingido*, e quase certamente teriam sido escritos em português. Ou inglês. Seja como for, continuamos sem saber quem seria dita *blonde*. Permanece o mistério.

> Repararás um dia que me amaste
> E que, talvez, amaste só a mim
> Foste. Casada felizmente andaste
> Pela estrada que afirmam não ter fim.
>
> Sem título (30/11/1914), Fernando Pessoa

Sexo e comunicações mediúnicas

Em comunicações mediúnicas, sobretudo de 1916 a 1918, o assunto recorrente é sexo. Incluindo sua virgindade assumida, quando já tem 30 anos! Como que cumprindo "a exigência rosicruciana, não da simples castidade, que é uma *retirada* temporária ou condicional, e portanto relativa, mas da virgindade, que é a *retirada* absoluta". Ao fim dessa reflexão, diz que a "castidade masculina, sendo completa como deve ser, compele o sêmen formado a recolher, a ser

---

[119] O uso do "*tu*", em francês, destina-se apenas a íntimos. Diferente do formal "*vous*" (vós, você). Com esse "tu", do verso, sugerindo tratar-se mesmo de alguém próximo a Pessoa.

reintegrado pelo corpo, entrando para o sangue. E deste modo o indivíduo, por assim dizer, se fecunda a si mesmo, sendo, interiormente, a sua própria mulher". Um espírito, Wardour, diz que ela é *virtude só para monges* — não o caso de Pessoa, claro. Talvez por isso, "o desdobramento do eu é um fenômeno em grande número de casos de masturbação". São frases que sua mão vai escrevendo, sem maiores cuidados, como se fossem ditadas do além. Com numerosíssimas passagens riscadas — o que, definitivamente, não ocorreria caso se tratassem de verdadeiras comunicações mediúnicas. Mais parecendo que Pessoa não gostava dos textos que sua pena escrevia e os cancelava ou corrigia.

— Não deves continuar a manter a castidade.[120]
— Ela faz-te certamente feliz, porque faz de ti um homem.
— Ela é virgem, como tu, é nômade na vida como tu. Não é mulher para casar.
— É muito parecida, só que é forte e tu és fraco.
— É a tua futura amante, não a tua futura esposa.
— Nunca experimentou sexo em homem.
— Agora estás prestes a encontrar a rapariga que te irá possuir, a girl que fará de ti um homem (anotação de 1/7/1916).

No íntimo, não alimenta grandes esperanças nessas comunicações. O encontro seria *numa soirée* e *nenhum tipo de resistência da tua parte valerá a pena.* Talvez fosse uma *atriz,* ou *governanta,* ou *filha de um agricultor.* O espírito de Henry More primeiro lhe diz: *Um homem que se masturba não é um homem forte;* e depois recomenda: *Não deves continuar a manter a castidade. És tão misógino* [aquele que tem aversão às mulheres] *que te encontrarás normalmente impotente, e dessa forma não produzirás nenhuma obra completa na literatura.* Aos poucos, surgem mais detalhes:

— A mulher que te iniciará no sexo é uma rapariga que ainda não conheces.
— É uma poetisa amadora e assumida.
— É poetisa no sentido de que escreve poesia.
— Foi educada na França e na Inglaterra.
— O encontro será numa casa que nunca mais visitarás.
— Nenhum homem dos teus conhecimentos a conhece.

---

[120] Apesar de dizer, no *Desassossego,* que "só três coisas realmente distintas existem — uma é o tédio, outra é o raciocínio, outra é a castidade".

Todas essas indicações se aplicariam a Ophelia Queiroz — que Pessoa, então, ainda não havia encontrado; fazia versos; falava francês e inglês; encontrou-se com ele numa empresa que logo viria a falir; e quase ninguém, nem mesmo os mais íntimos, conhecia. Ao final de uma dessas comunicações, a indicação: *Grávida. Pede-te que case com ela, tu não a ajudas, por isso suicida-se*. O encontro se daria em 1917. À espera dele, nesse mesmo ano, escreve:

> Horas e horas por fim são meses
> De ansiado bem.
> Eu penso em ti indecisas vezes
> E tu ninguém.
>
> "Canção triste", Fernando Pessoa

Aos poucos, pelo espírito de Henry More, um nome vai se fixando:

> — É uma rapariga ágil, magra, mas com um busto desenvolvido. Espera pelos lábios dela. Vão pôr-te louco. Ela é o vinho que tu precisas beber.
> — Não. Uma mulher está agora no teu caminho. Ela chama-se Olga. Encontrá-la-ás no dia 12 de junho.

"O seu nome é Olga", dizem os espíritos. Ele ri, lembrando brincadeira que escrevera em 1914 — "Se à palavra Olga tirassem o *l* e juntassem um *s* ficaria osga [lagartixa]". Só que essa Olga, em sua vida, seria bem mais que uma brincadeira.

> — O nome da mulher é Olga de Medeiros. Ela é sobrinha de um homem cujo escritório fica na Rua Augusta, e dá-se com José Garcia Moraes,[121] o sócio-gerente.
> — Olga Maria Tavares de Medeiros, nascida em São Miguel, em 10 de outubro de 1898, às 5hs38, hora local.[122]

Eis o nome, Olga. Com O de Ophelia.

---

[121] Um comerciante com estabelecimento nessa mesma Rua Augusta.

[122] Curioso é que mulher com esse nome existiu mesmo, nascida também em São Miguel — quatro anos antes da data indicada pela comunicação, em 25 de setembro de 1894.

Animae dimidium meæ

(Metade da minha alma. Horácio)

Ophelia Queiroz

"Fiquemos um perante o outro,
como dois conhecidos desde a infância,
que se amaram um pouco quando crianças."

Última carta a Ophelia, na primeira fase da
relação (29/11/1920), Fernando Pessoa

O encontro

Ophelia Maria Queiroz é *Ofelia* porque a irmã e madrinha de batismo Joaquina Paula de Queiroz (Nunes de Ribeiro, depois de casada), 20 anos mais velha e pela vida sua companhia mais constante, estava lendo *Hamlet* no dia do seu nascimento — 14 de junho[123] de 1900. O nome é grafado assim, como Ophelia, nas certidões de nascimento e de batismo; embora, nas de casamento e óbito, já esteja simplesmente Ofélia — por conta de reforma ortográfica que, entre outras regras, substituiu o *ph* pelo *f*. Segundo certidão de batismo (número 405) da Igreja Paroquial de Santos-o-Velho, é *filha legítima* de Francisco dos Santos Queiroz e Maria de Jesus Queiroz — católica, pois, como convém a uma descendente de *dos Santos* e *de Jesus*. Seus pais tinham raízes no Algarve, como a linha paterna de Pessoa. Na estrutura social daquela época, a família está na classe média inferior — pai com escritório de exportação de produtos algarvios, avô barbeiro, bisavô funileiro e ascendentes femininas todas domésticas. Diferente da personagem de Shakespeare, essa Ophelia real é culta, fluente em francês, pouco menos em inglês e ainda escreve à máquina. No físico, igual a tantas mocinhas daquele tempo, é magra, baixa, orelhas grandes, cabelo e olhos escuros, segundo suas próprias palavras com *braços e pernas roliços*. Não se pinta. Olhando as fotos da juventude, um belo rosto. Mesmo as que tirou madura,

---

[123] Um dia depois do aniversário de Pessoa — embora, na certidão de nascimento, conste equivocadamente esse dia como 17 de junho.

já parecendo matrona de interior, ainda revelam uma figura digna. Em depoimento à sobrinha-neta Maria da Graça (Borges) Queiroz (Ribeiro), diz: *Tinha 19 anos, era alegre, esperta, independente, e, contra a vontade de meus pais e da família, resolvi empregar-me. Não que precisasse de o fazer, pois, sendo a mais nova de oito irmãos* [quatro homens e quatro mulheres, dos quais cinco logo morreram de *pneumônica*] *e a única solteira, era muito mimada e tinha tudo o que queria.* Pessoa escrevera antes, sobre a Ophelia[124] de Shakespeare, versos que eram como uma premonição:

> Eu julguei morto meu coração
> (...)
> Ophelia indo para a corrente
> Não sei que incerta minha emoção.[125]
> Quem queres tu que te queira...
> Coração triste, vive contigo.
> (...)
> Seja o teu único gesto grande
> No frio nada do teu sofrer
>
> Sem querer que o único sonho abrande
> Teu...[126]
> Abdica e vive de não viver.
>
> Sem título (26/7/1917), Fernando Pessoa

Corre o ano de 1919. No começo de novembro, segundo Ophelia, o *Diário de Notícias* teria publicado anúncio de emprego da Félix, Valladas e Freitas Lda.[127] Trata-se de um escritório de *comissões, consignações e conta própria,* que começara a funcionar em 1º de outubro daquele ano e viria

---

[124] Assim grafou o nome, com *ph* em lugar do *f.* "Malhas que o império tece" poderia dizer dessa coincidência.

[125] No original, escreveu e abandonou variáveis para essa palavra *emoção* — que foram *consolação* e *suposição.*

[126] No original, a ser mais tarde completado, o verso é apenas essa palavra.

[127] Não foi bem assim, visto que não encontrei nesse mês, nos mais de 1.500 anúncios de emprego do jornal, um único da empresa. Mais provavelmente, referia-se a uma agência *colocadora* de anúncios. Sendo então necessário que o postulante ao emprego escrevesse a essa agência, dela (ou da própria empresa interessada) recebendo indicação de dia e hora em que deveria apresentar-se à entrevista. Para constar, eram estas as que funcionavam naquele tempo: *A Mensagem* — Agência de Publicidade, Rua das Gávias, 54 (Bairro Alto); *Agência Anunciadora* — Travessa do Convento a Jesus, 37; *Agência Rádio* — Rua Áurea, 146; *Agência Universal de Anúncios* — Calçada do Garcia, 4; *Bastos & Gonçalves, Sucessor* — Rua da Conceição, 147; *D. Anahory* — Rua do Alecrim, 169; *Empresa Geral do Trabalho* — Rua Nova do Almada, 18; *Agência Havas* — Rua Áurea, 30 e Rua Augusta, 270, 1º.

Ophelia Queiroz, com 20 anos

a falir três meses mais tarde, pertencente a José Damião *Félix* (capitalista e controlador da empresa), Fernando *Valladas* Vieira (da Guarda Nacional Republicana, "um pouco rude" e que não se dava com Pessoa), mais o primo Mário Nogueira de *Freitas*. Ophelia escreve à agência colocadora de anúncios, se oferecendo ao emprego e logo recebe resposta da própria empresa, indicando que *para assunto de seu interesse, é favor passar por esta direção*. Então apresenta-se na Rua da Assunção, 42, segundo andar (Baixa Pombalina de Lisboa[128]), acompanhada por empregada que serve à casa da irmã; dado que, como dizia, *moças de boa família não andavam sozinhas*. A porta está fechada e esperam que chegue alguém. Então lhes surge Pessoa, que vem para o trabalho. *Vimos subir a escada um senhor todo vestido de preto (soube mais tarde que estava de luto por seu padrasto)*,[129] *óculos e laço no pescoço. Ao andar, parecia não pisar o chão. E trazia as calças entaladas nas polainas. Não sei por que, aquilo deu-me uma terrível vontade de rir. Muito atencioso, disse-nos que esperássemos um bocadinho porque ele não*

---

[128] Essa Baixa, como todas as outras baixas em Portugal, é sempre o centro da cidade. Seu traçado lembra um tabuleiro de xadrez, do Rossio ao Terreiro do Paço, do Bairro Alto ao Castelo à Graça. E deve o nome a ter sido construída pelo Marquês de Pombal, depois do terremoto que destruiu Lisboa em 1755.

[129] O Comandante Rosa morrera pouco antes, em 5 de outubro de 1919.

era dono do escritório. Ophelia começava a entrar em sua vida, como um vento da primavera, para deixar marcas fundas. "Quando te vi amei-te já muito antes, nasci para ti antes de haver o mundo." Seria, para os dois, um amor complicado.

> Quando eu não te tinha[130]
> Amava a Natureza como um monge calmo a Cristo...
> Agora amo a Natureza
> Como um monge calmo à Virgem Maria.
> (...)
> Tu mudaste a Natureza para o pé de mim...
> Tu trouxeste-me a Natureza...
> Por tu existires, vejo-a melhor, mas a mesma,
> Por tu me amares, amo-a do mesmo modo, mas mais,
> Por tu me escolheres para te ter e te amar.
>
> "O pastor amoroso", Alberto Caeiro

Início do namoro

Três dias depois era contratada como datilógrafa, *com salário de 18 mil-réis*, segundo suas palavras — apesar de ser então moeda, em Portugal, o escudo. A designação de quantias monetárias por réis continuou até muito depois dessa mudança por escudos, com a república. Graças à intervenção dele, posto que lhe queriam pagar só 15 mil. Seria a única empregada nessa firma. Ophelia depois lembra que, já no primeiro encontro, *ele me olhou de certa maneira.* Começava ali, entre os dois, um estimar recíproco. Ocorre que, por essa época, ela namorava o pintor Eduardo Cunha — que havia ganho a disputa por seu benquerer com um irmão escultor. Ao menos assim se dava até o Natal de 1919, quando morreu o pai de Eduardo. Apesar de saber dessa relação, em 28 de novembro Pessoa encontra coragem, que nem suspeitava ter, e comete a audácia de lhe mandar um versinho atrevido:

> Bebé não é má
> É boa até
> Bem diga lá
> E diga com fé.
> Mas quem será?!...
> Eu sei quem é.

---

[130] Numa primeira versão, "Quando eu não tinha".

Bem antes (1910), já escrevera poema que premonitoriamente falava em bebés amorosos; como se soubesse que depois um bebé maior, chamado Ophelia, seria um traço de promessas e remorsos em sua vida.

Os bebés, por este andar,
Dentro em pouco quando for
Altura de já falar
Principiarão por gritar
Não "mamá", mas sim "amor".

"Alguém que já namorei", Fernando Pessoa

Em 22 de janeiro de 1920, afinal, acontece o impossível. Osório, que vez por outra prestava serviços à firma, já tinha ido embora. Estavam afinal sozinhos; e Pessoa, num impulso, decide abrir o coração. Ophelia relata: *Um pouco antes da hora da saída, atirou-me um bilhetinho que dizia "peço--lhe que fique...".* O cenário era de penumbra, que *faltou a luz no escritório.* Então, como se tivesse passado toda a vida se preparando para isso, *o Fernando sentou-se na minha cadeira, pousou o candeeiro que trazia na mão e, virando para mim, começou a declarar-se: Oh, querida Ofhélia! Meço mal os meus versos; careço de arte para medir os meus suspiros; mas amo-te em extremo, acredita!* Se tiverem sido mesmo essas, as palavras, eram precisamente as que Shakespeare pôs na boca de Hamlet quando se declarou à sua Ophelia. E deve tê-las dito, Pessoa, com entonação própria de quem recita frases decoradas. Desacostumado à corte, preferiu se socorrer em um campo que conhecia bem — o da literatura. Ela própria o confirma, em carta de 22 de março de 1920 (equivocadamente datada como de 1919): *Faz hoje três meses que houve a cena de representação de Hamlet.* Ela está de pé, vestindo um casaco, e parece não compreender bem a cena. *Então de repente, sem eu esperar, agarrou-me pela cintura, abraçou-me e, sem dizer palavra, beijou-me, beijou-me, apaixonadamente, como louco.* Ela corresponde, como se fosse algo natural. Depois da cena ele hesita, perplexo ainda por ter feito algo de que não se julgava capaz. Ophelia confessa ter ficado *perturbadíssima,* recolhe seus pertences, sai apressada. E volta para casa sozinha, relembrando a ousadia dos dois, ainda indecisa sobre se queria mesmo viver esse amor. Ele permanece na sala em silêncio, paralisado, incapaz de imaginar o que ocorreria depois. Dia seguinte, Ophelia recebe poema do qual, mesmo perdido entre seus papéis, recita de cor os primeiros versos:

Fiquei louco, fiquei tonto,
Meus beijos foram sem conto
Apertei-a contra mim
Embalei-a em meus braços
Fiquei louco e foi assim.

Faltou-lhe, na memória, o penúltimo verso dessa primeira estrofe — "Embriaguei-me de abraços". Disso se soube porque o poema (de seis estrofes, cada uma com seis versos) Pessoa guardou cuidadosamente, na Arca, apesar da baixa qualidade do texto. Mas logo o medo de amar está de volta e ele procede como se nada tivesse acontecido. Um mês antes, como que pressentindo a cena, escrevera poema que acaba assim:

Não creio ainda. Poderia
Acaso a mim acontecer
Tu, e teus beijos, e a alegria?
Tudo isso é, e não pode ser.

Aconteceu, agora o sabia. Ophelia, recordando a noite daquele primeiro beijo, diz: *Fui para casa comprometida e confusa. Passaram-se dias e, como o Fernando parecia ignorar o que se havia passado entre nós, resolvi eu escrever-lhe uma carta* [28/2/1920], *pedindo-lhe explicação. É o que dá origem a sua primeira carta-resposta, datada de 1º de março* — aquela em que diz: "Reconheço que tudo isso é cômico, e que a parte mais cômica disto sou eu. Eu próprio acharia graça, se não a amasse tanto." *Assim começamos o namoro,* continua Ophelia. Nela comunica ter sido ele seu escolhido: *Acabei há pouco de falar com o rapaz que me faz pensar muito no meu Fernandinho. Estou desprezando um rapaz que me adora, que me faria feliz e que eu sei muito bem as ideias dele para mim, sei o que tencionava fazer da minha pessoa* (28/2/1920). O dito namorado, Eduardo Cunha, ainda tenta insistentemente se encontrar com ela. *Ex-namorado,* logo diz Ophelia (19/3/1920). Em outra carta, agora de 25 de março de 1920, está: *Não calculas o que me tem arreliado hoje o rapaz, pois não há meio de me deixar em paz... À noite, às 10 horas aqui na rua a rondar, calcula tu que maçada e que aborrecimento, o meu irmão já hoje se abriu com ele.*

Em 26 de maio, novamente escreve sobre essa antiga paixão: *Ele sabia que eu tinha namoro porque lhe disseram e então só queria ver para se vingar a seu modo.* Esse Eduardo dá conta, ao pai de Ophelia, da relação; e ameaça a mãe, *De ontem em diante tinha nele um inimigo capaz de tudo.* Valendo lembrar que o mesmo Eduardo, transtornado por lembranças desse amor, ainda continuaria o assédio por anos. Ophelia não troca só de namorado. De emprego também. Em 20 de março de 1920, já trabalha como tradutora na C. Dupin & Cia. Comissões, empresa especializada em *lenhas, portas, carpintaria mecânica e mobílias econômicas*. Fica no Cais do Sodré, 52, terceiro andar (telefone 5151), bairro dos Remolares.[131] Bem pertinho, na Praça Duque da Terceira, estão a Taverna Inglesa de que fala Eça em *O Primo Basílio*; e o célebre Hotel Central, de *Os Maias*, que hospedava reis, príncipes e gente de fortuna. O aviso do novo endereço dá em carta de um dia antes. Não seria seu último, que logo presta serviços à firma Olímpio Chaves,[132] em Belém. Com certeza lá está, ao menos em 23 de maio de 1920, tanto que Pessoa cronometra as viagens *de comboio* entre Belém e o Cais do Sodré — naquele tempo, de exatos 37 minutos. Depois, ainda serve à Metalúrgica Portugal Braz, da empresa Henrique & Cia. Lda., na Rua Moraes Soares, 166 (telefone 3129). Terão sido empregos rápidos, razão pela qual, mais tarde, confessa que, *depois de deixar a casa C. Dupin*, não voltei a trabalhar. Considerando a distância física, passam a se escrever com frequência. Tem início a longa correspondência entre os dois.

Primeira fase da relação

Ophelia foi, para ele, sobretudo uma surpresa. Porque não se encaixava em sua vida. "O maior amor não é aquele que a palavra suave puramente exprime. Nem é aquele que o olhar diz, nem aquele que a mão comunica tocando levemente na outra mão. É aquele que quando dois seres estão juntos, não se olhando nem tocando, os envolve como uma nuvem. Esse amor não se deve dizer nem revelar. Não se pode falar dele." Assim seria também com esse romance suburbano, secreto, apenas dos dois. Pessoa, mesmo sem compreender bem um estado de espírito para ele novo, decide continuar a relação; e, como se espera dos namorados, lhe dá presentes quase todos os dias. Alguns até de valor, como uma medalha esmaltada que reproduz imagem de gatinhos. Essa joia Ophelia mostra à família, orgulhosa — *minha mãe gostou muito da medalha, achou muito fina* (carta de 14/6/1920) —, e

---

[131] Diz-se *remolares* dos artesãos que, ao tempo das grandes navegações, fabricavam remos para as embarcações.

[132] Apesar da referência, feita pela própria Ophelia, não localizei nenhum rastro dessa empresa na Conservatória do Registro Comercial de Lisboa.

a conserva até morrer.[133] Outros apenas exóticos, como uma pequena cadeira de palha vermelha para casa de bonecas ou caixas de fósforo recheadas com *meiguinhos* — bonequinhos de arame colecionados, à época, em Lisboa (trata-se do *meiguinho-chinês* de que fala Ophelia, em carta de 23/3/1920). Sem contar mimos só para a boca — como, assim diz ela, *rebuçados*.[134] Numa caixa, junto, seguiram também esses versos:

> Bombom é um doce
> Eu ouvi dizer
> Não que isso fosse
> Bom de saber
> O doce enfim
> Não é para mim...

Ao fim de cada dia de trabalho, e apesar da distância, usualmente voltam juntos à casa da irmã Joaquina, onde ela então vivia. Caminham pela Rua Áurea, pelo Largo do Pelourinho, pela Rua do Arsenal (onde fica a Estação dos Correios em que Pessoa tem sua caixa postal), por vezes passam na Livraria Inglesa. Quando Ophelia quer vê-lo distante dos olhares indiscretos, fala em querer *dar um passeio à Índia* — assim está em numerosas cartas, primeira delas de 23 de março de 1920. Esses encontros escapam aos rígidos controles morais da época, posto que, tratando-se de uma quase menina com só 19 anos, o normal era que se dessem à vista da família. Coincidentemente, em carta de 23 de maio de 1920, diz ter ido à *casa da tal senhora da Rua Saraiva de Carvalho, que dá hoje uma festa de despedida de solteiro do filho que vai para a Índia!...* Ciumento, não gosta Pessoa que ela use decotes ou fale com outros rapazes. Numa dessas caminhadas, chega a fazer cena — *Estavas a fazer olhos ternos ao Pantoja.*[135] Cúmplice do amado, por vezes também Ophelia se assina como um dos heterônimos de

---

[133] Sua sobrinha-neta Maria da Graça nos mostrou essa pequena joia, que se abre para guardar escondido um retrato. No caso, ali estava o do seu sobrinho Carlos Queiroz — vez que o único de Pessoa, em mãos de Ophelia, era demasiado grande para tão pequena joia.

[134] Trata-se de uma especialidade da doçaria portuguesa. Na aparência, equivalem a confeitos. Um tipo de doce rígido que se dissolve na boca. Com destaque para os rebuçados de ovos dos Açores: açúcar, manteiga, gema, cobertos com fina camada transparente de calda, servidos embrulhados com papel celofane.

[135] Joaquim Pantoja era um espanhol que fazia parte do seu grupo de amigos. Aparentemente, trabalhava num escritório em que Pessoa prestava serviço; tanto que, em carta a Ophelia (29/3/1920), diz pretender "deixar o Pantoja substituindo-me lá em cima". Para ele Pessoa escreveu carta, em 7 de agosto de 1923, dizendo: "Toda a gente sente. Toda a gente pensa. Nem toda a gente, porém, sente com o pensamento ou pensa com a emoção. Por isso há muita gente e poucos artistas."

Pessoa, Íbis. Para ele, passaria a ser "a Íbis do Íbis" ou "Íbis sem conserto nem gostosamente alheio"; e também, mais tarde, "Ex-Íbis" ou "Extintíbis". Às cartas do amado, responde quase sempre com *doces beijos de quem é muito sua, ao meu querido Ibizinho.* Escreve todos os dias e explica a razão em carta de 23 de março de 1920: *Eu venho escrever-te alguma coisinha porque não posso passar já sem te escrever qualquer coisinha.*

Cartas de amor

De Pessoa, ficaram 51 cartas: 38 na primeira fase da relação, de 1º de março a 29 de novembro de 1920 — entre elas, duas sem data; mais uma sem indicar Ophelia como destinatária, ainda nessa fase, de 18 de março de 1920; e 12 na segunda e derradeira, escritas entre 11 de setembro de 1929 e 11 de janeiro de 1930. Quase sempre dirigidas a "bebezinho" ou variável — "bebé anjinho", "bebé fera", "terrível bebé", "bebé pequeno" ("pequenino" ou "pequeníssimo"), "bebé pequeno e atualmente mau", "bebé mau e bonito", "meu bebé pequeno e rabino", em 27 cartas da primeira fase da relação e mais cinco da segunda; ou apenas, quase protocolarmente, a "Ophelinha". Cartas, pois, de um *orphelin* (órfão) para sua *Ophelinha*; e que, palavras de Antonio Quadros, *se parecem muito com uma fuga.* Dela foram 230, das quais 110 já hoje publicadas; além de 46 postais, dois telegramas e bilhetes vários, para *Íbis Bonito, Meu Preto, Meu Lindo Amo, sr. Pessoa* ou *sr. Besoiro Peçonhento,* após o que se assinava como *sua inimiga vespa* — mais frequentes sendo só *Nininho, Nininho adorado, Nininho dos meus pecados.* A família Queiroz vetou a publicação de duas cartas inteiras, além de alguns parágrafos em outras. A sobrinha-neta Maria da Graça me justificou, dizendo tratar-se apenas de referências familiares, sem maior interesse para o público. Assim se deu mesmo; pois ao ler as cartas, nos originais (hoje em poder do colecionador brasileiro Pedro Corrêa do Lago), constatei dois temas principais nessas reservas. De um lado, a quase penúria financeira em que vivia sua família. No outro, um relato, ingênuo até, de doenças femininas: *Não imaginas a noite horrível que passei, oh! que dor eu tive, e sem chamar nunca minha mãe* (2/7/1920): ou *Misteriosa doença? Não Nininho, a minha doença nada tem de mistérios... é a coisa mais natural de acontecer... Olha que é tudo quanto há de mais natural uma senhora ter, compreendes, não compreendes?* (3/7/1920).

Portador dessa correspondência usualmente é um *grumete*[136] — o mesmo Osório, do primeiro emprego, que depois também serviu à empresa C. Dupin. Sua existência é confirmada já na segunda carta de Ophelia; e, depois, em muitas outras. Pessoa lhe escreve também pequenos bilhetes, dizendo *"kiss me"* ou "dê-me um beijinho, sim?". Ela responde com postais românticos. Um em que namorados se abraçam amorosos sob um luar de prata; outro em que mulher passeia à margem de um rio, com a inscrição *só em ti confio* — e, por baixo, com sua letra, *vivo esperançada, meu amor feliz;* mais outro em que, no meio de uma flor, aparecem casal e a inscrição *os teus lindos olhos são as estrelas de minha vida* — de lado, e novamente com sua letra, *oh que saudade eu tenho*[137] *de quem tanto sou e de quem tão longe estou.*

> Não creio ainda no que sinto —
> Teus beijos, meu amor, que são
> A aurora ao fundo do recinto
> Do meu sentido coração...
>
> "A Ophelia-I",[138] Fernando Pessoa

Algumas vezes, as cartas são destinadas ao *exmo. sr. Engenheiro Álvaro de Campos* — mesmo não gostando, Ophelia, das suas interferências no romance. *Então o Álvaro de Campos também gosta muito, muito do Bebezinho? Ai não gosta, Nininho. Se ele gostasse não era tão mau e tão injusto como tem sido... Olha, Nininho, eu não gosto dele, é mau* (carta de 12/6/1920); logo avisando que, quando casada, não o quereria na *nossa casinha*. Ou são destinadas a outro heterônimo, A.A. Crosse — em quem deposita esperança de que ganhe dinheiro, num concurso de charadas do *Times*, para que possam casar. Algumas vezes Pessoa acompanha Ophelia, escrevendo como se fosse uma criança, em cartas de gosto muito discutível.

---

[136] Nas esquinas de Lisboa daquele tempo, havia rapazes que levavam recados e encomendas, contra remunerações módicas, chamados *moços de fretes* — como nos hotéis se usava *groom* e no comércio *paquete*. No caso, essa designação inusual deve ser um código próprio dos missivistas. Trata-se da mais baixa graduação na marinha mercante, usualmente ocupada por adolescentes. Em Pernambuco, na *Guerra dos Mascates* (1710-1712), era nome dado aos comerciantes portugueses de Olinda e Recife, *grumetes*, que se opunham aos *mazombos*, representantes da aristocracia fundiária.

[137] A frase faz lembrar o poeta brasileiro Casimiro (José Marques) de Abreu (1839-1860), em "Meus oito anos", que começa com estes versos: *Oh! Que saudades que tenho/ Da aurora da minha vida.*

[138] Para Ophelia, Pessoa escreveu cinco poemas; quatro com esse título, o primeiro de 2 de fevereiro de 1920; além de "O amor como exercício de estilo", que encerra dizendo ser ela "só a coisa apetecida, ainda desejada e não ousada".

Bebezinho do Nininho-ninho

Oh! Venho só quevê pá dizê ó Bebezinho que gotei muito da catinha déla. Oh! E também tive munta pena de não tá ó pé do Bébé pâ lê dá jinhos. Oh!. O Nininho é pequinininho!

Hoje o Nininho não vae a Belém porque, como não sabia s'havia carros, combinei tá aqui ás seis o'as. Amanhã, a não sê qu'o Nininho não possa é que sai d'aqui pelas cinco e meia [na carta, o desenho de uma meia], isto é a meia das cinco e meia. Amanhã o Bebé espera pelo Nininho, sim? Em Belém, sim? Sim?

Jinhos, jinhos e mais jinhos.

Fernando, 31/5/1920

No primeiro número da *Revista de Comércio e Contabilidade* (1926), ensina Pessoa que "no fecho das cartas onde se dá tratamento de excelência, nunca se empregue a palavra *estima*. Às excelências compete *consideração* ou *respeito*. *Estima* é só para as senhorias.[139] Em geral, deve ser sempre *afeto, admiração, amizade, apreço, camaradagem, consideração, cumprimentos, dedicação, reconhecimento, respeito, saudade, simpatia*". Nenhuma dessas expressões emprega com Ophelia, quase inevitavelmente usando "sempre teu" ou "sempre muito teu" — com toda intimidade que tem esse "teu" em Portugal. Mas só nas cartas da primeira fase da relação; já não tendo final assim as cartas da segunda, bem mais formais. Numa delas, implora Pessoa: "Faze o possível por gostares de mim a valer... faze, ao menos, por o fingires bem" (março de 1920).[140] *São cartas de amor entre Fernando Pessoa e Fernando Pessoa*, sugere Janice de Souza Paiva; nesse comentário se inspirando, embora não o declare, no próprio Pessoa — para quem "todas as cartas devem, pelo menos para o homem superior, ser apenas dele para si próprio". É pensando nessa correspondência que, um mês antes de morrer, escreve (findando todas as estrofes com a mesma palavra, *ridículas*):

Todas as cartas de amor são
Ridículas.

Não seriam cartas de amor se não fossem
Ridículas.

---

[139] Apesar disso encerra duas cartas a amigos que (para ele) não são *senhorias*, João de Freitas Martins (7/10/1921) e Adriano del Valle (31/8/1923), com essa *estima* que tanto recrimina.

[140] No original, sem indicação do dia. Por comparação com as cartas de Ophelia, deve ser do dia 20 (ou próximo).

Também escrevi em meu tempo cartas de amor,[141]
Como as outras,
Ridículas.

As cartas de amor, se há amor,
Têm de ser
Ridículas.

Mas, afinal,
Só as criaturas que nunca escreveram
Cartas de amor
É que são
Ridículas.

Quem me dera no tempo em que escrevia
Sem dar por isso
Cartas de amor
Ridículas.

A verdade é que hoje
As minhas memórias
Dessas cartas de amor
É que são
Ridículas.

(Todas as palavras esdrúxulas,
Como os sentimentos esdrúxulos,
São naturalmente
Ridículas.)

Sem título (21/10/1935), Álvaro de Campos

Ainda que amar seja um receio

A relação entre os dois é sobretudo espiritual. Não obstante, sendo frequentes abraços, beijos e mesmo intimidades maiores, que dificilmente terão correspondido ao próprio ato sexual. No máximo, toque nos seios, segundo acredita a própria família de Ophelia. Prova disso seriam versos de Pessoa que se referem a ditos seios como *pombinhos*:

---

[141] Trata-se de um verso estranho, mesmo sendo assinado por Álvaro de Campos; dado jamais ter Pessoa se referido a ninguém ter escrito cartas de amor. Sem razão aparente para que o confessasse agora, de público — salvo a consciência de que a morte já vinha e nenhum segredo tinha mais sentido.

Os meus pombinhos voariam.
Eles para alguém voaram.
Eu só sei que nos tiraram;
Não sei a quem os dariam.

Meus pombinhos, meus pombinhos,
Que já não têm os seus ninhos
Ao pé de mim.
São assim os meus carinhos
Matam-nos todos assim!

Ophelia revolve suas lembranças: *Um dia, ao passarmos na Calçada da Estrela, disse-me: "O teu amor por mim é tão grande, como aquela árvore." Eu fingi que não percebi. Mas não está ali árvore nenhuma... "Por isso mesmo", respondeu-me ele. Outra vez, disse-me: "Chega a ser uma caridade cristã tu gostares de mim. És tão nova e engraçadinha, e eu tão velho e tão feio."* Tem então 32 anos; ela, 19. Em carta de 24 de setembro de 1929, na segunda fase da relação, inclusive pergunta: "A minha pequena vespa gosta realmente de mim? Por que é que tens esse gosto estranho pelas pessoas de idade?" É que, no físico, Ophelia parece ainda mais nova do que é, razão pela qual Pessoa lhe manda bilhetes como este (de 28/2/1920), escrito no verso de seu cartão de visitas:

Bebé começa por B
Beijinho por B começa
Bebé, vem dar-me um beijinho
Beijinho, vem cá depressa.

Quando nos casarmos, e quando eu chegar em casa, entro e pergunto — por acaso não viram por aí minha mulher? Então tu apareces e eu digo — Oh! estavas aí!, és tão pequenina que não te via, lembra Ophelia. Assim se dá por ser, não apenas jovem, mas igualmente baixinha; enquanto ele, com seu 1,73 metro, é alto para os padrões da época. Além de brincadeiras, nas cartas, há também quase promessas. Como essa, de 13 de junho de 1920: "O engraçado era que, no ano que vem, eu já pudesse dizer estas palavras antes de levantar, percebes Nininha?" Mas, no íntimo, jamais terá verdadeiramente admitido essa possibilidade. Em carta a Gaspar Simões (17/10/1929), confessa: "Acho preferível seguir o conselho célebre do Punch[142] às pessoas

---

[142] Há dúvida sobre o sentido dessa referência. Talvez fosse alusão à editora inglesa Punch, de Bonverie Street (Londres), com quem antes se correspondia (em 1906), como acredita Manuela Parreira da Silva.

que vão casar — *Não*." Algo mesmo natural a quem escreve textos contra o casamento — como *On the Institution of Marriage* e *Dissertation Against Marriage*. Otimista (ou só ingênua), Ophelia acredita mesmo que se casará. E começa a bordar seu enxoval. Ele alimenta essa esperança, em cartas, como uma de 5 de abril de 1920: "Meu bebé para sentar no colo! Meu bebé para dar dentadas! Meu bebé para... (e depois o bebé é mau e bate-me...)." E chega a lhe dedicar um acróstico (sem data):

Onde é que a maldade mora
Poucos sabem onde é
Há maneira de o saber
É em quem quando diz que chora
Leva a rir e a responder
Indo em crueldade até
A gente não a entender.

Ophelia responde no dia do aniversário de Teca, irmã de Pessoa (27/11/1920), com outro acróstico:

Fazia bem em me dizer
E grata lhe ficaria
Razão por que em verso dizia
Não ser o bombom para si...[143]
A não ser que na pastelaria
Não lho queiram fornecer
D'outro motivo não vi
Ir tal levá-lo a crer.
Não sei mesmo o que pensar
Há fastio para o comer?
Ou não tem massa[144] pr'o comprar?!

Peço porém me desculpe
Este incorreto poema

Ou uma revista britânica de humor e sátira, criada em 1841, assim pensa Joaquim Vieira. Mas, considerando natureza e data do comentário, poderia se referir a Mr. Punch, que, nas apresentações, briga sempre com sua mulher, Judy, personagens tradicionais de fantoches na Inglaterra — uma reminiscência da *Commedia dell'Arte* italiana que tem correspondentes em: Alemanha (Kasper), Dinamarca (Mester Jacker), França (Polichinelo), Holanda (Jan Klaassen), Itália (Pulcinelle), Romênia (Vasilache), Rússia (Petruschka). Em Portugal, equivale a Dom Roberto. No Brasil dos mamulengos nordestinos, a mulher é sempre Quitéria, esposa do capitão João Redondo (o capitão Reimundinho); e o homem são dois — um branco, Simão; e um preto, o Professor Tiridá (tira e dá, *o que tira aqui e mete lá*).

[143] Referência a verso que Pessoa lhe dedicara antes, "bombom é um doce".

[144] Dinheiro.

Seja bom e não me culpe
Sou estúpida, e tenho pena
O Sr. é muito amável
Aturando esta... pequena...

Por vezes, esquece as sutilezas e prefere ser direta em suas posições: *Eu estou ansiosa por ser tua noiva; não é por nada, é simplesmente para ver se gosto de me ver assim mascarada. Para eu ter o meu Fernandinho seguro, ter então a certeza que ele é bem meu, e viver com ele toda a vida* (8/4/1920). Depois, com o tempo, muda o tom das cartas de Pessoa, que "O bebé morreu"; e esse desejo de deitar junto com mulher, se algum dia o teve mesmo, simplesmente desaparece.

Perdi-te. Não te tive. A hora
É suave para a minha dor.
Deixa meu ser que rememora
Sentir o amor,

Ainda que amar seja um receio,
Uma lembrança falsa e vã,
E a noite deste vago anseio
Não tenha manhã.

Sem título (sem data), Fernando Pessoa

Ophelia é moça típica daquele tempo, dividida entre as limitações impostas às mulheres pela rígida sociedade local e os anseios por traçar a vida com autonomia. Para muitas, como ela, casar se revela também uma chance de libertação — em relação à família ou às limitações financeiras. E chega a dizer estar *aflita que tu em te despedindo do* [Luís de] *Montalvor viesses ter comigo e ele via; nota bem, eu não tenho medo que ele me veja contigo, senão única e exclusivamente por ele ir dizer, de vingança, ao meu pai* (carta de 26/5/1920). É que Pessoa, distante dessas preocupações, nem sequer admite ser apresentado ao pai dela. Tanto que exige permaneça em segredo o romance e nunca deu ciência à família, como declarou a irmã Teca ao *Jornal de Letras* (número 177, 1985).[145] Nem sequer aceitou, como Ophelia pretendia, entre eles haver "namorico" ou "namoro simples". "Diga apenas amamo-nos." Não por muito tempo mais.

---

[145] Não terá sido exatamente assim; que, depois veremos, a própria Ophelia confessa que a família dele conhecia (e desaprovava) essa relação.

Quero despir-me de ter-te
Quero morrer de amar-te
Tua presença converte
Meu esquecer em odiar-te.

"Poente", Fernando Pessoa

Desencontro

Em 30 de junho de 1920, Ophelia vai *consultar mme. qualquer coisa, na Calçada dos Cavaleiros, vamos ver o que ela me diz sobre o nosso futuro. Oxalá me diga o que desejo.* Sem mais referências ao encontro, provavelmente porque essa madame não lhe terá vaticinado o futuro com que sonhava. Tanto que, pouco depois, a relação é interrompida. Ophelia escreve (27/10): *Não sou o seu ideal, compreendo-o claramente; unicamente o que lastimo é que só quase ao fim de um ano o sr. o tenha compreendido. Porque se gostasse de mim não procedia como procede, pois que não teria coragem. Os feitios contrafazem-se. O essencial é gostar-se. Está a sua vontade feita. Desejo-lhe felicidades.* Pessoa responde em um curto bilhete (29/11/1920): "O amor passou. Conserve-me com carinho na sua lembrança, como eu, inalteradamente, a conservarei na minha", ao fim do que pede para ficar com suas cartas. Ela responde (1/12/1920): *Pelo que respeita às minhas cartas, poderá guardá-las como deseja, embora lhe sejam demasiado simples. Desejo-lhe inúmeras felicidades.* Pessoa nada mais diz. E nem mesmo lhe manda este soneto (em inglês), depois encontrado entre seus papéis:

Eu desejei tantas vezes que este arremedo de amor
Entre nós findasse agora.
Mas nem para mim mesmo consigo fingir
Que uma vez chegado este fim eu chegaria a uma felicidade plena.

Tudo é também partida.
Nosso dia mais feliz também nos torna um dia mais velhos.
Para alcançar as estrelas, temos que ter também a escuridão[146]
A hora mais fresca é também a mais fria.

Não ouso hesitar em aceitar
Sua carta de separação, no entanto, desejo
Com vago sentimento de ciúme que mal posso rejeitar

---

[146] A ideia é depois reproduzida em *Mensagem* ("Mar português"): *Deu ao mar o perigo e o abismo deu,/ Mas nele é que espelhou o céu.*

Que nos caberia ainda um caminho diferente.
Adeus! Será que devo sorrir diante disso, ou não?
O sentimento agora perde-se em meus pensamentos.

Sem título (sem data), Alexander Search

E Dona Maria volta da África

Pessoa pouco escreve a dona Maria. Como explica a Ophelia, "Cartas são para pessoas a quem não interessa mais falar. À minha mãe nunca escrevi com boa vontade, exatamente porque gosto muito dela." Para diminuir a culpa, nesse tardar em responder, usa estratagema que também emprega com amigos; o de pôr, nas cartas, datas anteriores. Dona Maria o chama de *meu muito querido filho*, ou *meu querido Fernando*; manda sempre *saudades e abraços do Papá*; e o censura, dizendo que *desejaria que tu fosses mais expansivo conosco. Ninguém te quer mais do que eu, ninguém te quererá nunca mais, crê.* Uma dessas cartas, de 22 de novembro de 1915, deixa Pessoa especialmente feliz quando agradece foto e diz que certa mrs. Birne considera ter ele *cabeça de poeta.* A diferença entre mãe e filho se viu melhor mais tarde. As cartas de dona Maria foram todas cuidadosamente guardadas por Pessoa, enquanto as dele se perderam. Pouco depois de conhecer Ophelia, para dona Maria escreve poema que começa assim:

Outros terão
Um lar, quem saiba, amor, paz, um amigo.
A inteira, negra e fria solidão
Está comigo.

Sem título (13/1/1920), Fernando Pessoa

Esse "lar" com "amor" e "paz", tão ansiado, é aquele onde estaria dona Maria — que voltava a Lisboa, desta vez para sempre, depois de 25 anos africanos. Com os três filhos que com ela viviam, mas sem o marido, que perdera pouco antes, quando ela própria padecia com crise aguda de uremia — no mesmo hospital de Pretória em que a filha Teca estava internada com pneumonia. Aquela foto da sala, dedicada ao Comandante com um singelo *Sempre tua, Maria*, agora é só uma lembrança do passado. Novamente viúva, dona Maria lhe diz adeus com mais um poema (em que demonstra já pouca intimidade com a língua):

Jamais te verei, marido amado
Onde tu estás, não posso eu chegar
Agora eu queria partir
O dever de mãe manda eu ficar.

A carta anunciando a data da chegada, por conta de uma greve nos correios, Pessoa não receberia; mas, endereçados ao apartamento em que mora, chegam postais destinados à mãe e aos irmãos. Pelas datas dos carimbos, conclui que virão no *Lourenço Marques*, com chegada prevista para 4 de abril de 1920 (Ophelia o confirma, em carta de 26/3). Só que havia uma greve no porto e nenhum navio chegou ao cais do Tejo na manhã desse dia. À tarde, informado pelo primo Mário de Freitas (então funcionário dos Transportes Marítimos) dessa chegada, vão os dois ao porto. Todos os outros passageiros já haviam partido; menos a família, os restos do comandante Rosa e uns poucos pertences — que tudo o mais restou abandonado na África. A irmã Teca relata o encontro, protegendo Pessoa do seu atraso: *Quando atracou o navio, começaram a sair os passageiros e, com enorme espanto e tristeza, verificamos que ninguém estava no cais à nossa espera... Foi então que, no meio daquela multidão, vimos aparecer o Fernando e o Mário. O Fernando estava abatidíssimo, tinha tido uma gripe que o deitaria imenso abaixo.*

Afinal, depois de tanto tempo, reencontra seu "verdadeiro e único amor". Mas essa mãe ao voltar de Pretória, mesmo tendo só 58 anos, é quase um trapo. O rosto, nas fotos da época, está invariavelmente triste. A Sá-Carneiro escreve (26/4/1916), dizendo ter ela tido "aquilo a que se chama vulgarmente um *insulto apoplético*". A notícia foi dada em carta, pelo padrasto, para quem era *minha adorada mulher e tua mãe*. O derrame cerebral que teve, em novembro de 1915, lhe deixou marcas terríveis — boca repuxada, todo o lado esquerdo comprometido, braço inerte, perna com movimentos limitados (tanto que precisa usar muletas). Mas não só ela mudou. Seu filho também já não era o menino que a mãe por anos guardara nas retinas. Em corpo anêmico, e debilitado pela gripe, quase lhe parece o primeiro marido tuberculoso que perdera. Por alguns dias, vão todos à casa do primo António Maria Silvano, na Avenida Casal Ribeiro, 35; e logo, em 29 de março de 1920, passam a morar na Rua Coelho da Rocha, 16 (Ophelia escreve Coelho da Roxa). Em maio de 1920, seus dois irmãos vão para a Inglaterra — dado não saberem português suficiente para estudar em Lisboa. Luís Miguel se forma em engenharia química; João Maria, em economia e finanças, ambos pela Universidade de Londres. Como nasceram em Durban, a lei inglesa considera que tenham nacionalidade britânica. Com Pessoa ficam apenas a mãe e a irmã Teca. Para esta escreve, em 1920:

> E se alguém achar mais bela
> De noite, por ter mais alma,
> Reparem que os olhos dela
> Têm a cor da noite calma.
>
> Assim, manhãs da viveza
> E noite na cor que tem,
> Se há olhos de igual beleza,
> Inda não os ousou ninguém.
>
> "Teca", Íbis

Ano seguinte, pelos belos olhos da musa do poema ousou se apaixonar o então capitão Francisco José Caetano Dias, de 28 anos. Teca tem 25, e casam-se em 21 de junho de 1923. Finda a lua de mel, e por precisar de cuidados médicos constantes, vai dona Maria morar com a filha na quinta dos Marechais, Buraca — freguesia de Amadora, que nasceu da Porcalhota, no concelho de Oeiras. E ganhou autonomia, como concelho, só em 1979. A sobrinha Manuela Nogueira me descreveu essa quinta como um *espaço que o exército cedia aos militares, para moradia* — daí seu nome. Com eles também (já bem doente) o general Henrique Rosa, irmão do segundo marido morto. Não por muito tempo. Que dois anos mais, em 1925, morre o general em 8 de fevereiro; e, em 5 de março, sofre a mãe sua derradeira crise. O filho fica pelos cantos da quinta, sem falar com ninguém, e não entra no quarto da enferma em nenhum dos seus 12 últimos dias — até que, em 17 de março, tudo se consuma.

> A morte de minha mãe quebrou o último dos laços externos que me ligavam ainda à sensibilidade da vida. A princípio fiquei tonto. Depois o tédio que se me tornara angústia entorpeceu-se-me em aborrecimento. O amor dela, que nunca me fora claro enquanto vivia, tornou-se nítido quando a perdi. Descobri, pela falta, como se descobre a valia de tudo, que a afeição me era necessária; que, como o ar, se respira e se não sente.[147]
>
> Anotação, Barão de Teive

---

[147] A imagem evoca uma alegoria de (Emmanuel) Kant (1724-1804), em sua *Crítica da razão pura* (1781): *A leve pomba, em seu livre voo, cortando o ar cuja resistência sente, poderia imaginar que ainda mais sucesso teria no vácuo.*

Por volta de setembro, irmã e marido vão morar com ele, segundo a mesma Manuela Nogueira, *devido aos tantos desgostos sofridos na casa de Benfica.* É que, nesse mesmo ano, além do general Henrique Rosa e de dona Maria, também morrera longe Veríssimo Dias (pai do cunhado).[148] Já na Rua Coelho da Rocha nasceria, em um hiato de alegria, a sobrinha Manuela Nogueira — em 16 de novembro desse ano de 1925. Parteira foi Miss Price — que, palavras da própria Manuela, fazia o *parto de pessoas de certa ordem.* Antes de findar o ano ainda morre Maria Leonor, filha da irmã Teca, de uma infecção intestinal (enterite). Para ela, escreve:

> O carro de pau
> Que bebé deixou...
> Bebé já morreu
> Está o carro guardado
> Bebé vai esquecendo.
> A vida é para quem
> Continua vivendo...
>
> Sem título (sem data), Fernando Pessoa

Em fins de 1927, a irmã vai com o marido militar para Évora. Pessoa os visita umas poucas vezes e descreve essas idas no *Desassossego.* Com Ophelia se encontra *por acaso, uma ou duas vezes* — é ela quem diz. Mas não se falam. Depois confessaria tê-la visto "com um rapaz que supus seu noivo, ou namorado" — talvez o mesmo Eduardo, torturado pelas dores de um amor perdido. Mas, no início de 1929, também ela está solitária. E disponível.

Segunda fase da relação

Em 2 de setembro desse 1929, Pessoa entrega ao poeta Carlos Queiroz foto com dedicatória — "Isto sou eu no Abel, isto é, próximo já do paraíso terrestre, aliás, perdido." Esse *Abel,* como vimos, é o comerciante Abel Pereira da Fonseca, da Adega Val do Rio. A tia do jovem poeta não trabalha mais em escritórios, por esse tempo. Desde que os pais morreram, vive na casa da irmã Joaquina. Segundo alguns, fazia chapéus para sobreviver. E emprego fixo teria só em 1936, no SPN, por deferência do amigo de Pessoa, António Ferro. Ophelia vê a foto e pede ao sobrinho uma igual — desde que não dis-

---

[148] De vida modesta, apesar de nascer em família abastada. É que àquela época em Portugal, segundo a Lei do Morgadio, toda a herança dos pais era destinada apenas ao filho mais velho; sendo comum nas famílias se ver, ao lado de irmão com posses, outro penando pela vida.

sesse *para quem era*. Essa foto ganha então uma segunda dedicatória, agora destinada a ela própria. É aquela do "Em flagrante delitro". Agradece, em 9 de setembro, encerrando a carta com um *Não tem vergonha?* Ele responde, dois dias depois, dizendo não ver como "a fotografia de qualquer meliante, ainda que esse meliante seja o irmão gêmeo que não tenho, fosse motivo para agradecimento. Então uma sombra bêbada ocupa lugar nas suas lembranças?"; e, por fim, "Ao meu exílio, que sou eu mesmo, a sua carta chegou como uma alegria lá em casa, e sou eu que tenho que agradecer, pequenina. Outra coisa... Não, não é nada, boca doce...". Ela responde três dias depois. *Mas diga-me, Fernandinho, que "outra coisa" era que ia escrever? Não hesite. Gostava tanto de saber!... Não seja mauzinho... Adeus, Fernandinho querido; não o esquece nunca a Ophelia.* Marcam encontro *na paragem do carro Estrela, pelas 6 e ¼*, e recomeça o *namoro*, segundo palavras dela.

> Ah, talvez mortos ambos nós,
> Num outro rio sem lugar
> Em outro barco outra vez sós
> Possamos nós recomeçar
> Que talvez sejas
> A Outra.
>
> "A outra",[149] Fernando Pessoa

A relação não se assemelha à de outros namorados. Ele, por exemplo, que nunca havia ido à casa dos pais de Ophelia (na esquina da Rua Poiais de São Bento), mesmo agora pouco iria à da irmã (na Praça D. João da Câmara, 4, segundo andar, bem em frente ao Café Martinho do Rossio). Nessas ocasiões, segundo ela, apresenta-se *como amigo do meu sobrinho* [Carlos Queiroz], *com quem se dava muito bem. Entrava, cumprimentando timidamente quem estava, e ficávamos na sala a conversar os três. Falava de poesia, de livros e de amigos.* Sobre questões da família de Ophelia também: a prisão de um irmão, por razões políticas; o casamento infeliz da irmã Joaquina; o desempregado marido de outra irmã — chegando mesmo Ophelia a perguntar, numa noite, se Pessoa não conseguiria ocupação de guarda-livros para este *do Rego*. A seu modo, gosta dela; e, em carta de 29 de setembro de 1929, confessa que "se casar, não casarei senão consigo". Mas não é uma convivência fácil. Falta a encontros marcados, passa dias em silêncio e tem atitudes para Ophelia incompreensíveis. *Muitas vezes me dizia que tinha medo de não me fazer feliz, devido ao tempo que tinha de*

---

[149] Esses versos foram escritos só em 28 de julho de 1935.

dedicar a sua obra. O humor variava. *Fernando tinha uns repentes de paixão que me assustavam. Num desses ataques repentinos, estávamos nós na paragem do elétrico da Rua de São Bento, empurrou-me para o vão de uma escada. Agarrou-me com toda a força e beijou-me, um beijo enorme. Ou, então, acontecia estarmos a conversar e de repente ele dizer chamar-se de ácido sulfúrico.* Em carta de 3 de outubro de 1929, até reclama: *Tá melhorzinho da doidice?* Sem contar que Álvaro de Campos continuava interferindo na relação — o que talvez explique correspondência de Pessoa a Gaspar Simões (30/9/1929), em que diz ter a "existência reduzida a uma miserável contemplação dos desvarios do engenheiro Álvaro de Campos". E não só ele desgostava de Ophelia, como se vê nessa trova de outro heterônimo:

> Ofélia de olhar cinzento
> E de alma a escorrer saudades,
> Olha, vai para um convento...
> Para um convento de frades.
>
> Sem título (sem data), Pero Botelho

Nos últimos meses de 1930, irmã, cunhado e sobrinha voltam a morar com ele na Rua Coelho da Rocha; e, nesse mesmo ano, compram no Estoril um lote de terreno. Depois, em 1º de janeiro de 1931, nasce o segundo e último sobrinho, Luís Miguel. Ocorre que, nesse tempo, é já outro aquele que amara. *O Pessoa estava diferente. Não só fisicamente, pois tinha engordado bastante, mas, e principalmente, na sua maneira de ser. Sempre nervoso, vivia obcecado com a sua obra.* Em 9 de outubro de 1929, diz que uma tia lhe perguntara: *Então menina: quando te casas? A minha resposta eu sei lá, no dia de São Nunca.* Ophelia estava certa. A última carta dele, de 11 de janeiro de 1930, remetendo poema para "ser lido de noite e num quarto sem luz", é banal como todas as outras. A carta com que deveria se despedir dignamente de Ophelia não seria escrita. Em 11 de abril de 1930, ela se lamenta: *Como era de esperar, não era isso que queria que acontecesse, aconteceu... Desde que me separei de ti fiquei tão triste que ainda não consegui arranjar hoje um bocadinho de boa disposição.* Em 7 de outubro desse ano, Pessoa lhe telefona, mas ela, fora de casa, perde a chance de saber o que lhe queria dizer.

> Amei-te e por te amar
> Só a ti eu não via...
> Eras o céu e o mar,

Eras a noite e o dia...
Só quando te perdi
É que eu te conheci...

"Eros universo", Fernando Pessoa

São todas frias as cartas de Pessoa. Enquanto se mostra Ophelia desveladamente apaixonada. Impossível não se comover com sua atitude de entrega absoluta, que se vê em frases simples: *O meu futuro "maridinho"* (23/5); *Ó que mentira de minha vida. Quando serei eu feliz? Ou que acabe o martírio... ou a vida* (26/5); *Sei amar-te, sei, estou plenamente convencida* (30/5); *Sou e serei sempre tua e muito tua* (31/5); *Quem me dera já vivesse contigo! Ser tua!* (6/6, todas de 1920). Não contava é que jamais houvesse lugar, para ela, junto a quem preferia só escrever. "Minha vida gira em torno de minhas obras literárias. Tudo o mais tem para mim um interesse secundário — boa ou má, que seja, ou possa-o ser." "Resta saber se o casamento, o lar (ou o que quer que lhe queiram chamar) são coisas que se coadunem com a minha vida de pensamento. O futuro dirá." O futuro disse. "Desejei tanta vez que esse amor acabasse irrisório entre nós! E agora acabou." Sem marcas. "Todo amor temporal não teve para mim outro gosto senão o de lembrar o que perdi." Em 10 de janeiro de 1908, como que pressente o que depois aconteceria:

"Dizei-me" perguntou um homem brutal e profundo
A um poeta,
"Se tivesses de escolher entre ver morta a tua mulher a quem amas tanto
E a perda completa irreparável, de todos os teus versos[150] —
Qual a perda que preferirias sentir?"
(...)
Este não respondeu; e o outro
Sorriu como um irmão mais velho a um mais novo.

"A question" (Uma pergunta), Alexander Search

Ophelia ainda escreve, em 29 de março de 1931: *Se o Nininho está em condições de alugar uma casa... a mais modesta que quiser, pôr-lhe dentro os objetos unicamente indispensáveis para se viver sem a mais pequena sombra de luxo... por que não me leva para junto de si que é a única ambição que tenho?!... Não terei desilusões porque sentir-me-ei felicíssima desde que tenha*

---

[150] Referência à lenda de que Camões preferiu salvar os *Lusíadas*, em naufrágio no rio Mecom, deixando morrer afogada sua amada Dinamene (em chinês, *porta da terra do sul*).

a sua companhia constante — tanto quanto possível — a sua amizade e carinho... Ó, meu amor, leve-me para junto [de] *si o mais depressa possível porque eu não posso mais resistir à necessidade que tenho de beijar... de fazer parte da sua vida.* Problema é que, por esse tempo, Pessoa já escapara dela — "com rancor, com humilhação, mas também com grande alívio". Do episódio, "resta-me apenas uma gratidão a quem me amou". *Escrevemo-nos e vemo-nos até janeiro de 1930*, lembra ela. *O Fernando dizia-me que estava doido. Já não respondi as últimas cartas porque achei que não eram para responder. Não valia a pena. Sentia que já não tinham resposta.* Não foi bem assim; e, talvez por imaginar *que ainda gostava de mim,* ainda lhe escreveria 21 cartas, a última no Natal de 1932. De Pessoa, não recebeu mais nenhuma. "O meu destino pertence a outra Lei, de cuja existência a Ophelinha nem sabe, e está subordinado cada vez mais à obediência a Mestres que não permitem nem perdoam." É, no fundo, o "medo do amor". Perdida em sua arca, datada de 26 de agosto de 1930, encontrou-se depois esta quadra:

> E ou jazigo haja
> Ou sótão com pó,
> Bebé foi-se embora
> Minha alma está só.

Saudade dos tempos do amor

"Se dentre as mulheres da terra eu vier um dia a colher esposa", disse como Bernardo Soares, esta seria mesmo Ophelia. Mas jamais cogitou seriamente disso. Paulo Ferreira, amigo de António Ferro, constata que simplesmente *Pessoa não tinha tido dinheiro para se casar.* Segundo Teresa Rita Lopes, caso tivesse obtido o cargo de conservador em Cascais (a que se candidatou em 1932), *teria provavelmente casado com Ophelia, é possível que tivessem sido muito felizes e até provável não que tivessem tido muitos meninos, mas que tivesse vivido mais anos e escrito mais livros.* Apesar do vaticínio, em conversa, me disse acreditar que ainda assim não se casariam. Mesma opinião me deram Cleonice Berardinelli, Teresa Sobral Cunha e Yvette Centeno. "Quando serás tu apenas uma saudade minha?" Depois dessa última separação, ainda esteve Pessoa em sua casa próximo ao Natal de 1934. É Ophelia quem relata: *Um dia bateram à porta e a criada veio entregar-me um livro. Ao abrir vi ser a* Mensagem *com uma dedicatória do próprio Fernando* ["À Ophelia, muito afetuosamente, o Fernando, 10-12-1934"]. *Quando perguntei quem o tinha trazido percebi, pela descrição da rapariga, que tinha sido ele próprio. Ainda corri para a porta, mas já não o vi.* Nesse desencontro perdendo Pessoa, inclusive, a chance de receber de volta o cachimbo escuro, marca EP, que lhe tirou Ophelia *porque fumava muito.* "Não é o tempo ido em que te amei que choro, choro por não poder lembrar com saudade o tempo em que te amei." Terá então lembrado soneto inglês que escrevera em 5 de novembro de 1920, ao fim da primeira fase da relação, agora novamente atual:

> Basta: aquele sonho que mantinha viva acabou.
> Agora estou findo e você também.
> Como, rio do meu sonho, sobreviver
> À nascente seca que dava à sua correnteza a corrente?
>
> Você era o invólucro do meu desejo
> O menor de você era a sua realidade
> O mísero corpo apenas escondia
> Seu uso adequado era o de ser desejado por mim.
>
> Agora está morta, a não ser que mais um sonhador
> Ressuscite seu ser para um uso
> E com uma nova vida diferente preencher
>
> A mera beleza que não teve a ousadia de escolher.
> A realidade nada mais é que o lugar onde
> Projetamos as sombras das coisas que estão junto de nós.
>
> "Farewell" (Adeus), Alexander Search

"Cada um fora um sonho para o outro." A relação se resume, a partir de então, a cartas ou telegramas anuais, em que Ophelia diz ser *sua amiga dedicada.* O último ele remete em 2 de junho de 1935, pouco antes do aniversário da amada (14/6). O dela, de 13 de junho, diz só *muitos parabéns e saudades da Ofélia.* Uma frase impensável de ser dita por Pessoa, que "nunca tive saudades. Não há época da minha vida que eu não recorde com dissabor. Em todas fui o mesmo — o que perdeu o jogo". Desde a separação Ophelia passara a ser, para ele, só mais um sonho do passado — como se vê nestes versos, escritos no Natal de 1930, em que lembra os tempos em que ainda se encontravam e de quando tentava chamar-lhe a atenção passando embaixo de sua janela:

> Amei outrora a Rainha
> E há sempre na alma minha
> Um trono por preencher
> Sempre que posso sonhar

Sempre que não vejo, ponho
O trono nesse lugar;
Além da cortina é o lar,[151]
Além de janela[152] o sonho.

Sem título (1930), Fernando Pessoa

Ophelia, depois de Pessoa

Ophelia lhe foi fiel até sua morte, mesmo não havendo mais nenhuma relação entre eles; e, salvo dois depoimentos à sobrinha-neta Maria da Graça Queiroz, sempre recusou entrevistas: a primeira com o relato "o Fernando e Eu", que acompanha edição das "Cartas de amor de Fernando Pessoa", publicada pela Ática (1978); a segunda e derradeira publicada no *Jornal de Letras* em 12 de novembro de 1985. Em carta ao jornalista Ronald de Carvalho (homônimo do contemporâneo de Pessoa), então na TV Globo, justifica: *Desde sempre me recusei a entrevistas ou apresentações, fosse a quem fosse... por ter certeza de que o Fernando, por ser muito reservado e simples, não gostava. Ele nunca fez de ninguém seu confidente de nosso amor* (17/11/1985). O romance era conhecido apenas em sua própria família; e também da irmã dele e do cunhado, que não o aprovavam por ser Ophelia de origem demasiado simples[153] — assim declarou a própria Ophelia ao mesmo jornalista, pouco antes de morrer, em uma única e derradeira entrevista. Além de alguns amigos de Pessoa, como Almada Negreiros, os demais nem sequer suspeitavam da relação; vinda a público somente quando (José) Carlos Queiroz (Nunes Ribeiro), 1907-1949, filho da irmã Joaquina, fez conferência, dias depois (9/12/1935) da morte de Pessoa, ao microfone da Rádio Emissora Nacional. Esse texto, acrescido de seis cartas e um desenho de Almada Negreiros, foi publicado no número 48 (julho de 1936) da revista *Presença*. E logo em seguida convertido em folheto de 47 páginas, *Homenagem a Fernando Pessoa* (agosto de 1936, Editora Presença), que começa di-

---

[151] Pouco antes (em 7/10/1930), num poema sem título, lembra esse lar: *Quando fui peregrino/ Do meu próprio destino!/ Quanta vez desprezei/ O lar que sempre amei!// Quanta vez rejeitando/ O que quisera ter,/ Fiz dos versos um brando/ Refúgio do não ser.*

[152] Referência a uma carta de Ophelia (20/3/1920), em que diz: *Quando passar de carro para Benfica* (onde morava então Pessoa, na Avenida Gomes Pereira), *olha sempre pra janela sim? (caso possa é claro) porque às vezes posso estar à janela e eu quando estou à janela olho sempre para os carros de Benfica e alguma vez pode ser que te veja... Não custa nada.* Pessoa responde (18/8/1920): "Vou passar agora pelo Largo de Camões: oxalá te veja à janela da casa de tua irmã."

[153] A família de Pessoa não aceita essa versão. Segundo ela, mais simplesmente, *o Fernando não estava decidido a casar, e isso incomodava* — palavras de Manuela Nogueira.

zendo: *Meu querido Fernando: — Depois de uma longa e quase doentia hesitação, e sem saber evitar o tom lacrimogênico dos panegíricos fúnebres...* A referência a Ophelia, nele, está nesse seu trecho: *Porque você amou, Fernando, deixe-me dizê-lo a toda a gente. Amou e — o que é extraordinário — como se não fosse poeta.* Ainda lembrando as *cartas que o Fernando dirigiu àquela a quem escreveu "se casar, não casarei senão consigo".* Mas, apesar de ter revelado a relação, no texto, o nome de Ophelia é substituído por três asteriscos; dedicada, essa publicação, *à Ophelia, ao Pierre Hourcade e aos meus amigos da* Presença. Foi uma revelação, dado que o próprio Pessoa confessara a Ophelia: "Não há quem saiba se eu gosto de ti ou não porque eu não fiz de ninguém confidente sobre o assunto." Desse nome só se soube, por fim, em 1950, com a biografia de João Gaspar Simões — *Vida e obra de Fernando Pessoa, história de uma geração;* afinal esclarecendo ser essa Ophelia, da dedicatória, a misteriosa anônima (até então) daquelas cartas de amor — cujo conteúdo foi tornado público (salvo o das duas censuradas) apenas em 1978, quando ela já tinha 78 anos e era viúva.

Abatida com a morte de Pessoa, Ophelia declara: *Faz de conta que morri também.* Mas não foi assim, deveras. Em 1931, por ocasião do primeiro filme sonoro de Portugal (*A Severa* — baseado na peça teatral do mesmo título, de Julio Dantas), e já trabalhando no SPN, conheceu nos escritórios da Tobis Portuguesa seu administrador, o homem de teatro Augusto Eduardo Soares. Nascido em 4 de agosto de 1886, e estreando como ator na revista *O guarda* (em 1906), Soares mais tarde encenou peças em Lisboa, nos teatros Apolo, Avenida, Maria Vitória I, São Luís, Trindade, Variedades; e, no Porto, no Águia d'Ouro, Carlos Alberto e Sá da Bandeira. Também dirigiu óperas no São Carlos. Em 1938 e 1939, organizou grupos folclóricos portugueses que se apresentaram nos congressos internacionais de Hamburgo e Berlim, a convite da Kraft durch Freude[154] — deixando entrever simpatia pela causa da Alemanha na Segunda Guerra. Vivia o auge da carreira quando casaram, em 28 de julho de 1938. Ele tinha 51 anos; Ophelia, 38. Para os padrões da época, idades mais próprias das relações de conveniência. Por já haver Soares tido antes um primeiro casamento, religioso, este foi apenas civil — com registro 261 no livro 79, folha 61, da Sexta Conservatória do Registro Civil de Lisboa. Padrinhos foram José Alvelos e o cineasta António Filipe Lopes Ribeiro — com quem Ophelia colaborou nas filmagens de *A revolução de maio.*[155]

---

[154] Em português, literalmente, *Força (ou Virtude) Pela Alegria,* fundação nazista que controlava o lazer dos alemães para aumentar a produtividade dos trabalhadores.

[155] Sobre o 28 de maio de 1926, a data do golpe de Estado que levou Salazar ao poder.

Sei que, no formidável algures da vida,
Casaste. Creio que és mãe. Deves ser feliz.
Por que o não haverias de ser?

Só por maldade...
Sim, seria injusto...
Injusto?
(...)
A vida...

"Vilegiatura", Álvaro de Campos

Ela passa a se assinar Ofélia Maria Queirós Soares;[156] e foram, a seu jeito, felizes. *Tentei dar-lhe sempre a felicidade que merecia*, confessa. Ophelia, antes de casar, rasgara todas as outras cartas de amor que tinha consigo. Menos as de Pessoa — por decisão inclusive do marido, um velho admirador do poeta. Tanto que chama atenção da mulher, ao ler notícias de jornal falando *no seu amigo*. Ele morre de câncer, aos 68 anos, em 6 de fevereiro de 1955. Dia seguinte é publicado, no *Diário de Notícias*, o anúncio do falecimento:

Ofélia Maria Queirós Soares, Deolinda Soares Alonso[157] e marido, Júlio Eduardo Soares,[158] mulher, filhos e netos, e mais a família[159] cumprem o doloroso dever de participar que foi Deus servido a chamar à sua Divina presença o seu querido marido, irmão, cunhado, tio e parente, cujo funeral se realiza hoje, pelas 11:30 horas, na Capela do Instituto Português de Oncologia, para cemitério a determinar. Agência Salgado.

No fim da vida, Ophelia passa a morar no Largo do Jerônimo 38, freguesia de Camarate Loures; e morre tranquila, em 18 de julho de 1991, sendo enterrada no cemitério do Alto São João (Lisboa). Despedindo-se da vida sob o fardo de seus 91 anos — e não, como a enlouquecida Ofélia de Shakespeare, *afogada num rio em que colhia flores*.

E para ti, ó Morte, vá a nossa alma e a nossa crença, a nossa esperança e a nossa saudação! Virgem-Mãe do Mundo absurdo, forma do Caos incompreendido, alastra e estende o teu reino sobre todas as coisas, entre o erro e a ilusão da vida!

Livro do desassossego ("Grandes trechos"), Bernardo Soares

---

[156] Ofélia, e não mais Ophelia; e Queirós, em vez de Queiroz.
[157] Irmã do morto.
[158] O segundo e último irmão, chefe da tesouraria do Montepio Comercial e Industrial.
[159] Só a do morto; sem nenhuma referência, no anúncio, à família de Ophelia.

Amicus usque ad aras
(Amigo até a morte. Plutarco)

O general bêbado, o Narciso do Egito, o Adivinhão Latino e outros amigos

"Sou o rosto de todos os cansaços
A dor de todas as angústias."
Sem título (21/12/1913), Fernando Pessoa

Amigos de rua

Pessoa convive, em Lisboa, com "tipos curiosos, caras sem interesse, uma série de apartes na vida". Entre eles, é legítimo supor, Chico Aú, redondo e com aquele nariz vermelho de bêbado, que responde aos insultos dos companheiros de bar com versos. Tlim das Flores, em troca de esmolas, dá flores e canta loas saudando quem passa na rua. Homem-Macaco, boêmio educadíssimo, é assim conhecido por se agarrar às varandas dos primeiros andares em seus ataques de epilepsia. Pinheiro Maluco, já sem nenhum juízo, vive fazendo discursos moralistas no Chiado, chama as senhoras de *porcalhonas* e as manda para casa *coser meias*. Pirilan gosta de bebidas em geral (menos água, claro) e de tocar uma espécie de flauta, o pífaro.[160] Cinco Réis, moço-de-fretes galego, simplesmente não aprecia gastar seu já pouco dinheiro; quando lhe apresentam algo para comprar, diz sempre *com ixo nem xinco réis*. Costa Traga-Balas é um *brabo*[161] que, com navalha de ponta e mola[162] na mão, põe para fora dos cafés *indolentes parasitas* que não se portem bem.

"Tive um certo talento para a amizade, mas nunca tive amigos. Vivi sempre isolado, e cada vez mais isolado, quanto mais dei por mim." Desde a África, onde se sentia como um degredado. Volta a Lisboa para viver so-

---

[160] Um antecessor dos pífanos, que ainda hoje fazem sucesso em bandinhas no interior do Nordeste brasileiro.

[161] Brabo, em caboverdiano, corresponde a *bravo*.

[162] Assim como a *navalha de borboleta* (com lâmina que se abre manualmente), essa de *ponta e mola*, também conhecida como *espanhola* ou *cigana*, é arma branca, com fecho de segurança e lâmina de cerca de 7 centímetros.

zinho e sente-se, "para todos, um intruso". "Estrangeiro aqui como em toda parte" — dos outros, de sua pátria, do mundo. Mais que isso, é um "perpétuo estrangeiro" de si próprio. Segundo Ophelia, *não tinha sequer o que se chama de amigo íntimo* — é que, na altura desse comentário, já morrera Sá-Carneiro. "Quer isto dizer que não tenho verdadeiros amigos? Eu tenho-os, mas não são meus amigos verdadeiros." Em numerosos textos, refere-se ao tema (reúno alguns, esparsos, dando-lhes breve unidade):

> Temos todos duas vidas; a verdadeira, que é a que sonhamos na infância; a falsa, que é a que vivemos em convivência com os outros. Conviver com os outros é uma tortura. Mesmo os que me são afeiçoados não me são afeiçoados; estou cercado de amigos que não são meus amigos e de conhecidos que não me conhecem. Sou irmão de todos, sem ser da família. Não há um único caráter neste mundo que porventura dê mostras de se aproximar daquilo que eu suponho que deva ser um amigo íntimo. A presença de pessoas desencaminha-me os pensamentos. Nenhum temperamento se adapta ao meu. Eu sou os meus melhores amigos e os meus verdadeiros inimigos. Cerca-me um vazio absoluto de fraternidade e de afeição. Ao passo que no homem normal o contacto com outrem é um estímulo para a expressão e para o dito, em mim esse contacto é um contraestímulo. Os meus hábitos são da solidão, que não dos homens; não sei se foi Rousseau, se Senancour,[163] o que disse isto. Tenho um mundo de amigos dentro de mim, com vidas próprias, reais, definidas, imperfeitas. São amigos espectrais e imaginados, estúpidos como uma Mary Pickford ou um Rodolfo Valentino.[164]
>
> Coleta de textos, Fernando Pessoa

Os amigos da *Orpheu*

Mas amigos tem e muitos — conhecidos (quase todos), talvez fosse mais adequado dizer. Em anotações do diário, entre fevereiro e abril de 1913

---

[163] Étienne Pivert de Senancour (1770-1846), autor da novela *Obermann*, era um amigo francês de Jean-Jacques Rousseau (1712-1778), jurista suíço, autor de *O contrato social*. Segundo Pessoa, "somos todos filhos de Cristo, através do seu neto Rousseau". Uma ironia, talvez, dado que Rousseau entregou todos os seus filhos para asilos de crianças. Talvez por isso o próprio Rousseau, na apresenação de sua autobiografia, tenha dito: *Quero mostrar a meus semelhantes um homem em toda a verdade da natureza; e, este homem, será eu. — Eu só.*

[164] Gladys Marie Smith, esse o seu nome civil, atuou em mais de 200 filmes mudos e um único falado, *Coquette*, com o qual ganhou um Oscar. Foi casada com o ator Douglas Fairbanks. E Rodolfo Alfonso Raffaello Piero Filiberti Guglielmi, depois Valentino, era um emigrante italiano que começou a vida, nos Estados Unidos, como jardineiro e lavador de pratos, acabando por se tornar um dos grandes mitos do cinema nos anos 1920.

estão [Israel] Anahory, António Arroio, António Cobeira, [José Manuel] Boavida Portugal, [Alberto da] Cunha Dias, Idílio Perfeito, João Correia de Oliveira, Jorge Barradas, Ruy Coelho, (o primo) Vitoriano Braga. Também os que com ele fazem a revista *Orpheu*, entre outros Ângelo de Lima, António Ferro, Armando Côrtes-Rodrigues, José Pacheco, Luís de Montalvor, Mário Beirão, Ponce de León, Raul Leal, Sá-Carneiro, e mais os brasileiros Eduardo Guimarães e Ronald de Carvalho. "Relembro saudosamente os nossos tempos da *Orpheu*, a antiga camaradagem." Os *rapazes da Orpheu*, afetuosamente dizia tia Anica. Alguns, como Alfredo Pedro Guisado, até se aproximam do que seria um amigo íntimo. Poeta, jornalista e licenciado em Direito (nunca exerceu a advocacia), seu pai era proprietário do restaurante Irmãos Unidos (na Praça D. Pedro, no Rossio). Membro do Partido Republicano Português, chegou a ser governador civil de Lisboa. Para *Orpheu 3*, escreveu *Treze sonetos*. Na dedicatória de livros que oferta a Pessoa, por vezes (como em *Ânfora* ou *As treze badaladas das mãos frias*), se assina pelo heterônimo *Pedro de Menezes*.

Augusto Ferreira (de Oliveira Bogalho) Gomes, administrador das minas de Porto de Mós,[165] é outro. Jornalista, especialista em artes gráficas e poeta que também escreveu para *Orpheu 3*, seu *Quinto império* teve prefácio redigido por Pessoa. Acabaram se aproximando, a partir do interesse de ambos pelo misticismo, e continuaram amigos, apesar de ter depois se ligado Gomes ao primeiro-ministro Salazar. Luís Pedro Moitinho de Almeida testemunha: *O Augusto Ferreira Gomes deixou-me a impressão de ser o melhor amigo de Pessoa — ou, pelo menos, aquele com quem Pessoa mais frequentemente privava*. Dito Luís Pedro era filho de Carlos Eugênio Moitinho de Almeida, proprietário da Casa Moitinho de Almeida, onde trabalhava Pessoa. Com ele, tão mais jovem, se permite Pessoa ser franco. Assim se dá, por exemplo, quando Luís Pedro lhe pede opinião sobre versos que escrevera em francês. A resposta foi: "Um amigo meu [o próprio Pessoa, claro], profundo conhecedor de francês, pediu-me para não repetir a poesia." Advogado em Setúbal e Lisboa, José Blanco me disse que o via sempre *com a toga no braço, a caminho da "Boa Hora"* [Tribunal Criminal de Lisboa], *até o fim da vida*. Pessoa o encoraja a ser poeta; e até faz prefácio para

---

[165] A cidade serrana de Porto de Mós não é um porto de mar (que fica a cerca de 15 quilômetros). Deve seu nome ao tempo em que o rio Lena era navegável, quando abrigava jangadas romanas.

Livro com prefácio de Pessoa

um livro seu, *Acrónios*[166] (algo como *Abstrações do tempo*). Adolfo Casais Monteiro, em *Presença*, nº 35, comenta: *Neste prefácio, aquele que é o maior poeta português de hoje mostra não ser tão admirável crítico de poesia.*

Importância em sua vida teve também João Gaspar Simões. Nascido em Figueira da Foz, advogado por Coimbra, crítico, ensaísta e um dos fundadores da revista *Presença*, foi responsável pelos primeiros estudos sobre ele: "Fernando Pessoa", em *Temas* (1929); e "Fernando Pessoa ou Vozes da inocência", em *O Mistério da poesia* (1931). Mais tarde, foi também seu primeiro biógrafo — em *Vida e obra de Fernando Pessoa* (1950). Com casa no Porto, passou a morar em Lisboa só em 1935. A amizade entre os dois, considerando essa distância, deu-se basicamente por cartas. Mas acabaram tão íntimos que Pessoa se achava com autoridade para lhe dar conselhos como este, de 3 de dezembro de 1931: "Meu querido Gaspar Simões, nunca peça desculpa de nada, sobretudo ao público." Simões dedicou seu romance *Elói* ao *mais admirável espírito com que me tem sido dado privar*. Ainda Mário da Cunha e Silva, autor de diversos livros que destinava ao amigo com dedicatórias divertidas: ao *Fernando Pessoa e ao Fernando Alguém*, *A nós Fernando Pessoa este nosso livro* ou *À sua admirável coragem* — após o que se assinava *Mário, o Ímpio*. O mesmo que, morta a mãe de Pessoa, lhe escreve carta em que se mostra próximo: *Chore, massacre-se a si próprio na recordação e na saudade d'A que perdeu, a mais doce e a mais afetuosa afeição da terra.* Além desses, vasta coleção de intelectuais com quem também esteve junto em outras revistas literárias. Mas esses *amigos*, assim os chamaremos (alguns dos quais serão a seguir referidos), em comum têm só a circunstância de não poderem ser (quase todos) considerados *normais*, segundo os padrões usuais da convenção social. De estarem inconformados com o saudosismo das letras portuguesas. De, aproveitando palavras de Almada, *beber o delirante*

---

[166] Yvette Centeno me disse admitir que, nesse livro, Pessoa *pode ter dado algumas sugestões* (reescrito alguns poemas, elegantemente trocou as palavras).

veneno de não pertencer a nada. De querer o novo, a qualquer custo. De viver a vida no limite. De estar dispostos a abrir mão dela.

> Ah quem me dera a calma
> De alguém compreender e ser comigo!
> Meu mais próximo[167] amigo
> Dista de mim o infinito de uma alma.[168]
>
> Sem título (sem data), Fernando Pessoa

General Henrique Rosa

Henrique dos Santos Rosa (1850-1925), irmão do seu padrasto, é de 1º de dezembro do mesmo ano em que nasceu Guerra Junqueiro. Cavaleiro da Ordem de S. Bento de Avis, em 1903 foi reformado como general de brigada. Usava medalhas por bravura militar e um longo bigode preto, armado com fixador, desses que parecem feitos só para se ficar enrolando com a ponta dos dedos. Tinha olhos incrivelmente esbugalhados, próprios do hipertiroidismo, tão claros que a sobrinha Manuela Nogueira diz mais parecerem *berlindes* (bolinhas de

Henrique Rosa

gude). Segundo Pessoa, era um "espírito enorme e maravilhoso, um pessimista filósofo de muito grande categoria", com um "conhecimento científico imenso". Apesar de guardar todos os seus manuscritos encadernados, jamais publicou um livro. Por conhecer numerosos escritores, aos poucos introduz o sobrinho em seu círculo de amizades literárias. À casa que tem na Praça do Príncipe Real (antiga Rio de Janeiro), 33, vão sempre intelectuais de todas as correntes. Pessoa convive com eles, mesmo ainda jovem, dado já ter consistente conhecimento dos autores clássicos. Sobretudo ingleses. Sem contar que, frequentemente, discute literatura com o tio. Dando-se até que uma certa vez o general, apontando uma revista, reclama: *Olha o que diz este senhor* — a crítica é dirigida a Ricardo Reis, com o sobrinho defendendo bra-

---

[167] Variante era *íntimo*.
[168] Variante era *duas almas*.

vamente seu heterônimo e a discussão se prolongando noite adentro. Sem que o general tenha jamais sabido serem, Reis e Pessoa, a mesma *pessoa*. Homem de "esquisita cultura" e leitor compulsivo, é também poeta de versos infames. Apesar disso, por gratidão (mais que merecimento literário), o sobrinho pensa publicar poemas seus em livro, pela editora Olisipo; ou depois, na revista *Athena*, quando o tio já estava às portas do desconhecido. Não só isso. Em relação de *Sonnets to be translated* para o inglês figura um poema desse tio, "Ponto Final", que começa assim:

> Tanto que vou dizer adeus à vida;
> Não é saudoso, não o pode ser;
> É um simples adeus de despedida
> Daquele que a viveu sempre a sofrer.

Rosa passava anos inteiros sem sair da cama, rodeado só por livros e garrafas. Manuela Nogueira me confidenciou que *tinha fobia de atravessar a rua*. Segundo João Maria, irmão de Pessoa, era *uma pessoa colérica e rabugenta (mais ou menos) por ser general, claro, o que também torna as pessoas coléricas e rabugentas. Na África apanhou um vírus que o tornou mais ou menos paralítico nos últimos anos de sua vida.* Essa doença que o impedia de se movimentar, segundo ele próprio até então desconhecida, teria sido adquirida quando trabalhava como engenheiro, construindo pontes, na Empresa de Obras Públicas de Angola — entre 1º de agosto de 1876 e 8 de setembro de 1881. Nem mesmo o grande Egas Moniz conseguiu chegar a um diagnóstico. A família acredita. Ou finge acreditar. Por não ser de fato um inválido chegou num dos seus períodos de *recolhimento*, ouvindo barulho de confusão no térreo da casa, a descer do primeiro andar em que estava e botar porta afora o padeiro que discutia com a empregada. Após o que voltou a subir, tranquilamente, como se nada tivesse acontecido; passando, ainda, muitos meses mais na cama. Sem contar que, com frequência, à noite saía para estar com seus colegas de boemia. O comportamento é típico de paciente com *discurso fóbico ansioso*, provavelmente *agorafobia* — um temor de lugares abertos em que se sente desprotegido. Qualquer que fosse o mal, por se declarar *impossibilitado de sair* [de casa] *desde o mês de fevereiro de 1917*, nomeia seu procurador o sobrinho e *comerciante Fernando António Nogueira Pessôa*. Com ele, a partir de 1905, aprende Pessoa o gosto pelos ideais republicanos e pelas garrafas. Viúvo e sem filhos, esse tio almoçava sempre com o sobrinho em restaurantes ou tasquinhas, por horas, tudo regado a muito vinho. O general morre na Quinta dos Marechais, em 1925. Pessoa ainda viveria dez anos mais — bebendo por si, pelo general e por todos os poetas do mundo.

Almada Negreiros

José Sobral de Almada-Negreiros (1893-1970) nasceu na ilha de São Tomé, na Roça Saudade. Filho de pai português e mãe guineense (morta com apenas 24 anos), é mulato "espontâneo, rápido" e "sempre exageradamente garoto" — assim diz Pessoa, posto ser o amigo cinco anos mais moço. "Que Almada Negreiros não é um gênio — manifesta-se em não se manifestar. Mas que este artista tem brilhantismo e inteligência, muito e muita — eis o que está fora de se poder querer negar. Basta reparar que ao sorriso do seu lápis se liga o polimorfismo da sua arte para voltarmos as costas a conceder-lhe inteligência apenas." Entre outras manias, esse amigo propõe a estranha fórmula *1 + 1 = 1*, caracterizada por um eterno retorno ao começo de tudo — que representa na figura de serpente enroscada, símbolo do conhecimento. Almada usa seu nome artístico sem hífen; e ganha notoriedade com um *Manifesto anti-Dantas,* lançado pouco depois do *Manifesto futurista de Marinetti* — autor que Michel Armand considerava um *energúmeno lírico.*

O injuriado é Júlio Dantas (1876-1962) — médico, escritor, homem de teatro, ministro de Estado (em variadas pastas), presidente da Academia Portuguesa das Ciências e das Letras (a partir de 1922) e várias vezes indicado ao Prêmio Nobel. Escolhido como vítima por ser (muito) conservador também mas, sobretudo, pela rudeza das críticas feitas à revista *Orpheu.* Em *A Capital* (30/3/1915), Dantas aparece por trás de afirmações sobre *gafa* [sarna] *de vocábulos e detritos silábicos reunidos por simples consolidações e consonâncias, ferida, enfim, da incoerência desastrosa*; afinal declarando, em artigo na *Ilustração Portuguesa* (19/4/1915), serem seus membros *pessoas sem juízo* ou *paranoicos.* A oportunidade para reagir surge na estreia de uma peça de Dantas, *Sóror Mariana,* no Teatro Ginástico, em que Almada se apresenta vestido de *fato macaco* (macacão de operário). Não só ele o critica. Sá-Carneiro, no poema "Serradura", refere-se ao *genial sr-capitão-médico Dantas*; sem contar o próprio Pessoa, ao vaticinar que os portugueses "terão por Shakespeare o Sr. Julio Dantas". Escrito em 21 de outubro de 1915, o poema seria publicado num opúsculo só em abril de 1916 — assinado por *José de Almada Negreiros, Poeta d'Orpheu, Futurista e Tudo.* Posto à venda na Livraria Portugal-Brasil, a edição foi (quase) toda comprada pelo principal interessado — o próprio Dantas, claro, que depois transformou esses exemplares em cinzas. Assim diz esse *Manifesto* (trecho):

> Basta, pim, basta!!!
> Uma geração que consente deixar-se representar por um Dantas é um coió de indigentes e de cegos! É uma resma de charlatões e de vendidos.
> Uma geração com um Dantas a cavalo é um burro impotente!
> Uma geração com um Dantas ao leme é uma canoa em seco!
> O Dantas usa ceroulas de malha!
> O Dantas nu é horroroso!
> O Dantas é o escárnio da consciência!
> Se o Dantas é português eu quero ser espanhol!
> A Praça de Camões mudada em Praça Dr. Júlio Dantas, e sabonetes em conta "Júlio Dantas" e pasta Dantas pros dentes, e graxa Dantas pras botas e Niveína Dantas, e comprimidos Dantas, e autoclismos Dantas e Dantas, Dantas, Dantas, Dantas... E limonadas Dantas-Magnésia. E fique sabendo o Dantas que se um dia houver justiça em Portugal todo o mundo saberá que o autor de *Os Lusíadas* é o Dantas que, num rasgo memorável de modéstia, só consentiu a glória do seu pseudônimo Camões.
> Morra o Dantas, morra! Pim![169]

Almada é responsável por boa parte dos melhores desenhos e quadros que se tem de Pessoa. Talvez o mais famoso deles, em tons de vermelho e negro, por encomenda do restaurante Irmãos Unidos, foi pintado em 1954 — quase 20 anos depois da morte do amigo. Nele temos Pessoa sentado em mesa de bar, com papel branco e caneta sobre ela, o cigarro de sempre à mão esquerda — nada a opor que, como vimos, algumas vezes assim o faz. Mais à frente, xícara branca de café, açucareiro e o segundo número de *Orpheu* — capa toda negra, apenas com o título e um grande 2 prateado ocupando toda a página. Por baixo outro exemplar, que se imagina seja o número 1 da revista. O quadro, cedido por empréstimo pelo Museu da Cidade (da Câmara Municipal de Lisboa), está hoje exposto na Casa Fernando Pessoa, ornando a escadaria que liga os dois andares da biblioteca. Depois, em 1964, fez outro quase igual, para a Fundação Calouste Gulbenkian — trocando só o cigarro da mão esquerda para a direita; o local de *Orpheu*, que passa à esquerda da mesa; e a cor da xícara do café, de branco para marrom. Segundo

---

[169] Esse *pim*, na edição, é precedido por mãozinha preta — um dedo esticado como se fosse tocar campainha de hotel; mas, por vezes, quando recitado (como faz o saudoso declamador português Carlos Wallenstein), imita o som de um tiro.

António Telmo, uma composição de símbolos maçons: chapéu com abas, sinal do infinito; bastão, representado por cigarro sem chama; bandeja, pelo papel em branco; espada, por uma caneta largada; açucareiro e xícara, sugerindo os dois principais elementos da criação, o doce e o amargo; e pés cruzados, por baixo da mesa, *sobre um chão maçônico irregular*.

Pessoa, por Almada Negreiros

Mural com desenho de Almada Negreiros

Outro desenho seu, também famoso, está em mural no átrio da Faculdade de Letras de Lisboa, à direita de quem entra. Numa pedra meio desbotada, que me pareceu mármore, as figuras estão esculpidas em baixo-relevo. Nele estão Caeiro, Reis e Campos, todos de terno, em pé, com respectivos nomes postos por dentro das linhas; e corpo no chão, com farda e botas, de um soldado morto. Sem nome. Trata-se de *O menino da sua mãe*. O próprio Pessoa, pois. Não há dúvida quanto a essa identidade, dado haver no desenho, ao lado do corpo, uma cigarreira — "Caiu-lhe da algibeira a cigarreira breve", como diz no poema em que descreve um soldado morto no campo de batalha.

Usando sempre ternos elegantes e gravata borboleta, Almada é conhecido como o *Narciso do Egito*. Em Conferência Futurista realizada no Teatro República (14/4/1917), ainda lança um *Ultimatum futurista às gerações portuguesas do Século XX*, em que expressa visão crítica sobre seu país e seu tempo (trecho):

> Eu não tenho culpa nenhuma de ser português, mas sinto a força para não ter, como vós outros, a covardia de deixar apodrecer a pátria.
> (...)
> Porque Portugal quando não é um país de vadios é um país de amadores.
> (...)

É preciso criar o espírito da aventura contra o sentimentalismo literário dos passadistas.

(...)

Vós, ó portugueses,

Insultais o perigo.

(...)

Tendes arrogância dos sãos e dos completos.

(...)

Coragem, Portugueses, só vos faltam as qualidades.

Em nota solta, fica essa anotação de Pessoa: "Almada Negreiros, você não imagina como eu lhe agradeço o fato de você existir." Almada recordará depois, com saudade, esse amigo: *O poeta Américo Durão lembra-se de ser eu o único de Orpheu tu-cá-tu-lá com Fernando Pessoa.* Em 1920, abandona Lisboa para morar em Madri e Paris — porque, segundo ele, *viver é impossível em Portugal.* Volta só em 1935 e funda a revista *Sudoeste* — uma espécie de mistura daquelas que terão sido as duas mais importantes aventuras literárias de seu tempo, *Orpheu* e *Presença.* Nela, Pessoa escreve seu último texto datilografado — "Nós os de *Orpheu*". Nesse mesmo número 3 (novembro de 1935) Gaspar Simões, em resposta, publica "Nós, a *Presença*"; explicando aos leitores, no início do texto, que para manter uma *individualidade com pontos de contacto entre si... não se pode escrever com propriedade* "Nós, os da *Presença*", mas *como escrevi,* "Nós, a *Presença*". Em 6 de dezembro de 1935, escreve, no *Diário de Lisboa: Não tenho uma carta de Fernando Pessoa. A nossa convivência de 26 anos foi exclusivamente feita pela arte.* Almada desencarna em 1970. No mesmo quarto do hospital São Luís dos Franceses em que, 35 anos antes, morrera Pessoa. Já próximo do fim, esse que se considerava *as sete pragas sobre o Nilo,* ou *a alma dos gorjas* [mentirosos] *a penar,* numa explosão de modéstia, diz que a *data mais memorável da minha individualidade será por certo 1993, quando universalmente se festejar o centenário do meu nascimento.* Diferente das previsões, esses festejos foram modestos; mas Almada, na paz dos céus, não protestou.

Santa-Rita Pintor

Guilherme de Santa-Rita (1889-1918) é a maior figura do futurismo português; mas também "imaginativo, mistificador, contraditório, amigo da palhaçada e do escândalo, protótipo de charlatão autêntico", um "personagem interessante mas lamentável e desprezível". Suas qualidades são "hipocrisia, mentira, egoísmo e cálculo". Para Pessoa, se trata de um "profissional da intriga". Sempre lhe escreve de Paris, onde mora, relatando aquilo que vê, como *os pederastismos do Apollinaire na Semaine de Paris*.[170] Santa-Rita Pintor, esse o nome artístico que adota, fez bolsa em curso de pintura na Academia de Belas-Artes de Paris, custeada pelo Estado português. O jornalista Rebelo de Bettencourt abre o primeiro (e único) número da revista *Portugal Futurista* dizendo ser o *artista que o gênio da época produziu*. Sua obra tem *abstração intuitiva*, segundo o dr. Manuel Leal; só que também é, claramente, desequilibrado. Sá-Carneiro diz que *de Santa-Rita espero tudo*; e lembra, com sarcasmo, seus quadros: um *representa o ruído num quarto sem móveis*, outro *representa um banheiro*. Nada a estranhar, pois, naquele tempo, Russolo pintou *Música e perfume*; Boccioni, *Gargalhada*; Balla, *Rapariga correndo numa varanda*; e Duchamp, *Nu descendo uma escada*. No futurismo, tudo se consente. Em poema que lhe dedica Sá-Carneiro, tem-se um como que retrato do desvario desse tempo (trecho):

> Ah! Ah! Ah! Estou a polir as unhas
> Pi pó pó! liro liro! liro ló
> A serapilheira toda liró!
> Olhos cubistas, orelhas futuristas, cabeça horizontal
> A vida é luar.

Santa-Rita conta a Sá-Carneiro, como se fosse verdade, *um terrível segredo* — a história de sua vida. O pai, que lhe deu educação *máscula e rude*, pedira a uma ama que o criasse. *A ama tinha um filho e uma das crianças morreu*. O marido da tal ama, oleiro por profissão, então sustentou que esse morto *era o seu filho*, e, voltando para casa, passou a criança a ser tratada como se já não fosse filho de seus pais. Em 1906, morre essa ama, deixando *uma carta para minha mãe em que lhe confessa que quem morreu fora o filho deles*. O da família Santa-Rita. Sua conclusão é de que *eu não era o filho da minha mãe, mas sim da minha ama. É este o lamentável segredo, a tragédia de minha vida. Sou um intruso*. Encerrando Sá-Carneiro a carta em que relata o ocorrido com essa pergunta: *Diga-me você, Pessoa, se isso é verdade*. De útil, no relato, apenas a explicação sobre por que, algumas vezes, assina

---

[170] Queria se referir, viu-se depois, a *Les soirées de Paris* — em que o crítico de arte e poeta Wilhelm (Albert Wladimir Alexander) Apollinaris de Kostrovitzky (1880-1918) publicara, em 1918, uma série de poemas que começara a escrever seis anos antes, por ele denominados *Calligrammes*.

Santa-Rita a correspondência que dirige ao irmão Augusto como *Guilherme Pobre*. Guilherme, como ele próprio ou Guillaume Apollinaire, que considerava *exemplo do futurismo*; e Pobre, porque filho de uma ama.

Sá-Carneiro considera *malandros* [Santa] *Rita* [Pintor], *MontalvAr*[171] *& Cia.* — que, como ele e Apollinaire, vivem em Paris; pede encarecidamente ao amigo que *mande-me o Santa-Rita para o demônio* (2/10/1915); e diz, completando, *não me parece um caso de hospital mas — vais talvez pasmar — um caso de Limoeiro*[172] (31/12/1912). Em outra carta: *Mestre Rita chefe de nós. Ui! é de arrebentar* — dado, frequentemente, sofrer com as trapalhadas do amigo. Como nesse episódio envolvendo prostituta que, irritado, relata a Pessoa (resumo): *Outra vez apresenta-me* [Santa-Rita] *a uma polaca horrivelmente feia e diz-lhe que eu sou homossexualista! A polaca replica que simpatiza muito com os degenerados!!! Finalmente ontem à noite, 11 ½, aparece-me no quarto, quando eu já estava deitado, com um patusco francês, cujo nome ele ignora, e pespega-lhe que eu sou um jesuíta português emigrado político!!!* ... (carta de 16/11/1912).

Ficou famosa história sua passada em 4 de abril de 1917, no Teatro da República[173] (hoje São Luís), em Lisboa, por ocasião da 1ª Conferência Futurista, de Almada Negreiros — que, no encerramento, lê o manifesto de Marinetti (publicado no *Figaro* em 20/2/1909) "Matemos o luar". Nesse teatro, Santa-Rita aproveita e destrata o poeta, segundo ele, Correia António de Oliveira; recebendo pronta retificação do escritor João Correia de Oliveira, irmão do acusado — *Não é Correia António de Oliveira, é António Correia de Oliveira* —, este escritor saudosista (1879-1960), autor de *Dizeres do povo* (1911), ligado à Renascença Portuguesa e à revista *Águia*. Só para ouvir Santa-Rita berrar de pé numa frisa, para delírio dos espectadores: *Isso é para o senhor, que está desse lado e lê de lá para cá*. Na plateia,

---

[171] Assim escreve, se referindo depreciativamente a Luiz de Montalvor — findando o nome com esse *alvar de parvo, idiota*.

[172] O nome evoca árvore que (supostamente) haveria no local. Mas esse Limoeiro, antes Paços a-par-de São Martinho, Paço dos Infantes ou da Moeda, é um presídio que o historiador Francisco de Melo e Noronha chama de *escola repugnante de todos os vícios e nódoa imunda que envergonha a nossa capital*. Nele viriam a se *hospedar* Bocage (1797), Almeida Garrett (1827) e Hipólito da Costa — fundador, em 1808, do primeiro jornal brasileiro, o *Correio Braziliense* (ou *Armazém Literário*), editado em Londres e enviado por navio ao Rio de Janeiro.

[173] Ao tempo de Pessoa, nele se apresentaram artistas internacionais como Duse, Garnier, Mimi Aguglia, Sada Yacco e Sarah Bernhardt. A partir de então, e até à década de 1930, o teatro foi o palco preferido dos portugueses Adelina Abranches, Amélia Rey Colaço, Ângela Pinto, Eduado Brazão, João e Augusto Rosa, Lucinda Simões, Palmira Bastos, Rosa Damasceno; e nele declamaria poesias, mais tarde, o grande João Villaret.

Pessoa, que jamais aparecia em público com mulher nenhuma, nesta noite acompanha figura popular na cidade, conhecida como *Preta Fernanda*; e não esboça um gesto em favor de qualquer das partes. Em Santa-Rita essa brincadeira se repetia sempre, com as pessoas mais variadas. Assim, por exemplo, se dirigiu a Júlio Dantas, aquele mesmo que Almada odiava. *Bom-dia, senhor Dantas Júlio*, disse. *Perdão*, respondeu o outro, *é Júlio Dantas*. Encerrando Santa-Rita a conversa: — *Isso diz o senhor, que vem a sair, mas como eu vou a entrar...*

Almada, no alto à direita, e Santa-Rita, no meio

Santa-Rita Pintor tem rosto que sugere desequilíbrio. Em quase todas as fotos está de terno, gravata de fitinha e cachimbo; mas, por vezes, entra na Brasileira vestido de negro dos pés à cabeça — ainda portando gorro, também negro, de presidiário. Considera-se *Casca de Laranja* ou *O Adivinhão Latino*. Em 29 de abril de 1918, moribundo de uma septicemia causada por gripe espanhola e acreditando ter sido a obra que realizou inferior ao seu gênio, ainda encontra forças para pedir que se queimasse tudo que pintou e escreveu. Não foi original no pedido. Também Virgílio (70-19 a.C.), doente do fígado e perfeccionista como Pessoa, rogou ao imperador Augusto que queimasse a sua monumental *Eneida*, sem ser atendido, publicado afinal, esse poema, como o deixara o autor (faltando versos). Franz Kafka (1883-1924) pediu o mesmo ao escritor alemão (nascido em Praga) Max Brod, igualmente sem sucesso; assim se salvando, entre outras obras-primas, *O castelo* e *O processo*. E Mallarmé (1842-1898) teve sua vontade negada pela mulher Marie e pela filha Geneviève, que depois publicaram *Le livre* com os rascunhos que o autor condenara. Corre o tempo e a vida se repete. Igual pedido fez João Paulo II que, no seu *Testamento Espiritual*, deixou escrito: *Minhas anotações pessoais devem ser queimadas*. O velho papa foi atendido por Bento XVI. Como Santa-Rita o foi pelo irmão e poeta Augusto de Santa-Rita — das suas pinturas escapando apenas *Cabeça* e *Orpheu dos Infernos* (ambas de 1913). No dia seguinte ao pedido, 30 de abril, foi enterrado no cemitério dos Prazeres.[174] Morto Santa-Rita, morria também o futurismo português.

Miguel Torga

Miguel Torga (1907-1995), de Sabrosa, São Martinho de Anta (Vila Real), é um camponês de feições rudes que, após breve passagem no seminário de Lamego, vive, dos 12 aos 18 anos, como apanhador de café e caçador de cobras numa fazenda em Minas Gerais. Lembrando esse tempo, depois escreveria "Brasil":

> Brasil onde vivi
> Brasil onde penei
> Brasil dos meus assombros de menino
> Há quanto tempo já te deixei
> Cais do lado de lá do meu destino.

Voltando a Portugal, torna-se médico e passa toda a vida adulta em Coimbra — razão pela qual a amizade, entre os dois, se dá sobretudo por

---

[174] Em Lisboa, no tempo de Pessoa, se dizia haver três coisas difíceis de entender: o palácio onde habitaram reis, que era *das Necessidades*; sua principal avenida, que era *da Liberdade* (algo incompatível com Salazar); e esse cemitério, que era *dos Prazeres*. Apesar da estranheza nos nomes, tudo resulta mesmo natural: o cemitério, homenagem a Nossa Senhora dos Prazeres; o palácio, onde hoje está o Ministério dos Negócios Estrangeiros, a Nossa Senhora das Necessidades; e a avenida, por terem acampado na rotunda, ao cimo dessa avenida, tropas que, sob o comando do almirante (António Maria) Machado Santos, derrubaram a Monarquia e proclamaram a República (em 05/10/1910).

cartas. Pessoa tem com ele longas e acesas querelas — nas quais sempre o chama por seu nome verdadeiro de Adolfo (Correia da) Rocha. Seus livros iniciais foram inclusive editados com esse nome de batismo — e custeados por ele próprio, cumpre lembrar, para não ter de os submeter à censura. Só mais tarde (em 1934), com a publicação de *A terceira voz*, adotaria aquele pseudônimo: *Miguel* — como Cervantes e Unamuno, duas de suas admirações; e, marcando suas origens, *Torga* — planta rasteira muito comum na região agreste de Portugal. "Nunca sou dogmático, porque não o pode ser quem, de dia para dia, muda de opinião e é, por temperamento, instável e flutuante", diz Pessoa. Em carta de 1930 (sem data), Pessoa o aconselha a "focar num ponto nítido" e "distribuir mais igualmente a intelectualização pela extensão da sensação". Noutra (6/6/1930), diz que tem ele "ainda por aperfeiçoar o modo de fazer uso da sensibilidade". Torga responde: *Quantas vezes um "mestre" ainda pode falar definitivamente... Mas ninguém diga que segura a verdade na mão.* A Gaspar Simões (28/6/1930), Pessoa explica uma daquelas querelas:

> Recebi uma carta do Adolfo Rocha. A carta é de alguém que se ofendeu na quarta dimensão. Não é bem áspera, nem é propriamente insolente, mas (a) intima-me a explicar a minha carta anterior, (b) diz que a minha opinião é a mais desinteressante que ele recebeu a respeito do livro dele, (c) explica, em diversos ângulos obtusos, que os intelectuais são ridículos e que a era dos Mestres já passou. Achei pois melhor não responder. Que diabo responderia? Em primeiro lugar é indecente aceitar intimações em matéria extrajudicial. Em segundo lugar, eu não pretendera entrar num concurso de opiniões interessantes. Em terceiro lugar, eu só poderia responder desdobrando em raciocínios as imagens de que, na minha pressa, o sr. engenheiro Álvaro de Campos se servira em meu nome. Desisti.

Em minuta de carta a Gaspar Simões, referindo-se a ele, pede Pessoa: "V. far-me-ia um grande favor se me indicasse por que fórmula extraintelectual se devem tratar esses autores emergentes.[175] Eles exigem absolutamente que lhes chamem gênios?" Sem registro de ter sido a carta enviada ou da resposta de Simões. Como a confirmar isso Torga não dava, nunca (quase nunca, vá lá), autógrafos a ninguém. Em seu diário (dezembro

---

[175] Por ser Torga, nascido em 1907, quase 20 anos mais moço. Essa impaciência não se dava só com Torga. Sobre Alexandre Seabra, autor de *Nadas*, disse: "Qualquer que seja a idade dele, ele tem um cérebro demasiado juvenil; e a arte — ao contrário do que se julga — é trabalho para velhos, ou para envelhecidos."

1935), Torga registra a morte do amigo, reconhecendo ser *nosso maior poeta de hoje*. A ironia, na vida dos dois amigos, é ter Torga candidatura lançada ao Nobel de Literatura em 1960, juntamente com Aqueleno Ribeiro. Enquanto Pessoa, que sempre sonhou com o prêmio, nem isso mereceu.

Os amigos do café

Nessa coleção de relações, espantoso é não se ver um único nome verdadeiramente importante: alguém com posses; um remanescente da nobreza que se esvaía com o fim da monarquia; um político republicano, emergente com a nova ordem social; alguém que fizesse parte de uma das muitas academias que vicejavam em Portugal. Nada. Ao contrário, aqui estão sobretudo párias, pessoas sem maiores qualificações, conhecidas apenas em seu círculo literário. Ainda mais inusitado que assim se tenha dado naquele tempo — em uma sociedade bem menor e tão menos letrada que a de hoje. Especialmente por ser impossível não se encontrar com essa gente nos lugares que frequentava — livrarias, cafés, casas elegantes de roupas. Como admitir, por exemplo, ter colaborado com o cunhado em uma revista de economia por seis números, sem ter relações com um único empresário de peso? Certo que, no seu ofício, todos aqueles para quem trabalhava eram pequenos ou médios comerciantes. Única explicação possível é nunca ter verdadeiramente se interessado por essas relações; correspondendo assim, as pessoas com que se relacionou, a um ato de escolha — a escolha de ser alguém à parte, na vida social, pouco mais que um anônimo.

"Uns têm graça, outros têm só graça, outros, ainda, não existem. A graça dos cafés divide-se em ditos do espírito sobre os ausentes e ditos de insolência aos presentes." "O mais extraordinário de toda gente era a importância, em nenhum sentido, de todos eles. Uns eram redatores dos principais jornais, e conseguiram não existir, outros eram poetas até consagrados." "Uns são heróis, outros são sedutores", "uns são grandes doidos, outros são grandes pederastas", "pobres semideuses", "meus pobres companheiros que sonham alto", "queridos vegetais". Entre amigos assim vive a vida. "Não tomando nada a sério" e sem saber "onde ela me levará, porque não sei nada". Dividido entre "o sonho, que a minha inteligência odeia, ou a ação, que a minha sensibilidade repugna". Ao lado de conhecidos com quem divide limitadamente seu cotidiano; mas sem querer, no íntimo, ser verdadeiramente amigo de nenhum deles. "Amigos da moda", com quem se deleita em conversas "intermináveis, em cafés imaginários", no estranho mundo que era o seu mundo.

> Para onde vai a minha vida, e quem a leva?
> Por que faço eu sempre o que não queria?
> Que destino contínuo se passa em mim na treva?
> Que parte de mim, que eu desconheço, é que me guia?
> (...)
> Quem sou, Senhor, na tua treva e no teu fumo?
> Além da minha alma, que outra alma há na minha?

Sem título (5/6/1917), Fernando Pessoa

Nessa relação ainda falta aquele que, como diz em carta a José Régio (17/1/1930), seria "o único grande amigo que tive".

Atque in perpetuum, frater, ave et vale!
(E para sempre, irmão, saudação e adeus![176] Catulus)

Sá-Carneiro

"Éramos só um."

"Sá-Carneiro", Fernando Pessoa

O melhor amigo

Mário de Sá Carneiro nasceu pouco depois de Pessoa, em 19 de maio de 1890. Como ele, também em Lisboa — na Rua da Conceição, 93. Seria sua mais sólida e duradoura amizade, a única a que verdadeiramente se entregaria. Sá-Carneiro[177] confirma: *Você é o meu maior e mais íntimo amigo*. São vidas parecidas. Há deles até mesmo fotos idênticas, tiradas quando tinham aproximadamente um ano, em formato conhecido como *carte de visite*, na mesma cadeira de alimentar bebês da Foto Camacho — o mais famoso estúdio de fotografias de Lisboa daquele tempo (Rua do Almada, 166, primeiro andar), pertencente ao fotógrafo oficial da Casa Real, o madeirense João Francisco Camacho. O amigo, bem jovem ainda, perde a mãe, Águeda Maria Murinello de Sá Carneiro, e passa a ser criado pelos avós paternos na Quinta da Vitória, que tinham em Camarate (Loures). Com oito anos, perde também a avó; casando novamente o pai, coronel Carlos de Sá Carneiro, com dona Mimi (Maria Cardoso), em novembro de 1915. Também, no seu caso, por procuração — dado estar em Lourenço Marques, África mais uma vez. Quase a história do próprio Pessoa, apenas trocando mãe por pai. "A obra de Sá-Carneiro é toda ela atravessada por uma desumanidade, ou melhor, inumanidade; não tem calor humano, nem ternura humana, exceto a introvertida. Sabe por quê? Porque ele perdeu a mãe quando tinha dois anos e não conheceu nunca o carinho materno. Verifiquei sempre que os amadrastados da vida são falhos de ternura, sejam simples artistas, sejam simples homens"

---

[176] Pessoa faz constar essa inscrição no poema "Sá-Carneiro".

[177] O nome literário ganhou um hífen desde seu primeiro escrito, em 1910.

(carta a Gaspar Simões, 11/12/1931). Como diria depois o próprio Sá-Carneiro, *tenho pena de mim, pobre menino ideal.*

Vítima de cuidados excessivos da família, com 14 anos mal consegue se vestir sozinho. Aos 17, no Liceu Camões (o Palácio da Regaleira), edita jornal — *O Chinó* (A Peruca) — já indicando seus pendores literários. Cinco anos mais, ao início do ano em que conheceu Pessoa (1912), publica um livro de novelas dedicado ao pai, *Princípio*; e também peça de teatro em três atos, *Amizade*, escrita bem antes com Thomaz Cabreira Júnior, um ano mais jovem. O mesmo pobre Thomaz que, em 8 de janeiro de 1911, nos degraus do Liceu, olha para Sá-Carneiro com um olhar estranho e mete uma bala na cabeça.[178] A ele, Sá-Carneiro dedicaria depois o poema "A um suicida" — publicado na revista *Alma Nova*, de António Ferro. Em 1913, edita outra novela, *A confissão de Lúcio*; e seis meses depois de se estabelecer em Paris, já em 1914, *Dispersão*. A capa, surrealista, é de um amigo que conhece em Paris, José Pacheco (1885-1934) — estudante de arquitetura, três anos mais velho e que se dizia *arquiteto pela graça de Deus*. O mesmo que, mais tarde, fundaria a revista *Contemporânea* — Pessoa, por vezes, se refere a ele só por seu nome artístico, Paxeko. Por fim, em 1915, reúne 12 novelas no livro *Céu em fogo* — já explicitando, nesses textos, toda sua angústia. Tanto que em um dos 12 poemas de *Dispersão*, na 15ª quadra, como que antecipa seu próprio destino:

> E sinto que a minha morte,
> Minha dispersão total,
> Existe lá longe, ao norte,
> Numa grande capital.

Paris

Essa *grande capital* é Paris. A ela se refere sempre apaixonadamente, nas cartas, como *Paris da minha ternura*, *Paris da Guerra*, *Capital Assombrosa*, *Capital das Danças*, *A Grande Capital*, *A Grande Cidade*, *Minha Cidade*, *Cidade Magnífica*, *Último Paris*; e, nos versos, como *Minha Cidade-Figura*, *Minha Cidade com Rosto*, *Minha Fruta Mal Madura*, *Paris Meu Lobo e Ami-*

---

[178] Os manuscritos da peça, que ficavam sempre com Thomaz, por razão não esclarecida estavam com Sá-Carneiro. Para sua sorte, porque o amigo, antes do gesto final, destruiu tudo que escrevera.

go, *Paris do Lindo Segredo, Ó meu Paris meu Menino, Paris Derradeiro Escudo, Silêncio dos Meus Enganos.* Segundo ele, *o meu Paris hoje é também um desaparecido como eu. Porque é verdade: eu creio, desapareci de mim, de todo.* Nesse tempo (a carta é de 29 de agosto de 1914), como uma visão, já imagina *o fim de mim embandeirado em arco.* Para lá vai pela primeira vez, ainda com o pai, em agosto de 1904. Fica no Grand Hotel, o melhor da cidade, bem em frente à Opéra Garnier,[179] única de Paris naquele tempo. Bem na sua esquina, fica o ainda hoje famoso Café de La Paix. Em seguida, voltaria à cidade novamente com o pai (em 1907) e depois sozinho (em 1912), agora hóspede do Hotel Richemond — 11, Rue du Helder —, ainda hoje intacto e funcionando como antes, a cinco minutos daquela Opéra Garnier. Por pouco tempo, que logo, em 28 de outubro, está em local de preço mais acessível, o Grand Hotel du Globe 50, Rue des Écoles, no coração do Quartier Latin, entre a Sorbonne e o Collège de France — mais tarde substituído, o imóvel, por apartamentos particulares. Essa ida de Sá-Carneiro a Paris seria, para Pessoa, o começo de uma sequência de perdas. A família continua na África. Alfredo Guisado, amigo próximo, muda-se para a Galiza. O advogado Alberto da Cunha Dias, por numerosas vezes, é internado no Telhal ou no Hospital Psiquiátrico Conde de Ferreira, do Porto. Em 2 e 21 de setembro de 1916, Dias escreve a Pessoa dizendo estar numa *prisão.* Tia Anica, com quem por anos morou, acompanha a filha e o genro que vão morar longe — "a minha família que aqui estava foi para a Suíça". Pessoa, como Sá-Carneiro, sente-se abandonado e só.

Em 23 de junho de 1913, por causa do início da guerra entre Sérvia e Áustria-Hungria, regressa a Lisboa e às rotinas com os velhos companheiros; mas, como pressente Sá-Carneiro (carta de 29/8/1914), *não posso passar sem Paris;* razão pela qual, em 16 de julho de 1915, e apesar dos riscos da Primeira Guerra já em curso, mais uma vez se vai. Dessa vez para sempre. Depois de um primeiro endereço provisório, afinal estaria no Hotel de Nice, que alugava quartos ao mês — a poucos metros da Place Pigalle, na zona do Butte Montmartre, nono *arrondissement,* então habitado por músicos, dançarinos, pintores e artistas de todo gênero. Seria o último pouso da *Grande Ave Dourada* — que lá morreria, devendo meses de aluguel, um ano depois. Em torno do Hotel de Nice, tudo sugere arte. Fica em 29, Rue Victor Massé — um conhecido compositor francês (1822-1884). A pouco

---

[179] O nome é homenagem a Charles Garnier (1825-1898), arquiteto que a projetou.

mais de 30 metros está a Rue Henri Monnier — desenhista, caricaturista, escultor e comediante (1799-1877). Em frente, a Rue Frochot — *Premier préfet de La Seine* (1757-1828). Um local bem mais animado, e barato, que suas outras moradias. Hoje, está entre a Pharmacie des Arts e uma loja que vende violões usados, a Oldies Guitars, bem em frente ao Pub Frochot. Em 1981, passa a ser Hotel Ninon e, a partir de 1993, Hotel des Artistes. Sua simpática proprietária, a já bem idosa marroquina madame Fatima Hannouf, mostra com orgulho uma placa, bem na entrada, que diz: *Le poète portugais Mário de Sá-Carneiro, 1890-1916, habita dans cette maison et y mourit le 26 avril 1916.* A última vez que vi o hotel, em 2007, estava sofrendo uma reforma completa, só com pedreiros e pintores no seu interior, sem mais nada nele que lembrasse o passado; guardando as paredes, agora repintadas, apenas memórias de um quase menino que ali cumpriu seu destino.

As cartas

A amizade entre os dois se dá também na correspondência, em que Sá-Carneiro se define como *o Menino do Papá*; ou, considerando os primeiros prenúncios da obesidade (e do homossexualismo latente), *Esfinge Gorda*. Dele, todas guardadas por Pessoa, ficaram 216 cartas. De Pessoa, e porque ele próprio tirou cópias, apenas quatro — de dezembro de 1913 (sem indicação de data, talvez fosse um rascunho), 28 de julho de 1914 (provavelmente outro rascunho), 6 de dezembro de 1915 e 14 de março de 1916; mais uma quinta, nunca enviada, de 26 de abril de 1916, escrita no dia em que o amigo se suicidou. O poeta Ponce de León, que com Sá-Carneiro escreveu a peça de teatro *Alma,* em conversa com Pessoa disse que *Sá-Carneiro leu-me e deu-me a ler concisas e dolorosas cartas dele.* Essas cartas, quando não começam diretamente no texto, são dirigidas a *Meu Querido Amigo, Santo Amigo, São Fernando, Mártir S. Fernando* [Pessoa] *das Provas, S. Fernando (pessoa revisora de provas),* um estranhíssimo *H'!':X,14-xv321b~(H)W,* ou mesmo, evocando sua estada no Palace Hotel de Barcelona, *Al Señor Don Fernando Pessoa*; com o cuidado de escrever, num espanhol castiço, *Don* (senhor) e não *Dom* (frade), uma grafia para ele até mais natural — posto ser Dom, em Portugal, tratamento respeitoso destinado a reis. De lá, em papéis timbrados do Café de France e do Bar-Café El D'Lúvio, lembra (1/9/1914) que *Unamuno foi corrido de reitor da*

Universidade de Salamanca.[180] A informação é importante porque Pessoa pedira a Unamuno (carta de 26/3/1915) artigo a ser publicado na revista *Orpheu*, para "estender quanto possível a nossa influência e conseguir através da nossa corrente... uma aproximação de espírito, tão pouco tentada, com a Espanha". Tudo em vão; pois, dois meses depois, já *Orpheu* não existia.

Nessas cartas, o jeito de Sá-Carneiro escrever é caótico. Com expressões francesas a granel, palavras abreviadas ou sem nexo aparente, profusão de dois pontos ou travessões, simplesmente não consegue respeitar os sinais consensuais da pontuação: *Quanto à ortografia, é possível que lá vá algum disparate — algum O por U, C por SS. Se assim for, emende. A pontuação fique a seu arbítrio.* No *Desassossego*, como que se referindo a isso, diz: "A vida é a hesitação entre uma exclamação e uma interrogação. Na dúvida, há um ponto final."[181] Pessoa, não por acaso, lembra "Sigismundo, rei de Roma", que se considerava "acima da gramática" — razão por que "ficou sendo conhecido como Sigismundo *super-grammaticam*". E censura o amigo por agir como se quisesse imitar o imperador romano: em prosa, "É certo que, por diversas vezes, uso da ortografia antiga... e Sá-Carneiro escrevia em ortografia moderna"; e em versos, "O ter tocado nos pés de Cristo, /Não é desculpa para defeitos de pontuação". Tudo por conta de uma reforma ortográfica implantada em 1911, logo após a República.[182] Pessoa, pela vida, manteve-se fiel à ortografia em que foi alfabetizado, sem nunca dar importância a esses acordos — que, para ele, "a palavra escrita" é "um produto da cultura, cada um tem o direito a escrever na ortografia que quiser". E "o único efeito presumivelmente preferencial que estas divergências ortográficas podem ter é o de estabelecer confusão no público". Em "A chamada reforma ortográfica", inclusive diz que "a ortografia é um fenômeno da cultura, e portanto um fenômeno espiritual. O Estado nada tem com o espírito. O Estado não tem

---

[180] Depois Miguel de Unamuno (1864-1936) voltaria a ser novamente reitor, e novamente perderia a reitoria, na Guerra Civil Espanhola. Por conta de incidente (12/12/1936) em que o general Milán Astray interrompeu seu discurso gritando *Viva a morte, abaixo a inteligência.* Tudo sob o olhar complacente de dona Cármen Polo, mulher do generalíssimo Franco. Unamuno respondeu a esse *berro necrófilo e insensato*, considerando *inútil exortar-vos a pensar na Espanha.* E morreu logo depois, em 1936 mesmo. De desgosto. Mas nesse tempo Sá-Carneiro e Pessoa, entregues aos deuses, já não estavam em condição de fazer comentário nenhum.

[181] A frase evoca outro texto de Pessoa, publicado depois de sua morte na revisa *Colóquio*: "Esta deficiência lembrou-me a extravagância de Mallarmé, alguns de cujos poemas não têm pontuação alguma, nem ao fim um ponto final."

[182] Essa reforma unilateral, revogada pela Academia Brasileira de Letras em 1919, seria substituída só em 1931 por um Acordo Ortográfico mais completo entre Brasil e Portugal; sendo em sequência firmados acordos complementares, em 1943 e 2008.

direito de compelir-me, em matéria estranha ao Estado, a escrever numa ortografia que repugno, como não tem direito a impor-me numa religião que não aceito".[183] A esse novo jeito de escrever chamava, assim o diz em carta a Gaspar Simões (3/11/1931), de "ortografia republicana".

Pessoa tem, a observação é de Manuela Parreira da Silva, um código bem dele para definir a intensidade das suas relações no próprio tratamento empregado nas cartas. Para íntimos, o afeto está sobretudo nas despedidas — como se dá, invariavelmente, naquelas dirigidas a Sá-Carneiro: "irmão do além", "grande e fraterno abraço", "sempre seu". As do amigo, no começo, quase sempre encerram com *um grande abraço* ou *um grande, grande abraço*; depois, passa a ser *tenha dó de mim*; e, mais perto do fim, *adeus meu querido Fernando Pessoa, adeus do seu pobre Mário de Sá-Carneiro*, ou simplesmente *adeus*. "É nestas horas de um abismo na alma que o mais pequeno pormenor me oprime como uma carta de adeus."

> Rigor comercial de princípio e do fim das cartas:
> Dear Sirs — Messieurs — Amigos e Srs.,
> Yours Faithfully — ... Nos salutations empressées...
> Tudo isso não é só humano e limpo, mas também belo.
>
> "Ode marítima", Álvaro de Campos

Um destino alto, raro e caro

Sá-Carneiro não tem maiores vícios. *Abomino o álcool e não fumo, não jogo, não me inoculo de morfina ou cocaína*. Apenas gosta de rapazes, segundo as más línguas. Matricula-se na Faculdade de Direito de Paris[184] e vai às aulas por só alguns dias — novamente evocando Pessoa, que quase não frequentou o Curso Superior de Letras. Meses antes de morrer, ao amigo mandaria sua *carte d'étudiant* em que estão nome, *M. de Sá Carneiro*; número de matrícula, *1.250*; além de um retrato do ano em que chega à cidade — *do bom tempo*, como diz. De quando escreve *amo até a "folie [loucura]", até a morte — é a beleza*. A foto não é mais fiel ao rosto surrado a que está reduzido.

---

[183] No Brasil, não foram poucos os intelectuais que também se opuseram a esses acordos. Entre eles Manuel Bandeira. Aqui corre inclusive a lenda de que, após a reforma de 1943, jornalistas perguntam sua opinião sobre ela. A resposta de Bandeira foi: — *Por mim, tudo bem: que, para o poeta, a forma é fôrma*. Depois riu e disse: — *Agora escrevam isso sem o acento diferencial, se puderem*.

[184] A referência em boa parte das biografias de Pessoa, de que teria Sá-Carneiro estudado na *Sorbonne*, é equivocada — dado ser assim conhecida, na Universidade, apenas a Faculdade de Filosofia, Ciências e Letras.

Mário de Sá-Carneiro

Em carta a Gaspar Simões (30/9/1929), bem depois de sua morte, Pessoa o descreveria como "um Sá-Carneiro torturado (o próprio olhar o diz), emagrecido e final". Tem devoção por Pessoa. *Você é um santo. O dia mais belo da minha vida foi aquele que travei conhecimento consigo. Se estivéssemos em 1830 e eu fosse H. de Balzac,*[185] *lhe dedicaria um livro da minha Comédia humana, onde você surgiria como o Homem-Nação — o Prometeu*[186] *que dentro de seu mundo interior de gênio arrastaria toda uma nacionalidade: uma raça e uma civilização.*

Problema é que Sá-Carneiro não trabalha. *Ganhar o pão do seu dia com o suor do rosto — não há maior desgosto. Nem há maior vilania.* Nas cartas, o assunto quase invariável é dinheiro. Uma delas se encerra com a síntese

---

[185] Honoré de Balzac (1799-1850) escreveu numerosos romances, com mais de dois mil personagens — que, em conjunto, constituem a monumental *Comédia humana*, afresco gigantesco da sociedade francesa de seu tempo. O mesmo Balzac que diz (em *Ode à une jeune fille*), como se falasse de Pessoa: *Surge na noite, vocês o verão entre as sombrias velas, como uma ponta da aurora atingindo as estrelas em seu voo fraternal.*

[186] *Prometeu acorrentado*, embora o cite no texto sem nenhum complemento, é obra que Ésquilo (525-456 a.C.) escreveu a partir do ano 467. Filho de Titã e irmão de Atlas, Prometeu fez o homem com argila e, para dar-lhe alma, roubou o fogo do céu. Como punição, mandou Zeus fosse acorrentado no Cáucaso, onde uma águia devorava seu fígado, que sempre se renovava; e assim penou, por séculos, até ser libertado por Hércules. Segundo o heterônimo António Mora, referindo-se a Prometeu, "é fácil para quem não tem o pé na miséria absoluta aconselhar ou repreender o infeliz". Para Sá-Carneiro, é como se Pessoa tivesse o dom de construir seres humanos — seus heterônimos, talvez.

de sua tragédia: *Eu não tenho coragem para viver com menos de 350-400 francos* (22/2/1916). Vive dessa mesada, que *o pai é bom para mim* (13/9/1915). Mas *o meu destino é outro, é alto e raro. Unicamente custa muito caro.* Em 5 de março de 1916, recorre a Pessoa para empenhar cordão de ouro que está na casa de uma ama — à praça nos restauradores, 78, 3º [187]. O amigo, em 15 de março, lhe remete 160 francos. Não seria suficiente. *Pedi ao meu pai mais 250 francos por mês. Atualmente recebo 280. Que cenas não terá que sustentar para a continuação da minha situação presente. É tudo pela alma... e bolsa* (22/2/1916)! Esse pai vem de família burguesa, e chegou a ter boa situação financeira; mas em fins de 1915, velho e falido, vive na África — onde ocupa emprego sem maior importância nos Caminhos de Ferro de Moçambique. E não pode sustentar o filho adulto, que vive na mais cara cidade do mundo e se recusa a ter um emprego. A tragédia começa a se desenhar.

O princípio do fim

Sá-Carneiro vai desabando, como se fosse algo inevitável. Em carta a Côrtes Rodrigues (2/9/1914), Pessoa já proclama "sua probabilíssima derrota final". *Seja como for, devo viver os últimos dias coloridos da minha vida. Tant pis* [tanto pior]. *Em tudo isto, há uma perturbadora história de cartas que dizem que eu não parto* [a Portugal]. As cartas tinham razão. Raul Leal, homossexual que abandona a advocacia para viver sua aventura espiritual, tem vida que bem o poderia inspirar. Herda uma pequena fortuna, logo dissipada em orgias parisienses, e tenta o suicídio em Madri, se jogando sob as rodas de um automóvel.[188] Noutra carta a Côrtes-Rodrigues (4/9/1916), confidencia Pessoa: "O Leal está em Madri em muito mau estado mental. Agora pensa em se ir alistar como voluntário no exército francês"; e, em "Saudação a Walt Whitman", como que se refere a ele — dizendo ter "vontade de ganir, de me *cramponner* [agarrar] às rodas dos veículos e meter por baixo". Leal escapa da morte, sem mesmo ser atingido, por ter o motorista conseguido se desviar; após o que volta a Lisboa, para continuar a vida, como se nada disso tivesse

---

[187] O cordão já não era dele, mas da ama. E ela o entregou a Pessoa.

[188] Leal, em carta a Pessoa, resume seu estado: *Em breve a mulher corre comigo e terei de sofrer além da fome todos os horrores do frio. Não tenho agasalho nenhum. Sou forçado a mudar de roupa só de oito em oito dias, visto possuir apenas duas peças de cada uma, tiro-a todos os domingos num estado miserável de porcaria, tanto mais que, tendo constantemente no corpo furúnculos e feridas sifilíticas, estes enchem de pus e de sangue tudo que está em contato com eles. O espírito cada vez brilha mais através duma crescente decomposição da matéria e da vida.*

acontecido. Sá-Carneiro não teria a mesma sorte. *Estou muito triste. Desoladora e comovidamente triste. É uma tristeza de silêncio. Não lhe dizia que estava doido? Vivo há semanas num inferno sem nome. Estou me envolvendo, decididamente, num boneco muito pouco interessante. A tômbola anda depressa, não sei onde irá parar — aonde pouco me importa, o importante é que pare.* Nesse escrito, como que se reporta a versos que escrevera bem antes:

> Rufem tambores, colem-se os cartazes!
> Gire a tômbola, o carrossel comece!
> Vou de novo lançar-me na quermesse:
> — Saltimbanco! que a feira toda arrases!...

Em 16 de fevereiro de 1916, a Pessoa, Sá-Carneiro envia "Feminina", um poema para ele *irritantíssimo*, em que diz: *Eu queria ser mulher para excitar quem me olhasse, eu queria ser mulher para me poder recusar*. Logo depois, em carta de 4 de abril, comunica que decide *deixar a dormir a personagem feminina destes sarrilhos* — inspirada em uma portuguesa, Helena, única amante sua de quem se teve notícia. Dia seguinte, vai ela alertar o cônsul de Portugal para o risco de um suicídio que acredita iminente. O cônsul a tranquiliza, por considerar tratar-se apenas de mais um dos *loucos do Orpheu*. Está razoavelmente certo em relação a seu estado mental,[189] mas enganado quanto ao suicídio. Sá-Carneiro, em cartas ao amigo, confessa: *Tenho chegado mesmo a suspeitar nestes últimos tempos se já estarei doido* (7/8/1915); *Eu creio que na verdade há um ano estou um pouco cientificamente doido* (30/8/1915); e acaba essas cartas, frequentemente, apenas dizendo: *Enfim... Enfim... Loucura... Loucura...* (24/8/1914). Quando se sente assim, escreve poemas como esse "Manicure" (maio de 1915), publicado em *Orpheu 2*:

> Corro então para a rua aos pinotes e aos gritos:
> — Hilá! Hilá! Hilá-hô! Eh! Eh!...
> Tum... Tum... Tum... Tum tum tum tum...
> Vliiimiiiim...
> Brá-ôh... Brá-ôh... Brá-ôh...
> Futsch! Futsch!...
> Zing-tang... Zing-tang...
>   Tang... Tang... Tang...
> Pra a KK!...

---

[189] O artista Rodrigues Pereira, jornalista do *A Capital*, em 30 de julho de 1915 chega a incluir o grupo *na categoria de indivíduos que a ciência definiu e classificou dentro dos manicômios, mas que podem sem maior perigo andar fora deles.*

Preparação do suicídio

Aos poucos, como se fosse algo lógico, Sá-Carneiro começa a pensar mais seriamente em estancar tanta angústia. De suicídio fala, pela primeira vez, numa carta a Pessoa, do mesmo ano em que o conhece. *Não creio em mim, nem no meu curso, nem no meu futuro... um dia senti cheio de orgulho que me chegara finalmente a força necessária para desaparecer* (16/11/1912). Depois, indica haver *duas formas de desaparecer: uma fácil e brutal — a água profunda, o estampido de uma pistola; outra suave e difícil.* Completando: *Ah! quantas vezes eu tenho um desejo violento de conseguir esse desaparecimento* (2/12/1912). Apesar disso tranquiliza o amigo: *Não o farei.* Pessoa diz a Côrtes-Rodrigues, em 4 de maio de 1916, que o temperamento do amigo "fatalmente o levaria àquilo". Mas, apesar de tantas evidências, no fundo, lamentaria sempre não ter tido forças para alterar aquele futuro pressentido, mesmo sabendo ser como uma história escrita bem antes; que a obsessão de Sá-Carneiro pelo suicídio segue em progressão, como se vê nas cartas que escreve a Pessoa em 1916 — o próprio ano de sua morte (trechos):

13 janeiro. O Sá-Carneiro está doido. Faltam-me as palavras e deixo cair o guardanapo. É um horror.

16 fevereiro. Sá-Carneiro, o Mário, de 1913, era mais feliz, pois acreditava ainda na sua desolação... Enquanto que hoje... É uma coisa peganhenta (viscosa) e açucarada, digna de lástima.

19 fevereiro. Mais calmo, nem por isso o vendaval deixa de silvar. O que havia em mim de interessante é hoje papel rasgado. Estou farto! Farto! Farto!

22 fevereiro. A minha tristeza não tem limites, a criança triste chora em mim — acendem as saudades de ternura. Tenha apenas muito dó de mim. É uma questão de mais mês menos mês. Em resumo, não sei nada.

15 março. Não se assuste em todo o caso nem deixe de se assustar. Cá irei. Não tenho medo, juro-lhe. Mas não sei coisa nenhuma. Breve estarei com certeza aí em Lisboa — ou no raio que me parta.

24 março. Infelizmente, a zoina (perturbação) silva cada vez mais forte, cada vez mais perigosa. Não sei onde isto vai parar. Será possível que as engrenagens me não esmaguem? Mas é tão belo fazer asneiras.

31 março. Custa-me tanto escrever esta carta pelo ridículo que sempre encontrei nas cartas de despedida. Podia ser feliz mais tempo, tudo me corre, psicologicamente, às maravilhas: mas não tenho dinheiro. Se não fosse a questão material eu podia ser tão feliz — tudo tão fácil. Hoje vou viver o meu último dia feliz. Estou muito contente. Mil anos me separam de amanhã.

3 abril. Vá comunicar ao meu avô [José Paulino de Sá Carneiro] a notícia da minha morte — e vá também ter com a minha ama à Praça dos Restauradores. Diga-lhe que me lembro muito dela neste último momento e que lhe mando um grande, grande beijo. Diga ao meu avô que o abraço muito [a carta está manchada por lágrimas].

6 abril. [Apenas diz] Bien — Carneiro.

17 abril. Nem o meu admirável egoísmo me pode desta vez salvar.

18 abril. Tenha muita pena de mim.

A morte e a morte de Sá-Carneiro

Nesse 18 de abril da última carta que escreve, ainda pede ao amigo: *Veja o meu horóscopo. É agora, mais do que nunca, o momento. Diga. Não tenho medo.* Pessoa rascunha resposta, em 26 de abril, reconhecendo: "Não sei se você avalia bem até que ponto eu sou seu amigo, a que grau eu lhe sou dedicado e afeiçoado. O fato é que sua grande crise foi uma grande crise minha"; e encerra, dizendo: "Não podia ter sido senão assim." Chega a pôr nome e endereço num envelope da casa La Saison, mas essa carta não seria nunca enviada — que, como o próprio Sá-Carneiro anunciara antes, *A grande ave dourada/ Bateu asas para o céu.* Nesse mesmo 26 de abril, em Paris, encontra-se com o pintor e ceramista Jorge (Nicholson Moore) Barradas (1894-1971); e nada, nesse encontro, sugere o que ocorreria pouco depois. Antes, Sá-Carneiro, em "A Grande Sombra", prenuncia o que estava para acontecer — descrevendo o morto futuro quase como ele próprio iria se vestir, *impecável e risonho, de smoking, e nova flor na lapela, uma grande rosa vermelha.* Em outro escrito, "Página dum suicida", está: *Afinal, sou simplesmente uma vítima da época, nada mais... agora, que me resta?... a única coisa interessante que existe atualmente na vida é a morte!* Numa folha solta, ainda escreve: *Assim teria mesmo de ser. Desci de Mim. Quebrei a taça de cristal e espanto. Findei.* Tem só 26 anos. São 8h20 da noite — aproximadamente a hora em que também morreria Pessoa, quase 20 anos depois. Então veste roupa de festa, toma cinco frascos de arseniato de estricnina e, em menos de 20 minutos, acaba. *Mata-se por não poder esperar*, palavras de Almada. Como um dia escreveu o próprio Sá-Carneiro (em 10/5/1913), *É tempo de adormecer*.

Goethe provocou numerosos suicídios, na Europa do século XVIII, com *Os sofrimentos do jovem Werther*[190] — em que esse personagem se mata, dado não poder ter a noiva do melhor amigo. Mais tarde, comentando com Eckermann as aventuras sentimentais e os suicídios que o romance teria suscitado, confessou tê-lo escrito *para não se suicidar*. Com Sá-Carneiro seria diferente, um "acontecimento tão lógico e tão inesperado (inesperado como todos os acontecimentos lógicos que são tristes)". Foi "uma morte horrorosa", diz Pessoa em carta a Côrtes-Rodrigues (4/5/1916). A notícia é dada pelo amigo Carlos Alberto Ferreira, que lhe escreve telegrama num estilo de discutível lirismo: *Queridíssimo Fernando Pessoa. Enche-te de coragem, da mesma coragem do nosso chorado Mário. Sim, chorado! Tem paciência e consegue que a vidraça de água não emoldure os olhos. O Mário matou-se ontem*. Junto, num envelope, curto e derradeiro bilhete destinado a Pessoa: *Um grande, grande adeus do seu pobre Mário de Sá-Carneiro*.

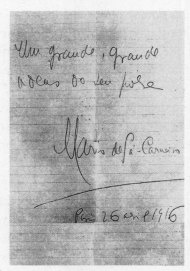

Último bilhete de Sá-Carneiro para Pessoa

Quase as mesmas palavras que escrevera dois anos antes, em 13 de julho de 1914: *Adeus, meu querido Fernando Pessoa. Perdoe-me tudo, tudo. E um grande, grande abraço do seu pobre Mário de Sá-Carneiro*. Dobrado em

---

[190] Um exemplar de *Werther-Faust* estava nas estantes de Pessoa.

quatro, e escrito no mesmo papel de pauta das últimas cartas, era natural que pensasse Ferreira tratar-se mesmo de mais uma como as outras. José de Araújo, comerciante que residia em Paris e o conheceu apenas seis meses antes, é seu último amigo — como ele próprio confessa depois a Pessoa. Segundo se conta, Sá-Carneiro teria chegado a convidar Araújo para presenciar o espetáculo de sua morte, sem que esse amigo o tenha levado a sério. Se assim ocorresse, talvez tudo fosse diferente. Sobre o fogão, deixa cartas de despedida a ele (Araújo), ao pai, à amante Helena, ao amigo Carlos Ferreira e a Pessoa (aquele bilhete). Como que pressentindo esse fim, Sá-Carneiro um dia escreveu:

> Quando eu morrer batam em latas,
> Rompam aos berros e aos pinotes,
> Façam estalar no ar chicotes,
> Chamem palhaços e acrobatas!
>
> Que o meu caixão vá sobre um burro
> Ajaezado à andaluza:
> A um morto nada se recusa,
> E eu quero por força ir de burro!

O enterro se dá ao meio-dia de 29 de abril, no famoso cemitério de *Pantin*, o maior de Paris. A cova que lhe destinam está bem ao lado de *La gougle* — assim, como *A comilona* (em linguagem chula, *Boa de ser comida*), era conhecida a mais famosa vedete de cancã do Moulin Rouge, Louise-Josephine Weber (imortalizada, em fins do século XIX, nos desenhos de Toulouse--Lautrec). Foi um enterro sem *burro ajaezado à andaluza* — ao morto, afinal, se recusou o último pedido. Depois de cinco anos, seus despojos foram transferidos para um ossário e, em seguida, incinerados. Segundo me disse um funcionário do Service Administratif qui Conserve la Mémoire des Défunts Enterrés, porque ninguém apareceu para pagar os *droits de résidence* do cemitério. José Araújo toma todas as providências; inclusive pondo, sobre o caixão, os livros que Sá-Carneiro escreveu. Carlos Ferreira, em carta a Pessoa, confessa: *Foi impossível vesti-lo melhor do que estava, pois tinha-se preparado para morrer.* Mas essa elegância não manteria por muito tempo, que à noite, inchado o cadáver, estouraram os botões da roupa e tiveram de lhe reservar o maior caixão da funerária. Naquele momento, e sem que o pudesse ter previsto, fazia justiça ao apelido que dera a si próprio — posto que, afinal inerte na solidão irreversível do caixão, ali estava mesmo uma *esfinge gorda*.

Depois da morte

"Não morreu prematuramente, porque nada acontece prematuramente, mas a seu tempo e em seu lugar, fruto da sabedoria atenta que os Deuses empregam no mundo que o Destino fez reger." No número 2 da revista *Athena* (novembro de 1924), Pessoa escreve artigo, "Mário de Sá-Carneiro", que começa dizendo: "Morrem jovens os que os deuses amam."[191] Trata-se de referência a Antinous, que também se suicidou — embora tenha, o "Antinous" de Pessoa, sido escrito em janeiro de 1915. Antes que o amigo se fosse. No texto, Pessoa diz que "Sá-Carneiro não teve biografia, teve só gênio"; ainda lembrando que "se a terra fosse outra, não variava o destino". Ao amigo confia seu *Caderno de versos*, indicando que dele poderia dispor *como se fosse seu* — o mesmo que depois, em 1937, seria editado pela revista *Presença* sob o título *Indícios de oiro*. Pessoa sugere, para seu túmulo, um "brasão",[192] que seria: "Não foi entendido ou certo de Pátria quem foi uma das superiores figuras intelectuais duma nação." Em 1934, quase 20 anos depois desse dia final, lhe dedica Pessoa outro poema, "Sá-Carneiro". Provavelmente não seria seu título definitivo — posto que lançado à margem do papel, a lápis, como uma lembrança. Ao título se segue a citação em latim de Catulo, *E para sempre, irmão, sê feliz*. O poema usualmente é publicado com um pequeno comentário, por baixo do título: "Nesse número do *Orpheu* que há de ser feito com rosas e estrelas em um mundo novo."

> Como éramos só um, falando! Nós
> Éramos como um diálogo numa alma.
> Não sei se dormes (...) calma,
> Sei que, falho de ti, estou um a sós[193]
> (...)

---

[191] Tradução literal de *Quem dii diligunt, adolescens moritur*. A frase não é original. O próprio Pessoa diz ser "um preceito da sabedoria antiga". Remonta ao poeta grego Menandro (342-291a.C.), mais importante autor da chamada *Nova Comédia grega*. Reaparece nas *Bacantes*, de Plauto (254-184 a.C.), e em Terêncio (190-159 a.C.); ainda, no próprio século XIX, com David Gray (no poema "I die, Being Young"), Lord Byron (em *Don Juan*) e D.H. Lawrence (em *Pansies*). A frase é também inspiração para um estranho mago que Pessoa conheceria (depois veremos), Aleister Crowley, na peça *Hermes*: *Foi um sábio que cantou:/ Aqueles a quem os deuses amam, amam lagostas;/ Elas morrem jovens./ Entretanto, um sábio maior disse de forma sublime/ Não olhem para a lagosta quando ela está vermelha.*

[192] Em verdade deveria ter escrito *epitáfio*. Mas talvez tenha deixado de usar no texto essa expressão, *epitáfio*, por na Grécia se tratar não de inscrição tumular mas oração fúnebre, proferida em honra dos mortos em combate. Nesse sentido empregando a expressão, o próprio Pessoa, em numerosos poemas ingleses.

[193] Escreve e risca, repetidamente, "*sou meio* a sós, estou *só* a sós, estou *eu* a sós".

Ah!, meu maior amigo, nunca mais
Na paisagem sepulta desta vida
Encontrarei uma alma tão querida
As coisas que em meu ser são as reais.
(...)
Não mais, não mais, e desde que saíste
Desta prisão fechada que é o mundo,
Meu coração é inerte e infecundo
E o que sou é um sonho que está triste.

"Sá-Carneiro", Fernando Pessoa

ATO II

Em que se conta da arte de fingir e dos seus heterônimos

Ars est celare artem

(A arte consiste em esconder a arte. Provérbio latino)

O poeta é um fingidor

> *"De tanto lidar com sonhos, eu mesmo me converti num sonho. O sonho de mim mesmo."*
> *Livro do desassossego*, Bernardo Soares

A precisão da linguagem

Pessoa, desde cedo, compreende as múltiplas dimensões que uma imagem, um gesto, um sentimento podem ter, que "cada coisa neste mundo não é porventura senão a sombra e o símbolo de uma coisa". "Nascemos sem saber falar e morremos sem ter sabido dizer... e em torno disto, como uma abelha em torno de onde não há flores, paira incógnito um inútil destino." Língua, segundo sua lei, é "a própria água em que flutuo, folha caída, um lago morto"; e palavra, "abstração suprema", "numa só unidade três coisas distintas — o ritmo que tem, os sentidos que evoca e o ritmo que envolve esse ritmo e estes sentidos". Por isso, "muitas vezes, escrevo sem querer pensar, num devaneio externo, deixando que as palavras me façam festas, criança menina ao colo delas". No fundo, mais além, quer "um domínio absoluto da expressão, o poder de afastar-se de si mesmo, de dividir-se em dois, em busca da *sinceridade traduzida*" que faz da literatura "a maneira mais agradável de ignorar a vida". Escrever, para ele, é sobretudo um ato de escolha entre ideias que "passam por mim em cortejos sonoros de sedas esbatidas", porque "entre duas ideias há sempre um caminho". Essa relação, entre conteúdo e forma, se reflete por toda sua obra. Assim, para entender o autor, é preciso antes considerar a essência do seu discurso, marcado pela aparente hesitação entre o real e o imaginário. A partir de dois elementos.

O primeiro desses elementos é a precisão da linguagem. "Odeio, com ódio verdadeiro, com o único ódio que sinto... a página mal escrita, a sintaxe errada... a ortografia sem ipsilone, como o escarro direto que me enoja independentemente de quem o cuspisse. Sim, porque a ortografia também é gente." Os papéis da Arca revelam que frequentemente, antes de escrever uma palavra, reluta. Ou rabisca numerosas variantes sobre ela para escolher depois aquela que melhor se ajuste ao que imagina. Ou deixa espaços em branco, a serem mais tarde completados. Em dezembro de 1912 já diz que, nos seus trabalhos, vai "fazendo e desfazendo e refazendo". "Por que escrevo eu esse livro? Porque o reconheço imperfeito." Também, por vezes, assinala um como que roteiro, fazendo pequenas linhas nas folhas em branco, imperceptíveis ao olhar desatento. Por buscar a perfeição, "nenhum de meus escritos foi concluído; sempre se interpuseram novos pensamentos, associações de ideias extraordinárias impossíveis de excluir, com o infinito como limite. Não consigo evitar a aversão que tem meu pensamento ao ato de acabar". E "o meu instinto... deveria até inibir-se de dar começo".

Essa preocupação com a precisão se vê, por exemplo, quando busca definir a palavra *espiral*: "Não há nada mais difícil do que definir em palavras uma espiral: é preciso, dizem, fazer no ar, com a mão, sem literatura, o gesto; espiral é um círculo que sobe sem nunca conseguir acabar-se. Direi melhor: uma espiral é um círculo virtual que se desdobra a subir sem nunca se realizar. Não, a definição ainda é abstrata. Buscarei o concreto: uma espiral é uma cobra sem ser cobra, enroscada verticalmente em coisa nenhuma." "Uma criança, que uma vez ouvi, disse, querendo dizer que estava à beira de chorar, não disse *tenho vontade de chorar*, que é como diria um adulto, senão isto: *tenho vontade de lágrimas*. Aquela criança pequena definiu bem a sua espiral." Em outra passagem, lembra "que uma vez ouvi de um pequenino — sabes o que é uma caixa? perguntei-lhe, não sei por quê — sei, sim senhor, respondeu, é uma coisa para conter coisas". O mesmo jeito usa para definir "poço", como "uma coisa estreita e funda". Mais amplamente, essa busca pela perfeição, tão presente nos seus escritos, vai além do próprio sentido das palavras. Como diz no *Desassossego*: "Um barco parece ser um objeto cujo fim é navegar; mas o seu fim não é navegar, senão chegar a um porto."

O rigor da forma

O segundo elemento é o rigor da forma. "Essencial em arte é a forma"; "entendendo-se por forma", como diz em "A poesia nova em Portugal" (1935), "não o simples ritmo ou estrutura, mas o conjunto de fatores cujo produto é a expressão". Por isso, "cada vez que reflito sobre uma obra de arte escrita visivelmente imperfeita, toca-me um tédio, uma náusea". Assim se explicando ter publicado tão pouco em vida. Por querer sempre fazer melhor. Mas esse rigor perseguiu só na obra; que, pela vida, foi sempre "dois abismos". "Uma prateleira de frascos vazios." "Intervalo entre o que sou e o que não sou." O ser e o não ser confundidos, "ambos à distância — irmãos siameses que são pegados". É que, no fundo, talvez fosse apenas "um pobre recortador de paradoxos", vendo "a realidade como uma forma da ilusão e a ilusão como uma forma da realidade". "Escravo cardíaco das estrelas", compreende bem que "assim como falham as palavras, quando querem exprimir qualquer pensamento, assim falham os pensamentos quando querem exprimir qualquer realidade". E anseia pela amplidão.

> Sentir tudo de todas as maneiras,
> Ter todas as opiniões,
> Ser sincero contradizendo-se a cada minuto,
> Desagradar a si próprio pela plena liberalidade de espírito,
> E amar as coisas como Deus.
>
> "Passagem das horas", Álvaro de Campos

Para ele, o poema é apenas "uma carne de emoção abrindo os esqueletos do raciocínio"; e, "visto que talvez nem tudo seja falso, que nada nos cure do prazer de mentir. A mentira absurda tem todo o encanto do perverso e o maior encanto de ser inocente". Resumindo, "o abuso da sinceridade não permite nenhuma ilusão de felicidade". Em 1903, com apenas 15 anos, em inglês escreve peça (*Marino*) que encerra com um diagnóstico preciso dessa volúpia: "Eu minto para me divertir, minto como os diabos, porque sei bem que sou doente e além disso mentir é o que mais prazer me dá."

É seu destino. Quando não mente, os outros mentem por ele. Assim se dá, por exemplo, com a sentença *Navegar é preciso, viver não é preciso* — que Ulysses Guimarães lhe atribuiu, em 1973, ao início de seu discurso como *anticandidato a presidente da República*.[194] No *Desassossego*, está ideia bem próxima: "Dizem os argonautas que navegar é preciso, mas que viver não é preciso. Argonautas, nós de sensibilidade doentia, digamos que sentir é preciso, mas que não é preciso viver." Só que *Navigare necesse, vivere non*

---

[194] A incorreção na citação, supostamente de Pessoa, decorre de estar na primeira linha da primeira página (*Palavras de pórtico*) de sua *Obra poética*, da Nova Aguilar — uma edição de enorme prestígio no Brasil. As palavras de Pessoa foram essas: "Navegadores antigos tinham uma frase gloriosa: *Navegar é preciso, viver não é preciso.*" E deve ter se inspirado, Pessoa, nas "Vidas Paralelas", em que Plutarco compara as trajetórias de Agesilau e Pompeu — um livro bem conhecido, à época, em Lisboa. Dando-se que o amigo encarregado por Ulysses de redigir o discurso, Francisco de Almeida Sales, vendo a frase entre aspas, simplesmente não percebeu tratar-se apenas de referência a um dito antigo.

necesse est vem de bem antes, pronunciada essa frase pelo general e cônsul romano Cneu Pompeu (106-48 a.C.) — que formou, com César e Crasso, o primeiro triunvirato de Roma. Em meio a uma tempestade, e precisando levar trigo da província para Roma, com essas palavras exortou seus marinheiros a que aceitassem os riscos da viagem. As mesmas que, mais tarde, viriam a ser lema do poeta Gabriele D'Annunzio e da própria Escola de Sagres — para aqueles que acreditam ter mesmo havido uma Escola de Sagres, claro.[195] Tendo no caso, talvez, outro sentido em que é também compreendida a sentença, no qual *preciso* quer dizer *exato*. Navegar seria então algo certo, ao contrário das intermitências da vida.

A ironia

Para Pessoa, era o momento mais alto nessa busca pela perfeição da escrita. No *Desassossego*, esclarece: "A ironia é o primeiro indício de que a consciência se tornou consciente. E a ironia atravessa dois estádios: o estádio marcado por Sócrates [470-399 a.C.], quando disse *sei só que nada sei*, e o estádio marcado por [o português Francisco] Sanches [1550-1623], quando disse *nem sei se nada sei*. Conhecer-se é errar, e o oráculo que disse *Conhece-te*[196] propôs uma tarefa maior que a de Hércules[197] e um enigma maior que o da Esfinge.[198] Desconhecer-se conscientemente, eis o caminho. E desconhecer-se conscienciosamente é o emprego da ironia." Porque, "para a sua realização, exigiu-se um domínio absoluto da expressão, produto de uma cultura intensa; aquilo que os ingleses chamam *detachment* [separa-

---

[195] A vila de Sagres, junto ao Cabo de São Vicente (extremo sudoeste de Portugal), foi construída em 1416 pelo rei D. João I (O da Boa Memória). Era a Vila do Infante — referência ao infante Dom Henrique, que estimulou o pai à conquista de Ceuta. Sagres logo cresceu, como polo de elevada tecnologia de navegação. Tinha arsenal naval, observatório e, segundo crença que se disseminou (sem documentação que a possa comprovar), também uma escola para estudo de geografia e navegação — a *Escola de Sagres*.

[196] A frase completa é *Conhece-te a ti mesmo e conhecerás o Universo e os seus mistérios*, de Sócrates, e estava à entrada do Oráculo de Delfos — templo dedicado a Apolo, em que sacerdotisas previam o futuro.

[197] Eram 12 (ou 10) trabalhos dados como penitência, pelo primo Euristeu, por ter cometido uma série de assassinatos — entre esses o de sua esposa Mégara.

[198] Essa Esfinge era um monstro com cabeça de mulher e corpo de leão. Em Tebas, propunha enigmas aos passantes, que eram mortos quando não conseguiam responder. Seriam dois os enigmas principais: *Qual o ser que caminha ora com dois pés, ora com três, ora com quatro e é mais fraco quando usa o maior número de pés?* Ou, segundo outra versão, *Qual o animal que pela manhã anda com quatro pés, à tarde com dois, à noite com três?*, em ambos os casos com a mesma resposta (o homem). *E há duas irmãs, uma gera a outra e a segunda é gerada pela primeira?* (o dia e a noite — explicando-se a estranha concordância por ser feminino, em grego, o substantivo dia).

ção] — o poder de afastar-se de si mesmo, de dividir-se em dois". Mais explicitamente, "é na incapacidade da ironia que reside o traço mais fundo do provincianismo mental. Por ironia entende-se não o dizer piadas, como se crê nos cafés e nas redações, mas o dizer uma coisa para dizer o contrário". Esse traço está presente em quase tudo que escreve. Seguem alguns exemplos. Como esse de *O Jornal* (1915):

> Convicções profundas só têm as criaturas artificiais.

Ou carta à empresa austríaca Hofher-Schrants-Clayton-Shuttleworth (12/8/1926):

> Se não respondemos [vossa carta] no próprio dia que a recebemos [é] que tivemos de ocupar a armazenar aquela reserva de paciência e aquela amabilidade natural nos seres humanos, necessárias para responder às vossas afirmações numa base, digamos, humanitária. É difícil negociar convosco seriamente, mas sentimo-nos incompetentes para engendrar aquela mistura de Mark Twain e recortes cômicos que a situação requereria...[199] A vossa objeção... é indigna de um tolo de aldeia em estado último de intoxicação. Quanto às vossas ameaças... poderíamos desculpá-las se o senhor escrevesse melhor inglês... Há um limite para a tolerância, como mesmo os senhores admitirão.

Ou essa outra carta, ao *Daily Express* (14/2/1927):

> Como estou, presentemente, a empreender um rigoroso estudo científico sobre a microcefalia, ficar-lhe-ia extremamente grato se pudesse obter para mim as medidas do crânio do vosso colaborador de Londres que, na sua profunda inconsciência, deu à luz essa notícia.

Ou nota solta, escrita num papel da A. Xavier Pinto e Cia., comentando um manifesto sensacionista:

> A leitura desse manifesto exige uma cultura metafísica e dialética, que não se pode exigir senão aos absolutamente ignorantes.

---

[199] Trata-se de Samuel Langhorne Clemens (1835-1910), antigo piloto de barcos do Mississippi. Daí vem seu sobrenome, adotado aos 27 anos — *Twain* (forma arcaica de Two) quer dizer *duas braças de fundura* (pouco mais de 3,60 metros). Escritor consagrado, o comentário decorre de escrever textos de humor e ser um mentiroso compulsivo, além de revelar enorme capacidade para fazer inimigos. Quando uma vez viajou para Londres (1897), a imprensa de Nova York aproveitou para se vingar e noticiou sua morte com generosos necrológios. Twain reagiu com telegrama célebre, garantindo que *a notícia de minha morte é um pouco exagerada.*

Ou no *Desassossego*:

> Um amigo meu que se suicidou — cada vez que tenho uma conversa um pouco longa suicido um amigo — tinha tencionado dedicar toda a sua vida a destruir os verbos.

Ou em "Coisas estilísticas que aconteceram a um gomil [jarro] cinzelado, que se dizia ter sido batido no céu, em tempos da velha fábula, por um deus amoroso" (sem data):

> Pegue-se num corno, chame-lhe prosa, e ter-se-á o estilo do Sr. Manuel de Souza Filho. Esta léria do gomil é impossível de gramar. Uma pieguice córnea, um amorudismo em espiral, uma artificialidade vesga. Deixe-se disso, Souza Pinto. Torne à crônica, homem; escreva como deve e pode e deixe os romances aos romancistas. É a tradução para explicado e extenso do comentário arre! que pus a lápis na última página do seu livro, entre a palavra FIM e o bendito desaparecer para sempre do seu estuporadíssimo gomil. Quem lhe mandou tocar rabecão? O sr. não sabe música...

Ou esse comentário que faz Álvaro de Campos, sobre texto do próprio Pessoa, publicado no número 4 da *Revista*, da Solução Editora:

A FERNANDO PESSOA
DEPOIS DE LER O SEU DRAMA ESTÁTICO
"O MARINHEIRO" EM *ORPHEU 1*

> Depois de doze minutos
> Do seu drama "O Marinheiro",
> Em que os mais ágeis e astutos
> Se sentem com sono e brutos,
> E de sentido nem cheiro,
> Diz uma das veladoras
> Com langorosa magia:

De eterno e belo há apenas o sonho. Por que estamos nós falando ainda?

> Ora isso mesmo é que eu ia
> Perguntar a essas senhoras...

Um discurso de contradições — o oximoro

Traço marcante, na sua poesia, é o uso do oximoro. Esse recurso literário, que corresponde ao uso de palavras (ou sentenças) com sentidos opostos, se vê em praticamente todos os heterônimos, em alguns casos chegando mesmo ao paradoxo — que vai além da mera oposição. Afirma uma ideia e, logo a seguir, o seu contrário. Como silogismos sequenciais, em que as verdades se revelam na oposição entre teses e antíteses. *Um Morse transmitindo o não do sim,* sugere António Tabucchi. Especialistas dão a essa prática, nele tão frequente, a designação de *oximoro pessoano.* São *Os oximoros dialéticos de Fernando Pessoa,* como no título do livro de Roman Jakobson (1896-1982). Um estilo próprio, diferente de tudo que se fazia à época. Tome-se, como exemplo, versos da "Tabacaria" em que se contrapõem:

O tudo e o nada:

— Com o Destino a conduzir a carroça de tudo pela estrada de nada.

ou

— Como não fiz propósito nenhum, talvez tudo fosse nada.

ou

— (Porque é possível fazer a realidade de tudo isso sem fazer nada disso)

O ser e o não ser:

— Que sei eu do que serei, eu que não sei o que sou?

ou

— Fiz de mim o que não soube,
E o que podia fazer de mim não o fiz.

O fora e o dentro:

— À Tabacaria do outro lado da Rua, como coisa real por fora,
E à sensação de que tudo é sonho, como coisa real por dentro.

O mais certo e o menos certo:

— Eu, que não tenho nenhuma certeza, sou mais certo ou menos certo?

O vir e o não vir:

— E o resto que venha se vier, ou tiver que vir, ou não venha.

Por vezes afirmando-se essas contraposições numa sequência, como ondas:

— Sempre uma coisa defronte da outra,
Sempre uma coisa tão inútil como a outra,

Sempre o impossível tão estúpido como o real,
Sempre o mistério do fundo tão certo como o sono de mistério
da superfície,
Sempre isto ou sempre outra coisa ou nem uma coisa nem outra.

Versos brancos

Com Walt Whitman, aprende a arte dos versos livres, sem métrica ou rima. Campos, que os usou a valer, diz terem "ritmo paragráfico"; e, criticando a poesia clássica com seus esquemas rígidos, declara: "Como se pode sentir nessas gaiolas?" Caeiro, no *Guardador,* acrescenta: "Não me importo com rimas. Raras vezes há duas rimas iguais, uma ao lado da outra." Já em nota Pessoa, ele próprio, diz que "o ritmo não é imanentemente necessário à poesia", razão pela qual "a ausência de rima representa uma libertação". Apesar disso, recomenda cautela com seu uso, que "o verso branco é um veículo de expressão extremamente monótono". O heterônimo Dr. Pancrácio, em *Carta a um jovem poeta*,[200] inclusive ensina essa arte num inglês castiço: "Pegue tinta, papel e uma pena, depois escreva, na linguagem corriqueira com a qual você fala (tecnicamente denominada de prosa), o que você pensa. O próximo passo é apanhar uma régua graduada em polegadas ou centímetros. Risque, da sua efusão em prosa, pedaços de aproximadamente quatro polegadas ou de dez centímetros; essas são as linhas da sua composição em verso nulo [*blank verse,* no original]. Caso sua linha de quatro polegadas não separe do seu esforço em prosa os fragmentos, o acréscimo de lástimas ou de Ohs e Ahs, e a introdução de uma invocação às Musas, preencherá o espaço necessário." Depois, em apontamento, explica melhor: "O verso difere da prosa não só materialmente, mas mentalmente. Se não diferisse, não haveria nem uma coisa nem outra, ou haveria só uma que fosse uma espécie de mistura de ambas. A diferença exterior entre a prosa e o verso é o ritmo.

---

[200] Quase o mesmo título (*Cartas a um jovem poeta*) do livro póstumo de Rainer Maria Rilke (1875-1926), reunindo sua correspondência de 1903 a 1908. Apesar da influência de Rilke em Pessoa, com seu *Os cadernos de Malte Laurrids Brigge* inspirando (segundo se tem) o *Livro do desassossego*, trata-se aqui só de coincidência. Que o livro de Rilke, morto em 1926, foi publicado pela primeira vez na Alemanha em 1929 (e na Inglaterra só em 1934). Enquanto Dr. Pancrácio, heterônimo criado nos tempos de Durban, foi abandonado por Pessoa em torno de 1905. Razão pela qual, mesmo sem data, o texto jamais terá sido escrito por Pessoa tanto tempo depois. Só para lembrar, o peruano Mário Vargas Llosa, Prêmio Nobel de Literatura em 2010, escreveu *Cartas a um jovem escritor* (2009), em que sugere deva ser um romance a *própria vida se manifestando através de personagens, cenários e acontecimentos que são a realidade encarnada, a vida lida.*

Há ritmo na prosa, e há ritmo no verso, porém o ritmo na prosa não é essencial, é acessório — uma vantagem, mas não uma necessidade."

Fingir como estética

O fingimento conforma, nele, uma dimensão estética. "Sou essencialmente poeta dramático. Como poeta, sinto. Como poeta dramático, sinto despregando-me de mim. Como dramático (sem poeta), transmudo automaticamente o que sinto para uma expressão alheia ao que senti, construindo na emoção uma pessoa inexistente que a sentisse verdadeiramente, e por isso sentisse, em derivação, outras emoções que eu, puramente eu, me esqueci de sentir." "O ponto central da minha personalidade, como artista, é que sou um poeta dramático; tenho continuamente, em tudo quanto escrevo, a exaltação íntima do poeta e a despersonalização do dramaturgo." Em outro escrito, distinguindo o personagem do seu criador, diz: "Isso é sentido na *pessoa de outro*; é escrito *dramaticamente*, mas é sincero Lear, que não é Shakespeare, mas uma criação dele."[201] Álvaro de Campos pede a José Pacheco, em carta (17/10/1922) supostamente escrita em Newcastle on Tyne: "Diga ao Fernando Pessoa que não tenho razão." Em outra carta, a João Gaspar Simões (11/12/1931), está que "o estudo a meu respeito [do próprio Gaspar Simões, depois incluído em *Mistério da poesia*] peca só por se basear, como verdadeiros, em dados que são falsos por eu, artisticamente, não saber senão mentir", que "brincar com as ideias e com os sentimentos pareceu-me sempre o destino supremamente belo".

Mas o fingimento reflete nele, também, um traço psicológico: "Que esta qualidade no escritor seja uma forma da histeria, ou da chamada dissociação da personalidade, o autor destes livros nem o contesta, nem o apoia." Em abril de 1906, por exemplo, escreve o ensaio *Against the death penalty* (Contra a pena de morte); e logo depois, em sentido contrário, *Defense of the death penalty* (Defesa da pena de morte). Quase reproduzindo o uru-

---

[201] Trata-se do personagem central de *Rei Lear* (1606), em que o velho rei doa seus domínios às três filhas e logo cai em desgraça, abandonado. No *Desassossego*, está: "Se eu tivesse escrito o *Rei Lear*, levaria com remorsos toda a minha vida depois." Mas nem sempre Shakespeare criava mesmo seus personagens. Assim se deu, por exemplo, com Otelo — que reproduz *O capitão mouro*, de Giovanni Battista Giraldi (Cinthio); ou *Romeu e Julieta* — inspirado sobretudo em duas versões (entre muitas, vindas desde a Grécia) contemporâneas: *La hadriana*, de Luigi Groto, até nos nomes dos personagens Romeu e Julieta; e *Trágica história de Romeu e Julieta*, de Artur Brooke — que copiou Pierre de Boisteau (de Lunay), que copiou Bandello, que copiou Luigi da Porto.

guaio Isidoro Ducasse (1846-1870), Conde de Lautréamont (seu nome literário), que, em uma curta vida de 24 anos, escreveu só dois livros. Primeiro *Cantos de Maldoror* (com edição paga pelo pai), expressando uma visão trágica da realidade; e em seguida *Poesias,* trocando o pessimismo de antes por visões redentoras. Segundo Michel Foucault, para bem compreender a história temos de agrupar o que existiu (o ser), com aquilo que não existiu (o não ser) mas poderia ter existido. Gilberto Freyre, não distante disso, ensinava que o método *científico* por ele usado não buscava *explicar* o Brasil mas *compreender* o Brasil. São sentimentos próximos aos de Pessoa — para quem "interpretar é não saber explicar", revelando uma dualidade estética que percorre boa parte de sua obra.

> Tenho uma pena que escreve
> Aquilo que eu sempre sinta.
> Se é mentira, escreve leve.
> Se é verdade, não tem tinta.
>
> "Quadras ao gosto popular", Fernando Pessoa

No *Desassossego* ("Educação sentimental"), discorre sobre métodos que o sonhador deve seguir para "encarnar a dor numa determinada figura". Um deles seria "criar um outro Eu que seja o encarregado de sofrer em nós, de sofrer o que sofremos. Criar depois um sadismo interior, masoquista todo, que goze o seu sofrimento como se de outrem"; pois "o emprego excessivo da inteligência, o abuso da sinceridade, o exemplo da justiça, são qualidades que não permitem nenhuma ilusão de felicidade". Para ele, "a sinceridade é o grande obstáculo que o artista tem a vencer. Só uma longa disciplina, uma aprendizagem de não sentir senão literariamente as coisas, pode levar o espírito a esta culminância". "Se estivesse escrevendo a você, teria que lhe jurar que esta carta é sincera", diz a Sá-Carneiro (14/3/1916). Resumindo, com Caeiro, "procuro dizer o que sinto, sem pensar em que o sinto"; não por acaso vindo a ser "mestre Caeiro", para Pessoa, "o único poeta inteiramente sincero do mundo".

> Não digas nada!
> Não, nem a verdade!
> Há tanta suavidade
> Em nada se dizer
> E tudo se entender —

Tudo metade
De sentir e de ver...
Não digas nada!
Deixa esquecer.

Sem título (23/8/1934), Fernando Pessoa

Em artigo para a revista *Sudoeste*, divaga sobre o tema: "O poeta superior diz o que efetivamente sente. O poeta médio diz o que julga que decide sentir. O poeta inferior diz o que julga que deve sentir", e "nada disso tem a ver com sinceridade. Em primeiro lugar, ninguém sabe o que verdadeiramente sente. É possível sentirmos alívio com a morte de alguém querido e julgar que estamos sentindo pena, porque é isso que se deve sentir nessas ocasiões". Em discurso ambíguo, reconhece que "a maioria da gente sente convencionalmente, embora com maior sinceridade humana, o que não sente com qualquer espécie ou grau de sinceridade intelectual, e essa é que importa ao poeta". Concluindo, "custa tanto ser sincero quando se é inteligente. É como ser honesto quando se é ambicioso". Esse processo nele, com o tempo, vai ganhando corpo. "Exprimir-se é dizer o que não se sente." Bom exemplo é célebre poema (sem título) do *Cancioneiro* que começa com o verso "Ela canta, pobre ceifeira", a que Pessoa no fim da vida se refere como "o da ceifeira" — para diferenciar de outro que escreveu em 1932, com título "Ceifeira". Nesse derradeiro poema da fase paulista *ceifeira* seria, para os estudiosos de Pessoa, a própria imagem da morte; que, assim se vê nos versos da primeira estrofe, "Canta, e ceifa, e a sua voz, cheia/ De alegre e anônima viuvez". O que ganha força quando se considerem os versos finais, todos com pontos de exclamação:[202]

... A ciência

Pesa tanto e a vida é tão breve!
Entrai por mim dentro! Tornai
Minha alma a vossa sombra leve!
Depois, levando-me, passai!

Sem título (1914), Fernando Pessoa

---

[202] Não só ele gostava desses pontos de exclamação. O poeta português Alexandre O'Neil os louva, em um dos seus *Poemas gráficos*; Tom Wolfe escreveu mais de mil em *A fogueira das vaidades*; o poeta João Cabral de Melo Neto disse que "todo mundo aceita que ao homem / cabe pontuar a própria vida: / que viva em ponto de exclamação"; e a rainha Vitória, coitados de seus contemporâneos, salpicava pontos de exclamação em todas as frases!

Fingir como sentimento

Uma outra dimensão do fingir, nele, faz parte de seu jeito de ser. Está impregnada na alma. "O sentimento, que em outros se introduz na vontade como a mão na luva ou a mão nos copos da espada, foi sempre em mim uma outra maneira de pensar." "Tenho a sensibilidade tão à flor da imaginação que quase choro com isto, e sou outra vez a criança feliz que nunca fui." É como se uma necessidade biológica respondesse pelas incertezas em tudo quanto diz respeito à sua vida. No trabalho, dividido entre a compreensão das leis econômicas (como se vê em seus textos na *Revista de Comércio e Contabilidade*) e uma incapacidade absoluta de lhes dar sequência; como nas relações afetivas, em que sempre se manteve como alguém à parte; tudo revelando que, no íntimo, sente uma "ânsia insaciável e inúmera de ser sempre o mesmo e outro". Em maio de 1930, resume: "Viver é ser outro. Nem sentir é possível se hoje se sente como ontem se sentiu: sentir hoje o mesmo que ontem não é sentir. É lembrar hoje o que se sentiu ontem, ser hoje o cadáver do que ontem foi a vida perdida." Assim, "procuro dizer o que sinto sem pensar em que o sinto" e "simplesmente sinto com a imaginação. Não uso o coração". Isso diz mesmo em poemas, como este:

Tenho tanto sentimento
Que é frequente persuadir-me
De que sou sentimental,
Mas reconheço, ao medir-me,
Que tudo isso é pensamento,
Que não senti afinal.

Temos, todos que vivemos,
Uma vida que é vivida
E outra vida que é pensada,
E a única vida que temos
É essa que é dividida
Entre a verdadeira e a errada.

Qual porém é verdadeira
E qual errada ninguém
Nos saberá explicar;
E vivemos de maneira
Que a vida que a gente tem
É a que tem que pensar.

Sem título (18/9/1933), Fernando Pessoa

"Em mim todas as afeições se passam à superfície, mas sinceramente tenho sido ator sempre, e a valer." Nessa dimensão, "o sonho substitui tudo. Posso entrar em batalhas sem risco de ter medo ou de ser ferido. Posso raciocinar, sem que tenha em vista chegar a uma verdade. Posso amar sem me recusarem ou me traírem, ou me aborrecerem. Posso mudar de amada e ela será sempre a mesma. Em sonho posso viver as maiores angústias, as maiores torturas, as maiores vitórias". Esse fingimento contamina sua própria existência. Passeando em calçada na praia de Cascais, por exemplo, vê as casas da rua e se sente "vivendo todas as vidas das criaturas que ali estão. Sou o pai, a mãe, os filhos, os primos, a criada, o primo da criada, ao mesmo tempo e tudo junto, pela arte especial que tenho de viver ao mesmo tempo as vidas de várias criaturas". "Talvez porque eu pense demais ou sonhe demais, o certo é que não distingo entre a realidade que existe e o sonho, que é a realidade que não existe." Mas o preço por essa dualidade consciente lhe sai alto. "Para criar, destruí-me; tanto me exteriorizei dentro de mim, que dentro de mim não existo senão exteriormente. Sou a cena viva onde passam vários atores representando várias peças." Foi sempre assim. "Quando falo com sinceridade, não sei com que sinceridade falo." Em síntese, e como diz em um dos prefácios que começou a escrever para suas obras: "Finjo? Não finjo? Se quisesse fingir, para que escreveria isto?"

> Sim, já sei...
> Há uma lei
> Que manda que no sentir
> Haja um seguir
> Uma certa estrada
> Que leva a nada.
> (...)
> Vou no caminho
> Que é meu vizinho
> Porque não sou
> Quem aqui estou.
>
> Sem título (11/10/1934), Fernando Pessoa

Autopsicografia

O mais conhecido exemplo dessa arte de fingir, tão sua, está no poema "Autopsicografia" — escrito em 1º de abril de 1931 e com original guardado, na Arca, em maço indicado pelo título *Itinerário*. Ao amigo João Gaspar

Simões logo manda cópia e dois dias depois rabisca, num papel velho, "é por ser mais poeta que gente que sou louco?". Foi publicado no número 36 da revista *Presença,* em novembro de 1932. Irene Ramalho Santos constata ser *o poema de Pessoa mais citado e analisado* e observa que, *ao contrário da grande maioria dos poemas de qualquer heterônimo, não é escrito na primeira pessoa do singular.* A ideia não é original. Em 700 a.C. já o grego Arquíloco (712-664 a.C.), criador dos versos âmbicos (com duas sílabas, uma curta, outra longa), escrevera *seco de inspiração mas não de sentimento;* enquanto o militar e sacerdote espanhol (Pedro) Calderón de La Barca (1600-1681), no seu *La vida es sueño y los sueños sueños son* (1635), disse: *O poeta que em grã dor não teve sorte/ Chora fingindo, e toca-nos tão fundo.* A dualidade, neste caso, começa no próprio título, que psicografia é descrição psicológica de uma pessoa e também escrito sugerido por um espírito desencarnado.

O poeta é um fingidor.[203]
Finge tão completamente
Que chega a fingir que é dor
A dor que deveras sente.

E os que leem o que escreve,
Na dor lida sentem bem,
Não as duas que ele teve,[204]
Mas só a que eles não têm.

E assim nas calhas de roda[205]
Gira, a entreter a razão,[206]
Esse comboio de corda
Que se chama o coração.

"Autopsicografia", Fernando Pessoa

---

[203] Há mesmo um jogo de palavras, nesse primeiro verso, com a palavra *fingidor* sugerindo que o poeta *finge uma dor.* Em *O ano da morte de Ricardo Reis,* Saramago imagina Ricardo Reis, de volta a Lisboa, perguntando a Pessoa: *Você disse que o poeta é um fingidor?* Pessoa responde: *Eu o confesso, são adivinhações que nos saem pela boca sem que saibamos que caminho andamos para lá chegar.*

[204] Uma pensada, outra sentida — diferentes das que eles (os leitores) têm. Como dizia, numa anotação. "A dor que o poeta realmente sente é a dor só da sua poesia." Depois de morto, em 10 de abril de 1939 foi publicado poema seu (sem título) em que está: *É ampla a dor que me dói/ Duas dores eu possuí.*

[205] A expressão *calhas de roda* abandona seu sentido corrente, de condutos para escoar água, passando a significar *trilhos* sobre os quais segue o "comboio" do seu coração. Os carris.

[206] Segundo Jean Lauand, na língua árabe, coração é *qalb* — que vem de *qalaba* (girar). Valendo ainda lembrar que, para o Corão, *os corações devem ser girados (tataqallab).* O verso, por isso, respeita a tradição muçulmana segundo a qual Deus é um *girador de corações (muqallibu al-qulub).*

São muitas as interpretações para esses versos. Na maioria, considerando que fingir a qualidade de uma dor que deveras se sente, é aquilo que se atinge quando o fingimento é mais completo — assim o tem Manuel Gusmão. Ou sugerindo que não se trata de simular, mas de sublimar, que o leitor não sabe nada acerca do sentimento do poeta — segundo August Willemsen. Ou indicando o reconhecimento da dor como base imprescindível da criação poética, incorporando esse fingimento ao seu próprio estilo — palavras de Gaspar Simões. Sendo um "fingidor", o poeta não finge, em verdade, a dor que não sentiu, mas, sim, a dor de que teve experiência direta. A dor real ficou na carne, não chegou à poesia. A dor que a poesia exprime é exatamente a que os leitores não têm. Simões abandona o caráter instável do autor para se fixar na própria dimensão estética de sua arte. A quem leia o poema com essa percepção, bom lembrar advertência do próprio Pessoa: "A essência da ironia consiste em não se poder descobrir o segundo sentido do texto por nenhuma palavra dele, deduzindo-se parecer, dito segundo sentido, do fato de ser impossível dever o texto dizer aquilo que diz." Segui a trilha. E comecei por notar não haver, no poema, uma única linha de interpretação. Júlio Pomar, por exemplo, sugere que fingidor é um termo técnico que designa o pintor especialista em "trompe-l'oeil". Mas a hipótese é demasiadamente rebuscada. Para mim, tenho que a explicação talvez seja outra. E bem mais simples.

O problema desse aparente equívoco, que já se pode pressentir de sua simples leitura, está na primeira estrofe. Posto que, se o poeta finge uma dor, é porque não a sente "deveras"; ou, em sentido contrário, se a sente mesmo, de verdade, então é que (ao menos) nesse momento não finge. Pouco importando se, no começo fingida, tenha mesmo a dor se convertido fisicamente em real; porque, a partir do momento em que passa a ser real, em que é fisicamente sentida, então deixa de ser fingida. Sendo impossível à frágil condição humana fingir e ao mesmo tempo não fingir uma única e mesma dor.[207] A explicação estaria, portanto, não nos sentidos ou sentimentos do poeta, mas no fato de que, com enorme frequência, ele escreve em códigos. Brincando com o preciso ou impreciso sentido das palavras. Tantas vezes, pelo puro deleite de usá-las como ferramentas que dançam em suas mãos. Ou por operar um estágio superior da língua, como se estivesse acima dela. Construindo modelos que só inteligências superiores (como a dele, no íntimo pensa) poderiam compreender plenamente. Por isso diz: "Eu nunca dou explicações que se possam prever; se assim fosse, valer-me-ia a pena dá-las?"

---

[207] Marcelo Navarro, em *Especulações em torno do poeta*, resume: *O poeta é um fingidor/ de fachada/ Finge tão completamente a dor/ que não sente nada.*

Palavra central, no poema, é o verbo fingir; que teria nele, diferentemente do seu significado hoje corrente, o sentido de exprimir. Com ou sem sinceridade. Ou talvez ainda mais propriamente, e retomando seu significado arcaico, o de construir. Cleonice Berardinelli, Mário Sacramento e Richard Zenith assim também consideram. Fingir vem do latim fingere, equivalente a modelar em barro, esculpir, formar, construir. Com este sentido está, inclusive, no provérbio Humus de qua finguntur pocula (Terra de que se fazem os venenos). Ou na expressão areia de fingir — aquela de jazida, branca, que se usa para fazer argamassa. Areia de construir, portanto. E, bem visto, que seria o fingimento senão a construção de uma nova realidade? Sem contar que, segundo o próprio Pessoa, "a única arte verdadeira é a da construção". Cumprindo-se no caso, então, seu roteiro para "os três princípios da arte", que são: "1) o da sensação, 2) o da sugestão, 3) o da construção". Essa construção define como "a organicidade de um poema, aquilo que nos dá, ao lê-lo, a impressão de que ele é um todo vivo, um todo composto de partes, e não simplesmente partes compondo um todo". Por se formar a "construtividade poética" de um "impulso heroico", um "impulso religioso" e um "impulso construtivo puro".

O professor António de Abreu Freire, da Universidade de Lisboa (CLEPUL), me completou essa explicação. É que, a partir de fins do século XIX e até os anos (19)40, tivemos o apogeu da belle époque por toda a Europa. Com casas decoradas no estilo art nouveau. Em Lisboa também. As paredes das salas eram pintadas a mão, reproduzindo cenas de natureza ou caça. E tetos ornados com arabescos em gesso. Por fora, as fachadas tinham decoração elaborada com imitações de esculturas em pedra. Sem que se pudesse usar gesso, dada sua fragilidade ante as intempéries do tempo. Para isso, usava-se uma argamassa feita com cimento e aquela areia finamente crivada (de fingir), à qual se misturava cal em pó. Essas fachadas em pedra eram trabalhadas com instrumentos conhecidos como colheres (ou colherinhas) de fingir, algumas com apenas cinco a sete centímetros de comprimento – ainda hoje encontradas no mercado. Os artistas que se especializaram nesse tipo de ornamentos, já então habituados a restaurar altares barrocos de madeira (usando mistura de serrim de madeira e cola), em Portugal vinham basicamente do Norte (Porto, Gondomar, Rio Tinto, Fafe). E acabaram conhecidos como fingidores. Assim foi por algum tempo; que, dado o custo de manter tanto luxo, ditos adereços foram aos poucos desaparecendo. Como também esses profissionais. E a memória dos habitantes que os deixaram de ver nas ruas, também. Só que Pessoa, com absoluta certeza, os conhecia bem. E por isso terá usado essa metáfora – a de ser, o poeta, só um fingidor. Como aqueles artesões.

Colheres de fingir.

Casa decorada por fingidores.

Em carta a Francisco Costa (10/8/1925), resume: "A arte é expressão de um pensamento através de uma emoção. Pouco importa que sintamos o que exprimimos; basta que, tendo-o pensado, saibamos fingir [aqui, usada a palavra em seu significado corrente] sem tê-lo sentido." Algo mesmo natural em quem proclama que "toda sinceridade é uma intolerância" e se diverte inventando "novos tipos de fingir". Por ser "uma criatura de sentimentos vários e fictícios", já não lhe bastam as tristezas do mundo. Ou estas não têm a delicadeza, a generosidade ou a amplidão pelas quais seu incandescente coração anseia. O poeta, se assim for mesmo, nada finge (no sentido corrente da expressão), apenas constrói as dores que depois sente deveras. Julgue o leitor qual a versão correta para o poema: aceitando a sofisticada interpretação dos literatos; adivinhando o jogo de palavras do poeta; ou *fingindo* a sua. Em qualquer caso, nessa escolha, devendo ter sempre em conta advertência do próprio Pessoa:

> Dizem que finjo ou minto
> Tudo que escrevo. Não.
> Eu simplesmente sinto
> Com a imaginação.
> Não uso o coração.
>
> Tudo o que sonho ou passo,
> O que me falha ou finda,
> É como que um terraço
> Sobre outra coisa ainda.
> Essa coisa é que é linda.[208]
>
> Por isso escrevo em meio
> Do que não está ao pé,
> Livre do meu enleio,[209]
> Sério do que não é.
> Sentir? Sinta quem lê! [210]
>
> "Isto", Fernando Pessoa

---

[208] Carlos Drummond de Andrade, mais tarde, escreveu versos bem parecidos: *Mas as coisas findas/ Muito mais que lindas/ Essas ficarão*. Não por acaso, provavelmente. O poema em que estão esses versos, "Memória", é de 1951 (bem depois do de Pessoa, que é de 1933); e vem logo em seguida ao "Sonetilho do falso Fernando Pessoa" (aqui transcrito adiante), do mesmo livro *Claro enigma*, que se encerra com a palavra *isto* — título desse poema de Pessoa. Tudo sugerindo que Drummond já então conhecia, e bem, sua obra.

[209] Tudo que prende.

[210] Esse último verso, para Manuel Gusmão, se inspira em Valéry (1871-1945), segundo quem *um poeta não tem por função sentir o estado poético, que seria um assunto privado. Ele tem por função criar no interior* [chez] *dos outros* (no seu *Poésie et pensée abstraite*).

A arte de fingir

"Queria compreender tudo, saber tudo, realizar tudo, gozar tudo, sofrer tudo, sim, sofrer tudo. Mas nada disso faço, nada, nada. A minha vida é um sonho imenso. Deixem-me chorar", assim diz em seu diário (30/10/1908). Essa mesma ideia está em dois autores que são referências de Pessoa: Allan Poe (1809-1849), que em numerosíssimas passagens de sua obra sugere ser o mundo dos sonhos bem melhor que o real; e Baudelaire,[211] que tem em Poe seu maior ídolo literário. "Entre alma e alma há um abismo." Mais amplamente, "a [própria] alma humana é um abismo". Aos poucos, vão então nascendo companheiros de viagem a quem transfere a tarefa de fingir, sonhar ou viver por ele. "Sou como um quarto com inúmeros espelhos fantásticos que torcem para reflexões falsas uma única anterior realidade que não está em nenhuma e está em todas." "Requintador que sou de requintes falsos", vai se completando aos poucos "através da inteligência, da abdicação da vida, da análise e da própria dor". Por isso "multipliquei-me para me sentir", porque "cada um de nós é vários". Em resumo, "a minha arte é ser eu. Eu sou muitos". Está pronto para viver outras vidas, as de seus heterônimos — assim se convencionou dizer. E, por meio deles, escolhe dar "ao inatingível um pedestal eterno" — para ser, afinal, "dentro de mim, coroado Imperador".

> Dizem?
> Esquecem.
> Não dizem?
> Disseram.
>
> Fazem?
> Fatal.
> Não fazem?
> Igual.
>
> Por que
> Esperar?
> — Tudo é
> Sonhar.
>
> Sem título (1926),[212] Fernando Pessoa

---

[211] Baudelaire (1821-1867), em "Os olhos dos pobres" (do livro *Pequenos poemas em prosa*), chega a dizer: *Tínhamos jurado um ao outro que todos os nossos/ Pensamentos nos seriam comuns, e nossas duas almas,/ Daquele dia em diante, não seriam mais do que uma só:/ Sonho que, além de tudo, nada tem de original, a não ser/ Que, sonhado por todos os homens, ainda não foi realizado/ Por nenhum.*

[212] O poema nasceu numa viagem de bonde, como confessou ao poeta Carlos Queiroz: "Durante o trajeto, na plataforma, *aconteceu-me* esta poesia. Quer ouvir?"

Una dies aperit, conficit una dies
(Um só dia começa a vida, um dia a fecha. Ansônio)

Origem dos heterônimos

"Não tenho para onde fugir, a não ser que fuja de mim."
Livro do desassossego ("Grandes trechos"), Bernardo Soares

O dia mais importante

Oito de março de 1914. Foi "o dia triunfal de minha vida" — diz Pessoa, em 13 de janeiro de 1935, na famosa carta ao "prezado camarada" Adolfo Casais Monteiro. Escrita "neste papel de cópia" que "acabou o decente, é domingo, e não posso arranjar outro". A essa carta logo se seguiram duas outras, em complemento. Uma no dia seguinte, 14 de janeiro, lembrando que "o parágrafo sobre ocultismo, na página 7, não pode ser reproduzido". Outra no dia 20, em que se confessa "dramaturgo" e diz que "a minha carta anterior... conduz naturalmente a essa definição. Sendo assim não evoluo, VIAJO (por um lapso na tecla das maiúsculas saiu-me, sem que eu o quisesse, essa palavra em letra grande. Está certo, e assim deixo ficar)". Essa carta responde a uma pergunta, feita pelo amigo, sobre a origem de seus heterônimos. E a escolha do destinatário, para o relato, não resultou acidental; que Casais Monteiro, à época exilado em São Paulo, como ele, execrava Salazar — tanto que chegou mesmo a censurá-lo por ter aceito a premiação de *Mensagem*. Seu livro *Confusão*, evidenciando a intensidade da relação entre os dois, foi dedicado a *Fernando Pessoa, com a maior admiração por quem é o único isolado e superior a todos na poesia portuguesa do nosso tempo*. Mas esse dia de quase primavera nunca existiu. Em rascunho de carta (bem próximo à definitiva), que ficou na Arca, se vê que essa data *oficial* inicialmente seria 13 de março de 1914; trocada mais tarde porque, precisamente em 8 de março, ocorreu uma rara conjugação de planetas — segundo constatação do astrólogo Nuno Michaelis, em atenção a consulta de Nuno Hipólito. Mesma conclusão a que chegou o astrólogo Paulo Cardoso. Tudo teria se passado na casa da tia Anica, onde à época (1914) então morava (resumo):

Lembrei-me de um dia fazer uma partida ao Sá-Carneiro — de inventar um poeta bucólico, de espécie complicada, e apresentar-lho, já não me lembro como, em qualquer espécie de realidade... Num dia em que finalmente desistira... acerquei-me de uma cômoda alta,[213] e, tomando um papel, comecei a escrever. Escrevi trinta e tantos poemas a fio, numa espécie de êxtase cuja natureza não conseguirei definir. Foi o dia triunfal da minha vida, e nunca poderei ter outro assim. Abri com um título, "O guardador de rebanhos"... Escritos que foram esses trinta e tantos poemas, imediatamente peguei noutro papel e escrevi, a fio, também, os seis poemas que constituem a "Chuva oblíqua", de Fernando Pessoa ele só. Criei então uma coterie inexistente. Parece que tudo se passou independentemente de mim.

Essa referência a "Chuva oblíqua" contribui para compreender a farsa. É que o primeiro destinatário do poema, segundo consta em relação de *projetos*, seria Caeiro. Depois seu autor foi mudando. Em nota sem data está "Bernardo Soares, Rua dos Douradores. Experiências de Ultra-Sensação: *Chuva oblíqua*." Mas o estilo é de Álvaro de Campos, e deveria ter sido por ele assinado. Em carta a Côrtes-Rodrigues (4/10/1914), inclusive fala no projeto de uma *Antologia do Intersecionismo*, em que estariam "seis poesias de Álvaro de Campos" — entre elas, "Chuva oblíqua". Por fim, bem após dito suposto "dia mais importante", pela derradeira vez é trocado seu autor e o poema é firmado, em *Orpheu 2*, pelo próprio Pessoa.

Ilumina-se a igreja por dentro da chuva deste dia,
E cada vela que se acende é mais chuva a bater na vidraça...

Alegra-me ouvir a chuva porque ela é o templo estar aceso
E as vidraças da igreja vistas de fora são o som da chuva ouvido por dentro...

"Chuva oblíqua", Fernando Pessoa

Também não deve ter escrito, em uma noite apenas, esses poemas todos. Certamente não os "trinta e tantos", como diz. Nos manuscritos de *O guardador de rebanhos*, apenas dois são dessa data — os de números I e II. Dez foram anteriores e o vigésimo quinto é já de 13 de março. Nos rascunhos há, mesmo, datas não coincidentes. Quando os passou a limpo, fez pri-

---

[213] É que Pessoa escrevia quase sempre de pé. No diário (22/3/1906), anota: "Fiquei de pé até às 2h30 com essa maldita coisa" — uma dissertação sobre Alceste, Philinte e Célimène (personagens do *Misantropo*, de Molière), para seu curso de diplomacia. Assim se dava também com outros escritores, como Goethe ou Hemingway, que um dia disse: *Escrever e viajar, se não alargam os seus horizontes, alargam o tamanho de sua bunda*; após o que explicou, *é por isso que gosto de escrever em pé*.

meiro constar uma data geral, "1911-1912"; e outra posterior, com tinta diferente, "de maio a março de 1914" — sem que se compreenda a inversão na sequência dos meses. Ivo Castro, um dos organizadores dos papéis da Arca, observa terem sido usados, para escrever o poema, cinco canetas e dois lápis, *com variações na letra (cada instrumento tem a sua letra, com numerosas variantes)*, além de muitas correções, tudo em uma letra igual e desenhada, incompatível com a escrita veloz que teria na excitação provocada pela inspiração — mais parecendo cópias, feitas em momento de calma. E tudo em papel almaço riscado, desses caros que se compram em livrarias — bem diferente dos apanhados nos escritórios, que usualmente ficavam sobre aquela escrivaninha. Embora, uma vez prontos, tenha Pessoa dado data de antes, são consensualmente, quase todos, tidos como escritos entre 1915 e 1919. Ou mesmo depois. Assim também ocorre com muitos outros poemas de Caeiro. Explicando-se a mágica das falsas datas por ter sido Caeiro declarado *morto*, por Pessoa, em fins desse 1915 — razão pela qual nada poderia ter assinado após esse ano. Voltando à data, o íntimo Sá-Carneiro, em carta de 15 de junho de 1914, diz ter *saudades do nosso Alberto Caeiro,* como se falasse de uma criação bem anterior. Apesar disso (e em respeito ao poeta) deixemos estar, como queria, 8 de março de 1914.

A ideia de criar um "dia mais importante" lhe veio, talvez, do "Kubla Khan" de (Samuel Taylor) Coleridge (1772-1834), para Pessoa um "dos poemas mais extraordinários da literatura inglesa — maior, salvo a grega, de todas as literaturas". Esse poema de 1816, inspirado no "Livro das Maravilhas" de Marco Polo, louva Sangdu (Xanadu), capital mongol de Kublai Khan (neto de Gengis Khan), onde tudo era *leite e mel;* um livro rabiscado aos pedaços e sob efeito do ópio — tanto que seu título completo é *Kublai Khan ou a visão de um sonho (um fragmento).* Pessoa escreve sobre ele em "O homem de Porlock" — publicado no número 2 da revista *Fradique*, em 1934. Antes, portanto, da carta em que anunciaria seu "dia". Nesse conto se vê que Coleridge teve um sonho extraordinário, do qual logo despertou. Começou então a escrever sobre ele, compulsivamente, em palavras que surgiam naturalmente no seu espírito. Até quando lhe foi anunciada a presença de um *homem de Porlock* — aldeia próxima à casa onde morava. Essa visita se arrastou por uma hora. Depois, retomando a escrita, verificou Coleridge que esquecera quase tudo com o que sonhara, vindo-lhe à lembrança só os 24 versos finais do poema. A ideia de textos que brotavam no poeta inglês, assim, terá sido apropriada pelo poeta português — em um processo de *inspiração* que se repetiria com enorme frequência, por toda sua obra. Já a origem daquela "partida a Sá-Carneiro", referida na carta a Casais Monteiro, remonta a fins de 1913; por ter o amigo, nos originais de *Dispersão*, escrito versos como *Perdi-me dentro de mim/ Porque eu era labirinto*. Mais tarde, no conto "Eu-próprio, o outro" (do livro *Céu em fogo*), um personagem de Sá-Carneiro, pensando no *outro* que carrega em si, ainda pergunta: *Serei uma nação? Ter-me-ia volvido em país?* E no famoso poema 7 (datado de fevereiro de 1914), escreve:

> Eu não sou eu nem o outro
> Sou qualquer coisa de intermédio
> Pilar da ponte do tédio
> Que vai de mim para o outro.

Pessoa responde a Sá-Carneiro com a multidão de seus heterônimos, e entre eles passa a conviver caoticamente. "O autor destas linhas não pensou nunca, nem sentiu, senão dramaticamente, isto é, numa pessoa, a personalidade, suposta, que mais propriamente do que ele próprio pudessem ter esses sentimentos." Talvez por conta da mediunidade que o fazia escrever por espíritos, confessa: "Chego a pensar que o meu corpo está habitado pela alma de algum poeta morto." Estando ou não, "a cada personalidade mais demorada, que o autor destes livros conseguiu viver dentro de si, ele deu uma índole, e fez dessa personalidade um autor, com um livro, ou livros, com as ideias, as emoções". É que "sou a cena vazia, onde vários atores representam várias peças" e "o meu mundo imaginário foi sempre o único mundo verdadeiro para mim. Nunca tive amores tão reais, tão cheios de verve, de sangue e de vida como os que tive com figuras que eu próprio criei"; sem contar os "amigos de sonho, com quem tenho tido tantas conversas, em cafés imaginários". Aos poucos, vão nascendo esses *amigos,* assim quis o destino. "Não sei, bem entendido, se realmente não existiram, ou se sou eu que não existo. Nessas coisas, como em todas, não devemos ser dogmáticos." É todos eles. E paga um preço alto por ser tantos. Talvez porque "escrever é esquecer, ignorar a vida".

No fundo, e a ideia é recorrente entre estudiosos, toda sua obra é a busca de uma identidade perdida. *Metáforas paternas*, sugere Márcia Maria Rosa Vieira. "Há autores que escrevem dramas e novelas; e nesses dramas e nessas novelas atribuem sentimentos e ideias às figuras que os povoam. Aqui a substância é a mesma, embora a forma seja diversa. Quanto em mim haja de humano, eu o dividi entre os autores vários de cuja obra tenho sido o executor." "Não são pensamentos meus, mas pensamentos que passam através de mim. Não me sinto inspirado, deliro"; e nesses personagens, de alguma maneira, acabou por viver sua própria vida. "A minha mania de criar um mundo falso acompanha-me, ainda, e só na minha morte me abandonará." Inspirado nele, Carlos Drummond de Andrade escreveu um "Sonetilho do falso Fernando Pessoa", em que diz:

> Onde nasci, morri.
> Onde morri, existo.
> E das peles que visto
> Muitas há que não vi.
>
> Sem mim como sem ti
> Posso durar. Desisto
> De tudo quanto é misto
> E que odiei ou senti.
>
> Nem Fausto nem Mefisto,
> À deusa que se ri
> Deste nosso oaristo,[214]
>
> Eis-me a dizer: assisto
> Além, nenhum, aqui,
> Mas não sou eu, nem isto.

Escrever por heterônimos

A prática de escrever usando nomes falsos, como se fosse um outro, é usualmente atribuída ao filósofo e poeta Sören Kierkegaard (1813-1855), pai do existencialismo e escritor da *era dourada* dinamarquesa da primeira metade do século XIX. Para Albert Camus, seria o *Dom Juan do conhecimento*. Kierkegaard usou sete heterônimos — segundo ele *pseudônimos, possibilidades criadas pela imaginação*. Tudo começou em 1843, quando publicou em Copenhague *Ou isto... ou aquilo* — mais conhecido como *A alternativa, um fragmento de vida*. O manuscrito, supostamente encontrado nas gavetas de um móvel de segunda mão, é assinado por Victor Eremita — o único desses heterônimos a merecer biografia. Ainda em 1843, nascem mais dois *indivíduos*: Constantin Constantinius (autor de *A repetição*) e Johannes de Silentio (autor de *Temor e tremor*). Um ano mais, Johannes Climacus (autor de

---

[214] Conversa íntima.

Migalhas filosóficas), Nicolaus Notabene (autor de *Prefácio)* e Virgilius Hafniensis (autor de *O conceito da angústia*). Em 1845, o sétimo e último, Hilarius Bogbinder (autor de *Estádios no caminho da vida*). No ano seguinte, novamente voltou Johannes Climacus a escrever um *Post scriptum às migalhas filosóficas*; tudo sugerindo, nessa repetição de heterônimo, já não mais considerar necessário escrever por outros — tanto que, nos últimos dez anos de vida, abandonou completamente suas criaturas. Importante em Kierkegaard é que escrevia como se fosse cada um deles — e, nisso, resultou original. Algo mesmo natural a quem, no seu *A doença mortal*[215] (assinado como anti-Climacus), diz que *Aquele que cria a obra dá à luz seu próprio pai*; ou *O eu é uma síntese do finito que delimita o infinito que ilimita*. Pessoa, depois, como que reproduziria esse caminho; sentindo-se com autoridade até para ditar regras sobre o uso de heterônimos:

> É essencial que sejam nomes portugueses.[216] No caso de se empregarem pseudônimos, fazê-lo segundo um sistema, dando a cada pseudopersonalidade um certo número de atribuições constantes; isto, simplesmente, para não destruir a estética da pseudonímia, e, se os pseudônimos forem nomes portugueses, com aparência de nomes reais, para manter o caráter dramático que essa obra impõe, o entredestaque das diversas "pessoas".
>
> Carta a Francisco Fernandes Lopes (26/4/1919), Fernando Pessoa

Trata-se de ideia recorrente entre escritores. (John) Keats (1795-1821) distingue *identidade poética de identidade civil*. Para ele, *um poeta é a coisa menos poética da existência*, porque *ele não tem identidade*. Edgar Allan Poe (1809-1849) afirma que *todo pensamento, para ser breve, é sentido por cada um como uma afronta pessoal à própria pessoa*. Para Walt Whitman (1819-1892), *dentro do homem há multidões*. Em (Friedrich) Nietzsche (1844-1900) *um homem só, só com as suas ideias, passa por louco*; e *meu coração... força-me a falar como se eu fosse dois*. (Jean Nicolas Arthur) Rimbaud (1854-1891) dizia *eu é um outro*. E (Jean) Cocteau (1889-1963), que *Victor Hugo era um louco que acreditava ser Victor Hugo* — o mesmo Hugo que, para Pessoa, era "um grande poeta... Mas menor do que pensava". (Gustave) Flaubert (1821-1880) disse: *Madame Bovary sou eu*. Segundo (Charles) Baudelaire (1821-1867), *o artista só é artista com a condição de ser duplo*; e

---

[215] Essa *doença até a morte*, que seria a tradução literal do título do livro, é o desespero, irmão gêmeo do desassossego.

[216] Curioso é que em numerosos heterônimos, como veremos a seguir, tenha desprezado essa regra.

quem não sabe povoar a sua solidão também não sabe estar só em meio a uma multidão atarefada. O poeta goza do incomparável privilégio de ser, à sua vontade, ele mesmo e outrem. Como as almas errantes que procuram corpo, ele entra, quando lhe apraz, na personalidade de cada um. Valendo lembrar sua sentença, tantas vezes lembrada por Albert Camus (1913-1960): *O direito de nos contradizermos foi esquecido na enumeração dos direitos do homem.* Resumindo, com Vergílio Ferreira (1916-1996), *a coerência total é a das pedras e talvez dos imbecis.* Mas o hábito de escrever por outros nomes, embora longe da dimensão que lhe deu Kierkegaard, vem de antes dele.

Aqui seguem alguns exemplos de autores que lhe são próximos no tempo, e ainda assim anteriores. (François) Rabelais (1494-1553) em alguns livros se assinou como Alcofribas Nasier — um anagrama do próprio nome. Jean-Baptiste Poquelin (1622-1673) era Molière. François-Marie Arouet (1694-1778), Voltaire. O poeta inglês Thomas Chatterton (1752-1770) escreveu parte de suas poesias como se fosse Thomas Rowley, um monge do século 15; e um de seus livros, *The poetical works of Thomas Chatterton,* estava na estante de Pessoa — Chatterton suicidou-se, tomando veneno, antes de fazer 18 anos. (Manoel Maria Barbosa du) Bocage (1765-1805) se assinava Lídio ou Elmano Sadino — Elmano é anagrama de Manoel, seu primeiro nome. Philip Friedrich Von Hardenberg (1772-1801) era Novalis. Henry Marie Beyle (1783-1842), Stendhal. George Gordon (1788-1842) era Lord Byron, que por sua vez era Childe Harold. Amandine-Aurore Lugile Dupin (1804-1876), baronesa de Dudevant, era George Sand. As irmãs Brontë criaram seres imaginários que se correspondiam entre si. Eram três: Charlotte (1816-1855), de *Le professeur, Villette* e *Jane Eyre,* publicados como se sua autora fosse Currer Bell; Anne (1820-1849), de *Agnes grey* e *O locatário de Widfell Hall,* publicados como se sua autora fosse Acton Bell; e Emily Jane (1818-1848), a mais famosa delas, de *O morro dos ventos uivantes* (em Portugal, *O monte dos vendavais*), publicado como se sua autora fosse Ellis Bell. Em todas, mantidas só as iniciais dos seus primeiros nomes. (Fiodor) Dostoievski (1821-1881) se considerava *o puro Aliocha e o mísero Smerdiakov.*[217] Jacques-Anatole François Thibault (1844-1924) era Anatole France. Walter Gorn Old (1864-1925) era Sepharial. E (Luigi) Pirandello (1867-1936), prêmio Nobel de Literatura em 1934, escreveu em 1921 *Seis personagens em busca de um autor* — todos,

---

[217] São dois dos quatro irmãos Karamazov: Ivan, um intelectual que enlouqueceu; Dmitri, um ateu passivo; mais um místico, Aliocha; e Smerdiakov, filho natural que matou o pai e depois se suicidou.

segundo suas regras, *nascidos com vida*; porque *o poeta capaz de mentir conscientemente, voluntariamente, só ele é capaz de dizer a verdade.*

O enorme poeta espanhol Antonio Machado (1875-1939) escreveu como Abel Martín e seu discípulo, Juan de Mairena; além de 15 poetas independentes reunidos em livro, *Los complementarios* — um deles, Jorge Menezes, heterônimo do heterônimo Mairena. Não obstante, nasceram os heterônimos de Machado só depois dos de seu contemporâneo Pessoa. Mas a inspiração, neles, resulta análoga. Todos, usando palavras do próprio Machado, praticando o *doce e doloroso ofício de viver*; sonhando a *solidão de coração sombrio, de barco sem naufrágio e sem estrela*; e sabendo que para o *caminhante não há caminhos, caminhos se fazem ao andar*. Martín (em *Poesía y prosa*), como se falasse por Pessoa, diz que *ninguém conseguirá ser o que é, se não conseguir pensar-se antes como é*. Charles Lutwidge Dodgson (1832-1898), famoso professor de Oxford e matemático inglês, se assinava apenas Dodgson em seus livros de ciência — como *Tratado elementar dos determinantes, Problemas do travesseiro,* ou *Euclides e seus rivais modernos*; enquanto na literatura, a partir de 1856, passou a ser Lewis Carroll. Sendo LC, iniciais desse como que pseudônimo, um anagrama imperfeito e invertido do CL de seu verdadeiro nome. LC é mais, em inglês, o próprio som do nome Alice. Também se chamando Alice (Liddell) uma jovem amiga sua que teria inspirado a heroína de *Wonderland*[218] (Alice no país das maravilhas), nascida para ser um oposto consciente de seu criador: ele é homem, ela mulher; ele velho, ela jovem; ele culto, ela ingênua; ele reverendo da Igreja Anglicana, ela *praticamente leiga*; ponto e contraponto. Como se vê no título do livro que escreveu em sequência, a personagem é o próprio autor *Through the looking glass* (Através do espelho). Dodgson, no fundo, era a própria Alice. Como Charles Dickens (1812-1870), reproduzindo o anagrama das iniciais invertidas, era David Copperfield. Mais modesto, o belga Georges Remi (1907-1983), criador do herói das histórias em quadrinhos (em Portugal, *história aos quadradinhos*) Tintin, preferiu só reproduzir o som (em francês) das iniciais invertidas (RG) do seu autor, donde Hergé.

Como curiosidade, vale anotar conto de Jorge Luis Borges (1899-1986) — que, nos romances, era também Herbert Quain. O mesmo que, em 2 de

---

[218] Pessoa talvez tenha lido esse livro, pois uma de suas anotações ("qualquer caminho leva a toda parte") quase reproduz encontro em que Alice pergunta ao *gatinho* de Cheshire: *qual o caminho para sair daqui*; respondendo o gato: *não importa aonde você vá; contanto que eu chegue a algum lugar,* acrescentou Alice como explicação.

janeiro de 1985, escreveu uma famosa carta a Pessoa em que dizia: *O sangue dos Borges de Moncorvo e dos Acevedo sem geografia podem me ajudar a te compreender*; encerrada essa carta com um pedido, *Deixa-me ser teu amigo*. Mesmo vivendo longe, no espaço e no tempo, considerava-se íntimo de Pessoa; tanto que Saramago pôs exemplar de um livro de Borges (*The God of the labyrinth*, assinado por Quain) nas mãos de Ricardo Reis em *O ano da morte de Ricardo Reis*. Nesse conto de Borges ("Ficciones"), são relatados exageros de um suposto escritor francês do século XX, Pierre Menard, que pretendia passar à história escrevendo *Dom Quixote*. Não um outro *Dom Quixote*, mas o próprio *El ingenioso hidalgo Don Quijote de la Mancha*. Sem nem precisar viver as desventuras de Miguel de Cervantes Saavedra: seco de carnes e enxuto de rosto, sua vida errante; as batalhas de que participou, como soldado da Santa Liga — entre elas a de Lepanto, em que perdeu os movimentos da mão esquerda por tiro de arcabuz; os anos em que serviu como escravo ao rei de Argel, Hassaou Pacha; os erros nas contas do azeite e dos grãos, que tantas vezes o levaram a ser preso. E foi numa prisão em Sevilha (1605) que, com 58 anos, escreveu a primeira parte daquele que será (talvez) o maior romance de todos os tempos. No mundo real, certo Alonso Fernández Avellaneda tentou tirar proveito de sua fama e publicou uma segunda parte do Quixote, indicando como autor o próprio Avellaneda; o que levou Cervantes a completar sua obra ele mesmo, em 1615, um ano antes de morrer — sem a compreensão dos contemporâneos, segundo se contava traído pela mulher e fazendo voto de pobreza ao ingressar na Ordem Terceira de São Francisco. Mas com plena consciência da grandeza de sua obra, tanto que dizia: *Só para mim nasceu Dom Quixote e eu para ele: ele para praticar ações e eu para escrevê-las. Somos um só.*

> E de repente, mais de repente[219] do que da outra
>   vez, de mais longe, de mais fundo,
> De repente — oh pavor por todas as minhas veias! —
>
> Oh frio repentino da porta para o Mistério que se
>   abriu dentro de mim e deixou entrar uma corrente de ar!
> Lembro-me de Deus...
>
> "Ode marítima", Álvaro de Campos

---

[219] Para brasileiros, a frase evoca o "Soneto da separação", (novamente) de Vinícius de Moraes: *De repente, não mais que de repente,/ .../ Fez-se da vida uma aventura errante.*

Heterônimos brasileiros

No Brasil, há também esse mesmo gosto pela troca de nomes; embora, por aqui, dificilmente se diria serem algo mais que pseudônimos — com exceção, talvez, de Franz Paul Tranim Heilborn, espirituoso no conviver mas histriônico ao assumir sua face de Paulo Francis. A relação tem, entre outros, Olavo (Bras Monteiro de Guimarães) Bilac (1865-1918), que nos jornais e em folhetins era Arlequim Belial, Brás Patife, O Diabo Coxo, Pierrô, Pif-Paf, Tartarin lê Songer, Fantásio, Puck, Flamínio, Otávio Vilar. Aluísio de Azevedo (1857-1913), nos jornais e em obras menores, era Semicúpio dos Lampiões, Acropólio, Victor Leal, Aliz-Alaz, Asmodeu. Mário (Raul) de (Morais) Andrade (1863-1945), na revista *Ariel*, era Florestan; e, como Mário Sobral, escreveu seu primeiro livro de poesias, *Há uma gota de sangue em cada poema* — que Manoel Bandeira achou ruim, mas *um ruim esquisito*. Carlos Drummond de Andrade (1902-1983) era Antônio Crispim; ou, nas críticas de cinema, Mickey e Félix. Alceu Amoroso Lima (1898-1983) era Tristão de Ataíde. Cândido (Torquato) Portinari (1903-1962) era Brodosquinho. Alcides Caminha (1921-1992) era Carlos Zéfiro, embora tenha passado a vida sem revelar essa identidade; dela se sabendo apenas seis meses antes de sua morte, graças ao jornalista Juca Kfouri. Patrícia Galvão (1910-1962) era Pagu. Augusto Frederico Schimidt (1906-1965) nunca se assinou assim, sendo mais conhecido como O Gordinho Sinistro. O professor de matemática do Colégio Pedro II do Rio, Júlio César de Melo e Souza (1895-1974), era (Ali lezid Izz-Edin Ibn Salim Hank) Malba Tahan, que teria nascido em Meca, na aldeia Muzalit. Assim foi durante dez anos, em segredo, até quando acabou incorporando esse heterônimo à própria carteira de identidade. Hector Julio Páride Bernabò (1911-1997) se assinava Carybé. (Alfredo de Freitas) Dias Gomes — (1922-1999), na sua primeira telenovela, era Stela Calderón. Sérgio Porto (1923-1968) era Stanislaw Ponte Preta. Bastos Tigre (1882-1957) era Dom Xicote. Um dos membros da Junta Militar de 1969 (na sequência ao AI 5), depois embaixador em Paris, entrou para a Academia Brasileira de Letras cometendo sonetos lastimáveis que assinava, a partir das iniciais de seu nome, como Adelita — A de Aurélio, De de dê mesmo, Li de Lira e Ta de Tavares (1905-1998). E João do Rio (1881-1921) era do Rio, simplesmente, porque se cansou de dizer tantos sobrenomes —João Paulo Emílio Cristóvão dos Santos Coelho Barreto.

Milton Fernandes (1923), em *O Cruzeiro*, foi Notlim (o contrário do nome, claro), Adão Júnior (em que falava o diabo das Evas brasileiras), Patrícia Queiroz (só para fazer raiva a Raquel) e Emanuel Vão Gogo (mistura de Emanuel, como Kant; Vão, de inútil; e Gogo, doença de galinha — tudo reunido, mistura de filósofo alemão com o pintor holandês Vincent Van Gogh), nome com que escrevia duas páginas semanais de humor, O *Pif Paf*. Depois descobriu erro na certidão de nascimento — dando-se que o escrevente do Registro Civil transformou o tracinho do tê num perfeito acento circunflexo da letra o, e o ene em um erre; passando então aquele Milton a se assinar com o nome que efetivamente constava dessa certidão — Millôr Fernandes. O mesmo que é também conhecido com o nome que usava no *Pasquim*, Volksmillor, *de mãe para filha desde 1940*. A um gênio tudo se consente. Sem falar na música. Alfredo da Rocha Viana Filho (1897-1973) era Pixinguinha. José Barbosa da Silva (1888-1930) era Sinhô. João de Rubinato (1910-1982) era Adoniram Barbosa. Jorge Ben (ou Benjor, 1942) nasceu Jorge Dúbio Lima Menezes. Tantos mais.

Heterônimos portugueses

O ato de escrever como se fosse outro é recorrente na literatura portuguesa daquele tempo; segundo Jorge de Sena, *culminando uma tendência heteronímica que vinha a manifestar-se nas literaturas europeias desde o Romantismo (e que já surgiu no desejo de mistificação realista da ficção do século 18, quando as obras eram apresentadas pelo modelo picaresco do século 17, como escritas pelos heróis e narradores)*. Verdade que escrever por outros, em alguns casos, era só artifício para se refugiar da realidade. Ou escapar da censura, exercendo aquilo que (Baltasar) Gracián y Morales (1601-1658) chamava de *Arte da prudência*.[220] Em qualquer dos casos nem de longe, com a dimensão que lhe deu Pessoa. Nesse contexto, perde assim qualquer sentido falar em *sinceridade* do autor. A ironia dessa prática é que alguns, como Pessoa, acabaram sendo mais *autênticos* nas palavras desses heterônimos que em suas próprias; chegando mesmo a confessar, como em carta a Côrtes-Rodrigues (2/9/1914), "creio que estou sendo sincero". "Sim, eu devo estar a ser sincero."

---

[220] Não lhe valendo seus próprios conselhos; visto que esse jesuíta, escritor do *Siglo de Oro* espanhol, por falta de prudência nas suas palavras morreu exilado em Tarazona, província de Saragoça.

Sobretudo a partir do século 19, é grande em Portugal o número de escritores que escrevem por pseudônimos, em alguma medida contribuindo para que Pessoa passasse a falar por heterônimos. Antes dele temos o padre Francisco José Freire, principal teorizador da Arcádia Lusitana, que se assinava Cândido Lusitano. Caldas Barbosa era Lereno Selinuntino. Francisco Manuel do Nascimento, depois exilado em Paris por conta da Inquisição, era Filinto Elísio — nome que lhe foi dado pela Marquesa de Alorna. Cesário Verde era Cláudio ou Margarida. Joaquim Pereira Teixeira de Vasconcelos era Teixeira de Pascoaes. Eça de Queiróz, Antero de Quental e Batalha Reis foram mais longe, inventando um poeta satânico que criticava a sociedade do seu tempo, batizado como Carlos Fradique Mendes — um como que heterônimo usado, indistintamente, pelos três; depois quatro, que também dele se serviu Ramalho Ortigão; e mesmo cinco, a eles se juntando mais recentemente José Eduardo Agualusa (em *Nação crioula*). Segundo Jorge de Lemos, desse Fradique teria mesmo Álvaro de Campos herdado algumas características. Camilo Castelo Branco usou 41 pseudônimos, entre eles Voz da Verdade. Alexandre Herculano, Um Moribundo e mais sete. (Abílio Manuel) Guerra Junqueiro, seis, entre eles *Gil Vaz Comendador* — usado, em conjunto, com Guilherme de Azevedo e Manuel Mendes Pinheiro. Com (João Baptista da Silva Leitão de) Almeida Garrett, tido como iniciador da modernidade literária em Portugal, foram nove. E também nove com Antero de Quental. Tomás António Gonzaga foi Critilo e Dirceu — *Dirceu de Marília*, claro, que por esse nome chamava sua amada, Maria Doroteia Joaquina de Seixas Brandão. Depois esqueceu essa Marília e casou com preta de rico dote, no degredo, mas essa é outra história.

Essa prática também se dava no próprio grupo dos companheiros de Pessoa. Mário de Sá-Carneiro era Petrus Ivanovitch Zagoriansky (a quem atribui seu *Além*), Esfinge Gorda ou Sircoanera — um anagrama do próprio sobrenome. António Ferro era Cardial Diabo. Luiz da Silva Ramos era Luiz de Montalvor. Alfredo (Pedro) Guisado era Alfredo Abril. João da Lobeira era Filomeno Dias (nos poemas que publicava no jornal *República*); e, ainda, Albino de Menezes, Pedro Menezes ou só Menezes — como em *Elogio da paisagem* e *Xente da aldeia*. Amadeu da Souza Cardoso era José Pacheco. (Armando Cesar) Côrtes-Rodrigues, Um Anônimo Engenheiro Doente e Violante de Cysneiros. Francisco Alberto Alves de Azevedo, nos poemas que escreveu em francês, era Jean de L'Orme. O autor teatral Francisco Valério, *Valério de Rajanto*. A atriz Ester Leão, por pressão da família (o pai, primeiro governador civil de Lisboa após a República, não aceitava sua profissão), passou a ser Ester Durval. A mesma que deixou na terrinha uma legião de apaixonados (entre eles Santa-Rita Pintor) ao vir depois viver no Rio de Janeiro — onde foi professora de deputados, ministros e presidentes da República —, aqui voltando a usar seu nome verdadeiro. Francisco Mendes de Brito era José Galeno — de *Lira da cidade,* dedicado *Ao moço Fernando Pessoa-o-irmão-futurado-futurista-no-futuro.*

Guilherme de Santa-Rita era Santa-Rita Pintor. Raul (de Oliveira de Souza) Leal era Henock, um profeta bíblico antepassado de Noé.[221] José Rebelo era Rebelo de Bettencourt. Alberto de Hutra era Teles Machado. José Pereira Sampaio era Sampaio Bruno; o mesmo que, nas cartas destinadas a Pessoa, se dizia *tão velho e tão fatigado, concluso de enfermidades físicas e morais, e de desgostos deprimentes.* Luís Pedro Moitinho de Almeida era Fernando Trigueiro. Mário Paes da Cunha e Sá era Mário Saa; mas, por vezes, apenas se assinava *Mário, o Ímpio.* Assim está inclusive numa dedicatória de 1915, em seu *A invasão dos judeus,* consagrado à *admirável coragem* de Pessoa. Júlio Maria dos Reis Pereira, pintor e poeta, era Saul Dias — com esse nome firmando dedicatória de um livro, *Tanto,* a *Fernando Pessoa, Álvaro de Campos, Alberto Caeiro e Ricardo Reis.* Um irmão dele, José Maria dos Reis Pereira, era José Régio — dramaturgo, ficcionista e poeta que publicou, entre outros, *Poemas de Deus e do Diabo.* Em livro que dedica a Pessoa, confessa a *admiração que todos lhe devemos*; e encerra seu conhecido (e censurado, por Salazar) *Cântico negro,* como que se referindo àquele que considerava seu mestre, dizendo: *Não sei por onde vou/ Não sei para onde vou/ Sei que não vou por aí!* Mais recentemente, Augustina Bessa-Luis, que escreveu seus dois primeiros romances como Maria Ordoñes.

Escrever assim, por vezes, angustiava Pessoa. "Refleti sobre o caso de um homem que se imortaliza sob pseudônimo, sendo o seu verdadeiro nome oculto e desconhecido. Ao pensar nisso, um tal homem não se consideraria realmente imortal, mas sim que o verdadeiro imortal era um desconhecido. E contudo o que é o nome?,[222] pensará ele; absolutamente nada. O que é então eu, para mim mesmo, a imortalidade na arte, na poe-

---

[221] Em artigo publicado na revista *Presença* (nº 48, 1936), Leal confessa ter pensado em escrever *uma carta testamento a Fernando Pessoa, o meu maior amigo, companheiro de infortúnio e glória,* que deveria terminar dizendo: *Talvez Deus queira que, do Astral, o Profeta Henoch comande o mundo!...*

[222] A frase fez lembrar *Romeu e Julieta,* de Shakespeare (ato II, cena III): *Que há num simples nome? O que chamamos rosa, com outro nome, não teria igual perfume?*

sia, seja no que for?" Mais simplesmente, "a origem mental dos meus heterônimos está na minha tendência orgânica para a despersonalização e para a simulação". Segundo Richard Zenith, a *autofragmentação e despessoalização não foi um fenômeno voluntário; foi um destino que aceitou*. Para Eduardo Lourenço, em opinião próxima, não é o homem Pessoa que é *múltiplo* ou *plural*, mas sua inspiração. Segundo ele, não são Caeiro, Reis e Campos que criam seus poemas; são os poemas que obrigam à criação deles — reproduzindo imagem de Casais Monteiro, segundo quem Pessoa *inventou as biografias para as obras, e não as obras para as biografias*.

> Vivem em nós inúmeros;
> Se penso ou sinto, ignoro
> Quem é que pensa ou sente.
> Sou somente o lugar
> Onde se sente ou pensa.
>
> Tenho mais almas que uma.
> Há mais eus do que eu mesmo...
>
> "Odes" (13/11/1935), Ricardo Reis

Amicitias immortales esse oportet

(As amizades devem ser imortais. Tito Livio)

Os heterônimos

> *"Tudo quanto penso,*
> *Tudo quanto sou*
> *É um deserto imenso*
> *Onde nem eu estou."*
>
> Sem título (18/3/1935), Fernando Pessoa

Preparação dos heterônimos

A arte de escrever por heterônimos atinge, com Pessoa, novos limites. "Umas figuras insiro em contos, ou em subtítulos de livros, e assino com o meu nome o que elas dizem; outras projeto e não assino senão com o dizer que as fiz. Os tipos de figuras distinguem-se do seguinte modo: nas que destaco em absoluto, o mesmo estilo me é alheio, e se a figura pede, contrário, até, ao meu; nas figuras que subscrevo não há diferença do meu estilo próprio, senão nos pormenores inevitáveis, sem os quais elas se não distinguiriam entre si." Philéas Lebesque, um estrangeiro, talvez tenha sido o primeiro a notar isso (segundo Nuno Júdice), em artigo no *Mercure de France* (jan.-fev., 1913), assim se referindo a Pessoa: *Ele tem as suas ideias, os seus sentimentos, os seus modos de expressão bem distintos*. As identidades desses heterônimos vão então aparecendo. "Há momentos em que o faço repentinamente, com uma perfeição de que pasmo; e pasmo sem modéstia, porque, não crendo em nenhum fragmento de liberdade humana, pasmo do que se passa em mim, como pasmaria do que se passasse em outros — em estranhos." Porque, segundo ele, "a obra pseudônima é do autor em sua pessoa, salvo no nome que assina; a heterônima é do autor fora da sua pessoa, é de uma individualidade completa fabricada por ele, como seriam os dizeres de qualquer personagem". Pessoa, enfim, é um "autor humano" à espera dos seus "outros eus".

Os três heterônimos principais

Heterônimos são pessoas imaginárias a quem se atribui uma obra literária, com autonomia de estilo em relação ao autor ou a quem se delega uma tarefa específica. Mais amplamente, cada heterônimo (bem mais que simples pseudônimo) sente e pensa diferentemente do autor. E escreve com estilo próprio. Como se fosse um outro. São muitíssimas as definições, entre estudiosos de Pessoa; e, não obstante diversas entre si, ordinariamente circunscritas a isso (ou pouco mais). Com este preciso sentido, são apenas Alberto Caeiro, Ricardo Reis e Álvaro de Campos. *Não mais que sonhos*, para Eduardo Lourenço, *embora ter sonhado esses sonhos não liberte Pessoa de sua solidão*. "Meu Deus, Meu Deus, a quem assisto? Quantos sou? Quem é eu?" É ele e mais os três, número perfeito da unidade. O prof. dr. Luís Felipe B. Teixeira explica a importância desse número, para místicos como Pessoa, citando o axioma de Maria, A Profetisa: *O Um torna-se Dois, o Dois torna-se Três, e do terceiro nasce o Um como Quatro*. Esse quarto personagem seria ele próprio. Para Teixeira, a *arquitetura heteronímica, enquanto processo esotérico, deverá ser entendida como... abstração e evolução da consciência*. "Ponto de reunião de uma pequena humanidade só minha." Sendo Pessoa astrólogo, a explicação deve ser buscada também nessa outra dimensão. Seguindo Paulo Cardoso, a *astrologia lhe permitirá descrever tanto a vida como a personalidade e o aspecto físico de cada um dos heterônimos. A pirâmide exprime simbolicamente a ponte entre os quatro elementos fundamentais — os quatro lados do quadro da base, a unidade*. Assim, *através de complexos cálculos astrológicos, Fernando Pessoa estabelece o local, a hora e o dia de nascimento de cada um de seus heterônimos: Ricardo Reis, Alberto Caeiro e Álvaro de Campos. E se a estes horóscopos juntarmos o do próprio poeta e observarmos então os signos ascendentes destes mapas astrais, verificamos que Fernando Pessoa pertence ao elemento Água, Alberto Caeiro ao elemento Fogo, Ricardo Reis ao elemento Ar, Álvaro de Campos ao elemento Terra*.

> Uns agem sobre os homens como a terra, soterrando-os e abolindo-os, e esses são os mandantes do mundo. Uns agem sobre os homens, como o ar, escondendo-os uns dos outros, e esses são os mandantes do além-mundo. Uns agem sobre os homens como a água, que os converte em sua mesma substância, e esses são os ideólogos e os filósofos. Uns agem sobre os homens como o fogo, que queima neles todo o acidental, e os deixa nus e reais, e esses são os libertadores.
>
> "Prefácio às Ficções do interlúdio", Fernando Pessoa

O heterônimo Thomas Crosse distingue: "Caeiro tem uma disciplina: as coisas devem ser sentidas tal como são. Ricardo Reis tem outro tipo de disciplina: as coisas devem ser sentidas não só como são, mas também de modo a enquadrar-se num certo ideal de medida e regra clássicas. Em Álvaro de Campos, as coisas devem simplesmente ser sentidas." A destinação desses elementos está para além do simples acaso. "Não há que buscar em quaisquer deles [heterônimos] ideias ou sentimentos meus, pois muitos exprimem ideias que não aceito, sentimentos que nunca tive. Há simplesmente que os ler como estão, que é aliás como se deve ler." "Em qualquer deles pus um profundo conceito de vida, divino em todos três, mas em todos gravemente atento à importância misteriosa de existir." Na carta a Casais Monteiro (13/1/1935), sobre a origem desses heterônimos, explica diferenças no escrever: "Caeiro por pura e inesperada inspiração, sem saber ou sequer calcular que iria escrever. Ricardo Reis, depois de uma deliberação abstrata, que subitamente se concretiza numa ode. Campos, quando sinto um súbito impulso para escrever e não sei o quê." Em texto solto, diz Pessoa que "as obras destes três poetas formam, como se disse, um conjunto dramático; e está devidamente estudada a entreação intelectual das personalidades, assim como as suas próprias relações pessoais. Tudo isto constará de biografias a fazer, acompanhadas, quando se publiquem, de horóscopos e, talvez, de fotografias. Drama em gente, em vez de em atos". Em um esquema rápido, assim podem ser definidas as características desses heterônimos principais, em relação às do próprio Pessoa.

Características	CAEIRO	REIS	CAMPOS	PESSOA
Natural de	Lisboa (ou próximo de Lisboa)	Porto	Tavira	Lisboa
Região em que vivem	Centro (Ribatejo)	Norte (Porto)	Sul (Algarve)	Centro (Lisboa)
Dia de nascimento	16/4	19/9	15/10	13/6
Ano de nascimento	1889	1887	1890	1888
Signo	Áries	Virgem	Balança	Gêmeos

Características	CAEIRO	REIS	CAMPOS	PESSOA
O fim	Novembro de 1915	Sai de cena se exilando no Brasil	Pessoa não lhe dá fim	30/11/1935
Altura	Estatura média	Pouco mais baixo que Caeiro	1,75 metro	1,73 metro
Pele	Branco, tez pálida	Moreno	Entre branco e moreno	Branco
Cabelos	Louros	Castanhos	Pretos, lisos	Castanhos
Olhos	Azuis	Sem cor definida (com óculos)	Sem cor definida (sem óculos)	Castanhos (com óculos)
Profissão	Vive de pequenas rendas	Médico	Engenheiro naval	Correspondente comercial
Religião	Pagão	Judeu português	Pagão	Ateu
Formação	Instrução primária	Colégio jesuíta	Educação de liceu	Curso superior (diplomacia) incompleto
Estilo	Poeta primitivo	Poeta clássico	Poeta sensacionista	Muitos (todos)
Tema preferido	A Natureza	O Desencanto	A Solidão	O Homem
Principal poema	"O guardador de rebanhos"	"Odes"	"Tabacaria"	Os de "Mensagem"

A arte de ser muitos

Mas, afinal, quem será mesmo Pessoa? Num diálogo entre Marino e seu mestre Vicenzo, está: "Quem sou eu? Perguntas bem, mas não sei responder." Essa pergunta vai fazendo, pela vida, por si próprio: "Sabes quem sou? Eu não sei. Eu não sei o que sou." E também por seus heterônimos. Como Caeiro: "Nasço, vivo, morro por um destino em que não mando. Então, quem sou eu?" Como Reis: "Quem sou e quem fui são sonhos diferentes." Como Campos: "Que sei eu do que serei, eu que não sei o que sou?"

Como Search: "*Who am I?*" Como Soares: "Não sei quem sou ou o que sou." O mesmo Soares que, no *Livro do desassossego*, ainda pergunta "quantos sou?"; e depois responde: "Eu sou muitos." Mas "entre muitos sou um, isolado, como a sepultura entre flores". Jorge de Sena declara, ao falar dos heterônimos de Pessoa, que *quem nunca existiu foi aquele cidadão pacífico, dado à astrologia... que se reparte entre um trabalho que lhe desse para não fazer nada, o convívio de alguns amigos, o da família, e o da sua solidão — e que seria um louco, se os loucos não fossem todos os outros.* Resumindo, "o universo não é meu. Sou eu". Aqui, sem dúvida, seu maior mistério. Milhares de livros foram já escritos tratando dessas diferenças — os que seriam propriamente heterônimos, os que não, tudo com complexas interpretações. Mas, talvez, esse não seja um problema real. Kierkegaard, ao fim da vida, renunciou a todos os heterônimos para escrever como ele próprio. Pessoa fez quase o mesmo, em 1935, ao decidir publicar as obras dos heterônimos como suas. Apenas lhe faltou tempo.

Álvaro de Campos por exemplo, se verá logo a seguir, tem biografia com referências que estão todas à volta do Fernando Pessoa em carne e osso. Nasce em terra do avô paterno; no dia do aniversário de Virgílio e Nietzsche; é pouco mais jovem que Pessoa e tem a mesma profissão de um genro de tia Anica; perdidos pai e mãe, vive ao lado de duas tias-avós, como o próprio Pessoa; viaja à cidade onde Eça de Queiroz era cônsul; refere fatos do quotidiano de seu criador, como ter encontrado uma Bíblia no hotel, em viagem a Portalegre; "Opiário" reproduz outra viagem feita em parte por Pessoa, em parte por Rimbaud; o próprio sobrenome vem de um conhecido que tinha um nariz igual ao de Pessoa; e escreve como o homossexual que Pessoa nunca teve coragem de ser. Mas só até quando Fernando conhece Ophelia; que, a partir daí, adota a identidade e o próprio estilo de Pessoa. Não por acaso a obra mais importante de Campos, "Tabacaria", nem de longe lembra o autor dos primeiros tempos. Que já não era Campos escrevendo. Assim fosse, e nunca diria que seria feliz casando com a filha da lavadeira; em troca, feliz seria caso tivesse ao lado algum rapazote. O que fica então de original?, no heterônimo. Segundo penso, quase nada. Só pequenas diferenças de estilo, sem maior relevo. Vale, portanto, em qualquer caso, a obra. Tendo importância periférica se assinada por ele ou por outro. "Arre, acabemos com as distinções, as sutilezas, o interstício, o entre." Melhor então é escapar desse problema, mesmo ciente das limitações da escolha, para tratá-los a todos como *heterônimos*.[223] Até porque *heterônimo* (outro nome), *semi-heterô-nimo, pseudônimo, ortônimo* (nome civil declarado pelo próprio autor), *autônimo* (nome verdadeiro), *alônimo* (nome de outra pessoa) e *anônimo* vêm da mesma raiz grega *ónmos* (o nome).

Em *Tábua Bibliográfica* publicada na revista *Presença* (nº 17, 1928), diz: "O que Fernando Pessoa escreve pertence a duas categorias de obras, a que poderemos chamar ortônimas e heterônimas... Se estas três individuali-dades [Caeiro, Reis e Campos] são mais ou menos reais que o próprio Fernando Pessoa — é problema metafísico, que este, ausente do segredo dos Deuses, nunca poderá resolver." Heterônimos em um primeiro sentido, "encruzilhada do meu vasto ser", podem ser reduzidos apenas a Caeiro, Reis e Campos, já vimos. Alexander Search é um como que gêmeo idêntico do seu criador. Bernardo Soares, *semi-heterônimo*, seria "mutilação" de sua própria personalidade. Pessoa, ele próprio, um *ortônimo* — e tem seu nome aqui incluído entre os heterônimos por ser assim generalizadamente consi-derado, entre estudiosos. Esses serão, a seguir, mais bem estudados. Outros se destacam, em relação aos demais, como António Mora, Barão de Teive, Raphael Baldaia. Thomas Crosse é só "personalidade literária". Com alguns desses heterônimos convive, companheiros de viagem que são. Outros dei-xam textos ou assinam brincadeiras em pequenos poemas. "Alguns passam dificuldades, outros têm uma vida boêmia, pitoresca e humilde. Há outros que são caixeiros-viajantes. Outros moram em aldeias e vilas lá para as fronteiras de um Portugal dentro de mim; vêm à cidade, onde por acaso os encontro e reconheço, abrindo-lhes os braços, numa atração." Só quatro deles, por exemplo, se *encontram fisicamente* com Pessoa: Álvaro de Cam-pos, Alexander Search, Vicente Guedes e Abílio Quaresma. Assim, a me-lhor atitude para resumir o fenômeno é recomendação de Bréchon: *Renun-ciemos pois a explicar a heteronímia, ou seja, a procurar-lhe os porquês e para quês, a dar-lhe a volta... E o contrário de não ser nada nem ninguém não é ser alguém... é ser vários, muitos, toda a gente.* Afinal, "quando sonho isto, passeando no meu quarto, falando alto, gesticulando... quando sonho isto, e me visiono encontrando-os todos, eu me alegro, me realizo, me pulo, brilham-me os olhos, abro os braços e tenho uma felicidade enorme, real".

---

[223] Adriano da Guerra Andrade fez parecido, também optando por um conceito genérico — listando mais de 5 mil nomes em seu *Dicionário de pseudônimos e iniciais de escritores portugueses*, editado com o prestígio da Biblioteca Nacional de Lisboa.

Sou um evadido.
Logo que nasci
Fecharam-me em mim,
Ah, mas eu fugi.
(...)
Ser um é cadeia,
Ser eu é não ser.
Viverei fugindo
Mas vivo a valer.

Sem título (5/4/1931), Fernando Pessoa

Heterônimos e afins

Foram tantos. Campos até diz "Pessoa são", em vez de Pessoa é. "De alguns já não me lembro — os que jazem perdidos no passado remoto da minha infância quase esquecida." Assim se dá porque "arranjei, e propaguei, vários amigos que nunca existiram, mas que ainda hoje, a perto de trinta anos de distância, ouço, sinto, vejo". Sem contar "outros que já me esqueceram, e cujo esquecimento, como a imperfeita lembrança daqueles, é uma das grandes saudades da minha vida". A relação que se segue tem, como referência, nomes que consegui listar em anos de pesquisa; servindo-me com especial gosto, entre muitos outros, dos admiráveis trabalhos de Cleonice Berardinelli, Michaël Stoker, Richard Zenith, Teresa Rita Lopes, Teresa Sobral Cunha e Victor Eleutério. Sendo certo que nenhuma relação como essa poderá ser considerada completa durante ainda bastante tempo, dado que continuam os estudos sobre os papéis que Pessoa deixou. Em 1925, num dos primeiros textos críticos a respeito desses heterônimos, Mateus de Prata e Julião Farnel, em *Cadastro (um tanto falso) impresso em Lisboa sem licença dos usuários do Martinho e da Brasileira,* publicaram esses versos:

O Fernandinho é Pessoa
Com tantos nomes dispostos
Que não se encontra em Lisboa
Apelidos tão diversos.

Como critério para definição dos heterônimos, serão assim considerados: a) os heterônimos propriamente ditos; b) o semi-heterônimo; c) o ortônimo; d) o quase heterônimo; e) a personalidade literária; f) todos os nomes com que assinou textos; g) personagens de sua imaginação que, mesmo sem assinar textos, exerceram papéis de alguma importância em sua vida; h) aqueles para quem chegou a definir funções específicas em sua obra — mesmo não tendo firmado textos. Em sentido contrário, deixam de ser contados: a) heterônimos de heterônimos; b) outros nomes usados por um mesmo heterônimo; c) personagens de textos — mesmo quando apontados como heterônimos por alguns especialistas; d) nomes que apenas deixou em anotações, sem assinar textos ou para os quais não definiu nenhuma função específica. Primeiro estudioso a fazer uma relação de heterônimos, segundo Teresa Rita Lopes, foi António Pina Coelho — que, em 1966, apresentou rápido levantamento com 18 nomes. Depois, o próprio Coelho apontou mais três, elevando a relação para 21. Posteriormente, em 1990, a mesma Teresa Rita Lopes apresentou relação bem mais detalhada, com 72 nomes — *curiosamente o número dos discípulos de Cristo*, segundo ela. E, mais recentemente (em 2009), o holandês Michaël Stoker chegou a 83 heterônimos. Certo que esse número, qualquer número, a depender dos critérios utilizados, poderá sempre variar. São 127 aqueles que, segundo rigorosamente os critérios indicados pelos demais especialistas, sem nada de novo, creio que podem ser considerados verdadeiros heterônimos, ou personalidades, ou máscaras, ou afins. Heterônimos em sentido amplo, então.

Fidus Achates
(O fiel Acates.[224] Virgílio)

Alberto Caeiro

"Meu mestre, meu mestre, perdido tão cedo! Revejo-o na sombra que sou em mim, na memória que conservo do que sou de morto."
"Notas para a recordação do meu mestre Caeiro", Álvaro de Campos

Quem é Caeiro?

Alberto Caeiro[225] da Silva nasce em "16 de abril[226] de 1889, à 1¾ da tarde, em Lisboa" (ou "próximo de Lisboa") — assim escreve, acrescentando à margem "Bravo!". Mesma data de horóscopo que lhe faz, escrita a hora de maneira diferente "1:45pm". E morre "em novembro" de 1915, sem indicação de um dia preciso. Antes, numa apresentação que assinou como Ricardo Reis, disse que "nasceu em Lisboa, em (...) de abril de 1889, e nessa cidade faleceu, tuberculoso, em (...) de (...) de 1915"; e, na famosa carta a Casais Monteiro (13/1/1935), ainda mais simplesmente "nasceu em 1889 e morreu em 1915". Num prefácio para suas obras, firmado pelo heterônimo Thomas Crosse (em 1916), consta "Alberto Caeiro — não é o seu nome completo, pois dois nomes aqui se suprimem[227] — nasceu em Lisboa em agosto de 1889. Morreu em Lisboa em junho do ano passado", sem se dar ao trabalho de indicar dias de nascimento e morte, nem explicar a contradição com as datas de antes. Teve dois irmãos, António Caeiro da Silva e Júlio Manuel Caeiro. Estatura média, ombros largos "embora frágeis", tez pálida e malares um pouco salientes, com cabelos de um "louro sem cor" e "um sorriso de existir mas não de nos falar", é o único heterônimo a ter cor de olhos definida — azuis, "de criança que não tem

---

[224] Na *Eneida*, assim é nomeado o mais íntimo companheiro do príncipe troiano Eneias.
[225] Trata-se de um sobrenome comum em Portugal. Como o do historiador José Caeiro (1712-1792). Ou o ponta-direita Figo, que jogava na seleção portuguesa — Luís Filipe Madeira Caeiro Figo.
[226] Talvez brincadeira (já que não gostava dele) com Anatole France, que nasceu em 16 de abril de 1844.
[227] Da Silva. A prática de construir heterônimos com vários nomes, e usualmente nomeá-los por apenas dois, reproduz o que acontecia com ele próprio, Fernando (António Nogueira) Pessoa.

medo". "O meu olhar azul como o céu é calmo como a água ao sol, é assim, azul e calmo." As mãos são delgadas, como as do próprio Pessoa, mas têm palmas grandes. No semblante, revela ter "um estranho ar grego como que vindo de dentro"; razão por que, "no seu objetivismo total, é frequentemente mais grego que os próprios gregos". Para ele, "os poetas místicos são filósofos doentes... e os filósofos são homens doidos. Duvido que grego algum escrevesse aquela frase culminante *a Natureza é partes sem um todo.*"

> A Natureza é partes sem um todo.
> Isto é talvez o tal mistério de que falam.
>
> Foi isto o que sem pensar nem parar,
> Acertei que devia ser a verdade
> Que todos andam a achar e que não acham,
> E que só eu, porque a não fui achar, achei.
>
> "O guardador de rebanhos", Alberto Caeiro

Órfão de pai e mãe, desde cedo "deixou-se ficar" "vivendo de uns pequenos rendimentos" em casa de velha tia-avó — inspirada (provavelmente) na tia materna da mãe de Pessoa, Maria Xavier Pinheiro (sua tia-avó, portanto). Essa casa é mencionada quatro vezes, em "O guardador":[228] no poema I ("no cimo dum outeiro"), no poema VII ("no cimo deste outeiro"), no poema VIII ("a meio do outeiro") e no poema XXX (novamente, "no cimo dum outeiro"). Em rascunhos, ficaram ainda outras variáveis como "quase no cimo do outeiro" ou "na encosta do outeiro".[229] A referência do poema VIII é, de todas, a mais natural, posto que o Largo de São Carlos, onde nasceu Pessoa, ficava mesmo no meio da colina onde se deita o Chiado. Essa confusão sobre a situação da morada talvez tenha nascido de ter sido publicada uma primeira versão do poema VII na revista *Athena* (1925); estando essa casa, então, no "meio do outeiro"; só depois, e definitivamente, sendo fixada "no cimo" — como se Pessoa quisesse fazer parecer, a seus leitores, que Caeiro não era ele próprio. Com instrução apenas primária, é "ignorante na vida e quase nas

---

[228] Não só nesse poema. Também está em "Inscriptions" (II), de *English Poems III*: *Da minha casa da colina muitas vezes dirigi o olhar/ Por sobre a cidade murmurante.*

[229] Bom lembrar, porque talvez daí terá vindo seu gosto por essa palavra, que uma das mais antigas e famosas construções de Angra do Heroísmo (terra da sua mãe) era o *Império do Outeiro. Império* é capela onde se expõe a coroa do Espírito Santo, no domingo de Pentecostes; e *outeiro*, uma colina.

letras". O próprio Caeiro diz: "Bendito seja eu por tudo que não sei." Talvez em razão disso tenha tido uma vida banal. "Vem o chá e o baralho velho amontoa-se regular ao canto da mesa. O guarda-louça enorme escurece a sombra. E, sem querer, ponho-me a considerar qual é o estado de espírito de quem faz paciência com cartas." Assim vive, jogando cartas com a "tia-avó", numa casinha caiada[230] de "província" em "que há campos em frente" e de onde "se pode ver o universo". Ao pé de um rio, o rio da sua aldeia.

> O Tejo é mais belo que o rio que corre pela minha aldeia,
> Mas o Tejo não é mais belo que o rio que corre pela minha aldeia
> Porque o Tejo não é o rio que corre pela minha aldeia.
>
> O Tejo tem grandes navios
> E navega nele ainda,
> Para aqueles que veem em tudo o que lá não está,
> A memória das naus.
>
> O Tejo desce de Espanha
> E o Tejo entra no mar em Portugal.
> Toda a gente sabe isso.
> Mas poucos sabem qual é o rio da minha aldeia
> E para onde ele vai
> E donde ele vem.
> E por isso, porque pertence a menos gente,
> É mais livre e maior o rio da minha aldeia.
>
> Pelo Tejo vai-se para o Mundo.
> Para além do Tejo há a América
> E a fortuna daqueles que a encontram.
> Ninguém nunca pensou no que há para além
> Do rio da minha aldeia.
>
> O rio da minha aldeia não faz pensar em nada.
> Quem está ao pé dele está só ao pé dele.
>
> "O guardador de rebanhos", Alberto Caeiro

Esse rio da aldeia de Caeiro é o Tejo, claro. Mas não o Tejo "mais belo", de toda gente, "que entra no mar em Portugal". Nascido em Lisboa, Caeiro vive quase toda a vida no Ribatejo, região central de Portugal. À beira desse mesmo Tejo que depois vai dar na Estremadura, onde está Lisboa, para

---

[230] Caieiro quer dizer *aquele que caia.*

cumprir seu destino de se entregar ao mar. Mas o rio do poema é outro, mais íntimo, aquele que Pessoa contempla da janela do seu quarto no largo de São Carlos; um rio que "pertence a menos gente", apenas a uma criança triste. Ainda hoje, da janela onde foi seu quarto, revela-se esse Tejo quase sempre espelhando o sol em um dourado brilhante; e só quem o veja assim, como ele o via, pode entender plenamente o sentido de suas palavras ao dizer que é lá "onde o céu se reflete". Desse largo "pode ver-se mais do mundo que da cidade, e por isso a aldeia é maior que a cidade". Assim seria porque, diz no poema VII de "O guardador", "Eu sou do tamanho do que vejo / E não do tamanho da minha altura...".[231]

Caeiro e o mundo

Em carta a Côrtes-Rodrigues, Pessoa explica uma brincadeira: "Como a única pessoa que podia vir a suspeitar da verdade era o [António] Ferro, combinei com o Alfredo [Pedro] Guisado que ele dissesse aqui, como que casualmente, que tinha encontrado na Galiza *um tal Caeiro que me foi apresentado como poeta.* Guisado encontrou Ferro com um amigo, caixeiro-viajante, e começou a falar no Caeiro. *Se calhar, é algum lepidópero.*[232] *Nunca ouvi falar dele.* E, de repente, soa a voz do caixeiro-viajante — *Eu já ouvi falar nesse poeta, e já li uns versos dele.* Hem? O Guisado ia ficando doente de riso reprimido." Ferro acredita. E Pessoa escreve, satisfeito: "Depois disso, assim prodigiosamente conseguido, quem perguntará se Caeiro existiu?" Uma vez nascido esse heterônimo, faltava só dar-lhe um caráter. Então, passa a dizer que "[Teixeira de] Pascoais, virado ao avesso... dá Alberto". Esse "virado ao avesso" se explica por ser Pascoais fundador do Saudosismo Português — tendência literária que exaltava a saudade, tida pelo próprio Pascoais (em *Elegia do amor*) como *traço definidor da alma*

---

[231] Referência à célebre frase *Pigmei Gigantum humeris impositi plusquam ipsi Gigantes vident*, que (segundo Roberto K. Merton) remonta a Bernard de Charles (nascimento e morte desconhecidos), chanceler da Escola da Catedral de Charles entre 1115 e 1124. A frase, segundo a qual *o anão, nas costas (ou nos ombros) de um gigante, vê mais que o gigante,* aparece depois citada por numerosos autores (segundo Merton, quase cinquenta), entre os quais Montaigne (1523-1592), Newton (1642-1727), Coleridge (1771-1834), e Freud (1856-1939). Além de Monteiro Lobato (1882-1948) na boca de Dona Benta.

[232] A palavra certa é *lepidóptero*, que designa insetos como borboletas e mariposas; usada por ele próprio (carta a Côrtes-Rodrigues de 4 de outubro de 1914), e por seu grupo, com o sentido de *irresponsável.* Mas em alguns textos, como esse, está grafada erradamente. Sem consulta às fontes, ignoro se erro de grafia ou da transcrição dos originais. Seja como for, converteu-se em lugar-comum — como os que Flaubert satirizava no seu *Dicionário das ideias feitas*; e mais tarde também Humberto Werneck, em *Dicionário de lugares-comuns e frases feitas.*

portuguesa. O contrário, pois, de um homem da natureza como aquele Caeiro nascente. Para Pessoa, mais que poeta, cumpriria o papel de ser uma referência. "Nunca tive alguém a quem pudesse chamar de Mestre", chega a dizer. Mas "aparecera em mim" aquele que "me livrou dos sonhos e farrapos, me deu mais inspiração à inspiração e mais alma à alma". "Mestre Caeiro me ensinou a ter certeza, equilíbrio, ordem no delírio e no desvairamento, e também me ensinou a não procurar ter filosofia nenhuma, mas com alma." Outras vezes o chama de "meu fantasma", e completa: "Vejo-o diante de mim, e vê-lo-ei talvez eternamente."

> Mestre, meu mestre querido!
> Coração do meu corpo intelectual e inteiro!
> (...)
> Refúgio da saudade de todos os deuses antigos,
> Espírito humano da terra materna,
> Flor acima do dilúvio da inteligência subjetiva...
> (...)
> Eu, escravo de tudo como um pó de todos os ventos,
> Ergo as mãos para ti, que estás longe, tão longe de mim!
> (...)
> Libertaste-me, mas o destino humano é ser escravo.
> Acordaste-me, mas o sentido do ser humano é dormir.
> (...)[233]

Sem título (15/4/1928), Álvaro de Campos

Os discípulos

Caeiro é o sol em cuja órbita Reis, Campos e o próprio Pessoa ainda giram, diz Octavio Paz; *e é, certamente, o duplo mais íntimo de Pessoa*, agora segundo Gilbert Durrand. Já para Eduardo Lourenço trata-se da *mais insólita e patética aventura espiritual de nossa literatura*; e sua obra, escreve o heterônimo Crosse, "tem qualquer coisa de luminoso e de alto, como o Sol sobre as nuvens dos píncaros inatingíveis". Por tudo, assim, resta natural que tenha seguidores. "Um continuador filosófico", António Mora, que "provará completamente a verdade, metafísica e prática, do paganismo". "E dois discípulos, Ricardo Reis e Álvaro de Campos", que "seguiram caminhos

---

[233] O poema deveria ter versos finais que acabaram não escritos.

diferentes; tendo o primeiro intensificado e tornado artisticamente ortodo-xo o paganismo descoberto por Caeiro, e o segundo, baseando-se em outra parte da obra de Caeiro, desenvolvido um sistema inteiramente diferente, baseado inteiramente nas sensações". São de Campos as hoje célebres "No-tas para a recordação do meu mestre Caeiro" — que, em carta a Gaspar Simões (1/12/1930), diz serem, "a meu ver, as melhores páginas do meu engenheiro". Nelas, inclusive, o compara a outros heterônimos: "O meu Mestre Caeiro não era um pagão: era o paganismo. Ricardo Reis é um pa-gão, António Mora é um pagão, eu sou um pagão, o próprio Fernando Pessoa seria um pagão, se não fosse um novelo embrulhado para o lado de dentro." Passa o tempo e, mais tarde, surge um como que discípulo tardio de Caeiro. Tudo começa com o Canto X de "O guardador":

> Que te diz o vento que passa?
> Que é vento e que passa,
> E que já passou antes,
> E que passará depois.

Esses versos inspiraram, na resistência ao ditador Salazar, uma "Trova do vento que passa" de Manuel Alegre — parte dela musicada pelo cunhado António Portugal em um fado de Coimbra (1963). A mais famosa canção de protesto que Portugal conheceu até "Grândola, vila morena" (que aca-bou por ser o hino da "Revolução dos Cravos"):

> Pergunto ao vento que passa
> Notícias do meu país
> E o vento cala a desgraça
> O vento nada me diz.
>
> Mas há sempre uma candeia
> Dentro da própria desgraça
> Há sempre alguém que semeia
> Canções no vento que passa.
>
> Mesmo na noite mais triste
> Em tempo de servidão
> Há sempre alguém que resiste
> Há sempre alguém que diz não.

O estilo de Caeiro

Caeiro é apresentado ao público em fevereiro de 1925 — quando são publicados, no número 4 de *Athena*, 23 dos 49 poemas de "O guardador de rebanhos". Depois, na mesma revista, publicaria mais 16. Pessoa prepara seu lançamento internacional com artigo em francês, a ser publicado no *Mercure de France*; e traduz, para o inglês, alguns desses poemas. Em prefácio para livro que reuniria tudo que escreveu, assinado por Thomas Crosse, está: "Não há nada menos poético, menos lírico, do que a atitude filosófica de C[aeiro]." Alexandrino Severino considera haver afinidades entre as obras de Caeiro e Samuel Taylor Coleridge,[234] para quem *a poesia é as melhores palavras dispostas na melhor ordem*. O heterônimo, com estilo próprio, tem visão crítica sobre tudo que lhe chega em mãos. "Leram-me hoje S. Francisco de Assis, leram-me e pasmei", por não aceitar que um amante da natureza chame a água de "minha irmã. Para que hei-de chamar minha irmã à água, se ela não é minha irmã?" Vai mais longe. Em artigo publicado na revista *Sudoeste* (nº 3, 1935), "Nós, os de Orpheu", ainda fala da "pieguice frusta e asiática de S. Francisco de Assis, um dos mais venenosos e traiçoeiros inimigos da mentalidade ocidental".[235] O próprio Pessoa esclarece que "Alberto Caeiro, porém, como eu o concebi, é assim; e assim tem pois ele que escrever, eu queira ou não. Negar-se o direito de fazer isso seria o mesmo que negar a Shakespeare o direito de dar expressão à alma de Lady

---

[234] Coleridge (1772-1834) é autor, com William Wordsworth (1770-1859), de *Baladas líricas*.

[235] Para entender o texto, é preciso lembrar a própria vida desse leigo que nunca celebrou missa. Nascido Giovanni di Pietro (nome do pai) di Bernardone (sobrenome do avô), dito pai Pietro era importante membro da guilda dos mercadores de tecidos de Assis. Voltando de viagem à França, e encantado com a cultura que ali presenciara, decidiu ignorar o nome dado à criança pela mãe e passou a chamá-lo apenas de *francês* (em italiano, *francese*) — Francesco (Francisco). Um filho que, por tanto gostar de enfeites próprios do gosto heráldico da época, levou sua mãe a dizer dele: *Parece mais um príncipe que nosso filho*. O mesmo Francisco, segundo Chesterton, que *tinha o horror humano à lepra e era prático demais para ser prudente*. Depois de uma visão, renunciou a todos os luxos e passou a vagar nas ruas como o mais humilde dos mendigos. O povo dizia ser ele um *poverello* (em italiano, *pobrezinho*). Mais tarde, reage contra a Cúria romana, por ter revisto quase todas as regras impostas à ordem que fundou — como a de pregar o direito a desobedecer seus superiores eclesiásticos; ou a de que, nas viagens, não levassem os irmãos bolsa, dinheiro ou cajado. Dessas regras mantendo-se apenas a proibição de usar cavalo em peregrinações. No fim, já afastado de sua ordem, e tão diferente de Pessoa, rezava sempre a mesma reza: *Quem sois vós, meu amado Deus, e quem sou eu, a não ser vosso servo?* Até que, em 3 de outubro de 1226, morre nu — nu *como Cristo*, segundo dizia. Deitado no chão em que sempre dormia (como depois Santo Antônio), em um quarto modesto da Porciúncula, no vale de Assis (Itália). O amor à natureza que tinha esse santo, afetado e de uma "pieguice frusta", seria então bem diferente do real, que Caeiro carregava na alma.

Macbeth".[236] E "Ainda que eu escrevesse outra *Ilíada*,[237] não poderia, num certo íntimo sentido, jamais igualar". Depois, completa: "Eu era como o cego de nascença,[238] em quem há porém a possibilidade de ver; e o meu conhecimento com "O guardador de rebanhos" foi a mão do cirurgião que me abriu, com os olhos, a vista. Em um momento transformou-se-me a Terra, e todo o mundo adquiriu o sentido que eu tivera instintivo em mim."

Ricardo Reis diz que "Alberto Caeiro é o maior poeta do século vinte", e sua obra representa "a reconstrução integral do paganismo na sua essência absoluta"; sugere que "Alberto Caeiro é mais pagão que o paganismo, porque é mais consciente da essência do paganismo do que qualquer outro escritor pagão"; e lamenta porque "viveu e passou obscuro e desconhecido. É esse o distintivo dos mestres". Perfeccionista em tudo, Reis não perdoa seu estilo por faltar, "nos poemas, aquilo que deveria complementá-los: a disciplina exterior e a ordem que reina no íntimo da obra... Se acho defeitos, tenho, embora os desculpe, que os apelidar de tais. *Magis amica veritas*".[239] Apesar disso, para Pessoa, "é o melhor que eu tenho feito"; e sua visão filosófica "não foi igualada por poeta nenhum". "Cheia de pensamento, ela livra-nos de toda a dor de pensar. Cheia de emoção, ela liberta-nos do peso inútil de sentir. Cheia de vida, ela põe-nos à parte do peso irremediável da vida que é forçoso que vivamos." Para ele, os poemas de Caeiro "serão os maiores que o século vinte tem produzido", "qualquer coisa de luminoso e de alto, como o sol sobre a neve dos píncaros inatingíveis". "Quando mais não pudéssemos ir buscar à obra de Caeiro, poderíamos sempre ir lá buscar a Natureza." Para compreender a força dessa ideia, no heterônimo, só em "O guardador", há 25 citações da palavra Natureza. Com maiúscula, sempre, independentemente de vir no começo ou no meio dos

---

[236] No drama *Macbeth* (1605) essa personagem complexa, que sempre impressionou Pessoa, instiga seu marido (Macbeth) a assassinar o rei Duncan, é atormentada por fantasmas e acaba se suicidando.

[237] *A Ilíada e A Odisseia foram compostas e recitadas por bardos analfabetos para ouvintes analfabetos; sendo transcritas só depois do desenvolvimento do alfabeto grego, centenas de anos mais tarde* — segundo Jared Diamond (*Armas, germes e aço*). A versão mais conhecida da Ilíada narra, em 24 cantos, um episódio da Guerra de Troia. Para Pessoa "deve haver, no mais pequeno poema de um poeta, qualquer coisa por onde se note que existiu Homero".

[238] A citação se explica porque Homero, dado como autor da *Ilíada*, era cego.

[239] Referência à sentença de Aristóteles, usualmente citada em latim, *Amicus Plato, (sed) magis amica veritas* — Platão é amigo, (mas) ainda mais amiga é a verdade. (Isaac) Newton (1642-1727) depois usou a mesma expressão, na frase substituindo Platão pelo próprio Aristóteles; e o historiador americano Henry (Edward) Guerlac (1910-1985) anotou vários escritores da Renascença que indicaram Sócrates como seu autor.

versos. "A obra de Caeiro é maior ainda porque, a par da sua originalidade profunda e reveladora, ela é uma coisa natural que encanta e livra."

> Ao entardecer, debruçado pela janela,
> E sabendo de soslaio que há campos em frente,
> Leio até me arderem os olhos
> O livro de Cesário Verde.
>
> Que pena que tenho dele! Ele era um camponês
> Que andava preso em liberdade pela cidade.[240]

"O guardador de rebanhos", Alberto Caeiro

O guardador de rebanhos

É seu maior e mais conhecido poema. A Gaspar Simões, dirá depois que jamais o poderia "igualar, porque procede de um grau e tipo de inspiração... que excede o que eu racionalmente poderia gerar dentro de mim". Profundo conhecedor de mitologia, provavelmente Pessoa terá se inspirado, para esse título, em imagem, tão comum nas lendas, de guardadores de rebanhos como Anquises, Aristeu, Áugias, Autólico, Diomedes, Fílaco, Hefesto, Héracles, Minos, Pales, Páris, Poseidon, Preto, Terambo, Teseu e tantos outros pastores. Sem esquecer o deus egípcio Íbis, presença definitiva em sua vida, que tangia rebanhos ao som de uma lira (ou flauta). Rebanhos de cordeiros, no caso, como os de Antágoras ou Psique.

> Um rebanho de ovelhas é uma coisa triste
> Porque lhe não devemos poder associar outras ideias que não sejam tristes
> E porque assim é e só porque assim é porque é verdade
> Que devemos associar ideias tristes a um rebanho de ovelhas
> Por esta razão e só por esta razão é que as ovelhas são realmente tristes.

"Para além d'outro oceano", C. Pacheco

---

[240] Em longo texto, "Cesário Verde", escrito parte em português, parte em inglês, Pessoa esclarece: "Um espírito superficial tomará como pormenor curioso da obra de Cesário o autor cantar a cidade e também o campo. O mais curioso desse pormenor é que ele é falso. Cesário não canta nem as cidades nem os campos. Canta *a vida humana nos campos e nas cidades.*" Segundo Álvaro de Campos, seria uma espécie de antepassado literário "antecipadamente degenerado" do próprio Pessoa, a partir de vidas com pontos em comum. (José Joaquim) Cesário Verde, *poeta de Lisboa* (assim era conhecido), perdeu dois irmãos com tuberculose; também frequentou o Curso Superior de Letras; e morreu com 31 anos, dois anos antes de nascer Pessoa — tendo sua obra publicada só um ano após sua morte, com título *O livro de Cesário Verde*. O mesmo Cesário (1855-1886), assim quis o destino, ao lado de quem seria enterrado Pessoa no Cemitério dos Prazeres (antes de ser transferido aos Jerônimos, 50 anos depois).

Bernardim Ribeiro, em seu poema "Pérsio e Fauno", diz: *Nas selvas junto ao mar/ Pérsio, pastor, costumava/ Seus gados apascentar*. Também Pessoa fala em outros pastores, como os "de Virgílio", que "tocavam avenas [flautas pastorais] e outras coisas". Essa evocação decorre de ter sido Publius Virgilius Maronis (70-19 a.C.), autor de *Eneida*, como Caeiro um profundo conhecedor da natureza, dos animais, do cheiro da terra. Nos textos, Virgílio, filho de um fazendeiro em Mântua, substitui o universo rural de onde vem pela imaginária Arcádia — região da Grécia habitada pelos arcades, um povo de pastores. Para os poetas, é ela a terra da inocência e da felicidade. "Mas os pastores de Virgílio, coitados, são Virgílio; e a Natureza é bela e antiga" (Canto XII de "O guardador") — aqui distinguindo os personagens de seu autor. Nos versos de Caeiro, "o rebanho é os meus pensamentos" (Canto IX). A ideia de um guardador de rebanhos assim, em poesia, não é original. Jorge de Sena lembra o inglês Sir Philip Sidney (1554-1586) — que no seu poema pastoril "Arcádia", como que se referindo a Virgílio, diz:

> My sheep are thoughts, which I both guide and serve.
> Their pasture is fair hills of fruitless Love.

> Meu gado é pensamentos, a que eu guio e sirvo.
> Seu pasto são doces montes de um Amor sem frutos.

E Jacinto do Prado Coelho sugere ter se inspirado em outro poema, sobre uma pastora (de pensamentos) inglesa, personagem de Alice Maylene (1847-1922):

> She walks — the lady of my delight
> A shepherdess of sheep
> Her flocks are thoughts.

> Ela caminha — a senhora dos meus encantos
> Uma pastora de ovelhas
> Seus rebanhos são imaginários.

Não só essas podem ter sido suas inspirações. Pessoa traduz e projeta publicar, primeiro em sua editora Olisipo (1919-1920) e depois na revista *Athena* (1924-1925, dirigida por ele próprio), contos de O. Henry (William Sydney Porter, 1862-1910) — autor que tem vida extraordinariamente semelhante à sua própria. Órfão dos pais ainda bem jovem, foi criado por tia; sofria de fraqueza pulmonar; fundou um jornalzinho em 1894 (o semanário humorístico *Rolling Stones*); e viveu em rancho onde se criavam carneiros. Em nota sem data, referindo-se a ele, Pessoa fala em um "pobre que não tinha ninguém" e "encontra Nossa Senhora na estrada vestida de pastora, que o leva pela mão para o céu". Mais provavelmente são imagens, todas essas, que acabam por se superpor. Em *The mad fiddler*, o próprio Pessoa já observara: "Ela conduz seus rebanhos além dos montes"; e pouco depois, em 1914 e 1915, escreve "Passos da cruz" (publicado pela primeira vez na revista *Centauro*, de Lisboa, em 1916) — lá se vendo imagem que Caeiro nunca usaria, de uma "tranquila pastorinha" cuidando de "seu rebanho, a saudade minha". Em "O guardador" está o pensamento de Caeiro e sua especial relação com a natureza; radicalmente diverso, no tema e no estilo, de tudo que se escreve nessa época em Portugal.

A morte de Caeiro

"Só os últimos meses [de Caeiro] foram de novo passados em sua cidade natal, Lisboa." Lá morre de tuberculose — como António Nobre, Cesário Verde, José Duro, Manoel Laranjeira, o pai de Pessoa, um irmão desse pai (José), o primo Mário e uma filha desse primo (Madalena). Ainda cedo — referência ao amigo Sá-Carneiro, que se suicidou com 26 anos, mesma idade que tinha então Caeiro. A escolha do ano dessa morte (1915), segundo me explicou o astrólogo Paulo Cardoso, se deu porque nele *Júpiter, regente da casa da morte no seu horóscopo, desafia o Sol, que é o dador da vida e regente do signo ascendente deste mesmo horóscopo, que é Leão*. Seria dos poucos heterônimos a morrer — além dele, só mais Abílio Quaresma, António Mora e Vicente Guedes, todos de morte natural —, sem contar os que se suicidam — Barão de Teive, Marcos Alves e Marino. A homenagem ao amigo Sá-Carneiro estaria no próprio nome do heterônimo, segundo Richard Zenith, que *Caeiro é Carneiro sem a carne*. Ainda observando que *seu signo do zodíaco era, evidentemente, Carneiro [Áries]*. Mas não faleceu, realmente, nesse ano de 1915; sendo-lhe atribuídos numerosos textos posteriores, como "Poemas inconjuntos",[241] escritos de 1911 a 1930 — não

---

[241] Em carta a Gaspar Simões (25/2/1933), diz: "Sucede, porém, que não tenho reunidos ainda todos os 'Poemas inconjuntos', nem sei quando os terei; e, ainda, que esses precisam de uma revisão de outra ordem, já não só verbal, mas psicológica."

obstante dados, todos, como de 1913 a 1915; ou "O pastor amoroso", de 1929-1930, que passou a ser de 1914. Trocadas as datas para torná-los compatíveis com o tempo em que ainda *vivia* o heterônimo. Caeiro escreve seu "Último poema" — indicando, entre parênteses, ter sido "editado pelo poeta no dia de sua morte", em que diz:

> É talvez o último dia de minha vida.
> Saudei o sol, levantando a mão direita,
> Mas não o saudei, dizendo-lhe adeus,[242]
> Fiz sinal de gostar de o ver antes: mais nada.

> "Poemas inconjuntos" (Last poem), Alberto Caeiro

Caeiro tem dúvidas quanto ao destino dos seus poemas. "Quem sabe quem os lerá? Quem sabe a que mãos irão?" Mas encara a morte com tranquilidade. "Sinto uma alegria enorme ao pensar que a minha morte não tem importância nenhuma." "Podem rezar latim sobre o meu caixão, se quiserem. Se quiserem, podem dançar e cantar à roda dele" — referência (provável) a versos em que Sá-Carneiro se refere à sua própria morte: *Rufem tambores, colem-se os cartazes/ Gire a tômbola, o carrossel comece!* "Não tenho preferências para quando já não puder ter preferências." Assim se deu, que, afinal, "o pastor amoroso perdeu o cajado". Álvaro de Campos testemunha: "Nunca vi triste o meu mestre Caeiro. Não sei se estava triste quando morreu, ou nos dias antes. Nunca ousei perguntar aos que assistiram à morte qualquer coisa da morte ou de como ele a teve. Foi uma das angústias da minha vida — que Caeiro morresse, sem eu estar ao pé dele. Isso é estúpido mas humano, e é assim." Após o que completa: "Nada me consola de não ter estado em Lisboa nesse dia." É que Campos, diz ele, a essa altura vivia na Inglaterra. E Ricardo Reis não se sabe onde andava. Lá "estava só o Fernando Pessoa, mas é como se não estivesse". Caeiro escreveu seu próprio epitáfio:

> Ponha na minha sepultura
> Aqui jaz sem cruz,
> Alberto Caeiro,
> Que foi buscar os deuses...

---

[242] Numa primeira versão, *para ele dizer adeus*. Quase o verso, então, que Torquato Neto (1944-1972) escreveu pouco antes de abrir o gás, em música composta com Edu Lobo — que, segundo me disse, nem sequer suspeitou serem palavras com que se despedia da vida: *E no entanto eu queria dizer, vem,/ Eu só sei dizer, vem/ Nem que seja só/ Pra dizer adeus.* Torquato, como Alberto, morreu cedo e só.

Textos escolhidos

O GUARDADOR DE REBANHOS

I

Eu nunca guardei rebanhos,
Mas é como se os guardasse.
Minha alma é como um pastor,
Conhece o vento e o sol
E anda pela mão das Estações
A seguir e a olhar.
Toda a paz da Natureza sem gente
Vem sentar-se a meu lado.
Mas eu fico triste como um pôr de sol
Para a nossa imaginação,
Quando esfria no fundo da planície
E se sente a noite entrada
Como uma borboleta pela janela.

Mas a minha tristeza é sossego
Porque é natural e justa
E é o que deve estar na alma
Quando já pensa que existe
E as mãos colhem flores sem ela dar por isso.

Como um ruído de chocalhos
Para além da curva da estrada,
Os meus pensamentos são contentes.
Só tenho pena de saber que eles são contentes,
Porque, se o não soubesse,
Em vez de serem contentes e tristes,
Seriam alegres e contentes.

Pensar incomoda como andar à chuva
Quando o vento cresce e parece que chove mais.

Não tenho ambições nem desejos
Ser poeta não é uma ambição minha
É a minha maneira de estar sozinho.
(...)
Saúdo todos os que me lerem,
Tirando-lhes o chapéu largo
Quando me veem à minha porta
Mal a diligência levanta no cimo do outeiro.

Saúdo-os e desejo-lhes sol,
E chuva, quando a chuva é precisa,
E que as suas casas tenham
Ao pé duma janela aberta
Uma cadeira predileta
Onde se sentem, lendo os meus versos.
E ao lerem os meus versos pensem
Que sou qualquer coisa natural —
Por exemplo, a árvore antiga[243]
À sombra da qual quando crianças
Se sentavam com um baque, cansados de brincar,
E limpavam o suor da testa quente
Com a manga do bibe[244] riscado.

VIII [245]

Num meio-dia de fim de primavera
Tive um sonho como uma fotografia.
Vi Jesus Cristo descer à terra.[246]
Veio pela encosta de um monte
Tornado outra vez menino,
A correr e a rolar-se pela erva
E a arrancar flores para as deitar fora
E a rir de modo a ouvir-se de longe.

---

[243] Referência às árvores sob as quais brincava, até os cinco anos, em frente ao seu apartamento do Largo de São Carlos.

[244] Bibe é um tipo de avental com mangas, para crianças, algo como *bata*.

[245] Em outra carta a Gaspar Simões (3/12/1930), diz ser "o poema sobre a vinda do Cristo à terra". Explicando que não o publicaria em *Athena* por ser Rui Vaz, diretor da revista (junto com o próprio Pessoa) e seu proprietário, um católico fervoroso. Depois confessou tê-lo escrito "com sobressalto e repugnância, com a sua blasfêmia infantil e o seu antiespiritualismo absoluto"; logo esclarecendo que "na minha própria poesia, nem uso de blasfêmia, nem sou antiespiritualista". Em sua atitude anticlerical, se juntam outros poemas famosos da *geração de 70* (1871-1880), como "A história de Jesus para as criancinhas lerem", de Gomes Leal; e o romance *A relíquia*, de Eça de Queiroz. O poema, não obstante dedicado à memória de Cesário Verde, se inspira em *A velhice do Padre Eterno* (de 1885) — do viticultor, republicano e poeta (Abílio Manuel) Guerra Junqueiro (1850-1923); o mesmo que, por seu turno, fez adaptação do Cristo espanhol *trágico* e *cadavérico*, como sugere Unamuno em seu *O Cristo de Velázquez*. O heterônimo Frederico Reis chega a admitir que esse Menino Jesus "é o deus que faltava a um panteão pagão". O poema, diferentemente da maioria dos que compõem "O guardador", é já escrito na nova ortografia portuguesa aprovada em 1911. Foi publicado na revista *Presença* em janeiro-fevereiro de 1931.

[246] Para Luís de Souza Rebelo, esse *movimento descendente* se inspira na *intervenção de Apolo no julgamento de Orestes*, que está nas *Eumênides*, de Ésquilo. Orestes, só para lembrar, mata a mãe para vingar o pai. E acaba louco.

Tinha fugido do céu.
Era nosso demais para fingir
De segunda pessoa da Trindade.
No céu era tudo falso, tudo em desacordo
Com flores e árvores e pedras.
No céu tinha que estar sempre sério
E de vez em quando de se tornar outra vez homem
E subir para a cruz, e estar sempre a morrer
Com uma coroa toda à roda de espinhos
E os pés espetados por um prego com cabeça,
E até com um trapo à roda da cintura
Como os pretos nas ilustrações.
Nem sequer o deixavam ter pai e mãe
Como as outras crianças.
O seu pai era duas pessoas —
Um velho chamado José, que era carpinteiro,
E que não era pai dele;
E o outro pai era uma pomba estúpida,

A única pomba feia do mundo
Porque não era do mundo nem era pomba.
E a sua mãe não tinha amado antes de o ter.

Não era mulher: era uma mala
Em que ele tinha vindo do céu.
E queriam que ele, que só nascera da mãe,
E nunca tivera pai para amar com respeito,
Pregasse a bondade e a justiça!

Um dia que Deus estava a dormir
E o Espírito Santo andava a voar,
Ele foi à caixa dos milagres e roubou três.
Com o primeiro fez que ninguém soubesse que ele tinha fugido.
Com o segundo criou-se eternamente humano e menino.
Com o terceiro criou um Cristo eternamente na cruz
E deixou-o pregado na cruz que há no céu
E serve de modelo às outras.
Depois fugiu para o sol
E desceu pelo primeiro raio que apanhou.

Hoje vive na minha aldeia comigo.
É uma criança bonita de riso e natural.
Limpa o nariz ao braço direito,
Chapinha nas poças de água,

Colhe as flores e gosta delas e esquece-as.
Atira pedras aos burros
Rouba a fruta dos pomares
E foge a chorar e a gritar dos cães.
E, porque sabe que elas não gostam
E que toda a gente acha graça,
Corre atrás das raparigas
Que vão em ranchos[247] pelas estradas
Com as bilhas às cabeças[248]
E levanta-lhes as saias.
(...)

Ele mora comigo na minha casa a meio do outeiro.
Ele é a Eterna Criança, o deus que faltava.
Ele é o humano que é natural,
Ele é o divino que sorri e que brinca.
E por isso é que eu sei com toda a certeza
Que ele é o Menino Jesus verdadeiro.
(...)

Quando eu morrer, filhinho,
Seja eu a criança, o mais pequeno.
Pega-me tu ao colo
E leva-me para dentro da tua casa.
Despe o meu ser cansado e humano
E deita-me na tua cama.
E conta-me histórias, caso eu acorde,
Para eu tornar a adormecer.
E dá-me sonhos teus para eu brincar
Até que nasça qualquer dia
Que tu sabes qual é.
(...)

XXXII

Ontem à tarde um homem das cidades
Falava à porta da estalagem.
Falava comigo também.

---

[247] Bandos.

[248] *Bilhas* são jarros para transporte de água ou vinho, com duas asas (*pegas*), diferentes dos cântaros (com apenas uma). Bojudos embaixo, como potes gordos, e bem diferentes dos jarros usuais, têm esse formato para melhor suportar o balanço do caminhar. Essa expressão usa Pessoa em numerosos outros poemas, como "Chuva negra", em que se veem "Ranchos de raparigas de bilhas à cabeça".

Falava da justiça e da luta para haver justiça
E dos operários que sofrem,
E do trabalho constante, e dos que têm fome,
E dos ricos, que só têm costas para isso.

E, olhando para mim, viu-me lágrimas nos olhos
E sorriu com agrado, julgando que eu sentia
O ódio que ele sentia, e a compaixão
Que ele dizia que sentia.

(Mas eu mal o estava ouvindo.
Que me importam a mim os homens
E o que sofrem ou supõem que sofrem?
Sejam como eu — não sofrerão.
Todo o mal do mundo vem de nos importarmos uns com os outros,
Quer para fazer bem, quer para fazer mal.
A nossa alma e o céu e a terra bastam-nos.
Querer mais é perder isto, e ser infeliz.)

Eu no que estava pensando
Quando o amigo de gente falava
(E isso me comoveu até às lágrimas),
Era em como o murmúrio longínquo dos chocalhos
A esse entardecer
Não parecia os sinos duma capela pequenina
A que fossem à missa as flores e os regatos
E as almas simples como a minha.

Louvado seja Deus que não sou bom,
E tenho o egoísmo natural das flores
E dos rios que seguem o seu caminho
Preocupados sem o saber
Só com florir e ir correndo.
É essa a única missão no Mundo,
Essa — existir claramente,
E saber fazê-lo sem pensar nisso.

E o homem calara-se, olhando o poente.
Mas que tem com o poente quem odeia e ama?

POEMAS INCONJUNTOS

Não basta abrir a janela
Para ver os campos e o rio.
Não é bastante não ser cego

Para ver as árvores e as flores.
É preciso também não ter filosofia nenhuma.
Com filosofia não há árvores: há ideias apenas.
Há só cada um de nós, como uma cave.
Há só uma janela fechada, e todo o mundo lá fora;
E um sonho do que se poderia ver se a janela se abrisse,
Que nunca é o que se vê quando se abre a janela.

Maiorum gloria posteris lumen est
(A glória dos antepassados é uma luz para os descendentes, Salústio)

Ricardo Reis

> *"Ricardo Reis... é um grande poeta — aqui o admito —,*
> *se é que há grandes poetas neste mundo*
> *fora do silêncio de seus próprios corações."*
> Apontamento solto (sem data), Álvaro de Campos[249]

Quem é Reis?

Ricardo Sequeira Reis nasce em 19 de setembro[250] de 1887: "pelas 11 da noite, no Porto", diz Pessoa na famosa carta a Casais Monteiro (13/1/1935); ou "às 4:05 da tarde, em Lisboa", segundo horóscopo que lhe faz. Tem um irmão, Frederico Reis. Médico, não consta que tenha conseguido viver da profissão. Reis é "tipo de judeu português", afinidade física com a própria ascendência de Pessoa. Pouco mais baixo que Caeiro, em contrapartida é "mais forte e mais seco", entre branco e "um vago moreno mate". Na aparência (provavelmente) se inspira Reis no diretor da Durban High School, Wilfrid Nicholas, um apreciador da cultura clássica. Como ele, "o Sr. Dr. Ricardo Reis é professor de latim num importante colégio americano". Esse Wilfrid, embora não seja referido em nenhum escrito, exerce em Pessoa grande influência. Até mesmo no gosto por citações latinas, tão frequentes nos seus textos. Educado em colégio jesuíta, Reis trata-se de "um latinista por educação alheia e um semi-helenista por educação própria". Se Caeiro é grego, Reis é romano. Com ele, nasce um "Horácio grego que escreve em português".[251]

---

[249] O texto não está assinado; mas, por seu estilo, é consensualmente atribuído a Campos.

[250] Talvez homenagem ao poeta inglês (Hartley) Coleridge (1796-1849). Mas essa data veio só depois; tendo nascido Reis, inicialmente, em 29 de janeiro — data em que foi publicado (em 1845) "O Corvo", de Poe, um poema traduzido por Pessoa.

[251] A frase tem sentido, mesmo sem que se possa encontrar em Pessoa algo do estilo de Horácio, porque esse Quintus Horatius Flaccus (65-8 a.C.), apesar de romano, estudou em Atenas. Era algo comum, na Roma daquele tempo — em que a classe dominante, no ambiente doméstico, falava só grego. Marco Aurélio redigiu seu diário nessa língua. E as últimas palavras de Júlio César, ao sentir o frio punhal do tão querido (Marco Júnio) Bruto, sobrinho de Catão (numa conspiração que teve a participação do

Sim, sei bem
Que nunca serei alguém.
Sei de sobra
Que nunca terei uma obra.
Sei enfim
Que nunca saberei de mim.
Sim, mas agora
Enquanto dura esta hora,
Este luar, estes ramos
Esta paz em que estamos
Deixem-me crer[252]
O que nunca poderei ser.

"Odes" (8/7/1931), Ricardo Reis[253]

Dado ao mundo mestre Caeiro, logo trata Pessoa, "de descobrir — instintiva e subconscientemente — uns discípulos". Então "arranquei do seu falso paganismo o Ricardo Reis latente, descobri-lhe o nome, e ajustei-o a si mesmo, porque a essa altura já o via". Mas, em seu íntimo, é Caeiro quem nasce "ano e meio depois" de Reis; e, ambos, só depois de Campos existir. "Dr. Ricardo Reis nasceu dentro de minha alma no dia 29 de janeiro de 1914, pelas 11 da noite", escreve mais tarde. Só que não terá sido exatamente assim. Na carta a Casais Monteiro (13/1/1935), está: "Aí por 1912, salvo erro (que nunca poderia ser grande), veio-me à ideia escrever uns poemas de índole pagã. Esbocei umas coisas em verso irregular (não no estilo Álvaro de Campos, mas num estilo de meia regularidade), e abandonei o caso. Esboçara-se-me, contudo, numa penumbra mal-urdida, um vago retrato da pessoa que estava a fazer aquilo. (Tinha nascido, sem que eu soubesse, o Ricardo Reis)." De Paris, em fins desse 1912, Sá-Carneiro lhe manda *sinceras felicitações pelo nascimento do Exmo. sr. Ricardo Reis*. A explicação para esse nascimento é simples: "Eu estivera ouvindo no dia anterior uma discussão extensa sobre os excessos da arte moderna. Ocorreu-me a ideia de reagir contra duas correntes — tanto contra o romantismo moderno, como contra o neoclassicismo de

---

próprio Horácio), em grego foram ditas: *Kai su teknon?* (Até tu, meu filho?). Autor de sátiras e epístolas, Horácio também deixou numerosas odes em modelo de quatro versos, algumas citadas por Reis em latim. A imagem sugere que Reis é uma mistura de Roma, Grécia e, claro, Portugal.

[252] Numa primeira versão, "Deixem-me crer *até ver*".

[253] O poema não está assinado; sendo atribuído a Reis, nas publicações, por tê-lo arquivado Pessoa em seu envelope da Arca. Não obstante, o fato de ter rima e seu próprio conteúdo sugerem que melhor seria atribuí-lo ao próprio Pessoa. Assim pensam especialistas (como Maria Aliete Galhoz e Silva Belkior), ao considerar que o poema foi parar naquele envelope (de Reis) por equívoco.

Maurras."[254] Qualquer que seja essa data em que foi concebido, pois, ainda assim terá sido bem antes de 1914.

O tempo passa,
Não nos diz nada.
Envelhecemos.
Saibamos, quase
Maliciosos,
Sentir-nos ir.

Não vale a pena
Fazer um gesto.
Não se resiste
Ao deus atroz[255]
Que os próprios filhos
Devora sempre.
(...)

Girassóis sempre
Fitando o sol,
Da vida iremos
Tranquilos, tendo
Nem o remorso
De ter vivido.

"Odes"[256] (12/6/1914), Ricardo Reis

---

[254] Charles Maurras (1868-1952), diretor da *Action Française,* era escritor que tinha prazer em atacar tudo que lhe parecia errado, na vida e na política. Depois, dado esse excesso nas palavras, foi expulso da Academia Francesa e condenado a prisão perpétua por traição à França. Reis teria caráter semelhante — "uma ética pagã, meio epicurista e meio estoica" —, e acabou exilado no Brasil.

[255] Esse "deus atroz" é Cronos, filho mais novo de Urano (o céu) e Geia (a terra). Usando uma foice que lhe deu a mãe, cortou os testículos do pai. E desposou Reia, sua própria irmã. Como Urano e Geia (que anteviam o futuro) predisseram que seria destronado por um de seus filhos, passou a devorá-los à medida em que iam nascendo — Héstia, Deméter, Hera, Plutão, Posidon (segundo alguns autores, também Afrodite). Horrorizada, Reia, grávida de Zeus, fugiu para Creta e lá deu à luz. Depois, envolveu uma pedra em panos, que Cronos devorou, pensando ser o filho. Esse mesmo filho que, já adulto, obrigou Cronos a tomar uma droga que o forçou a devolver à vida todos os filhos que ceifara antes; e estes, depois de dez anos em guerra, afinal o derrotaram. A lenda tem vários finais. No mais conhecido, Cronos finda seus dias na prisão. É considerado *o tempo personificado* — donde *cronologia* e *cronômetro*.

[256] Terá sido a primeira das "Odes" escritas por Reis.

Odes

Reis só escreveu Odes. O gênero nasceu na Grécia, onde quer dizer *canção*, depois indo para Roma. Diferentemente das grandes odes de Campos, as pequenas de Reis mais frequentemente têm estrofes com dois versos em dez sílabas e mais dois com seis sílabas, quase todos sem rima. Por não terem título, essas odes de Reis acabaram reconhecidas pelas datas que têm (ou seus primeiros versos). Filósofos, heróis, ninfas e deuses pagãos são citados em 31% delas — mais frequentes sendo Apolo (12 vezes) e Pã (7), a conta é de Jaime Fernandes. Também Apolo, Ceres, Éolo, Júpiter, Netuno, Plutão, Saturno, Urano, Vênus. Segundo outra conta, no caso de Victor Jabouille, são *33 referências míticas*. Em vida, foram publicadas 28 delas — 20 em *Athena* (1924), mais oito em *Presença* (1927 a 1933), ficando as demais guardadas na Arca. Álvaro de Campos, em "Nota preliminar" de 12 de junho de 1914, diz que Reis "teve uma inspiração feliz, se é que ele usa inspiração... Não concebo, porém, que as emoções, nem mesmo as de Reis, sejam universalmente obrigadas a odes sáficas ou arcaicas... Não censuro o Reis mais que a qualquer outro poeta. Aprecio-o realmente". Apesar disso declara que, "sendo a poesia de Reis rigorosamente clássica na forma, é totalmente destituída de vibração".

As musas de Reis

Três ninfas estão citadas nessas "Odes", as mesmas que estão nas de Horácio. "Nesta hora, Lídia ou Neera ou Cloe/ Qualquer de vós me é estranha". Neera, em quatro delas, era uma das muitas amadas por Hélios (o Sol) — irmão de Eos (Aurora) e Selene (a Lua), com quem teria tido dois filhos. Frequentemente, está associada à juventude.

> Hoje, Neera, não nos escondamos,
> Nada nos falta, porque nada somos.
> > Não esperamos nada
> > E temos frio ao sol.
>
> Mas tal como é, gozemos o momento,
> Solenes na alegria levemente
> > E aguardando a morte
> > Como quem a conhece

"Odes" (16/6/1914), Ricardo Reis

Depois vem Cloe, também com quatro citações. Sobre ela, escreveu Longo (século 3 ou 4 a.C.), grego de Lesbos,[257] em "Dáfnis e Cloe" — poema que descreve um cenário campestre onde vivem jovens amantes.

> Quão breve tempo é a mais longa vida
> E a juventude nela! Ah! Cloe, Cloe
> Se não amo, nem bebo
> Nem sei querer, nem penso.
>
> "Odes" (24/10/1923), Ricardo Reis

Mais importante e frequente é Lídia, citada em 16 odes — um nome bíblico, batizada que foi (em Filipos) por São Paulo. Além de Pessoa, a ela se referem Almeida Garrett, Filinto Elísio, Sophia de Melo Breyner Andresen[258] e Saramago, para quem é *mulher feita e benfeita, morena portuguesa, mais para o baixo que para o alto*. Diferentemente das outras, episódicas, essa Lídia segue Reis por toda sua vida.

> Assim façamos nossa vida, um dia,
> Inscientes, Lídia, voluntariamente
> Que há noite antes e após
> O pouco que demoremos.
>
> "Odes" (11/7/1914), Ricardo Reis

Planos para Reis

Reis conhece Caeiro em visita ao Ribatejo e confessa: "Quando pela primeira vez, estando então em Portugal, ouvi ler "O guardador de rebanhos", tive a maior e a mais perfeita sensação de minha vida." Tinha 25 anos e não havia escrito, até então, um único verso. Mas, apesar de seguir seu mestre, são evidentes as diferenças: "A filosofia de Ricardo Reis é a de Caeiro endurecida, falsificada pela civilização." Reis tem uma "alma gigantesca e pagã"; e esse paganismo (como o de Caeiro), alimentado pela devoção à natureza, não está longe do que António Mora prega no seu *Regresso dos Deuses*; nem são eles, na estética, substancialmente diversos. É que para Pessoa, segundo

---

[257] Ilha grega. *Lésbicas* é palavra que designa poetisas dessa ilha, que se entregavam a prazeres sexuais entre elas mesmas — como Safo (625-580 a.C.), escritora de epitalâmios, elegias e odes.

[258] Andresen começa uma "Homenagem a Ricardo Reis" dizendo: *Não creias, Lídia, que nenhum estio/ Por nós perdido possa regressar/ Oferecendo a flor/ Que adiamos colher.*

Jairo Nogueira Luna, *o cristianismo seria uma religião que surgiu da decadência do Império Romano e, como tal, traz na sua gênese esse arcabouço do espírito decadente, fazendo da vida do homem um estado de desprezo ante a graça de Deus. Por outro lado, o paganismo seria mais humano, em que os deuses não são antípodas do humano, mas apenas um estágio superior do humano e que guarda ainda os aspectos dessa humanidade.*

"Resume-se num epicurismo triste toda a filosofia da obra de Ricardo Reis", segundo seu irmão Frederico. Mora explica: "O artista não exprime as suas emoções. Exprime, das suas emoções, aquelas que são comuns aos outros homens... Aquelas emoções que são dos outros. Com as emoções que lhe são próprias, a humanidade não tem nada." Palavras que bem poderiam ser ditas por Reis. "Há frases repentinas, profundas porque vêm do profundo, que definem um homem, ou, antes, com que um homem se define. Não me esquece aquela em que Ricardo Reis uma vez se me definiu. Falava-se de mentir, e ele disse: Abomino a mentira, porque é uma inexatidão." Enfim, "sua inspiração é estreita e densa, o seu pensamento compactamente sóbrio, a sua emoção real". A Reis, além de poemas, destina Pessoa traduções para uma *Antologia grega* que planeja editar, com *Poemas* de Safo e *Alceu*, de Ésquilo.[259] Também *A política*, de Aristóteles.[260] Esses livros fariam inclusive parte dos projetos de sua editora Olisipo, adiante se verá. Reis é aquele *que Pessoa gostaria de ter sido*, resume Ángel Crespo. Seja como for, o próprio Pessoa reconhece que com Reis chegou "ao ponto culminante da maturidade literária".

O exílio

No início de 1914, um movimento insurrecional monárquico chega a assumir o poder no norte de Portugal. Menos de um mês depois, sufocada a insurreição, seus seguidores são perseguidos. Entre eles Reis. Em 12 de abril de 1919, parte para exílio voluntário no Rio de Janeiro, uma escolha que se deve ao fato de lá ter vivido o íntimo amigo Luís de Montalvor; an-

---

[259] Poeta grego (525-456 a.C.), consensualmente considerado primeiro grande autor da tragédia grega (criada por Téspis). Mas talvez aqui tenha se equivocado Pessoa. Que esse Alceu de que fala seria provavelmente aquele que inspirou as "Odes" de Horácio, enquanto Ésquilo era autor de uma tragédia grega sobre o deus Prometeu. *Alceu* de Horácio, terá Pessoa querido dizer.

[260] *Política dos atenienses*, esse o título completo do livro, mais conhecido como *Constituição de Atenas*. Inédita até 1891, Pessoa terá conhecido a obra tão logo foi publicada.

tecipando Reis, nesse autoexílio, outros portugueses ilustres da época — como Casais Monteiro, Paulino de Oliveira e Jorge de Sena (alguns deles depois de morto Pessoa). Suas ideias conservadoras lhe trazem problemas em um país já republicano. Passa a ser *Thalassa*,[261] assim se diz dos monárquicos expatriados. Vive seu resto de vida no Brasil. Mas passa algum tempo no Peru — em Cerro de Pasco, Arequipa. Daí vem (provavelmente) a indicação de que viveu numa "suja e estéril república longínqua". "Tenho a impressão de que vivo nesta pátria informe chamada o universo. Então desce em mim, surdamente, lentamente, a saudade antecipada do exílio impossível." Deixa de escrever em 13 de dezembro de 1933; mas ainda firmaria, poucos dias antes da morte de Pessoa, um último poema que começa assim:

> Vivem em nós inúmeros;
> Se penso ou sinto, ignoro
> Quem é que pensa ou sente.
> Sou somente o lugar
> Onde se sente ou pensa.
> (...)
> Existo todavia
> Indiferente a todos.
> Faço-os calar: eu falo.
>
> "Odes" (13/11/1935), Ricardo Reis

A morte de Reis

Diferentemente de Caeiro, não o mata Pessoa. Seu fim quem lhe dá é José Saramago, na clássica novela de 1984 *O ano da morte de Ricardo Reis*.[262] Por Saramago então se sabe que, um mês depois da morte de Pessoa, Reis abandona seu exílio brasileiro para regressar a Lisboa. Vive o caos político europeu de 1936, em que tiranos alargam seus domínios. Mussolini já havia ascendido ao poder, em 1922; Hitler, em 1934; e agora Franco, com o início da guerra civil espanhola. Sem contar que Portugal vive a mais dura fase da ditadura salazarista, começada em 1933. Reis sofre com isso. Sai pouco do hotel em que mora e se apaixona (platonicamente) por uma jovem,

---

[261] A palavra, em grego, quer dizer *mar*.

[262] Depois, em brincadeira com esse livro que escreveu, assim se referiu Saramago a Ricardo Reis: *Médico expatriado, de quem se perdeu o rastro, apesar de algumas notícias recentes, obviamente apócrifas.*

Marcenda, que tem um braço paralisado. Lídia, virgem que "a morte inveja", amor distante para quem "entrelaçava coroa de flores", acaba sua amante e criada, na casa alugada para onde se muda. E lhe dá um filho. Ainda segundo Saramago, Reis encontra o fantasma de Pessoa. *Está parado à esquina da Rua de Santa Justa a olhá-lo como quem espera, mas não impaciente.* Com ele trava *muitas e estranhíssimas conversas.* Na última, ao fim daquele mesmo ano, Pessoa vem se despedir dele. O tempo que lhe fora dado na terra findara; respondendo Reis: *Para onde é que você vai, vou consigo.* E se perdem, então, *onde o mar se acabou e a terra espera.* O mesmo mar "muito longe, mais longe que os deuses", em que Reis, um dia, sonhou seu próprio fim. Assim teria mesmo de ser: "Entrei, senhor, essa porta. Vaguei, senhor, esse mar. Contemplei, senhor, esse inevitável abismo."

> Aguardo, equânime, o que não conheço —
> Meu futuro e o de tudo.
> No fim tudo será silêncio, salvo
> Onde o mar banhar nada.

"Odes" (13/12/1933), Ricardo Reis

Textos escolhidos

ODES

> Vem sentar-te comigo, Lídia, à beira do rio.
> Sossegadamente fitemos o seu curso e aprendamos
> Que a vida passa, e não estamos de mãos enlaçadas.
>   (Enlacemos as mãos.)
>
> Depois pensemos, crianças adultas, que a vida
> Passa e não fica, nada deixa e nunca regressa,
> Vai para um mar muito longe, para ao pé do Fado,[263]
>   Mais longe que os deuses.
>
> Desenlacemos as mãos, porque não vale a pena cansarmo-nos.
> Quer gozemos, quer não gozemos, passamos como o rio.[264]
> Mais vale saber passar silenciosamente
>   E sem desassossegos grandes.

---

[263] Destino.

[264] Aqui, Pessoa evoca metáfora do filósofo grego Heráclito de Éfeso (540-480 a.C.), da Escola Jônica, para quem a realidade é um *devenir* constante e nada é igual — *Não podes entrar duas vezes no mesmo rio, que as águas são outras, ao passar.*

Sem amores, nem ódios, nem paixões que levantam a voz,
Nem invejas que dão movimento demais aos olhos,
Nem cuidados, porque se os tivesse o rio sempre correria,
E sempre iria ter ao mar.

Amemo-nos tranquilamente, pensando que podíamos,
Se quiséssemos, trocar beijos e abraços e carícias,
Mas que mais vale estarmos sentados ao pé um do outro
Ouvindo correr o rio e vendo-o.

Colhamos flores, pega tu nelas e deixa-as
No colo, e que o seu perfume suavize o momento —
Este momento em que sossegadamente não cremos em nada,
Pagãos inocentes da decadência.

Ao menos, se for sombra antes, lembrar-te-ás de mim depois
Sem que a minha lembrança te arda ou te fira ou te mova,
Porque nunca enlaçamos as mãos, nem nos beijamos
Nem fomos mais do que crianças.

E se antes do que eu levares o óbolo ao barqueiro sombrio,[265]
Eu nada terei que sofrer ao lembrar-me de ti.
Ser-me-ás suave à memória lembrando-te assim — à beira-rio,
Pagã triste e com flores no regaço.

12/6/1914

Não consentem os deuses mais que a vida.
Tudo pois refusemos,[266] que nos alce

---

[265] Esse "barqueiro sombrio" é Caronte. Seu barco navegava no Estige, noroeste da Grécia, o rio dos mundos subterrâneos que contornava sete vezes o inferno. Um de seus afluentes era o Aqueronte — mencionado por Virgílio, no Livro VI da *Eneida,* como um dos rios do mundo dos mortos. Para os portos do Hades, Caronte levava suas almas, evitando que sem destino vagassem por cem anos. Dessa imagem vem o título da obra maior de Gabriel García Márquez, *Cem anos de solidão.* Os mortos deveriam pagar ao barqueiro, pela passagem, com uma pequena moeda — o *óbolo.* Por conta dessa lenda, sobrevive a secular tradição de pôr, na boca do morto, uma moeda de prata — o próprio *óbolo de Caronte.* "Nem viúva nem filho lhe pôs na boca o óbolo com que pagasse a Caronte", diz no *Desassossego.* Reis, numa outra "Ode" (11-12/9/1916), como que completa: *Nem a viúva lhe põe na boca/ O óbolo a Caronte grato,/ E sobre o seu corpo insepulto/ Não deita terra o viandante* [peregrino]. Como só aos pobres era dado entrar diretamente no reino do céu, algumas tradições se enraizaram em Portugal na tentativa de escapar desse "barqueiro sombrio". Até a Primeira Grande Guerra, por exemplo, os militares tinham os botões dourados das fardas retirados na hora dos enterros; que, segundo crendice popular, o cadáver deveria passar à eternidade despojado das riquezas terrestres. Ainda hoje por isso é usual nos interiores, inclusive do Brasil, arrancar do morto seus dentes de ouro — para que a alma não retornasse depois, chorando, ao inferno terrestre, impedida de subir aos céus.

[266] Reis usa essa palavra, com o sentido de *recusemos* (*refuser* em francês é *recusar*) em duas Odes: esta e outra, de 19/11/1927. O que é curioso, um arcaísmo talvez — por se ter deixado de usar esse verbo (refusar), em Portugal, desde o século XVI.

A irrespiráveis píncaros,
Perenes sem ter flores.

Só de aceitar tenhamos a ciência,
E, enquanto bate o sangue em nossas fontes,
Nem se engelha[267] conosco
O mesmo amor, duremos,

Como vidros, às luzes transparentes
E deixando escorrer a chuva triste,
Só mornos ao sol quente,
E refletindo um pouco.

17/7/1914

O poema tem variante. Para conferir, segue sua segunda versão:

Não consentem os deuses mais que a vida.
Por isso, Lídia, duradouramente
Façamos-lhe a vontade
Ao sol e entre flores

Camaleões[268] pousados na Natureza
Tomemos sua calma alegria
Por cor da nossa vida,
Por um jeito de corpo.

Como vidros às luzes transparentes
E deixando cair a chuva vista,
Só mornos ao sol quente,
E refletindo um pouco.

17/7/1914

Segue o teu destino,
Rega as tuas plantas,
Ama as tuas rosas.
O resto é a sombra
De árvores alheias.

A realidade
Sempre é mais ou menos

---

[267] No Sul do Brasil, diz-se *enruga*. No Nordeste, próximo ao português de Portugal, a pronúncia mais comum é *engilha* — a mulher está *engilhada*, como maracujá de gaveta.

[268] Em latim *stelio(onis)*, de onde derivam estelionato e variáveis. Esse lagarto diurno, comum na África e no Brasil, muda constantemente suas cores — sobretudo marrom, verde e vermelha. Como Pessoa, que, ao mudar sempre na literatura, se sente como um camaleão.

Do que nós queremos.
Só nós somos sempre
Iguais a nós-próprios.

Suave é viver só.
Grande e nobre é sempre
Viver simplesmente.
Deixa a dor nas aras
Como ex-voto aos deuses.

Vê de longe a vida.
Nunca a interrogues.
Ela nada pode
Dizer-te. A resposta
Está além dos deuses.
Mas serenamente
Imita o Olimpo
No teu coração.
Os deuses são deuses
Porque não se pensam.

1/7/1916

Sob a leve tutela
De deuses descuidosos,
Quero gastar as concedidas horas
Desta fadada vida.

Nada podendo contra
O ser que me fizeram,
Desejo ao menos que me haja o Fado
Dado a paz por destino.

Da verdade não quero
Mais que a vida; que os deuses
Dão vida e não verdade, nem talvez
Saibam qual a verdade.

(Sem data)

Ardua per præceps gloria vadit iter
(Árduo e perigoso é o caminho para a glória. Ovídio)

Álvaro de Campos

"Coitado do Álvaro de Campos, com quem ninguém se importa. Coitado dele que tem tanta pena de si mesmo."
Sem título (sem data), Álvaro de Campos

Quem é Campos?

Álvaro de Campos nasce em 15 de outubro de 1890, "à 1:30 da tarde, diz-me o [Augusto] Ferreira Gomes" — como escreve na famosa carta a Casais Monteiro (13/1/1935).[269] O episódio foi depois esclarecido pelo próprio Gomes. Segundo ele, numa noite qualquer, chegou mais cedo ao apartamento em que então morava Pessoa, na Rua Cidade da Horta, e ficaram esperando os amigos de sempre — da Cunha Dias, Numa de Figueiredo,[270] Alberto Silva Tavares, atrasados por conta da chuva. Corria o ano de 1916 e era a *quadra do Natal*. Puxando conversa, o anfitrião sugeriu: "Veja lá você, com sua intuição, se consegue saber local, data e hora do nascimento do Álvaro de Campos." O compadre riu e arriscou, a partir do que conhecia dele: *Nasceu em Tavira,*[271] *no dia 15 de outubro*[272] *de 1890,*[273] *à 1:30 da tarde...* Pessoa tomou nota e, dia seguinte, agradeceu exultante: "Você adivinhou! O horóscopo do Álvaro de Campos está certíssimo! Dá a impressão de ter sido feito por medida." Campos é alto para os padrões da época. Segundo seu *bilhete de identidade*, mede 1,75 metro — dois centímetros a mais que o próprio Pessoa. Magro e elegante,

---

[269] Apesar disso, mais tarde, em um horóscopo, o dá como nascido em 13 de outubro de 1890, "à 1.17p.m.".

[270] *Preto português escrevendo em francês*, palavras de Sá-Carneiro — lembram Pizarro, Ferrari e Cardielo, com base em carta de 31/8/1915.

[271] Terra do avô paterno de Pessoa, o general Joaquim António de Araújo Pessoa. Tavira fica no Algarve, terra famosa mais pelo azeite que produz e pela pesca de atuns que por sua tradição literária.

[272] Dia do aniversário de Virgílio (70-19 a.C.) e de Nietzsche (1844-1900), duas das admirações literárias de Pessoa.

[273] Posto que, nascendo os heterônimos Jean-Seul de Méluret em 1885, Charles James Search em 1886, Ricardo Reis em 1887, Alexander Search em 1888 (mesmo ano do próprio Pessoa) e Alberto Caeiro em 1889, mais lógico era recorrer mesmo a 1890.

embora "um pouco tendente a se curvar", usa "casaco exageradamente cintado" e monóculo no olho direito. Vaidoso, confessa (em "Passagem das horas") que gasta três horas para se vestir. Os cabelos são pretos, lisos, com risco de lado. Entre branco e moreno, seu tipo é "vagamente de judeu português" — novamente referindo Pessoa sua própria etnia, que inclui ascendentes processados em auto de fé. Tem educação leiga, de liceu; mas inicia estudos com um tio "sacerdote beirão",[274] que lhe ensina também latim. Trata-se de um "tio-avô padre", de quem herda "certo amor às coisas clássicas". O parentesco é diferente, definindo-se o próprio Campos como "adolescente inconsciente ao cuidado do primo padre tratado por tio"; assim o chamando, de tio, para demonstrar respeito. Em 1919, visita Newcastle-on-Tyne (Inglaterra, pertinho da Escócia) — reproduzindo viagem que fez Eça de Queiroz, em dezembro de 1874, para ali assumir cargo de cônsul.[275] Mas logo volta à família. Na aparência física, o heterônimo Álvaro talvez se inspire no poeta Ernesto de Campos Melo e Castro (1896-1973) — beirão, judeu de Covilhã, do signo de libra e engenheiro, tudo lembrando o heterônimo. Igual até no sobrenome, Campos.[276] Ao serem apresentados, em Lisboa, Pessoa chamou atenção dos presentes para uma enorme semelhança entre seus narizes. É licenciado em engenharia naval pela Universidade de Glasgow (Escócia), profissão inspirada em Raul Soares da Costa (casado com Maria Madalena, filha da tia Anica), que durante algum tempo dormiu em quarto vizinho ao seu na casa dessa tia Anica. Assim também admite a própria filha de Raul, Helena Freitas.

> Sim, eu, o engenheiro naval que sou supersticioso como uma camponesa madrinha,
> E uso monóculo para não parecer igual à ideia real que faço de mim.
> (...)

---

[274] Beirão é aquele que nasce em uma das três regiões da Beira, entre o Douro e o Tejo; Beira-baixa, no Nordeste e Norte interior; Beira-alta, no centro; e Beira-litoral, ao Ocidente, onde estão Aveiro, Coimbra, Figueira da Foz, Mealhada e Montemor-o-Velho (terra do quinto avô Sancho Pessoa da Cunha). Como a família paterna é da região de Coimbra, o "beirão" do texto (provavelmente) se refere à Beira-Alta, como Aquilino Ribeiro e Salazar.

[275] Com seu conhecido (mau) humor, da cidade disse Eça: *Estou no foco. É desagradável o foco* (carta a Jaime Reis, 6/1/1875); ou *Esta boa cidade parece-me inabitável* (carta a Andrade Corvo, 17/2/1875); ou *Nunca invejei tanto o poder de Nero — que, quando embirrava com uma cidade, lhe mandava tranquilamente deitar fogo* (carta a Jesuíno Ezequiel Martins, 25/2/1875).

[276] Ana Rita Palmeirim nos dá conta de ter sido constituída em 1918, com sede (Largo das Duas Igrejas) nas vizinhanças da casa em que nasceu Pessoa, uma "Álvaro Campos Lda.", de Álvaro Metrass Campos. Só coincidência, claro.

Viro todos os dias todas as esquinas de todas as ruas,
E sempre que estou pensando numa coisa, estou pensando noutra.

"Passagem das horas", Álvaro de Campos

Os estudos ficam incompletos, "deixei em quase três quartos meu curso escocês de engenharia". Apesar disso, se considera "engenheiro como profissão, farto de tudo e de todos". Presta serviços à Casa Forsyth, nome que lembra nobres medievais de Edimburgo; e chega a ser contratado como "diretor das Obras Públicas de Bragança" — onde lhe "foi mandado estudar o troço [trecho, traçado] da estrada de Guimarães". Mas logo é demitido "por não trabalhar, segundo ainda hoje é voz corrente nos habitantes de Bragança" — razão pela qual deixa marcado, no "Opiário", que "não fazer nada é a minha perdição". Vive em Tavira, "na sua antiga casa, no campo, onde era feliz e tranquilo". Por pouco tempo, que ainda "muito novo" passa a morar em Lisboa. Ali, está à vontade inclusive para exercer sua ranzinzice, como se vê de pequeno poema que começa assim: "Senhora Gertrudes!... Limpou mal esse quarto: tire-me essas ideias de aqui." Mortos pai e mãe, vive de pequenas rendas "ao lado de uma velha tia-avó". Tias, mais propriamente, como está nos versos em que fala na "ampla sala de jantar das tias velhas", em que "o relógio tiquetaqueava o tempo mais devagar" e onde se comprazia em "chá com torradas na província de outrora, eternamente criança, eternamente abandonado". Uma imagem que evoca as velhas tias-avós Maria Xavier Pinheiro e Rita Xavier Pinheiro da Cunha, com quem viveu Pessoa em diversos momentos da vida. Incluindo Pedrouços, à época ("outrora") uma "província".

Minha velha tia, que me amava por causa do filho que perdeu...
Minha velha tia costumava adormecer-me cantando-me
(Se bem que eu fosse já crescido demais para isso)...
Lembro-me e as lágrimas caem sobre o meu coração e lavam-o[277] da vida,
E ergue-se uma leve brisa marítima dentro de mim.

"Ode marítima", Álvaro de Campos

"Pecador quase protótipo nessa matéria de versos irregulares por fora", Campos é fundamentalmente um poeta sensacionista — rebelde, angustiado, cosmopolita. Alguém que adota, por inteiro, o lema "sentir tudo de todas as maneiras, amar tudo de todas as formas", desejando sempre "infini-

---

[277] Assim, no texto, e não o correto lavam-no.

tamente o finito" e "impossivelmente o possível". É também, como diz em "Saudação a Walt Whitman", "pretensioso e amoral". Esse "novo indivíduo" aparece em seu íntimo de repente; quando "num jato e à máquina de escrever, sem interrupção nem emenda, surgiu a *Ode triunfal*, de Álvaro de Campos". Sá-Carneiro, em 20 de junho de 1914, proclama: *Você acaba de escrever a obra-prima do futurismo*; a mesma que ele próprio, em 1916, considera "uma autêntica maravilha" — a "Ode com esse nome e o homem com o nome que tem". Em "Londres, 1914, junho". Falso local, que na terra em que viveriam seus dois irmãos homens nunca pôs os pés; e falsa data, que já Campos havia nascido nele bem antes. O homem e sua solidão.

> Coitado do Álvaro de Campos!
> Tão isolado na vida! Tão deprimido nas sensações!
> Coitado dele, enfiado na poltrona da sua melancolia!
> Coitado dele, que com lágrimas (autênticas) nos olhos,
> Deu hoje, num gesto largo, liberal e moscovita,
> Tudo quanto tinha, na algibeira em que tinha pouco, àquele
> Pobre que não era pobre, que tinha olhos tristes por profissão.
>
> Sem título (sem data), Álvaro de Campos

Campos e Caeiro

"Ao escrever certos passos das *Notas para recordação do meu mestre Caeiro*, tenho chorado lágrimas verdadeiras." É que "por mim, antes de conhecer Caeiro, eu era uma máquina nervosa de não fazer coisa nenhuma". O heterônimo Frederico Reis confirma: "Não há dúvida que Alberto Caeiro despertou, tanto em R[icardo] Reis como em Álv[aro] de Campos, a poesia que eles continham em si." Está pronto, então, para viver sua própria existência. "Vi em tudo caminhos e atalhos de sombra, e a sombra e os atalhos eram eu. Ah, estou liberto... Mestre Caeiro. Voltei à tua casa do monte. E vi o mesmo que viste, mas com meus olhos." Após o que completa: "Ah, se todo esse mundo claro, e estas flores e luz, se todo esse mundo com terra e mar e casas e gente, se isto é ilusão, por que é que isto está aqui?" Caeiro não se comove. Para ele, Campos é só um "bom homem, mas está bêbado". A resposta vem pronta: "Ó mestre Caeiro, só tu é que tinhas razão?"

Talvez por serem tão nítidas as diferenças entre eles, tenham tido discussões acaloradas. Certa vez, traduzindo "com perversidade amiga" um verso de William Wordsworth (1770-1850), diz Campos que "uma flor à margem do rio era uma flor amarela e mais nada". Caeiro responde: "Depende se se considera a flor amarela como uma das várias flores amarelas ou como aquela flor amarela só." Outra vez, pergunta: "Está contente consigo?" E Caeiro responde: "Não: estou contente." Completando a frase Pessoa com um comentário: "Era como a voz da terra, que é tudo e ninguém." Em outra conversa, Campos pergunta: "O que é o materialismo clássico?" Caeiro responde: "Isso é uma coisa de padres sem religião, e portanto sem desculpa nenhuma." Campos o contesta, atônito, apontando "semelhanças entre o materialismo e a doutrina dele, salvo a poesia desta última". Encerrando Caeiro a conversa com afirmação professoral: "Mas isso que V. chama poesia é que é tudo. Nem é poesia, é ver." Ficou famoso, entre eles, este diálogo (resumo):

Campos — Mas v. não concebe o espaço como infinito?

Caeiro — Não concebo nada como infinito. Como é que eu hei de conceber qualquer coisa como infinito?

Campos — Homem, suponha um espaço. Para além desse espaço há mais espaço, para além desse mais, e depois mais, e mais, e mais... Não acaba...

Caeiro — Por quê?

Campos — Suponha que acaba. O que há depois?

Caeiro — Se acaba, depois não há nada.

Campos — Mas v. concebe isso?

Caeiro — Se concebo o quê? Uma coisa ter limites? Pudera! O que não tem limites não existe. Existir é haver outra coisa qualquer e portanto cada coisa ser limitada.

Campos — Olhe, Caeiro... Considere os números... Onde é que acabam os números?[278] Tomemos qualquer número — 34, por exemplo. Para além dele temos 35, 36, 37, 38, e assim sem poder parar. Não há número grande que não haja um número maior...

Caeiro — Mas isso são só os números. O que é o 34 na Realidade?

"Notas para a recordação do meu mestre Caeiro", Álvaro de Campos

Campos e Reis

É uma relação conflituosa. "Bastante curiosamente, Álvaro de Campos está no ponto oposto, inteiramente oposto a Ricardo Reis. Contudo não é menos

---

[278] Referência ao professor Serzedas, personagem do conto "O vencedor do tempo", do heterônimo Pero Botelho, no qual esse Sócrates moderno sustenta que o "infinito numérico começa mas não acaba, o infinito zero é nada".

do que este último um discípulo de Caeiro e um sensacionista." Segundo Reis, "em tudo que se diz — poesia ou prosa — há ideia e emoção; e a diferença, entre essas formas é só o ritmo"; consistindo, esse ritmo, "numa gradação de sons e de falta de som, como o mundo na gradação do ser e do não ser". Reduzida, então, a emoção, a processo do qual se serve a ideia para converter-se em palavras. Sem maiores diferenças, portanto, entre poesia e prosa. "O que verdadeiramente Campos faz, quando escreve em verso, é escrever prosa ritmada." Campos, a seu turno, questiona Reis e sua poesia "demasiadamente virada para o ponto cardeal chamado Ricardo Reis"; só para ver Reis lamentar "o desprezo de Campos pela exatidão das frases". Entre as muitas polêmicas que tiveram, agora sobre arte, uma tem início com texto de Campos, criticando poema de Reis (publicado no primeiro número da revista *Athena*, em outubro de 1924), que começa assim:

> Ponho na altiva mente o fixo esforço
>   Da altura, e à sorte deixo,
>   E às suas leis, o verso;
> Que, quanto é alto e régio o pensamento,
>   Súbita a frase o busca
>   E o escravo ritmo o serve.
>
> "Odes" (sem data), Ricardo Reis

Campos o critica, indignado: "Que ele ponha na mente altiva o esforço da altura (seja lá o que isso for) concedo, se bem que me pareça estreita, uma poesia limitada... Mas a relação entre a altura e os versos de um certo número de sílabas é-me mais velada." Para ele, "como dizer é falar, e se não se pode gritar falando, tem de se cantar falando. Como a música é estranha à fala, sente-se música na fala dispondo as palavras de modo que contenham uma música que não esteja nelas, que seja, pois, artificial em relação a elas". É que, para Reis, "a poesia é uma música que se faz com ideias, e por isso com palavras". Campos responde, sugerindo que "com emoções fareis só música. Com emoções que caminham para as ideias... fareis o canto. Com ideias só... fareis poesia". Por isso, "quanto mais fria a poesia, mais verdadeira". Reis fica furioso, considerando ser Campos "só um grande prosador, um prosador com uma grande ciência". Nessa como que dança de opiniões sobre o tema, também se manifesta Caeiro, ao falar "da prosa dos meus versos"; e Bernardo Soares, que "à poesia em versos prefere a prosa que engloba toda a arte", concluindo que "a poesia ficaria para as crianças se aproximarem da prosa futura". Enquanto o próprio Pessoa, ao escrever, distingue bem palavras e voz (resumo): "Palavras expressam ideias, voz transmite emoção. A poesia, como expressão de ideias, nasce das palavras. O verso, como expressão de emoções, nasce da voz. Em sua origem a poesia era oral, era cantada. A expressão da ideia exige explicação. A expressão da emoção exige ritmo. Comunicar essa emoção é retirar-lhe o pensamento, mantendo essa expressão".

Campos e Pessoa

Nem sempre estão de acordo. Pessoa proclama sua "exaltação do instituto de pátria"; enquanto Campos responde, em "Passagem das horas", se declarando "internacionalista e cosmopolita". Pessoa o chama de "meu filho" (carta a Côrtes-Rodrigues, 4/3/1915); ou "meu abominável, porém justo, amigo Álvaro de Campos" (carta a José Régio, 26/1/1928); ou "meu velho mas muito querido amigo" (carta a Casais Monteiro, 26/12/1933). Segundo ele próprio, seria "um Walt Whitman com um poeta grego lá dentro" e chega a brincar com sua criação — quase reproduzindo encenação que fez com o mesmo Guisado, levando António Ferro a crer na existência de um poeta chamado Alberto Caeiro. "Para dar, mesmo para os mais próximos de nós, uma ideia da individualidade de Álvaro de Campos, lembrei ao Alfredo Guisado que fingisse ter recebido essa colaboração da Galiza; e assim se obteve papel em branco do Cassino de Vigo, para onde passei a limpo suas composições." São versos de "Passos da cruz" — à época, ainda um poema atribuído a Álvaro de Campos, depois publicado em *Centauro* (1916), como do próprio Pessoa. Os amigos acreditam e ele fica felicíssimo. Depois, com o tempo, escreve "diversas composições, em geral de índole escandalosa e irritante, sobretudo para Fernando Pessoa, que, em todo o caso, não tem remédio senão fazê-las e publicá-las, por mais que delas discorde". Teresa Rita Lopes lembra que, *ao criar Álvaro de Campos, Pessoa deu forma de gente a seus medos e anseios. Ousou, através dele, os gestos, as viagens e os excessos que o seu temperamento abúlico lhe não permitiam viver.* Mas só em sua primeira fase, faltou dizer.

Em junho de 1930, num encontro arranjado por Carlos Queiroz, José Régio e João Gaspar Simões vão de Coimbra (onde moram) a Lisboa, só para conhecê-lo. Pessoa os recebe, no Café Montanha, de maneira pouco amistosa. Segundo

Simões, *Fernando Pessoa, em vez de comparecer pessoalmente à entrevista, enviara por ele, digamos, terceira pessoa: nem mais nem menos que o Sr. Engenheiro Álvaro de Campos!* José Régio, de Vila do Conde, nunca escondeu sua natural hostilidade em relação a lisboetas em geral. Especialmente intelectuais lisboetas. E não gosta do encontro. Mas reconhece nele o gênio, desde 1927, quando em artigo na revista *Presença* (nº 33, "Da geração modernista") o chama de *mestre, o mais rico em direções dos nossos chamados modernistas*. Mesmo não tendo voltado a se encontrar, trocam longa correspondência. O heterônimo ganha vida própria. Livros são dedicados por amigos não a Pessoa, mas ao próprio Campos: *Tanto*, de Samuel Dias; *Teoria da indiferença*, de António Ferro; *Fogueira eterna*, de António Alves Martins; *Se Gil Vicente voltasse*, de Ponce de León — este enviado a *Álvaro Fernando de Campos Pessoa*. Cartas lhe são regularmente endereçadas por Sá-Carneiro, que avisa: *Mandei dois postais ao engenheiro e um para você*; e, também, por Alfredo Guisado, Ferreira Gomes, Cortês-Rodrigues — assinando, por vezes, Rodrigues essas cartas como Violante de Cysneiros. Um pseudônimo escrevendo para um heterônimo. Campos, nos anos 1910, é um homossexual assumido, que grita sua "revolta contra deveres e revolta contra a moral". Ao longo da obra, há mesmo numerosos poemas que explicitam essa preferência sexual.

> Olha, Daisy: quando eu morrer tu hás de
> dizer aos meus amigos aí de Londres,
> (...)
> contar àquele pobre rapazito
> que me deu tantas horas tão felizes,
>
> Embora não o saibas, que morri...
> mesmo ele, a quem eu tanto julguei amar,
> nada se importará...
>
> "Soneto já antigo", Álvaro de Campos

Mas, em 1920, Pessoa conhece Ophelia; e, a partir daí, aquele que um dia sonhara com jovens rapazes e brutos marinheiros não seria mais o mesmo. Num "comunicado do Engenheiro Naval Sr. Álvaro de Campos em estado de inconsciência alcoólica", inclusive confessa desejos por uma mulher: "Ai, Margarida/ Se eu te desse a minha vida/ Que farias tu com ela?" E tanta é a mudança que Campos acaba se casando. Assim parece a quem lê seus poemas finais (como "Vilegiatura"), em que o vemos num ambiente doméstico, acompanhando calado a esposa que maneja uma tesoura ou conversando os dois com doçura — evocando o ambiente que Pessoa via em Durban, com a mãe e o padrasto.

> Como e onde a tesoura e o ideal de uma outra. Cismavas, olhando-me,
> como se eu fosse o espaço. Recordo para ter em que pensar, sem pensar.
> De repente, num meio suspiro, interrompeste o que estavas sendo. Olhaste
> conscientemente para mim, e disseste:
> Tenho pena que todos os dias não sejam assim —
> Assim como aquele dia que não fora nada...
>
> "Vilegiatura", Álvaro de Campos

Em algumas ocasiões, Campos assume o lugar de seu criador na relação com Ophelia. Como no dia em que chega a lhe proibir de "pesar menos gramas, comer pouco, não dormir nada, ter febre e pensar no indivíduo em questão" — o próprio Pessoa. Ou, então, quando afirma: "Trago uma incumbência, minha senhora, a de deitar a fisionomia abjeta desse Fernando Pessoa de cabeça para baixo e num balde de água", após o que chama seu criador de "meliante". Ophelia reage: *Discordo por completo que V.Exa. trate o Exmo. Dr. Fernando Pessoa, que muito prezo, por abjeto e miserável*; declarando ainda não compreender como, *sendo seu particular e querido amigo, o possa tratar tão desprimorosamente*. Mesmo a última carta que Pessoa lhe escreve é enviada só depois de obter "a devida autorização do Sr. Engº Álvaro Campos". Ophelia comenta: *Era* [Pessoa] *um pouco confuso, principalmente quando se apresentava como Álvaro de Campos. Dizia-me, então, hoje não fui eu que vim, foi o meu amigo Álvaro de Campos. Portava-se, nestas alturas, de uma maneira totalmente diferente. Destrambelhado, dizendo coisas sem nexo.*

Os muitos Campos

"Álvaro de Campos é o personagem de uma peça; o que falta é a peça." Dado ao mundo em dois poemas, "Opiário" e "Ode Triunfal", publicados no primeiro número da revista *Orpheu* (em 1915), escreve também sobre temas bem variados. Em uma *Lei de Malthus da sensibilidade*[279] prega, por exemplo, "a abolição

---

[279] O economista inglês Thomas Robert Malthus (1766-1834), em seu *Ensaio sobre o princípio da população*, sugeriu que o crescimento do número de habitantes do planeta (em proporção geométrica 1,2,4,8) se daria em ritmo maior que o (em proporção aritmética 1,2,3,4) dos alimentos; e, a partir dessa conclusão, enunciou sua *lei* — segundo a qual deveria haver uma restrição voluntária dos nascimentos. A frase é reação aos poetas saudosistas, contra os quais se bate Pessoa, sugerindo que deveria haver menos poetas assim.

do dogma da personalidade (de que temos uma personalidade separada da dos outros) e a abolição do conceito de individualidade (a de que a alma de cada um é una e indivisível)". Isso quer dizer: em política, "abolição de toda convicção que dure mais que um estado de espírito"; em arte, "abolição do dogma da individualidade artística"; em filosofia, "abolição total da verdade como conceito filosófico". O próprio Campos se define: "Sou um técnico, mas tenho técnica só dentro da técnica. Fora disso sou doido, com todo direito a sê-lo." "Posso imaginar-me tudo, porque sou nada. Se fosse alguma coisa, não poderia imaginar." João Lobo Antunes, médico e ganhador (em 1996) do Prêmio Pessoa, resume: Era a *maldição da inteligência*.

Para Sá-Carneiro, *Álvaro de Campos não é maior com certeza que Fernando Pessoa, mas consegue ser mais interessante que ele*; e radicaliza: *Para mim, é o Campos que existe e Pessoa é seu pseudônimo* (carta de 30/8/1915). Almada Negreiros tem opinião parecida. O próprio Pessoa lembra que, "depois de ler com entusiasmo a *Ode triunfal*", o amigo o sacudiu "fortemente pelo braço, vista a minha falta de entusiasmo, e disse quase indignado: *Isto não será como V. escreve, mas o que é a vida*. Senti que só a sua amizade me poupou à afirmação implícita de que Álvaro de Campos valia muito mais que eu". Almada completa a descrição do episódio: *Desci e disse a Fernando Pessoa: Álvaro de Campos, peço-lhe encarecidamente quando encontrar Fernando Pessoa dar-lhe da minha parte um bom pontapé no cu.* Para António Quadros, *sendo o mais complexo dos heterônimos, é ao mesmo tempo o mais patente e o mais oculto, o mais exterior e o mais secreto, o mais próximo do humano e o mais próximo do divino*. Pessoa pensa fazer um livro só com poemas de Campos; e, em 3 de fevereiro de 1935, escreve aquele que o deveria encerrar — acrescentando, entre parênteses, *"end of the book"*. Depois, numa inconstância que era típica nele, ainda escreveria pelo menos seis outros poemas. Aquele destinado ao *fim do livro* diz:

> Há quanto tempo não escrevo um soneto
> Mas não importa: escrevo este agora.
> Sonetos são infância, e, nesta hora,
> A minha infância é só um ponto preto,
>
> Que num imóbil e fútil trajeto
> Do comboio que sou me deita fora.
> E o soneto é como alguém que mora
> Há dois dias em tudo que projeto.

Graças a Deus, ainda sei que há
Catorze linhas a cumprir iguais
Para a gente saber onde é que está...

Mas onde a gente está, ou eu, não sei...
Não quero saber mais de nada mais
E berdamerda[280] para o que saberei.

"Regresso ao lar",[281] Álvaro de Campos

Opiário

Em viagem ao Oriente, num paquete alemão, nasce *Opiarx*[282] — inicialmente dedicado a Fernando Pessoa e, por fim, "ao senhor Mário de Sá-Carneiro". Na vida real, essa viagem (na parte marítima) se dá em 1901; quando, nas férias sabáticas do padrasto, a família visita Portugal. Por navio, percorre toda a costa oriental da África, passando por Zanzibar (ilha do oceano Índico) e Dar-es-Salaam (velha capital da Tanzânia), que Campos evoca em "Passagem das horas"; Port Said (no Egito), extremidade do Canal de Suez, que refere nesse poema de 1914; e Nápoles. Enquanto, no "Opiário", a viagem seria interrompida em Marselha, de onde foi por terra até Lisboa — dado sentir "um grande tédio de seguir". Essa imagem evoca um Rimbaud que, na juventude, andou por toda a Europa; e, no retorno da África, para morrer, também desembarcou em Marselha.

O título não deve estranhar por ser Campos dado à cocaína e ao ópio, como tantos escritores de seu tempo — entre outros. Huxley, Rimbaud, Thomas de Quincey, Manuel Bandeira. O poema, com 43 estrofes em quadras rimadas no esquema ABBA, é escrito às pressas para publicar no primeiro número de *Orpheu*, em março de 1915. "Assim fiz o 'Opiário', em que tentei dar todas as tendências latentes do Álvaro de Campos, conforme haviam depois de ser reveladas, mas sem haver ainda qualquer traço de contato com o meu mestre Caeiro."

---

[280] *Berdamerda* é expressão portuguesa equivalente ao *Charlie-Nobody* americano ou ao *João-Ninguém* brasileiro. Só que no caso, mais propriamente, seria um bom e sonoro palavrão — com origem em militares que, nos campos de batalha, diziam *vá beber da merda*. José Batista Pinheiro de Azevedo, conhecido como o Almirante sem medo, é ainda hoje lembrado por ter dito *Berdamerda para o fascista* em um parlamento sequestrado após o 25 de abril de 1974.

[281] Na inspiração, Pessoa evoca o famoso "Soneto de repente", escrito por (Félix) Lope de Vega (y Carpio, 1562-1635), que começa assim: *Um soneto me manda fazer Violante,/ Que em minha vida me oprimiu tanto;/ Catorze versos dizem que é soneto,/ Burla burlando vão os três de diante.*

[282] *Opiarx* é neologismo que viria do latim *opium*, ópio. Mas o título usualmente empregado, nas publicações, é "Opiário" — outro neologismo, agora em português, também criado pelo próprio Pessoa.

Depois, completaria: "Foi, dos poemas que tenho escrito, o que me deu mais que fazer... Enfim, creio que não saiu mau." Uma avaliação justa; tanto que, pela qualidade do texto, e mesmo referindo tema tão delicado, recebeu críticas comedidas. Joaquim-Francisco Coelho inclusive sugere que, num certo sentido, *poderíamos e deveríamos ler o "Opiário" como um possível posfácio ao espírito de glória de Os lusíadas... no qual o anti-herói, sentado e deprimido, contrasta meio grotescamente com o herói ereto e aguerrido da epopeia nacional.*

> Ao toque adormecido da morfina
> Perco-me em transparências latejantes
> E numa noite cheia de brilhantes
> Ergue-se a lua como a minha Sina.
> (...)
> E afinal o que quero é fé, é calma.
> E não ter estas sensações confusas.
> Deus que acabe com isto! Abra as eclusas
> E basta de comédias na minha alma![283]
>
> "Opiário", Álvaro de Campos

Tabacaria

Em 3 de fevereiro de 1927, um Campos (o próprio Pessoa) já maduro revela as primeiras inspirações daquele que se tornaria seu mais conhecido poema:

> Nas praças vindouras — talvez as mesmas que as nossas —
> Que elixires serão apregoados?
> (...)
> Na minha própria metafísica, que tenho porque penso e sinto
> Não há sossego.
> (...)
> O cansaço de pensar, indo até o fundo de existir,
> Faz-me velho desde antes de ontem com um frio até no corpo.
> O que é feito dos propósitos perdidos e dos sonhos impossíveis?
>
> "Marcha para a derrota",[284] Álvaro de Campos

---

[283] Após esse verso final, à margem, uma pequena inscrição: "No Canal de Suez, a bordo".
[284] Esse título aparece, antes, à margem de um dos originais de "Lisbon Revisited (1926)".

Em sequência, nesse mesmo 1927, surge um "Esboço para Tabacaria" em que diz (resumo): "O homem, lobo da sua inspiração,[285] segue revoltado e ignóbil, no rodar imperturbável da terra, sem sossego, sem outro conforto que a realidade de suas ilusões, governa, levanta guerras, deixa de si memórias de numerosas batalhas, versos e edifícios. A terra esfriará sem que isso valha. Se deu vida, dará a si a morte. Outros sistemas de astros e de satélites darão porventura novas humanidades. Cristos outros subirão em vão às novas cruzes." Depois, com a mesma inspiração, outros pequenos poemas vão aparecendo. Até que, em 15 de janeiro de 1928, acaba de escrever o maior deles. Aquele pelo qual, mais que todos os outros, será para sempre lembrado. *Uma espécie de epopeia do fracasso absoluto*, assim o define Bréchon. O *mais belo poema do mundo*, segundo Rémy Hourcade. Publicado em julho de 1933 na revista *Presença*, número 39, ocupa toda a capa e mais uma página interior; com título escrito em grandes letras, de um canto a outro dessa capa, de maneira diferente — *TaBaCaRia*.

A tabacaria da "Tabacaria"

Qual a tabacaria da "Tabacaria"?, eis a questão. Para alguns biógrafos, é a Tabacaria Costa, ainda hoje funcionando na Rua Áurea, 295 — porque lá, quase sempre, comprava cigarros. Segundo outros seria a Casa Havaneza do Chiado, Rua Garrett, 124-134, dedicada ao *comércio de cigarros por miúdo, outros artigos para fumadores, jornais, lotaria* — vizinha da Brasileira, parede com parede. Para outros, ainda, seria a Leitaria Acadêmica, destinada ao *comércio e venda de leite, laticínios, pastelarias, vinhos, engarrafa-*

Capa da revista *Presença*

dos e a miúdo, frutaria, águas minerais etc. Neste caso, uma impossibilidade absoluta, por ter sido inaugurada só em 1º de janeiro de 1938, quando Pessoa já estava morto. Opiniões dadas, todas, sem nenhuma fonte histórica. Versão

---

[285] Referência a frase do dramaturgo romano Plauto (254-184 a.C.), em *Aulolária: Homo homini lupus* (O homem é o lobo do homem), citada por (Thomas) Hobbes (1588-1679) no seu *Leviatã* (1651).

mais comum, entre autores, é que seria A Morgadinha, situada na Rua Silva Carvalho, 13/15, esquina com a Coelho da Rocha — a rua em que morava Pessoa, quando foi escrito "Tabacaria", por ser único local em que se podia comprar tabacos, nas proximidades do seu edifício. A ideia de que tenha sido mesmo ela se baseia no próprio poema:

> Janelas do meu quarto,
> Do meu quarto de um dos milhões do mundo
> que ninguém sabe quem é
> (E se soubessem quem é, o que saberiam?).

Mas também essa hipótese não se sustenta. Primeiro, porque o quarto de Pessoa, à época em que escreveu esses versos, não tinha janela nenhuma; sendo único quarto com vista para a rua o destinado à sobrinha. Essa informação me foi dada pela própria Manuela Nogueira, com toda a autoridade de quem dormia em dito quarto da frente. E também por António Manuel Rodrigues de Seixas, filho do barbeiro Manassés, que (quase sempre) acompanhava o pai quando ia fazer diariamente a barba de Pessoa em seu quarto. O apartamento foi depois inteiramente destruído por dentro, nas reformas para a ambientação da hoje Casa Fernando Pessoa. Mas a planta que desenhou esse filho de Manassés, em minha frente, começa com a sala de jantar e o quarto destinado às crianças, ambos com janelas; depois um corredor, o quarto da irmã Teca e, só então, o de Pessoa. Pequeno. Escuro. Quente. *Deprimente*, segundo seu testemunho. E sem janela nenhuma. Também porque A Morgadinha ficava numa esquina, em local mais recuado que os demais imóveis da Coelho da Rocha — entre eles, o edifício de Pessoa. Do mesmo lado da rua. E ainda quando se projetasse o corpo para fora da janela do apartamento, olhando para o lado esquerdo (como fiz), não se poderia vê-la da janela daquele quarto da frente. Razão pela qual jamais poderia ser essa a "Tabacaria de defronte", ou "do outro lado da rua, como coisa real por fora", assim lembra nos versos.

Não só por isso. Também, e sobretudo, pela circunstância de nem existir essa A Morgadinha, naquele tempo. Segundo a Conservatória do Registro Comercial de Lisboa, foi constituída (registro número 32.082) apenas em 3 de junho de 1958, dedicada *ao comércio de leiteria, pastelaria, vinhos e frutas*; dissolvida essa Morgadinha pouco depois, segundo escritura de 17 de outubro de 1971, do 15º Cartório Notarial de Lisboa. Segundo os muitos depoimentos que me foram dados por vizinhos daquele tempo, seus proprietários seriam Oliveira e Trindade; e por uma porta do estabelecimento, na Rua Silva Carvalho, era guardado o automóvel Ford de um deles. Não terá sido bem assim. Oliveira, com certeza, é Manuel Santana de Oliveira, solteiro, maior, empregado do comércio, morador da Avenida Padre Manuel da Nóbrega, 19-4º esquerdo — um dos sócios que criaram, em 1958, essa A Morgadinha. Enquanto Ford era marca praticamente inexistente em Lisboa, nos tempos de Pessoa. Introduzidos em Portugal desde 1908, apenas em 1932, com a criação da Ford Lusitana, começaram a ser mais conhecidos. Assim, mais certamente, se tem que Oliveira, a partir de 1958, guardava ali seu automóvel Ford; traída, pelo tempo, a memória desses velhos vizinhos com quem conversei. De certo apenas se tendo que à época do poema, no endereço daquela esquina, havia mesmo um (outro) estabelecimento que vendia vinhos e chocolates, além, segundo a sobrinha Manuela Nogueira, de *jornais, tabacos e artigos de papelaria*. Seu proprietário era António Lopes. Esse nome, António, me foi lembrado pelo filho de Manassés. O empregado que atendia Pessoa, Julio Trindade, morava na Rua Saraiva de Carvalho, 114, bem próximo ao endereço. Era ele o "rechonchudo Trindade" de que falava Bernardo Soares.

Em busca do verdadeiro endereço dessa casa é bom lembrar que, em fins do século 19, a cidade tinha 80 tabacarias explorando o mercado de cigarros, cigarrilhas e charutos, por vezes também vendendo jornais e loterias (algumas ainda fazendo câmbio de moedas). Começava, ali, a era das Havanezas, um símbolo da *belle époque* na Lisboa de então. Mais famosas eram a já referida Casa Havaneza, do Chiado, retratada por Eça no final de *O crime do padre Amaro*; a Nova Casa Havaneza, Rua dos Capelistas, 136-140; a Tabacaria Bela Havaneza, Rua da Prata, 207; a Havaneza do Socorro, esquina da Rua da Palma com a Rua de São Lázaro, referida por Pessoa em carta a Geraldo Coelho de Jesus (10/8/1919). Por essa época, nasceu também a Havaneza de São Pedro de Alcântara, na Rua de São Pedro de Alcântara, 47, Concelho de Oeiras, que vendia bilhetes para visitar a Vila de Sintra e as Águas de Caneças, famosas por curar anemias, dores nos intestinos e indisposições estomacais; além de velas de estearina para iluminação dos interiores das casas — com vantagem sobre as demais por não produzirem fumaça e terem reduzido cheiro de unto queimado. E, mais, a Havaneza do São Carlos, a Havaneza de Belém, a Havaneza Central de Coimbra, a Havaneza Áurea e a Havaneza Bocage (em Setúbal).

Entre essas, fundada também ao final do século 19, a Havaneza dos Retroseiros. Ficava bem em frente ao escritório da Casa Moitinho de Almeida, na esquina da então Rua dos Retroseiros, 63/65 com a Rua da Prata, 65 (até pouco antes, Rua Bela da Rainha). "Do outro lado da rua, como coisa real por fora", como lembra nos versos. Retroses são fios de seda ou algodão, para costura ou bordado; tendo esse nome a serventia por reunir todas as retroserias da parte baixa da cidade. Ainda hoje assim se dá. Antes, se chamava d'El-Rei; em sequência, da Madalena; e, finalmente, dos Retroseiros. Mais tarde, ainda mudaria nome que hoje tem, da Conceição. No mesmo imóvel, presentemente, está a Pelaria Pampas — estabelecimento dedicado ao comércio de peles, sobretudo da Argentina. Por conta de mudanças na geografia da cidade, a pelaria, que ocupa hoje o imóvel, já não se volta em um dos lados para a Rua da Prata; recebendo sua única porta o número 63 da Rua da Conceição. Segundo o Almanaque Palhares de 1900, a Havaneza dos Retroseiros é definida como um depósito de tabacos medicinais e estrangeiros, jornais, loterias e outros artigos próprios para fumadores; com telefone 21.004, na Lista dos Assinantes da Companhia de 1930. Seu proprietário, no começo do século, era Manuel Alves Rodrigues — um cavalheiro magro, com bigodes retorcidos de volta inteira, barbicha no queixo (conhecida então como pera) e cabelo (bem à moda da época) apartado ao meio. Usava colarinho gomado, de pontas redondas, e laço caindo à lavalière, como um colar. Em 1922 (segundo o Anuário Comercial de Portugal), morto Alves Rodrigues, passa o estabelecimento às mãos de outro Manuel, agora Gonçalves da Silva. É essa a tabacaria da "Tabacaria".

Na Casa Moutinho de Almeida, Pessoa datilografava seus poemas à noite, depois de findos os trabalhos de tradução. A informação é do poeta Luís Pedro Moitinho de Almeida, que pela manhã comentava os versos com seu autor. No primeiro andar do escritório havia uma sala só para ele. Quarto, no poema. Mansarda, segundo suas palavras: "Mas sou e talvez serei sempre o da mansarda, ainda que não more nela", posto morar na Rua Coelho da Rocha. E da janela do escritório, como pude comprovar, dá mesmo para ver bem em frente o imóvel em que estava a dita Havaneza dos Retroseiros. Sendo prova definitiva de ser mesmo essa a tabacaria dada pelo próprio Pessoa, em poema que começa com esses versos:

> Cruz na porta da tabacaria!
> Quem morreu? O próprio Alves? Dou

Ao diabo o bem-estar que trazia.
Desde ontem a cidade mudou.

Quem era? Ora era quem eu via
Todos os dias o via.
(...)
Ele era o dono da tabacaria
Um ponto de referência de quem sou.

Sem título (14/10/1930), Álvaro de Campos

O Alves do poema, como vimos, é Manuel Alves Rodrigues, antigo proprietário do estabelecimento. Sem informação sobre se Pessoa teria conhecimento, quando escreveu "Tabacaria", de já haver então morrido. Seja como for, não teria estranhado — que sempre se refere a ele como "o dono pálido da tabacaria". No mundo real, mais provavelmente, essa "cruz na porta da tabacaria" do poema de 1930 se refere a um funcionário (sem registro de seu nome) que sempre atendia Pessoa. Por Bernardo Soares, sabemos tratar-se do caixeiro, que "era em certo modo, casaco torto e tudo, a humanidade inteira". Mais tarde, confessaria: "Quando ontem me disseram que o empregado da tabacaria se tinha suicidado, tive uma impressão de mentira. Coitado, também existia! Tínhamos esquecido isso, nós todos, nós todos que o conhecíamos do mesmo modo que todos que o não conheceram. Amanhã esquecê-lo-emos melhor. Mas a mim, como à humanidade inteira, há só a memória de um sorriso parvo por cima de um casaco de mescla, sujo e desigual nos ombros. Pensei uma vez, ao comprar-lhe cigarros, que encalveceria cedo. Afinal não teve tempo para envelhecer."

Personagens da Tabacaria

Cinco personagens são referidos no poema. Além de Pessoa, que tem sua própria vida marcada em quase todos os versos — o gosto pela bebida, o medo de enlouquecer, cigarro, sonhos, angústias. O primeiro dos cinco personagens está nestes versos, entre parênteses:

(Come chocolates, pequena;
Come chocolates!
Olha que não há mais metafísica no mundo senão chocolates...).

Essa "pequena" é sua sobrinha Manuela Nogueira. Como ela própria me confessou, *a leiteria onde comprava chocolates com moedas dadas pelo tio Fernando era aproximadamente dois prédios a seguir ao nº 16 da Rua Coelho da Rocha, talvez nº 10 ou 12. O proprietário era o senhor Trindade, de que me lembro como se fosse hoje.* O endereço era Rua Coelho da Rocha, 2/4, esquina com Rua Silva Carvalho, 13/15, a cerca de 50 metros do edifício de Pessoa. Podendo a sobrinha comprar seus chocolates sem o risco de ter de atravessar rua nenhuma. E Julio Trindade não era proprietário, mas simples empregado. O segundo está nestes versos:

> Mas o Dono da Tabacaria chegou à porta e ficou à porta.
> Olho-o com o desconforto de cabeça mal voltada
> E com o desconforto da alma mal entendendo.

O dono dessa Tabacaria, já vimos, era Manuel Ribeiro Alves. Seguem-se dois personagens, novamente entre parênteses:

> (Se eu casasse com a filha da minha lavadeira
> Talvez fosse feliz).

Lavadeiras estão presentes em alguns poemas de Pessoa. Como nesse, de 15/9/1933: *A lavadeira no tanque/ Bate roupa em pedra boa/ Canta porque canta e é triste/ Porque canta porque existe/ Por isso é alegre também.* Essa lavadeira de agora se chamava Irene, e sua filha Guiomar. Chegando mesmo Pessoa a pensar em casar com dita Guiomar, entre as duas fases de sua relação com Ophelia Queiroz. Essa paixão, secreta, explica uma história divertida, que começa quando o amigo Thomás d'Almeida[286] pede-lhe que registre sua filha — indicando, como nome que deveria ter, *Múcia Leonor*; sendo o registro feito, por Pessoa, com o nome de *Múcia Guiomar d'Almeida*. Mesmo nome daquela tardia Guiomar que quase mudara sua vida. Antes, em 1916, os espíritos dos heterônimos More e Wardour já haviam sugerido que a mulher por quem se apaixonaria seria uma governanta — descrição muito mais próxima dessa Guiomar que de Ophelia. E, em *A educação do estoico*, confessa: "Tive um dia a ocasião de casar, porventura ser feliz, com uma rapariga muito simples, mas entre mim e ela ergue-

---

[286] Quase o mesmo nome do primeiro patriarca de Lisboa, D. Tomás de Almeida (1670-1754).

ram-se-me na indecisão da alma quatorze gerações de barões";[287] a confissão se completa indicando que "data dessa hora suave e triste o princípio do meu suicídio". O quinto e derradeiro personagem é o único nomeado:

> O homem saiu da Tabacaria (metendo troco na algibeira das calças?).
> Ah, conheço-o; é o Estêves sem metafísica.
> (O Dono da Tabacaria chegou à Porta)
> Como por um instinto divino o Estêves voltou-se e viu-me.
> Acenou-me adeus, gritei-lhe Adeus ó Estêves!...

Pessoa não cita esse Estêves em nenhum outro escrito. Única referência possível está no fragmento 481 do *Desassossego*, que fala em um "velhote redondo e corado, de charuto, à porta da Tabacaria". Talvez fosse ele. A hipótese não é desarrazoada; que nesse fragmento, logo após referir dito "velhote", imediatamente lembra "o dono pálido da tabacaria" — completando, como Soares, "o que é feito de todos eles que, porque os vi e os tornei a ver, foram parte de minha vida?" Dois personagens que estão coincidentemente juntos, no poema e em duas linhas seguidas do *Desassossego* — "o Estêves sem metafísica" e "o dono da tabacaria". Problema é não haver, entre seus amigos de cafés ou letras, um único Estêves. Nem artistas ou políticos importantes em Lisboa com esse nome. Na busca de algum personagem a quem poderia se referir, três nomes deveriam ser considerados, por terem (alguma) evidência na Lisboa daquele tempo. João Manuel Estêves Pereira (nascido em 1872), empregado público e escritor que, junto com Guilherme Rodrigues, redigiu o *Portugal — Dicionário histórico, corográfico, heráldico, bibliográfico, numismático e artístico*; além, bom lembrar, de ter sido aluno do mesmo Instituto Superior de Letras frequentado por Pessoa. Francisco Romano Estêves (nascido em 1882), pintor, organizador dos Salões de Belas-Artes do Cassino do Estoril e diretor da Sociedade Nacional de Belas-Artes de Lisboa. E Raul Augusto Estêves (nascido em 1897), oficial do Exército que lutou em Flandres na Primeira Guerra, teve influência no Movimento de 28 de maio de 1926 e foi alvo de atentado ao final da Primeira República.

Mas esses três nomes, em princípio, devem ser descartados. Que Pessoa tinha um estilo bem definido ao escrever. Todas as referências que constam de poemas e outros textos seus estão em sua volta ou nas obras que lê; e jamais usaria nome de um desconhecido, ou aleatório, em poema como

---

[287] Essa citação a *barões* tem sentido por ser o texto assinado pelo heterônimo Barão de Teive.

esse, que pressentia eterno. Cheguei a imaginar pudesse vir a ser só um jogo de palavras. Estêves é aquele que já não está lá, que *esteve*. Uma hipótese (quase) delirante. Há, pois, que buscar esse Estêves na sua própria vida. E, se assim for, ele está fisicamente perto. No caso, trata-se de Joaquim Estêves, vizinho que frequentava a casa da família na Rua Coelho da Rocha — e que morava bem próximo, na Rua Saraiva de Carvalho, 200. Um anônimo desses tantos que passam pela vida e não deixam maiores registros. "Sem metafísica", como a ele se referem os versos. Mas tão íntimo da família que, a seu pedido, foi declarante do Assento de Óbito do próprio Pessoa — número 1.609, hoje na 7ª Conservatória do Registro Civil de Lisboa.

A morte de Campos

Depois da profusão dos textos iniciais, Álvaro de Campos silencia: "Opiário" é de 1º de março de 1914; "Ode triunfal", junho de 1914; "Dois excertos de odes", 30 de junho de 1914; a monumental "Ode marítima", 1915; "Saudação a Walt Whitman", 11 de junho de 1915. Todos são dessa primeira fase. É que *Álvaro de Campos é Álvaro de Campos só no período entre março de 1914 e fins de 1915,* assim considera Gaspar Simões. Depois, aos poucos, vai amadurecendo. Caeiro está morto. Reis viaja ao Brasil. Só a Campos concede Pessoa que o acompanhe pela vida. Volta a escrever a partir de 1922; mas, então, já não é Campos quem escreve, é o próprio Pessoa. No fim, temos só um homem cansado, desalentado, "vão para o diabo sem mim, ou deixem-me ir sozinho para o diabo!". Seu epitáfio, o próprio heterônimo escreve: "Álvaro de Campos jaz, aqui, o resto a Antologia grega traz." Em *Mente-me: diz-me a verdade,* Adolfo Camilo Diaz relata um suposto assassinato de Campos, *tremendamente mutilado por uma serra.* Suspeito de ser assassino seria o próprio Pessoa, no caso protegido por Ophelia Queiroz; depois se vendo ser, esse morto, um certo Esteban Gracieli. Na novela *Os três últimos dias de Fernando Pessoa,* o italiano António Tabucchi imagina Campos visitando o poeta no hospital. *Que horas são?, perguntou Pessoa. É quase meia-noite, respondeu Álvaro de Campos, a melhor hora para te encontrar, a hora dos fantasmas.* Nesse encontro, que seria o último entre os dois, compartilham todos os segredos. Por fim avisando Campos a Pessoa: *Eu não sobreviverei, partirei contigo.* Assim foi.

Textos escolhidos

TABACARIA

Não sou nada.
Nunca serei nada.
Não posso querer ser nada.[288]
À parte isso, tenho em mim todos os sonhos do mundo.
Janelas do meu quarto,
Do meu quarto de um dos milhões do mundo que ninguém sabe quem é
(E se soubessem quem é, o que saberiam?),
Dais para o mistério de uma rua cruzada constantemente por gente,
Para uma Rua inacessível a todos os pensamentos,
Real, impossivelmente real, certa, desconhecidamente certa,
Com o mistério das coisas por baixo das pedras e dos seres,
Com a morte a pôr umidade nas paredes e cabelos brancos nos homens,
Com o Destino a conduzir a carroça de tudo pela estrada de nada.[289]
Estou hoje vencido, como se soubesse a verdade.
Estou hoje lúcido, como se estivesse para morrer,[290]
E não tivesse mais irmandade com as coisas
Senão uma despedida, tornando-se esta casa e este lado da rua
A fileira de carruagens de um comboio, e uma partida apitada
De dentro da minha cabeça,[291]
E uma sacudidela dos meus nervos e um ranger de ossos na ida.

Estou hoje perplexo, como quem pensou e achou e esqueceu.
Estou hoje dividido entre a lealdade que devo

---

[288] O tema é recorrente, na obra de Pessoa. Por exemplo, no próprio Campos: "Não: não quero nada, já disse que não quero nada" ("Lisbon Revisited, 1923)". Em Ricardo Reis: "Nada fica de nada. Nada somos" ("Ode", de 28/9/1932). Em Fernando Pessoa: "Nada sou, nada posso, nada sei" (poema sem título de 6/1/1923). Sem contar *Mensagem* ("D. João, infante de Portugal"), que começa dizendo "Não fui alguém".

[289] No poema XVI de "O guardador de rebanhos", também fala na brancura dos cabelos: "A minha velhice não tinha rugas nem cabelos brancos"; e, adiante, em um tipo dessas carroças — "Quem me dera que a minha vida fosse um carro de bois que vem a chiar, manhãzinha cedo, pela estrada". A sequência dos versos, em "O guardador" e na "Tabacaria", sugere que as ideias andavam nele interligadas.

[290] Campos escreve poema (sem título ou data) começando pelo verso "Cruzou por mim, veio ter comigo, numa Rua da Baixa", que acaba dizendo: *Já disse: sou lúcido./ Nada de estéticas com o coração: sou lúcido./ Merda! Sou lúcido.*

[291] Referência a seu estado mental. Essa imagem reproduz em numerosos outros textos e mesmo na correspondência com amigos. Quase as mesmas palavras, por exemplo, estão em carta a Mário Beirão (1/2/1913): "Você dificilmente imaginará que Rua do Arsenal, em matéria de movimento, tem sido a minha pobre cabeça".

À Tabacaria do outro lado da rua, como coisa real por fora,
E à sensação de que tudo é sonho, como coisa real por dentro.

Falhei em tudo.
Como não fiz propósito nenhum, talvez tudo fosse nada.
A aprendizagem que me deram,
Desci dela pela janela das traseiras da casa.
Fui até ao campo com grandes propósitos.
Mas lá encontrei só ervas e árvores,
E quando havia gente era igual à outra.
Saio da janela, sento-me numa cadeira. Em que hei de pensar?
Que sei eu do que serei, eu que não sei o que sou?
Ser o que penso? Mas penso ser tanta coisa!
E há tantos que pensam ser a mesma coisa que não pode haver tantos!
Gênio? Neste momento
Cem mil cérebros se concebem em sonho gênios como eu,[292]
E a história não marcará, quem sabe?, nem um,
Nem haverá senão estrume de tantas conquistas futuras.
Não, não creio em mim.
Em todos os manicômios há doidos malucos com tantas certezas!
Eu, que não tenho nenhuma certeza, sou mais certo ou menos certo?
Não, nem em mim...
Em quantas mansardas e não mansardas do mundo
Não estão nesta hora gênios-para-si-mesmos sonhando?
Quantas aspirações altas e nobres e lúcidas —
Sim, verdadeiramente altas e nobres e lúcidas —,
E quem sabe se realizáveis,
Nunca verão a luz do sol real nem acharão ouvidos de gente?
O mundo é para quem nasce para o conquistar
E não para quem sonha que pode conquistá-lo, ainda que tenha razão.
Tenho sonhado mais que o que Napoleão fez.
Tenho apertado ao peito hipotético mais humanidades do que Cristo,
Tenho feito filosofias em segredo que nenhum Kant escreveu.
Mas sou, e talvez serei sempre, o da mansarda,
Ainda que não more nela;
Serei sempre o que não nasceu para isso;
Serei sempre só o que tinha qualidades;
Serei sempre o que esperou que lhe abrissem a porta ao pé de uma parede
                                                          sem porta,

---

[292] No *Desassossego*, vemos a mesma ideia: "Estarei internado num asilo de mendicidade, feliz da derrota inteira, misturado à ralé dos que se julgaram gênios e não foram mais que mendigos com sonhos."

E cantou a cantiga do Infinito numa capoeira,[293]
E ouviu a voz de Deus num poço tapado.
Crer em mim? Não, nem em nada.
Derrame-me a Natureza sobre a cabeça ardente
O seu sol, a sua chuva, o vento que me acha o cabelo,
E o resto que venha se vier, ou tiver que vir, ou não venha.
Escravos cardíacos das estrelas,
Conquistamos todo o mundo antes de nos levantar da cama;
Mas acordamos e ele é opaco,
Levantamo-nos e ele é alheio,
Saímos de casa e ele é a terra inteira,
Mais o sistema solar e a Via Láctea e o Indefinido.

(Come chocolates, pequena;
Come chocolates!
Olha que não há mais metafísica no mundo senão chocolates.
Olha que as religiões todas não ensinam mais que a confeitaria.
Come, pequena suja, come!
Pudesse eu comer chocolates com a mesma verdade com que comes!
Mas eu penso e, ao tirar o papel de prata, que é de folha de estanho,
Deito tudo para o chão, como tenho deitado a vida.)

Mas ao menos fica da amargura do que nunca serei
A caligrafia rápida destes versos,
Pórtico partido para o Impossível.
Mas ao menos consagro a mim mesmo um desprezo sem lágrimas,

Nobre ao menos no gesto largo com que atiro
A roupa suja que sou, sem rol, pra o decurso das coisas,
E fico em casa sem camisa.[294]

(Tu, que consolas, que não existes e por isso consolas,
Ou deusa grega, concebida como estátua que fosse viva,
Ou patrícia romana, impossivelmente nobre e nefasta,
Ou princesa de trovadores, gentilíssima e colorida,
Ou marquesa do século dezoito, decotada e longínqua,

---

[293] A palavra *capoeira*, em português do Brasil, a quase todos lembrará luta ou (sobretudo no Nordeste) pequena mata. Só que, em português de Portugal (e mesmo nos dicionários brasileiros, a bem da verdade), capoeira é também gaiola gradeada onde se guardam galinhas e *capões* (galos capados). Aqui, mais conhecida é a expressão *galinha de capoeira*. Os versos próximos, referindo uma "parede sem porta" (antes) e um "poço tapado" (depois), sugerem clausura; certamente mais coerentes com essa gaiola fechada que com uma agitação de lutas ou a liberdade sugerida pela amplidão própria das matas. Essa palavra usa com frequência; como no *Desassossego*, "Dentro da capoeira de onde irá a matar, o galo canta hinos à liberdade porque tem dois poleiros".

[294] Só metáfora, que Pessoa nunca ficava em casa sem camisa.

Ou cocote[295] célebre do tempo dos nossos pais —
Ou não sei quê moderno — não concebo bem o quê —,
Tudo isso, seja o que for, que sejas, se pode inspirar que inspire!
Meu coração é um balde despejado.
Como os que invocam espíritos[296] invoco
A mim mesmo e não encontro nada.
Chego à janela e vejo a rua com uma nitidez absoluta.
Vejo as lojas, vejo os passeios, vejo os carros que passam,
Vejo os entes vivos vestidos que se cruzam,
Vejo os cães que também existem,
E tudo isto me pesa como uma condenação ao degredo,
E tudo isto é estrangeiro, como tudo.)

Vivi, estudei, amei, e até cri,
E hoje não há mendigo que eu não inveje só por não ser eu.
Olho a cada um dos andrajos[297] e as chagas e a mentira,
E penso: talvez nunca vivesses nem estudasses nem amasses nem cresses
(Porque é possível fazer a realidade de tudo isso sem fazer nada disso);
Talvez tenhas existido apenas, como um lagarto a quem cortam o rabo
E que é rabo para aquém do lagarto remexidamente.
Fiz de mim o que não soube,
E o que podia fazer de mim não o fiz.
O dominó[298] que vesti era errado.
Conheceram-me logo por quem não era e não desmenti, perdi-me.

Quando quis tirar a máscara,[299]
Estava pegada à cara.
Quando a tirei e me vi ao espelho,
Já tinha envelhecido.
Estava bêbado, já não sabia vestir o dominó que não tinha tirado.
Deitei fora a máscara e dormi no vestiário
Como um cão tolerado pela gerência
Por ser inofensivo

---

[295] Cortesã ou meretriz.

[296] Lembrança das noites na casa da tia Anica, em que morou Pessoa, quando ficavam invocando espíritos com uma prancheta pela qual mortos enviavam mensagens pelas mãos dos presentes em volta da mesa (depois veremos).

[297] Farrapos.

[298] Traje usado nos carnavais portugueses, formado por túnica quadriculada e capuz.

[299] Talvez referência a *O retrato de Dorian Gray*, de Oscar Wilde. Dorian posa para um amigo pintor, Basil Hallward, e deseja poder continuar na beleza de seus 18 anos, enquanto o retrato envelhece por ele. Dorian depois se torna mau, com essa maldade transparecendo apenas no rosto do retrato que envelhece. Mas aqui, dada a proximidade com o verso que refere um traje de carnaval (dominó), provavelmente é alusão às mascaradas portuguesas, em que pessoas simples perguntavam nas ruas aos passantes: *quem sou eu?*, e depois tiravam a máscara para mostrar o rosto.

E vou escrever esta história para provar que sou sublime.
Essência musical dos meus versos inúteis,
Quem me dera encontrar-te como coisa que eu fizesse,
E não ficasse sempre defronte da Tabacaria de defronte,
Calcando os pés a consciência de estar existindo,
Como um tapete em que um bêbado tropeça
Ou um capacho que os ciganos roubaram e não valia nada.
Mas o Dono da Tabacaria chegou à porta e ficou à porta.
Olho-o com o desconforto da cabeça malvoltada
E com o desconforto da alma mal entendendo.
Ele morrerá e eu morrerei.
Ele deixará a tabuleta, eu deixarei versos.
A certa altura morrerá a tabuleta também, e os versos também.
Depois de certa altura morrerá a rua onde esteve a tabuleta,[300]
E a língua em que foram escritos os versos.
Morrerá depois o planeta girante em que tudo isto se deu.
Em outros satélites de outros sistemas qualquer coisa como gente
Continuará fazendo coisas como versos e vivendo por baixo de coisas
                                             como tabuletas,
Sempre uma coisa defronte da outra,
Sempre uma coisa tão inútil como a outra,
Sempre o impossível tão estúpido como o real,
Sempre o mistério do fundo tão certo como o sono de mistério da
                                             superfície,
Sempre isto ou sempre outra coisa ou nem uma coisa nem outra.
Mas um homem entrou na Tabacaria (para comprar tabaco?)
E a realidade plausível cai de repente em cima de mim.
Semiergo-me enérgico, convencido, humano,
E vou tencionar escrever estes versos em que digo o contrário.

Acendo um cigarro ao pensar em escrevê-los
E saboreio no cigarro a libertação de todos os pensamentos.
Sigo o fumo como uma rota própria,
E gozo, num momento sensitivo e competente,
A libertação de todas as especulações
E a consciência de que a metafísica é uma consequência de estar
                                             maldisposto.

Depois deito-me para trás na cadeira
E continuo fumando.
Enquanto o Destino mo conceder, continuarei fumando.

---

[300] Estrutura muito semelhante está no *Desassossego*: "Amanhã também eu — a alma que sente e pensa,
o universo que sou para mim — sim, amanhã eu também serei o que deixou de passar nestas ruas,
o que outros vagamente evocarão com um *o que será dele?*"

(Se eu casasse com a filha da minha lavadeira
Talvez fosse feliz.)
Visto isto, levanto-me da cadeira. Vou à janela.

O homem saiu da Tabacaria (metendo troco na algibeira das calças?).
Ah, conheço-o; é o Estêves sem metafísica.
(O Dono da Tabacaria chegou à porta.)
Como por um instinto divino o Estêves voltou-se e viu-me.
Acenou-me adeus, gritei-lhe Adeus ó Estêves!, e o universo
Reconstruiu-se-me sem ideal nem esperança, e o Dono da Tabacaria
sorriu.

POEMA EM LINHA RETA

Nunca conheci quem tivesse levado porrada.
Todos os meus conhecidos têm sido campeões em tudo.

E eu, tantas vezes reles, tantas vezes porco, tantas vezes vil,
Eu tantas vezes irrespondivelmente parasita,
Indesculpavelmente sujo,
Eu, que tantas vezes não tenho tido paciência para tomar banho,
Eu, que tantas vezes tenho sido ridículo, absurdo,
Que tenho enrolado os pés publicamente nos tapetes das etiquetas,
Que tenho sido grotesco, mesquinho, submisso e arrogante,
Que tenho sofrido enxovalhos e calado,
Que quando não tenho calado, tenho sido mais ridículo ainda;
Eu, que tenho sido cómico às criadas de hotel,
Eu, que tenho sentido o piscar de olhos dos moços de fretes,
Eu, que tenho feito vergonhas financeiras, pedido emprestado sem pagar,
Eu, que, quando a hora do soco surgiu, me tenho agachado,
Para fora da possibilidade do soco;
Eu, que tenho sofrido a angústia das pequenas coisas ridículas,
Eu verifico que não tenho par nisto tudo neste mundo.

Toda a gente que eu conheço e que fala comigo
Nunca teve um acto ridículo, nunca sofreu enxovalho,
Nunca foi senão príncipe — todos eles príncipes — na vida...
Quem me dera ouvir de alguém a voz humana
Que confessasse, não uma violência, mas uma cobardia!
Não, são todos os Ideal, se os oiço e me falam.
Quem há neste largo mundo que me confesse que uma vez foi vil?
Ó príncipes, meus irmãos,

Arre, estou farto de semideuses!
Onde é que há gente no mundo?

Então sou só eu que é vil e erróneo nesta terra?

Poderão as mulheres não os terem amado,
Podem ter sido traídos — mas ridículos nunca!
E eu, que tenho sido ridículo sem ter sido traído,
Como posso eu falar com os meus superiores sem titubear?
Eu, que tenho sido vil, literalmente vil,
Vil no sentido mesquinho e infame da vileza.

Ne Jupiter quidem omnibus placet
(Nem Júpiter agrada a todos. Teognide)

Alexander Search

> *"A Águia disse*
> *Posso eu voar?"*
> "Moments", Alexander Search

Quem é Search?

William Alexander Search (Guilherme Alexandre Busca) surge nos tempos da África inglesa e permanece escrevendo regularmente, quase sempre em inglês, ao menos até dois anos depois de Pessoa voltar a morar em Lisboa. O personagem é inspirado nos contos policiais de Arthur Morrison, Austin Freeman, Baronesa Orczy, Conan Doyle "and others" (e outros), entre os quais sobretudo o romancista americano Edgar Allan Poe. Pessoa era sócio do *Collins Crime* e do *The Albatross Crime Club*, dois *book clubs* da Inglaterra — o que garantia livros do gênero, tão logo publicados, a quem fosse associado. Em cartão de visita que manda imprimir, por baixo do nome *Alexander Search*, faz constar à esquerda *Lisbon*, e, à direita, *Rua da Bela Vista (Lapa), 17, 1º* — onde então morava Pessoa. Search "nasce dia 13 de junho de 1888, em Lisboa", data e local de nascimento do próprio Pessoa, e morre em 4 de fevereiro de 1908. Sua *assinatura*, repetidamente treinada, se vê em 18 dos livros que restaram na estante do apartamento de Pessoa, na Rua Coelho da Rocha. Search escreve textos, em prosa, marcados por "ardor místico e delirante"; como um, saudando o Regicídio,[301] indicando que o poder tem "três formas — força, autoridade e opinião". Boa parte deles são diálogos — com Pessoa, com amigos (reais ou imaginários), com Deus. Escreve diário, prenunciando Bernardo Soares; e contos, dos quais ó único terminado é "A very original dinner" (Um jantar muito original)[302] — que Pessoa define como

---

[301] O assassinato do rei D. Carlos, em 1º de fevereiro de 1908. Esse episódio é assim conhecido — o Regicídio — por não ter havido nenhum outro rei assassinado na história de Portugal.

[302] É original, esse jantar, porque os convidados degustam carne humana — sem reclamar, dado não saberem disso.

"conto de um doido". Nada a estranhar, em se tratando dele. Datado de junho de 1907, começa com "citação feita por alguém",[303] *diz-me o que comes e te direi quem és*. Seria sua primeira história de detetives. Outras, inconclusas, viriam depois. Escreve também poemas; e alguns, originalmente concebidos para outros heterônimos (como Charles Robert Anon), acabam dados como seus, entre eles este divertido soneto:

EM UM TORNOZELO

> Um soneto com o *imprimatur* do Inquisidor-Geral
> e outras pessoas de distinção e de decência
>
> Oferecido mas não dedicado a A.T.R.[304]

Tive uma revelação não do alto
Mas de baixo, quando a vossa saia por um momento levantou
Traiu tal promessa que não tenho
Palavras para bem descrever a vista.

E mesmo se o meu verso tal coisa pudesse tentar,
Difícil seria, se a minha tarefa fosse contemplada,
Para encontrar uma palavra que não fosse mudada
Pela mão fria da Moralidade

Olhar é o bastante; o mero olhar jamais destruiu qualquer mente,
Mas oh, doce senhora, além do que foi visto
Que coisas podem ser adivinhadas ou sugerir desrespeito!

Sagrada não é a beleza de uma rainha.
Pelo vosso tornozelo isso cheguei a suspeitar
Do mesmo jeito que vós podeis suspeitar do que eu quis dizer.

---

[303] Esse "alguém", embora não o tenha referido Pessoa em nenhum escrito, é Jean-Anthelme Brillat-Savarin (1755-1826), juiz de Direito e *gourmet*, um exilado (na Suíça) que passou a viver de ensinar francês, tocar violino e cozinhar. A frase consta na abertura de seu *A fisiologia do gosto*, dado a público em 8 de dezembro de 1825, sem indicação na capa do autor — morto dois meses após essa data. Como o conto de Search vem quase cem anos depois do livro, é improvável que essa omissão no nome de Savarin decorra de tê-lo Pessoa citado a partir da publicação original, ainda com autor desconhecido; quase certamente, sendo só decorrência do seu especial gosto pelo mistério.

[304] A.T.R. é o amigo Armando Teixeira Rebelo.

Pacto com o diabo

Seu texto mais conhecido é um estranho *Pacto com o diabo*. Talvez escrito por inspiração de Teixeira de Pascoaes — que começa *Regresso ao paraíso* dizendo *Satã consome o fogo dos seus dias*. Talvez inspirado em conto de Eça de Queiroz, que refere um *Pacto com o Diabo* feito por certo São Frei Gil. Ou talvez apenas se valha de tema recorrente, naquela época, em escritores como Goethe, Vigny ou Baudelaire — que escreveu *Flores do mal*. Nesse pacto Pessoa, que antes considerava Satanás "um espírito do mal", retoma versão segundo a qual se revela como praticante do bem. Em nota, considera "o diabo como o espírito de Deus" que se levanta contra aquele que criou um mundo imperfeito, o "orgulhoso e nada sóbrio Jeová"; ainda saudando "a Trindade Satânica", que seria "o Mundo, a Carne e o Diabo". Reconhece que, "quanto ao Diabo, nunca um português acreditou nele, a emoção não permitiria"; e por isso agora imagina um outro, delicado e generoso, que diz: "Eu sou realmente o diabo, e por isso não faço mal." Trata-se de um personagem que sempre atormentou Pessoa. Em conto de Search, "A hora do Diabo",[305] uma senhora grávida, nomeada como Maria (nome da mãe de Pessoa), dança, num baile de carnaval, com um homem fantasiado de Mefistófeles; depois, regressando a casa, tem "interessantíssima conversa" com o Diabo — que deixa mensagem dirigida ao filho a chegar, por ele nomeado "Poeta de gênio" (o próprio Pessoa, imagina-se): "Minha senhora, não se assuste, porém, eu sou realmente o Diabo, e por isso não faço mal. Não me tema nem se sobressalte. Certos imitadores meus, na terra e acima da terra, são perigosos, como todos os plágios... Shakespeare, que inspirei muitas vezes, obrigou-me a fazer juras" e "disse que eu era um cavalheiro". Após o que explica: "Corrompo, é certo, porque faço imaginar. Mas Deus é pior." E completa, em frase pronunciada por uma sombra: "Sabe realmente o que sinto? Uma grande pena de si." Satã, para os gnósticos, é também *serpente*; ou, nas tradições herméticas, *Saturno* — um espírito de luz. Mas, nesse *Pacto*, se chama Jacó — não por acaso, que Pessoa se considera "meio-hebreu".

Pacto celebrado por Alexander Search, do Inferno, de Lugar Nenhum, com Jacó Satã, Mestre, embora não rei, do mesmo lugar:

1. Nunca desistir ou se abster do propósito de fazer bem à Humanidade.

---

[305] Nos rascunhos, título alternativo era *Devil's night* — por vezes grafado em português, *Noite do Diabo*.

2. Nunca escrever coisas, sensuais ou de outro modo nefastas, que sejam malfazejas e prejudiquem os que leem.

3. Nunca esquecer, quando atacar a religião em nome da verdade, que a religião não pode ser substituída, e que o pobre homem chora nas trevas.

4. Nunca esquecer o sofrimento e a doença dos homens.

† Satã   2 de outubro de 1907
Sua marca   Alexander Search

O papel de Search

Não obstante tudo que escreveu, ainda se trata de uma figura misteriosa na galeria dos seus heterônimos. A ele dedica Pessoa carinho especial; do que é prova estarem seus manuscritos, na Arca, todos cuidadosamente passados a limpo. Não sendo certamente mero acaso a circunstância de que Pessoa escreveu as primeiras linhas de seu *Fausto* exatamente no ano em que começou a se despedir de Search, 1908; ou que pensasse reunir seus poemas num livro que teria como título *Documents of mental decadence* — algo mesmo natural em quem se define como doente mental "de imaginação confusa", "vítima da infanda [horrível] cisma entre seu pensar e seu sentir", "solitário", "mísero e mau". Alguém para quem "pensar e escrever foi praga e desgraça". O próprio heterônimo confessa: "Aqui jaz um poeta que era doido e jovem." Em "Agony", está: "Ó Deus, não me deixes enlouquecer" — uma frase que tem sentido porque o heterônimo e Pessoa têm o mesmo permanente medo da loucura. Search, em 1906-1908, escreve série de poemas sobre o tema, como este:

> Chora pela ruína da minha mente
> Chora, ao invés, criança, que coisas tão profundas possam levar-me
> A perder os claros pensamentos que poderiam provar que eu sou
> Alguém de valor para a humanidade.

"Flashes of madness IV" (Lampejos de loucura IV), Alexander Search

A morte de Search

Pessoa considera ter Search uma "incumbência: tudo o que não seja da competência dos outros três" (Caeiro, Reis, Campos). Apesar disso, e desde muito, já havia sido abandonado. Search desaparece, no fundo, por não ser mais necessário a quem já voltara a seu país, sua gente e sua língua. Mas não o abandona de todo. Por volta de 1911, rabisca um poema em português; e, vez por outra, ainda escreve em inglês, como um último poema publicado na revista *Contemporânea* (1923). Sem contar que, no plano para o suplemento número 1 da revista *Europa*, assina "Poèmes Interseccionistes" (com Sá-Carneiro). Em francês! Para ele próprio, redige dois epitáfios. Um genérico, em que se considera um "poeta do mundo que na vida não teve alegria ou paz"; outro específico, que é este:

> Aqui jaz A[lexander] S[earch]
> A quem Deus e os homens deixaram no engano
> E a natureza zombou com dor e tristeza
> Ele não acreditava no Estado ou na Igreja
> Nem em Deus, mulher, homem ou amor
> Nem na terra embaixo, nem no céu acima;
> O seu conhecimento o levou a esses limites:
> (...) e amor é cio
> Nada em parte alguma é sincero
> A não ser dor, ódio, luxúria e medo.

"Epitaph" (Epitáfio), Alexander Search

Textos escolhidos

RECORDAÇÃO

Como é suavemente triste às vezes ouvir
Algum antigo som relembrando à memória,
E ver, como se em sonhos, alguma velha face querida,
Algumas paisagens que se descortinam, algum campo, algum vale,
                                                    algum riacho,
Uma lembrança tão súbita, triste e prazerosa,
Algo que relembra os dias da juventude feliz
        Então brotam em dor feliz as lágrimas que espreitam,
Aquelas lágrimas sutis que espreitam o pensamento, e tudo —
Riacho, campo e voz — tudo o que ouvimos e vemos —
Vai com os sentidos, adornados com a mão das memórias,
        E funde-se lentamente com a luz sonhadora.
Desperto; é pena!, pelos sonhos fui traído,
É apenas uma aparição que eu sinto e ouço.
Porque o passado, é pena!, não pode retornar

Estes campos não são os campos que conheci, estes sons
Não são os sons que conheci; todos se foram
E todo o passado — é pena!, não pode retornar.

ÁGUIA CEGA

Qual o vosso nome? e é verdade que vós habitais
Uma terra desconhecida dos homens que a habitam?
Que dor obscura se desenha em vossa testa?
Que cuidados sobre o vosso coração tramam o seu ninho?
Das coisas humanas as mais puras e melhores
Nenhuma beleza constante vossa alma permite,
E através do mundo carregais a vossa profunda inquietude
Presa em um sorriso que vossos olhos rejeitam.
Ser de concepções selvagens e estranhas,
Cujos pensamentos são maiores que meras coisas possam brotar;
Qual a coisa que vós procurais dentre as coisas?
Qual o pensamento que vosso pensar não pode encontrar?

Para quais altitudes vosso forte espírito tem asas?
Para qual alta visão sofreis[306] por ser cega?

CONSTRÓI-ME UM CHALÉ

Constrói-me um chalé nas
Profundezas da floresta, um lar simples, silencioso,
Como o respirar em um sono,
Onde todos os desejos jamais irão perambular
E que o prazer se guarde em toda aquela pequenez.

Um palácio alto, depois me constrói
Com confusão de luzes e de quartos,
Uma estranha lógica a ser entregue
Para onde o meu desejo pelas sombras do chalé
Possa ir, para retornar, sem ser satisfeito.

Então cava-me uma sepultura;
Aquela que nem o chalé ou o palácio possa dar,
E que eu ao comprido possa obter,
Que todo o cansaço de todas as formas de se viver
Possa cessar como o fim de uma onda.

---

[306] No original, *To what high vision aches it to be blind?* Uma outra tradução para o verso, também possível, seria "Para qual alta visão *ansiais* ser cega?".

CANÇÃO SUJA

Venham, vamos falar de sujeira!
A maldição de Deus está sobre nossas cabeças!
Deixemos que os nossos lábios derramem irreverência!
Nós somos todos sofredores; vamos, ao invés
De preces, oferecer a Deus o sacrifício
Das nossas mentes que ele amaldiçoou com crime e vício,
Dos nossos corpos a quem a doença atemoriza!

Vamos oferecer ao maior tirano de todos,
Para que perdure na entrada de seu palácio de dor,
Uma mortalha,
E um vestido branco de noiva com uma mancha,
E as vestes enlutadas da viúva, e os lençóis amarrotados
Da cama da esposa.
Deixem que simbolizem o conflito humano!
Dê-me Deus a sujeira das ruas
Do nosso espírito, feito lama com nossas lágrimas
A poeira das nossas alegrias, o lodaçal dos nossos medos,
E a podridão da nossa vida!

Omnia fui, nihil expedit

(Fui tudo, nada vale a pena.[307] Settimio Severo)

Bernardo Soares

"Tudo em mim é um desassossego sempre crescente e igual."

Livro do desassossego, fragmento 10, Bernardo Soares

Quem é Soares?

Bernardo Soares é um "semi-heterônimo" que "aparece sempre que estou cansado ou sonolento" (carta a Casais Monteiro, 13/1/1935). Em seu último ano de vida considera que, "não sendo a personalidade minha, é, não diferente da minha, mas uma simples mutilação dela". "Personalidade literária", admite em carta a Gaspar Simões (28/7/1932). *Ber-nár-do*, sugere Nelly Novaes Coelho, *tem o mesmo fluxo rítmico e sonoro de Fer-nán-do*; e *Soares* seria, para ela, como um anagrama de *Pessoa* — trocando o P pelo R. Bernardo, por coincidência, é nome de oficial que aparece no *Hamlet* de Shakespeare, uma obra que sempre impressionou Pessoa. O heterônimo ganha um esboço de vida, sem datas de nascimento ou morte; e nem original é sua história. Tem cultura afrancesada, evocando a educação que lhe foi dada em casa por dona Maria; e perde a mãe quando tem só 1 ano. "Tudo que há de disperso e duro na minha sensibilidade vem da ausência desse calor e da saudade inútil dos beijos de que não me lembro." Com 3 anos o pai se mata, "nunca o conheci". Referindo Pessoa, nos dois casos, seu próprio itinerário: a perda do pai — que morre quando tem só 5 anos; e da mãe, que o troca por outro homem, seu segundo marido. "Tu que me ouves e mal me escutas, não sabes o que é essa tragédia! Perder pai e mãe."

Como Pessoa, fuma "cigarro barato", sofre de insônia e tem quase a mesma profissão — respondendo pela escrituração mercantil nas casas comerciais. E faz até comentário sobre (José Joaquim) Cesário Verde, que bem poderia se aplicar aos dois, Pessoa e o próprio Soares: "Quando Cesário Verde fez dizer ao médico que era não o sr. Verde empregado no comércio,

---

[307] Frase citada por Pessoa em latim, sem indicação do autor, no *Livro do desassossego*.

mas o poeta Cesário Verde, usou de um daqueles verbalismos do orgulho inútil que suam o cheiro da vaidade. O que ele foi sempre, coitado, foi o sr. Verde empregado de comércio." Bem pesado tudo "nunca deixarei, creio, de ser ajudante de guarda-livros. Desejo, com sinceridade que é feroz, não passar nunca de guarda-livros". Uma profissão dos que não têm ambição. Ou esperança. De "que serve sonhar com princesas, mais que sonhar com a porta de entrada do escritório?"

O escritório em que trabalha

Soares trabalha num armazém de tecidos onde preenche o preço dos produtos, "curvado sobre o livro em que faço lançamentos, a história inútil de uma firma obscura". Trata-se da Casa Vasques & Cia., seu "píncaro barato de bom ajudante de guarda-livros", no mundo real a Casa Moitinho de Almeida (onde Pessoa trabalha). De lá, debruçado sobre uma das suas quatro janelas, contempla "a luz loura do luar do ouro". *Era a visão das sacadas do escritório do pai, que deitam para a Rua da Prata* — o depoimento é do filho do proprietário do estabelecimento, Luís Pedro Moitinho de Almeida. "Estou sozinho no escritório", diz Soares. *Assim se dava porque o pai lhe confiara uma chave*, explica Luís Pedro; e, por vezes, passa toda a noite usando a máquina de escrever do patrão — sobretudo enquanto não tem a sua própria, na Rua Coelho da Rocha. Em uma grande sala do escritório, dispostos em duas alas, os empregados empacotam as remessas. Nela estão "pessoas que habitualmente me cercam, que me põem na garganta do espírito o nó salivar do desgosto físico. É a sordidez monótona de suas vidas que me veste o traje de forcado,[308] me dá a cela de penitenciária, me faz apócrifo e mendigo"; e "então pergunto a mim mesmo como é que me sobrevivo, como é que ouso ter covardia de estar aqui, entre esta gente".

> ... As faturas são feitas por gente
> Que tem amores, ódios, paixões políticas, às vezes crimes —
> E são tão bem escritas, tão alinhadas, tão independentes
> de tudo isso!
> Há quem olhe para uma fatura e não sinta isto.
>
> "Ode marítima", Álvaro de Campos

---

[308] *Forcados*, nas touradas portuguesas, são aqueles homens que pegam o touro à mão, pelos chifres.

Os personagens com quem se relaciona vão sendo apresentados no *Livro*. "O patrão Vasques é a vida. A vida monótona e necessária, mandante e desconhecida. Esse homem banal representa a banalidade da Vida. Ele é tudo para mim, por fora, porque a vida é tudo para mim por fora." "Estatura média, atarracado, grosseiro com limites e afeições, franco e astuto, brusco e dócil", com "rosto prazenteiro e duro, o olhar firme", "bigode rígido completando", "com piadas sempre inoportunas e alma fora do universo em seu conjunto". "Todos temos um patrão Vasques, para uns visível, para outros invisível." Trata-se, na vida real, de Carlos Eugênio Moitinho de Almeida. *O patrão Vasques é meu pai,* confirma Luís Pedro. Aos poucos, detalhes do cotidiano vão aparecendo. Como, por exemplo, quando lembra que esse patrão "fez hoje um negócio em que arruinou um indivíduo doente e a família. *Tenho pena do tipo,* disse-me ele, *vai ficar na miséria*". Mas "o patrão Vasques não é um bandido: é um homem de ação". "Como o patrão Vasques, são todos os homens de ação — chefes industriais e comerciais, políticos, homens de guerra, idealistas religiosos e sociais, grandes poetas e grandes artistas." Apesar dessa descrição rude, tem carinho pelo patrão. "Lembro-me já dele no futuro com a saudade que sei que hei de ter então."[309]

O guarda-livros Moreira, aquele que mais diretamente lhe dá ordens, é a "essência da monotonia e da continuidade". "Vejo a cara do Moreira como se chegasse finalmente a um porto." Mas, "considerando bem tudo, prefiro o Moreira ao mundo astral, prefiro a realidade à verdade". Outro funcionário, Sérgio, faz remessas anotando os números "nas guias das senhas do caminho de ferro". O caixa Borges sempre lhe pede o mata-borrão. "Todos têm um caixa diante de si", "mesmo que seja a mulher com quem casaram". Vieira, o caixeiro-viajante, é "um garoto alegre que leva contas ao coração". Bem mais jovem, o outro caixeiro, Sousa, é "o comum com singularidade"; e António, moço de escritório, é o "de todos os fretes". "Se houvesse de inscrever a que influências literárias estava grata a formação do meu espírito, não o fecharia sem nele inscrever o nome do patrão Vasques, do guarda-livros Moreira, do Vieira caixeiro de praça e do António moço do escritório." Dois desses tipos trabalhavam na Casa Moitinho: António e Vieira. Com as mesmas atividades. Os demais vieram de outros locais onde prestava serviços, sobretudo, segundo penso, na *Palhares, Almeida e Silva Lda.,* situada na Rua dos Fanqueiros, 44, 1º andar — sem dados, hoje, para os identificar — que

---

[309] Não se deu assim, na vida real, morrendo Soares/Pessoa bem antes do patrão Vasques/Moitinho de Almeida.

a Conservatória já não tem os livros de registros de empregados dessas empresas. Luís Pedro lembra que Pessoa lia em voz alta, para ele, trechos do livro escritos na noite anterior. Num dia, ao ouvir esses nomes, António olhou para Vieira (os em carne e osso, da Casa Moitinho) e disse que Pessoa *estava a escrever um livro cujos personagens somos nós*. Faltando lembrar que, além dos companheiros de trabalho, havia na Casa Vasques também um "gato meigo", "que me fita com olhos de vida". Não "um gato brincando com o prazer", nem como os que "roçam-se contra as minhas pernas e sentem-se tigres até no sexo". Em antologia organizada por Carl von Vechten, *The tiger in the house*, há uma epígrafe de Fernand Méry com imagem parecida: *Deus criou o gato para dar ao homem o prazer de acariciar o tigre*. Mas aquele, da Casa Vasques, talvez fosse apenas um gato comum.[310]

> Gato que brincas na rua
> Como se fosse na cama,
> Invejo a sorte que é tua
> Porque nem sorte se chama.
> (...)
>
> És feliz porque és assim,
> Todo o nada que és é teu.
> Eu vejo-me e estou sem mim,
> Conheço-me e não sou eu.
>
> Sem título (janeiro de 1931), Fernando Pessoa

Rua dos Douradores

"Quantos Césares fui na Rua dos Douradores." O escritório da Casa Vasques fica nessa rua, que "compreende para mim todo o sentido das coisas", "a humanidade inteira", "a solução de todos os enigmas, salvo o existirem enigmas". Ali, sem remorsos, consome sua existência. "Se eu tivesse o mundo na mão, trocava-o, estou certo, por um bilhete para a Rua dos Douradores." A escolha dessa rua para situar os escritórios da Casa Vasques se dá porque (provavelmente) lá está a Casa Pessoa — uma cantina onde almoça

---

[310] A inspiração para esses versos talvez lhe tenha vindo de um poema de Apollinaire, "Le Chat" (O gato), que diz assim: *Eu quero em minha casa/ Uma mulher sensata/ Um gato que passa entre os livros/ Amigos para o que der e vier/ Sem os quais eu não posso viver*. Ou, mais provavelmente, de "Os dois gatos", em que Bocage fala de um *gato vil e pobre*, findando com esses versos: *Abate, pois, esse orgulho,/ Intratável criatura:/ Não tens mais nobreza que eu;/ O que tens é mais ventura*.

regularmente, e em que teria conhecido o próprio Soares. Ou porque lá teria trabalhado, na F.A. Gouveia (número 126, 1º andar), uma antecessora da Gouveia e Carvalho Lda. Ou por lá ter situado Eça de Queiroz os escritórios da *Alves e Cia.* — e seu triângulo amoroso (que começou *no sofá amarelo da casa*), composto por Ludovina, Machado e o próprio Alves. Ou talvez apenas lhe lembre, na geografia dos edifícios, sua primeira casa. Ali bem perto, no cruzamento das ruas da Conceição e dos Fanqueiros, há também uma igreja (a da Madalena) em que os sinos tocam suas horas — evocando os da Igreja dos Mártires, que o pequeno Fernando ouvia quando criança. É como se andasse em busca do passado. Caeiro sonha com a natureza, Campos imagina terras novas, Reis finda seus dias longe, no Brasil, enquanto Soares vive numa aldeia limitada, como a do próprio Pessoa, no caso circunscrita a pouco mais que uma rua — que começa na Rua da Alfândega e acaba na Praça da Figueira, presente em tantos de seus versos:

> Praça da Figueira de manhã,
> Quando o dia é de sol (como acontece
> Sempre em Lisboa), nunca em mim esquece,
> Embora seja uma memória vã.
> Há tanta coisa mais interessante
> Que aquele lugar lógico e plebeu,
> Mas amo aquilo, mesmo aqui... Sei eu
> Por que o amo? Não importa.

Sem título (outubro de 1913),[311] Álvaro de Campos

O quarto em que mora

Nessa Rua dos Douradores também está seu apartamento, "logo após um mercado cujo dono conheço como gente conhece gente". Esse mercado, o mais importante de Lisboa até 1940, é o da Figueira. Todo em armação de ferro decorado, "com uma cobertura de vidro, composto por grande número de lojas e quiosques", foi construído em local "outrora ocupado pelo Hospital de Todos os Santos e pelo Convento de São Camilo". Fica por trás da Praça do Rossio, na própria Praça da Figueira em que termina a Rua dos Douradores; donde situar-se, o edifício em que mora Soares, naquela parte da rua mais distante do Tejo. O apartamento fica num "4º andar [em alguns textos, 2º],

---

[311] Publicado na revista *Tempo Presente*, em dezembro de 1959, como "Soneto já antigo" — título de outro poema, escrito em 1922, que começa dizendo: "Olha Daisy: quando eu morrer..."

sobre o infinito", como aquele em que nasce Pessoa — mudando, aqui, só o restante do endereço. "As quatro paredes do meu quarto pobre são-me, ao mesmo tempo, cela e distância, cama e caixão." Nesse quarto "estreito" e barato, "mensalmente alugado, onde nada acontece", a mobília é tosca "e se vê o sol pelas vidraças poeirentas", tudo coerente com a "pobreza das ruas intermediárias da Baixa Usual" — aquela que excede os limites da Baixa Pombalina. E se "o escritório representa para mim a vida", o apartamento "representa para mim a arte. Sim, a arte, que mora na mesma rua que a vida". A descrição do quarto mostra diferenças com Vicente Guedes, anterior autor do *Desassossego*; que o quarto de Guedes, na Rua dos Retroseiros, 17, 4º andar (novamente), era maior — "com dois quartos", e melhor — "com um certo e aproximado luxo", decorado com "cadeiras de braços, fundas", nobres, "para manter a dignidade do tédio". Quase como se Pessoa reproduzisse a troca de apartamentos que viveu na infância, trocando o luxo do lugar em que nasceu pela simplicidade da Rua de São Marçal, para onde se mudou depois.

> Se ergo os olhos, está diante de mim a linha sórdida da casaria, as janelas por lavar de todos os escritórios da Baixa, as janelas sem sentido dos andares mais altos onde ainda se mora, e, ao alto, no angular das trapeiras, a roupa sempre ao sol entre vasos e plantas.

Livro do desassossego, fragmento 437, Bernardo Soares

Bernardo, no coração, é mesmo Fernando. "Vi no espelho do meu quarto o meu pobre rosto de mendigo sem pobreza; e de repente o espelho virou-se, e o espectro da Rua dos Douradores abriu-se diante de mim." Bem cedinho, levanta e vai ao trabalho. "Um dos meus passeios prediletos, nas manhãs em que temo a banalidade, é o de seguir lentamente pela rua fora antes da abertura das lojas e dos armazéns." Chega ao escritório, "sórdido até a medula da gente; mas, de certo modo, um lar". E lá passa dias comuns de trabalho, uns iguais aos outros. Sua mesa fica à beira de "janelas mal-lavadas" que "dão para uma rua sem alegria", onde atira os fósforos usados. Para ele, é a "janela da minha vida" no "silêncio do meu desassossego". O ordenado, embora pequeno, "dá para estar e viver". Às seis horas o "patrão Vasques diz podem sair"; então, enquanto "a tarde caía num desassossego nosso", se despede dos outros empregados e volta para casa. À noite "fico nesse quarto quieto, sozinho como sempre tenho sido, sozinho como sempre serei", sentindo "cansaço e aquele desassossego que é gêmeo do cansaço". Então "escrevo palavras como a salvação da alma e douro-me do poente impossível de montes altos, vastos e longínquos". Esse "douro-me", além de referência óbvia à Rua dos Douradores, vem também do tom que por vezes ganha o Tejo, visto das sacadas do escritório da Casa Moitinho de Almeida; ou das janelas do seu quarto, no Largo de São Carlos. E só quem o tiver visto assim, como ouro brilhando forte, compreenderá verdadeiramente o que quis dizer.

> Cheguei hoje, de repente, a uma sensação absurda e justa. Reparei, num relâmpago íntimo, que não sou ninguém. Ninguém, absolutamente ninguém.

> *Livro do desassossego*, fragmento 262, Bernardo Soares

Nos dias em que não há trabalho no escritório, permanece em casa meditando; ou percorre "o prolongamento das ruas tristes que se alastram para leste — da Rua do A [provavelmente do Arsenal] e da Alfândega, desde a Rua Nova do Almada, a da Prata, a dos Fanqueiros". Essas ruas, todas, estão na Baixa Pombalina. A Nova do Almada, a da Prata e a dos Fanqueiros são paralelas à própria Rua dos Douradores e conduzem o caminhante à Rua da Alfândega; seguindo-se a Nova do Almada, que continua pelo Largo de São Julião e pela Praça do Município. "Passo horas, às vezes, no Terreiro do Paço, à beira do rio, meditando em vão"; ou, em variantes que escreve ao longo de sua obra, "à beira do Tejo", "à beira-rio", "à beira-mar", "à beira-estrada", "à beira-mágoa". Soares também passeia pela Praça do Rossio, noutros tempos conhecido como *Ressio* ou *Recio* (baldio). Com essa grafia, Praça do Recio, está em vários textos seus. É a mais importante de Lisboa. Um lugar em que, ao longo do tempo, se deram toda sorte de feiras semanais, touradas, comoções sociais, execuções e autos de fé de tão má memória.

> Cruzou por mim, veio ter comigo, numa rua da Baixa
> Aquele homem mal vestido, pedinte por profissão que se lhe vê
> > na cara,
> Que simpatiza comigo e eu simpatizo com ele;
> E reciprocamente, num gesto largo, transbordante, dei-lhe
> > tudo quanto tinha
>
> (Exceto, naturalmente, o que estava na algibeira onde trago
> > mais dinheiro:
> Não sou parvo nem romancista russo, aplicado,
> E romantismo, sim, mas devagar ...)

> Sem título (sem data), Álvaro de Campos

Início do *Livro do desassossego*

Primeira referência ao *Livro*, uma anotação com título *Rumor ou Desassossego*, é de 1910. Dois anos mais e se vê, na correspondência com Sá-Carneiro, já um projeto para a obra. No papel 380 da Arca, está: "Livro do Desassossego: 1) Peristilo (13 trechos), 2) Bailado, 3) Último Cisne, 4) Tecedeira, 5) Encantamento, 6) Apoteose (ou Epifania) do absurdo (da mentira), 7) Antemanhã, Fim." Em 1913, assinado pelo próprio Pessoa, é publicado na revista *A Águia* um fragmento com título "Na floresta do alheamento" — identificado como do *Livro do desassossego, em preparação*. Em 1914, se mantém na ideia de pôr em seu próprio nome "aquela produção doentia"; mas, em seguida, já é o *Livro do desassocego*[312] [mais um traço por baixo do título], *escrito por quem diz de si próprio chamar-se Vicente Guedes, publicado por Fernando Pessoa*. Vicente Guedes é aquele com quem se encontra sempre "no mesmo restaurante retirado e barato", a Casa Pessoa. Mas "morreu jovem". Despedindo-se dele Pessoa, mais tarde; razão pela qual, em seus últimos anos, não o menciona uma única vez. A Côrtes-Rodrigues (4/10/1914) diz estar, "há dias, ao nível do *Livro do desassossego*", após o que confessa: "mas tudo são fragmentos, fragmentos, fragmentos."[313]

Esse *Livro do desassossego*, escrito à pena (70% dos fragmentos) e à máquina (os 30% restantes), "composto por Bernardo Soares, ajudante de guarda-livros na cidade de Lisboa, por Fernando Pessoa" é definido, ao longo da vida, como "diário", "diário íntimo", "diário ao acaso", "este meu diário feito pra mim", "confissões", "impressões sem nexo", "divagações sem pressa", "livro do Destino", "livro com brochura a descoser-se", "a minha história sem vida", "autobiografia de quem nunca existiu", "biografia de alguém que nunca teve vida"; ou, como no título que planejou para a primeira parte do livro, "uma autobiografia sem fatos". Em carta a João Lebre e Lima (3/5/1914), confessa decorrer de "uma fúria estéril de sonhar". Como apêndice seguem-se, nas publicações, os "Grandes trechos" — coletânea de escritos pouco maiores que os fragmentos, dados consensualmente como de Soares: "A divina inveja", "Cenotáfio" [túmulo], "Educação sentimental", "Marcha fúnebre", "Maneira do bem-sonhar", "Nossa Senhora do silêncio", "O amante visual", "Peristilo" [pátio rodeado por colunas], "Sinfonia da

---

[312] Com essa grafia, em vez do correto *desassossego*.

[313] Provavelmente será só uma coincidência; mas a frase, na cadência, lembra o famoso monólogo de *Hamlet* (Shakespeare) — *palavras, palavras, palavras*.

noite inquieta", ou "Conselhos às malcasadas" — em que sugere que "malcasadas são todas as mulheres casadas e algumas solteiras"; explicando, em seguida, às ditas senhoras como "trair o marido em imaginação". Nos seus devaneios, planeja publicar esses "Grandes trechos" como obra autônoma; mas nunca o faria, como tantos outros projetos em sua vida.

Dele foram publicados, em revistas literárias, apenas 12 "Fragmentos". O resto deixou em envelopes, na Arca. Petrus (Pedro Veiga) editou em 1961, no Porto, quase todos os fragmentos publicados em vida por Pessoa. Jorge de Sena, primeiro em 1960 e depois em 1969, tentou editar o *Livro* e desistiu; afinal dado ao público, como o conhecemos, pela Ática (1982), em dois volumes, com organização de Jacinto do Prado Coelho, Maria Aliete Galhoz e Teresa Sobral Cunha. Ocorre que há nitidamente uma primeira fase do livro, de 1912 a 1921, atribuída a Vicente Guedes; e uma segunda, de 1928-1934, esta sim de Bernardo Soares. Com tantas diferenças entre essas duas fases, na inspiração e mesmo no estilo, que não seria tecnicamente inadequado falar em dois Livros do Desassossego, escritos por dois distintos autores. Não obstante, o *Desassossego* é aqui tratado como um livro único, de um único autor, sobretudo por ser assim consensualmente tido por seus leitores — e pelo próprio Pessoa, não esquecer.

O estilo do livro

Soares chega a tentar fazer poesia — embora não considere Pessoa que possa ter futuro, nessa vereda, que "Soares não é poeta. A sua poesia é imperfeita, e sem a continuidade que tem na prosa; os seus versos são o lixo de sua prosa, aparos do que escreve a valer..." E são claras, também, as relações entre Soares e outros heterônimos: "O ajudante de guarda-livros Bernardo Soares e o Barão de Teive são ambas figuras minhamente alheias. Comparo as duas porque são casos de um mesmo fenômeno — a inadaptação à realidade da vida." Afinal, "Soares escreve com estilo que, bom ou mau, é o meu". "Há notáveis semelhanças, por outra, entre Bernardo Soares e Álvaro de Campos", sobretudo quando o fim vai se aproximando. "Mas, desde logo, surge em Álvaro de Campos o desleixo do português, o desatado das imagens, mais íntimo e menos propositado que o de Soares." Seria o melhor exemplo de um gênero novo, que diz ter criado, o "romance sem enredo" — uma ideia que em verdade aparecera antes, com Flaubert. O personagem vai sendo construído a partir de muitas influências: Mallarmé, com seu *Poésies*, em que diz: *Um livro não começa nem acaba, no máximo dá a impressão do ser (semblant)*; Henri--Frédéric Amiel, com *Fragments d'un journal intime*; ou Rilke, com seu diário íntimo atribuído a terceiro, *Die Aufzeichnungen des* (Os cadernos de) *Malte Laurids Brigge* — um homem solitário, candidato a escritor, com idade e profissão próximas às de Soares, que anota reflexões e também fatos do seu quotidiano. Pessoa escolhe esse caminho. A Sá-Carneiro chega a dizer que vai inserir, no *Livro*, frases de carta que lhe está escrevendo. O *Desassossego*, sugere Georg Rudolf Lind, é a síntese *do decadentismo.* Segundo Eduardo Lourenço, trata-se de *um texto suicida*, que *desarticula todas as ficções que o separaram em vão do único amor que o habitou..., o da própria morte.* Para Soares ele mesmo, em definição quase simplória, é só "um gemido", o "livro mais triste[314] que há em Portugal".

O que poderia ter sido

No *Desassossego* está: "Os sentimentos que mais doem são os que são absurdos — a ânsia de coisas impossíveis, precisamente porque são impossíveis, a saudade do que nunca houve, o desejo do que poderia ter sido, a mágoa de não ser outro, a insatisfação da existência do mundo." Trata-se de sentimento recorrente nos poetas. "Ah, é a saudade do outro que eu podia ter sido que me dispersa e sobressalta." Em 1913, Sá-Carneiro (em "Estátua falsa") conta *a tristeza das coisas que não foram*; e, em 1925, Manuel Bandeira (em "Pneumotórax") fala na *vida que podia ter sido e não foi* (reproduzindo o verso literalmente, em 1965, na sua *Antologia*). O poema se passa em um consultório médico: *Diga trinta e três... trinta e três... trinta e três... trinta e três... Respire.* E acaba com uma visão de sua própria vida: *Então, doutor, não é possível tentar um pneumotórax? — Não. A única coisa a fazer é tocar um tango argentino.* Apesar de semelhantes, na forma, bem diversas resultam as inspirações desses versos. Sá-Carneiro preparava seu suicídio; e Bandeira, debilitado pela tuberculose, jamais teria uma vida normal. Tanto que, por falta de preparo físico, teve relação com mulheres só depois de velho — como confessou no seu "Itinerário de Pasárgada". Enquanto em Soares, sobretudo com a primeira Grande Guerra, *o horror da morte fora merecendo no "Livro" uma progressiva atenção... heróis anônimos e do acaso desembarcam sem terem escolhido a*

---

[314] Novamente, será talvez só coincidência; mas intriga que (Gustave) Flaubert ao escrever *Salambô* (em 1862), evocando a Guerra do Congo, tenha dito ser preciso *estar triste um homem para ressuscitar uma cidade inteira num livro.*

hora da partida, reconhece Teresa Sobral Cunha. Nele, também em Álvaro de Campos e no próprio Pessoa, há só conformação com a derrota. A ideia está em numerosos textos; dos quais, primeiro, é poema em que diz:

> E só me resta a ânsia indefinida
> Do que poderia ter sido e não foi.
>
> Sem título (8/8/1910), Fernando Pessoa

Depois, a ideia se reproduz em muitos outros, como:

> Ah, quem escreverá a história de que poderia ter sido?
> Será esta, se alguém a escrever,
> A verdadeira história da Humanidade.
>
> "Pecado original", Álvaro de Campos

> Mas o que eu não fui, o que não fiz, o que nem sequer sonhei;
> O que só agora vejo que deveria ter feito.
> O que só agora claramente vejo que deveria ter sido —
> Isso é que é morto para além de todos os Deuses.
>
> Sem título (11/5/1928), Álvaro de Campos

> Do que poderia ter sido, fica só o que é.
>
> "O homem de Porlock", Fernando Pessoa

> O ideal serve para sermos outros, mas paga-se caro — como nem sermos
> quem poderíamos ter sido.
>
> Sem título (nas publicações, "Os Outros Eus"), Fernando Pessoa

> Mais triste do que o que acontece
> É o que nunca aconteceu.
>
> Sem título (9/6/1930), Fernando Pessoa

> Há tanta coisa que, sem existir,
> Existe, existe demoradamente,
> E demoradamente é nossa e nós...
> (...)
> Por sobre a alma o adejar inútil
> Do que não foi, nem pôde ser, e é tudo.[315]
>
> Sem título (19/11/1935), Fernando Pessoa

---

[315] Pessoa morreu 11 dias depois de escrever esses versos.

Por fim, sintetiza o próprio Soares:

Aquilo que fui e nunca mais serei! Aquilo que tive e não tornarei a ter!

Livro do desassossego, Bernardo Soares

O destino de Soares

Num dos fragmentos publicados, Soares diz: "Não é a morte que quero, nem a vida." Mas logo cessam as publicações, e, nos três últimos anos de Pessoa nada mais será dado conhecer ao público — salvo um último fragmento isolado, em 23 de junho de 1934. *A descoberta do Desassossego*, diz Bréchon, é *ainda mais assombrosa que a de Caeiro, vinte anos antes*. Impossível ficar indiferente. Para uns poucos, seria obra menor — dado não ter um gênero definido. Só um *falso diário*, segundo Gaspar Simões. Ao contrário, num inquérito literário realizado pelo jornal londrino *The Independent* (em 1999), o escritor britânico Paul Bailey diz ser *o livro do século*. Ao ler suas páginas, é como se toda uma vida se desnudasse, expondo misérias e grandezas que conformam a própria dualidade da alma humana. Com o *Desassossego*, para tantos, Pessoa terá chegado ao ponto mais alto da literatura, quase tocando o sublime. Muitos consideram Soares o melhor de Fernando Pessoa; e, sobretudo para os leitores mais exigentes, alí está o gênio em seu mais alto nível. Assim o tenho; e, suponho, também Pessoa: "*O Livro do desassossego* e a personagem Bernardo Soares são o grau superior." Talvez porque, mais que qualquer outro heterônimo, seja ele próprio. Ambos, inclusive, com o mesmo horror à morte. "Às vezes, neste decurso da vida, a alma, que sofreu porque a vida lhe pesou, sente subitamente um alívio, sem que se desse nela o que o explicasse. A imensidade vazia das coisas, o grande esquecimento." E, seguem os dois juntos, pela vida. Até o fim.

Textos escolhidos

LIVRO DO DESASSOSSEGO, fragmento 6

Pedi tão pouco à vida e esse mesmo pouco a vida me negou. Uma réstia de parte do sol, um campo, um bocado de sossego com um bocado de pão, não me pesar muito o conhecer que existo, e não exigir nada dos outros nem exigirem eles nada de mim. Isto mesmo me foi negado, como quem nega a esmola não por falta de boa alma, mas para não ter que desabotoar o casaco.

Escrevo, triste, no meu quarto quieto, sozinho como sempre tenho sido, sozinho como sempre serei. E penso se a minha voz, aparentemente tão pouca coisa, não encarna a substância de milhares de vozes, a fome de dizerem-se de milhares de vidas, a paciência de milhões de almas submissas como a minha ao destino quotidiano, ao sonho inútil, à esperança sem vestígios. Nestes momentos meu coração pulsa mais alto por minha consciência dele. Vivo mais porque vivo maior. Sinto na minha pessoa uma força religiosa, uma espécie de oração, uma semelhança de clamor. Mas a reação contra mim desce-me da inteligência ... Vejo-me no quarto andar alto da Rua dos Douradores, assisto-me com sono; olho, sobre o papel meio escrito, a vida vã sem beleza e o cigarro barato que a expender estendo sobre o mata-borrão velho. Aqui eu, neste quarto andar, a interpretar a vida!, a dizer o que as almas sentem!, a fazer prosa como os gênios e os célebres! Aqui, eu, assim!...

LIVRO DO DESASSOSSEGO, fragmento 40

Sinto-me às vezes tocado, não sei por que, de um prenúncio de morte... Ou seja, uma vaga doença, que se não materializa em dor e por isso tende a espiritualizar-se enfim, ou seja, um cansaço que quer um sono tão profundo que o dormir lhe não basta — o certo é que sinto como se, no fim de um piorar de doente, por fim largasse sem violência ou saudade as mãos débeis de sobre a colcha sentida.

Considero então que coisa é esta a que chamamos morte. Não quero dizer o mistério da morte, que não penetro, mas a sensação física de cessar de viver.

Abandonar todos os deveres, ainda os que nos não exigem, repudiar todos os lares, ainda os que não foram nossos, viver do impreciso e do vestígio, entre grandes púrpuras de loucura, e rendas falsas de majestades sonhadas... Ser qualquer coisa que não sinta o pesar de chuva externa, nem a mágoa da vacuidade íntima... Errar sem alma nem pensamento, sensação sem si mesma, por estrada contornando montanhas, por vales sumidos entre encostas íngremes, longínquo, imerso e fatal... Perder-se entre paisagens como quadros. Não ser a longe e cores...

Um sopro leve de vento, que por detrás da janela não sinto, rasga em desnivelamentos aéreos a queda retilínea da chuva. Clareia qualquer parte do céu que não vejo. Noto-o porque, por detrás dos vidros meio limpos da janela fronteira, já vejo vagamente o calendário na parede lá dentro, que até agora não via.

Esqueço. Não vejo, sem pensar.

Cessa a chuva, e dela fica, um momento, uma toalha de diamantes mínimos, como se, no alto, qualquer coisa como uma grande toalha se sacudisse azulmente dessas migalhinhas. Sente-se que parte do céu está aberta. Vê-se, através da janela fronteira, o calendário mais nitidamente. Tem uma cara de mulher, e o resto é fácil porque o reconheço, e a pasta dentifrícia é a mais conhecida de todas. Mas em que pensava eu antes de me perder a ver? Não sei. Vontade? Esforço? Vida? Com um grande avanço de luz sente-se que o céu é já quase todo azul. Mas não há sossego — ah, nem o haverá nunca! — no fundo do meu coração, poço velho ao fim da quinta vendida, memória de infância fechada a pó no sótão da casa alheia. Não há sossego — e, ai de mim!, nem sequer há desejo de o ter...

LIVRO DO DESASSOSSEGO, fragmento 225

Tantas vezes, tantas, como agora, me tem pesado sentir que sinto — sentir como angústia só por ser sentir, a inquietação de estar aqui, a saudade de outra coisa que se não conheceu, o poente de todas as emoções, amarelecer-se esbatido para tristeza cinzenta a minha consciência externa de mim.

Ah, quem me salvará de existir? Não é a morte que quero, nem a vida: é aquela outra coisa que brilha no fundo da ânsia como um diamante possível numa cova a que se não pode descer. É todo o peso e toda a mágoa deste universo real e impossível, deste céu estandarte de um exército incógnito, destes tons que vão empalidecendo pelo ar fictício, de onde o crescente imaginário da lua emerge numa brancura elétrica parada, recortado a longínquo e a insensível.

É toda a falta de um Deus verdadeiro que é o cadáver vácuo do céu alto e da alma fechada. Cárcere infinito — porque és infinito, não se pode fugir de ti.

GRANDES TRECHOS (NOSSA SENHORA DO SILÊNCIO)

Às vezes quando, abatido e humilde, a própria força de sonhar se me desfolha e se me seca, e o meu único sonho só pode ser o pensar nos meus sonhos, folheio-os então, como a um livro que se folheia e se torna a folhear sem ler mais que palavras inevitáveis. É então que me interrogo sobre quem tu és, figura que atravessas todas as minhas antigas visões demoradas de paisagens outras, e de interiores antigos e de cerimoniais faustosos de silêncio. Em todos os meus sonhos ou apareces, sonho, ou realidade falsa, me acompanhas. Visito contigo regiões que são talvez sonhos teus, terras que são talvez corpos teus de ausência e desumanidade, o teu corpo essencial descontornado para planície calma e monte de perfil frio em jardim de palácio oculto. Talvez eu não tenha outro sonho senão tu, talvez seja nos teus olhos, encostando a minha face à tua, que eu lerei essas paisagens impossíveis, esses tédios falsos, esses sentimentos que habitam a sombra dos meus cansaços e as grutas dos meus desassossegos. Quem sabe se as paisagens dos meus sonhos não são o meu modo de não te sonhar? Eu não sei quem tu és, mas sei ao certo o que sou? Sei eu o que é sonhar para que saiba o que vale o chamar-te o meu sonho? Sei eu se não és uma parte, quem sabe se a parte essencial e real de mim? E sei eu se não sou eu o sonho e tu a realidade, eu um sonho teu e não tu um Sonho que eu sonhe?

Que espécie de vida tens? Que modo de ver é o modo como te vejo? Teu perfil? Nunca é o mesmo, mas não muda nunca. E eu digo isto porque sei, ainda que não saiba que o sei. Teu corpo? Nu é o mesmo que vestido, sentado está na mesma atitude do que quando deitado ou de pé. Que significa isto, que não significa nada?

*

A minha vida é tão triste, e eu nem penso em chorá-la; as minhas horas tão falsas, e eu nem sonho o gesto de parti-las.

Como não te sonhar? Como não te sonhar? Senhora das Horas que passam, Madona das águas estagnadas e das algas mortas, Deusa Tutelar dos desertos abertos e das paisagens negras de rochedos estéreis — livra-me da minha mocidade.

Consoladora dos que não têm consolação, Lágrima dos que nunca choram, Hora que nunca soa — livra-me da alegria e da felicidade. Ópio de todos os silêncios, Lira para não se tanger, Vitral de lonjura e de abandono — faze com que eu seja odiado pelos homens e escarnecido pelas mulheres.

Címbalo de Extrema-Unção, Carícia sem gesto, Pomba morta à sombra, Óleo de horas passadas a sonhar — livra-me da religião, porque é suave; e da descrença porque é forte.

Lírio fanado à tarde, cofre de rosas murchas, silêncio entre prece e prece — enche-me de nojo de viver, de ódio de ser são, de desprezo por ser jovem.

Torna-me inútil e estéril, ó Acolhedora de todos os sonhos vagos; faze-me puro sem razão para o ser, e falso sem amor a sê-lo, ó Água Corrente das Tristezas Vividas; que a minha boca seja uma paisagem de gelos, os meus olhos dois lagos mortos, os meus gestos um esfolhar lento de árvores velhinhas — ó Ladainha de Desassossegos, ó Missa-Roxa[316] de Cansaços, ó Fluido, ó Ascensão...

---

[316] Na liturgia católica se usavam, à época, cinco cores — branco, verde, vermelho e preto, esta última depois abolida no Concílio Vaticano II (1962-1965), sendo título de um poema de Pessoa, ("Missa negra"), em que fala do "inferno verdadeiro e real"); e mais roxo — cor reservada à Quaresma e ao Advento (as quatro semanas que precedem o Natal). *Missa Roxa* seria, pois, aquela em que essa cor é usada.

Ecce homo

(Eis o homem. Palavras com a qual Pilatos, com o bastão na mão, mostrou Jesus aos romanos).

Fernando Pessoa

"Fernando Pessoa sente as coisas
mas não se mexe, nem mesmo por dentro."

Notas para a recordação do meu mestre Caeiro, Álvaro de Campos

Quem é Pessoa?

Fernando Pessoa, com frequência, assina seus textos com o próprio nome. É um *ortônimo*, assim se convencionou dizer. Mas seria, nesse escrever, apenas mais um heterônimo daquele outro Pessoa — o real, "impuro e simples", que vive e sofre em Lisboa. Jorge de Sena foi o primeiro a perceber isso. O mesmo Sena que lhe destinou carta, seis anos depois de sua morte, dizendo: *Você, quando escreveu em seu próprio nome, não foi menos heterô-nimo que qualquer deles.* Em livro, as palavras foram quase as mesmas — sugerindo que Pessoa *se criou heterônimo de si mesmo.* Assim também o tem Adolfo Casais Monteiro, aceitando algumas diferenças entre o heterô-nimo e o homem. Para Bréchon, *nem Caeiro, nem Reis, nem Campos, nem nenhum dos outros heterônimos é, sozinho, Pessoa; mas Pessoa, "ele mesmo", também não.* Porque essa *hipótese sedutora*, agora segundo António Tabuc-chi, *absurdamente é também a mais lógica.* Opiniões similares são muitas. O próprio Pessoa fala "das obras do Fernando Pessoa", que, para ele, "Fer-nando Pessoa não existe propriamente falando". Lembrando, nessa plurali-dade, "Alberto Caeiro, Ricardo Reis, Álvaro de Campos, Fernando Pessoa, e quantos mais haja, havidos ou por haver".

> Que vitórias perdidas
> Por não as ter querido!
> Quantas perdidas vidas!
> E o sonho sem ter sido...
> (...)

Pranto dos sonhos fúteis,
Que a memória acordou,
inúteis, tão inúteis —
Quem me dirá quem sou?

Sem título (27/5/1926), Fernando Pessoa

Simbolismo

Entre 1910 e 1912, quando começa a escrever mais seriamente, ainda é forte a impressão que lhe causa o simbolismo francês de Baudelaire, Mallarmé, Rimbaud, Verlaine. A corrente, em Portugal, começa com Eugênio de Castro e seu livro de poemas *Oaristos* (1890), a ela se filiando Camilo Pessanha e seguidores. Pessoa, no seu início como escritor, os segue. Mas logo muda e abandona esse estilo de sua "terceira adolescência", em que vivia "na atmosfera de filósofos gregos e alemães, assim como dos decadentes [simbolistas] franceses cuja ação me foi subitamente varrida pelo espírito da ginástica sueca e pela leitura da [*Critique de la*] *Dégénérescence* de [Max] Nordau [1849-1923]" — uma referência que se explica por ter lido o livro desse judeu húngaro no escritório do seu professor de ginástica sueca, Luís Furtado Coelho. Em seguida conhece, de autor anônimo, *Regeneration, A replay to* (uma réplica a) *Max Nordau*, após o que diz: "Algumas obras, como a de Nordau e a de Lombroso, pertencem ao charlatanismo científico." Dessa época é "Além-Deus" — que, para Sá-Carneiro (carta de 3/2/1913), *manuseia o mistério, interroga o além. E que coisa maravilhosa a segunda estrofe... "o que é ser-rio e correr?"*. Essa estrofe está no primeiro dos poemas de "Além-Deus", que começa assim:

Olho o Tejo, e de tal arte
Que me esquece olhar olhando,
E súbito isto me bate
De encontro ao devaneando —
O que é ser-rio, e correr?
O que é está-lo eu a ver?

"Além-Deus" (I/Abismo), Fernando Pessoa

Pauismo

O Simbolismo, que marcava a velha-guarda da literatura portuguesa de então, logo dá lugar à "nova literatura", feita "de uma só disciplina: sentir tudo de todas as maneiras". Porque "todos os movimentos literários nascem de uma reação contra movimentos anteriores". Ficam no passado o "nacionalismo arcaico" e o "saudosismo" de Teixeira de Pascoaes e Guerra Junqueiro, que falavam de um *novo canto,* de uma era *lusíada* que a *pátria nostálgica* deveria criar. Sua opinião sobre Junqueiro — autor dos enormes *A velhice do Padre Eterno, Finis patriae* e *Oração à luz* — vai, aos poucos, mudando. No início, era "grande poeta"; depois, só um "demarcado farsante"; em seguida, nem isso, "tenho uma grande indiferença pela obra dele"; até que, por fim, "Junqueiro morreu". Esse Paulismo, para Gaspar Simões um *crepusculismo,* caracteriza-se por três elementos: a "ideação vaga", que "tem o que é indefinido por constante", inspirado em Mallarmé; a "ideação sutil", que "traduz uma sensação simples por uma expressão que a torna vivida", uma evolução desse mesmo sentimento; e a "ideação complexa", que "traduz uma sensação simples por uma expressão" que lhe dá "um novo sentido", em um estágio final e superior. A ele se filiam Alfredo Guisado, Côrtes-Rodrigues, Sá-Carneiro. É grande o alvoroço no seu íntimo. "Vamos criar a literatura portuguesa." Em 29 de março de 1913, dando forma à ideia, escreve "Pauis" — etimologicamente, paul é *pântano.* A inspiração lhe vem de André Gide, na obra-prima do simbolismo francês que é *Paludes* (1895) — não por acaso, como *paul,* também significando *pântano.* Um livro escrito na África, mais uma vez África, em que faz reflexões sobre a vida do autor. O manuscrito de Pessoa circula entre amigos, antes mesmo de ser publicado (junto com "Ó sino da minha aldeia"), em fevereiro de 1914, no único número da revista *Renascença.*

> Pauis de roçarem ânsias pela minha alma em ouro...
> Dobre longínquo de Outros Sinos... Empalidece o louro...
> Trigo na cinza do poente... Corre um frio carnal por minha alma...
> (...)
> Horizontes fechando os olhos ao espaço em que são elos de erro...
>
> Fanfarras de ópios de silêncios futuros... Longes trens...
> Portões vistos longe... através de árvores... tão de ferro!
>
> "Pauis",[317] Fernando Pessoa

Interseccionismo

Mas o "*Pauismo* é, como nos disse na Brasileira o J[oão] C[orreia] de O[liveira], *uma intoxicação da artificialidade*"; e essa tentativa, de "emocionalizar uma ideia", logo se transforma na busca de espaço em meio à van-

---

[317] O poema, de 29 de março de 1913, é por vezes publicado com o título "Impressões do crepúsculo."

guarda europeia. O caminho se abre quando Sá-Carneiro chama atenção para novas tendências que, segundo ele, mudariam a arte. Então, pouco a pouco, vai se desembaraçando do "vago" e encontrando a "plasticidade". Nasce a estética interseccionista, "expressão exata do exterior como exterior", uma como que adaptação da poesia à visão cubista, antecipando o grande movimento surrealista que logo despontaria. "Será talvez útil — penso — lançar o interseccionismo como corrente, não com fins meramente artísticos mas pensando esse ato a fundo, como uma série de ideias que urge atirar para a publicidade, para que possam agir sobre o psiquismo nacional, que precisa ser trabalhado e percorrido em todas as direções por novas correntes de ideias e emoções que nos arranquem à nossa estagnação." A esse movimento "paúlico", metamorfoseado de Interseccionismo, se ligam Almada Negreiros, José Pacheco, Rui Coelho, Santa-Rita Pintor, D. Tomás de Almeida. Pessoa pensa publicar um grande volume, *Antologia do Interseccionismo*, em que estariam "Manicure", de Sá-Carneiro; "Manifesto anti-Dantas", de Almada Negreiros; e, de Pessoa, "Chuva oblíqua", "Ode triunfal", "Ode a Walt Whitman" e a monumental "Ode marítima".

> E a minha infância feliz acorda, como uma lágrima, em mim.
> O meu passado ressurge, como se esse grito marítimo
> Fosse um aroma, uma voz, o eco duma canção
> Que fosse chamar ao meu passado
> Por aquela felicidade que nunca mais tornarei a ter.
>
> "Ode marítima", Álvaro de Campos

Atlantismo

No início de 1915, nasce uma variável do Interseccionismo, que os especialistas chamam de Atlantismo — presente, sobretudo, nos seus textos de prosa. Um movimento com viés profético, inspirado no sebastianismo, que entende a arte como "uma mentira que sugere uma verdade" e busca "libertar a metafísica de sua ambição de atingir a verdade". No campo social, quer a "substituição da religião pelo misticismo patriótico, não construindo um Deus nacional... mas um Cristo nacional — existente já, no nosso caso, na figura transcendentalmente representante de Dom Sebastião". Planeja um *Manifesto* com as múltiplas acepções desse Atlantismo. "Todo o Império que não é baseado no Império Espiritual é uma Morte de pé, um Cadáver mandando." Seria uma reação ao tradicionalismo e à monarquia, "porque está ligado a Roma". Em essência, quer criar uma civilização espiritual própria, capaz de subjugar "todos os povos; porque contra as artes e as forças do espírito não há resistência possível". Mas essa intenção, breve como um suspiro, logo passa.

Sensacionismo

Em 21 de novembro de 1915, já depois do "dia mais importante", decide "desprezar a ideia da plebeia socialização de mim, do Interseccionismo". Passa então a sofrer influências do Futurismo e de outros movimentos que lhe são próximos, no continente. "Aos interseccionistas, chame-se interseccionistas. Ou chame-se-lhes paúlicos, se se quiser. Eu, de resto, nem sou interseccionista [ou paúlico] nem futurista. Sou eu, apenas eu, preocupado apenas comigo e com as minhas sensações." Uma reação natural em quem confessa que "a literatura, como toda a Arte, é uma confissão de que a vida não basta". Pessoa, observa Jerónimo Pizarro, *quis ser toda uma literatura, viver dentro de si todos os movimentos*. Por isso, logo assume essa que seria a "primeira manifestação de Portugal-Europa, a única Grande Arte literária que em Portugal se tem revelado", definida como "uma decomposição da realidade em seus elementos geométricos psíquicos" para "aumentar a autoconsciência humana". Segundo esse movimento, "a sensação é a única realidade", *apontando para uma arte que pretende, por sua vez, ao mesmo tempo, aumentar a autoconsciência dos que a estetizem*, resume Fernando Alvarenga.

O Sensacionismo, fundamentalmente, "nasce com a amizade entre Fernando Pessoa e Sá-Carneiro"; que, para os dois, "Sentir é criar. Agir é só destruir. Compreender é apenas iludirmo-nos"; e "a única realidade é a palavra realidade não ter sentido nenhum". "A única realidade verdadeira, portanto, é a sensação." Com ele, cumpre-se aquele que seria um dos lemas de Campos: "Sentir tudo de todas as maneiras." Seus fundamentos seriam: "a) a sensação, puramente tal; b) a consciência de sensação que dá a essa sensação um valor, e, portanto, um cunho estético; c) a consciência dessa sensação, de onde resulta uma intelectualização, isto é, o poder da expressão". "O Sensacionismo defende a atitude estética em todo o seu esplendor pagão." "Fundou-o Alberto Caeiro, o mestre glorioso e jovem. Tornando-o, logicamente, neoclássico o dr. Ricardo Reis. Modernizou-o o intenso poeta que é Álvaro de Campos. Esses três nomes valem toda uma época literária." Do Sensacionismo são "16", de Sá-Carneiro, publicado no nº 2 de *Orpheu*;

e, de Pessoa, "Triunfo", dedicado a Sá-Carneiro. Em texto sobre o Movimento Sensacionista, encerra dizendo que "o resto é a literatura portuguesa", após o que se assina "Fernando Pessoa, sensacionista".

> Nada sou, nada posso, nada sigo.
> Trago, por ilusão, meu ser comigo.
> Não compreendendo compreender, nem sei
> Se hei de ser, sendo nada, o que serei.
> (...)
> Sonhar é nada e não saber é vão.
> Dorme na sombra, incerto coração.
>
> Sem título (6/1/1923), Fernando Pessoa

Neopaganismo

Em 1916, começa a escrever textos que, não obstante entre si contraditórios, já não têm mais aquele estilo próprio do sensacionismo. Neles, em essência, reafirma "a superioridade do neopaganismo português sobre o neoarabismo", num movimento que se estruturaria em torno de cinco obras: "1. Alberto Caeiro: *O guardador de rebanhos*. 2. Ricardo Reis: *Odes*. 3. António Mora: *O regresso dos Deuses*. 4. Ricardo Reis: *Novas odes*. 5. António Mora: *Os fundamentos do paganismo – Teoria do dualismo objetivista*." Sem contar que, em dezembro de 1917, escreve o que denomina "Teses fundamentais do Neopaganismo português":

I. Não há profundo movimento nacional, movimento nacional profundamente renovador, que não seja um movimento cultural.

II. Não há profundo movimento cultural que não seja um movimento religioso.

III. Não há profundo movimento português que não seja um movimento árabe, porque a alma árabe é o fundo da alma portuguesa.

IV. Não há profundo movimento cultural árabe que não seja profundamente um movimento.

Mas não haveria futuro para tantos ismos e esses movimentos logo passam. Como se Pessoa já não precisasse de tendências literárias ou heterônimos; que agora, levado por seu mestre Caeiro, já anda por outros caminhos. Sua poesia, pouco a pouco, ganha refinamento; e, a partir de 1918, escreve cada vez mais usando seu próprio nome.

O menino da sua mãe

Dos poemas que vão então nascendo, um dos mais conhecidos é "O menino da sua mãe" — publicado na revista *Contemporânea*, III Série, nº 1, em 1926; e depois também em *O Notícias Ilustrado*, II Série, nº 22, 1928. Tudo começa no início de 1926, quando, jantando em uma pensão, vê na parede litografia com figura de um jovem soldado morto. A imagem passa a persegui-lo e assim nasce "O menino", segundo José G. Herculano de Carvalho, inspirado em "Le dormeur du val" (O dorminhoco do vale), de Rimbaud. Comparei os dois e tive a mesma impressão:

Le Dormeur	O Menino
Um pequeno vale de luz	No plaino abandonado
Um jovem soldado	Tão jovem! que jovem era!
Ele tem dois buracos vermelhos do lado direito.	De balas traspassado — Duas, de lado a lado —

Em seu íntimo, a ideia começa a se esboçar pouco antes, em 1925, quando sua mãe morreu. A partir daí, compreende que estaria irremediavelmente só; e esse menino seria, por trás das aparências, ele próprio. Reage à versão um primo de Pessoa, Eduardo Freitas da Costa, para quem a tese é *discutível*, apresentando ainda numerosos depoimentos indicando uma plena aceitação do padrasto, pela família. Também reage Augusto Ferreira Gomes, declarando não ter *sequer a mais ligeira relação com sua família*, certamente por se sentir obrigado a proteger um velho amigo, pois, no poema, tudo sugere mesmo essa intimidade. Como, entre outros, se vê nos versos *Filho único, a mãe lhe dera/ Um nome e o mantivera*; porque Pessoa, filho único depois da morte do irmão Jorge, manteve o próprio nome, referindo-se assim à mãe — que, com um segundo casamento, abandonara seu sobrenome anterior para incorporar o Rosa do novo marido.

> No plaino abandonado
> Que a morna brisa aquece,
> De balas traspassado[318]
> — Duas, de lado a lado —
> Jaz morto, e arrefece.

---

[318] Pouco antes, em 27 de fevereiro desse mesmo 1926 em que foi publicado o poema, escrevera quase as mesmas palavras em "À memória do presidente-rei Sidónio Pais": *No plaino traspassado.*

Raia-lhe a farda o sangue.
De braços estendidos,
Alvo, louro,[319] exangue,[320]
Fita com olhar langue[321]
E cego os céus perdidos.

Tão jovem! que jovem era!
(Agora que idade tem?)
Filho único, a mãe lhe dera
Um nome e o mantivera:
"O menino da sua mãe".

Caiu-lhe da algibeira
A cigarreira breve.[322]
Dera-lhe a mãe. Está inteira
E boa a cigarreira.
Ele é que já não serve.

De outra algibeira, alada
Ponta a roçar o solo,
A brancura embainhada
De um lenço... Deu-lhe a criada
Velha que o trouxe ao colo.

Lá longe, em casa, há a prece:
"Que volte cedo, e bem!"
(Malhas que o Império tece!)
Jaz morto, e apodrece,
O menino da sua mãe.

"O menino da sua mãe", Fernando Pessoa

Pouco depois retoma essa mesma inspiração e publica, também em
O Notícias Ilustrado, II Série, 1929, poema com quase as mesmas palavras:

A criança loura.
Jaz no meio da Rua.
Tem as tripas de fora
E por uma corda sua
Um comboio que ignora.

---

[319] O soldado alvo e louro, distante do próprio Pessoa, é descrito a partir da figura na litografia.
[320] Sem sangue.
[321] Abatido.
[322] Leve.

A cara está um feixe
De sangue e de nada.
Luz e um pequeno peixe
— Dos que boiam nas banheiras —
À beira da estrada.

Cai sobre a estrada o escuro.
Longe, ainda uma luz doura.
A criação do futuro...

E o da criança loura?

"Tomamos a vila depois de um intenso bombardeamento", Fernando Pessoa

O tema reaparece num poema em que Pessoa evoca a França. Há duas explicações possíveis para essa referência — e, tratando-se de Pessoa, provavelmente ambas valem. Uma primeira e mais óbvia sugere a única batalha em que se envolveu Portugal na Primeira Guerra — a de La Lys, ocorrida entre 9 e 29 de abril de 1918, com derrota humilhante das tropas portuguesas. Ali ficaram 7.500 (ou 12 mil) prisioneiros, feridos e mortos, entre eles 327 oficiais, em tropa de 20 mil (ou 50 mil) homens do Corpo Expedicionário. A citação tem sentido, mesmo localizando-se o vale da ribeira de La Lys na região de Flandres (Bélgica), dado ser bem próximo à França. Milhares de portugueses tiveram mesmo seus corpos enterrados no cemitério francês de Richebourg, próximo a *La Couture*. À batalha se refere em "Canções da derrota": "Se uma dor que é nobre vale mais que uma pobre/ Estreita ledice[323]/ Quanto melhor cair em Alcácer-Quibir/ Que vencer em La Lys". Não obstante, e mais provavelmente, esse poema evoca o amigo Sá-Carneiro, tão cedo morto em Paris: *Ele que foi tanto para ti, tudo, tudo, tudo...* Uma frase que Pessoa certamente assinaria em louvor do amigo.

Por aqueles, minha mãe, que morreram, que caíram na batalha...
Dlôn — ôn — ôn — ôn...
Por aqueles, minha mãe, que ficaram mutilados no combate
Dlôn — ôn — ôn — ôn...
Por aqueles cuja noiva esperará sempre em vão... [324]
Dlôn — ôn — ôn — ôn...

---

[323] Galanteria ou gracejo.
[324] O verso lembra *Mensagem* ("Mar Português"), em que diz: *Quantas noivas ficaram por casar/ Para que fosses nosso, ó mar!*

Sete vezes sete vezes murcharão as flores no jardim
Dlôn — ôn — ôn — ôn...
E os seus cadáveres serão do pó universal e anônimo
Dlôn — ôn — ôn — ôn...
E eles, quem sabe, minha mãe, sempre vivos, com esperança...
Loucos, minha mãe, loucos, porque os corpos morrem e a dor não morre...
Dlôn — dlôn — dlôn — dlôn — dlôn — dlôn...
Que é feito daquele que foi a criança que tiveste ao peito?
Dlôn...
Quem sabe qual dos desconhecidos mortos aí é o teu filho
Dlôn...
Ainda tens na gaveta da cômoda os seus bibes de criança...
Ainda há nos caixotes da dispensa os seus brinquedos velhos...
Ele hoje pertence a uma podridão lá somewhere[325] in France.
Ele que foi tanto para ti, tudo, tudo, tudo...
Olha, ele não é nada no geral holocausto da história
Dlôn — dlôn...
Dlôn — dlôn — dlôn — dlôn ...
Dlôn — dlôn — dlôn — dlôn...
Dlôn — dlôn — dlôn — dlôn — dlôn — dlôn

Sem título (sem data), Álvaro de Campos

Essa ideia de escrever poemas a partir do quotidiano se repetiria muitas outras vezes, com Pessoa — e também, será justo dizer, com a maioria dos poetas. Assim se deu quando viu, em um jornal, foto na qual família ria, enquanto recebia cheque de dez contos de réis como indenização pela perda de um filho que morreu atropelado. O filho morto, e o riso dos familiares recebendo dinheiro, o indignaram a tal ponto que escreveu:

Bem sei que tudo é natural
Mas ainda tenho coração...
Boa noite e merda!...
(Estala, meu coração!)
(Merda para a humanidade inteira!)

Na casa da mãe do filho que foi atropellado,
Tudo ri, tudo brinca.
E há um grande ruido de buzinas sem conta a lembrar

Receberam a compensação:
Bebé igual a X,
Gosam o X neste momento,

---

[325] Em algum lugar.

Comem e bebem o bebé morto,
Bravo! São gente!
Bravo! São a humanidade!
Bravo: são todos os pais e todas as mães
Que teem filhos atropelaveis!
Como tudo esquece quando há dinheiro.
Bebé egual a X.

Com isso se forrou a papel uma casa.
Com isso se pagou a ultima prestação da mobilia.
Coitadito do Bebé.
Mas, se não tivesse sido morto por atropelamento, que seria das contas?

Sim, era amado.
Sim, era querido
Mas morreu.
Paciência, morreu!
Que pena, morreu!
Mas deixou o com que pagar contas
E isso é qualquer coisa.
(É claro que foi uma desgraça)
Mas agora pagam-se as contas.
(É claro que aquele pobre corpinho
Ficou triturado)
Mas agora, ao menos, não se deve na mercearia.
(É pena sim, mas ha sempre um alívio.)

O bebé morreu, mas o que existe são dez contos.
Isso, dez contos.
Pode fazer-se muito (pobre bebé) com dez contos.
Pagar muitas dividas (bebezinho querido)
Com dez contos.
Por muita coisa em ordem
(Lindo que morreste) com dez contos.

Bem se sabe é triste
(Dez contos)
Uma criancinha nossa atropelada
(Dez contos)
Mas a visão da casa remodelada
(Dez contos)
De um lar reconstituído
(Dez contos)
Faz esquecer muitas coisas (como o choramos!)
Dez contos!

Parece que foi por Deus que os recebeu
(Esses dez contos).
Pobre bebé trucidado!
Dez contos.

Sem título (sem data), Fernando Pessoa.

Tudo vale a pena, se a alma não é pequena

Os três versos de Pessoa mais citados são: *Navegar é preciso, viver não é preciso*, *O poeta é um fingidor* e *Tudo vale a pena se a alma não é pequena*. Só que o primeiro, como vimos, Pessoa nunca disse. O segundo, como também vimos, não sugere o que os leitores pensam que sugere. E o terceiro, quase sempre citado erradamente — com "quando" em vez do "se" —, está em *Mensagem* ("Mar português"), a seguir transcrito. Trata-se de imagem que surge com enorme frequência na sua obra. Por exemplo:

> Outras vezes ouço passar o vento,
> E acho que só para ouvir o vento vale a pena ter nascido
>
> "Poemas inconjuntos" (7/11/1915), Alberto Caeiro

> Grandes são os desertos, e tudo é deserto.
> Grande é a vida, e não vale a pena haver vida.
>
> Sem título (4/10/1930), Álvaro de Campos

> Mais vale escrever do que ousar viver, ainda que viver não seja mais que comprar bananas ao sol, enquanto o sol dura e há bananas que vender.
>
> *Livro do desassossego*, Bernardo Soares

> Viver não vale a pena. Só o olhar vale a pena.
>
> *Livro do desassossego*, Bernardo Soares

> Falar no passado — isso deve ser belo, porque é inútil e faz tanta pena...
> Não vale nunca a pena fazer nada... Bem sei que não valeu a pena...
> É por isso que o achei belo. Não, minha irmã, nada vale a pena... Nada vale a pena, ó meu amor longínquo, senão o saber como é suave que nada vale a pena.
>
> "O marinheiro", Fernando Pessoa

A vida, afinal, vale a pena. A tragédia foi essa, mas não houve dramaturgo que a escrevesse.

Carta a Ronald de Carvalho (29/2/1915), Fernando Pessoa

Vale mais a pena ver uma coisa pela primeira vez, que conhecê-la.

Sem título (12/4/1919), Fernando Pessoa

Fui tudo, nada vale a pena.[326]

"Elegia na sombra", Fernando Pessoa

A maturidade

Passa o tempo. Search fica no caminho, desde muito. Caeiro está morto. Reis, exilado, silencia por anos inteiros. Campos já abandonara uma fase inicial, sensacionista; agora escreve pouco e, quando o faz, é Pessoa escrevendo. Bernardo Soares seria ele próprio, já se viu, rasgando sua intimidade, por vezes sendo atribuídos a Soares textos assinados com seu próprio nome. "Vivo no presente. O futuro, não o conheço. O passado, já não o tenho." Pierre Hourcade, em 1932, define Pessoa como *o mais digno da universalidade dos poetas portugueses do nosso tempo que continua a gravitar à margem de qualquer círculo literário, planeta solitário e irônica testemunha dos costumes do clã.* O menino da sua mãe, já era tempo, começa verdadeiramente a ser Fernando Pessoa.

Textos escolhidos

PRECE

Senhor, que és o céu e a terra, que és a vida e a morte! O sol és tu e a lua és tu e o vento és tu! Tu és os nossos corpos e as nossas almas e o nosso amor és tu também. Onde nada está tu habitas e onde tudo está — (o teu templo) — eis o teu corpo.

Dá-me alma para te servir e alma para te amar. Dá-me vista para te ver sempre no céu e na terra, ouvidos para te ouvir no vento e no mar, e mãos para trabalhar em teu nome.

Torna-me puro como a água e alto como o céu. Que não haja lama nas estradas dos meus pensamentos nem folhas mortas nas lagoas dos meus

---

[326] Os versos foram escritos em 2 de junho de seu último ano.

propósitos. Faze com que eu saiba amar os outros como irmãos e servir-te como a um pai.

Minha vida seja digna da tua presença. Meu corpo seja digno da terra, tua cama. Minha alma possa aparecer diante de ti como um filho que volta ao lar.

Torna-me grande como o Sol, para que eu te possa adorar em mim; e torna-me puro como a lua, para que eu te possa rezar em mim; e torna-me claro como o dia para que eu te possa ver sempre em mim e rezar-te e adorar-te. Senhor, protege-me e ampara-me. Dá-me que eu me sinta teu. Senhor, livra-me de mim.[327]

PASSOS DA CRUZ (XIII)[328]

Emissário de um rei desconhecido,
Eu cumpro informes instruções de além,
E as bruscas frases que aos meus lábios vêm
Soam-me a um outro e anômalo sentido...

Inconscientemente me divido
Entre mim e a missão que o meu ser tem,
E a glória do meu Rei dá-me o desdém
Por este humano povo entre quem lido...
Não sei se existe o Rei que me mandou.
Minha missão será eu a esquecer,[329]
Meu orgulho o deserto em que em mim estou...

Mas há! Eu sinto-me altas tradições
De antes de tempo e espaço e vida e ser...
Já viram Deus as minhas sensações...

MENSAGEM (MAR PORTUGUÊS)

Ó mar salgado, quanto do teu sal
São lágrimas de Portugal!
Por te cruzarmos, quantas mães choraram,
Quantos filhos em vão rezaram!
Quantas noivas ficaram por casar
Para que fosses nosso, ó mar!

---

[327] No original, e diferentemente da maioria das publicações, o texto tem pequena continuação.

[328] Esse conjunto de poemas (14), escritos entre 1914 e 1915, foi reunido sob um título ("Passos da Cruz") que evoca a Via-Sacra; mas Pessoa também pensou, para esse título, em *Estação da Cruz*.

[329] A construção do verso é curiosa. *Minha missão é esquecer essa missão.* A missão, no fundo, é não ter missão nenhuma. Como quem passa pela vida desdenhando aqueles com quem está e tendo sensações grandiosas, nas quais vê o próprio Deus.

Valeu a pena? Tudo vale a pena
Se a alma não é pequena.
Quem quer passar além do Bojador
Tem que passar além da dor.
Deus ao mar o perigo e o abismo deu,
Mas nele é que espelhou o céu.

O ANDAIME

O tempo que eu hei sonhado
Quantos anos foi de vida!
Ah! quanto do meu passado
Foi só a vida mentida
De um futuro imaginado!

Aqui à beira do rio
Sossego sem ter razão,
Este seu correr vazio
Figura, anônimo e frio,
A vida vivida em vão.

A esperança que pouco alcança!
Que desejo vale o ensejo?
E uma bola de criança
Sobe mais que a minha esperança,
Rola mais que o meu desejo.

Ondas do rio, tão leves
Que não sois ondas sequer,
Horas, dias, anos, breves
Passam — verduras ou neves
Que o mesmo sol faz morrer.

Gastei tudo que não tinha.
Sou mais velho do que sou
A ilusão, que me mantinha,
Só no palco era rainha:
Despiu-se, e o reino acabou.

Leve som das águas lentas,
Gulosas da margem ida,
Que lembranças sonolentas
De esperanças nevoentas!
Que sonhos o sonho e a vida!

Que fiz de mim? Encontrei-me
Quando estava já perdido.
Impaciente deixei-me
Como a um louco que teime
No que lhe foi desmentido.

Som morto das águas mansas
Que correm por ter que ser,
Leva não só as lembranças,
Mas as mortas esperanças —
Mortas, porque hão de morrer.

Sou já o morto futuro.
Só um sonho me liga a mim —
O sonho atrasado e obscuro
Do que eu devera ser — muro
Do meu deserto jardim.

Ondas passadas, levai-me
Para o olvido do mar!
Ao que não serei legai-me,
Que cerquei com um andaime
A casa por fabricar.

Trahit sua quemque voluptas
(Cada qual se diverte à sua moda. Virgílio)

Todos os heterônimos

"Eu, o contraditório,
A cicatriz do sargento mal-encarado,
O sacana do José que prometeu vir e não veio."

"Passagem das horas", Álvaro de Campos

Biografia dos 127 heterônimos

Aqui estão esses heterônimos, indicados por números; e também outros nomes que, apesar de escritos por Pessoa, não são nessa relação assim considerados, indicados. Para facilitar a consulta, seguindo, eles todos, em ordem alfabética.

1. A.A. Crosse — Escreve, em inglês, sobre mitos portugueses caros a Pessoa — embora essa atividade, na prática, tenha se limitado a pequeno texto que nem sequer foi publicado. Também participa de concursos de charadas — como um, no *Times* de Londres[330] (13/5/1920), em que esperava ganhar as mil libras do prêmio, valor suficiente para que Fernando pudesse pensar em casar com Ophelia. Com apoio da própria interessada, que rezou novena para Santa Helena e fez promessa ao Senhor dos Passos — atendendo sugestão do próprio Pessoa. Segundo ela, *o Senhor Crosse é muito inteligente e não tem tão pouca sorte como ele pensa... Eu pedirei muito que ele ganhe ao meu adorado Fernandinho, querido amor de minha vida.* Nas cartas, Ophelia diz: *Não me esqueço do sr. Crosse* (22/3); lamenta que *no fim disso tudo o sr. Crosse não ganhe prêmio nenhum* (25/4); ou comunica *são 11 horas, vou rezar pelo sr. Crosse e vou-me deitar* (27/4/1920). Mas nem a santa, nem Nosso Senhor, nem suspiros casamenteiros, nem rezas contritas

---

[330] Segundo alguns biógrafos, também concursos de palavras cruzadas. Algo, no caso, impossível; dado que, mesmo nascidas na Inglaterra desde 1762 (onde apareceram no *London Magazine*), o primeiro número dessas cruzadas seria publicado no *Times* só em 1935 — o ano da morte de Pessoa.

ou novenas milagrosas ajudariam; que perder, estava escrito nas estrelas, era o destino mesmo de Crosse. E de Pessoa.

• **A.A. Rey da Silva** — Assim também se assina António Augusto Rey da Silva.[331]

• **A. Couto** — Assim também se assina Armando Couto.

• **A. Rey da Costa** — Deveria ilustrar romance de Marvell Kisch, *A riqueza de um doido*.

2. A. Francisco de Paula Angard (Fr. Angard) — Autor de textos científicos em *O Palrador*, jornal supostamente *impresso* na Tipografia Angard, de sua propriedade, com sede em um lugar imaginário — a Rua Divem, 8. Entre esses textos de Angard, escritos em linguagem ingênua, destaca-se um sobre "Monstros da antiguidade", extraído de sua obra *Leituras científicas*, que começa dizendo:

> Tudo o que a fantasia do homem possa imaginar não se poderá aproximar das formas prodigiosas que a natureza criou nos primeiros tempos da idade da terra.

Bom lembrar que, ainda jovem, Pessoa se divertia redigindo jornais, reproduzindo o mesmo sentimento que levou Sá-Carneiro a lançar, ainda nos tempos de escola, um jornal similar — *O Chinó* (A Peruca). Primeiro desses foi *A Palavra*[332] — de quando visita a família da mãe em Tavira. Tinha, então, apenas 13 anos. Depois *O Palrador* (O Tagarela) — que começa a editar em Lisboa, ainda nas férias africanas de 1901, e permanece ao voltar para Durban. Depois do número 7

Jornalzinho feito por Pessoa

---

[331] Assim serão indicados nomes, usados por Pessoa, que não chegam a ser heterônimos.

[332] Mesmo título de jornal, em Lisboa, dirigido por Fernando de Souza (Nemo).

(de 5/6/1902), e sem que se saiba por quê, vem nova série, com novo número 1 (de 17/9/1905). Esses jornais eram escritos à mão, com lápis ou nanquim, em papel almaço vulgar dobrado; tão finos (e hoje tão gastos) que temi se desfizessem ao simples manusear, quando os consultei na Biblioteca Nacional de Lisboa. Todos em português, apesar de, nesse tempo, ainda morar em Durban. Mais tarde, outros jornais ainda nasceriam: em 1907, *O Phósforo* (*intruso, penetra*; ou talvez, mais propriamente, *fósforo* de acender — evocando a Ordem do Fósforo Apagado, que lançaria no ano seguinte); e, em 1907/1908, *O Iconoclasta* (aquele que destrói imagens). Em seguida, impressos em mimeógrafos e já se assemelhando a jornais de bairro, ambos de 1909, *O Progresso* e seu opositor, *A Civilização* — um "jornal em miniatura porque o seu chefe [Humbero Ferreira] não passa de uma miniatura".

3. A. Moreira — Coautor de um *Essay on intuition* (Ensaio sobre a intuição), com referências ao heterônimo Faustino Antunes. Nesse texto, Moreira faz afirmações assim:

> Ao examinar a existência profundamente, não podemos deixar de nos render à evidência de que pouco mais podemos saber do que reconhecer os homens através da sua própria experiência.

4. (Dr.) Abílio Fernandes Quaresma (Quaresma Decifrador, Tio Porco) — Um primeiro nome, Ambrósio, logo foi abandonado. Passando a ser Abílio — como Abílio Ponciano Nogueira, um bisavô de Pessoa; ou Abílio Nunes dos Santos Junior, precursor do rádio em Portugal (com a estação P1AA — Rádio Lisboa). "Nascido em Tancos em 1865 e falecido em Lisboa neste ano em que estamos, 1930" (ou "morre em Nova York"), "homem de estatura média, ou de média para alta, magro e fraco sem ser doente, sem elegância nem distinção, era, no pior sentido da palavra, um inofensivo". "Trajando um fato [terno] cinzento que ou era muito malfeito ou estava muito maltratado ou ambas as coisas, usava colarinho mole, baixo, desarranjado, e a gravata preta, simples, tinha o nó dado desleixadamente, o tecido a descair-se para um lado", mais "barba e bigode, de um castanho-claro agrisalhado". "A cara, chupada e de má pele, era entre morena e clara; o nariz, ligeiramente adunco; a boca, de tamanho médio, punha uma nota de força na fisionomia deprimida e fraca." Tinha "o ar habitual de depressão e de alheamento". Solteiro, médico sem clínica, morava num terceiro andar da Rua dos Fanqueiros, em quarto pequeno, desarrumado, com janela dando para os telhados de Lisboa.

Trazia sempre "um cigarro na boca". Em vez dos Peraltas escuros de antes, caros demais para seus bolsos (25 réis cada maço), agora se contenta com aqueles de mortalha, (mal) feitos um a um pelo próprio fumante. E charutos, também. "Quaresma sorriu para ele [o Chefe Guedes] e tirou uma fumaça do charuto." Os dedos, como os de Pessoa, eram amarelados pelo fumo. "Avelhentado", curvado, tem uma tosse cadavérica e "rugas da fronte sob o chapéu malposto". A idade contrastava com sua velhice aparente; não tendo Quaresma, por boas contas, mais que 40 anos. No início, foi pensado para ser apenas personagem de outro heterônimo, Pêro Botelho — reproduzindo um processo de transformação que se deu outras vezes, na sua heteronímia. Traduz cartas de Edgar Allan Poe e escreve novelas policiais que denomina *Contos de raciocínio*. Planeja publicar suas obras "em livros ou livrinhos separados, de diversos tamanhos e a preços correspondentemente diversos"; complementando, em outro apontamento, "*one per month*". Essas novelas, inacabadas, seriam as seguintes:

1) *O caso Vargas;*
2) *O pergaminho roubado;*
3) *O caso do quarto fechado;*
4) *O desaparecimento do dr. Reis Dores;*
5) *O roubo na quinta das vinhas;*
6) *O caso da janela estreita;*
7) *(Três episódios: A carta mágica, etc.);*
8) *O caso do triplo fecho.*

Também dele seriam (apenas rascunhos):

9) *Tale[333] X/A morte de D. João;*
10) *Cúmplices;*
11) *Crime;*
12) *O roubo da Rua dos Capelistas;*
13) *O caso do barão de Viseu; e*
14) *O crime da Ereira (Baixa).*

---

[333] Traduzido para o português, conto.

Pessoa chegou a pensar em editar uma de suas *novelas policiárias* com "prefácio de Quaresma", segundo se vê de carta a Casais Monteiro (13/1/1935); o que causa estranheza, dado lhe considerar uma "individualidade apagada e mortiça", "um apenso débil à humanidade". Como dizia, "ora vamos, agora, aos defeitos da inteligência filosófica em geral e aos do Abílio Quaresma em particular". Não obstante, chega a escrever: "Tenho verdadeira amizade por Quaresma; sua lembrança me aflige verdadeiramente." É que tudo, nele, "trazia consigo a ideia de uma decadência". "Vivia isolado, fumando e meditando", "fechado em seu alcoolismo, impertinente e no seu raciocínio já quase automatizado". "O seu isolamento, agora, era absoluto. A sua índole, naturalmente triste, radicalmente triste, o desleixo habitual do traje piorara, o descuido geral do gesto e da atitude tornara-se absoluto." Mas "ganhava uma nova e milagrosa energia quando resolvia um problema... erguia-se num pedestal íntimo, hauria forças incógnitas, já não era a fraqueza de um homem; era a força de uma conclusão".[334] Quaresma cria personagem que seria seu mestre, Tio Porco, inspirado no Monsieur (C. Auguste) Dupin, de Poe,[335] que era capaz de ler pensamentos e desvendar os mais intricados mistérios, colocando-se na mente dos criminosos. "Charadas, problemas de xadrez, quebra-cabeças geométricos e matemáticos — alimentava-se destas coisas e vivia com elas como com uma mulher. O raciocínio aplicado era o seu harém abstrato." Conan Doyle dá fim a seu Sherlock Holmes num abismo, em luta contra o professor Moriarty (e depois se arrepende); enquanto Poe morre antes de matar Monsieur Dupin. O mesmo se dá com Quaresma, que vai morrendo aos poucos, longe da pátria, de *delirium tremens* (como Pessoa). Em suas andanças pela Baixa, o heterônimo sempre encontra Bernardo Soares e o próprio Pessoa — que, informado de sua morte, declarou: "Amargou-me na alma isto de um homem como Quaresma nem um dia ter de fama."

---

[334] Andrea Camilleri, hoje maior êxito editorial da Itália, é declaradamente um admirador de Pessoa. No romance *La vampa d'agosto* (algo como *A chama de agosto*) seu personagem, o Comissário Montalbano, *gourmet* e leitor refinado, faz inúmeras referências a Quaresma.

[335] *Os casos de monsieur Dupin*, de Edgar Allan Poe, são um conjunto de três relatos: *Os crimes da Rua Morgue* (1841, considerada a primeira história de detetives — um gênero novo na literatura), *O assassinato de Marie Roget* (1842) e *A carta roubada* (1844). Monsieur Dupin inspirou *Sherlock Holmes*, de (Arthur) Conan Doyle.

5. Accursio Urbano — Pessoa escreve, nos jornais de sua adolescência, adivinhações, charadas (simples e bisadas), enigmas, metagramas e logogrifos, sem indicar nunca suas respostas. Nem mesmo nas edições posteriores desses jornais. O leitor que tente adivinhar — se é que há mesmo alguma solução para eles. Por vezes, ainda, faz constar: "Ninguém adivinhou a charada nº 1"; ou "A charada nº 5 foi pouco adivinhada". Em *O Palrador*, Urbano é autor de charadas dedicadas aos heterônimos Morris & Theodor, Pad Zé e Scicio. Como esta:

> Beijar a sua boca sem igual
> E regressar com ela jubilosa
> Ao pátrio Brasil, à terra natal.

6. Adolph Moscow — Colaborador de *O Palrador* e autor de *Os rapazes de Barrowby*, texto em português de autor com nome inglês. Desse livro, ficaram prontos apenas dois capítulos manuscritos. No Capítulo I (A vida e a escola de Barrowby) faz, até mesmo, o desenho da primeira página — em que indica se tratar de uma "crônica humorística". Nele, relata a vida de estrangeiro judeu, no colégio da vila de Barrowby (há um mapa do local, no texto) e de suas dificuldades ao enfrentar um colega de escola estúpido a que chamam Gyp. "Explica-te! — berra Gyp para o judeu"; e, como este não se explica, o colega lhe dá murro no nariz. O romance não continua. Talvez porque Pessoa, então com 14 anos, já tivesse deixado de estudar na Durban High School.

7. Alberto Caeiro — Está descrito antes, em capítulo especial.

8. Alexander Search — Está descrito antes, em capítulo especial.

9. Alfred Wyatt — Reside em Paris — *14, Rue Richet*[336] —, onde convive com Sá-Carneiro. Nas cartas que lhe escreve Pessoa, ganha sempre um *monsieur* antes do nome. Não se sabe, exatamente, o papel que lhe estaria reservado.

---

[336] Talvez referência a Charles Robert Richet, fisiologista e especialista em alergias, Prêmio Nobel de Medicina em 1913.

10. Álvaro de Campos — Está descrito antes, em capítulo especial.

• **Álvaro Eanes** — Apenas um nome, citado por Michäel Stoker.

• **António[337] Augusto Rey da Silva (A.A. Rey da Silva)** — Administrador de *O Palrador*.

• **Antonio Caeiro da Silva** — A ele e ao irmão, Júlio Manuel Caeiro, supostamente caberia zelar pelas obras do irmão morto, Alberto Caeiro. Curiosamente, entre os papéis de Pessoa, ficaram também iniciais desses irmãos que não correspondem, exatamente, a seus nomes: A.L.C. (em vez de A.C.S.) e J.C. (em vez de J.M.C.).

• **António Cebola** — Diretor literário de *O Palrador*. Pessoa e a irmã Teca, em Durban, inventam histórias que eles próprios interpretam. Alguns dos personagens dessas histórias ganham sobrenomes de legumes e só respondem quando são assim chamados. O irmão João Maria lembra dois, *o sr. Nabo e a sra. Cenoura*. Os mesmos que estarão depois nas brincadeiras com sua sobrinha Manuela Nogueira, segundo me disse ela própria. Devido à diferença de idades, entre irmão e sobrinha, a conclusão é que personagens e brincadeiras permaneceram no tempo — talvez por isso tendo transposto a prática para seus heterônimos (Gaudêncio Nabos, Pimenta) e afins (António Cebola, Rabanete).

11. António de Seabra — Crítico "de ideias e de costumes", escreve livrinhos que chama de *Pamphleto lixa — periódico de crítica de ideias e de costumes*. Para o nome dessa publicação, dá complicada explicação: "Não pode o crítico sagaz dar-se outro escrúpulo ao cumprir que não o de ir abatendo levemente, roçando por elas, com mão cuidadosa, a lixa das levezas opinativas. Esta, e não outra razão, por que o título destes breves opúsculos não podia ser outro do que *Lixa*." Talvez estivesse reservado para ser um autor próximo, mas acabou exercendo papel secundário em sua coleção de personagens. O heterônimo é António, segundo nome de Pessoa; e Seabra, um dos sobrenomes do pai. Curioso, no caso, é que alguns heterônimos reproduzem pessoas reais. Tanto que houve

---

[337] Há quatro Fernandos e nove Antónios (primeiro ou segundo nome), em português e em inglês, entre os heterônimos (ou afins) de Fernando António Nogueira Pessoa.

mesmo um António Gomes (1863-1961), provedor da Misericórdia de Portugal em 1912; um António de Seabra (1798-1895) — cavaleiro da Ordem de Cristo, visconde, ministro da Justiça e do Supremo Tribunal de Justiça; um Henry More, filósofo inglês; um Jean-Seul — vítima do governo de Salazar, por conta da incontinência verbal do heterônimo de Pessoa; um José Rodrigues do Vale, lisboeta e 12 anos mais velho que Pessoa; ou Marnoco e Souza (1869-1916). Tudo como, adiante, se verá. Em um dos textos de António de Seabra, está: *Que outro nome pois devia competir a um folheto cujo propósito é crítico do que Lixa, pois que lixa pareça o feminino de Lixo; e Lixo seja esta sociedade?* Seu linguajar é exótico. Em uma referência aos sensacionistas, por exemplo, diz:

> Nas épocas da passagem das sociedades sói haver, na superfície das elaborações, certas contradições e incongruências a que se pode aplicar por metáfora o nome de asperezas ou rugosidades.

12. António Gomes — Seu primeiro destino seria o de se transformar num heterônimo de outro heterônimo, Pantaleão, mas acabou ganhando autonomia por volta de 1913. Pessoa imagina transferir a esse Gomes toda a obra daquele outro heterônimo. "Licenciado em Filosofia pela Universidade dos Inúteis", é autor de uma *História cômica do sapateiro Afonso* — livro imaginário com críticas a Afonso Costa, ministro da Justiça no primeiro governo da república, de Teófilo Braga. E depois, em 1913-1914, primeiro-ministro (acumulando com a pasta das Finanças). Também escreve panfleto em 1915, *A Universidade de Lisboa*, ridicularizando ex-professores (de Pessoa) e membros ilustres da instituição — como o médico Queiroz Veloso e (Joaquim Fernandes) Teófilo Braga, primeiro presidente de Portugal. Apesar de apócrifo, deve-se atribuir a esse *António Gomes, da Sociedade Protetora dos Animais*, projeto de uma escola por correspondência com prospecto que dizia assim:

> Ensinamos ociosos, gente da sociedade e personalidades meramente decorativas — todos os que, na verdade, não têm qualquer propósito no mundo. Ensinamo-vos a manter a dignidade do ócio.[338]

---

[338] Referência à frase de Cícero (106-43 a.C.), *Cum dignitate otium* (Lazer com honra), em *P. Sextio XLV*, indicando o ideal dos homens que se retiravam da vida pública romana.

13. António Mora (Dr. Garcia Nobre) — Dado à luz em fins de 1914, seria "continuador filosófico de Caeiro" e porta-voz de Ricardo Reis. O nome (provavelmente) é mistura de um de seus próprios nomes com o sobrenome da Madame la Comtesse de Mora (a imperatriz Eugénie, mulher de Napoleão III) — a quem é dedicada música de Félix Godefroid, "Un soir à Lima", que a mãe sempre tocava no piano em Durban; ou referência ao concelho de Mora, em Évora. "Figura imponente, alto, barba branca de todo e um olhar vivo e altivo", veste túnica branca e usa sandálias à moda romana — embora seja um leitor voraz do grego Aristóteles. Culto, recita numa "bela voz" as lamentações de *Prometeu*, de Ésquilo (525-456 a.C.), um dos primeiros autores da tragédia grega — para quem, segundo Mora, "a raça dos deuses e dos homens é uma só"; e também outro poeta grego, Píndaro (518-438 a.C.), do qual nos chegou só uma obra, *Odes triunfais (Epinicios)* — quase o título que Álvaro de Campos destinou à sua "Ode triunfal". Escreve mais páginas que Caeiro e Reis, juntos. Mora é "diretor-clandestino" da revista *Athena* — dirigida por Ruy Vaz e pelo próprio Pessoa. Na Arca (cota 48G-33), são estes os planos para Mora:

Athena	— *Cadernos de reconstrução pagã* Cada caderno de 64 a 128 páginas Preço: 300 réis (?) Diretor: António Mora. Publicação irregular.
Primeiro Caderno	— Prefácio: António Mora. (...) *O regresso dos deuses* — António Mora.
Segundo Caderno	— *Introdução ao estudo da metafísica* — António Mora.
Terceiro Caderno	— *Milton superior a Shakespeare* — António Mora.
Quarto Caderno	— *Ensaio sobre a disciplina* — António Mora.

Deixa prontos *Prolegômenos a uma reforma do paganismo*; um *Tratado da negação* — em que diz "Lúcifer, o portador da Luz, é o símbolo nominal do Espírito que nega"; e, sobretudo, *O regresso dos deuses*, originalmente destinado a Ricardo Reis. Textos, reconhece Álvaro de Campos, que são "maravilhas da originalidade". É racionalista, filósofo, sociólogo e teórico do neopaganismo. "Decaído o arabismo,[339] ficou a parte inferior dele — o

---

[339] É que a Península Ibérica foi ocupada por árabes (mouros) por mais de 500 anos.

fanatismo religioso." Oferece sua obra a Apolo — por se revelar, segundo Mora, "contra o Cristo". Mesmo sendo, para Pessoa, "o grande bastardo".[340] "A minha missão era explicar. Expliquei. Não iniciei; segui!!" Em Mora, "a demonstração do paganismo é completa". São textos assim:

> A religião chamada pagã é a mais natural de todas. O primeiro característico distintivo de uma religião é que seja natural. O que o pagão de melhor grado aceita ao cristismo é a fé popular nos milagres e nos santos, o rito, as romarias. Assim o pagão é criador consciente dos seus deuses, enquanto o cristão é-o inconscientemente.

Na busca de uma arte que fosse de todas as artes, naquele início do século 20, Pessoa compreende que único plano para suas ideias seria conceber-se não como espaço, mas como tempo; razão pela qual aproxima-se das descobertas da relatividade de dois judeus — o lituano (Hermann) Minkowski (1864-1909) e, sobretudo, o alemão (Albert) Einstein (1879-1955). Nessa quarta dimensão temporal, adotada pelo Sensacionismo, poderiam "médium vivente e médium escrevente" se projetar em um outro mundo. "Para António Mora, a alma é imortal porque é antitemporal, e a alma é menos real que o corpo, *tanto que não vê*." Mora passa a defender os dois princípios basilares que serão a vertente desse Sensacionismo: "sentir tudo de todas as maneiras" e "ser tudo e ser todos". Tanto que, no capítulo 3 de *Prolegômenos,* projeta este esquema:

1. Dimensão – ponto – realidade – alma
2.   ”   – linha – movimento (tempo) – sentimento
3.   ”   – plano – espaço – representação
4.   ”   – figura – espaço – tempo
5.   ”   – ...

Há também numerosos textos de Mora sobre política. Num deles, pronuncia-se "a favor da Alemanha", expressando admiração por numerosos vultos dessa cultura como Goethe, Hegel e Kant. Pessoa reage, com uma *Resposta a A*[ntônio] *Mora*, em que diz: "É uma crudelíssima ironia que aquela raça, que considera os latinos como degenerados e estúpidos, encon-

---

[340] A referência decorre de ter esse filho de Zeus com a divindade oriental Latona se convertido em deus obscuro de uma religião de mistérios. *Lukeios* (luz), mas também *loxias* (sombra). Sanguinário, Apolo dizimou exércitos com a peste. Cassandra, por não cumprir uma promessa, foi por ele assassinada. E até crianças matou, como dois netos de Laércio.

tre num espírito latino o seu maior justificador. Creio que o Dr. António Mora não compreendeu devidamente o fenômeno psíquico denominado a cultura alemã." Internado na Casa de Saúde de Cascais (um hospício), sofre de "mania interpretativa" —doença em que "o louco formula uma teoria ou aquilo que supõe ser uma teoria, e à luz dela interpreta todos os fatos, ainda os que pareçam mais afastados do âmbito da teoria que ele arranjou". Mora, "clinicamente, não se afasta em nada do tipo do paranoico" e "é também um histérico. Mas a paranoia é algumas vezes acompanhada de psiconeurose intercorrente". Por vezes usa outro nome, Dr. Garcia Nobre. Quando Pessoa o conhece, pouco antes de morrer, já tem "a cabeça de todo branca". Campos resume: "António Mora era uma sombra com veleidades especulativas, mas encontrou Caeiro e encontrou a verdade. O meu mestre Caeiro deu-lhe a alma que ele não tinha." Não bastasse tanto, Mora também escreve poemas, como "Aforismos" (de 10/10/1919), em que estão estes (os primeiros e os últimos) versos:

> Uma coisa queremos
> Outra coisa fazemos.
> Quem quer somos nós sós
> Quem faz não somos nós.
> (...)
> Outros somos. Morremos
> A vida que vivemos.
> Quem é nós não é nada.
> Passa quem é na estrada
> Da nossa consciência.
> Para isto não há ciência.

• **António Passos** — Mais um nome, citado por Stoker.

14. Antony Harris — O nome aparece três vezes à margem de textos não publicados. Entre esses textos se contando, segundo Stoker, um poema em que critica Alexander Search. De temperamento ingênuo, seu estilo é atormentado e dramático.

15. Arcla — Cronista do jornal *A Civilização*. Em um de seus textos, "Seção alegre", diz:

> À Rua da Imprensa, um deputado
> Descia com grande velocidade
> (...)

Empurra a porta e sobe a escadaria
Então oh! céus! este diálogo ouvi
No meio de uma grande gritaria
(...)
E abraçando o outro gemia
(...)
Oh! Pasta de Ministros, oh! presidência
Vem aos braços destes entes desgraçados
Que nós te prometemos ser honrados
E governar com grande inteligência
(Abraçados, chorando e balançando).[341]

• **Armando Couto (A. Couto)** — Um dos dois proprietários e principal redator do jornal *A Civilização* — que tem redação na Rua da Escola Politécnica, 19, Lisboa. Nesse jornal, com primeira edição em 16 de abril de 1909, apenas se diverte com notícias assim: "O sr. Mário Freitas [primo de Pessoa] está atacado de alienação mental"; "o deputado Pessoa publicou uns versos em inglês"; ou "o atual ministro da Fazenda tentou suicidar-se, atirando-se da cama abaixo". Contra ele se levanta *O Progresso* — que declara ter sido, esse Armando, "atacado por preguicite aguda".

• **Augusto Magenta** — Autor do livro (imaginário) *O amor*, anunciado em *O Palrador*. Sem nenhuma outra notícia sobre esse *vermelhão*.

• **Augustus Search** — Um dos irmãos Search. Aparece em carta de Charles, sem que se saibam os projetos que lhe destinaria Pessoa.

16. Augustus (Augustus Bernard, Augustine) West — Não se sabe com certeza quem poderia ser. O heterônimo aparece assinando poema com caneta; depois, à margem do verso "chore quando você se lembrar de mim", é riscado seu nome a lápis — tudo segundo Stoker. Aparece em vários documentos da Arca, com variações na grafia. O sobrenome se inspira no primeiro governador do Cabo, Martin West, nome da rua em que estava sua casa em Durban – West Street.

---

[341] O texto lembra a "Ode triunfal", de Álvaro de Campos: *A maravilhosa beleza das corrupções políticas/ Deliciosos escândalos financeiros e diplomáticos.*

• **Autor da Carta da Argentina** — O texto (de 1912-1913) só recentemente veio a público. Esse, de quem se ignora o nome (a carta não está assinada), escreve palavras comoventes a um amigo que se chama Guilherme, cônsul em Buenos Aires. Nessa carta, diz "que seria interessante escrever a alguém contando-lhe a minha vida". O autor, "empregado de comércio" como Pessoa, teria tido, com o destinatário da carta, contato em um "café noturno". Também confessa: "Deixei minha mulher há seis meses. Você sabia que eu era casado? Claro que não sabes."[342] E, por fim, declara: "Deixo a vida sem esperanças, sem saudade e sem remorso." O texto é nomeado como "[*uma*] *Carta da Argentina*". No original, com letra própria de títulos, e traço embaixo. Talvez se trate só de um conto projetado. Mas não se sabe com precisão, ainda hoje, que papel exerceu essa carta na obra de Pessoa. Nem se poderia mesmo seu autor ser considerado um verdadeiro heterônimo.

• **August Wyatt** — Apenas um nome que o indica como (suposto) escritor.

• **Aurélio Biana** — Apenas um nome citado por Stoker.

17. Barão de Teive — É seu derradeiro heterônimo; dado a conhecer, publicamente, só bem depois de morto Pessoa. O nome inicial seria Carlos, mais três letras de um primeiro sobrenome. Talvez Fer... de Ferreira (como pensa Jerónimo Pizarro); ou Fon.... de Fonseca (como pensa Richard Zenith). Mesmo em frente ao original, e olhando com atenção para os garranchos da letra, difícil escolher a versão correta. Ilegível o sobrenome final, riscado, que começa por M. Quem sabe Morais, um sobrenome bem comum em Portugal; ou referência ao concelho de Mora (como António Mora); ou, mais provavelmente, a outro concelho, esse inventado por Pessoa, o de Macieira — onde teria nascido o heterônimo. Pessoa se refere a ele, em carta a Gaspar Simões (28/6/1932), numa relação de heterônimos "ainda para aparecer". Seus primeiros escritos, deixados em um caderno preto, são datados de 6 de agosto de 1928. Álvaro Coelho de Athayde, filho de família distinta, foi o vigésimo (ou décimo quarto) Barão de Teive. Esse nome, Teive, no início seria provisório; mas Pessoa, por razões ignoradas, nunca o mudaria. A inspiração lhe vem (provavelmente) de certo Diogo Teive, humanista que fazia versos em latim, escudeiro do infante D. Henrique, descobridor das hoje Ilhas das Flores e Corvo, e ouvidor-geral (em 1452) na Ilha Terceira — terra da família de dona Maria.

---

[342] Mantido, na transcrição, o erro gramatical de concordância (constante do texto original).

O personagem reproduz, em grandes linhas, a própria vida de Pessoa. "Nunca pude dominar o influxo de hereditariedade e da educação infantil." "Em criança, não tinha medo de ninguém, nem de bichos; mas tinha, sim, medo de quartos escuros... Recordo-me de que essa singularidade aparente desorientava a psicologia simples de que me rodeava." Em seguida, morre a mãe e vem o desencanto. "A morte de minha mãe quebrou o último dos laços externos que me ligavam ainda à sensibilidade da vida." É aristocrata, como se imagina Pessoa; e abastado, como Pessoa queria ser. Chegou a passar períodos em clínica psiquiátrica de Lisboa, onde Pessoa por várias vezes tentou ir. Lá se encontraram, razão pela qual diz: "Transfiro para Teive a especulação sobre a certeza que os loucos têm mais do que nós." Vive obcecado por sua obra, "este monte incoerente de coisas, afinal, por escrever". E longe dos homens. "Nunca alguém me tratou mal, em nenhum modo ou sentido. Todos me trataram bem, mas com afastamento. Compreendi logo que o afastamento estava em mim, a partir de mim." "Por isso posso dizer, sem ilusão, que fui sempre respeitado. Amado, ou querido, nunca fui." Teive é o próprio Pessoa. Até na vida sexual; que, com medo de amar, jamais se casaria. Tímido com mulheres, sexualmente frustrado, nem sequer consegue se relacionar intimamente com as criadas que trabalham em sua quinta, nos arredores de Lisboa. Ele mesmo explica: "Não haveria uma criada da minha casa que não pudesse ter seduzido. Mas umas eram grandes, outras eram pequenas, outras eram feias. E assim passei ao lado da particularidade do amor quase como passei ao lado da generalidade da vida." Depois, essas conquistas ficariam ainda mais distantes, sobretudo porque o Barão teve uma perna amputada. Como Rimbaud. Valente, recusou-se a receber anestesia geral na cirurgia. Segundo ele, reproduzindo o temperamento de D. Sebastião, "o sofrimento nunca temi, antes o desprezava".

Já perto do fim, queima num fogão todos os seus manuscritos — gesto inspirado no amigo (de Pessoa) Santa-Rita Pintor, morto em 1918. "Nos dois dias passados ocupei o meu tempo na queima, um a um — e tardou dois dias porque às vezes reli os meus manuscritos todos." "Não me arrependo de ter queimado o esboço todo das minhas obras. Não tenho mais a legar ao mundo que isto." *Isto* é a única obra que escapa ao fogo, *A educação do estoico*[343] — que tem, como subtítulo, *A impossibilidade de fazer arte*

---

[343] Pessoa escreve *stoico*. Talvez por influência de Guerra Junqueiro, que no início de seu poema "Marcha do Ódio", contra a monarquia (*oferecido à Colônia Portuguesa do Brasil*), escreveu: *Ódio de stoico, que é vencido — Para morrer, — sem um gemido! / Para matar, — sem perdão!*

superior. Para ele, seria quase "um testamento". Por baixo do título, a caneta, anota: "O único manuscrito do Barão de Teive." Richard Zenith sugere que pensava escrever "último", em vez de "único"; tendo, ao meio da palavra, decidido pela mudança. Também me pareceu — dado que a primeira perna do "n", efetivamente, lembra um "l". Essa referência a um "manuscrito", presente em todas as publicações, talvez não fosse a escolha definitiva de Pessoa. É que, no original, por cima desse "manuscrito", também está "escrito". Trata-se de hábito seu, bem comum de escrever duas (ou mais) palavras, no texto; para, depois, definir aquela que lhe parecia mais adequada. No caso, terá então apenas esquecido de riscar uma das variáveis; cabendo essa escolha, posterior, aos editores da obra.

Numa comparação com Bernardo Soares, que nos anos 1910 escreve uma *Educação sentimental*, diz Pessoa que "o estilo difere em que o do fidalgo é intelectual, despido de imagens, e o do burguês é fluido. O fidalgo pensa claro, o guarda-livros nem emoções nem pensamentos domina". Em ambos sendo iguais só os temas, a "incompetência para viver" e o "sentimento de exclusão". E escrevem com a mesma substância de estilo, a mesma gramática e o mesmo tipo e forma de propriedade: é que escrevem com o estilo que, bom ou mau, é o meu". Teive, no fundo. acabaria sendo contraponto não a Soares, mas a Álvaro de Campos — que, nesse tempo, havia já chegado a seu ápice. São muitas as imagens comuns entre os dois. Sobretudo quando se compara o *Estoico* à "Tabacaria" — poema escrito em janeiro de 1928, antes mesmo do *nascimento* em Pessoa do Barão. Cito, como exemplos:

Estoico	Tabacaria
Se tiver certezas, lembro-me sempre que todos os loucos tiveram maiores	*Em todos os manicômios há doidos malucos com tantas certezas.*
Mais vale sonhar que ser.	*Não sou nada...* *À parte isso, tenho em mim todos os sonhos do mundo.*
Da minha janela... *que nem ela é.*	*Janelas do meu quarto...* *que ninguém sabe quem é.*

No término do antepenúltimo capítulo do *Estoico*, escreve: "Atingi, creio, a plenitude do emprego da razão. É por isso que tenho de me matar" — gesto inspirado no amigo (de Pessoa) Sá-Carneiro. "Ponho fim a uma vida que me pareceu poder conter todas as grandezas, e não vi conter senão a incapacidade de as querer." "O que me levará ao suicídio é um impulso como o que leva a deitar cedo. Tenho um sono íntimo de todas as intenções. Nada pode já transformar a minha vida." Mas logo observa haver "qualquer coisa de sórdido, e de tanto mais sórdido quanto é ridículo, neste uso, que têm os fracos, de erigir em tragédias do universo as comédias tristes das tragédias próprias"; e, no fim, sentencia: "Se o vencido é o que morre e o vencedor quem mata, com isto, confessando-me vencido, me instituo vencedor." Richard Zenith sugere que *Pessoa, assustado, criou o barão para se salvar a si próprio. Por isso, o Barão de Teive nasceu para morrer*. Na Quinta da Macieira, onde viveu. Em 11 de julho de 1920, segundo Pessoa. Talvez por isso a data inicial do *Estoico*, 1928, tenha sido remendada — passando o 8 final a ser um 0. A notícia de sua morte é dada dia seguinte na "obituária em jornal vulgar" — a do *Diário de Notícias*.

• **Benjamim Vizetelly-Cymbra** — Administrador de *O Palrador*.

18. Bernardo Soares — Está descrito antes, em capítulo especial.

• **Bi** — Diminutivo que usa para o heterônimo Íbis. E, também, nome carinhoso pelo qual chamava o sobrinho Luís Miguel.

19. C. Pacheco — Era só um "aristocrata meio arruinado, espécie de fidalgo ocioso e um tanto maníaco". Apesar de tão poucas qualidades, em 1917 Pessoa confia a esse Pacheco a missão de exprimir o "automatismo mental". Escreve, para *Orpheu* e para a revista *Europa*, poemas obscuros e visionários que denomina "Notas". Entre eles, único de que se tem cópia, "Para além d'outro oceano" — dedicado *à memória de Alberto Caeiro*, destinado a *Orpheu 3*, que começa assim:

> Num sentimento de febre de ser para além d'outro oceano
> Houve posições dum viver mais claro e mais límpido
> E aparências duma cidade de seres
> Não irreais mas lívidos de impossibilidade, consagrados em pureza em nudez.

O "C", provavelmente, corresponde a Coelho-Coelho Pacheco, pois. O nome consta de longa relação de autores portugueses datilografada por Pessoa. No caso, já se sabia, existia mesmo personagem real, o lisboeta José Coelho de Jesus Pacheco (1894-1951), filho de um ajudante de farmácia e de uma doméstica. Um autodidata em línguas que sonhava ser aviador ou autor teatral, e que chegou a cursar os primeiros anos do curso de engenharia (no Instituto Superior Técnico). Era sobrinho de um grande amigo (e sócio) de Pessoa, Geraldo Coelho de Jesus. E foi redator da revista *A Renascença* — com apenas um número, publicado em fevereiro de 1914. O mesmo Pacheco a quem Fernando Carvalho Mourão dedicou poema ("Sonhos") do livro *Pétalas de rosas* (1913). Mas não duraria muito o interesse desse personagem real por lides literárias; que, logo, preferiu a arte de enriquecer. Começou a trabalhar no ramo dos automóveis logo depois de seu casamento, em 1919. Nos anos 1920, já está ligado à firma J. Coelho & Germano, na Rua Borges Carneiro 25, na Lapa, bairro contíguo a Campo de Ourique, dedicada ao *fabrico de carroçarias e carruagens*; e, em 21 de março de 1947, passa a ser sócio majoritário da J. Coelho Pacheco Lda. — com *escritório*, "stand", *garagem* e *secção* de *acumuladores Nife*, assim consta de sua publicidade, na *Rua Braamcamp 92 e 94, junto ao Largo do Rato*. Dedicada, segundo seus atos constitutivos, à *indústria de reparação de automóveis e outros* — mais conhecida, em razão do que vendia, como Stand Graham-Paige. Sócio minoritário da empresa era António Cruz de Seabra Palmeirim — *de Seabra*, como a família do pai de Pessoa. Afinal falecendo, Coelho Pacheco, em 1951.

A presunção de ser heterônimo, dito C. Pacheco, decorreu de uma série de indícios respeitáveis. O fato de não ser até então reconhecido, o José Coelho Pacheco real, como escritor — surgindo só agora as provas disso, por mãos da neta Ana Rita Palmeirim. Também correspondência que dirige a Pessoa, em 20 de fevereiro de 1915, declarando que se conheceram *desde o tempo* de Orpheu e de A Renascença (*talvez dessa você já nem se lembre, apesar de para ali ter colaborado*); e outra, de 20 de março de 1935, em que agradece a Pessoa o envio de *Mensagem* e declara ter decorado *O mostrengo, tenho-o recitado a inúmeras pessoas*; após o que se despede com um *grande abraço do velho amigo J. Coelho Pacheco*. Certo que, tendo escrito "Para além d'outro oceano" para uma revista dirigida por Pessoa, e normal seria que o referisse em ao menos uma dessas cartas. Outro indício é o fato de que JCP jamais se assinou C. Pacheco; firmando dois textos em sua revista, um como J. Coelho Pacheco, outro como Line (um heterônimo, pois). Dando tons de mistério ao personagem, em lista de 1913 (de obrigações do dia), surge ainda essa anotação de Pessoa: "Verificar (C. Pacheco) se o sobretudo está perdido." Não só isso. Também o fato de ter sido dito poema de 1916, "Para além d'outro oceano", dedicado "à memória de Alberto Caeiro" — quando o primeiro texto de Caeiro só seria publicado bem mais tarde, em 1922. Razão pela qual apenas alguém muito próximo a Pessoa (e isso apenas agora se prova) poderia saber que algo seria, um dia, publicado por Caeiro. Ou o fato de que ele já teria *morrido* (em 1915). Ou o fato de que, no poema, JCP fala em rebanhos de ovelhas como os do "Guardador" — do citado Caeiro. Sem contar que Pessoa, em "Falou com Deus" (1/2/1913), já tinha usado quase essas palavras do título:

> Em que barca vou
> P'ra Além do Oceano
> Deus falou ao Humano...
> Sou mesmo o que não sou.

Ocorre que, posteriormente à primeira edição deste livro, em 3 de maio de 2011, o *Jornal de Letras* (de Lisboa) publicou artigo de Teresa Rita Lopes dando algumas pistas sobre o personagem. Indicando, como fonte, a já referida neta de JPC, Ana Rita Palmeirim. Procurada, essa neta me exibiu o tal original. Mais que original, como pude comprovar, posto ser em verdade um rascunho do poema, logo restando claro que só poderia ser mesmo dele. Assim, e com os dados hoje disponíveis, já parece haver certeza de ter sido mesmo esse poema não de Pessoa, mas do Coelho Pacheco em carne e osso. Se assim for, como tudo leva a crer, e anote-se então, na extensa galeria dos heterônimos de Pessoa, um a menos.

20. Cæsar Serk — No início, seria personagem de *Ultimus joculatorum* (O último dos gozadores), daí vindo esse nome romano que tem. Pessoa pensa dar dito nome a outro heterônimo e escreve "Cæsar Serk (= Alexander Search)". Mas Cæsar ganha caráter próprio, "alheio ao riso, oscilando entre meditação profunda e torturada amargura".

21. (Dr.) Caloiro — Escreve textos em *O Palrador* (1902), próprios de seus 14 anos. Como "A pesca das pérolas", que se encerra assim:

Por um ser classificado na inferior escala da criação é produzida uma maravilha de beleza — uma joia incomparável para brilhar no diadema de um monarca e para ser o símbolo do poeta de tudo que há de mais precioso e mais puro!

Após a assinatura, um comentário de Pessoa: "Mais a sério."

22. Capitaine Thibeaut — "Não tinha eu mais que cinco anos [em outros textos, seis anos] e, criança, isolada e não desejando senão assim estar, já me acompanhavam algumas figuras de meu sonho." Talvez por isso considere que "as figuras imaginárias têm mais relevo e verdade que as reais"; e lembre, "com menos nitidez, de estrangeiro, um rival de Chevalier de Pas". É o Capitão Thibeaut. Nas brincadeiras dessa época, diz que a irmã Teca é *tenente*. Francês também, e um posto a menos — dado ser Teca mais jovem que o *capitão* Pessoa.

• **Carlos de Teive** — Apenas um nome riscado, por baixo da *Carta da Argentina*. Seria, provavelmente, o Barão de Teive.

23. Carlos Otto — Poeta satírico e colaborador de *O Phosphoro*, a ele deveriam também caber traduções de Arthur Morrison. Escreve um *Tratado de luta livre — método Yvelot,* que, segundo indicações, deveria ser publicado com foto do autor na capa (sem nenhuma indicação de que foto seria essa). No livro, consta minucioso repertório de golpes — com especial destaque para "a rasteira", que pode ser "frontal, lateral" ou "posterior, dada na parte de trás da perna". A sensação, ao ler esse texto, é que dita luta seria a capoeira de Angola — que depois viria dar na Bahia, imortalizando personagens como mestre Bimba e mestre Pastinha. Num de seus poemas, "Sonho de Górgias", diz Otto:

> Sonhei uma cidade eterna[344] e colossal
> Fora da sensação e ideia de existir
> À qual nem o amor saberia sorrir.
> Tão estranha ao que nós alcunhamos real.

---

[344] Variante era *informe*.

Em 1909, escreve esse "Epigrama":[345]

> Um dia tendo comichões
> De fazer maior partida
> A asneira fez as religiões.

> *O cetro do Horror caíra d'algum barco*
> *E jaziam ao pé ocamente partidas*
> *As estátuas do Ter, e do Tempo, e do Espaço.*[346]

Em 8 de março de 1910, rabisca um como que início de poema em que diz: "Amo o que a ideia de deuses não ousa." Nesse mesmo ano Otto escreve a Mário Nogueira de Freitas (primo de Pessoa), nas costas de um envelope, sobre a "deusa tutelar das coisas decadentes";[347] e, a partir daí, nunca mais se ouviu falar dele.

• **Catherine Search** — Outro Search. Agora uma irmã, em meio a três homens. Como Augustus, aparece apenas em anotação de Charles. Sem mais referências dos planos que teria Pessoa para ela.

• **Caturra Júnior** — Só um autor referido em *O Palrador*.

24. Cecília — Escreve charadas para *O Palrador* (1902). Como esta, dedicada ao heterônimo Velhote:

> Sou de homem, sou de animal
> No jardim me vais mirar
> Na sala é original! —
> Também tu me vais achar.

25. Cego (que faz quadras à maneira de Bandarra) — Nos anos 1920, Pessoa escreve à máquina dezenas de quadras meio improvisadas, por vezes sem cumprir a métrica, talvez porque "quem faz quadras populares comunga a

---

[345] Pequeno poema.

[346] Mais uma referência à *Divina Comédia*. Nas anotações que precedem o Canto XIV, uma imagem de pés de barro é por Dante nomeada *Estátua do Tempo*.

[347] Alguns deuses antigos tinham "deusas tutelares", como os filhos do deus egípcio Hórus: Ísis era a deusa tutelar de Imseti; Néftis, de Hapi; Neit, de Duamutef; e Serket, de Kebehsenuef. Sem registro de qual seria essa "deusa tutelar das coisas decadentes". No caso, provavelmente, Pessoa aproveitou para criar sua própria.

alma do povo". Casais Monteiro diz serem *uma coletânea de quadrinhas insossas, à maneira popular (hum), que antes tivessem ficado lá onde as acharam*. Para comentadores de sua obra, essas *Quadras do cego bandarrista* não se assemelham, no estilo, às de nenhum outro heterônimo. São como trovas (coisa *trovada*, achada), quase sempre com sentido messiânico, como esta:

> Sinto perto o que está longe
> Quando não julgo que fito
> Meu corpo está sentado em hoje
> Minha alma anda no infinito.

A presença de quadras simples entre poemas bem-elaborados que Pessoa escreveu não deve causar estranheza. Em janeiro de 1927, ele próprio elogia "poemas perfeitos de quatro versos", dizendo que "uma frase bem-trabalhada, uma quadra, acrescenta qualquer coisa ao sistema do universo". Em quadras ainda falaria, em 26 de fevereiro de 1931, desse cego:

> Cheguei à janela
> Porque ouvi cantar.
> É um cego e a guitarra
> Que estão a chorar.
>
> Ambos fazem pena,
> São uma coisa só
> Que anda pelo mundo
> A fazer ter dó.
>
> Eu também sou um cego
> Cantando na estrada,
> A estrada é maior
> E não peço nada.

Mas é como se não tivesse decidido mesmo dar vida ao personagem, sequer chegando a lhe dar um nome específico.

26. Charles James Search — Nascido em 18 de abril de 1886, *"supposed"*,[348] um ano antes de Ricardo Reis. Seria, pois, "dois anos mais velho que seu irmão Alexander Search". Pessoa pensa em atribuir a esse Charles o livro *The portuguese regicide and the political situation in Portugal*. Mas lhe des-

---

[348] *Supostamente*, inglês misturado num texto em português. A expressão é também usada com Jean-Seul de Méluret (adiante se verá).

tina tarefas menores, como "escrever os prefácios" das obras do irmão. Também deveria "apenas traduzir", para o inglês, uma antologia de autores portugueses — Almeida Garrett, Antero de Quental, Eça de Queiroz, Guerra Junqueiro —, e obras isoladas — como o poema narrativo do escritor espanhol (José Ignacio Javier Oriol Encarnación de) Espronceda y Delgado (1804-1842) *El estudiante de Salamanca,* uma tradução que acabou assinada pelo heterônimo Herr Prosit. Mostrando sua pouca importância, Pessoa diz admitir que possa "escrever os prefácios de suas traduções", mas apenas "se estes não envolverem análise".

27. Charles Robert Anon — Aparece, por volta de 1903, sem merecer lugar nem data de nascimento. Num diário em inglês, que Pessoa escreve em 1906, seu carimbo está em todas as páginas. "Com dezoito anos de idade", e "solteiro (exceto de vez em quando)", é meio inglês e meio português — "um português à inglesa", portanto, "com traços de dipsomania, *dégénéré supérieur,* poeta". Anon evoca seu próprio drama familiar. "Recordei a minha mãe, que tinha perdido na primeira infância." Em carta que remete ao exterior, dá como endereço Rua de São Bento, 98, 2º esquerdo — a casa da tia Anica, onde na época vive Pessoa. Ensaia várias vezes um estilo de encerrar cartas, preferindo afinal *"yours very true, Anon".* Esse Anon, do sobrenome, é abreviatura inglesa para *anonymous* (anônimo). Assim assinava textos em inglês para o *Natal Mercury* de Durban, questionando se C.H. Hagger (diretor da Commercial School) poderia usar o título de doutor; comentando a tradução de uma ode de Horácio; ou escrevendo charadas em pequenos poemas. Contista, se diz "cidadão do mundo e filósofo". Ao voltar da África, escreve sonetos em inglês e meditações filosóficas como *Death* (Morte) em que diz:

> Terra tão bela, parece impossível que um dia tenhamos de a deixar. Perante os mortos, especialmente quando tinham sido felizes, damo-nos conta de como a vida é frágil. Estar a morrer dói mais que a própria morte.

Primeiro heterônimo a merecer obra extensa, planeja escrever *The world as power and as not-being, Metaphysics of power, Philosophical essays* e produzir um *Book on physiognomy.* Escreve rascunhos de uma comédia (*Marin*) e, também, um ensaio (de 6/4/1905) sobre esse gênero literário. É dele a frase, de que tanto gostava Pessoa, "the possible is the real" (o possível é o real). Tem "ódio aos padres e aos reis, que cresceu em mim como uma torrente transbordante", e logo se volta contra um deus "eminentemente estúpido e eminentemente mau". Em 1906, explicitando o que no íntimo sente, escreve dois *epitáfios*:

Da Igreja Católica: Aqui jaz o demônio
                          O mal já não alastra no mundo.

E de Deus: Morto está,
                          E o mundo ficou sem maldade.

Depois, ainda confessaria ter se "libertado da influência imoral, falsa, da filosofia de Cristo. Dos reis e padres tive piedade, porque eram homens". Dessa época é também *Excommunication* (Excomunhão), do qual nos ficou apenas um fragmento (resumo):

Eu, Charles Robert Anon,
Ser animal, mamífero, com quatro pés, primata,
Placentário, símio...
Em nome da Verdade, da Ciência e Filosofia,
Sem sinal, livro e vela, mas com caneta, tinta e papel
Profiro sentença de excomunhão a todos os padres e todos os
radicais de todas as religiões do mundo.
Excommunicabo vos.[349]
Danem-se todos.
Ainsi soit-il[350]
Razão, Verdade, Virtude
Por C.R.A.

Mas não duraria muito esse C.R.A., em 1908 transformado finalmente em Alexander Search. Por baixo de sua rebuscada assinatura original, em *Elegy* (1905), inclusive está "C.R. Anon, *id est* Alexander Search"; sendo firmados, pelo mesmo Search, alguns poemas antes atribuídos a ele como "The death of the titan", "Sonnet" e "Rondeau".[351] Num divertido conto, "Catálogo de sonhos", o escritor angolano José Eduardo Agualusa diz que Anon foi depois morar na Bahia, onde recebia visitas de Aleister Crowley — este veremos depois. Dona Inácia, criada que o serviu por 35 anos, diz que morreu do coração em 1970. Sem namoradas — que o doutor *Carlos Roberto* [Charles Robert] *é pessoa muito séria, muito respeitadora, que não cai em pecado nem em pensamento*.

---

[349] Eu vos excomungo.
[350] Assim seja.
[351] Rondeau (ou Rondó) é um estilo de poesia com 15 versos.

28. Chevalier de Pas — Primeiro heterónimo, concebido quando ainda mora na Rua de São Marçal. Nascido na França, evoca a educação que Pessoa recebeu em casa. A sobrinha Manuela Nogueira nos mostrou um *Floral Birthday Book*, pertencente a sua mãe, hoje trancado a chave num armário da sala de estar. Nele estão escritos com letra dele, segundo essa sobrinha, no que seria seu primeiro registro gráfico, *Cavaleiro de Pá* (1º de julho) e *Chevalier de Pá* (11/7/1894). Em ambos os casos só o som do nome *Pas*, sem o "s" que depois ganharia — não substantivo que indica em francês *passo* (como supõe Irene Ramalho Santos, que o chama de *Cavaleiro do Passo*), mas advérbio de negação. Em numerosos textos, Pessoa lembra "certo Chevalier de Pas[352] dos meus seis anos, por quem escrevia cartas dele a mim mesmo" "referindo acontecimentos do quotidiano" e "cuja figura, não inteiramente vaga, ainda conquista aquela parte da minha afeição que confina com a saudade". Seria, provavelmente, um duplo da figura do pai tuberculoso, ausência tão presente na sua vida.

Caderno pertencente à mãe de Pessoa

---

[352] Terá sido só coincidência; mas Eça de Queiroz, nas suas viagens, usava cartão de visita em que constava *Le Chevalier de Queiroz*.

29. Claude Pasteur — Francês, tradutor dos *Cadernos de reação pagã* (dirigidos por António Mora). O nome é talvez brincadeira com Louis Pasteur (1822-1895), cientista inventor da microbiologia e da vacina contra a raiva, e que também estudou o processo de fermentação da cerveja — uma bebida que nunca esteve entre as preferências de Pessoa.

30. Dare (Erasmus) — Em *Ultimus joculatorum*, o define como "filantropo, um grande amigo de [Cesar] Serk", por vezes também se assinando Erasmus.[353] Mas Pessoa, na dúvida, acaba sem se decidir por um desses dois nomes para o personagem.

• **Darm Mouth** — Mais um nome, citado por Stoker.

31. David Merrick — Crítico literário nos tempos de Durban, teria redigido *Epitaph of Catholic Church* (Epitáfio da Igreja Católica), *Satan's soliloquy* (Solilóquio de Satã), *The devil's voice* (A voz do demônio), *Tales of a madman* (Contos de um doido) e *Pieces in sub umbra* (Obras de subumbra) — em que está o conto "The atheist" (O ateísta), que seria um "*study of religion*". Todos inacabados. Pessoa também lhe reservou *The schoolmaster's tale*,[354] afinal assinado por Charles Robert Anon. Num caderno de *contas correntes* (com 89 páginas), que acabou conhecido como *O caderno de David Merrick*, em inglês escreve "sonetos, lendas, etc", e também projetos para odes. Em livro de Mark Twain, anota "David Merrick, 1903". Merrick, tudo sugere, acaba se metamorfoseando em Charles Robert Anon; e este Anon, por sua vez (como vimos), em Alexander Search. Para Robert Bréchon, *Merrick encarna a fase obscura de Pessoa, o sentimento trágico da vida que, já nessa altura, lhe dilacera o coração*. Em um de seus poemas, "Inês de Castro",[355] D. Pedro se lamenta (trecho):

---

[353] Referência, talvez, ao holandês Erasmo (Dèsiclerius Erasmus Roterodamus) de Roterdã (1469-1536), autor de *O elogio da loucura*.

[354] *Schoolmaster's tale*, em português seria algo como *O conto do mestre-escola*. Só que esse *tale* é mais que só *conto*, é conto fantasioso — como *fairy tale* (conto de fadas).

[355] Inês de Castro, uma dama galega, chegou a Portugal no séquito de D. Constança, noiva castelhana de D. Pedro, O Justiceiro ou O Cru (1320-1367), depois oitavo rei de Portugal. Foi uma paixão devastadora e adúltera. Em 7 de janeiro de 1355, por ordem do pai de D. Pedro — o rei D. Afonso IV, ironicamente conhecido como O Benigno —, acabou Inês de Castro degolada. Em 1357, morto D. Afonso, assumiu D. Pedro o trono e convocou a corte para beijar, em reverência, os ossos da mão dessa pobre amada, após o que teria executado seus assassinos — por isso, findando Merrick esse poema com o

Estas mãos que eu beijei como estão frias
Estes lábios (...) onde moravam
Os meus no meu ausente pensamento
De que palidez são pálidos!
Oh horror de te olhar![356]

32. Detetive inglês — Assim é denominado aquele que deveria assinar a "novela policiária *A Boca do Inferno*" — a partir do misterioso desaparecimento do mago Aleister Crowley na Boca do Inferno de Cascais, a seguir descrito. A novela chegou a ser toda redigida, em uma versão ainda preliminar, com este índice:

Prefácio
Capítulo I — O caminho do Diabo
Capítulo II — Preparando a Ação
Capítulo III/IV — Começou o Caso/Aleister Crowley em Portugal
Capítulo V — Verificamos uma Mistificação
Capítulo VI/VII — O Álibi Inesperado/O Sr. Cole
Capítulo VIII — A Dualidade Crowley-Cole
Capítulo IX — Caso Concluído
Capítulo X — Assassínio e um Epitáfio

Ao fim dessa novela está: "A sepultura, sem dúvida humilde, certamente não tem qualquer inscrição. Se alguma for exigida, e se serve uma em inglês, deve ser procurada em Shakespeare."[357]

33. Diabo Azul — Por volta de 1908, quando escreve no semanário lisboeta *O Pimpão* (O Fanfarrão), Pessoa usa esse nome. Embora, dado o estilo bem diverso dos escritos entre si, talvez parte deles tenha vindo de seu tio Henrique Rosa. E assina, em *O Palrador*, estranhas charadas como esta:

Na primeira tu verás
Um animal

---

verso "Eu os matei, Inês". Apesar dessa declaração, um deles, Diego Lopes Pacheco, foi apenas preso; e acabou perdoado por D. Pedro, em seu testamento, sendo-lhe devolvidos todos os bens.

[356] Também a comentou Camões, nos *Lusíadas* (a partir do Canto XCVIII): *Mas os anjos do céu, cantando e rindo / Te recebem na glória.*

[357] Talvez tenha pensado naquela que Shakespeare, morto em 3 de maio (23 de abril, no calendário juliano) de 1616, destinou a si próprio — hoje gravada em seu túmulo na Igreja da Santíssima Trindade, em Stratford-upon-Avon (Inglaterra): *Bom amigo, por Jesus, abstém-te de profanar o corpo aqui enterrado./ Bendito seja o homem que respeite estas pedras,/ E maldito o que remover meus ossos.*

Na segunda reverás
Esse animal
E no todo encontrarás
Esse animal.

34. Diniz da Silva — Poeta modernista que, como Sá-Carneiro, vive em Paris. Na revista *Europa,* sob o título coletivo de *Loucura,* publica um conjunto de três poemas, entre eles "Eu",[358] que começa assim:

Sou louco, e tenho por memória
Uma longínqua e infiel lembrança
De qualquer dita transitória
Que sonhei ter quando criança.

E acaba:

Como um céu docel[359] de mendigo
Na curva inútil em que fico
Da estrada certa que não sigo.

35. Eduardo Lança — Nasce em 15 de setembro de 1875, em Salvador (Bahia). O local é inspirado no Padre António Vieira — que ali viveu, sofreu e morreu. Órfão (como Pessoa), vai morar em Lisboa (como Pessoa). Estuda administração no Brasil (como Pessoa o fizera, na África) e em Lisboa se emprega numa casa comercial (como Pessoa). Teria escrito o livro (publicado em 1894) *Impressões de um viajante em Portugal* (quase *O que um turista deveria ver,* atribuído ao próprio Pessoa), "maravilhosamente escrito num estilo belo e verdadeiramente português". Ano seguinte publica "um livro de lindíssimos versos", *Folhas outonais.* Em 1897, outro, *Coração enamorado.* Em 1902, *Ao luar.* Mas seu melhor livro de poesia, escrito em 1900, seria mesmo *Os meus mitos* (todos livros imaginários). Pessoa inicialmente também lhe destina o livro *Sonetos de*

---

[358] Mesmo título, escrito no manuscrito com seu próprio sangue, do único livro (1912) do paraibano Augusto dos Anjos (1884-1914) — publicado pouco antes de morrer o autor, aos 30 anos, de uma infecção pulmonar. Nesse livro, ficou famoso especialmente o soneto "Versos íntimos", escrito em 1901 (antecipando o estilo paúlico de Pessoa), que no fim diz: *O beijo, amigo, é a véspera do escarro/ A mão que afaga é a mesma que apedreja.// Se a alguém causa inda pena a tua chaga,/ Apedreja essa mão vil que te afaga,/ Escarra nessa boca que te beija!*

[359] *Dossel* (corrigindo o erro de grafia do original) é cobertura. Talvez, no caso, tenha Pessoa querido fazer uma brincadeira; *céu do céu.*

amor, depois assinado por F. Nogueira Pessoa. Colabora em jornais do Brasil, "mas nos é perfeitamente impossível dar os nomes exatos, tantos são eles". Na viagem de Pessoa à Ilha Terceira, entre maio e julho de 1902, assina por esse heterônimo dois poemas. Um é "Estátuas", que acaba assim:

> Eis porque atrás me volto e vejo em Pó
> As verdes ilusões do meu passado
> E, tal qual a mulher do crente Ló.[360]
> Fico, sempre a chorar petrificado.

O outro, apenas uma quadra publicada em *O Palrador*, é "Enigma":

> Eu, que ao descanso humano abri luta renhida
> De amantes sei, aos mil, que invejam minha sorte!
> Sustento-me de sangue, e vou beber a vida
> Nos braços de quem quer por força dar-me a morte!

36. Efbeedee Pasha — O nome é brincadeira com o som, em inglês, das letras F (*ef*), B (*bee*) e D (*dee*). Sem registros, nos papéis de Pessoa, sobre seu significado. Em tentativa de palpite, eliminei uma Familial British Disorder (FBD), doença parecida com o mal de Alzheimer, não conhecida naquele tempo. Imaginei, então, que esse nome poderia nos remeter a seu período em Durban. Com F de Fernando mesmo; B de Blackmore House, nome do dormitório da Durban High School em que estudou; e D de Durban. Se assim for, nessa espécie de delírio, o nome seria algo como Fernando, o Paxá de Blackmore-Durban. O heterônimo pretende escrever um "livro que nenhuma senhora deve ser vista a ler, mas ao qual muitos de nós gostaríamos de dar uma olhada", *Stories of Efbeedee Pasha* — segundo indica, com "*copyright in Great Britain, San Marino and Andorra*".[361] Para ele, chega a escrever índice e frontispício, além de preparar as próprias críticas dos jornais, "antecipadas, não obstante cuidadosamente editadas". Como esta, para o *Sunday School Magazine*: "Um exemplar desse livrinho foi recolhido com vistas a sua resenha crítica. Atraídos por uma balbúrdia inabitual, acompanhada de gargalhadas, com dificuldade consegui-

---

[360] Ló (no original, Loth) era sobrinho de Abraão. Ao fugir de Sodoma, sua mulher (a Bíblia não menciona esse nome) olhou para trás, em desrespeito à proibição dos anjos, e foi transformada em uma estátua de sal — o que explica o "chorar petrificado" do poema.

[361] O que é curioso, posto serem países de dimensões muito variadas, distantes entre si (nenhum deles próximo de Portugal) e com diferentes línguas: inglês, italiano e catalão.

mos arrebatá-lo das mãos de nossos estafetas." Ou esta, para *The Sporting Times*: "É pena que o autor tenha cuidadosamente omitido o seu verdadeiro nome e morada, já que temos na nossa equipe vários e competentes assassinos."

• **Erasmus** — Assim também se assina o heterônimo Dare.

• **Ex-sergeant William Byng** — Heterônimo criado pelo heterônimo Horace James Faber, em *The case of science master*, que "apresenta incapacidade em relação às coisas comuns". Segundo Faber, esse antigo sargento é "alcoólico, raciocinador, incompetente para a vida quotidiana", "obscuro e reservado", ainda apresentando "incapacidade de raciocinar em relação às coisas comuns". O personagem recebe enorme destaque, no que se distingue dos demais do livro — Inspector Williams, John Lewis, Robert Johnson, Dr. Travers, Francis Jeane, John Blaver, razão pela qual muitos estudiosos o consideram um heterônimo autônomo. Byng, como Pessoa, tem surtos de *delirium tremens*; e, como Pessoa acreditava que lhe aconteceria, morre pelo consumo excessivo de álcool — seguindo os passos de outro heterônimo, Abílio Quaresma.

37. F. Nogueira Pessoa — Aparece na página de rosto do caderno 144, em que se veem projetos editoriais da Empresa Íbis. Numa relação de autores, pela ordem em que aparecem, estão F. Nogueira Pessoa, Alexander Search e Jean-Seul (de Méluret). Nela está passado a limpo o soneto "Antígona" — personagem de uma tragédia de Sófocles (496-406 a.C.) que enfrenta Creonte (sendo, por isso, condenada à morte). Pelos papéis da Arca, sabe-se ainda que Pessoa (em de junho de 1902) lhe destina livro que não chega a concluir, *Sonetos de amor* — anteriormente destinado a Eduardo Lança. Esse uso de partes do seu nome completo para formar outra entidade não é nele um caso único, que também criou António de Seabra, Fernando António e Fernando António Nogueira de Seabra.

38. F.Q.A. — Escreve logogrifos em *O Palrador*, como este:

> Em pedras contenho formosas e ouro
> Brilhantes eu tenho com prata e marfim
> Neste meu grande... enorme tesouro
> Neste meu erário com joias sem fim.

39. Faustino Antunes — Psicólogo, escreve "cartas para informação sobre meu caráter" a professores de Pessoa em Durban — das quais ficaram rascunhos, em inglês, mas não as cópias daquelas efetivamente enviadas. Mora na "Rua da Bela Vista, à Lapa, Lisboa", endereço da casa das tias-avós e da avó Dionísia (número 17, 1º andar). Deixa caderno com ensaios de sua assinatura, no verso da capa; e, também, um *Essay on intuition,* escrito em conjunto com o heterônimo A. Moreira. Segundo Antunes, "o poeta é egocentrista, constrói outras pessoas a partir de si próprio. Falstaff é Shakespeare tão veramente como Pudita, Iago, Otelo, Desdêmona são Shakespeare".[362] Continuando, diz Antunes: "A distância e a intuição são idênticas. Crê-se vulgarmente que o poeta que cria, o mercador e o diplomata[363] se servem da mesma faculdade. Pode desculpar-se o erro, mas não deixa de ser erro. Uma análise mais minuciosa revelar-nos-á a diferença." É dele este comentário:

> Os grandes cérebros conhecem a humanidade através do conhecimento de si próprios, ao passo que os pequenos cérebros são obrigados a conhecer o homem através de sua própria existência.

• **Fausto** — Trata-se do principal personagem de poema dramático incompleto, com reflexões sobre o conhecimento, o mundo, o prazer, o amor e a morte. Uma outra versão, agora de Pessoa, desse herói de numerosas obras literárias, das quais mais conhecida é a do alemão Johann (Wolfgang von) Goethe (1749-1832) — que, para Pessoa, era um "Shakespeare mascarado de esfinge e com os movimentos impelidos pelo disfarce". O personagem conquista Margarida e, assim quis o destino, acaba num duelo assassinando Valentim (irmão da donzela). Louca de dor e remorso, mais tarde, Margarida

---

[362] Trata-se de personagens de Shakespeare. Sir John Falstaff (na primeira versão da obra, John Olcastle) é uma de suas figuras mais tenebrosas e está em *Henrique IV.* Os demais em *Otelo* (ou *O mouro de Veneza*) — no qual se contam as desventuras desse general mouro (Otelo), a serviço de Veneza, que, por ciúme instigado por Iago, estrangula sua mulher, Desdêmona, e depois se suicida. Falta, nessa nota, o primeiro nome citado, Pudita. Só que esse personagem não existe, na obra de Shakespeare. Ao menos com essa grafia. Mais provável é que o responsável pela transcrição do texto de Pessoa, no *Espólio,* deve ter-se enganado. Quase certamente trata-se do personagem Perdita, do *Conto de inverno* — uma criança abandonada em local deserto. Perdita e não Pudita, pois. Pela pouca importância da citação, não me dei o trabalho de conferir o original.

[363] A construção da frase é ambígua, como tantas em Pessoa. Porque pode se referir a Shakespeare que era *poeta,* criador de um *mercador* (em *O mercador de Veneza*) e de um *diplomata,* (em *Antônio e Cleópatra* ou no aqui referido *Henrique IV*). Como pode se referir ao próprio Pessoa: um *poeta* que cria, o que sempre soube que seria; um *comerciante,* evocando suas tentativas de ser empresário; e o estudante que desistiu de ser *diplomata,* no Curso Superior de Letras.

mata seu próprio filho e morre na prisão, enquanto Mefisto (Mefistófeles) cobra a alma que lhe fora prometida por Fausto. Goethe, só para lembrar, projetou e escreveu dois *Faustos*; enquanto Pessoa projetou, mas não realizou, ainda mais — três. O texto é escrito, ao longo de sua vida, como um diário; quase reproduzindo Goethe, que começou a escrever seu *Fausto* definitivo em 1773 e findou só em 1832, o ano de sua morte. Em Portugal, alguns autores acreditam que a história de Fausto se inspira em Frei Gil — o dominicano português Gil Rodrigues (1190-1265), que teria feito um pacto com o demônio em troca de poderes mágicos, dele se libertando graças à própria Nossa Senhora. Eça de Queiroz até escreveu conto, "São Frei Gil, o Fausto Português", em que diz: *Chamava-se Gil Rodrigues e Valadares e dele se disse ter sido "Fausto" — porque fez um pacto com o Diabo — e "Santo", primeiro pela voz do povo e, depois, pela Igreja (foi canonizado em 1749).* No Fausto de Pessoa estão expressas angústias e dores mais próprias do autor que do personagem. Para Teresa Rita Lopes, Fausto seria o *ponto de partida de todos os outros personagens,* a *matéria bruta de onde Pessoa retira seus heterônimos.*

40. Ferdinand Sumwan — Heterônimo que seria equivalente ao próprio Pessoa. Um outro nome, talvez, para ele; razão por que, no já referido *Ultimus joculatorum*, escreve "Ferdinand Sumwan (= Fernando Pessoa, *since Sumwan = some one = Person* = Pessoa)". Sintomaticamente é descrito, em inglês, como um indivíduo "normal, inútil, descuidado, preguiçoso, negligente, fraco".

41. Fernando António — Participa de concursos em jornais e chega a ganhar prêmio de pequeno valor, juntamente com dez outros concorrentes, no *Picture words* do *Pearson's Weekly*[364] — sem maiores referências com respeito a esse prêmio.

42. Fernando António Nogueira de Seabra — Escreve, em inglês, livro (a que não dá título) sobre as ciências ocultas, que faria parte de uma *Coleção teosófica*[365] *e esotérica* (1926), destinada à Livraria Clássica Editora, dos

---

[364] Trata-se de um periódico inglês, com tiragem de 250 mil exemplares, no princípio do século 20, criado por Sir Cyril Arthur Pearson — que se assinava como Professor Foli. Magnata das comunicações, com decisivo apoio de Joseph Chamberlain, não teve o fim épico que sua vida prenunciava; e morreu cego, em 1921, depois de uma queda banal em seu banheiro.

[365] O nome, nos rascunhos, está grafado erradamente como *tesófica.*

Restauradores, definido como "ensaio e outros fragmentos seletos do livro dos preceitos áureos traduzidos (para inglês) e anotado por H.P.B." — iniciais de Helena Petrovna Blavatsky. O tradutor (deste e dos demais volumes da coleção), indicado no frontispício da obra, é Fernando Pessoa. O heterônimo também responde por *Cartas do outro mundo*. Esses dois livros e mais um terceiro, de certo M.C.R., estão listados sob os números V, VIII e X no espólio de Pessoa. Sem indicação de autor, ao contrário de todos os outros da coleção, por tudo parecendo legítimo atribuir a autoria dos três livros ao próprio Pessoa. O heterônimo reproduz seu nome — apenas trocando um registrado (*Pessoa*) pelo paterno que não recebeu (*de Seabra*). Sem maiores explicações sobre por que escreveu o livro ou sobre as razões da indicação desse nome como seu autor.

43. Fernando Castro (Fr. Castro) — Tradutor de *Os servidores da raça humana*, de C.W. Leadbeater. O nome é inspirado em dona Fernanda de Castro, mulher do amigo António Ferro, uma presença muito especial na vida de Pessoa. Posteriormente à primeira edição do livro, tive ciência de artigo escrito por Maria de Fátima de Sá e Melo Ferreira, em que se vê que teria mesmo existido um Fernando de Azevedo e Castro (1898-1922), sendo ele o tradutor desse livro do Leadbeater. Se assim tiver sido mesmo, conte-se então um heterônimo a menos para a coleção de Pessoa.

44. Fernando Pessoa — Está descrito antes, em capítulo especial.

45. (Dr.) Florêncio Gomes — Psiquiatra, irmão (provável) de António Gomes. É seu um longo texto de 55 páginas escritas com tinta, mais oito datilografadas, *Tratado de doenças mentais*, em que "mostrou nitidamente a evolução da paranoia de perseguição". A ele coube estudar a vida do infeliz heterônimo Marcos Alves — que, como veremos, acabará por se suicidar.

• **Fr. Angard** — Assim também se assina A. Francisco de Paula Angard.

• **Fr. de Castro** — O nome é citado por Stoker. Mas deve ser apenas uma variação de Fernando Castro.

• **Francis Neasden** — Outro nome citado por Stoker.

• **Francisco Paú** — Diretor da seção humorística de *O Palrador*.

• **Frederick Barbarossa** — Outro nome citado por Stoker. Mas, aqui, trata-se apenas de referência a um imperador romano-germânico que impressionou Pessoa, Frederico Barbarossa (Barba vermelha).

46. Frederick Wyatt — Mais um irmão Wyatt, que surge por volta de 1913 e ganha assinatura longamente ensaiada. Vive em Paris e escreve, em inglês, poemas e textos em prosa. Os amigos, dirigindo-se a Pessoa, até perguntam pelo *seu amigo coitadinho*. É que Frederick "foi o maior sonhador de todos os tempos. Era eternamente incompetente para dar conta da realidade", "sempre a oscilar de um extremo a outro ponto de vista ou modo de ação". "De uma timidez mórbida e infantil ou de uma audácia impetuosa e trôpega", "nalgumas ocasiões encolhia-se, noutras abandonava de repente a sua timidez da maneira mais estranha e louca". Em resumo, Wyatt vai do "excessivo anarquismo" à "arrogância de um perfeito aristocrata". Mas "havia nele algo de inexplicável que inspirava piedade". Pessoa considera, talvez pensando em si, que "mais lhe valia ser doido; teria sido melhor para ele"; afinal concluindo, "coitadinho". Num caderno de 1914-1915, chega a lhe atribuir cerca de 20 poemas redigidos antes, entre 1907-1908, todos depois dados como firmados por Alexander Search — condenado a partir de então esse Frederick, sem maiores explicações, ao mais completo esquecimento.

47. Frederico Reis — Ensaísta, irmão de Ricardo Reis, Sá-Carneiro o chama de *mano Reis* (carta de 18/7/1914). Pessoa rabisca uma *Crítica de F.*[ernando]. *P.*[essoa] *a F.*[rederico] *Reis*, em que o descreve como "brilhante, combativo e lúcido", embora "de uma lucidez intermitente, um entusiasmo excessivo", porque Frederico "vive lá fora". Deixa texto sobre a poesia de Ricardo Reis, que considera de um "epicurismo triste". No fundo, "é a afirmação de um crítico". Escreve longo folheto "sobre a Escola de Lisboa, herdeira, pelo espírito vanguardista, da de Coimbra". Seu pensamento filosófico é resumido em breve nota:

> Cada um de nós deve viver a sua própria vida, isolando-se dos outros e procurando apenas, dentro da sobriedade individualista, o que lhe agrada e apraz. Não deve procurar os prazeres violentos, e não deve fugir às sensações dolorosas que não sejam extremas.

48. Friar Maurice — Frade inglês (com nome de origem moura), que deseja desesperadamente ser bom e praticar o bem, mas que vive em crise com sua fé religiosa. Em anotação de novembro de 1907, se confessa "um místico sem Deus, um cristão sem credo". Pessoa diz: "Pobre Frei Maurice, estavas presente e tudo era frio, frio, frio, pobre Frei Maurice. Frei Maurice é doido. Não riam de Frei Maurice." Com paciência, vai redigindo seu *The book of Friar Maurice*, do qual deixa prontos numerosos textos, como este:

> Metade de mim é nobre e grandiosa, e metade de mim é pequena e vil. Ambas sou eu. Quando a parte de mim que é grandiosa triunfa, sofro porque a outra metade — que também é verdadeiramente eu próprio, que não consegui alienar de mim — dói por isso. Quando a parte inferior de mim triunfa, a parte nobre sofre e chora. Lágrimas ignóbeis ou lágrimas nobres[366] — tudo são lágrimas.

49. Gabriel Keene — Autor de romance anunciado em *O Palrador*, que seria *Em dias de perigo*. Mas consta que, desse romance, não terá sido escrito sequer um capítulo inteiro.

50. Gallião — Escreve estranhas charadas bisadas para *O Palrador*, dedicadas a Gallião Pequeno (um filho, talvez), como esta:

> A planta lusitana é pancada — 2.

51. Gallião Pequeno — Escreve charadas novíssimas ou bisadas para *O Palrador*, como esta:

> 3 — Este homem acanhado é onde se guarda o trigo — 2.[367]

• **(Dr.) Garcia Nobre** — Por esse nome é também conhecido António Mora — "Dr. Garcia Nobre, assim se diz o doente."

---

[366] Trata-se de uma construção interessante. Na Roma antiga, as gentes se dividiam entre *ingenuus* — ingênuos, os que nasciam livres; e *libertinus* — libertinos, escravos alforriados (a expressão vem de *libertus agnus*, o cordeiro liberto). Também, como aqui é indicado por Pessoa, eram *nobilis* — de origem nobre; ou *ignobilis* — ignóbeis, aqueles sem nobreza, como na sentença *Ignobili loco natus* (Homem de baixa estirpe). A expressão *snob* vem daí — que pejorativamente se dizia serem, estes, *sine nobilitate* (sem nobreza). Escrito, abreviadamente, *s. nob.* — *snob*. Pessoa usa essa expressão em carta a destinatário não identificado (1916), ao dizer: "Do público *snob* não falo, porque é *snob* só por fora." Ou talvez se referisse ao sentido que tem a expressão, em Portugal — *nome popular dos sapateiros remendões*.

[367] A resposta seria, talvez, Hersilo.

• **Gaud** — Assim também se assina o dr. Gaudêncio Nabos.

52. (Dr.) Gaudêncio Nabos (Gaud) — Trata-se de um humorista anglo-português, jornalista e diretor literário de *O Palrador*, "cujo caráter oscila entre a anarquia e o riso aberto". Dado se expressar esse heterônimo em inglês, por vezes indica Pessoa como se deve pronunciar seu nome — "aliás, Neibos". Surgido quando Pessoa volta definitivamente a Lisboa (em 1905), e diferentemente do seu criador, lhe apraz o uso de palavras incompatíveis com a rígida moral da época. Assim se dá com ele e com Joaquim Moura Costa. Em "Saudação a Walt Whitman", por exemplo, Álvaro de Campos diz: "Que nenhum filho da... [puta] se me atravesse no caminho" — com reticências que Nabos ou Costa, desbocados como eram, jamais empregariam. Em um de seus escritos de humor, por exemplo, está: "Algumas pessoas parecem não se dar conta de que uma cortesã é uma puta";[368] após o que completa: "Um indivíduo com pouca imaginação durará algum tempo até entender o significado desta frase."

Apesar de não se interessar por política, Nabos tem planos para um "projeto de reorganização da escravatura"; mas deixa de escrever, em 1913, e nem começa o texto. É também um médico "original e desabrido" que "tinha poucos doentes porque, segundo ele próprio, um homem teria que ser muito paciente para o aceitar como médico"; e completa, com um testemunho, "Recordo a sensação desagradável que ele me causou uma vez quando (ainda não o conhecia muito bem) olhou para mim intensamente durante alguns segundos e a seguir disse, com voz segura: *Você é ou tísico ou* (senti-me arrepiado e cheio de medo) *ou... ou... ou não*." Em outra passagem, "Nabos à cabeceira de um moribundo, todos a chorarem, etc., testemunha: *Onde há vida há esperança de viver*. Atônito, levantei os olhos, a sua cara estava pálida. Senti um desejo histérico de desatar a rir." Em nota (sem data), escreve:

---

[368] A frase talvez se inspire na lenda de Don Juan, segundo a qual este libertino seduz uma nobre da Espanha e mata seu pai. Depois, no cemitério, a estátua desse pai pede para apertar-lhe a mão e ele, imprudentemente, aceita, sendo então arrastado até o inferno. Entre as dezenas de obras inspiradas nele, está inclusive uma de Guerra Junqueiro, *A morte de D. João*. Dando-se que esse conquistador explicitava o sucesso que tinha com mulheres dizendo tratar *putas como damas e* (à semelhança da frase de Pessoa) *damas como putas*.

É uma coisa simpática e gloriosa ter estado em um naufrágio ou em uma batalha; o pior é que é preciso estar lá para ter ido.

Refletindo sobre a morte, deixa o que denomina sua *Metafísica* (trecho):

— Morrer é morrermos.
— O horror de morrer é o de morrermos.
— Quem sabe se duas paralelas não se encontram quando a gente as perde de vista?

53. Gee — Esse, com nome que é a pronúncia da letra G em inglês, responde a decifrações em *O Palrador* e escreve metagramas como este:

O Grande elemento
Na casa deve estar
E é maior
Na família seu lugar.

54. George Henry Morse — Espírito que lhe vem quando está em transe. Menos assíduo que os outros, escreve sempre em inglês.

55. Gervásio Guedes — Irmão (provável) de Vicente Guedes, é autor de *A coroação de Jorge V*, inicialmente atribuído a L. Guerreiro; e, antes dele (ou dela), a Jim Crown. Como essa coroação do rei da Grã-Bretanha e Imperador da Índia ocorreu em 22 de janeiro de 1911, trata-se de texto certamente posterior. O heterônimo nasce por ocasião das tratativas de criar uma revista literária, *Lusitânia*, depois convertida em *Orpheu*. Mas não viveria por muito tempo; que, dadas suas características, logo Pessoa passaria a se ocupar de coisas mais sérias. Aquele texto sobre a coroação diz assim (trecho):

O Rei Jorge tem um aspecto fisionômico de peixe. É inútil porém explicar por uma via marítima o que é mais facilmente, posto que democraticamente, explicável por uma correspondente àquela que ao peixe dá a sua expressão especial.

• **Gomes Pipa** — Assim também se assina José Gomes.

56. H.H. Fletcher — Um companheiro de Charles Robert Anon em Durban. Entre os livros na estante de Pessoa, por ele assinados, está *The revised latin primer*, de Benjamin Hall Kennedy. Reproduzindo o que também ocorria com Alexander Search, Charles Robert Anon, Martin Kéravas ou

Sidney Parkinson Stool. O nome é inspirado em J(oseph) S(mith) Fletcher, de quem Pessoa (entre os livros que figuram na estante, e aqueles negociados) teve 27 diferentes títulos. À margem de um desenho, Pessoa escreve seu nome de maneira diferente — Letcher.

57. Henry Lovell — Outro espírito, pouco assíduo, que escreve em inglês. Por vezes aparece Henry Lovell = Henry More e, embaixo, sinais cabalísticos. O sobrenome é talvez inspirado em James Russell Lowell (1819-1891), poeta romântico e abolicionista, de quem dois livros estavam nas estantes de Pessoa: *Essays and belles lettres* e *The english poets*.

58. Henry More — Pessoa acredita se comunicar com Henry More (1614-1687), um dos "platônicos de Cambridge" que existiram realmente, opositor da filosofia mecânica de (Thomas) Hobbes (1588-1679) — para ele, seria "Henry More, o Platônico". Junto com sua assinatura, frequentemente, aparecem dois triângulos interseccionados. Astrólogo, poeta, filósofo e professor, os textos em prosa de suas comunicações mediúnicas corresponderiam a "romances do inconsciente". Ao lado de alguns manuscritos de Pessoa, veem-se comentários de More. No *Crepúsculo em Deus* (atribuído a Wardour), por exemplo, anota *"no good"*, após o que se assina com um sinal cabalístico. Em suas comunicações, diz coisas assim: "Tu és meu discípulo"; ou "Não tarda saberás para que tens coragem, nomeadamente para acasalar com uma rapariga"; ou "Tens andado a pensar na rapariga, deixa-a em paz, ela aparecerá na altura devida." Num texto psicografado de 9 de julho de 1916, avisa: "Tu és o centro de uma conspiração astral — o lugar de encontro de elementais [espíritos] de tipo muito maléfico. Uma mulher pode imaginar o que a tua alma é." Noutro: "Filho meu, esse mundo em que vivemos é um emaranhado de incongruências e de voracidades. O teu destino é demasiado alto para que te diga. Tens que descobrir tu. Mas o homem é débil e também são débeis os Deuses. Sobre eles o fado — o Deus sem nome — vela do seu trono inalcançável. O meu nome está enganado e o teu também está enganado. Não é o que parece ser. Entende isto se podes, e eu sei que o podes entender." Após o que assina "More, Henry More,[369] Frat RC —

---

[369] Um estilo bem inglês, hoje menos frequente, de se apresentar, indicando antes o nome de família, para depois referir o completo. Como Bond, James Bond. Gilberto Freyre contava que numa quase madrugada de 1958, em sua casa de Apipucos, assim se apresentou um inesperado visitante inglês:

referência à *Fraternidade Rosacruz*. Finda a comunicação, e depois da assinatura, por vezes acrescenta "Adeus, meu rapaz."

59. Homem das Nuvens — Pessoa endereça postais à família com esse nome — entre eles um de Las Palmas (Canárias) à tia-avó Adelaide Pinheiro d'Andrade Neves. Em outros, além da assinatura Homem das Nuvens, há rubrica que parece ser um grande H estilizado. Ou só essa rubrica — como em postal, oferecido pelo padrasto, do *Ran Pa Er* (navio em que viajou o comandante Rosa, ainda solteiro, para Durban).

60. Horace James Faber (Ex-Sergeant William Byng) — Contista e ensaísta, dele ficaram 49 folhas manuscritas soltas, não numeradas, na quase totalidade arquivadas como *Fragmentos de contos*, salvo seis folhas espalhadas por outros envelopes do espólio; mais *Prosa de C.R. Anon, Eusem, Considerações e apreciações literárias,* além de um fragmento com título *Almanach do diário ilustrado*.[370] Faber é autor policial, como Edgar Allan Poe e Conan Doyle. Ele e Anon eram "dois amigos inseparáveis"; ocorre que, enquanto Anon escrevia histórias *de imaginação,* as dele seriam *detective stories* que tinham como personagem central um gênio dedutivo, o ex-sargento Byng. Em anotação à margem de *The case of the science master,* escreve à mão "Ex-Sergeant-Byng, title"; sinal de que cogitou dar ao romance esse outro título. Por infortúnio, vários textos originalmente seus acabaram assumidos por Abílio Quaresma.

• **Humberto Ferreira** — Diretor e um dos dois proprietários (junto com Armando Couto) de *A Civilização*. Em outro jornal que cria (agora de oposição), *O Progresso,* a vítima quase sempre é esse mesmo Ferreira — apesar de ter "o apoio do presidente da República e da Opinião Pública".

61. I.I. Crosse — Mais um irmão Crosse. Escreve *Caeiro and the pagan reaction*, revelando a descoberta do "misticismo da objetividade". Nele indica que "os místicos atribuem um significado a tudo", enquanto "Caeiro vê uma ausência de significado em tudo". Também escreve *The very great rhythmist,*

Procuro o professor Freyre. Meu nome é Huxley, Aldous Huxley. Obrigando nosso sociólogo a receber, de pijamas, aquele que (em 1932) escrevera *Admirável mundo novo.*

[370] Inspirado no Almanach Ilustrado que o jornal *O Século*, a partir de 1897, passou a publicar anualmente.

em que diz ser, Álvaro de Campos, "o mais violento de todos os escritores".[371] "A sua emoção vulcânica, a sua mudança da violência para a ternura, ninguém ainda o conseguiu igualar neste histerismo da nossa era." A ele, e a seu irmão Thomas, Pessoa pensa atribuir a incumbência de defender o Quinto Império e a Maçonaria; embora no fim da vida, quando o faz publicamente, tenha assinado seu próprio nome nesses artigos (adiante se verá).

62. Íbis (Bi) — "Eu sou um Íbis." *Costumava dizer isso em casa*, testemunha o irmão João Maria. Pessoa, desde a infância, imita brincando esse pássaro do Egito. Em todos os lugares, mesmo no meio de ruas movimentadas, mas apenas quando está com crianças. Em momentos assim diz "agora vou ser um Íbis" e reproduz o pássaro em gestos, surpreendendo passantes e causando embaraço aos adultos que o acompanham. À margem das cartas, em algumas ocasiões, desenha uma figura humana estilizada com a perna levantada. Dele ficaram pelo menos dois poemas, entre eles um para a irmã Teca que começa assim:

> Vai-te embora, sol dos céus
> Os olhos da minha irmã
> Foram criados por Deus
> Pra substituir a manhã.

63. Isaías Costa — Segundo Stoker, surge uma vez assinando artigos datilografados. Seria autor de três livros de adivinhações. Valendo lembrar que, nas listas de autores de Pessoa, consta certo Isaias Coelho. Curioso é que, entre as frases deixadas por este Costa, está "O demônio somos nós" — bem próxima à que (Jean-Paul) Sartre (1905-1980) depois escreveria, *O inferno são os outros.*

• **J.G.H.C.** — Assim também se assina J.G. Henderson Carr.

64. J.G. Henderson Carr (J.G.H.C.) — Vem dos tempos da Commercial School e aparece duas vezes em um manual de taquigrafia, *Pitman's shorthand instructor*, confirma Richard Zenith. Seu nome, e o de outro heterô-

---

[371] Esse posto, para o filósofo francês (Gaston) Bachelard (1884-1962), caberia a Lautréamont (1846-1870).

nimo, Tagus, constam de um conjunto de textos que seriam reunidos sob o título "Rags" (Trapos). No *Natal Mercury*, participa de um concurso de charadas. Segundo Zenith, dito J.G.H.C. ainda mandava, ao jornal, charadas que eram invariavelmente solucionadas por outro heterônimo — Tagus.

65. J. M. Hyslop — É poeta que lhe vem nos transes mediúnicos. Seu único texto, assinado com uma caligrafia própria, é breve poema (sem título ou data), que acaba assim:

> No mar se move
> No mar se doma
> A mágoa que houve
> Na sombra e no aroma.

O heterônimo Henry More, também aqui, escreve à margem *"no good"*. Pessoa concorda com o comentário, passa um traço por cima e dá adeus a sua criatura. Mas o poema, estranhamente, em vez de ir para o lixo, acaba na arca do seu criador.

• **Jacinto Freire** — Apenas um nome citado por Stoker. No caso, talvez se tratasse de Jacinto Freire de Andrade (1597-1657), historiador português e autor de *Vida de Dom João de Castro, vice-rei da Índia*.

• **Jacob Dermot** — Um Jacob a mais, para sua coleção. No diário (16/3/1900), está: "Dificuldades na execução mental de Jacob Dermot".

66. Jacob Satã — Dele diz Pessoa, num contraditório texto em inglês, que seria um "espírito de M.[372] e mestre de ternura". O primeiro nome talvez evoque Jacob Fusul — judeu sefaradita e antigo profeta do sebastianismo, que se proclamava *encarnação do poder divino*. Satã já vimos, em pacto de Search aqui transcrito e no antes referido *Ultimus joculatorum*. No início, Pessoa lhe destinou um papel nobre, "O satânico é tão somente a materialização do divino". Depois esse mesmo Satã, contraditoriamente em relação aos textos anteriores, passa a ser descrito como "um espírito do mal, o dono da casa e o que aqui realmente domina"; acrescentando Pessoa ele próprio, ao lado, *"bad part"*.

---

[372] Por pudor, terá preferido não completar a palavra *merda*.

67. James Joseph — Outro espírito que lhe aparece respondendo a perguntas. Algumas vezes apenas diz "Não. Não. Não. Não", após o que assina o texto e vai embora.

68. Jean-Seul de Méluret — Esse Jean-Seul (João Sozinho), surgido em Pessoa por volta de 1907, é "*supposed* [supostamente] nascido em 1885, no primeiro de agosto". Tem, assim, "um ano mais que Charles Search e três que Alexander [Search]". Numa anotação, está seu endereço: "Praça Octave Mirbeau, entre a Rua Felicier Champsau e a Rua Lacenaire." Todos nomes imaginários, uma prática nele que não era *comum*. Talvez por serem endereços parisienses. "Jean-Seul é antianarquista, aos dezessete anos. Sua *task* [tarefa] é escrever, em francês, poesia e sátira de trabalhos científicos, com propósito satírico e moral", e publicar "a edição francesa de uma revista que não existe". Aristocrata e homem de ordem do *Ancien Régime* — a velha monarquia francesa que cai com a Revolução de 1789 —, insurge-se contra o igualitarismo, o feminismo e o amor livre, que considera manifestação de espíritos decadentes. Dele ficaram três livros incompletos.

O primeiro, de setembro de 1908, é *Cas d'exhibitionnisme* (Caso de exibicionismo), em 17 fragmentos, dando ao exibicionismo caráter de doença feminina. O prefácio começa com a frase "Là, à Lisbonne" (Ali, em Lisboa), que usa para acentuar as diferenças entre uma Lisboa ainda provinciana e a "Paris das mulheres nuas", da "pederastia e da exibição genital". Nesse prefácio, diz: "Se fôssemos um espírito grande e forte, abordaríamos a questão da degenerescência da civilização ocidental, e, sobretudo, da França em toda sua amplitude, todas as formas, todas as tendências. Estudaríamos a etiologia, os interesses, a terapêutica, nós faríamos o diagnóstico na medida do possível." E constata, por fim, "não haver desculpa para o espírito mais modesto na sinceridade, seja para sonhar, seja para esperar, seja para querer ignorar".

Depois vêm duas sátiras. *La France à l'an 1950*[373] (A França no ano 1950), narrado por um japonês, teve alguns de seus oito fragmentos publicados no número 1 da revista *Europa*. Seriam "escritos sobre a corrupção, a volúpia, a pornografia, a prostituição das ruas, mas eu sei que pior é aquela das al-

---

[373] Há uma formidável coincidência no projeto desse livro. É que Júlio Verne, um dos autores favoritos de Pessoa, deixou ao morrer (em 24/3/1905) originais de romance que seria descoberto só em 1989 (e publicado em 1994) — *Paris no século XX*, com quase o mesmo título e quase a mesma estrutura do livro de Méluret.

mas". Também descreve como operam, na França, o Instituto Sem Hímen, a Escola de Masturbação e a Escola de Sadismo. Não bastasse isso, "as mães dormem com seus filhos, os pais com suas filhas". Em *La France*, temos: "Nossa civilização morre, sobretudo a civilização francesa", e "A morte de uma sociedade é mais horrível que a morte de um organismo individual. A sociedade se decompõe em vida." O texto começa pela frase "Aqui não há pessoas normais", o que há "é pessoas duas vezes anormais, sexuais, duas vezes invertidas"; e acaba recomendando "vergonha a quem considere esta sátira divertida. Mal haja a quem rir dela", após o que escreve "end".

Finalmente, *Messieurs les souteneurs* (Senhores rufiões) — cujo título original seria *Litt* [érature] *des souteneurs*. Nessa condenação à literatura da decadência, aparece o célebre escritor francês Anatole France, Prêmio Nobel de Literatura em 1921, como um membro do Conselho de Administração (primeiro escreveu e riscou "Diretor") da Companhia de Pornografia, de Tolice e de Merdaria, que seria uma Sociedade Anônima de Responsabilidade Muito Limitada. Nada a estranhar que, no seu *Ultimatum*, já havia dito: "Fora Tu, Anatole France, Epicuro de farmacopeia homeopática, ténia-Jaurés[374] do Ancien Régime, salada de Renan-Flaubert[375] em louça do século dezessete, falsificado!!!!" Depois sentencia, em lugar-comum próprio da época, que "a arte nada tem a ver com a moralidade".

Ao fim dos textos vemos assinaturas *verdadeiras*, quase sempre apenas *JS* (Jean-Seul), além de indicação de onde escreve, *Lisbonne*. Espantoso no caso é que, na Lisboa de seu tempo, houve mesmo um francês chamado Jean-Seul — por infortúnio, vítima das malquerenças entre Pessoa e Salazar. É que Pessoa assinou carta como esse heterônimo, indicando "a data exata" e as circunstâncias da morte do ditador "em 1968" — segundo o que teria lido nos astros. "Vejo uma cadeira, e depois, uma cama, e depois... depois vejo um circo".[376] Razão por que acabou preso o pobre Jean-Seul de carne e osso. O heterônimo escreveu um único poema (agosto de 1910), em francês, que seria destinado a *La France en 1950*:

---

[374] Tênia é verme; e Jaurés talvez fosse Jean Jaurès (1859-1914), fundador do Partido Socialista francês, que acabou assassinado.

[375] No caso seria mistura de (Ernest) Renan (1823-1892) — célebre autor que, perdendo a fé, abandonou sua vocação eclesiástica — com (Gustave) Flaubert, autor de *Madame Bovary*.

[376] Salazar morreu em 27 de julho de 1970, depois de 81 anos de vida e 42 de poder. Mas seu fim começou mesmo em 3 de agosto daquele ano previsto, 1968, quando caiu de uma *cadeira* (novamente confirmando a previsão) — o que lhe causou hematoma cerebral, o levou à *cama* (no Hospital da Cruz Vermelha), também prevista, e o incapacitou para governar. Em tudo se confirmando o vaticínio de Méluret. O *circo* seria, talvez, a festa popular que sacramentou a Revolução dos Cravos, em 25 de abril (de 1974).

Nada é, tudo passa,
Tudo está no seu curso
O dia se cansa
De ser o dia.
As lágrimas que caem

Já se arruínam.
Os olhos que...
O tempo — abutre
Rola e logo incha
Sobe e logo rola
Sempre, sempre.

69. Jerome Gaveston — Aparece em sete manuscritos de Pessoa, segundo Stoker próximos aos nomes de Anon e Search. Um contemporâneo dos dois, talvez. Sua assinatura aparece também em caderno de 1907. Ainda segundo Stoker, o sobrenome poderia ter-se inspirado em certo Gaveston, um amante do rei Eduardo II (1284-1327) da Inglaterra. Trata-se de Piers Gaveston, depois barão no condado da Cornualha. Dito Eduardo casou com a princesa Isabel de França, filha de Filipe IV, e chegou a ter quatro filhos. Mas Gaveston continuou a ser uma presença constante na cama desse rei, até quando foi assassinado (em 1312).

70. Jim Crow — *A reply to Jim Crow*[377] seria subtítulo de *A coroação de Jorge V*. Mas na lista V de suas obras (1911) Pessoa já atribui essa *Coroação* a L. Guerreiro (e, depois, a Gervásio Guedes). Talvez por considerar que "Mr. J[im] C[row] é uma das capacidades com noções de humanismo circunscritas ao uso de sentenças curtas e dizer coisas desagradáveis." *Crow* evoca a cor negra dos corvos. Com o nome genérico de *Jim Crow*, e também de *Portugal*, são redigidas várias notas em inglês sobre o preconceito racial. Diz-se Leis de Jim Crow das legislações locais, nos Estados Unidos, regulando a apartação social em escolas e locais públicos (como trens e ônibus). Uma espécie de complemento aos *Black Codes* (Códigos Negros) de 1800-1866, que restringiam liberdades civis dos negros. Uma discriminação que também existiu bem perto de Pessoa, na África do Sul, criminalizando relações sexuais e proibindo casamentos entre brancos e não brancos.

---

[377] Uma réplica a Jim (diminutivo de James) Crow (corvo).

71. João Craveiro — Escreve, para o jornal *Ação* (1917 e 1918), textos em defesa do presidente-rei Sidónio Pais, assassinado nesse mesmo 1918. A ele destina ainda "Comentários", a serem publicados na revista *Athena*.

72. Joaquim Moura Costa — Militante republicano que considerava a monarquia "um penico sem tampa" em um "mar de mijo". Nada a estranhar por ser o próprio Pessoa, ao voltar para Portugal (em 1905), um fervoroso republicano; sendo mesmo natural que, num espasmo de patriotismo, tenha criado esse heterônimo. Colaborador de *O Phosphoro*, é também poeta satírico. À própria mulher do rei D. Carlos, por exemplo, dedica esses versos (de 24/4/1910):

> A Rainha D. Amélia
> Se se dissesse que arrélia
> Rimava, mal seria
> O mais certo é que corredia.

O poeta Augusto (César Ferreira) Gil (1873-1929)[378] foi outra vítima de sua pena:

> Vejo que rima sem custo
> E que o verso que te sai justo
> Sem confusão se interpreta
> Pra seres poeta, Augusto,
> Só te falta ser poeta.

Moura Costa é ainda "furioso" contestador da Igreja, para ele uma "cilada de Deus", razão por que começa sua *Ladainha negra* dizendo "Maldita seja em toda parte a Igreja Católica". Tem também o especial (mau) gosto de distribuir Diplomas de Asneira, um deles dado ao conde de Samodães (Afonso Costa). Com Moura Costa, e com Nabos, aprende Pessoa a usar palavrões. A outro heterônimo, Padre Mattos, dedica poema que acaba assim:

> Pois bem, essa figura de destaque
> Um dia (triste dia) deu um traque.

---

[378] Pessoa criticava Gil por ter escrito livro de versos religiosos com 123 páginas, *Alba plena*, em que não aparece uma vez sequer a palavra Cristo. *Alba* (Aurora) é compromisso poético que tem, como tema, uma cena ocorrida ao amanhecer.

... E o triste efeito dos divinos flatos
Caindo em terra onde mijavam[379] gatos
Brotou dali espontaneamente o padre Mattos.

• **(Professor) Jones** — Assim também se assina o Professor Trochee.

73. José Gomes (Gomes Pipa) — Colaborador de *O Phosphoro*, também escreve sobre política. Em texto pouco citado, "Na farmácia do Evaristo" — publicado na revista *História*, de *O Jornal*, em 1979 —, Pessoa lembra conversa entre o proprietário Mendes, os republicanos Justino dos Doces e Coimbra de Barbas, o coronel Bastos e finalmente José Gomes, que discorre sobre fatos que poderiam legitimar uma insurreição republicana. Admite-se que tenha nascido esse texto durante a revolta de 14 de maio de 1914 (ou, talvez, na de 18 de abril de 1928). No conto, dá Pessoa "duas razões" para a "alcunha" desse José Gomes, também conhecido como "Gomes Pipa": "Uma andava à vista no bojo formidável da sua corpulência. A outra, se alguém a quisesse saber, sabê-la-ia logo nas palavras que vinha dizendo. O Gomes vinha limpando a boca — Já tenho bebido melhor." *Pipa* de vinho, pois.

74. José Rasteiro — Escreve provérbios e adivinhações para *O Palrador*, como esta:

Manuel Esteves Loureiro
Conquanto milhões gastasse
Pediu que lhe ensinasse
A arte de gastar dinheiro.
Digo-lhe eu José Rasteiro

Já viste no dicionário?
Não vejo no meu horário
Coisas sabidas mostrar,
Pois só seria...

75. José Rodrigues do Valle (Scicio) — Sócio e diretor literário de *O Palrador*, escreve charadas como esta:

Mudando a última vogal,
Talvez a possas vestir.

---

[379] Variante era *mijaram*.

E, com útil instrumento,
Talvez a possas zurzir[380]

A moda bem antiquada
Tu parenta escreverás;
Sem conceito com certeza
Tu nunca adivinharás

É assim que o pensamento
Léguas passa num momento.

Bom lembrar que em Portugal houve um poeta e ensaísta que se chamava José Rodrigues do Vale (com um L só), nascido em Monção, 12 anos antes de Pessoa, que se assinava por 14 pseudônimos — entre eles Fuão, João Seco, Marcos da Portela, Rip e Roque.

• **Joseph Balsamo** — Com essa adaptação em inglês do nome civil do conde de Cagliostro (Giuseppe Balsamo) também se manifesta o heterônimo Voodooist.

• **Julio Manuel Caeiro** — A ele e a seu irmão, Antonio Caeiro da Silva, supostamente caberia zelar pelas obras póstumas do outro irmão, Alberto Caeiro.

• **Kapp de Montale** — Apenas uma nota perdida no espólio de Pessoa, à espera de seu destino como heterônimo. Montale é sobrenome de conhecido poeta genovês, Eugenio, nascido em 1896 — contemporâneo de Pessoa, portanto, e mais tarde Prêmio Nobel de Literatura (em 1975).

76. Karl P. Effield — Teria nascido em Boston (Estados Unidos) e seria autor de *From Hong Kong to Kudat*, uma obra que nem sequer foi escrita — segundo Richard Zenith. Esse aventureiro americano viajou por todo o Extremo Oriente, indo até a Austrália. Num caderno de Pessoa, na seção "Trifles" (Bagatelas), está a versão primitiva do início de um poema "The miner's song". Segundo Zenith, referindo esse episódio, *um rapaz europeu* [Pessoa] *inventa um homem (W. W. Austin) que viaja até a Austrália, onde descobre um poema atribuído a um pré-heterônimo americano*

---

[380] Golpear com chibata.

(*Effield*) *que também esteve na Ásia — é vertiginoso, literalmente falando.* Após o que publica Zenith esse poema, "A canção do mineiro", com tradução de Luisa Freire, seguindo aqui sua primeira estrofe:

> Deixamos as vias relvadas por onde andamos,
> Deixamos o lago sombrio que à vela corremos,
> Na pátria distante nossa amada mãe deixamos
> E vivemos com esperança, mas talvez falhemos.

• **L. Guerreiro** — A ele (ou ela) é atribuído *A coroação de Jorge V*, na lista IV de obras a publicar; e também, na lista V (*post 1911*), parte dos *Estudos contemporâneos* de Pessoa — em substituição a Jim Crow, primeiro destinatário do texto. Noutra lista (anexo 484-8r), o mesmo título já vem atribuído a Gervásio Guedes. Sem mais referências a este (ou esta) Guerreiro.

• **Letcher** — Assim também se assina H.H. Fletcher.

77. Lili — O nome do heterônimo é inspirado numa boneca de louça da irmã Teca. Lili escreve incompreensíveis charadas para *A Palavra*, entre elas uma que diz assim:

> Como é rádio este animal — 2.

78. Lucas Merrick — Irmão (provável) de David Merrick. Para esse heterônimo, projeta Pessoa cinco contos. O último deles, "A escapada do malandro", sobre a polícia de Lisboa. Outros 20, que originalmente lhe seriam destinados, acabam assumidos por Charles Robert Anon. Incluindo *The schoolmaster's tale,* em que diz: "A razão da minha incapacidade não provinha de uma falta de preparação escolástica, mas antes do fato de não possuir essa virtude útil, a paciência."

• **Lucian Arr** — Deveria ilustrar, junto com A. Rey da Costa, *Os milhões de um doido*, de Marvell Kisch.

79. Luís António Congo — Cronista e secretário de redação de *O Palrador* (1902). Em um de seus textos, apresenta "primorosa poesia da lavra" do poeta luso-brasileiro (e heterônimo) Eduardo Lança. Noutro, evocando origens africanas que transparecem no próprio sobrenome, escreve sobre uma "doença imaginária, o Quebranto", para ele "mal do olhado" — uma falsa moléstia, comum nos séculos XVII e XVIII, que se supunha fruto de inveja. Pessoa dá, a essa expressão, a grafia que tem na Espanha; usando-se mais frequentemente, em português, *mau-olhado*.

• **M.N. Freitas** — Aparece como redator do jornal *A Palavra*. Mas se trata, no caso, apenas do primo Mário Nogueira de Freitas.

80. M.V. du Saussay — Secretário de uma Companhia para o Embelezamento do Mundo — depois, com nome mudado para Companhia da Pornografia, da Tolice e da Merdaria, que tem como conselheiro Anatole France. Talvez pensasse usar o personagem para responder críticas que Jean-Seul fazia à França; mas Saussay escreve só algumas sátiras, após o que é abandonado por seu criador.

• **Major Bastos** — Mais um nome, indicado por Stoker, segundo quem *parece ser pessoa reservada para assinar textos*. Importante acrescentar que outro militar com sobrenome Bastos, só que um posto a mais (coronel), é personagem de um conto de Pessoa, "Na Farmácia do Evaristo". Sem contar um senhor Bastos, que está em texto de propaganda que fez para as Tintas Berryloid.

• **Manuel Maria** — Nos textos que escreve, para seus jornaizinhos, Pessoa fala nas "visões de Manuel Maria"; sem mais explicações sobre quem era ou que significado teriam essas visões.

81. Marcos Alves — Segundo anotação em seu diário, de 16 de fevereiro de 1913, nessa data foi fixada "a personagem integral de Marcos Alves". Diz-se natural de Lisboa, não obstante seja do Algarve — como a família paterna de Pessoa (e Campos), que é de Tavira; razão por que lembra "a pátria paisagem algarvia, a saudade duradoura de uma vida perdida". Um tio morre tuberculoso (como o tio José, irmão do também tuberculoso pai de Pessoa). A avó paterna sofre de alienação mental (lembrando a avó Dionísia). No lado materno, nada parece haver de anormal. Sua vida sexual é nula (como que descrevendo a dele próprio, Pessoa). "Tinha uma missão que lhe era imposta na vida. Como a de Buda, como a de Cristo, de paz, de decência e amor." Alves revela, nos menores gestos, impulsos generosos de ternura. "Os seus sonhos antigos eram previsões, e não sonhos ou desejos." No quarto, sozinho, chora ao pensar nas crianças com fome e nas injustiças do mundo. Então sente ambições de ser um novo Cristo, ou de pregar o amor sublime e eterno à triste e sofrida humanidade. Imagina-se querendo bem àqueles que o odeiam, dando pão aos inimigos, criando a filha pequena de um dos homens que lhe bateram, oferecendo esmolas àqueles que sabe o virão a trair. Então dorme "para chorar mais, feliz e triste do doloroso amor ardendo no seu coração", e sente pena de si mesmo. Em *A carta mágica*, do heterônimo Abílio Quaresma, aparece em diálogo que acaba assim:

> Quaresma — Tive o maior prazer em conhecê-lo, professor Marcos Alves.
> Marcos Alves — Igualmente, Sr. Dr. Quaresma.

Nas cartas assinadas por Alves, é como se Pessoa falasse de sua vida: "Vendo o que quis ser, uma angústia enorme sobe-me à cabeça. Tudo o que amei cedo ou tarde me veio a ferir. Só me sinto um ao atentar que sou, pelo menos, dois."[381] Em uma dessas cartas, diz Marcos Alves: "Não tenho alma. Vendi-a a mim próprio, a troco de moedas falsas, beijos comprados, amizades inúteis, admiradores desprezíveis, inimigos que me esqueceram." Com o tempo, passa a compreender a inutilidade de tudo. "O doente sentiu a depressão da derrota, a agoniada tristeza da consciência de não ter feito nada, de suas intenções terem sido inúteis." Duas vezes tenta se suicidar. Pessoa descreve a terceira: "Meteu o revólver na boca e estremeceu ao sentir o ferro contra o céu da boca. Mas lembrou-se, não sem prazer, que assim tinha se suicidado Antero [Tarquínio] de Quental" — em 1891, três anos depois de ter nascido Pessoa, por conta de grave neurastenia. "A apatia era absoluta. Tornara-se outro. Era a morte já. Faltava o último gesto. Fechou os olhos e puxou o gatilho." Tinha, então, 24 anos. Um a mais que Pessoa nessa época.

• **Maria Aurélia Antunes** — Mais um nome, citado por Stoker.

---

[381] Como variantes escreve *pelo menos dois* e *muitos*.

82. Maria José — Maria José é uma rapariga infeliz de 19 anos, corcunda e, como se não fosse pouco, tuberculosa. Evocando o próprio nome, repete sempre "eu não sou mulher nem homem". Maria, como a mãe de Pessoa; e José, um bisavô do seu pai — José António Pereira de Araújo e Souza, capitão de artilharia que recebeu carta de nobreza em 1799. O uso desses nomes familiares se repete em sua obra. Em *A hora do diabo*, por exemplo, duas mulheres conversam; uma é Maria, a outra Antónia — feminino de António, o próprio Pessoa. Maria e Antônia, mãe e filho. Maria José passa os dias na janela, chorando seu infeliz destino; e, dali, contempla quem passa na rua, especialmente um serralheiro que sabe apenas se chamar *senhor António*. Perdido na Arca, o texto tem como título "Carta da corcunda para o serralheiro". Manuela Parreira da Silva considera se tratar de *conto ou rascunho para conto, mantendo contudo a forma epistolar.* E talvez seja mesmo. Nessa correspondência, o escrito não é sério. Mais parece que se diverte Pessoa, imaginando todas as desgraças do mundo nas costas de uma pobre infeliz. Ao final do texto está uma assinatura à mão, com caligrafia que seria a da própria autora. Assim diz a carta (resumo):

Senhor António:

O senhor não sabe quem eu sou, isto é, sabe mas não sabe a valer. Deve sempre ter pensado sem importância na corcunda do primeiro andar da casa amarela, mas eu não penso senão em si. Sei que o senhor tem uma amante, que é aquela rapariga loura, alta e bonita; eu tenho inveja dela mas não tenho ciúmes de si porque não tenho direito a ter nada, nem mesmo ciúmes. Tenho pena de não ser outra mulher, com outro corpo e outro feitio. O senhor é tudo quanto me tem valido na minha doença. Tenho o direito de gostar sem que gostem de mim, e também tenho o direito de chorar. Dizem que todas as corcundas são más, mas eu nunca quis mal a ninguém. Tenho dezenove anos e nunca sei para que é que cheguei a ter tanta idade, e doente, e sem ninguém que tivesse pena de mim a não ser por eu ser corcunda. Eu até gostava de saber como é a sua vida com a sua amiga, porque é uma vida que eu nunca posso ter. Ainda lembro aquele dia que o senhor passou aqui ao domingo com o fato azul-claro. O senhor ia que parecia o próprio dia que estava lindo e eu nunca tive tanta inveja da sua amiga. A Margarida costureira diz que lhe falou uma vez, e essa vez é que eu senti inveja a valer. Não sou mulher nem homem, porque ninguém acha que eu sou nada a não ser uma espécie de gente que está para aqui a encher o vão da janela, valha-me Deus. Adeus, senhor António, eu não tenho senão dias de vida e escrevo esta carta só para guardar no peito como se fosse uma carta que o senhor me escrevesse em vez de eu a escrever a si. Aí tem e estou a chorar.

Maria José

Para Victor J. Mendes, *a corcunda assemelha-se a Ophelia Queiroz* — evocando cena tantas vezes protagonizada, entre ambos, quando passeava na rua e ela o via da janela da casa. Não só isso. Maria José tem 19 anos — mesma idade que tinha Ophelia quando a conheceu Pessoa. *A sintaxe e o vocabulário de prosa das cartas de Ophelia e a sintaxe das cartas da corcunda Maria José são comparáveis.* Sem contar que o serralheiro, segundo esse autor, *assemelha-se a Fernando António Pessoa* — até no nome, *António.* Álvaro de Campos diz, em "Realidade": "Daquela janela do segundo andar, ainda idêntica a si mesma/ Debruçava-se então uma rapariga mais velha que eu." Quem sabe fosse ela, trocando apenas as idades. Segundo consta entre especialistas de Pessoa, a inspiração lhe vem de uma *aleijadinha* que sempre ficava em janela da Rua Coelho da Rocha. Teresa Rita Lopes sugere ser uma corcundinha que teria vivido num apartamento em frente, sem que se saiba seu verdadeiro nome. Mas não há nada sobre isso nos papéis da Arca. Na busca de confirmação, conversei com vizinhos daquele tempo, ainda moradores dos mesmos apartamentos que então ocupavam na Rua Coelho da Rocha, e nenhum deles recordou essa pobre mulher. O que, a rigor, nada prova, uma vez em que, todos com mais de 80 anos, apenas acompanharam os últimos anos de Pessoa — podendo essa coitada ter vivido, ali, apenas ao início dos anos 1920. Mas disseram que dela falava dona Eunice, viúva do dono do Paris Cinema — que ficava pouco abaixo, na Rua Domingues Sequeira. Sem mais registro de sua existência.

Inês Pedrosa, depois, continuou essa triste história. Segundo ela, a carta não chegou a ser enviada ao senhor António. Muito mal de saúde, e delirando em crises, Maria José não largava esse papel que tinha na mão. Deram-lhe injeção e ela adormeceu. Uma amiga costureira, Margarida, decidiu entregá-lo ao destinatário. O serralheiro, comovido, teria respondido num estilo que Pedrosa faz semelhante ao da carta do último rompimento de Pessoa com Ophelia (resumo):

Menina Maria José

Gostava de ser capaz de lhe mentir, mas seria uma falta de respeito para com a sinceridade que a menina teve na carta que escreveu com o pensamento em mim. Se eu fosse esse homem completo que a menina imagina só por me ver passar defronte da sua janela, arranjaria coragem para essa mentira que o bonito coração da menina merece, e oferecia-lha como se fosse um ramo de rosas. Essa janela em que até há dias a via era a sua solidão e a sua companhia. Tenho pena de não a ver agora debruçada nela. Todos nós somos dignos de pena, por defeitos do corpo ou da alma. Tenho tanta pena de si que não posso dizer-lhe que a amo, como a menina gostaria que eu lhe dissesse, mas posso dizer-lhe que gosto de si o bastante para não lhe mentir, e isso é a bem dizer uma espécie de amor. Sempre que disse a uma mulher que a amava foi para conseguir dela alguma coisa em troca, nunca foi um dizer autêntico, puxado só pelo coração. Pode gabar-se de ser a única mulher a quem eu escrevi uma carta, embora eu a veja mais como uma menina ou um anjo do que como uma mulher. Aquilo que a gente sonha é melhor do que o que nos acontece, e agora aprendi a sonhar com outra vida por causa desse seu amor. Faça lá um esforço por não morrer, a menina ainda é muito jovem e com esses seus bons sentimentos há de fazer falta a muita gente. Gostava de voltar a vê-la na sua janela, contente de me ver a mim. Sem mais nada, receba os votos de rápidas melhoras do

António

Sem mais notícias desse falso conto de fadas.

• **Marino** — Segundo estudiosos, tratar-se-ia de um heterônimo oficial. Mas não parece que tenha tanta autonomia. O personagem aparece no fragmento VII de um esboço de David Merrick, que acaba em mãos de Search (1903), com título *Who am I?* Nele, em diálogo com seu mestre Vincenzo, diz:

Marino — Quem sou eu? Perguntas bem, mas não sei responder. Há um mês — uma semana, podia ter respondido, alegre e prontamente, "sou Marino...". Mas agora não consigo falar. Tantas vezes me fiz essa questão, sem que a razão pudesse dar resposta ao que dizia.

Marino dá adeus à vida se jogando ao mar, de um rochedo. Como ele próprio descreve, "o mistério de tudo — ele está à nossa volta, está por baixo, por cima, por toda a terra, no céu inteiro e mais". Trata-se do esboço de um perfil de Fausto, personagem que persegue Pessoa por toda a vida.

83. Marnoco e Souza — Mais um espírito comunicante que usa caligrafia infantil — bem diferente da que tem Pessoa à época. O nome se inspira no professor José Ferreira Marnoco e Souza (1869-1916), Presidente da Câmara de Coimbra, de 1904 a 1910, no Gabinete Teixeira de Souza. Nos textos, temos também as respostas de Pessoa a perguntas feitas por dito Marnoco.

• **Martin Hewitt** — Só um nome, citado por Stoker. Mas, aqui, trata-se apenas de referência à obra de Arthur Morrison, *As aventuras de Martin Hewitt, investigador* (1896).

84. Martin Kéravas — Mais um com quem Pessoa apenas convive — como, em sua infância, Chevalier de Pas, Quebranto D'Oessus e Capitaine Thibeau. No início, seria só personagem de um conto do heterônimo David Merrick (que teria como título o próprio nome do personagem). Mas acaba ganhando autonomia e assina, com carimbo, um livro na estante de Pessoa — *Pitman's shorthand*. Esse carimbo diz assim: *F.A.N. Pessoa, Durban, Martin Kéravas*.

85. Marvell Kisch — O nome (talvez) se inspire em figuras clássicas. Um amigo de Milton, o inglês Andrew Marvell (1621-1678) — que, segundo o heterônimo Adolph Moscow, "elevou a fisiologia a uma ciência"; e (ainda menos provável) o tcheco, nascido em Praga, Egon Erwin Kisch (1885-1948) — jornalista e depois opositor de Hitler na Alemanha, sem contar que ainda andou pela Guerra Civil Espanhola. Marvell Kisch é autor de romance (imaginário) anunciado em *O Palrador, A riqueza de um doido*, do qual teria sido escrito apenas um capítulo — com título que, segundo seu próprio autor, deveria ser em seguida alterado para *Os milhões de um doido*. O romance começa lembrando "as primeiras senhoras da noite" que andavam "imperceptíveis sobre a cidade de Londres", e deveria ter ilustrações de A. Rey da Costa e Lucian Arr.

• **Marino Zeca** — Diretor das seções restantes de *O Palrador*.

86. Master of Voodooism — Esse Mestre do Vodu é um espírito menor que lhe vem nas comunicações mediúnicas e nasce bem próximo de outro, Voodooist.

87. MCR — Autor de um livro sobre as ciências ocultas, escrito para a Coleção Teosófica e Esotérica. Com tradução do próprio Pessoa. Na coleção esse livro e mais dois, atribuídos ao heterônimo Fernando António Nogueira de Seabra, estão indicados como sendo os volumes V, VIII e X.

88. Miguel Otto — A ele caberia traduzir (em planos para a obra é, por vezes, dado como seu autor) *Tratado de luta livre — método Yvelot*, do irmão Carlos Otto.

89. Morris & Theodor — Escreve (ou escrevem) charadas para *O Palrador*, como esta:

> Que deslumbrante conjunto!
> Vida, luz, canções, amor
> Tratar na tela o assunto
> Quem pode à devida altura?
> D'arte divina a pintura
> Um eminente cultor.

• **Nat Grande** — Diretor da seção de histórias curtas de *O Palrador*.

90. Navas — Tradutor dos contos de Horace James Faber. Na relação de suas traduções, a página tem numeração à mão, de 1 a 12. Mas só três merecem títulos inspirados em obras de Poe: "O caso do sr. Ariote", "O caso do professor de ciência" e "O caso da equação quântica".

91. Néant — A esse Néant (*O nada*, em francês) está destinado escrever o prefácio de *Peints par eux-mêmes* (Pintados por eles mesmos) — livro nem sequer escrito e que não foi atribuído a nenhum heterônimo.

92. Nynfa Negra — Escreve charadas para *O Palrador* como esta, dedicada a Gallião Pequeno:

> A Luísa andava com passo firme no terraço à espera da mãe. Onde está certa coisa que se encontra na música?

• **Olegário Andrade** — Apenas um nome citado por Stoker. Mas aqui e por estranho que possa parecer, trata-se talvez apenas de referência ao escritor argentino, embora tenha nascido no Brasil, Olegário Victor Andrade (1839-1882), autor de *A harpa perdida* (*La arpa perdida*).

• **Oswald Kent** — Diretor de seção de esportes de *O Palrador*.

93. Padre Mattos — O nome é (provavelmente) inspirado no psiquiatra forense (autor de *Os alienados nos tribunais*) Júlio Xavier de Matos (1857-1923), autor da reforma da assistência psiquiátrica em Portugal e fundador do Manicômio do Campo Grande (Lisboa) — que depois, em 2 de abril de 1942, viria a ter seu nome. Contra ele se volta o heterônimo Joaquim Moura Costa, que lhe dedica poema "A origem metafísica do padre Mattos" (ver nº 72). Como esse heterônimo, responde Pessoa a inquérito da revista *A Águia* — chamando de "individualistas" os poetas de seu tempo, em Portugal, que ainda revelavam apreço à Espanha e à Alemanha. Para Pessoa esse republicano é "um desastre", razão por que logo o abandona.

Não obstante essas indicações, circula, na internet, informação de que teria mesmo existido um certo Padre José Lourenço de Matos (com apenas um "t", diferentemente da grafia do heterônimo) — nascido em 7 de janeiro de 1893 na aldeia de Folques (Arganil, Portugal), onde morreu em 11 de dezembro de 1916. Hipótese improvável, essa, de termos aqui um heterônimo em carne e osso. Não apenas porque dito pastor, morto com tão tenra idade (23 anos), dificilmente teria tido nessa insensata vida tempo (como está na sua biografia da internet) de escrever sete livros, combater a república, ser preso e findar seus dias deportado. Mas sobretudo porque, em Pessoa, referências a esse padre constam de um jornalzinho por ele escrito, "A Palavra", que é de 1902. Quando nosso padre teria só 9 anos e deveria estar aprendendo letras com a mãe, ainda. Sem contar que o poema de Moura Costa é datado de 1909, quando tinha o futuro padre só 13 anos e nem a república havia substituído a monarquia. Em resumo, mesmo quando tenha efetivamente existido alguém com esse nome, mais provável mesmo é ser apenas uma coincidência.

• **Pad Zé** — Assim também se assina Pedro da Silva Salles.

94. (Dr.) Pancrácio (Pancratium) — Surge em 1902, nos Açores. Esse escritor inglês, que reside em Durban, é diretor de *A Palavra*, colaborador e depois diretor literário de *O Palrador*, além de publicar textos em *O Pimpão*. Num de seus contos, para o livro *Brancos e pretos*, diz como "esperava carta de Rachel", indicando não haver "nada superior ao amor. Finda a linda tarde de abril, vem uma noite de abril, depois outro dia de abril, e nada de Rachel". Ao fim do que o destino "mandou o cauteleiro [vendedor de bilhetes de loterias] em seu lugar". Logo depois, como que muda de ideia e encerra o conto: "Enganei-me há pouco, meus amigos. Há uma coisa superior ao amor: — É a massa [dinheiro]." Pancrácio reage com fervor contra a reforma ortográfica que se pretendia fazer em Portugal: "Falar é com um só L/ Agora não foge a burra"; ou "O acento, digo aqui, muda sempre (como o vento)". Nesse sentido escreve, em 17 de setembro de 1905, "Epigrama":

> O poeta Braz Ferreira
> Discute com o primo Bento
> Se cágado tem o acento
> Na segunda ou na primeira.
>
> Grita-lhe a mulher "Ó Braz
> Acaba com a discussão,
> É bem fácil a questão:
> O assento é sempre atrás."

Deixa numerosos poemas, ao menos sete deles publicados. Mais famoso deles é "Quando ela passa" — sobre o qual anota, à margem, "para música". Escrito em 5 de maio de 1902, ainda em Angra do Heroísmo, usualmente é publicado como se fosse do próprio Pessoa. Começa assim:

> Quando eu me sento à janela
> Pelos vidros que a neve embaça
> Vejo a doce imagem dela
> Quando passa... passa... passa...

• **Pancratium** — Com esse nome assina Dr. Pancrácio, a partir de 1903, seus textos eruditos. Entre eles um longo *Essay on poetry* (Ensaio sobre poética) que começa a preparar, "escrito para edificação e para a instrução dos pretensos poetas", em que diz:

Depois de algum estudo, descobri que pode ser geralmente considerada poesia quando cada linha começa com letra maiúscula. Se o leitor conseguir descobrir outra diferença, ficaria muito grato se ma desse a conhecer.

Apesar do aparente apreço que lhe dedica, o texto acaba firmado pelo Prof. Trochee.

95. Pantaleão — Um "idealista integral e sibarita[382] de espírito", "um humorista, um sonhador, um pedagogo, um ensaísta com vocação para agitador e um visionário"; e também jornalista, militante republicano, panfletário (contra a monarquia ou a Igreja Católica) e poeta que surge por volta de 1907. A ele, destina Pessoa escritos sobre "nossa administração colonial", e pensa criticar o governo em livro que seria "áspero e brutal". Pantaleão, ao escrever em português, é quase o próprio Pessoa escrevendo — num tempo em que seus heterônimos são (quase) todos ingleses ou franceses. Em *Consciência do mistério do mundo* diz que "a vida é o eterno boato, e a morte, toda a morte, o eterno desmentido". Planeja *Fábulas para adultos* em que, com ironia, buscaria atingir os poderosos do reino. À margem da assinatura que treina, Pantaleão escreve seu lema: "A vida é um mal digno de ser gozado." O nome talvez viesse a mudar. Num plano para suas obras, em caderno de encargos nomeado como *The Transformation Book*, por baixo do nome grifado, Pantaleão escreve, entre parênteses — "*if necessary give true name*" (se necessário dar nome verdadeiro). Talvez o do heterônimo António Gomes.

96. Parry — Escreve charadas e enigmas para *O Palrador*, como esta:

Qual o ruído que chama animal ao leitor?

97. Pedro da Silva Salles (Pad Zé) — Colaborador, redator e diretor da seção de anedotas de *O Palrador*, escreve textos assim:

Numa cervejaria, um poeta para um pintor que exibiu um quadro — Deixame felicitar-te pelo sucesso do teu quadro. És um artista primoroso, um talento. A propósito, emprestas-me dez tostões?[383]

---

[382] Assim se diz daqueles que se entregam aos prazeres físicos.

[383] Aqui (provavelmente) evoca Pessoa famoso personagem dos cafés de Lisboa, *Burnay do Pataco* — no nome, inspirado em um dos mais ricos portugueses da época, Henri Burnay (1838-1909), banquei-

Houve um outro, real, que era conhecido como Pad Zé, batizado como Alberto António da Silva Costa. Nascido em 15 de abril de 1877, em Aldeia de Joanes. Mas Pessoa, com certeza, à época não sabia de sua existência.

98. Pêro Botelho — Sua *assinatura* surge num caderno de 1915. O nome lembra conhecido personagem espanhol dos séculos XIV e XV, citado por um dos maiores poetas da Espanha, Francisco Gómez de Quevedo y Santibáñez Villegas (1580-1645) no seu *El entremedido, la dueña y el soplón*. Nele, é descrita a figura de Pero Gotero e sua caldeira — o próprio diabo e a caldeira do inferno. O personagem, mesmo em Portugal, é por vezes designado por seu nome espanhol (ou português arcaico) — *olha, miúdo, que vais para a caldeira de Pero Gotero*. Arnaldo Gama, um amigo de Camilo Castelo Branco, aportuguesou a citação em seu *A caldeira de Pedro Botelho*. Essa expressão, *caldeira de Pero Botelho*, de resto é ainda hoje corrente no interior de Portugal, usada para assustar crianças — como se emprega, em Portugal e no Brasil, a palavra *papão* (ou *bicho-papão*). Melhor versão desse nome seria, então, Pedro Botelho. Mas prefere Pessoa aportuguesar só o sobrenome, Botelho, mantendo o prenome em sua grafia original — Pêro, como Pêro Meogo (Meogo é *padre, monge*), um dos primeiros maçons de Portugal —, e sem lhe dar o caráter demoníaco do personagem original. Botelho escreve trovas como esta:

> Com suas miradas ternas
> Os estragos que ela faz...
> E sou eu quem tenta as almas,
> Eu é que sou Satanás!
> Com teus olhos libertinos
> As mudanças que tu fazes!
> Tornas os velhos, meninos,
> E envelheces os rapazes...

O heterônimo deveria assinar *Cartas de Pêro Botelho*. Em uma delas ("para ninguém"), diz: "Estou hoje velho, salvo na intensidade com que sin-

---

ro e colecionador de arte. Esse mendigo vivia pedindo moedas nos cafés. Com a inflação, foi mudando nome para *Burnay do Tostão* e *Burnay da Coroa*. Aproximava-se da vítima e apresentava um cartão — *V. Exa. faz o obséquio de me emprestar cinco mil-réis?* Ante a evidente recusa do cliente, vira o cartão, onde está escrito: — *E cinco tostões?*

to. De modo que para mim hoje o desejo sexual é indiferente para o meu espírito. Existe na minha alma, sem que ela se interesse por ele. Este estado de alma é mais doloroso que o nojo mais..." Interrompe o texto no meio indicando, ao lado, a frase com que o encerraria: "É a morte de nós para nós mesmos." Também escreve contos, especialmente filosóficos, que espera reunir sob o título geral de *Contos de Pêro Botelho*. Deles, restaram apenas fragmentos; entre os quais, sem dúvida, mais importante é "O vencedor do tempo" — inicialmente a ser firmado por Vicente Guedes. Esse de Guedes, por sua vez, (provavelmente) inspirado em *Viagem ao centro da terra*, de Júlio Verne (1864). Narrado pelo professor Serzedas, o conto começa assim:

> Donde vem a Verdade-mais-erro de toda a teoria filosófica? Cada um de nós é Deus sendo ele, é Deus pensando-se ele. Como, por isso, cada um de nós é Deus, cada um de nós vê a verdade, tem a verdade em si. Mas como cada um de nós é, por pensamento de Deus, não-Deus, não-ser é erro. Pensamo-nos como Deus. Somos livres porque somos Deus.

99. Pimenta — Escreve charadas para *O Palrador*, como esta:

> No princípio arde o sentimento muito quente 1.2.1.

100. Pip — Autor de anedotas e charadas em *O Palrador*. O heterônimo prepara caminho para o nascimento de outro heterônimo, (Dr.) Pancrácio. Mas chega a assinar, com seu próprio nome, dez poemas. Entre eles, em 31 de março de 1902 (Pessoa tinha, então, 13 anos), um de humor. Trata-se de "Os ratos", que começa assim:

> Viviam sempre contentes,
> No seu buraco metidos,
> Quatro ratinhos valentes,
> Quatro ratos destemidos.

Trata-se talvez do primeiro poema ecológico de que se tem notícia. Nele, Pip fala no destino desses quatro ratos, que "despertam certo dia com vontade de comer" e morrem do que comeram. O primeiro, por conta da "anilina com que alguém colorou a salsicha". O segundo, por conta do "alúmen na farinha". O terceiro, por "cal no leite". Então "o quarto, desconsolado, a negra morte buscou" tomando veneno. Só que "o feliz rato engordava", dado que

É só cá neste terreno
Que caso assim é passado —
Até o próprio veneno
Já fora falsificado!

101. Portugal — Escreve, em inglês, diversas notas sobre o preconceito racial. Mas esse heterônimo era também dado a escrever poemas. E a oportunidade para fazer isso surge, em 14 de dezembro de 1918, quando foi assassinado a tiros o presidente Sidónio Pais. No piso superior da Estação do Rossio, quando ia tomar o Expresso do Norte. Em sua homenagem, foi então publicada coletânea de textos *Em memória do Grande Morto e grande Português que foi o Dr. Sidónio Pais,* com indicação de ser uma *singela homenagem... de amigos e admiradores do inolvidável Presidente.* Pessoa, veremos depois, o respeitava. Talvez até mais que isso. E coordenou esse pequeno livro, *O Bem-Amado,*[384] em que colaboraram amigos como António Botto, Silva Tavares, Branca de Gonta Colaço e outros. Só que não há nele, estranhamente, um único poema firmado por Pessoa; enquanto, na página 39, aparece um soneto firmado por *Portugal* — mesmo título que Pessoa pensava destinar a *Mensagem,* por essa época. *E a leitura deste soneto sugere-nos imediatamente "O menino da sua mãe" e "À Memória do presidente-rei Sidónio Pais", tão grandes são as semelhanças existentes* — observa o dr. Celestino Portela, para quem se trata sem dúvida de um novo heterônimo. Valendo notar ainda a coincidência do título de publicação, *O Bem-Amado,* com palavras de Pessoa num poema em homenagem ao desaparecido presidente:

Não sai da nossa alma a fé
De que, alhures que o mundo e o fado,
Ele ainda pensa em nós e é
O bem-amado.

"À memória do presidente-rei Sidónio Pais", Fernando Pessoa

---

[384] A comparação com a telenovela de Dias Gomes (*O Bem-Amado*) é inevitável. Porque, certamente apenas coincidência, Sidónio era político populista e morreu assassinado, *tal-qualmente* o personagem principal de Gomes — *Vossa Senhoriência,* o prefeito Odorico Paraguaçu.

Segue o poema da coletânea, como publicado:

Entre as quatro paredes d'uma sala,
O corpo do Herói desaparece,
Na aluvião das rosas que oferece
A Lusitânia, aO que sonhou salvá-la!

Dorme, Deixai dormir que Deus O embala,
E a Raça vive e sonha numa prece.
O que em seu rosto ainda transparece,
E a sua boca arrefecida cala!

Vulto gentil de quem a morte zomba,
E vence o peito de aço em que batia
Um alto e lindo coração de pomba...

Ah, não! que do seu sonho ainda irradia,
Como dum cedro colossal que tomba,
Um clarão de Epopeia na Elegia!

Sem data (1918), sem título, Portugal

102. (Herr) Prosit[385] — Um nome alemão, para a galeria de Pessoa, originalmente personagem de Alexander Search no já referido *Um jantar muito original*. Talvez tenha sido pensado para ser um heterônimo de Search. Mas acabou deferida a esse *Herr* (senhor) uma tarefa nobre — a de assinar a tradução de *O estudante de Salamanca*, de Espronceda.

• **Quaresma Decifrador** — Com esse nome, dada sua notória habilidade para desvendar enigmas, também se assina Abílio Quaresma.[386] Pessoa pensava convertê-lo no principal personagem de *O profeta da Rua da Glória* (que seria o judeu Borjara Salomão), depois destinado a Pêro Botelho.

103. Quebranto D'Oessus — É personagem da sua mais tenra infância, com quem convive como se fosse um amigo íntimo. A irmã Teca relata aos

---

[385] Em alemão, *prosit* é saudação — algo como "à sua saúde". *E prosit Neujahr,* feliz ano-novo.

[386] O herói de Ariano Suassuna (em *A pedra do reino e o Príncipe do Sangue do Vai-e-Volta,* 1971), é Pedro Diniz Quaderna — ou, simplesmente, Quaderna Decifrador. Esse personagem de Ariano, em uma primeira redação, se chamaria *Quaresma* — evocando Policarpo Quaresma, o herói tresloucado de Lima Barreto. Seria, então, *Quaresma Decifrador,* exatamente como o de Pessoa. Depois desistiu, segundo me disse o próprio Ariano, por considerar que poderia *causar confusão.* E acabou Quaderna. Mesmo título, *Quaderna,* de um livro (1960) de João Cabral de Melo Neto.

filhos brincadeira de quando os pais foram jantar fora. Pessoa vestiu os irmãos com lençol e pintou suas caras de preto, com rodelas brancas em volta dos olhos, imitando fantasmas. Então desligou o quadro de luz e tocou todas as campainhas da casa. Os empregados negros fugiram apavorados e só voltaram ao serviço porque, dia seguinte, o padrasto foi ao bairro em que moravam com os lençóis e as campainhas na mão. Segundo Teca, *este tipo de partidas, em que ele encarnava a personagem de terror Quebranto D'Oessus, eram repetidos em várias ocasiões, a propósito das situações mais diversas.*

• **Rabanete** — Responde a decifrações em *O Palrador*. A Redação agradece, em nota, por três comunicações suas (sem indicar quais teriam sido).

104. Raphael Baldaya — Pagão, astrólogo e antiespiritualista, pensa publicar *Trovas de Bandarra em comentário interpretativo* pela Olisipo — editora do próprio Pessoa. O sobrenome vem (talvez) de um quinto-avô da mãe, o navegador Afonso Gonçalves Baldaya, que foi aos mares com Gil Eanes. Baldaya é confuso e seus textos difíceis de compreender. De propósito, claro. Sá-Carneiro (carta de 24/12/1915) faz comentário sobre esse heterônimo: *Curiosíssimo o seu estabelecimento como astrólogo. Oxalá vá por diante. Que extraordinária e pitoresca nota biográfica.* Após o que completa: *A sua encarnação em Rafael Baldaya, astrônomo (sic) de longas barbas, é puramente de morrer a rir.* Baldaya deixa também numerosos escritos de astrologia — entre eles, um *Tratado da negação e uns princípios de metafísica esotérica* em que diz crer "no grande destino oculto que Portugal tem que cumprir, continuando o que já cumpriu". Nesse tratado, enuncia 11 teses que levariam a conclusões como a de que "Deus existe para si-próprio, mas Deus está enganado", ou de que "o próprio ser é o Não Ser do Não Ser apenas, a afirmação mortal da vida". Assinados por Baldaya, foram publicados em jornais lisboetas anúncios redigidos em inglês propondo horóscopos a serem enviados pelo correio. Com garantia de "satisfação absoluta" e em três modelos: "Horóscopo de experiência, 500 réis (breve resumo e ligeiras considerações sobre o teor geral da vida); Horóscopo completo, contendo uma leitura detalhada da vida e da sorte, 2.500 réis; Horóscopo detalhado, 5.000 réis." Mas não consta que tenha tido clientes nessa atividade.

105. Ricardo Reis — Está descrito antes, em capítulo especial.

• **Roberto Kola** — Diretor charadístico de *O Palrador*.

106. Sableton-Kay — Autor de romance anunciado em *O Palrador*, *A luta aérea*, do qual nem sequer — como *Em dias de perigo* (do heterônimo Gabriel Keene) — terá sido escrito um capítulo inteiro.

107. Sanches — "Cronista literário do Diário da Manhã", que narra a triste vida de alguns heterônimos — entre eles, Marcos Alves.

• **Scicio** — Assim também se assina José Rodrigues do Valle.

• **Saveston** — Apenas uma assinatura que Pessoa fica repetindo, sem destino específico.

• **Serradura** — Apenas um nome, citado por Stoker. Mas, aqui, deve ser apenas referência a poema do amigo Sá-Carneiro, com esse título, que começa pelo verso *A minha vida sentou-se*.

• **(Professor) Serzedas.** Personagem de Pêro Botelho, no conto "O vencedor do tempo", que filosofa sobre o espaço, a vontade, a existência de Deus. O narrador do conto é alguém que conversa com ele. No estilo, Serzedas parte de uma contradição para provar um conceito; e, assim, toda tese traz em si sua própria negação. Deus, por exemplo, para ele, é tudo que é e tudo que não é. Na permanente oposição entre verdade e erro dos seus escritos, por exemplo, se vê que "a realidade se anula"; ou que "Kant viu só a metade dos fatos". Segundo estudiosos, revela-se tão importante que mereceria ganhar autonomia. Para Bréchon, por exemplo, *é mais uma espécie de heterônimo* — embora não seja assim considerado, aqui. Serzedas ainda sustenta que "a ideia do infinito vinha da ideia do número"; mas, por começar os números no número 1, "o infinito mesmo começa, mas não acaba, tem um ponto de partida mas não um de chegada".

108. Sidney Parkinson Stool — Na biblioteca de Pessoa, e com letra do próprio Pessoa, assina *The history of the adventures of Joseph Andrews, and* *of his friend mr. Abraham Adams*, do magistrado e autor dramático Henry Fielding (1707-1754) — no prefácio e na última folha, com os nomes riscados, após o que consta o ano de 1903.

• **Sileno Ladino** — Diretor da seção de caricaturas de *O Palrador*.

109. Sher Henay — Inglês, compilador e prefaciador de uma *Sensationist anthology* (imaginária). Ignora-se o que signifique esse Sher, que também escreve antes do nome de Arthur Morrison. Talvez algo equivalente a *marajá*, como o *Leão* [Sher] de *Punjab*. Dessa palavra teria vindo xerife, *sher (iff)*, em variação do inglês antigo *scin gerefa*. Pessoa refere carta que lhe teria sido dirigida, em 24 de dezembro de 1917, por uma "senhora de Famalicão", Matilde Alice de Faria, pedindo notícias suas; postada essa carta para o endereço de uma empresa em que trabalhava Pessoa — a A. Xavier Pinto & Cia., da Rua S. Julião, 101, 1º, Lisboa. Fica, pois, a dúvida sobre se seria mesmo um heterônimo ou algum homem de carne e osso que não passou à história.

110. Souza — Mais um espírito que lhe vem dos transes mediúnicos. Diferente de quase todos os demais, escreve também textos em português — *Anotações*, como diz. Entre eles, um em que surge pequeno desenho e essa estranha advertência: "Anda mais assim."

111. Tagus — Com esse pseudônimo dos tempos de Durban, do latim *Tagus* (Tejo), chega Pessoa a ser "premiado por um Molière", em 12 de dezembro de 1903, no *Natal Mercury*, por propor charadas e enigmas. Esse prêmio correspondeu a *Les oeuvres de Molière* — que ficaram na biblioteca particular de Pessoa. Zenith ainda lembra curioso incidente, quando o jornal trata o ganhador do prêmio por *mr* (senhor); quando (em razão da idade), mais propriamente, deveria tê-lo tratado por *master* (menino). Tagus sucede J. G. Henderson Carr e antecipa A.A. Crosse.

112. Thomas Crosse — Terceiro irmão Crosse. Trata-se de um lisboeta que escreve, em inglês, sobre temas caros a Pessoa — o judaísmo, o ocultismo, a maçonaria. Também a ele caberia escrever sobre Salomão Molcho, que tentou converter ao judaísmo Carlos V e o próprio papa. Crosse vem dos tempos da África e o acompanha pela vida, inclusive traduzindo, para a língua inglesa, poetas portugueses sensacionistas "muito pouco conhecidos, e injustamente esquecidos"; além de heterônimos seus, sobretudo Caeiro, a serem publicados pela Olisipo em uma *Anthology of portuguese sensationist poetry*. Escreve parte do "Prefácio" à tradução desses poemas e críticas, também em inglês, sobre o autor. Como Pessoa, em um primeiro momento, apoia o golpe militar de 1926. Na Arca, fica longa relação de temas sobre os quais ainda viria Crosse a escrever — *The origin of the discoveries* (A origem dos descobrimentos), *The myth of king Sebastian* (O mito do rei D. Sebastião), *Kings that will return* (Reis que voltarão). No envelope 143 da Biblioteca Nacional de Lisboa lhe são atribuídos 14 originais.

• **Tio Porco** — Para alguns especialistas, seria mesmo um heterônimo; mas trata-se apenas de personagem do heterônimo Abílio Quaresma, que vive citando o filósofo alemão Immanuel Kant (1724-1804), autor de *Crítica da razão pura* (1781). Em *O caso da janela estreita*, confirma sua profissão nesse diálogo:

> — O Sr. escreve?
> — Não: sou artista, disse o Tio Porco.

113. Torquato Mendes Fonseca da Cunha Rey — Autor de escrito (sem título) que confia a Pantaleão, pedindo que o publique. Para especialistas, como Madalena Dine, *parece ser uma personagem do personagem Pantaleão*. Morto Rey, anuncia Pantaleão que decide cumprir a "última vontade do meu querido e chorado amigo" — mesmo declarando não "saber o valor que terá este escrito, os entendidos que o digam". Monárquico, deixa vários textos em que descreve suas ideias. Como este "Prefácio às visões" (trecho):

> Eu não combato a monarquia, combato a monarquia portuguesa. A monarquia tem-se tornado em alguns países compatível com a maior civilização. A monarquia portuguesa não está nesse caso. Basta olhar para ela. Não há melhor argumento.

114. (Professor) Trochee (Professor Jones, Troqueu) — Acaba assinando um texto humorístico, originalmente destinado a Dr. Pancrácio (*Pancra-*

tium). Trata-se de *Essay on poetry*, "escrito para a edificação dos pretensos poetas", em que diz:

> Quando penso no número abundante de rapazes e no superabundante número de mulheres jovens no presente século,... sempre que cogito no grande número de composições poéticas que daí emanam... fico convencido de que, se escrever um ensaio sobre a arte poética, estarei contribuindo grandemente para o bem público.

• **Troqueu** — Assim também se assina o Professor Trochee. Troqueu é verso grego (ou latino) composto de uma sílaba longa mais outra breve.

• **Trapalhão** — Autor referido em *O Palrador*.

115. Um Irregular do Transepto — Com esse nome Pessoa firma, em 28 de janeiro de 1934, correspondência ao diretor do jornal católico *A Voz*, Fernando de Sousa (1855-1942, mais conhecido por Nemo, autor de *A doutrina maçônica*), contra matéria publicada em 24 de janeiro de 1934 — com título "A maçonaria na Alemanha". Nela, corrige o jornal por ter denominado "lojas" o que seriam "grandes lojas" e não compreende como um "jornal manifestamente cristão possa regozijar-se com o louvor por mais uma ofensa do espírito inimigo de Cristo". Posteriormente, em texto sobre as *Ordens do átrio, do claustro e do templo*, o próprio heterônimo explica a origem do nome com que assina a carta:

> Seguem-se, passado o Transepto [transeunte] — ou regularmente, por iniciação plenária em qualquer das duas ordens citadas; ou irregularmente, por contacto direto com os Altos Iniciadores, e sem necessidade portanto de passar por qualquer dessas ordens — as chamadas Ordens do Claustro, ou Altas Ordens.

116. Um Sonhador Nostálgico do Abatimento e da Decadência — No fim da vida, o desamor de Pessoa por Salazar é absoluto. Passa a escrever textos duros contra aquele "tiraninho que não bebia vinho"; e também poemas, dos quais o primeiro foi o censurado "Liberdade", nenhum deles publicado enquanto vivo Pessoa. Mas seus amigos os datilografavam e faziam circular nos cafés de Lisboa, entre eles três assinados por *Um Sonhador Nostálgico do Abatimento e da Decadência*. São poemas como este, de 29 de março de 1935 (trecho):

Este senhor Salazar
É feito de sal e azar
Se um dia chove
A água dissolve

O sal
E sob o céu
Fica só azar...

A inspiração para o nome desse heterônimo vem de discurso feito por Salazar na entrega dos prêmios no concurso em que foi premiado *Mensagem*: *É impossível valer socialmente tanto o que se edifica como o que se destrói, o que educa como o que desmoraliza os criadores de energias cíveis ou morais e os sonhadores nostálgicos do abatimento e da decadência*. As palavras, por enorme coincidência (e talvez por isso tenha escolhido esse nome), são quase as mesmas de texto anterior do próprio Pessoa (4/5/1915) — que fala em "correntes ultradecadentes, interpretativas do abatimento".

117. Vadooisf — Trata-se de mais um poeta revelado em comunicações mediúnicas, com nome que talvez não viesse a ser o definitivo do heterônimo. Após o citar, acrescenta Pessoa uma interrogação entre parênteses — *"(?)"*. Entre seus poemas, um acaba assim:

No maior acaso
No indeciso
Sol no seu ocaso
No siso[387]
Do nodoso[388] atraso.

118. Velhote — Escreve enigmas para *O Palrador*, como este:

No homem dizem que estou
E no verso devo estar
No vento alguém tentou
Dizer que me hão de achar.

---

[387] Juízo.
[388] Com muitos nós.

119. Vicente Guedes — Nasce, por volta de 1907, para ser uma sombra de Pessoa. No verso de papel em que está um plano da obra de Caeiro, Pessoa o define: "*Dandy* no espírito, passeou a arte de sonhar através do acaso de existir." "De V[icente] G[uedes] não se sabe nem quem era, nem o que fazia." "Para Vicente Guedes, ter consciência de si foi uma arte e saber foi uma religião. Ele viveu definitivamente a anestesia interior, aquela atitude de alma que mais se parece com a própria atitude de corpo de um aristocrata completo." Assina poema, em 1910; e traduz, para publicar na empresa Íbis, além de obras de outros heterônimos, também Morrison, Byron, Ésquilo, Shelley, Stevenson. Planeja escrever *Contos de um doido*, relatando a vida do heterônimo Marcos Alves; e, dado o afeto que sente pelos "copinhos de aguardente", escreve "R, nunc est bibendum" (agora se deve beber), em que diz:

> Que mais tem o espírito a fazer
> Se não beber até que a vida esqueça.

Em 22 de agosto de 1914, edita o que denomina uma *Crônica decorativa,* em seguida rebatizada como *Diário de Vicente Guedes*, e finalmente *Livro do desassossego*. Nele, além de registrar fatos do dia a dia, estão considerações sobre a vida, como este necrológio: "A figura do filho de Almeida forma-se de três elementos: era um homem do povo, um pederasta e um grosseirão. Tirante o amor à paisagem e aos homens, nada o atrai para nada." Depois, o autor do *Livro* se converte em Bernardo Soares — aquele que Pessoa passou a "ver", como diz na famosa carta a Casais Monteiro sobre a gênese dos heterônimos. E muda também o endereço desse autor: da Rua dos Retroseiros, 17, 4º andar (de Guedes), para Rua dos Douradores, sem número, 4º andar (de Soares); vindo a ser esse Guedes, desde então, sempre declarado como "falecido". "É quanto resta e restará de uma das almas mais sutis de raciocínio, mais debochadas no puro sonho que se tem visto neste mundo." Assim foi "o grande e consciencioso Vicente Guedes que a morte ceifou". De tuberculose — como Caeiro e tantos, em volta de Pessoa.

120. Voodooist (Joseph Balsamo) — Espírito maléfico, quando vivo foi divulgador do rito egípcio da maçonaria. Seria o próprio Conde Alessandro di Cagliostro (1743-1795). Trata-se apenas de um charlatão que começa a se manifestar por volta de 1916. Mas esse Voodooist (vuduísta), que teria chegado a ser famoso na corte francesa, acaba desmascarado; e, pouco depois, abandona Pessoa.

121. W. Fasnacht — Grafólogo alemão que se oferece para desvendar o "caráter das pessoas pela letra" por 200 réis, mais 25 réis para resposta; pedindo, para tanto, *bilhete postal* com direção para a resposta. As cartas deveriam ser endereçadas a *W. Fasnacht, Posta-Restante, Lisboa*. Embaixo do rascunho do anúncio pode-se ler, no espólio da Biblioteca Nacional de Lisboa, uma assinatura *verdadeira* desse grafólogo.

122. W.W. Austin — Na Arca, ficaram duas assinaturas deste Austin (sem as iniciais W.W.). Passa tempos na Austrália, onde conhece um grupo de mineiros — a revelação é de Richard Zenith. A ele coube apresentar outro heterônimo; e isso faz com carta ao editor do jornal *The Natal Mercury*, em que diz (resumo): "Ouvi muitas de suas histórias e canções, quase todas interessantes. Envio-lhe a melhor de todas... feita com cuidado e com a devida atenção à métrica. Eis a canção que o autor, um jovem chamado [Karl P.] Effield, intitula 'A canção do mineiro'." Sem mais notícia do dito Austin, depois dessa carta.

123. (Rev. ou Sir) Walter Wyatt — Mais um irmão Wyatt. Clérigo, tem nome precedido algumas vezes de Rev(erendo), outras de Sir. Escreve, em inglês, dois volumes de poesia, e merece assinatura muitas vezes treinada. Nessa longa relação de heterônimos, tem Pessoa o hábito de escrever em famílias. Pai e filho, como Gallião e Gallião Pequeno. Ou irmãos: dois — como Ricardo e Frederico Reis, David e Lucas Merrick, António e Florêncio Gomes, Carlos e Miguel Otto, Gervásio e Vicente Guedes; três — como A.A., I.I. e Thomas Crosse; ou Alberto, António e Júlio Manuel Caeiro; ou mesmo quatro — como Alexander, Augustus, Catherine e Charles James Search; ou Alfred, Augusto, Frederick e esse Walter Wyatt.

124. Wardour — Mais um poeta que lhe vem nos transes; só que diferentemente de outros, episódicos, este é permanente. Nos poemas, assina simplesmente Wardour, ou Wardour + Pessoa. Alguns com data, sobretudo os de 1916. O espírito, talvez percebendo a má qualidade de textos como "Crepúsculo em Deus", por vezes anota à margem "este poema é teu; dou-te a minha parte nele, meu rapaz"; e assina com sinal cabalístico, 8, em meio a rabiscos de *yes* ou *no*. Um deles começa assim:

> Ó mera brancura
> Do luar que se espalha
> Ó rio de alvura
> Do luar que te malha.

Wardour, além de fazer horóscopos, se envolve na vida de Pessoa — até mesmo insistindo em que perdesse a virgindade: "A vida monástica é para mosteiros", diz em comunicação de 1º de julho de 1916. A ele coube a missão de anunciar a mulher que o "introduziria na virilidade". Depois, em outra comunicação, avisa que essa mulher, "forte e imensamente masculina na sua força de vontade", vai fazer de Pessoa "seu escravo"; e disso sabia muito bem, porque ela seria Margaret Mansel — no passado, mulher do próprio Wardour em "um casamento infeliz". Pessoa, por vezes, quer saber mais de Wardour; só que nesses momentos, e ao longo de outras comunicações, o heterônimo sempre diz "não me faças perguntas".

125. Woman in White — Outro espírito menor de suas comunicações mediúnicas. Para Pessoa, essa *Mulher de Branco* seria um dos "espíritos obscuros".

126. Willyam Links Esk — Personagem que assina carta, em 13 de abril de 1905, destinada a jornal imaginário de Durban. O inglês que escreve reproduz o som das palavras mais que a ortografia; e isso ocorre mesmo no sobrenome, em que Esk corresponde a Esq. — de *Esquire* (excelentíssimo senhor). Nessa carta, o autor protesta contra notícia de jornal que indica ter estado preso por sete dias — quando ficou preso, segundo ele, por apenas seis dias e 23 horas.

127. Zé Fininha — Autor de textos para *O Palrador,* como "Carta de um provinciano". Característica desse personagem é, nesses textos, escrever como um semianalfabeto: "Mê cara imigo, quanto a é, ixo cá vai munto bê."

Outros nomes

Alguns estudiosos indicam, ainda, outros nomes como heterônimos. Entre eles o poeta António Botto — que em sua homossexualidade, segundo Jorge de Sena, *foi também um heterônimo de Fernando Pessoa, na poesia e na vida que lhe correspondia*. Ou D. Sebastião, para o professor doutor Luís Felipe Teixeira *sem dúvida o seu heterônimo mais complexo, até porque representa o ponto de fuga transcendental dessa sua "geometria do abismo".* Mesma sugestão de Joel Serrão, para quem seria o heterônimo *encobertamente regressado à Pátria.* Robert Bréchon cita Sá-Carneiro *como uma espécie de heterônimo suplementar.* Richard Zenith até sugere que a própria Ophelia Queiroz poderia, por momentos, ser para ele *uma espécie de anti-heterônimo, um personagem real convertido em uma figura histórica.* Sem esquecer que nessa conta deveria também estar Eliezer Kamenezky, como depois veremos. Jorge Luis Borges diz tê-lo conhecido bem moço (Pessoa teria 21 anos, Borges 20) em setembro de 1919,[389] no Martinho da Arcada, indicando que fizeram pacto segundo o qual se converteria em um dos seus heterônimos — posto que Pessoa lhe ditaria seus poemas. Segundo ele, *começou por ser uma brincadeira entre nós, mas, com o passar do tempo, tornou-se um hábito e, finalmente, uma segunda natureza;* razão pela qual, confessa, *de tempos a tempos, continuo a alimentar em inéditos a famosa arca de Pessoa.* Borges, só para lembrar, era bisneto de um judeu de Torre de Moncorvo, distrito de Bragança.

Heterônimos são, como vimos, 127 nomes. Fôssemos acrescentar outros (75) que — pelos critérios de classificação adotados — não são considerados verdadeiros heterônimos, e seriam ainda mais — no total, 202 (todos aqui individuados). Sem contar os cinco personagens reais, agora referidos (o que somaria 207 nomes). Em comum tendo esses heterônimos a circunstância de serem todos derrotados. *Vencidos da vida*, para aproveitar designação da corrente literária fundada por Eça de Queiroz, Guerra Junqueiro e Ramalho Ortigão. Não havendo, nessa relação, um único grande nome, um herói eminente, um homem de sucesso ou membro da nobreza; alguém

---

[389] Trata-se de algo imaginário, porque Borges esteve em Lisboa só em maio de 1924; dando aquele outro ano (1919), ao encontro, para caracterizar a farsa. Valendo notar que Pessoa entra definitivamente nas preocupações de Borges só bem mais tarde — quando, por volta de 1960, o argentino escreveu artigo (junto com sua amiga Alicia Jurado) sobre a literatura portuguesa do século 20.

que seja reconhecido ou louvado por seus concidadãos. Ao contrário, temos só uma pequena multidão de anônimos, figuras menores que reproduzem a própria vida de seu criador. Aristóteles, em sua *Poética*, disse que *o historiador e o poeta não se distinguem um do outro, pelo fato de o primeiro escrever em prosa e o segundo em verso (pois, se a obra de Heródoto*[390] *fora composta em verso, nem por isso deixaria de ser obra de história). Diferem entre si porque um escreveu o que aconteceu e o outro o que poderia ter acontecido.* Pessoa, como que reproduzindo essa imagem, se pergunta em "Pecado original": "Quem escreverá a história do que poderia ter sido?" Essa história ele foi escrevendo aos poucos: africano, alemão, brasileiro, francês, inglês e português; monárquico e militante republicano; decifrador, filósofo, geógrafo, grafólogo, jornalista e louco; clínico geral, psicólogo e psiquiatra; homem, mulher e espírito; aristocrata, imperador romano, mandarim, marajá e paxá; adivinho, alquimista, astrólogo, bruxo, panfletário e especialista em capoeira; guarda-livros, pagão, cristão-novo, reverendo, sir, gente do povo e o menino da sua mãe. Assim, em todos esses rostos e muitos outros, se contando um pouco da história desse homem infeliz que sonhou ser tantos — e não conseguiu sequer ser ele próprio.

> Tudo quanto penso,
> Tudo quanto sou
> É um deserto imenso
> Onde nem eu estou.
>
> Sem título (18/3/1935), Fernando Pessoa

---

[390] Historiador grego (484-420 a.C.) que, nos seus livros, narra as diferenças entre povos bárbaros (egípcios, medas, persas) e os gregos.

ATO III

Em que se conta dos seus muitos gostos e ofícios

Vivit sub pectore vulnus

(A ferida vive no fundo do peito. Virgílio)

Pessoa e o Brasil

> *"Sociologicamente, não há Brasil."*
> Carta a Eurico de Seabra (31/4/1916), Pessoa,
> Fernando

Saudades do Brasil

A presença do Brasil na vida e na obra de Fernando Pessoa é fragmentária. Para ele somos apenas parte de um todo informe, "amálgama indiferenciado de raças várias subordinadas ao pecado original de falarem português"; e "mesmo quem saiba que o Brasil existe pode tirar a conclusão de que literariamente não existe".[391] Reconhece a importância de nosso país, é certo. "Tanto quanto hoje podemos ver, há, de origem europeia, só duas nações fora da Europa com alma para poder ter império — os Estados Unidos e o Brasil"; porque "o Brasil tem vida à parte, como os Estados Unidos, em relação à Inglaterra";[392] e considera que "a necessidade de tornar cada vez mais apertados os naturais vínculos espirituais que nos unem ao Brasil leva a que não se possa dispensar uma propaganda daquela república". Assim, "Portugal, na determinação do apoio do seu imperialismo cultural, tem que buscar, primeiro, o Brasil"; tanto que pensa criar empresa, Cosmópolis, que deveria se interessar "sempre por tudo quanto é português e brasileiro, e procurar auxiliar no que pode as notícias destes dois países". Também planeja um *Álbum de Portugal*, sobre a colônia portuguesa no Brasil — mesmo

---

[391] Aldous Huxley (1894-1963) disse do Brasil algo parecido: *Este é um dos países mais improváveis de que tenho conhecimento.*

[392] O poeta americano (Irving) Allen Ginsberg (1926-1997) não lhe retribuiu a gentileza da citação; e, em "Salutations to Fernando Pessoa" (obviamente lembrando "Saudação a Walt Whitman"), fala mal dele: *Cada vez que leio Pessoa penso/ Que sou melhor do que ele.../ Ele é apenas português/ E eu sou americano, do maior país do mundo.../ Ele é português, embora não tenha culpa disso.* Ou talvez tanta raiva decorra do fato de Ginsberg ter lido outros textos. Como, no *Desassossego*, "os americanos tratam tudo a brincar"; ou pior, no "Ultimatum", a definição dos Estados Unidos, como *Síntese-bastardia da baixa-Europa/ Alho da açorda transatlântica, pronúncia nasal do modernismo inestético.*

sabendo "que o público português e brasileiro", "medianamente culto", tem "tradicionalmente poucos leitores". No inquérito *Portugal, vasto império*, diz que "os portugueses criaram o mundo moderno" e que "nas mais negras horas da nossa decadência, prosseguiu, sobretudo no Brasil, a nossa ação imperial". Apesar desse aparente apreço, nos dedica, num de seus manifestos, palavras bem pouco lisonjeiras:

> E tu, Brasil, "república irmã", blague de Pedro Álvares Cabral, que nem te queria descobrir![393]
>
> "Ultimatum", Fernando Pessoa

Em 1928, publica *Interregno — defesa e justificação da ditadura militar em Portugal*; com o cuidado de explicar em carta ao irmão Luís Miguel (7/1/1929) que, apesar de ser "representativo do que se poderia chamar *pensamento político atual dos países latinos...*, mais rigidamente conservador do que aquilo que o meu opúsculo contém", a posição vale "apenas em Portugal — não tem [o livro] qualquer referência a sistemas outros semelhantes". Em 6 de maio desse mesmo 1929 escreve, para *Notícias Ilustrado*, o artigo "Brasil, nação irmã e amiga", em que compara os dois povos — que se encaminham "para o destino comum, batidos pela mesma luz, atraídos e guiados pelo mesmo chamamento misterioso"; e vê que também os astros nos aproximam, porque os "seis casamentos das doze energias" do zodíaco, nos horóscopos, se fazem em "seis eixos". O astrólogo Paulo Cardoso me explicou a citação: *Estas uniões fazem-se entre signos opostos e complementares, como são o caso de Peixes e Virgem, respectivamente os signos de Portugal e do Brasil; e, à medida que essa relação avança, avança também a viagem rumo ao Tempo Novo, à Era de Aquário do Quinto Império.* Nosso país está igualmente num dito popular que gosta de citar: "Tudo o mais é herdar do tio brasileiro ou não estar onde caiu a granada." Com relação à *granada*, por conta da Primeira Guerra na Europa, quando escapar delas significava ter sorte; enquanto esse *herdar* remonta a quando esteve em nosso país D. João VI (a partir de 1808), com seu séquito de nobres, comerciantes, perdulários, degredados e assaltantes. Dando-se que alguns deles, pela boa vida que aqui

---

[393] Oswald de Andrade como que responde, em seu *Manifesto Antropofágico* de 1928 (a observação é de Eduardo Costa): *Antes dos portugueses descobrirem o Brasil, o Brasil tinha descoberto a felicidade.* Mais tarde Pessoa, relativizando o valor de brincadeiras como essa, diz: "Passa já, graças aos deuses, a troça estupidíssima que fazíamos dos brasileiros."

passaram a ter, escolheram não voltar a Lisboa. E, já na segunda metade do século XIX, por razões econômicas, na grande vaga de emigração portuguesa para o Brasil. Sem jamais casar (ou casados sem filhos), em razão da preferência pelo perfume e as duras carnes das muitas mucamas negrinhas de que se serviam; cabendo a riqueza que acumularam, por lhes faltarem descendentes registrados, a filhos dos irmãos deixados em Portugal que acabaram *herdando* esses haveres. Reduzido assim, nosso país, a lugar de fazer fortuna.[394] Sem esquecer que, mesmo não havendo referência expressa ao Brasil, estamos presentes no seu principal livro:

> Com duas mãos — o Ato e o Destino —
> Desvendamos. No mesmo gesto, ao céu
> Uma ergue o facho trêmulo e divino
> E a outra afasta o véu.
>
> Fosse a hora de haver ou a que havia
> A mão que ao Ocidente o véu rasgou,
> Foi alma a Ciência e o corpo a Ousadia
> Da mão que desvendou.
>
> Fosse Acaso, ou Vontade, ou Temporal
> A mão que ergueu o facho que luziu,
> Foi Deus a alma e o corpo Portugal
> Da mão que o conduziu.
>
> *Mensagem* ("Ocidente"), Fernando Pessoa

Pátria língua

Portugal e Brasil estão unidos, na alma de Pessoa, em duas matrizes principais. A primeira seria o império da língua, que a portuguesa é "demasiado complexa para ser facilmente assimilada e aprendida por povos de outras nações". Seria "o Quinto Império todo pelo espírito"; dado poder a nação ser

---

[394] Não se deu só com ele. Também assim pensava Eça de Queiroz; tanto que, em *Uma campanha alegre*, disse — *O que é brasileiro? É simplesmente a expansão do português. É o português dilatado pelo calor.* Para Eça, o Brasil seria um espaço exótico e pitoresco, destinado apenas a ser explorado economicamente — o que explicitou em personagens como Basílio (em *O primo Basílio*) e o comendador Pinho (em *A correspondência de Fradique Mendes*). Sem contar que Eça e Ortigão, em *As farpas*, brindaram com críticas mordazes os brasileiros em geral e o imperador Pedro II em particular, caricaturando tudo que nosso imperador fazia ou dizia na Europa. Valendo lembrar que a cidade de Goiana (em Pernambuco), por causa dessas *Farpas,* se levantou contra *os súditos de Portugal, chegando à agressão física* — palavras de Paulo Cavalcanti em *Eça de Queiroz — Agitador do Brasil.*

"mais que uma, desde que espiritualmente [as duas] sejam a mesma, se falam a mesma língua". E "Portugal, neste caso, quer dizer o Brasil também". Por fim proclama, com orgulho: "Não tenho sentimento nenhum, político ou social; tenho, porém, num sentido, um alto sentimento patriótico", porque essa "minha pátria é a língua portuguesa". *Última flor do Lácio, inculta e bela* — como que completa Olavo Bilac,[395] para quem *és, a um tempo, esplendor e sepultura*. Fosse mais generoso e diria, como Eça, que a língua falada no Brasil era *um português com açúcar*. Coerente com sua crença, Pessoa logo apresenta cinco razões para considerar o português como "língua literária" de todo o mundo:

1. É a mais rica e complexa das línguas românticas.
2. É uma das cinco línguas imperiais.
3. É falada, se não por muita gente, pelo menos do Oriente ao Ocidente, ao contrário de todas as línguas menos o inglês, e, até certo ponto, o francês.
4. É fácil de aprender a quem já saiba o espanhol (castelhano) e, em certo modo, italiano — isto é, não é uma língua isolada.
5. É a língua falada num grande país crescente — o Brasil (podia ser falada de Oriente a Ocidente e não ser falada por uma grande Nação).

Sebastianismo no Brasil

Um segundo ponto de união com o "Portugal Novo", representado pelo Brasil, estaria no Sebastianismo. De nossa história conhece figuras que lhe lembram O Desejado, sobretudo messiânicos que fizeram fama no Nordeste brasileiro. Primeiro deles, em 1819, foi o ex-soldado do 12º Batalhão de Milícias das Alagoas, Silvestre José dos Santos, autoproclamado Mestre Quiou, O Enviado, que fundou a Cidade do Paraíso Terrestre — no lugar conhecido como Sítio da Pedra (do Rodeador), hoje município pernambucano de Bonito, a 136 quilômetros do Recife. Perante sua gente, proclamava uma iminente ressurreição de D. Sebastião — que viria dividir seu tesouro irmãmente com todos os fiéis. As cerimônias religiosas se davam num mocambo, coberto com folhas secas de uma espécie de palmeira nativa conhecida como catolé. Dentro dele, mulher misteriosa e toda de branco,

---

[395] Essas palavras estão no mais conhecido soneto ("Última flor do Lácio") de Olavo (Brás Martins dos Guimarães) Bilac (1865-1918), que finda com versos falando dessa língua: *Em que da voz materna ouvi: meu filho!/ E em que Camões chorou, no exílio amargo/ O gênio sem aventura e o amor sem brilho.*

a própria Nossa Senhora, dava ordens ao profeta Quiou. A comunidade, um pequeno estado à parte do país oficial, para a corte era perigoso exemplo de independência, razão pela qual a milícia do governador Luís do Rego (em 25/10/1820), comandada pelo *audaz marechal* Salazar Moscoso, logo a destruiu. Silvestre fugiu e nunca mais se soube dele. No chão, entre casas que queimavam, restaram corpos de 79 homens e umas poucas mulheres. O rio da Prata ficou vermelho de tanto sangue. Preocupado com os desdobramentos da Revolução Republicana de 1817, que instituíra um governo provisório em Pernambuco, Pedro I (que logo viria a ser imperador) proclamou, em manifesto de 1º de agosto de 1822: *Recordai-vos, pernambucanos, das fogueiras de Bonito*. Palavras ao vento, que, um mês depois, esse fogo de Bonito iluminaria as margens plácidas do riacho Ipiranga.

Depois, em 1836, viria o Reino Encantado do mameluco João António dos Santos, na Pedra Bonita, hoje conhecida como Pedra do Reino — fronteira entre Pernambuco e Paraíba, distrito da então Vila Bela. Aos fiéis, João António prometia que *o feio vai ficar bonito; o pobre, rico; o doente, saudável; e o negro, alvo*; mas, sem que se saiba como ou por quê, tomou destino ignorado. Seu sucessor, o cunhado João Ferreira, instituiu o direito à pernada — pelo qual as noivas, nas núpcias, eram obrigadas a entregar seus corpos aos governantes, revivendo o costume da *primae noctis* romana. Em pregações tresloucadas, assegurava que D. Sebastião *viria da Ilha Encoberta com dois mil galeões carregados de munições e ouro, acompanhado pelo rei Artur da Inglaterra, mais as nove tribos ocultas de Israel*. Para que as entranhas da Terra se abrissem à passagem desse majestoso cortejo, vítimas eram degoladas a facão ou tinham seus crânios estilhaçados nas pedras. Entre 14 e 17 de maio de 1838 foram sacrificadas 30 crianças, 12 homens e 11 mulheres — incluindo o pai de João António, sua mulher (rainha Josefa) e a cunhada (Isabel). Além de 14 cães que deveriam voltar, um dia, como dragões da comitiva real. No fim o próprio João II, assim se dizia chamar, acabou imolado por seus companheiros; e, já morto, amarraram seu corpo em duas árvores, para que parasse de se debater. Dia seguinte, o que restava daquela quase favela acabou destruído pelo major Manoel Pereira.

Mais famoso deles, na Bahia, foi António Vicente Mendes Maciel — conhecido como Bom Jesus Conselheiro, Santo António Conselheiro ou, simplesmente, António Conselheiro —, por Câmara Cascudo descrito como *frugal, austero, exigente, disciplinado e casto*. Ali, de 1893 a 1897, em lugarejo à beira do rio Vaza-Barris, reuniu de 20 mil a 30 mil seguidores. Em suas visões, nesse

Arraial de Canudos, proclamava que *o sertão vai virar mar e o mar vai virar sertão*.[396] Algumas de suas prédicas ficariam famosas: *Em verdade, vos digo, quando as nações brigam com as nações, o Brasil com o Brasil, a Inglaterra com a Inglaterra, a Prússia com a Prússia, das ondas do mar D. Sebastião sairá com todo o seu exército.* Euclides da Cunha, em *Os sertões*, transcreveu anotações que encontrou no Arraial, entre elas estes versos:

O Anticristo nasceu
Para o Brasil governar
Mas aí está o Conselheiro
Para dele nos livrar.

Visita nos vem fazer
Nosso rei D. Sebastião
Coitado daquele pobre
Que estiver na lei do Cão.

Seus seguidores, entre eles alguns monarquistas, receberam pronto combate do recém-instalado governo republicano. O Arraial acabou dizimado, por duras e sucessivas expedições, mas não sem custos; como na segunda delas, por exemplo, a morte do próprio chefe das tropas oficiais, coronel Moreira César.[397] No fim, era inevitável, o país oficial impôs seu poder àqueles maltrapilhos. Conselheiro, morto em 22 de setembro de 1897, foi primeiro enterrado no altar da Santíssima Trindade, contíguo à Igreja Nova; e depois desenterrado, em 6 de outubro, pelo general João da Silva Barbosa, para que seu corpo fosse identificado por comissão presidida pelo major médico de 4ª classe José de Miranda Cúrio.[398] Sua cabeça cortada, misturada com cal virgem, acabou levada a Salvador, onde foi examinada pelo mais famoso psiquiatra brasileiro da época — Raimundo Nina Rodrigues, professor da Faculdade de Medicina da Bahia. Pessoa conhecia bem Canudos por leituras de Euclides da Cunha e reverenciava "a memória de António Conselheiro, bandido, louco e santo, que no sertão do Brasil morreu, como um exemplo, com seus companheiros, sem se render, batendo-se todos, últimos portugueses,

---

[396] A profecia de Conselheiro acabou como que se realizando, quase cem anos depois, visto que aquela terra sertaneja, seca e estorricada, está hoje sob o *mar* das águas do açude Cocorobó.

[397] Com a morte de Moreira César, assumiu a liderança da tropa o coronel Tamarindo, que pronunciou a mais estranha ordem de comando em batalha da história, *Em tempo de murici cada qual cuida de si.*

[398] Esse major, ao ser apresentado, tinha de ouvir sempre a mesma pergunta: *É Curió?* Razão pela qual no fim da vida, e já desesperado pela repetição da resposta, logo depois de dizer seu nome completava: *E o assento é no cu mesmo.*

pela esperança do Quinto Império da vinda, quando Deus quisesse, de el-rei D. Sebastião, nosso senhor, imperador do Mundo".

Os heterônimos e o Brasil

Nosso país é também cenário para novelas do heterônimo Abílio Quaresma, como *O caso Vargas* — em que diz o agente Guedes: "Quer vá ou não para o Brasil, desejo-lhe muitas felicidades"; ou *O caso da janela estreita* — que tem capítulo projetado (e não encontrado, entre seus papéis) com título "Uma partida para o Brasil". Valendo aqui lembrar mais três heterônimos. Accursio Urbano, em charadas no jornal *O Palrador*, diz ser o "pátrio Brasil" sua "terra natal". O escritor Eduardo Lança nasce na Bahia. E Ricardo Reis viveria no Rio de Janeiro seu exílio voluntário. A escolha do lugar se deve a ter ali morado Luís de Montalvor, assessor de Bernardino (Luís) Machado (Guimarães), à época (1912-1915) ministro plenipotenciário no Rio, cidade onde nasceu; e depois presidente, por duas vezes, em 1915/1917 e 1925/1926. Um carioca presidente de Portugal, Pessoa deve ter se divertido com isso.[399]

Catulo da Paixão Cearense

São muitas, em Pessoa, as referências a nosso país. Em carta a William Bentley (sem data, mas seguramente de 1915), editor da revista *Portugal*, diz que "o espírito brasileiro não é particularmente brilhante e tem, nesses assuntos literários, o hábito contraproducente de manter-se em dia com o presente de vinte anos atrás". O diplomata recifense (Manuel de) Oliveira Lima (1865-1928), malvisto em Portugal, pelo *grupo do Orpheu*, desde que elogiou Júlio Dantas, é criticado por dissertação proferida na Sociedade Real de Literatura: "As afirmações que faz são tão incorretas, a imprecisão que transmite é tão notavelmente falsa, sendo impossível, dentro de limites decentes, emendar a massa de críticas."[400] Entre seus amigos brasileiros

---

[399] Não foi o primeiro governante português a nascer por aqui. Antes dele já D. Maria II, filha do nosso D. Pedro I (em Portugal, Pedro IV), foi rainha no além-mar sem jamais ter renunciado à nacionalidade brasileira.

[400] O recifense Oliveira Lima, para Gilberto Freyre *um Dom Quixote gordo*, também não tinha muitos admiradores no Brasil; tanto que ficou famoso um soneto de Emilio de Menezes (1866-1918), "O plenipotenciário da facúndia", que dizia assim (trecho): *De carne mole e pele bombalhona,/ Ante a própria figura se extasia,/ Como Oliveira — ele é quase azeitona,/ Sendo Lima — é quase melancia! .../ Eis, em resumo, essa figura estranha:/ Tem mil léguas quadradas de vaidade/ Por centímetro cúbico de banha!*

podendo se contar Ronald de Carvalho, para ele "um dos mais interessantes poetas brasileiros", e Eduardo Guimarães — de quem Gaspar Simões dizia ter um *aristocratismo mallarmeano*.[401] Mas o único brasileiro citado em poemas de Pessoa é outro:

> Minha vida tem sido, em suma,
> Reles e obscura,
> Sem ventura nem desventura,
> Sombras de trapos na bruma.
>
> Como um caixeiro tenho ficado
> A um balcão nullo,
> Não acontece estar amante, Catullo
> Nem a pasta, conselho de Estado.

"Catullo da Paixão", Fernando Pessoa

Para autores portugueses que não conhecem nosso conterrâneo, poderia se tratar do poeta Catulo (Catullus). Mas jamais Pessoa escreveria sobre um romano, dando ao título do poema nome e sobrenome do brasileiro. Esse "Catullo" é um contemporâneo — o teatrólogo, poeta, músico, cantor e compositor Catulo da Paixão Cearense, famoso autor de *Luar do sertão*.[402] Pessoa escreve seu nome com dois eles, reproduzindo a grafia por vezes utilizada no Brasil; ou talvez para corresponder à palavra com que rimaria nesse verso de 1931, *nullo*, também então assim escrito com dois eles — apesar de ter a reforma ortográfica, já nesse tempo firmada entre Portugal e Brasil, substituído esses dois eles por um só. E tão grande é sua admiração que pretende traduzir textos seus, a serem publicados na Inglaterra. Em *Heróstrato e a busca da imortalidade*,[403] até prevê que a história preservará Walt Whitman porque "nele se encontram todas as demências do Norte, tal como se encontra toda a América Latina em Catullo"; e celebra esse "gran-

---

[401] Referência ao *príncipe dos poetas*, Stéphane Mallarmé; que, em fins do século XIX, na sua casa da Rue de Rome, reunia o melhor da elite intelectual de Paris para tertúlias literárias. Como curiosidade, o nome de batismo de Mallarmé era Étienne. Sendo esses dois nomes masculinos franceses, o de antes (Étienne) e o de depois (Stéphane), duas variações de Estêvão, no Brasil convertidos em femininos.

[402] Com melodia de João Pernambuco — embora Catulo tenha se *esquecido* de nomear o parceiro na hora de registrar a música.

[403] O grego Heróstrato, de Éfeso, conseguiu a imortalidade que buscava incendiando o templo da deusa dos animais selvagens e da caça, Ártemis (Diana), em 356 a.C. — uma das sete maravilhas do mundo antigo, com 127 colunas (de 20 metros de altura cada), construído ao longo de 120 anos, com esculturas de ébano, ouro, prata e pedra preta. Foi torturado por Artaxerxes e os éfesos proibiram que seu nome fosse sequer pronunciado — ironicamente fazendo aumentar, ainda mais, a fama dessa figura sórdida.

de poeta, que dramatiza seus poemas no linguajar do interior brasileiro", a ele ainda se referindo quando lembra São João "com o cordeirinho na mão, como te viu Catullo" — *Cearense*, apesar de ter nascido em São Luís do Maranhão (1863) e morrido no Rio de Janeiro (1946).

Cecília Meireles

Em fins de 1934, Cecília Meireles vai pela primeira vez a Portugal para fazer conferências em Lisboa e Coimbra. Com ela o primeiro marido, e velho amigo de Pessoa, o pintor português Fernando Correia Dias — que se suicidaria logo depois, no mesmo mês em que morreria o amigo poeta.[404] Para ela, Pessoa seria *o caso mais extraordinário das letras portuguesas*. E seu mais conhecido poema, "A arte de ser feliz", revela estilo bem próximo ao dele.[405]

> Houve um tempo em que minha janela
> Se abria sobre uma cidade que parecia
> Ser feita de giz. Perto da janela havia um pequeno jardim quase seco.
> (...)
> Quando falo dessas pequenas
> Felicidades certas, que estão diante de
> Cada janela, uns dizem que essas coisas
> Não existem, outros que só existem
> Diante das minhas janelas, e outros,
> Finalmente, que é preciso aprender a olhar,
> Para poder vê-las assim.

Cecília telefona a um dos escritórios em que trabalha Pessoa e marcam encontro, ao meio-dia, na Brasileira do Chiado. Depois de duas horas esperando volta para o hotel em que se hospedou — provavelmente o Borges (Rua Garrett, 108-110, bem próximo àquele café) — e lá encontra um exemplar de *Mensagem* dedicado "A Cecília Meireles, alto poeta, e a Correia Dias, artista, velho amigo, e até cúmplice (vide *Águia*[406] etc.), na invocação da [revista] *Apolo* e da [revista] *Athena*, Fernando Pessoa,

---

[404] Cecília (1901-1964) escreveu, pensando nele: *Mas quem viu, tão dilacerados, olhos, braços e sonhos seus, e morreu pelos seus pecados, falará com Deus*. Depois casaria novamente, em 1940, com o dr. Heitor Grillo.

[405] Em carta a Ruy Affonso (17/9/1946), Cecília reconhece *semelhanças entre nós* [ela e Pessoa], *profundas, no espírito e na própria formação*, mas discorda de sua influência nesse poema específico.

[406] A cumplicidade se explica porque Dias, copista e ilustrador da revista *A Águia* (na qual Pessoa publicou vários artigos), fora convidado para colaborar em revista do próprio Pessoa, *Orpheu* (adiante se verá).

10-XII, 1934." Junto, um bilhete justificando a ausência; é que, sentindo vibrações mediúnicas, decidira fazer seu horóscopo daquele dia, nele vendo que "os dois não eram para se encontrar".[407] Cecília nunca veria Pessoa, "mais triste do que o que acontece, é o que nunca aconteceu". Já no Brasil, escreve os primeiros textos críticos a respeito de sua poesia, na antologia *Poetas novos de Portugal* (publicada em 1944); e mais tarde, no *Jornal do Brasil* (21/9/1968), assina a crônica "Fernando Pessoa me ajudando" — em que reflete sobre as noções de sinceridade e fingimento, a partir de uma frase de Pessoa, "Falar é o modo mais simples de nos tornarmos desconhecidos." O destino, sempre ele, não quis que se encontrassem.

> Se em certa altura
> Tivesse voltado para a esquerda em vez de para a direita,
> Se em certo momento
> Tivesse dito sim em vez de não, ou não em vez de sim;
> Se em certa conversa
> Tivesse tido as frases que só agora, no meio-sono, elaboro —
> Se tudo isso tivesse sido assim,
> Seria outro hoje, e talvez o universo inteiro
> Seria insensivelmente levado a ser outro também.
>
> Sem título (11/5/1928), Álvaro de Campos

A fama brasileira de Pessoa

Dois fatos marcaram Pessoa pela vida. Um político; quando, no início do Estado Novo português, em numerosos textos, apoiou um governo de direita, angariando a antipatia dos intelectuais comprometidos com a democracia. Depois, se rebelou contra Salazar; para ganhar, também, a reação dos conservadores de todos os costados. O outro fato está ligado aos costumes; porque, em mais de uma ocasião, se pôs ao lado de poetas notoriamente homossexuais. Sem contar a defesa que faz da escravatura, ou críticas ao comunismo e ao cristianismo. Provavelmente por conta dessas atitudes nada convencionais, durante bastante tempo foi sempre mais estimado fora que dentro de Portugal. Ou talvez, como em conversa me disse

---

[407] Tratando-se de Pessoa, algo razoavelmente comum. Em carta para Aleister Crowley (6/1/1930), por exemplo, diz que "janeiro e fevereiro são meses impeditivos" e que "março é um mês propício para me encontrar consigo, estando a direção solar de base (Sol, sextil [configuração formada por dois astros], Netuno) em notável harmonia com as circunstâncias". Na Arca, ainda estão cálculos astrológicos sugerindo setembro para essa vinda de Crowley — como de fato ocorreu, em 1930.

Teresa Rita Lopes, assim se deu por ser Portugal um *país pequenino, onde os intelectuais se tocam nos cotovelos e todos têm inveja uns dos outros.* Apenas refiro esses fatos, sem ânimo (ou razão) para análises detalhadas; mas observo que, talvez não por acaso, apenas o primeiro de seus biógrafos, João Gaspar Simões, nasceu em Portugal — os demais são, na sequência dos livros, um espanhol (Crespo), um francês (Bréchon), um americano (Zenith). Certo que só com o tempo, e uma compreensão melhor do contexto histórico de sua presença, abrem-se as portas, entre os seus também, para a admiração sem limites que merece. No Brasil, sobretudo, onde revela prestígio não igualado por nenhum outro poeta português.

> Tivesse quem criou
> O mundo desejado
> Que eu fosse outro que sou,
> Ter-me-ia outro criado.
> (...)
> Se ver é enganar-me,
> Pensar um descaminho,
> Não sei. Deus os quis dar-me
> Por verdade e caminho.
>
> Sem título (2/1/1932), Fernando Pessoa

Esse oporte ut vivas, non vivere ut edas

(Deve-se comer para viver, não viver para comer. Cícero)

Os sabores de Pessoa

"Ó grandes homens do Momento!
(...)
Tratem da fama e do comer,
Que amanhã é dos loucos de hoje!"

"Gazetilha", Álvaro de Campos

A culinária nos textos de Pessoa

Em Portugal, o primeiro livro de culinária é de 1680 — *Arte de cozinha*, de Domingos Rodrigues, cozinheiro do rei D. Pedro II. Cem anos depois vem *O cozinheiro moderno*, de Lucas Rigaud, um francês que foi ao país para ser cozinheiro da rainha D. Maria I. Ambos, diferentemente dos livros atuais de cozinha, sem indicar as quantidades dos ingredientes. Um estilo que perdurou, na Europa, até pelo menos 1870 — quando Alexandre Dumas (pai, 1802-1870) lançou o monumental *Grande dicionário de culinária*, que acabou sendo um dos mais importantes livros seus, junto com *O conde de Monte Cristo* (que não era conde) e *Os três mosqueteiros* (que eram quatro). Naquele tempo, com destaque para a culinária, Almeida Garrett escreveu *Viagens na minha terra*, *D. Branca*, *A conquista do Algarve*; e Eça de Queiroz, *O crime do padre Amaro*, *O primo Basílio*, *O Mandarim*, *A Ilustre casa de Ramires* e *Os Maias* — chegando a dizer, em *Notas contemporâneas*, que *o homem põe tanto do seu caráter e de sua individualidade nas invenções da cozinha, como nas da arte.* Sem contar Camões, antes, com seu *Os lusíadas* — em que se vê, palavras de Marques da Cruz, *as muitas vitualhas* [víveres] *que embarcavam nos navios das armadas.* Mas nada disso comove Pessoa; que a mesa tem, nas suas obras, um lugar sempre secundário. Sem maior importância. Circunstancial. Nem era ele um grande apreciador dos comeres; preferindo sempre, talvez por ser "menos solene este meu ritual no paladar", receitas bem simples. "Comamos, bebamos e amemos (sem nos prender sentimentalmente à comida, à bebida e ao amor, pois isso traria mais tarde elementos de desconforto)."

Primeiros sabores

Pessoa nasce em meio à fumaça das festas de Santo António. Nas brasas de pequenos fogareiros, espalhados nas calçadas, são assadas sardinhas (nessa época mais gordas e saborosas) consumidas pelo público em bandas de pão; mais, postos em pequenos tabuleiros, bolachas da Lapa, chouriço, febras de porco, queijadas, pataniscas de bacalhau e sobretudo colheres de arroz-doce: "Ai, os pratos de arroz-doce/ Com as linhas de canela!/ Ai a mão branca que os trouxe! Ai essa mão ser a dela!" A cena se reproduz em todas as ruas de Lisboa: "Quem vende a verdade, e a que esquina? Quem é a hortelã com que temperá-la?" Para beber, jarras coloridas de vinhos tintos, elixires e sangrias, com pedras de gelo e rodelas de limão-galego boiando naquela mistura de vinho com água açucarada. Mas, nesse tempo, veria poucas festas assim, porque, ainda criança, viaja para longe e não lhe ficam gostos na memória. Talvez apenas doces, sobretudo chocolate, presentes em tantos textos seus: "Um simples bombom de chocolate escangalha-me às vezes os nervos com o excesso de recordações que os estremece. E entre os meus dentes que se cravam na massa escura e macia... sobem as lágrimas aos olhos, junto... a minha felicidade passada, a minha infância ida."

> Comprem chocolates à criança a quem sucedi por erro,
> E tirem a tabuleta porque amanhã é infinito.
> (...)
> Grandes são os desertos e tudo é deserto,
> Salvo erro, naturalmente.
> Pobre da alma humana com oásis só no deserto ao lado!
>
> Mais vale arrumar a mala.
> Fim.
>
> Sem título (4/10/1930), Álvaro de Campos

Sabores também não lhe ficaram da África, onde passa todo o resto da infância. Nesse novo continente, sabe-se apenas que apreciava *curry* — em Portugal *caril*, do indiano *kand'hi* (molho), conjunto de especiarias trituradas num pequeno pilão conhecido por almofariz. Tão apreciado passou a ser que no primeiro livro de receitas portuguesas, o de Domingos Rodrigues, há já receitas com esse *curry* na preparação de carnes e peixes. Cada família tem seu jeito de fazer, normalmente levando açafrão, canela, cardamomo, cravo, cúrcuma, folha de arroz, folha de louro, massala, noz-moscada e sementes — de coentro, cominho, erva-doce, gergelim, mostarda. Além de pimenta-da-jamaica, pimenta-vermelha em pó ou aquela que conhecemos como *do reino* — por vir, durante a colonização, do reino de Portugal. Mas logo abandona esse hábito, segundo Alfredo Margarido, *porque decepciona-se, quando do regresso a Portugal, com o caril servido nos restaurantes lisboetas, devido à ausência de coco e à suavidade do picante.* Exceção apenas aos pratos com *curry* de uma pequena cantina chamada Casa Pessoa, na Rua de Santa Justa, em que *conhece* Bernardo Soares. Assim descreve a cena: "Encontrávamo-nos muitas vezes no mesmo restaurante retirado e barato. Conhecíamo-nos de vista; descaímos [declinamos] naturalmente no cumprimento silencioso. Uma vez que nos encontramos à mesma mesa, tendo o acaso proporcionado que trocássemos duas frases, a conversa seguiu-se. Passamos a encontrar-nos ali todos os dias, ao almoço e ao jantar." Entre pratos de seus gostos, com *curry*, destaque para este:

GALO COM ARROZ AO *CURRY*

Ingredientes: 1 galo médio, 1 coco pequeno, 2 malaguetas pequenas, 2 colheres de chá de curry, 1 colher de café de gengibre, 2 colheres de chá de cominho, 20 g de coentro (sementes), 150 g de polpa de tomate, 1 cebola grande, 4 dentes de alho, 60 g de manteiga, 500 g de arroz, sal e pimenta a gosto.

Preparo: Refogue o galo cortado em pedaços, com cebola, alho e manteiga. Reserve. Rale o coco e leve ao fogo, com a própria água, por 15 minutos. Esprema o coco, retirando seu leite. Tempere esse leite de coco com sal, polpa de tomate, malagueta e curry. Junte cominho, sementes de coentro e gengibre (trituradas). Acrescente o galo ao molho. Deixe até que fique bem cozido. Sirva à parte o arroz cozido em água, sal e *curry*.[408]

Sabores de casa

Na família o cardápio, mesmo sem grandes requintes, é bem variado: açorda seca só com pão, bolinhos de bacalhau, cordeiradas com batatas, cozidos à portuguesa, creme de leite, fatias de carne recheadas, feijão-branco, filés de peixe, lombo de porco — "para onde leva as costeletas de porco e o vinho

---

[408] As receitas aqui referidas são as correntes em Portugal, hoje, para esses pratos.

tinto, a rapariga casual? Para que céu em que não crê?". Ainda rodelas de chouriço e guarnições com cenoura, vagens e outros legumes *à jardineira*. E couve, "Pia número nove, para quem se parece com uma couve". Das refeições em casa recorda-se, invariavelmente, com carinho: "A mesa posta com mais lugares,[409] com melhores desenhos de louça, com mais copos, o aparador com muitas coisas — doces, frutas, o resto na sombra, debaixo do alçado — as tias velhas, os primos". E, nesses momentos, sente "saudade de comer o passado como pão de fome". Sem contar "frutos cujo nome era um cravar de dentes na alma de sua polpa". Entre eles melão, de Almerim ou pele-de-sapo, ao natural, com presunto, bem mais próprio do que considera "uma dieta simples e estudada"; ou apenas come fruta, "Comi melão retalhado/ E bebi vinho depois/ Quanto mais olho p'ra ti/ Mais sei que não somos dois." Bolos também, mesmo sabendo que "não se pode comer um bolo sem o perder", "Pia número seis, para quem se penteia com bolos-reis." Em forma de coroa, esse bolo-rei tem dentro uma fava e um brinde, garantindo, a quem o encontre, a realização de um desejo. Nascido na França, à época de Luís XIV, a receita veio a Portugal com Baltazar Rodrigues Castanheiro para a inauguração (em 1869) da Confeitaria Nacional, na Rua da Bestega. Trata-se da menor rua de Lisboa; donde a expressão *meter o rossio na Bestega*, significa ambição demasiada para o que é possível fazer. Como o próprio nome sugere, é servido sobretudo no Dia de Reis. Reis Magos,[410] claro.

BOLO-REI

Ingredientes: Para a massa levedada: 14 g de fermento de padaria, 3 colheres de sopa de leite morno, 100 g de farinha de trigo.

Para o bolo: 250 g de farinha de trigo, 100 g de massa levedada, 1 colher de sopa de sal, 4 ovos, raspas de casca de limão, 150 g de açúcar, 100 g de manteiga, 150 g de frutas secas e cristalizadas (ameixa, cereja, figo, nozes),1 cálice de vinho do Porto, farinha para amassar, 1 gema para pincelar.

---

[409] Esses versos de "Aniversário", escritos em 1929, são como que evocados na "Consoada" (1952) de Manuel Bandeira: *A mesa posta./ Com cada coisa em seu lugar.*

[410] Magos se dizia daqueles que se interessavam pelas coisas do céu. Com o passar do tempo, a tradição cristã os converteu em reis. Reis sem reinados, pois. Eram três, segundo o Evangelho de São Mateus (2,1): o indiano Melquior, com 40 anos — que trouxe ouro, o mais precioso dos metais; o árabe Baltazar, com 30 — que trouxe incenso, uma resina que vem da boswéllia (árvore da Índia que, ao ser queimada, desprende um aroma agradável); e o etíope Gaspar, com apenas 15 — que trouxe mirra, outra resina, agora extraída de árvore nativa da África, a comífora (usada em perfumes e embalsamamentos; daí vindo o verbo mirrar, com o sentido de definhar, de ganhar aparência de defunto).

Preparo: Faça a massa levedada juntando todos os ingredientes e deixe fermentar por 4 horas. Reserve. Pique grosseiramente as frutas secas e cristalizadas e deixe de molho no vinho do Porto. Reserve. Coloque a farinha na mesa. Faça um buraco no centro. Coloque a massa levedada e amasse bem. Junte os ovos (um a um) em temperatura ambiente, as raspas de limão, o açúcar, a manteiga (anteriormente batida na batedeira, até que fique bem cremosa). Misture tudo. A massa deve ficar com uma consistência mole. Cubra e deixe descansar até o dia seguinte. Acrescente as frutas secas e cristalizadas. E mais, como prêmio, 1 fava e o brinde. Divida a massa em duas partes. Dê, em cada uma delas, a forma de coroa (fazendo primeiro uma bola, e depois um buraco no meio), com mais ou menos 30 cm de diâmetro. Introduza o brinde e a fava. Deixe descansar, em lugar fechado, por uma hora. Pincele com a gema (diluída em água). Asse em forno médio (180º C). No meio do cozimento, decore com frutas cristalizadas e açúcar. Deixe no forno até que fique dourado.

Café da manhã

"Acordar da cidade de Lisboa, mais tarde que os outros, acordar da Rua do Ouro, acordar do Rocio, às portas dos cafés." Nos tempos da Rua Coelho da Rocha, toma o café da manhã em casa, mas apenas quando a irmã Teca lá está. Sozinho, sai de casa sempre em jejum. Faz refeições na rua, servindo-se de queijos de Alverca e de Azeitão, mais um grande copo de vinho. Ou em estabelecimentos comerciais. Durante boa parte da vida, por exemplo, serve-se na antiga Casa do Carmo, no Largo do Carmo, enquanto lê "o jornal sobre a mesa". Lá, como se acredita, terá conhecido o amigo Sá--Carneiro — que morava bem perto, na Travessa do Carmo. Sá-Carneiro chega a recitar para Pessoa, em 1915, estes versos que fez:

> Cafés da minha preguiça
> Sois hoje — que galardão!
> Todo o meu campo de ação
> E toda a minha cobiça.

Almoço

Pessoa tem seu "jantar (e pequeno almoço) enviado" por cantinas próximas; ou lá vai — quando pode pagar, bom lembrar. No diário, há numerosos registros dessa falta permanente de recursos: "Almocei no restaurante Pessoa, mediante empréstimo de João Correia de Oliveira" (27/3/1913); ou "Em casa sem jantar, porque não tinha dinheiro" (14/11/1915). Completando esta última anotação, "quase não me ralei com isto, porque tinha bebido vinho na exposição de Pedro de Lima" — o fato se deu por ocasião da inauguração do Estúdio de Arte do pintor, na Avenida da Liberdade. Nesse almoço, quase inevitavelmente, prefere bife. "Tenho ainda a memória dos bifes no paladar da saudade; bifes, sei ou suponho, como hoje ninguém faz ou eu não como." Havia muitos famosos, à época. Como o Bife à Nicola, preparado nesse café. Ou um, feito na chapa e servido com molho grosso, conhecido como Bife à Brasileira — Brasileira do Chiado, claro, e não a "vil cova ou jazigo de utilidades e propósitos artísticos que dá pelo nome humano de Brasileira do Rossio".[411] Para ele, essa outra era a "Brasileira inferior" — um duplo sentido por ficar, o Rossio, em lugar mais baixo que a colina onde está o Chiado. Mas, entre os bifes de sua preferência, merece destaque um servido na Cervejaria Jansen — na Rua do Alecrim, ponto de encontro dos poetas modernistas. Lá se discutiu, a partir de outubro de 1914, o nascimento da revista *Orpheu*.

BIFE À JANSEN

Ingredientes: 400 g de carne de vaca do lombo (cortada em 2 bifes), 4 dentes de alho (esmagados), 2 folhas de louro, 2 colheres de sopa de banha de porco, sal e pimenta a gosto.

Preparo: Tempere os bifes com sal, pimenta, louro e alho. Em uma frigideira coloque banha, alho e, depois, os bifes. Passe a carne dos dois lados. Ratifique o sal e a pimenta, se necessário.

Em suas frequentes comparações com a Inglaterra, lembra que ali se "come marmelada no pequeno almoço" e que "a lua (dizem os ingleses) é feita de queijo verde". A mesma lua, segundo o próprio Pessoa, que é "azul, de quando em quando".[412] Ainda nesse campo, confessa que "o inglês costuma comer os ovos, a que nós chamamos de *quentes*, não em copos e partidos, mas em pequenas taças de louça [*egg cups*], do feitio de meio ovo, e em que o ovo entra até metade; partem a extremidade livre do ovo, e comem-no assim, com uma colher de chá, depois de lhe ter deitado sal e pimenta". Luis Oliveira Guimarães testemunha: *Ele gostava de comer um ovo estrelado, que oferecia: É servido do meu sol frito?*

---

[411] Hoje, no endereço, está a loja de sapatos Seasize — apresentando, na última vez em que nela estive (2007), sua *nova coleção outono/inverno* a preços muito acessíveis.

[412] Referência à *blue moon* (lua azul, ou triste), segunda lua cheia em um mesmo mês.

OVOS ESTRELADOS COM QUEIJO

Ingredientes: 6 ovos, 6 fatias grossas de queijo curado, 50 g de manteiga, sal e pimenta a gosto.

Preparo: Corte o queijo em fatias grossas. Leve ao fogo em frigideira com manteiga. Quando o queijo derreter, junte os ovos. Quando as claras começarem a endurecer, tempere com sal e pimenta. Leve ao forno por 5 minutos. Sirva imediatamente.

No Leão d'Ouro estavam sempre artistas plásticos que passaram a ser conhecidos como Grupo do Leão, além de funcionários do Teatro Nacional e seus frequentadores. "Nessa noite levaram-me a cear no Leão." Especialidade da casa eram *mariscos, lampreia, bacalhau e peixes em geral*. Hoje, esse Leão d'Ouro mudou-se do endereço original, da Rua 1º de Dezembro (antes, Rua do Príncipe), números 95-97-99, para os quase vizinhos números 103-105-107, do antigo Café Restauração, onde se reunia grupo formado em torno de Edmundo (Alberto) de Bettencour (1899-1973) — um poeta de Funchal, 11 anos mais moço que Pessoa e amigo de Miguel Torga, que se assinava como António Serafim. Nos salões atuais do Leão foram mantidos os mesmos azulejos azuis do antigo Restauração, com imagens de caça. Seu proprietário, Manuel de Abreu Sousa, nos levou pelo labirinto da cozinha do restaurante até o salão abandonado daquele antigo endereço frequentado por Pessoa, ainda guardando os mesmos arcos de pedra nas paredes e as mesmas toras de madeira no teto, ao fim do que nos ofereceu uma rodada de *brandy*. O lugar ali estava, intocado. Faltava só o poeta. Ou talvez não faltasse. Uma das especialidades do Leão d'Ouro, bem ao gosto de Pessoa, é camarão. "Descasquei o camarão/ tirei-lhe a cabeça toda/ Quando o amor não tem razão/ É que o amor incomoda." Aproveitamos para provar um ensopado, servido desde os tempos do poeta, que vale mesmo a pena.

ENSOPADO DE CAMARÃO

Ingredientes: 500 g de camarão pequeno, 300 g de pão de trigo, 4 colheres de sopa de leite, 750 g de tomates, 2 cebolas grandes, 3 colheres de sopa de vinho branco seco, 2 colheres de sopa de suco de limão, 5 colheres de sopa de azeite, 1 fatia de queijo, sal e pimenta a gosto.

Preparo: Refogue no azeite cebolas (em rodelas) e tomates (em cubos). Junte o camarão descascado. Deixe ferver por 10 minutos. Corte o pão em fatias finas. Junte leite, sal, pimenta e gotas de limão. Em caçarola grande com azeite, alterne camadas do pão e do refogado de camarão. Por cima da última camada de pão coloque vinho, o restante do leite (onde o pão esteve marinando) e queijo. Tampe a panela e deixe ferver. Sirva bem quente.

Jantar

"E tudo se me mistura — infância vivida à distância, comida saborosa de noite, cenário lunar." Nessas ocasiões, o ritual é sempre igual: primeiro o jantar e ao fim, invariavelmente, um cigarro. Mas só quando o dinheiro anda curto; que, podendo gastar um pouco mais, então fuma charuto, complemento necessário à boa mesa. Nesse jantar, sempre às 7h da noite, como entrada se serve de sopa. Segundo Alfredo Margarido, *davam-lhe caldo verde em casa, mas em Durban não havia caldo verde, porque as couves não queriam nada com essa costa inóspita*. A sobrinha Manuela Nogueira confirma seu gosto: *O tio Fernando estimava sempre as sopas que então se faziam lá em casa, sobretudo o caldo verde*. É prato não de Lisboa, mas do Douro e do Minho. A sopa, inicialmente amarelada pela predominância das batatas, acaba ficando verde pela couve, posta por cima e cortada bem fininha (como couve à mineira).

CALDO VERDE

Ingredientes: 500 g de batatas, 1 paio, 2 dentes de alho, 4 colheres de sopa de azeite, 200 g de couve, sal.

Preparo: Cozinhe as batatas em 2 litros de água com paio (cortado em rodelas) e sal. Cozidas as batatas, esprema e misture com o caldo. Junte couve, a metade do azeite e deixe no fogo até que a couve esteja cozida. Ao servir, acrescente o restante do azeite.

Por vezes vai ao Café Martinho, no antigo Largo Camões, então conhecido como o Martinho do Camões — onde sempre se encontravam Eça de Queiroz e seus amigos. Lá discutiu-se a criação da Solução Editora; e Almada Negreiros recitou pela primeira vez, sobre uma mesa, seu "Manifesto anti-Dantas". Para Marina Tavares Dias, era o *local mais luxuoso e elegante de Lisboa, restaurante à la carte*. Fundado em 1845, fechou portas em 1959, sendo ali construído o Banco BPI. Mas, considerando seus gostos, não se pode pensar em sopa sem falar na açorda. À palavra recorre com enorme frequência, no "Ultimatum" e em tantos outros textos. "O Chiado sabe-me a açorda, corro ao fugir do Tejo lá em baixo." O prato usualmente se faz com peixe, lagosta ou camarão; como este, servido na Irmãos Unidos,[413] ponto de encontro dos poetas futuristas — na Praça do Rossio, 112, também com entrada pela Praça da Figueira.

AÇORDA DE CAMARÃO

Ingredientes: 400 g de camarão, 1 litro de água, 1 ramo de salsa, 3 colheres de vinho branco seco, 500 g de pão duro, 4 colheres de sopa de azeite, 3 dentes de alho, 1 malagueta pequena, 1 ramo de coentro, 3 gemas de ovo, sal e pimenta a gosto.

Preparo: Cozinhe os camarões em água temperada com sal, salsa e vinho branco. Passe na peneira. Descasque os camarões. Junte o pão ao líquido onde foram cozidos os camarões. Num tacho largo e fundo, coloque azeite e os alhos já esmagados. Junte camarão, malagueta cortada em pedaços e pão espremido. Leve tudo ao fogo e mexa, com colher de pau, até formar uma papa mole e uniforme. Tempere com sal, pimenta e coentro picado. Junte as gemas, mexa e sirva logo.

O prato preferido

Uma vez por semana, faz refeições com o primo Mário Nogueira de Freitas. Quinta-feira à noite, em casa de Lobo d'Ávila, professor das universidades de Lisboa e de Coimbra.[414] Sábado, na "casa daquele meu amigo onde costumo jantar" (carta a Ophelia, 2/10/1929). Por vezes com o *tio*, primo segundo António Maria Pinheiro Silvano; ou com o primo José de Andrade Neves e sua mulher, Titita. Engraçado é que, para honrar a nacionalidade, seu prato preferido deveria ser bacalhau — sem nenhuma referência a ele em nenhum dos seus papéis. Apenas cita um "bacalhau à Salazar", ironizando o primeiro-ministro; e certo "bacalhau à Guedes", que seria um capítulo da novela *O caso Vargas*, do qual ficou apenas uma frase: "Ele não tem corpo para tomar aguardente, lhe faz mal, disse o tendeiro intrigado." Mas o prato de sua preferência é mesmo dobradinha[415] à moda do Porto.

---

[413] Não, seus fundadores não foram irmãos, mas apenas bons amigos. Depois de fechar, a área foi anexada à Camisaria Moderna.

[414] Talvez como paga Pessoa fez versão de texto seu, para o inglês, a ser publicado no *Financial Times*.

[415] Dobrada (ou dobradinha) é o nome que se dá, na culinária, ao bucho de animais (especialmente o boi) cozido em pequenos pedaços, servidos com feijão-branco.

DOBRADINHA À MODA DO PORTO

Ingredientes: 1 kg de dobradinha de vitela (tripas, folhas, favos e a touca), 1 mão de vitela, 150 g chouriço, 150 g de toucinho entremeado ou presunto, 150 g de salpicão, 150 g de carne de cabeça de porco, 1 frango, 1 kg de feijão-manteiga, 2 cenouras, 2 cebolas grandes, óleo (ou azeite), salsa, 1 folha de louro, sal e pimenta.

Preparo: Lave bem a dobradinha, esfregando sal e limão. Cozinhe em água e sal. Reserve. Em outra panela, cozinhe as outras carnes e o frango. Reserve. Cozinhe também feijão com cebola e cenoura cortada em rodelas. Em tacho grande coloque óleo (ou azeite) e cebola. Junte todas as carnes cortadas em pedaços grandes. Depois feijão. Tempere com sal, pimenta, louro e salsa. Deixe no fogo por meia hora. Sirva em terrina de barro ou porcelana, com arroz branco.

Tanto aprecia o prato que lhe dedica poema, escrito num dos poucos restaurantes da região, o Ferro de Engomar — ainda hoje funcionando na Estrada do Benfica. Há controvérsias em relação ao sentido do poema. *Metáforas*, no dizer de Tereza Rita Lopes. *Uma possibilidade de amar*, segundo Eduardo Lourenço. É que, para comentadores de sua obra, esse "amor como dobrada fria" do poema seria o homossexual.

Um dia, num restaurante, fora do espaço e do tempo,
Serviram-me o amor como dobrada fria.
Disse delicadamente ao missionário da cozinha
Que a preferia quente,
Que a dobrada (e era à moda do Porto) nunca se come fria.

Impacientaram-se comigo.
Nunca se pode ter razão, nem num restaurante.
Não comi, não pedi outra coisa, paguei a conta,
E vim passear para toda a Rua.

... se eu pedi amor, porque é que me trouxeram
Dobrada à moda do Porto fria?

"Dobrada à moda do Porto", Álvaro de Campos

O prato é também conhecido como tripas à moda do Porto, sendo os naturais do Porto conhecidos como *tripeiros*. Sem consenso em relação à origem da expressão. Versão mais difundida é a de que o Infante D. Henrique, precisando abastecer as naus em viagem para a tomada de Ceuta (1415), pediu aos seus habitantes que lhe dessem todos os alimentos disponíveis, razão pela qual a cidade, por bom tempo, teria se alimentado basicamente de tripas. Como as dessa dobradinha. Já os de Lisboa são *alfacinhas*. Na cidade grega de Atenas, próximo a onde nasceu Ulisses, as mulheres semeavam alface nos telhados para assegurar fartura nas colheitas. Sem registro dessa lenda em Portugal. O jornalista José Carlos Vasconcelos, do *Jornal de Letras* (de Lisboa), lembra versão de que a expressão seria referência ao bairro da Alfama, bem na zona do porto, o primeiro da cidade — que, segundo ele, *florescia pelo comércio de trocas e baldrocas*[416] (bugigangas). Para outros, trata-se de planta endêmica dos Açores, a *Lactuca watsoniana trelease*, popularmente chamada *alfacinha* — de aspecto, entretanto, bem diferente da alface. Provavelmente outra hipótese incorreta, sem mais nenhum registro atual dessa planta em Lisboa. Alfacinha, como sugere o nome, teria então vindo mesmo de alface, herança moura à cultura lusitana. Segundo o Gabinete de Estudos Olisiponenses, a origem da designação perdeu-se. Há quem diga ser assim porque então verdejavam alfaces nas colinas lisboetas. Outros sustentam que, num dos cercos à cidade, os habitantes tinham como alimento quase exclusivo essas alfaces cultivadas em suas hortas. Outra hipótese improvável. Ou talvez se dê que a cidade seja, desde há muito, abastecida por legumes, entre eles alface, plantados pela gente pobre na própria região. Especialmente Sintra, *altar de nuvens sobre a Serra*, para Mário Beirão; cidade sempre "envolta num fino véu de neblina, banhada, outras vezes, num grande esplendor de luz". A mesma Sintra que levou Lord Byron (1788-1824) a dizer, por sua culinária e seus rapazes, que *Lisboa estava às portas do paraíso*.

> Ao volante do Chevrolet pela estrada de Sintra,[417]
> Ao luar e ao sonho, na estrada deserta,
> Sozinho guio, guio quase devagar, e um pouco
> Me parece, ou me forço um pouco para que me pareça,
> Que sigo por outra estrada, por outro sonho, por outro mundo,
> Que sigo sem haver Lisboa deixada ou Sintra a que ir ter
> Que sigo, e que mais haverá em seguir senão não parar mas seguir?
> (...)

---

[416] Baldroca, só para lembrar, é *trapaça*.

[417] Trata-se (provavelmente) do primeiro exemplo de *merchandising* no campo da poesia; visto que Pessoa, à época em que escreveu esse verso (11/5/1928), trabalhava na Empresa Nacional da Publicidade, uma agência controlada pela General Motors, fabricante dos automóveis Chevrolet. Valendo ainda lembrar que um dos poucos gostos requintados de Pessoa era passear de automóvel. "Deixarei sonhos atrás de mim, ou é o automóvel que os deixa?". Em 1939, no que talvez seja o primeiro registro brasileiro similar, Manezinho Araújo (em "O carrité do coroné") também prestigiou a marca: *Seu dotozinho carrega mulé dos home/ Tá bancando lobisome/ Tendo carro Chevrolet*.

Na estrada de Sintra ao luar, na tristeza ante os campos e a noite,
Guiando o Chevrolet emprestado desconsoladamente,
Perco-me na estrada futura, sumo-me na distância que alcanço,
E, num desejo terrível, súbito, violento, inconcebível,
Acelero...
(...)
Na estrada de Sintra, perto da meia-noite, ao luar, ao volante,
Na estrada de Sintra, que cansaço da própria imaginação,
Na estrada de Sintra, cada vez mais perto de Sintra,
Na estrada de Sintra, cada vez menos perto de mim...[418]

Sem título (11/5/1928), Álvaro de Campos

Restaurantes e cafés de Lisboa

Pessoa gosta de lugares "em que há sobrelojas com feitio de taberna decente", onde se sirva "refeição pesada e caseira de restaurante da vila sem comboio", por "desejo de sossego e conveniência de preços". São, segundo seu companheiro Gaspar Simões, *o lugar mais íntimo que lhe era dado conhecer desde que, com poucos anos, perdera para sempre seu verdadeiro lar*. Segundo Maria Aliete Galhoz, *Lisboa revive, pelos seus cafés, em amizade e seus vazios, toda essa juventude em explosão*. Ali estão "tipos curiosos, caras sem interesse, uma série de apartes na vida"; razão por que compara "essas figuras dos cafés" a "certos duendes de sonhos, cujas recordações nos deixam um sabor a um nojo passado", bem diferente dos "homens autênticos que passam pelas ruas". Mas nem sempre eram anônimos, esses com quem se encontrava. A partir de 1905, já vimos, passa muitas noites junto com o tio Henrique Rosa, nos cafés de Lisboa; e, nessa perambulação, encontram nomes importantes das letras portuguesas. Entre esses o espanhol (de Bilbao), filho de português, Raimundo António de Bulhão Pato (1824-1912) — segundo lenda corrente hoje nos restaurantes por onde andou, agora contada por garçons que nem eram nascidos àquela época.

Supersticioso (jamais se sentava em mesa com 13 pessoas), era ele *o homem fatal de sua geração, tipo viril, encarnação ideal de apetites românticos e soberano das mulheres*, assim foi definido por José Quitério. *Poeta medíocre e escritor secundário, a bem dizer sem obra*, segundo Vitorino Nemésio. O

---

[418] Em poema (sem título) de 1913, sobre os sinos de sua aldeia, que assinou com seu próprio nome, já se vê construção parecida: *Sinto mais longe o passado,/ Sinto a saudade mais perto*.

mesmo Pato que chegou a ser caricaturado por Eça: primeiro em *Os Maias*, no personagem do poeta Tomás de Alencar — um caçador que se gabava de ter pontaria certeira, com *longos bigodes românticos* e adorador de meninas; e, depois, no conto *José Matias*, ao reproduzir com desprezo poemas de Pato (do livro *Versos*). Apesar da diferença nas idades (Pato morreu em 1912, com 84 anos), o gosto literário os teria unido. Menos por seus livros, dos quais o mais conhecido (e nem sempre elogiado) foi *Paquita* (1866), sobretudo por suas traduções de Shakespeare — *Hamlet* (1879) e *O mercador de Veneza* (1881). Gastrônomo compulsivo e cozinheiro respeitado, deixou receitas famosas como açorda à andaluza, arroz opulento, lebre à Bulhão Pato ou perdizes à castelhana. Ironicamente, acabou mais conhecido por prato que não é seu (mas do amigo João da Mata, dono de restaurantes em Lisboa). Forjaz Sampaio resume seu destino: *É mais do que possível que a traça tenha comido todos os exemplares de Paquita, e seja o verme o derradeiro leitor dos seus versos, mas não falta nunca quem coma as amêijoas* — um pequeno marisco da região da Extremadura, que se parece com a lambreta brasileira. Tenha ou não conhecido esse escritor, era uma de suas receitas preferidas:

AMÊIJOAS À BULHÃO PATO

Ingredientes: 2 kg de amêijoas, 2 dl de azeite, 4 dentes de alho, 1 molho de coentro, 1 limão grande, sal e pimenta.

Preparo: Deixe as amêijoas de molho em água com sal, durante 2 ou 3 horas. Antes de cozinhar, escorra e passe por várias águas. Corte os alhos em rodelas e pique o coentro. Ponha no fogo um tacho com azeite e alhos. Quando estiver quente, junte o coentro e deixe até que estalem. Acrescente as amêijoas e tape, com o cuidado de ir virando as amêijoas para que passem por baixo. Quando estiverem todas abertas, retire-as do fogo e tempere com pimenta e sumo de limão a gosto.

Pessoa também frequenta carvoarias — restaurantes simples, especializados em pastéis de bacalhau; tascas — botequins modestos, que servem petiscos e vinhos no barril; e casas de pasto — para refeições em geral. Quase sempre, assim diz Albino Forjaz de Sampaio (1884-1949), pertencentes a *honrados trabalhadores da Galiza* (região da Espanha, fronteira com o Norte de Portugal). *Ninguém como eles sabe preparar o "chispe com eras", "a méis unha"* (mão de vaca), *as "canoas de pescada".* Era o galego *que dava ao alfacinha, por pouco dinheiro, o bacalhau cozido e a meia desfeita* (bacalhau com grãos), *a saborosa dobrada, a riquíssima feijoada, o grão espinafre, as canoas de pescada e a pescada cozida, o caldinho-brinde ao freguês quando fechava o repast*. Esses galegos substituíram, no país, a mão de obra negra desaparecida com o fim da escravatura. Faziam serviços domésticos, vendiam água em tonéis e acendiam os lampiões a gás. Pouco a pouco, passaram também a montar estabelecimentos populares com preços bem modestos. "Depois de comer [e de beber], quantas pessoas se sentam em cadeiras de balanço, ajeitam-se nas almofadas, fecham os olhos e deixam-se viver."

Aos domingos, está sempre no Montanha — inaugurado em 1864 e que fechou portas em 1952. Ali, conhece José Régio e João Gaspar Simões no único encontro, em 1930, que reuniu esses três escritores — aquele em que Pessoa se pôs na pele de Álvaro de Campos. Por vezes também vai ao Tavares Rico, Rua da Misericórdia, 35-37-39, no Chiado. O restaurante preferido por Eça de Queiroz. Criado em 1784 como O Valão, tem três portas embaixo (uma delas dando acesso aos andares superiores), protegidas por marquise estilizada em flores, segundo piso com varandas gradeadas de ferro verde, arcos e fachada de azulejos decorativos de época — um pouco de luxo ocasional a polir sua modéstia. Na sobreloja fica um salão de chá, o Tavares Pobre. Ao tempo de Pessoa, já não pertence aos irmãos Tavares, Manoel e Joaquim (como se espera, dado serem portugueses), que aos clientes se dirigiam sempre em versos. Pensando no Tavares, o amigo Jorge Courtelide lhe diz que *mais facilmente se muda de religião que de café*.

Segue a relação. O Café Gibraltar, em que, à noite, quase sempre, está Almada Negreiros; o Chave d'Ouro, onde se reúnem políticos de todas as tendências — "Do terraço desse café olho tremulamente para a vida". Ali deu-se mais tarde (em 10/05/1958) famosa conferência à imprensa. Em que o correspondente da France Press, Lindorfe Pinto Basto, perguntou: "se for eleito presidente da República [nas eleições de 8 de agosto de 1958], que fará [com Salazar]?" E Humberto Delegado, *o general sem medo*, respondeu "obviamente demito-o".[419] E a Tendinha do Rossio, ao lado do Cerco da Bandeira, famosa pelas presenças habituais do pintor José Malhoa (1855-1933) ou do escritor algarvio Júlio Dantas (1876-1962). Neste, depois, foi aposta placa em homenagem ao grupo do *Orpheu*, que ali também se reunia, com nomes (pela ordem em que estão na placa) de Fernando Pessoa,

---

[419] Frustradas duas conspirações para derrubar o regime, em princípio de 1959, Delgado pediu asilo na embaixada brasileira; e, em 13 de fevereiro de 1965, na fronteira de Badajoz, acabou assassinado por um comissário da polícia de Salazar.

José Pacheco, Armando Côrtes-Rodrigues e José de Almada Negreiros — ausentes dela, sem razão aparente, Luís de Montalvor; mais, fora o fato de serem brasileiros, Eduardo Guimarães e Ronald de Carvalho. O Nicola do Rossio, botequim onde se encontram políticos e literatos desde Bocage — o mesmo que dizia ser ele *o último café do Rossio*.[420] Em seu lugar, hoje, estão os cafés Nicola (novo, transformado em snack-bar) e Pic-Nic. Bem próximo está o Café Gelo, frequentado por jovens revolucionários dos tempos da monarquia, que depois transfeririam seu ponto de encontro para o Café Áurea Peninsular, na Rua do Arco da Bandeira. Ainda vai ao Café Royal, do cais do Sodré. Ao Café-Restaurant Gibraltar — *breakfast, dinner and supper, billiards.* À Adega Vale do Rio. Ao Café La Gare. Ao Café Suíço, onde é apresentado a Camilo (de Almeida) Pessanha (1867-1926). Ao Hotel Alliance. E só não vai ao Café Fernando Pessoa, da Praça Cid Luso, por não existir à época. Faltando ainda, nessa relação, os dois cafés que mais marcaram sua vida.

Brasileira do Chiado

Primeiro desses dois cafés é a Brasileira do Chiado, na Rua Garrett (antiga do Chiado), 120-122. Naquele tempo, o nome era escrito com *z — A Brazileira, Casa Especial de Café do Brazil, Lisboa, Porto, Sevilha, Câmbios e Tabacos.* Segundo anúncio publicado pelo *Diário de Notícias*, no dia de sua inauguração (19/11/1905), vendia *chá, farinha, goiabada, tapioca, pimentinha, vinhos e azeites.* Para Marina Tavares Dias, o *nome era um chamariz para a venda de café do Brasil;* tendo seus frequentadores como brinde, gratuitamente, uma xícara de café moído na hora. Ali nasceu a expressão, bem típica dos cafés de Lisboa, *tirar uma bica*[421] (servir uma xícara de café). Só que as demais eram pagas. E *O Jornal* reagiu a um dos aumentos em seu preço: *O grande crime! Um pataco de café na Brasileira passa a custar meio tostão. Indignação, frases célebres, silêncios, protestos.* Quando se refere só a A Brasileira, é sempre essa do Chiado. "De noite, na Brasileira, falando com Corado, depois na Brasileira do Rossio, Côrtes-Rodrigues e Lacerda." A entrada, com a reforma de 1925, mais parece ferradura — apenas uma porta (hoje são três), em batente de ferro e vidro que imita um tapete de entrada.

---

[420] Conta-se que uma noite amigos se fingiram de bandidos e perguntam — *Quem és tu? De onde vens?, Para onde vais?* Responde o português — *Sou o poeta Bocage,/ Venho do Café Nicola,/ Irei para o outro mundo/ Se disparar a pistola.*

[421] Equivalente, no Porto, a *tirar um cimbalino* — a partir da marca italiana de fazer café, La Cimbali.

A Brasileira do Chiado

Lembrava, em menor escala, a estação dos caminhos de ferro do Rossio, no Largo D. João da Câmara — que ostenta, em nicho, estátua de um D. Sebastião adolescente. Nela, bem em frente ao café, está hoje uma estátua de bronze em tamanho natural — mesinha de bar com duas cadeiras, numa Pessoa sentado, a outra vazia. Seu autor, o escultor português (António Augusto) Lagoa Henriques (1923-2009), explica: *Pareceu-me necessário fazer a escultura descer do pedestal e aproximá-la das pessoas. Tanto que acrescentei uma cadeira, para ele poder estar acompanhado* (entrevista ao *Diário de Notícias*, 18/3/2006). Assim se deu mesmo. Que turistas sentam alegremente, nessa cadeira sem dono, para previsíveis fotos. Muitos sem nem sequer suspeitar quem teria sido realmente aquele homem soturno, de hábitos previsíveis, que jamais se sentaria em uma mesa daquelas com estranhos.

Martinho da Arcada

O outro café era o Martinho, no Terreiro do Paço 3, esquina com a Rua da Alfândega, o mais antigo café de Lisboa. De lá se vê o Tejo, entre as arcadas do térreo do edifício. Inaugurado em 7 de janeiro de 1782 como Casa da Neve (neve é *gelo*), pertencia então a Martinho Bartolomeu Rodrigues, *contratador oficial da neve vendida em Lisboa*. Àquele tempo, era iluminado por lampiões de azeite e tinha cadeiras e mesas *no passeio*. Esse passeio é não propriamente uma calçada, mas espaço de 5 metros, entre a entrada do restaurante e as colunas externas do edifício — separadas essas colunas, do meio-fio da rua, por uma calçada propriamente dita. Dois anos depois trocou nome para Casa de Café Italiana, em homenagem à nacionalidade do pai de seu proprietário; em 1795, para Café do Comércio; em 1824, Café Arcada do Terreiro do Paço; em 1830, Café Martinho; e só em 1945, quando foi inaugurado um outro Martinho (o do Camões), passou ao nome atual de Café Martinho da Arcada. Segundo Luís Machado era *local de conjurações, pouso habitual de jacobinos, liberais, maçons, anarquistas e republicanos. Nas suas mesas discutiram-se regimes, contestaram-se políticas, desafetaram-se revoluções. O café recende ao século XVIII, a esse tempo pouco menos que esquecido em que os invasores franceses de* [Jean-Andoche] *Junot* [em 1807] *vinham por aqui arrastar os sabres e dissipar o tédio*, lembra Pierre Hourcade. Em seguida, o mesmo Hourcade descreve Pessoa *sentado a uma alta mesa de mármore, onde fumega o eterno café português. Esforço-me por esquecer o cenário e só*

No Martinho da Arcada, Pessoa (à direita), Augusto Ferreira Gomes (em pé), António Botto e Raul Leal

tenho olhos para a entrada do mágico. Julgava-o pequeno, melancólico e amorenado, preso ao funesto encanto na "saudade" com que se intoxica toda sua raça — e esbarro subitamente com o olhar mais vivo, um sorriso firme e malicioso, um rosto transbordando de vida secreta... O meu coração batia mais acentuado, a minha atenção excessivamente concentrada era confundida, como se o ar que se respirava em torno de Fernando Pessoa fosse mais rico em oxigênio, na meia penumbra do Martinho da Arcada. Ali, partilha jantar com a família Sá Mourão, proprietária do estabelecimento. Com o tempo, seu jantar passa a ser apenas sopa. O velho Mourão, preocupado com o amigo, inventa uns ovos estrelados com queijo que põe sobre ela para dar à refeição alguma sustança. Nesse Martinho da Arcada, mais famosa das sopas é a Juliana.

SOPA JULIANA

Ingredientes: 2 litros de água, 3 colheres de azeite, 2 alhos franceses (échalote), 2 cenouras grandes, 2 dentes de alho, 1 nabo grande, 2 cebolas médias, 1 aipo, 5 folhas de couve-lombarda, 2 folhas de alface, 100 g de ervilhas, 50 g de manteiga, 1 colher de açúcar, sal e pimenta a gosto.

Preparo: Coloque em uma panela água, azeite, sal, pimenta e açúcar. Em outra panela refogue cebola e alho com azeite. Junte ervilhas, alhos franceses, cenouras peladas, nabo descascado, aipo, folhas de couve e de alface. Junte o refogado ao caldo. Tempere com sal, pimenta, azeite e manteiga. Deixe no fogo por 10 minutos e sirva.

Pessoa também usa o Martinho como escritório. Lá chega, invariavelmente, por volta das 7h da noite. Senta-se à mesma pequena mesa de mármore cinza-escuro e nela espalha os papéis da inseparável pasta preta que carrega debaixo do braço. Seu atual proprietário, António Barbosa de Souza, faz questão de apontar essa mesa a turistas e admiradores (ela e uma outra, em que se sentava Saramago). Mobília pesada, chão de taco, pequeno ventilador no teto, o cenário já naquele tempo é obsoleto como o próprio Pessoa. Nos meses que precedem sua morte, abandona todos os demais cafés "onde tenho agora sido infrequentíssimo" e vai só a esse Martinho. Seria o último café de sua vida.

É como se esperasse eternamente
A tua vinda certa e combinada
Aí em baixo, no Café Arcada —
Quase no extremo desse continente.

"Sá-Carneiro", Fernando Pessoa

Donec eris felix, multos numerabis amicos
(Enquanto fores feliz, terás muitos amigos. Ovídio)

Os lugares em que mora

"O navegante de coração sombrio
Sabe que há lares felizes porque não são os dele."
"Desolation", Fernando Pessoa

As casas

"A nossa vida não tinha dentro. Éramos fora e outros." Essa vida *fora* também consumiu nos lugares onde morou. Sempre em casas alugadas, que jamais teve recursos (ou vontade) para comprar uma. Roupas, durante quase toda a vida, eram lavadas fora por dona Irene, mãe de Guiomar — aquela moça bem simples, assim confessou na "Tabacaria", com quem pensou um dia casar. Quando esteve junto à família, invariavelmente contribuiu financeiramente por cama e comida. Numa lista de dívidas (1913), consta *10 meses e meio de aluguéis* devidos à tia Anica. Na casa das tias-avós, há recibo por *catorze meses de alimentação*. Com a irmã Teca não, segundo me assegurou Manuela Nogueira — filha dessa Teca. E tantas vezes se mudava que para correspondência, durante muitos anos, recorreu a uma caixa postal — o *apartado 147*. Como disse a Carlos Lobo de Oliveira (17/5/1928), era "minha morada perpétua". A Gaspar Simões (26/5/1931), fornece endereço para as cartas: "Bem entendido que *postalmente* esses endereços não são válidos, não existe senão o apartado 147, como sempre." De registro, nesse campo, só uma estranhíssima comunicação a Côrtes-Rodrigues (4/8/1923), em que diz: "Se extraviar esta carta, e esquecer portanto o 147, lembre-se que basta por *Fernando Pessoa – Caixa Postal – Lisboa*. Mesmo sem número que me chega às mãos." Sem se entender, caso extraviada mesmo a carta, como poderia o pobre Côrtes-Rodrigues saber disso. Ninguém é perfeito.

Em setembro de 1905, nos preparativos para voltar definitivamente a Lisboa, o padrasto *escreveu ao irmão* [o general Henrique Rosa] *pedindo- -lhe que lhe desse algum apoio*, segundo a irmã Teca. Mas nunca morou com ele. Seu primeiro abrigo, ali, se deu com as tias-avós Maria e Rita e a avó Dionísia; primeiro, na casa de férias delas — Rua de Pedrouços, 45 (Pedrouços), térreo; depois, na residência principal — Rua da Bela Vista, 17, 1º andar (Lapa). Em seguida, vai morar com a tia Anica, já então viúva, na Rua de São Bento, 98. Hoje, uma placa lembra que *no 2º andar esquerdo desta casa morou, entre 1905 e 1906, o poeta Fernando Pessoa*. No começo de outubro de 1906, em mais uma féria sabática do padrasto, vai com a família para a Calçada da Estrela, 100, 1º andar — onde morre a irmã Maria Clara, com apenas 2 anos, em 11 de dezembro de 1906. A família volta a Durban em maio de 1907 e Pessoa novamente fica com as duas tias-avós e a avó louca — que morre pouco depois, em 6 de setembro, no hospício de Rilhafoles. O jornal *O Século*, no dia seguinte, noticia: *Fernando António Nogueira Pessoa cumpre o doloroso dever de participar a todos os seus parentes e pessoas das suas relações de amizade o falecimento de sua querida avó D. Dionísia de Seabra Pessoa.*

A convivência naquela casa, com o tempo, foi ficando conflituosa. Sobretudo porque as tias-avós, não aceitando sua decisão de deixar de estudar, lhe pedem para ser mais responsável. Sem contar que, dado ser filho de tuberculoso, também querem que faça exercícios físicos. No diário, em julho de 1907, anota: "Acabo de ter uma espécie de cena com a tia Rita" — no caso, por não obedecer às prescrições de seu professor de ginástica sueca, Luís da Costa Leal Furtado Coelho. E tantos foram esses incidentes que em novembro de 1909, dado já ter recursos para tanto (recebidos no inventário da avó), afinal decide morar sozinho. Então se muda para apartamento na Rua da Glória, 4, térreo, próximo de onde instalaria sua editora Íbis — na Rua Conceição da Glória, 38-40, térreo. Depois, desativada a editora, muda-se para o Largo do Carmo, 18/20 — mesmo endereço da Agência Internacional de Minas (onde trabalhou), dirigida pelo primo Mário de Freitas. Ali ficaria até fevereiro de 1911, quando tia Anica volta dos Açores com os filhos Mário e Maria Madalena. Pessoa é padrinho dos dois. Com essa tia, ficam também as tias-avós; mas não por muito tempo — que uma dessas tias, Maria, morreria em 21 de setembro de 1914, no apartamento alugado que ocupavam na arborizada Rua de Passos Manuel, 24, 3º andar esquerdo. Era esse "o terceiro andar das tias [agora só Anica e Rita], o sossego de outrora". Em fevereiro de 1914, ainda se mudam para a Rua Pascoal de Melo, 119, 3º andar direito. Mas, em novembro do ano seguinte, tia Anica parte para a Suíça com a filha e o genro, Raul Soares da Costa, inscrito num curso de especialização em engenharia naval — a profissão de Álvaro de Campos. Sem que se explique como alguém pode se especializar nas coisas do mar em país sem costas como a Suíça. "Agora que a minha família que aqui estava foi para a Suíça desabou sobre mim toda a casta de desafios que podem acontecer. Por isso, estou numa abulia absoluta ou quase absoluta." A restante tia-avó, Rita, morrerá sozinha (em 1916) na sua casa da Pedrouços. Pessoa, desde o ano anterior, voltara a perambular em apartamentos alugados. Segundo Miguel Real, *não se suicida fisicamente, como o seu íntimo amigo Mário de Sá-Carneiro, mas suicida-se socialmente, vagabundando por quinze quartos alugados* [foram mais] *em vinte anos* [também mais] *de existência solitária, embebedando-se dia a dia de aguardente e poesia.*

> Aqui neste profundo apartamento
> Em que, não por lugar, mas mente estou,
> No claustro de ser eu, neste momento
> Em que me encontro e sinto-me o que vou,
>
> Aqui, agora, rememoro
> Quando de mim deixei de ser
> E, inutilmente, ... choro
> O que sou e não pude ser.
>
> Sem título (1924), Fernando Pessoa

Rua Coelho da Rocha

Finalmente, em 29 de março de 1920, muda-se com a mãe (novamente viúva) e seus três meios-irmãos para imóvel pertencente ao coronel Carlos Augusto Chicorro da Costa — na Rua Coelho da Rocha, 16, primeiro andar direito, bairro de Campo de Ourique. Foi lá, nessa primeira freguesia de Lisboa (a de Santa Isabel), que se deram motins prenunciando o Regime Liberal (de 1834). O *título de arrendamento*, não obstante firmado em 1º de abril, tem vigência desde 1º de janeiro — assinado por Pessoa, como procurador da mãe, qualificada como residente em *Pretória, Transval, União Sul-africana*. Vizinha de porta, Virgínia de Sena Pereira é tia-avó do poeta Jorge de Sena. Com ela vive também uma filha do seu primeiro casamento, que tinha o mesmo nome. Para esse sobrinho Jorge, eram *as Sena-Pereiras*. Sena é autor de curioso poema, "Portugal, Brasíl", um dos mais curtos já escritos, de um só verso — *Tal pai, tal filho*. Mas não entrou para a história por esse pequeno poema; que outro, ainda mais sucinto, escreveria Oswald de Andrade — com título "Amor"; e só uma palavra de texto — *Humor*.

Provavelmente será só coincidência; mas Frederico Valsassina anunciou, nos números 3, 4 e 5 da revista *Athena* (dirigida por Pessoa), seu livro de versos *Amor e bom humor*. Depois Agostinho da Silva (1906-1994) escreveu um "Soneto de Álvaro de Campos a seu heterônimo Pessoa", com a mesma inspiração: *Quis eu ser o teu pai e fiquei filho/ Tomou a criatura ao criador/ De amante fez amado um fraco amor/ Amassei eu o pão e me fiz milho — vê lá Pessoa se refazes tudo/ E me lanças de novo aos temporais/ Em vez do poço em que por mim te escuto*. Findando aquelas palavras de Sena em mãos de Pessoa, num poema que diz assim:

> Esse tal Robertson,[422] diz Jesus Cristo
> Ao seu divino Pai
> Tem o ousio[423] de dizer que eu não existo
>
> Deixa-o, disse Deus Padre. Eis a verdade:
> Tal pai, tal filho; é natural assim
> E o não existir é qualidade[424]
> Que tu herdas de mim.
>
> "Tal pai, tal filho", Joaquim Moura Costa

A esse apartamento de dona Virgínia vai Pessoa com frequência; tantas vezes que, segundo me segredou seu vizinho António (filho do barbeiro Manassés), corria nas ruas a maledicência de que tinham um *namorico*; quando essas idas se davam só para trocar livros e conversar em inglês — dado ter ela vivido anos em Boston, como esposa do cônsul de Portugal naquela cidade americana. E para usar seu telefone. Em *cartão de apresentação*, faz constar o número 41.350, indicando: "Pedir o favor de chamar, ao lado, o senhor Fernando Pessoa." Quando, em 1925, passa a morar com Teca e nasce a sobrinha Manuela, esse quarto da frente é reservado à criança. O seguinte, para irmã e cunhado. Sem janelas. Depois aquele de Pessoa. Também sem janelas. Pequeno como os de empregado e *um bocadinho triste*, assim o definiu António Manassés — que tantas vezes acompanhou seu pai nas idas àquele quarto, para a barba. *O pior que podia haver*, com-

---

[422] Trata-se de John MacKinnon Robertson (1856-1933), filósofo, crítico literário e político liberal. Pessoa tinha 23 livros dele em suas estantes, entre eles *Christianity and mythology* (1900), *Pagan christs* (1903), *The historical Jesus* (1916) e *Jesus and Judas* (1927). Depois de J.S. Fletcher (27), nenhum outro autor teve tantos. Seguindo-se Teixeira de Pascoaes (15); e H[erbert]. G[eorge]. Wells (1866-1946), 13.

[423] Ousadia.

[424] Numa primeira versão, "esse não existires".

pletou. Só que, por ser mais protegido que os demais — especialmente numa cidade com invernos frios —, convinha ao seu físico frágil. Tanto que, mesmo quando a família foi para Évora ou Estoril, *não se mudou para o quarto da frente* (com janela) — a lembrança é de Manuela Nogueira. "O meu quarto é uma coisa escura com paredes vagamente brancas." À esquerda, espaço apenas para caminhar ao lado da cama, quase dando os ombros nas "paredes reles do meu quarto vulgar". À direita, encostada na parede da porta, uma cômoda alta em que escrevia quase sempre de pé. E, entre esse móvel e a cama, uma cadeira, como aquela que premonitoriamente cita em "Opiário" (1914): "Deixem-me estar aqui, nesta cadeira/ Até virem meter-me no caixão." Trocado o móvel para uma poltrona, em "A casa branca da nau preta" (1916): "Estou reclinado na poltrona, é tarde, o Verão apagou-se...". Ou trono, em "Abdicação" (1920): "Eu sou um rei/ Que voluntariamente abandonei/ O meu trono, de sonhos e cansaços."

> Há mais de meia hora
> Que estou sentado à secretária
> Com o único intuito
> De olhar para ela.
> (Estes versos estão fora do meu ritmo.
> Eu também estou fora do meu ritmo.)
> Tinteiro grande à frente.
> Canetas com aparos novos à frente.
> Mais para cá papel muito limpo.
> Ao lado esquerdo um volume da "Enciclopédia Britânica".
> Ao lado direito —
> Ah, ao lado direito
> A faca de papel com que ontem
> Não tive paciência para abrir completamente
> O livro que me interessava e não lerei.
>
> Sem título (3/1/1935), Álvaro de Campos

Lá funciona hoje a Casa-Museu Fernando Pessoa, criada em 1993 pela Câmara de Lisboa, que reúne alguns objetos pessoais (como os últimos óculos) e móveis (como a escrivaninha em que escreveu "O guardador de rebanhos"). Daquele apartamento por dentro, e mesmo do seu quarto, já nada resta; em razão de reforma modernosa, semelhante à que destruiu o apartamento em que nasceu — em ambos os edifícios preservadas apenas as paredes de fora. A irmã, em fins de 1927, acompanha o marido a seu novo posto militar em Évora, "que fica a quatro horas de comboio". Pessoa passa a estar com eles em alguns fins de semana. Assim se dá até os últimos meses de 1930, quando voltam a morar todos juntos em Lisboa. O segundo e último sobrinho, Luís Miguel, nasce em 1º de janeiro de 1931. Ano seguinte, irmã e cunhado constroem casa originalmente 5 (depois número 331) na Rua de Santa Rita, em São João do Estoril, bem em frente à hoje Rua Fernando Pessoa. Uma placa, junto ao portão, depois diria: *Aqui viveu Fernando Nogueira Pessoa.* Um quarto estará permanentemente à sua disposição. Apesar disso, no íntimo, sente que nada ali era verdadeiramente seu. "Em todos os lugares da vida... fui sempre, para todos, um intruso. No meio de parentes, como no de conhecidos, fui sempre tratado como alguém de fora. Para os mais naturalmente íntimos fui sempre um hóspede, que, por hóspede é bem tratado, mas sempre com a atenção devida ao estranho e a falta de afeição merecida pelo intruso."

Dessas temporadas no Estoril, a família registra um episódio apenas. É tarde, já quase escuro, e Pessoa não volta para o jantar, sendo encontrado imóvel, à beira de um penhasco, olhando o mar abaixo de seus pés. Jamais se soube o que pensava fazer. Talvez estivesse apenas olhando esse mar, claro. Mas é sugestivo que, num rochedo, tenha seu heterônimo Marino (marino é *do mar*) se lançado para o abismo. "Ai de mim — escorrego — afasta-te, mar terrível." Como que reproduzindo o que antes escrevera em carta a Ophelia Queiroz (9/10/1929): "Preciso cada vez mais ir para Cascais — Boca do Inferno mas com dente, cabeça para baixo, e fim, e pronto, e não há mais Íbis nenhum." Mesmo com casa no Estoril, continuam todos morando juntos na Rua Coelho da Rocha. Não por muito tempo; que, em 29 de novembro de 1935, Pessoa vai ao hospital São Luís dos Franceses. Em 1939, já sem ele, a família se muda para a Rua das Praças, 43, na Lapa; e, em 1953, para a Avenida da República, 48, 4º andar — onde morreria Teca, já viúva, em 1992.

Leiteria Alentejana — uma lenda

Nesse tema das moradias, destaque para a lenda de que teria morado, entre 1916 e 1919, no *lôbrego sótão da Leiteria Alentejana.* Responsável por essa versão romanceada é o primeiro biógrafo de Pessoa, João Gaspar Simões. Esse quarto na leiteria seria só uma divisória sem janelas, por cima da cozinha, com acesso por uma escada apertada — sem medir mais que 2 metros de largura por 2,5 metros de comprimento, e onde *mal cabia um catre*

[cama]. De noite, para ler (segundo Simões), aproveita lâmpada que fica acesa no estabelecimento e, durante o dia, serve-se do sol que penetra pela porta do saguão. Por isso escreve, quase sempre, em mesinha com tampo de mármore que fica no canto do salão comercial. Simões sugere que lá teria vivido Pessoa *por especial deferência* de seu proprietário, *um iletrado admirador alentejano das tertúlias da Brasileira*. Wardour, um espírito, inclusive chega a lhe recomendar: *Move to Sengo's house* (muda-te para casa de Sengo). Completando a confusão, Eduardo Freitas da Costa assegura que *Pessoa nem sequer conhecera o dito Sr. Sengo*.

Mas esse *Sr. Sengo*, como o chama Simões, nunca fez favor nenhum a Pessoa, não era tão iletrado assim, nem jamais participou de qualquer tertúlia. Manuel António Sengo, depois de transformar a leiteria em barbearia, era seu locador em dois quartos de apartamento que tinha na Rua Cidade da Horta, 58, 1º andar direito — onde também moravam dona Emília (amante de Sengo e governanta de Pessoa), sua filha (e de Sengo) Claudina e certa dona Júlia — antiga amante que, depois de abandonar Sengo, levou com ela todos os pertences dele que pôde reunir. Pessoa o conhecia bem, apresentados que foram pelo primo Mário de Freitas, posto que ultimavam um *negócio de lenhas* e precisavam da *colaboração técnica* de Pessoa. E tão próximo era que chegou a defender seus interesses junto a essa Júlia. A conclusão de Simões baseou-se no fato de ter Pessoa usado papel timbrado da *Leiteria Alentejana / de Manuel António Sengo / manteigas, pastelaria, confeitaria, vinhos finos e tabernas / Rua Almirante Barroso, 12* para algumas cartas — entre elas uma para Silva Tavares, de 16 de dezembro de 1916. Dando-se no caso que, após vender o imóvel, Sengo manteve escritório de comissões e corretagem bem ao lado de uma empresa de Pessoa, a F.A. Pessoa, utilizando para rascunhos ou cartas (ele e também Pessoa) esse papel timbrado do antigo endereço — como lembra o amigo e sócio (de Pessoa) Augusto Ferreira Gomes. Depois a leiteria passou a ser uma loja de vidros e espelhos. Ao tempo em que vi o edifício pela última vez, em 2006, estava abandonado. Sem nenhuma indicação de que entre aquelas paredes, no passado, um poeta sonhou. Velhas na calçada disseram que estava por ser demolido. Quando o for, mais um pedaço de seu passado terá morrido.

Relação das casas em que mora

Na literatura sobre Pessoa, por vezes ocorrem discrepâncias em alguns pontos, como no dos lugares em que morou. Por isso, na quase totalidade dos endereços aqui citados, usam-se os indicados por ele próprio na sua correspondência; em declarações a órgãos públicos, como conservatórias; ou, quando mais que um número seja referido por autores, e sempre que possível, a partir de conferência nos próprios locais. Aqui vão, por ordem cronológica, esses lugares:

Lisboa (infância)

– Largo de São Carlos, 4, 4º andar esquerdo; de 1888, quando nasce, a 1893. Morto o pai, muda-se a família para endereço mais barato.
– Rua de São Marçal, 104, 3º andar, 1893 a 1895, quando a mãe casa e vai para Durban (em começo de 1896).

Durban

– Hotel Bay View, em Musgrave Road, 1896.
– Tersilian House (sede da Chancelaria Portuguesa), Ridge Road, West Street, 157, de 1896 a 1901.

Lisboa (férias africanas)

– Rua de Pedrouços, 45, térreo, 1901, junto à família.

Tavira (férias africanas)

– Travessa da Rua Direita (número desconhecido), térreo, de 1901 até meados de 1902.

Açores – Angra do Heroísmo, Ilha Terceira (férias africanas)

– Rua da Palha (atualmente Rua Padre António Cordeiro), número desconhecido, 1902.

Lisboa (ainda férias africanas)

– Rua (hoje Avenida) Dom Carlos I, número 109, 3º andar direito, em Santos, de 1902 até voltar a Durban, nesse mesmo ano. Uma casa majestosa, como depois aquela situada na Calçada da Estrada — ambas alugadas pelo padrasto.

Durban (novamente)

– Tenth Avenue (número desconhecido), Perea, de 1902 até 1905.

Lisboa

– Rua de Pedrouços, 45, térreo (casa de férias das tias-avós e da avó Dionísia), 1905.
– Rua da Bela Vista, 17, 1º andar (casa principal das tias-avós e da avó Dionísia), endereço que dá nas cartas escritas por C.R. Anon, 1905.
– Rua de São Bento, 98, 2º andar esquerdo (casa da tia Anica), o endereço que imprimiu nos cartões de visita de Alexander Search, 1905 e 1906.

Lisboa (novas férias africanas da família)

– Calçada da Estrela, 100, 1º andar (com mãe, padrasto e irmãos, 1906 e 1907.

Lisboa (definitivamente)

– Rua da Bela Vista, 17, 1º andar (novamente casa das tias-avós e da avó Dionísia, que falece no primeiro desses anos), de 1907 a 1909.
– Rua da Glória, 4, térreo, 1909 e 1910.
– Largo do Carmo, 18/20, 1º andar esquerdo, 1910 e 1911.
– Rua Passos Manuel, 24, 3º andar esquerdo (mais uma vez casa da tia Anica — onde morreria, em 21 de setembro de 1914, a tia-avó Maria), de 1911 a 1914.
– Rua Pascoal de Melo, 119, 3º andar direito (nova casa da tia Anica, até sua ida para a Suíça), 1914 e 1915.
– Rua D. Estefânia, 127, térreo direito (quarto alugado a uma arrumadeira), 1915 e 1916.
– Rua Antero de Quental (número desconhecido), 1916.
– Rua Almirante Barroso, 12, 1916.
– Rua Cidade da Horta, 58, 1º andar (dois quartos), 1916 e 1917.
– Rua Bernardim Ribeiro, 17, 1º andar, 1917 e 1918 (nesse endereço, e no próximo, tendo como governanta D. Emilia, amante de Sengo).
– Rua de Santo António dos Capuchos (uma casa mobiliada, com número desconhecido), 1918 e 1919.
– Alto da Boa Vista (Benfica), à época periferia de Lisboa, começo de 1919.
– Rua Capitão Renato Baptista, 3, térreo esquerdo (endereço que consta de procuração que lhe passou o tio Henrique Rosa), de maio a agosto de 1919.
– Avenida Gomes Pereira (novamente Benfica, número desconhecido), de 1919 a 1920.

- Avenida Casal Ribeiro, 35 (casa do primo António Maria Silvano), 1920.
- Rua de Santa Rita, 5 (hoje, 331), Estoril, casa da irmã, onde passa fins de semana, a partir de 1932.
- Rua Oriental do Passeio, porta dois, em Cascais, onde reside "provisoriamente" — assim diz, ao se inscrever no concurso para o cargo de conservador do Museu-Biblioteca Conde de Castro Guimarães, em 1932.
- Rua Coelho da Rocha, 16, primeiro andar direito, de março de 1920 até sua morte, em novembro de 1935.

Audentes fortuna juvat.
(A sorte favorece os que ousam. Virgílio)

Os escritórios

> *"Aproveitar o tempo!*
> *O trabalho honesto e superior...*
> *Mas é tão difícil ser honesto ou superior!"*
>
> "Apostila", Álvaro de Campos

Os escritórios de Lisboa

No século 20 que começa, três entre quatro habitantes de Lisboa não sabem ler. E só bem poucos falam alguma língua estrangeira. Diferente dessa multidão de quase analfabetos, Pessoa conhece bem francês, língua na qual foi educado pela mãe. No diário (20/4/1906), consta "comecei a aprender alemão", chegando a iniciar a tradução de uma antologia da poesia alemã, ainda usando com frequência expressões dessa língua em seus escritos. E foi educado em escolas inglesas, numa época em que 70% das exportações portuguesas se destinavam à Inglaterra. Não só isso. Na África (Commercial School), estudou aritmética comercial, contabilidade, taquigrafia e técnicas próprias do serviço de guarda-livros. E era, indiscutivelmente, um homem culto. Dada essa formação tão qualificada, poderia mesmo aspirar empregos de bom salário. Mas não aceita diversos convites que lhe são feitos. Como o do dr. Coelho de Carvalho, então reitor da Universidade de Coimbra, para que ocupasse a cátedra de língua e literatura inglesa na Faculdade de Letras. Ou do general António Maria Silvano, que lhe oferta ocupação que lhe renderia 80 mil-réis mensais. Ou, lembra o primo Eduardo Freitas da Costa, lugar com *honorários fabulosos para a altura, de 200 mil-réis.*[425] Depois, ainda recusaria oferta de emprego na seção portuguesa da Vacuum Oil Cº. Tudo por desejar ter tempo para escrever. Como diz em carta a Olavo Pinto (29/7/1913), prefere trabalhar como autônomo, pago por trabalho feito, "nos escritórios vários por onde espalho tradutoriamente meu conhecimento em inglês".

---

[425] Para comparar, Pessoa pagava de aluguel, a essa altura, 11 mil-réis mensais — informa Costa.

Por essa época, os escritórios comerciais na cidade são pouco mais que um conjunto de funcionários na mesma sala de trabalho. Iluminados por candeeiros, os borrões dos livros-caixa registram quantitativos do consumo de gás e custo das mangas Fênix. As primeiras lâmpadas elétricas, nessas empresas, começam a surgir só em 1909; e, ao se encomendar um par de candeeiros, normalmente acompanham duas lâmpadas elétricas *a título de experiência*. A invenção ainda é, naquele tempo, um grande mistério. No Almanaque Ilustrado do jornal *O Século* (em 1900), anunciando as maravilhas do futuro, se vê que *A lâmpada elétrica de arco possui uma ação purificante poderosíssima, devido quer à luz, quer ao osone, quer a uma emissão de vapores ainda mal definida. Uma lâmpada colocada em sítios enxovalhados por cheiros insalubres, basta, dizem, para os dissipar completamente.* Quando o progresso apaga o último lampião, para o bem e para o mal, Lisboa perde parte do seu romantismo.

> Em torno ao candeeiro desolado
> Cujo petróleo me alumia a vida,
> Paira uma borboleta, por mandado
> Da sua inconsistência indefinida.

> E, ó vento vago
> Das solidões,
> Minha alma é um lago
> De indecisões.

> Sem título (1/9/1928), Fernando Pessoa

Práticas comerciais

Na *Revista de Comércio e Contabilidade*, em 1926, teoriza sobre conhecimentos que adquire nas andanças por esses escritórios: "O comerciante é um servidor público; tem que estudar esse público, e as diferenças de público para público; não pode ter opiniões como comerciante; não tem personalidade, tem comércio." Também considera que "os homens dividem-se, na vida prática, em três categorias — os que nasceram para mandar, os que nasceram para obedecer" e, como se falasse dele próprio, "os que não nasceram nem para uma coisa nem para outra". Mais além, "a maioria dos comerciantes cota um preço, porque esse preço lhe dará certo lucro, e não olha o mais. E por quê? Porque vive só o presente e tem casa comercial sem amanhã". Só o presente, sem amanhã — novamente, aqui, como que falando dele próprio. "Para vencer, três coisas definíveis são precisas: saber trabalhar, aproveitar oportunidades e criar relações. O resto pertence ao elemento indefinível, mas real, a que, à falta de melhor nome, se chama sorte." Reconhece que "O mundo é para quem nasce para o conquistar, e não para quem sonha que pode conquistá-lo, ainda que tenha razão." Lembra que "o preceito, moral ou prático, está num ponto intermediário entre o *Sermão da montanha* e o *Manual do perfeito escroque*". Afinal indicando ser qualidade suprema do empreendedor aquilo que nunca teve — o senso de oportunidade.

> Nada me prende a nada.
> Quero cinquenta coisas ao mesmo tempo.
> Anseio com uma angústia de fome de carne
> O que não sei que seja —
> (...)
> Fecharam-me todas as portas abstratas e necessárias.
> Correram cortinas de todas as hipóteses que eu poderia ver na rua.
> Não há na travessa achada o número da porta que me deram.
>
> "Lisbon revisited (1926)", Álvaro de Campos

Divertida, nesses artigos, é sua confissão de não compreender como funciona a Inglaterra. "Depois das oito da noite, é crime previsto e punido comprar maçãs, bananas, uvas, ananases e tâmaras, sendo porém permitida a compra de damascos, figos, pêssegos e passas." "A sopa em latas, que vários fabricantes fornecem, não pode ser comprada depois das oito horas", nem "um charuto ou maço de cigarros num bufete [quiosque] de caminho-deferro, salvo se se comprar também comida para consumo no comboio"; e "chocolates, doces, sorvetes não podem ser comprados depois das nove e meia da noite". "Também se não pode comprar aspirina ou outro qualquer analgésico, depois das oito horas da noite, a não ser, diz a lei, que o farmacêutico fique convencido de que há motivos razoáveis para supor que alguém tenha dores de cabeça." Essa lei é o *Defence of the Realm Act* (Lei de defesa do reino), da Primeira Guerra. Apesar disso lamenta não terem sido alguns de seus poemas em inglês editados na Inglaterra; embora no fundo aceite a posição do editor John Lane (23/10/1915), segundo a qual não poderiam mesmo "ser impressos num país onde existe uma ativa moralidade pública".

Por ter tido educação inglesa, considera alguns hábitos lisboetas de sua época "próprios de gente vulgar", após o que completa: "Eu não sou vulgar."

Nem é vulgar quando se pensa, por vezes, mais inglês que português — no íntimo se sentindo, pois, como um "português à inglesa". Para ele, "quatro são as bases em que assenta a civilização europeia, quatro os princípios que constituem a sua individualidade ou essência. São eles a Cultura Grega, a Ordem Romana, a Moral Cristã e a Política Inglesa". Vai mais longe. "A Inglaterra do Século 20 foi um dos países onde valeu realmente a pena viver." Logo ele que escreveu (em 1905) ao jornal *Natal Mercury* para dizer: "Nós, ingleses, [somos] os mais egoístas de todos os homens." Sem contar que, pouco depois, dirige palavras duras ao colonialismo desse país:

> Ao leão abatido todo asno pode chutar
> Que na vida, envergonhado pelo pavor paralisante
> Cada um dos movimentos com olhos desconfiados rastreou
> Escárnio doentio nos cabe, homens de guerra e ardil,
> Cuja nação gemente despejou todo o poderio
> Para arrancar a liberdade de uma raça de camponeses.
>
> "To England, II", Alexander Search

Henry Ford

Entre homens de negócios, admira especialmente Henry Ford — "o milionário supremo do mundo". Assim como ele se considera o "Super-Camões", Ford seria o "Super-Rockefeller"; e compara esse americano com "o caixeiro de praça, mais ou menos meu conhecido, que todos os dias almoça como hoje está almoçando, na mesa ao fundo do canto. Tudo quanto o milionário teve, este homem teve; em menor grau, é certo, mas para a sua estatura. Os dois homens conseguiram o mesmo, nem há diferença de celebridade, porque aí também a diferença de ambientes estabelece a identidade. Não há ninguém no mundo que não conheça o nome do milionário americano; mas não há ninguém na praça de Lisboa que não conheça o nome do homem que está ali almoçando. Estes homens, afinal, obtiveram tudo quanto a mão pode atingir, estendendo o braço. Variava neles o comprimento do braço; no resto eram iguais". Essa ideia reproduz, mais tarde, trocando só os atores:

> Uns governam o mundo, outros são o mundo. Entre um milionário americano, com bens na Inglaterra ou Suíça, e o chefe socialista da aldeia — não há diferença de qualidade mas apenas de quantidade. Abaixo disso estamos nós, os amorfos.
>
> *Livro do desassossego*, Bernardo Soares

Apesar dessa paixão inicial por Ford, sobretudo decorrente de ter instituído o regime de cinco dias de trabalho por semana em suas fábricas de automóveis, logo constata serem as teorias que professa decorrentes de terem elas, então, capacidade ociosa. Por isso diz que "os preceitos práticos são não dos homens inteligentes mais práticos, mas, o que é diferente, dos homens práticos mais inteligentes"; e "proclama ao mundo" ser o "lema econômico e moral de Ford inspirado no de Macchiavel"[426] — segundo quem "o que fazemos por necessidade devemos fazer parecer que foi por vontade nossa que o fizemos."[427] Pensando em suas próprias vicissitudes, na *Revista de Comércio e Contabilidade* (1926) lembra Ford ao dizer que "respira-se melhor quando se é rico"; e alguns dos pensamentos do americano, expostos nos muitos livros que escreveu, foram concentrados por Lord Riddel[428] em "Nove mandamentos industriais" que seriam "o resultado de só aquela metade de sua experiência que lhe convém dizer-nos". São estes:

I. Busca a simplicidade. Examina tudo constantemente, para ver se descobres como simplificá-lo. Não respeites o passado. O fato de que uma coisa se fez sempre de certa maneira não prova que não haja uma maneira melhor de a fazer.

II. Não teorizes; faze experiências. O fato de as experiências passadas não terem dado resultado não quer dizer que o não darão as experiências futuras. Os peritos são escravos da tradição. É, pois, preferível entregar a investigação de novos projetos a pessoas enérgicas de inteligência lúcida. Elas que se sirvam dos peritos.

---

[426] Assim escreve o nome. Não no original (Niccolò) Machiavelli (1469-1527), nem no aportuguesado (Nicolau) Maquiavel. Exilado nos arredores de Florença (1502), Maquiavel foi anistiado pelo papa Leão X. Depois, em 1513, envolveu-se em conspiração para eliminar o cardeal Giovanni de Medicis, em razão do que acabou preso e torturado. Então escreveu *O príncipe*, dedicado *ao magnífico Lorenzo de Medicis*, com apresentação em que lamentava seu próprio destino: *Se Vossa Magnificência, do ápice de sua altura, alguma vez volver os olhos para baixo, saberá quão sem razão suporto uma grande e contínua má sorte*. Deu certo, a louvação, que logo recebeu a tarefa de escrever a história de Florença (*Storie fiorentine*); passando a viver bem, com a renda desse ofício, até morrer. Apesar de trajetória tão pouco edificante, sente-se Pessoa à vontade para citá-lo — mesmo dizendo que seus "preceitos iluminam principalmente o que há de vil e de mau em todos os homens".

[427] Não localizei, na obra de Maquiavel, essas palavras. Em *O Príncipe*, estão construções próximas apenas em seu sentido; como, no capítulo "De que forma os Príncipes devem guardar fé na palavra dada", este lema — *Um Príncipe prudente não pode nem deve guardar a palavra dada quando isso se lhe torne prejudicial*.

[428] George Allaldice Riddell, primeiro barão Riddell (1865-1934), era um proprietário de jornais londrinos dos quais o mais importante foi *News of the World*.

III. O trabalho e a perfeição do trabalho tomam a precedência do dinheiro e do lucro.

IV. Faze o trabalho de modo mais direto sem te importares com regras e leis, nem com as divisões vulgares da disciplina.

V. Instala e mantém todas as máquinas no melhor estado possível e exige um asseio absoluto em toda a parte, para que um homem aprenda a respeitar a sua ferramenta, o seu ambiente, a sua própria pessoa.

VI. Se puderes fabricar uma coisa, que tens que usar em grandes quantidades, a um preço inferior ao por que a compras, fabrica-a.

VII. Sempre que for possível, substitui o homem pela máquina.

VIII. O negócio não pertence ao patrão ou aos empregados, mas ao público.

IX. O salário justo é o salário mais alto que o patrão pode pagar regularmente.

Traduções

Para o editor londrino (apesar de nascido nos Estados Unidos) Warren F. Kellog (Pessoa o chamava de "Mr. Killoge"), que acabara de se estabelecer em Lisboa como representante da Biblioteca Internacional de Obras Célebres (na Rua do Comércio, 31, 2º andar), traduz uma (em 1911) *Antologia de autores universais,* por 700 réis a página impressa.[429] Esse editor, ainda que sempre reclamasse por não estarem prontas as traduções encomendadas, reconhece ter Pessoa um *angelic temper* (temperamento angelical), e chega a convidar o jovem poeta para acompanhá-lo em viagem de trabalho à Inglaterra — ante sua recusa ao convite indo o amigo Armando Teixeira Rabelo. Cecil Palmer propõe, em 30 de abril de 1914, versão, para o inglês, de *Provérbios portugueses* por 5 libras esterlinas o livro inteiro — um projeto que acabaria inviabilizado pela Primeira Guerra. A João de Castro Osório oferece, em 20 de junho de 1923, a tradução das obras de Shakespeare em troca de 20% do preço de capa. Sem maiores resultados.

Em 1932, Pessoa teria (talvez) traduzido relatórios do Banco Espírito Santo — sem registros, ali, dessa atividade; mas ano seguinte, com certeza, passa a ser tradutor oficial do Ministério das Finanças, segundo ata

---

[429] Em 1920, para comparar, a mesada distribuída pelos pais, aos filhos homens, correspondia a algo como 5 mil-réis mensais.

(9/2/1933) da Misericórdia de Lisboa — irmandade criada (em 1488) por dona Leonor, mulher de D. João II, O Príncipe Perfeito, com a missão de *socorrer os enfermos, visitar os encarcerados, enterrar os mortos e acompanhar ao cadafalso aqueles que iriam morrer ou padecer por seus crimes* (hoje, Santa Casa de Misericórdia). A ele cabendo ainda traduzir, para esse ministério, *The treasure of São Roque*, de W. Telfer, ante remuneração especial de 2.500 escudos. Sugerindo António Valdemar que, nesse ofício, poderiam ser mesmo incluídos alguns discursos do próprio Salazar. Na Arca, ficaram ainda sete páginas datilografadas de versão, para o inglês, do Decreto-Lei nº 22.789 e várias traduções de obras literárias, entre as quais seis livros de teosofia — dois publicados em 1915, mais quatro em 1916. Segundo o último levantamento, do inglês para o português, foram 11 livros de prosa; mais, do português para o inglês, um livro de poesia e outro de correspondência.

Correspondente comercial

Primeiro registro dessa atividade, sua ocupação principal, é minuta de carta em francês (9/6/1906) à Entreprise Générale de Luvisy (França) "sobre a posição que vocês oferecem" — atendendo nota de uma Agência de Anúncios[430] publicada no *Diário de Notícias*. Sem registros de ter sido esta carta enviada ou da resposta recebida. Em 13 de novembro de 1913, responde a um anúncio no *Diário de Notícias* (do mesmo dia em que foi escrita a carta), que pede tradutor de inglês; enviada essa carta, como indicado pelo jornal, a uma *Agência de Anúncios da Rua do Ouro, 30.*[431] Por essa época, já trabalha em pelo menos três escritórios, como se vê de anotações no seu diário — onde está que vai "aos dois *Lavados* [Lavado, Pinto & Cia. Lda. e Martins Lavado Lda.] e ao *Mayer* [Lima, Mayer & Perfeito de Magalhães Lda.]". O trabalho é intenso mas bem remunerado. Em anotação de seus serviços na A. Xavier Pinto Lda., pertencente a Alfredo Augusto Xavier Pinto e ao primo Mário (1915 ou 1916), são 14 cartas em janeiro, 44 em fevereiro, 137 em março, 65 em abril, 105 em maio, 67 em junho, 64 em julho, mais 84 textos de outras naturezas, tudo somando 580 trabalhos. Em novembro de 1915 recebe, comprovadamente, 39,50 dólares

---

[430] Isso se sabe por não constar nenhum anúncio da própria empresa francesa nas edições do *Diário de Notícias* dos dias próximos à carta.

[431] Pessoa não o disse, mas era a Agência Havas.

(americanos) mensais, fora os ganhos com traduções de outros clientes. Três anos mais, em dois escritórios apenas, ganha 31 dólares mensais. Medido em roupas, corresponde a algo como 11 ternos. Valor mais que suficiente para viver em paz, dado que o aluguel de um quarto, em Lisboa, sairia por no máximo 8 dólares — sempre considerando a moeda em que faz contas. Só que essa vida, para ele, seria como uma prisão. "Não posso, infelizmente, abandonar os escritórios onde trabalho"; sentindo, por dentro, a amargura *de ter que fazer correspondência estrangeira para sobreviver* — segundo o amigo Francisco Bourbon, que vê nele uma *revolta sagrada*.

Casa Moitinho de Almeida

Desses escritórios, mais importante sem dúvida é a Casa Moitinho de Almeida — fundada em 1790 por Lucas Xavier Ferreira como uma ourivesaria, na Rua da Prata, 62-69-71. Ao tempo de Pessoa, tem já outra razão social — Moitinho de Almeida & Cia. Comissões; e outra sede — na Rua da Prata, 71, telefone 1056. Suas quatro janelas dão para a então Rua dos Retroseiros. No primeiro andar, uma sala é reservada só para ele. E lá fica, depois do expediente, datilografando poemas e correspondência pessoal. "Estou sozinho no escritório", diz; assim se dando porque seu patrão, Carlos Eugênio, lhe confia uma chave; e fica zangado só quando, à noite, deixa cair pontas de charuto no teclado da máquina de escrever — razão pela qual, na manhã seguinte, está emperrada e o proprietário não pode usá-la. Nessa máquina foi escrito "Tabacaria".

Luís Pedro, filho desse patrão, declara: *Tinha sempre uma palavra amiga e no escritório todos o queriam, o respeitavam e o apreciavam como bom companheiro de trabalho e um magnífico correspondente em inglês e francês. Até meu pai, que não o tomava a sério como poeta, o apreciava e estimava muito.* Descrição bem próxima à que faz a colega de trabalho Maria da Graça Ferreira do Amaral. Segundo ela, *chegava à hora que queria e quando aparecia perguntava-me, com ar vagaroso e divertido: Muita gente à minha procura? Eu dizia-lhe: telefonou este e aquele, o senhor tal e tal, e pensava para mim: agora é que ele vai resolver todos estes assuntos, mas o quê, sentava-se a conversar comigo, como se nada houvesse a fazer, ele tinha sempre conversa e assim chegava à noite, descontraído e feliz... Havia dias em que se enterrava num sofá e depois aparecia e dizia: estive a descansar de não fazer nada.*[432] *Muitas vezes me aparecia a meio da tarde com ar jovial de quem começa o dia. Ele devia deitar-se tarde... Nunca lhe ouvi uma palavra áspera, tratava toda a gente com delicadeza, mesmo os de condição mais humilde.* "O escritório torna-se uma página com palavras de gente." Nesse escritório trabalhou de 1923 até sua morte.

Relação dos escritórios em que trabalha

Pessoa escreve muitos de seus textos usando também papéis de empresas — a maioria aproveitados por estarem à mão, no trabalho. Alguns, sem prova de que lá tenha prestado serviços: como F. Caetano (do cunhado), Leiteria Alentejana (de seu locador António Sengo), M. Ávila Lima X. ou A. Lima, da Rua dos Pragais, 150 (do Porto). A relação que se segue baseia--se, em grande parte, nos estudos de António Mega Ferreira e João Rui de Souza. Para constar, aqui estão, em ordem alfabética, esses escritórios de terceiros em que trabalhou:

– *A. Soares Franco & Cia.*
Rua do Prata, 267, 1º andar. Sem comprovação dos anos em que lá trabalhou.

– *A. Souza*
Sem comprovação de endereço ou dos anos em que lá trabalhou.

– *A. Xavier Pinto & Cia.*
Campo das Cebolas, 43, 1º andar; e depois Rua de S. Julião 101, 1º andar. De 1915 a 1917.

– *Agência de Publicidade de Manoel Martins da Hora*
Rua da Prata, número desconhecido; e Av. da Liberdade, 18, 4º andar. A partir de 1925.

– *Agência Internacional de Minas*
Rua 1º de Dezembro, 45, 2º andar direito. Sem comprovação dos anos em que lá trabalhou.

---

[432] O pernambucano Ascenso Ferreira (1895-1965), em "Filosofia", expressa essa mesma ideia: *Hora de comer, — comer!/ Hora de dormir, — dormir!/ Hora de vadiar, — vadiar!/ Hora de trabalhar?/ — Pernas pro ar que ninguém é de ferro!*

– *Agência Mineira Anglo-Portuguesa*
Largo do Carmo, 18-20. Sem comprovação dos anos em que lá trabalhou.

– *Anjos & Cia.*
Rua dos Fanqueiros, 71, 1º andar. Em 1918.

– *Banco Burnay*
Rua dos Fanqueiros, número desconhecido. Sem registro nesse banco de que nele tenha efetivamente trabalhado.

– *Banco Espírito Santo*
Rua do Comércio, 95-111. Não foi funcionário, segundo o setor de história do banco. Mas deve ter mesmo prestado algum serviço por lá, dado ter então relações com um de seus controladores, António Júdice Bustoff Silva.

– *Casa Moitinho de Almeida*
Rua do Prata, 71. Já antes descrita.

– *Casa Serras (E. Dias Serras, Lda. Importação, Representações)*
Rua da Madalena, 109 (primeira sede) e Rua Augusta, 228, 1º andar — hoje funcionando na Rua da Palmeira, 1, térreo, dedicada ao comércio de valores. De 1934 até sua morte.

– *Companhia Industrial de Portugal e Colônias*
Rua do Jardim do Tabaco, 74. Sem comprovação do ano em que lá começou a trabalhar, e até 1919.

– *Félix, Valladas & Freitas, Lda.*
Rua da Assunção, 42, 2º andar, o escritório em que conheceu Ophelia Queiroz. Em 1919.

– *Francisco Camello*
Largo do Corpo Santo, 28, 1º andar — hoje reativado por um neto do antigo proprietário, Francisco Castello Bueno Camello. De 1934 até sua morte.

– *Frederico Ferreira & Ávila, Lda. (R. Ferreira & Cia., Sebastião Lino Ferreira & Cia., M. Ávila Lima)*
Rua da Victoria, 53, 2º andar esquerdo. Em 1919 e na década de 1920.

– *Garantia Social e Agência Mineira Anglo-Portuguesa*
Rua do Carmo, 25, 2º andar — criada em 1901 e dirigida pelo primo Mário Freitas. Terá sido seu primeiro emprego como correspondente comercial. Entre 1909 e 1913.

– *Gouveia e Carvalho, Lda. (talvez sucursal de F.A. Gouveia, da Rua dos Douradores)*
Rua da Prata, 93. De 1933 até sua morte.

– *Lavado, Pinto & Cia.*
Rua da Prata, 267, 1º andar direito; e, depois, Campo das Cebolas, 43, 1º andar (onde também funcionou a A. Xavier Pinto e Cia.). De 1913 a 1915, e de 1924 até sua morte.

– *Lima Mayer & Perfeito de Magalhães*
Rua da Betesga, 75, 3º andar — atualmente, Fritz Mayer, com sede no endereço em que esteve a Toscano e Cruz Ltd. A partir de 1913.

– *Mário N. de Freitas*
Rua Bela da Rainha (atual da Prata), 81, 3º andar. Entre 1909 e 1913.

– *Martins Lavado*
Rua Augusta, 75, 2º andar, dedicada ao comércio de máquinas de escrever. A partir de 1913.

– *Palhares, Almeida & Silva, Lda.*
Rua dos Fanqueiros, 44, 1º andar — aqui foi escrita parte do *Livro do desassossego*. Na década de 1920.

– *Pancada, Moraes & Cia.*
Rua Augusta, 85. Na década de 1930.

– *R.G. DUN & Cia.*
Rua d'El Rei (atual do Comércio), 99, 3º andar esquerdo — uma agência de informações comerciais americana (com 21 sucursais espalhadas pelo mundo), depois Dun & Bradstreet, hoje Informa D & B. Foi, provavelmente, seu primeiro emprego — conseguido por Aniceto Mascaró, marido de sua prima Laurinda Neves, então gerente da empresa em Portugal. Lá ficou no máximo por um ano. É o último dos quatro únicos escritórios ainda funcionando. Mas, ali, não era propriamente um assalariado, consistindo seu trabalho de estagiário em coordenar informações de

empresas portuguesas, recebendo como pagamento recursos que apenas lhe permitiam comprar cigarros, livros e fazer pequenas despesas. Em 1907.

– *Sebastião Lino Ferreira & Ávila Lima*
Rua da Vitória, 53, 2º andar esquerdo. Sem comprovação dos anos em que lá trabalhou.

– *Sociedade Comercial Rebelo da Silva Lda.*
Rua dos Franqueiros, 44, 1º andar. Entre 1909 e 1913.

– *Sociedade Portuguesa de Explosivos*
Sem comprovação de endereço ou dos anos em que lá trabalhou.

– *Toscano & Cia. Lda. (Duarte Almeida Toscano)*
Rua de S. Paulo, 117-121. A partir de 1920.

– *Xavier, Pinto e Cia.*
Campo das Cebolas, 43, 1º andar (até quando foi o imóvel vendido à Lavado, Pinto e Cia.), e, depois, Rua de São Julião, 267, 1º andar direito. Nesse escritório, Pessoa recebeu a notícia da morte de Sá-Carneiro. De 1915 até 1917.

Fortuna, valete
(Esperança e sorte, adeus. Versão, em latim, de um epigrama grego)

As muitas profissões do "Sr. Pessoa"

"Quero terei —
Se não aqui,
Noutro lugar que inda não sei.
Nada perdi.
Tudo serei."
Sem título (9/1/1933), Fernando Pessoa

Pequenas rendas

"Merda pra vida! Ter profissão pesa nos ombros como um fardo pago", que "ideal, credo, mulher ou profissão — tudo isso é a cela e as algemas". No *bilhete de identidade*, essa profissão é *empregado de comércio*. Assim também se declara quando pede registro de patente para seu Anuário Indicador, adiante se verá. A Casais Monteiro sugere, numa carta de 20 de janeiro de 1935: "O que sou essencialmente — por trás das máscaras involuntárias do poeta, do raciocinador e do que mais haja — é dramaturgo"; e a Ophelia pede: "Nunca digas a ninguém que sou poeta. Quando muito, faço versos." Em nota biográfica de 1935, já perto do fim, reconhece: "Profissão: a designação mais própria seria tradutor, a mais exata a de correspondente estrangeiro em casas comerciais. O ser poeta e escritor não constitui profissão; mas vocação." É que, no fundo, "ser poeta não é uma ambição minha, é a minha maneira de estar sozinho". Encerrando essa relação, quando se habilita a cargo no museu de Cascais, indica ser só escritor. A mesma profissão que fica marcada no seu atestado de óbito.

Quando era criança
Vivi, sem saber,
Só para hoje ter
Aquela lembrança.

É hoje que sinto
Aquilo que fui.

Minha vida flui,
Feita do que minto.

Mas nessa prisão
Livro único, leio
O sorriso alheio
De que fui então.

Sem título (2/10/1933), Fernando Pessoa

Aventuras comerciais

Já bem doente a avó paterna Dionísia (afinal morta em 6 de setembro de 1907), Pessoa sabe que a herança lhe caberia — posto ser seu único neto. Assim, e tão logo fosse maior, teria recursos para custear pequenos sonhos. Tutor de dona Dionísia, enquanto internada no hospício, era o médico Jaime Neves; mas tutor do inventário passou a ser António Maria Pinheiro Silvano — o mesmo primo distante que avaliou os bens da primeira casa da família Pessoa, vendidos ao martelo. Feitas as contas por esse tutor do inventário, de um ativo de 600.005 réis, e já descontados 416.540 — correspondentes a adiantamentos feitos ao herdeiro para alimentação e compra de um terno (15.000) —, sobraram exatos 183.565. *Equivalentes a um ano de alimentação*, segundo cálculo de Mega Ferreira. Donde o resto dessa herança líquida seria, sem dúvida, insuficiente para adquirir uma tipografia avaliada, na primeira praça, por 1.700 mil-réis — quase dez vezes o valor líquido a ser por ele recebido. Ocorre que, depois se viu, essa herança compreendia também um lote de 24 ações do Banco Portugal — então negociadas, em bolsa, a 167 mil-réis cada; recebendo o jovem Pessoa, após vender essas ações, cerca de 4 milhões de réis. Valor suficiente, dependendo da localização, para comprar uma casa em Lisboa. E mais que bastante para se lançar em uma aventura comercial.

Tudo começa em 1909, e não 1907 — como supôs seu primeiro biógrafo, João Gaspar Simões. O engano, confirmado por Mega Ferreira e Zenith, decorre de uma carta em inglês enviada ao amigo Armando Teixeira Rabelo em "*August 24th, 1909*"; parecendo mesmo, o último algarismo do ano dessa carta, com um sete — sobretudo porque dito nove final, com o traço puxado para baixo, é bem diferente do nove arredondado que lhe precede na data. Em 5 desse mês de agosto, numa barbearia, lê anúncio do jornal *O Século* com título *Typographia*: *Vende-se uma máquina grande de impressora com tintagem cilíndrica e seus pertences*, todos descritos no anúncio. São equipamentos da antiga Tipografia Minerva Central, do casal Tapadinha, arrematados pelo empresário José Maria Martins. O irmão João Maria confirma: *Segundo contam saiu a correr, meio barbeado e com parte do cabelo cortado, não sei bem.* Por telefone, compra as máquinas (e mais alguns equipamentos gráficos procedentes da Espanha, então em mãos de Aniceto Mascaró e Domènec) e vai buscá-las em Portalegre. Lá, fica no Hotel Brito, de João Maria da Silva e Brito.[433] A viagem, de 200 quilômetros, foi a única feita depois de voltar definitivamente a Lisboa. Ainda no trem, escreve carta ao amigo Armando Teixeira Rabelo; e, em inglês, um pequeno poema:

> Nada com nada circulado em volta
> E algumas árvores no meio
> Nenhuma delas de um verde muito claro
> Onde nem rio ou flor vêm visitar
> Se houver um inferno, eu o encontrei
> Pois se aqui não for, onde Diabo estará?

"Alentejo seen from the train" (Alentejo visto do trem), Fernando Pessoa

Tipografia Íbis

Na posse dessas máquinas funda, em outubro de 1909, com o primo Mário Nogueira de Freitas, a Empresa Íbis, Tipografia e Editora, Oficinas a Vapor, com sede nos baixos de prédio na Rua Conceição da Glória, 38-40 — perpendicular à Rua da Glória, onde então mora. A decisão é tomada em um impulso grandioso, para combater "padres e reis", "provocar uma revolução aqui, escrever panfletos portugueses, editar antigas obras literárias nacionais". É quase uma obsessão. "Sim, fique aqui escrito que amo a pátria doloridamente." Problema é que, nas artes da impressão, conhece apenas um mimeógrafo adquirido (pouco antes) para imprimir seus jornaizinhos; enquanto, no Portugal daquele tempo, havia já 95 tipografias funcionando — segundo o *Anuário Comercial* de 1909. Uma concorrência que não admitia iniciantes no ramo, como ele.

---

[433] Em 30 de dezembro de 1934, Álvaro de Campos diz que encontrou, em mesinha de cabeceira de hotel, uma "Bíblia Portuguesa (coisa curiosa), feita para protestantes", em que releu a "Primeira Epístola aos Coríntios", no "sossego excessivo de noite de província". Não tendo frequentado nenhum outro hotel depois de adulto, e sendo esse coincidentemente "de província", fica esclarecido o mistério. E a razão de considerar *curioso* o fato, dado que não teria mesmo como saber serem frequentes essas bíblias em quartos assim.

Passa o tempo, "hora a hora, a vontade fraqueja", e a tipografia nem chega a funcionar — salvo para fazer seus próprios papéis ou alguns impressos de outra empresa do primo, a Agência Mineira Anglo-Portuguesa. No *Anuário Comercial* de 1910, nova tipografia já ocupa aquele endereço, a Rodrigues e Piloto. Em 21 de novembro de 1914, escreve: "Sumiu-se a minha última vaidade de ser homem de ação — o fim seria o desastre inútil que a tipografia inaugurou." Tudo mais é mistério. Não há hoje, na Conservatória do Registro Comercial de Lisboa, como comprovar nem sequer haver sido efetivado o registro de seus atos constitutivos.

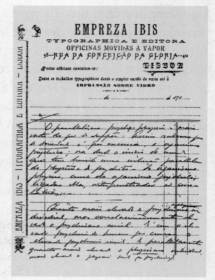

Impresso da Tipografia Íbis

A resposta dada por funcionários é que, caso assim tiver sido, constam *de livros considerados findos por neles só constarem firmas extintas*; e esses livros, segundo informam, estão arquivados de maneira que resulta (quase) impossível localizá-los. Morrendo Pessoa sem saber que depois essa marca, ÍBIS, estaria nos letreiros de uma das maiores cadeias de hotéis do mundo. Encerrada a empresa, que fim levaram as máquinas? E os empregados? Havia débito com o locador do imóvel? De certo se sabendo só que, em 1913, pagou dívidas com a família — uma de 40 mil, outra de pouco mais de 100 mil-réis, feitas ainda no tempo da tipografia. "A vida prática sempre me pareceu o menos cômodo dos suicídios."

Cosmópolis

Pessoa chega a pensar em Cosmópolis como denominação para sua Olisipo (que viria depois) — assim confessa, em carta, a Côrtes-Rodrigues (19/1/1915). Só que Cosmópolis seria um projeto autônomo e bem mais amplo, para fornecer informações diárias sobre partidas e chegadas de navios e trens, traduções "de e para todas as línguas", pesquisas heráldicas e genealógicas, redação de cartas e anúncios. O projeto incluía um clube com restaurante, destinado apenas a comerciantes; "*leading library*" (para aluguel de livros); e agência de empregos, "exceto para criados de servir". No total, 88 atividades. Uma parte de Cosmópolis vai para Olisipo. Outra, para a *Revista de Comércio e Contabilidade* — que, em 1926, lança com o cunhado. Tudo mais permanece apenas como sonho.

F.A. Pessoa

Em primeiro de setembro de 1917, matricula-se como *comerciante em nome individual* na Conservatória de Registro Comercial, dedicado ao *comércio de comissões* — com sede na Rua do Ouro, 87, 2º andar. Mais tarde, em entrevista ao *Diário da Manhã,* Augusto Ferreira Gomes diria que ele e Geraldo Coelho de Freitas teriam sido seus sócios na empresa. De uma forma ou de outra, não iria longe nessa empreitada. Em 2 de maio de 1918 já comunica por carta, à Fábrica Metalúrgica do Lumiar, haver transferido ativo e passivo a Numa de Souza Reys Ribeiro de Figueiredo. Parte desse passivo, que o resto continuou com ele; tanto que, em 25 de janeiro de 1919, toma empréstimo de 62 mil-réis para renovar letra que lhe vem "através de sucessivas reformas, ainda do tempo" dessa empresa.

Editora Olisipo

Em 1919, por inspiração do primo Mário, decide se dedicar a nova empreitada. Na Arca, ficaram as três linhas de ação que traça: "editoria", "propaganda de produtos portugueses" e "todos os outros assuntos tratados individualmente, desde os da venda de patentes em nome individual aos de importação especial ou ocasionais, conforme convenha ou calhe". Também fornecer informações a comerciantes e turistas sobre tradução, assistência jurídica, publicidade e redação de textos, além da intermediação entre companhias mineiras inglesas e donos de minas portuguesas — de urânio, chalcolite e volfrâmio. Abandona então emprego que ocupa na Companhia Industrial de Portugal e Colônias e instala a Olisipo Agentes Organizadores e Editores Lda. — com sede na Rua da Assunção, 58, 2º andar e logotipo desenhado por Almada Negreiros. O nome da editora evoca o herói da *Odisseia,* Ulisses. Segundo comentadores da obra de Pessoa, terá tido como sócios Geraldo Coelho de Jesus e Augusto Ferreira Gomes, sem documentos que provem isso. A sociedade se explicaria por ter Pessoa sólidos conhecimentos teóricos do comércio, herança dos tempos de Durban; enquanto os dois supostos sócios entrariam com a vivência empresarial que lhe faltava, comprovada pela falência da Íbis. Jesus, por exemplo, nesse mesmo 1919, escreveu *Bases para um plano industrial*. O registro definitivo da empresa, na Repartição da Propriedade Industrial do Ministério do Comércio e Comunicações, é só de 11 de outubro de 1921 — livro 9, folha 24, às 15:50 horas.

Apesar desses muitos projetos, Olisipo funciona sobretudo como editora. Em 1921, edita *English poems I-II* e *English poems III*, do próprio Pessoa; e *A invenção do dia claro*, de Almada Negreiros.[434] Em 1922, uma reedição de *Canções*, de António Botto, com textos inclusos de Teixeira de Pascoais e Jayme de Balsemão; e ainda cogita publicar um *Álbum de Portugal* — por estar se dando, no Rio de Janeiro, a partir de fevereiro, exposição em comemoração ao centenário da Independência do Brasil. Também um semanário "de notícias cosmopolitas", com óbvio título de *A Semana*; uma "edição de postais ilustrados"; e um "*guidebook for tourist*" — provavelmente, o nunca editado *What the tourist should see* (O que o turista deveria ver). Ficou só na vontade. Ano seguinte, em fevereiro de 1923, ainda seria dado ao público um opúsculo de Raul Leal, *Sodoma divinizada*, tecendo loas à *luxúria e à pederastia* — segundo o próprio autor, uma *obra divinal*. Os livros de Botto e Leal seriam responsáveis pelo fim da Olisipo, que Portugal não estava preparado para tanta ousadia. Os autores e o próprio Pessoa, como editor, passam a ser hostilizados nas ruas. Em março de 1923, era mesmo inevitável, o Governo Civil de Lisboa apreende os dois livros — que continuam a ser vendidos, como coisa proibida, pelos livreiros da cidade. Com relação à obra de Leal, houve restrições generalizadas. Em 6 de março de 1923, a Liga de Ação dos Estudantes de Lisboa, dirigida por Pedro Theotônio Pereira (1902-1972), mais tarde ministro da Previdência de Salazar e Embaixador no Rio de Janeiro, distribui nas ruas um *Manifesto dos estudantes das escolas superiores de Lisboa* contra o

Manifesto de Pessoa

---

[434] Nesse livro, escreve Almada: *Mãe! Nunca subi tão alto! Ainda mais alto do que o verbo ganhar!* Como se fosse o fantasma de Pessoa, falando ao de dona Maria, tão depois de terem os dois se despedido dessa vida — pois só bem mais tarde alcançaria, Pessoa, a "alta celebridade" dos píncaros afinal atingidos.

livro. Pessoa defende o amigo e responde com *Sobre um manifesto de estudantes* (Tip. *Anuário Comercial* — Praça dos Restauradores), assinado por Fernando Pessoa e também distribuído nas ruas (trecho):

> Há três coisas com que um espírito nobre, de velho ou de jovem, nunca brinca, porque o brincar com elas é um dos sinais distintivos da baixeza da alma; são elas os deuses, a morte e a loucura. Se, porém, o autor do manifesto o escreveu a sério, ou crê louco o Dr. Raul Leal, ou, não crendo, usa o parecer crê-lo para o conspurcar. Só a última canalha das ruas insulta um louco, e em público. Só qualquer canalha abaixo dessa imita esse insulto, sabendo que mente... É em parte por isto — por serem estes estudantes, sobretudo na ação deles que aprecio, o símbolo vivo desta sociedade — que de certo modo vale o esforço a publicação deste protesto, cuja intenção os transcende. É isto um dever social... Loucos são os heróis, loucos os santos, loucos os gênios, sem os quais a humanidade é uma mera espécie animal, cadáveres adiados que procriam.

Esta frase do manifesto "cadáveres adiados que procriam"[435] Pessoa repetiria em outros textos. Como em *Mensagem* ("D. Sebastião, o rei de Portugal"), de 20 de fevereiro de 1931:

> Minha loucura, outros que me a tomem
> Com o que nela ia.
> Sem a loucura que é o homem
> Mais que a besta sadia,
> Cadáver adiado que procria?

Ou em uma "Ode" de Ricardo Reis, de 28 de setembro de 1932:

> Nada fica de nada. Nada somos.
> Um pouco ao sol e ao ar nos atrasamos
> Da irrespirável treva que nos pese
> Da humilde terra imposta,
> Cadáveres adiados que procriam.

Com relação a Botto, a revista *Contemporânea* publica artigo de Álvaro de Maia — "O sr. Fernando Pessoa e o ideal estético de Portugal" —, critican-

---

[435] Em 1982, um jornal anarquista de Lisboa, *Antígona*, considerando a enorme quantidade dos escritos que continuavam a vir de sua Arca, publicou folheto com título *Fernando Pessoa, o cadáver adiado que procria.*

do a *torpe exibição do amor trácio*[436] e denunciando a *imundice publicada pelo Sr. Pessoa*, que seria simples manifestação de *podridão romântica*. Uma *literatura de Sodoma*. Álvaro de Campos responde com uma carta ao diretor da revista (17/10/1922), José Pacheco, dizendo: "Em toda obra humana procuramos só duas coisas, força e equilíbrio. Nem mesmo é um livro imoral. É um livro cujo assunto é imoral, o que é diferente." Maia replica em *O Dia* (16/11/1922), definindo o livro de Boto como *movimento anímico de ansiedade luxuriosa, feita de prazer e dor em Carne-Espírito, a vibrar indefinidamente*. Dando-se então que aquela mesma Liga dos Estudantes publica outro manifesto, agora *Contra a inversão da inteligência, da moral e da sensibilidade*. Olisipo se extingue logo depois, ainda em 1923; com Pessoa, em 20 de junho desse ano, já oferecendo a outros editores traduções de Shakespeare originalmente destinadas a seu projeto editorial. Mas antes disso responde com outro manifesto, *Aviso por causa da moral* (Tip. *Anuário Comercial*, Praça dos Restauradores), assinado por Álvaro de Campos, em que diz (trecho):

Quando o público soube que os estudantes de Lisboa, nos intervalos de dizer obscenidades às senhoras que passam, estavam empenhados em moralizar toda a gente, teve uma exclamação de impaciência. Sim — exatamente a exclamação que acaba de escapar ao leitor... Ser novo é não ser velho. Ser velho é ter opiniões. Ser novo é não querer saber de opiniões para nada. Ser novo é deixar os outros ir em paz para o Diabo com as opiniões que têm, boas ou más — boas ou más, que a gente nunca sabe com quais é que vai para o Diabo. Os moços da vida das escolas intrometem-se com os escritores que

Outro manifesto de Pessoa

---

[436] A expressão remonta ao mito de Orfeu, que nasceu e viveu na Trácia (hoje, parte de Bulgária, Grécia e Turquia). Perdendo a mulher, Eurídice, dispensou o sexo feminino e passou a preferir a companhia de rapazes — especialmente Calais, filho de Bóreas. Surge então, segundo essa lenda, a pederastia. Mais tarde acabaria morto por mulheres que despedaçaram seu corpo e o jogaram no rio — indo a cabeça dar na ilha de Lesbos, que acabou conhecida como *terra da poesia lírica*. Dessa mutilação de Orfeu veio (provavelmente) a palavra *estraçalhar* (de Trácia). *Amor trácio*, em resumo, seria o amor homossexual. Camões refere o episódio na écloga (poesia pastoril) "Dos faunos": *O doce rouxinol e a andorinha,/ De onde elas se foram transformando,/ Senão do puro amor que o Trácio tinha/ Que, em poupa* [ave], *inda armado a anda chamando?*

não passam pela mesma razão porque se intrometem com as senhoras que passam. Se não sabem a razão antes de lha dizer, também a não saberiam depois. Se a pudessem saber, não se intrometeriam nem com as senhoras nem com os escritores... Ó meninos: estudem, divirtam-se e calem-se. Divirtam-se com mulheres, se gostam de mulheres; divirtam-se de outra maneira, se preferem outra... Mas quanto ao resto, calem-se. Calem-se o mais silenciosamente possível. Porque há só duas maneiras de se ter razão. Uma é calar-se, que é a que convém aos novos. A outra é contradizer-se, mas só alguém de mais idade a pode cometer. Tudo o mais é uma grande maçada para quem está presente por acaso. Europa, 1923.

F.N. Pessoa

Em novembro de 1922, ainda pensa fundar a F.N. Pessoa — Rua São Julião, 52, primeiro andar, dividindo espaço com Olisipo, tendo como sócios Augusto Franco, Albano da Silva e Júlio Moura. Provavelmente terá ficado só na vontade, que a companhia não figura no *Anuário Comercial* de 1923 a 1925, nesse endereço estando a Companhia União do Príncipe; nem foram registrados seus atos constitutivos, na Conservatória. Por essa época, também tenta contactar numerosos representantes comerciais — Gaupin de Souza, Júlio Moura, Nicolas de Hehn, Zia Reshid, sem que se possa precisar quais seus interesses específicos nessas relações. Nem se tiveram sucesso as tentativas feitas. Em 23 de maio e 1º de julho de 1925, escreve cartas à empresa Cellon-Werke, da Alemanha, *aos cuidados do dr. Arthur Eichengrun*, tratando da representação de produtos químicos. Essa F.N. Pessoa, se existiu mesmo, terá funcionado só até 1925.

O ramo das minas

Mário Nogueira de Freitas instala, em 1910, a Agência Mineira Anglo-Portuguesa (faturas dessa empresa, como vimos, foram o único trabalho da editora Íbis). E introduz o primo no ramo. Em começos de 1921, já funcionando a Olisipo, Pessoa publica anúncio no *Primeiro de Janeiro* "atendendo a uma incumbência que nos deu neste ano uma companhia inglesa" — a National Mining Corporation. Propõe a "comissão usual" de 10% "da importância por que a mina é vendida", e chega a receber carta do engenheiro Mendes da Costa (2/5/1921) indicando interesse em lhe "mostrar minas de estanho". Mas, apesar de responder (cartas de 5 de maio e 6 de outubro 1921), o representante daquela companhia inglesa agradece e dispensa essa oferta "por não ser de vulto suficiente". As atividades de Pessoa, no setor, basicamente se dão de 1918 a 1923; mas continuam, pela vida, com último registro em 12 de agosto de 1935 — o ano da sua morte. No total, são 112 cartas (contando as enviadas e as recebidas), todas guardadas na Arca. Sem registro de uma única operação concluída no ramo.

Publicidade

Em fins de 1924, Pessoa conhece Manuel Martins de Hora, em uma casa comercial na Rua de São Paulo que vende motores, máquinas e automóveis. Martins de Hora fundaria, no ano seguinte, a primeira agência de publicidade portuguesa, com capitais da General Motors e de João Pereira Rosa (acionista controlador do jornal *O Século*). Trata-se da Empresa Nacional de Publicidade — que chegou a representar, em Portugal, a J. Walter Thompson, então maior empresa do ramo nos Estados Unidos. Depois se encontram no Toscano, para definir as bases comerciais de sua atuação. Para ele trabalha Pessoa, entre 1925 e 1929, sobretudo como publicitário e correspondente; mantendo-se ativa, essa relação, até a morte do poeta. Segundo Martins, *descobria rapidamente o melhor sentido das coisas e improvisava sobre qualquer coisa, quer se tratasse de automóveis, de frigoríficos, de artigos da moda*. José Blanco lembra que *um dos produtos que lançaram foi "corn flakes"; e o Fernando Pessoa traduziu um livro de receitas de aveia para a empresa*, publicadas duas edições, a primeira delas em cores. Também prepara textos para projeto de desenvolvimento temático denominado Costa do Sol, incluindo Estoril e Cascais — uma pequena vila de pescadores em que tomavam banho abastados de todo gênero, entre eles a própria família real; e onde nasceram, em Portugal, o golfe, o jogo de cassino e o futebol. Luís Pedro Moitinho de Almeida assegura ter sido Pessoa *exímio* nesse ramo; o que não parece uma avaliação respeitável, quando se considerem os modestíssimos resultados alcançados.

Coca-Cola

Em 1928, a Casa Moitinho de Almeida foi nomeada agente da Coca-Cola em Portugal. Um empreendimento desastroso. O depoimento de Luís Pedro Moitinho de Almeida contribui para compreender o ocorrido (resumo): *Meu pai fez várias encomendas da mercadoria, que vinha então dos Estados Unidos da América em garrafas e em garrafinhas. O mercado foi abastecido*. Ocorre que essa empresa norte-americana preferia ter, em cada país, um *slogan* diferente e não quis reproduzir aquele que, ao tempo, usava nos Estados Unidos — *The pause that refreshes* (A pausa que refresca). Então decide o empresário português pedir ao amigo e funcionário que se encarregasse de fazer o *slogan* do produto. Pessoa talvez tenha se lembrado do que escrevera em "Ode Marítima", "quando as nossas entranhas se arrepanham"; ou, a coincidência é instigante, da *Vida de D. Quixote e Sancho* (1905), de Miguel de Unamuno, em que está: *Grande e terrível coisa é ser o herói o único capaz de ver a sua heroicidade por dentro, nas suas próprias entranhas, e que todos os outros não a vejam por fora nas suas estranhas.* Seja como tenha sido, assim nasce

Primeiro estranha-se. Depois entranha-se.

Não é seu único *slogan*. Também dele, bem conhecido, é "uma cinta Pompadour veste bem e ajuda sempre a vestir bem".[437] Só que Coca-Cola não era uma cinta Pompadour. *A mercadoria começou a vender-se em ritmo animador, mas o "slogan" de Fernando Pessoa ajudou à morte da representação da Coca-Cola por meu pai* — novamente, palavras de Luís Pedro. É que o cientista Ricardo Jorge (1858-1939), então diretor de Saúde de Lisboa, protestou; e o Ministério da Saúde acabou considerando o refrigerante um alucinógeno — por expressar, o *slogan*, a *toxicidade do produto, pois primeiro se estranha e depois se entranha é, precisamente, o que sucede com os entorpecentes. Se do produto faz parte a coca, da qual é extraído um estupefaciente, a cocaína, a mercadoria não poderia ser vendida ao público, para não intoxicar ninguém; mas se o produto não tem coca, então anunciá-lo com esse nome para o vender seria burla.* Segundo a sobrinha Manuela Nogueira, *consta que Salazar não queria bebida que lembrasse "coca".* A explicação dada por Pessoa não difere dessas versões. As garrafas do produto, então estocadas em Portugal, foram apreendidas e, em seguida, jogadas ao Tejo.

---

[437] Mais tarde, em 1959, outro slogan estava destinado a causar estupor em Portugal, quando se inaugurou o Metropolitano de Lisboa — mais conhecido como Metro (pronunciado sem acento, diferente do metrô francês). Dando-se que o poeta português Alexandre (Manuel Vahia de Castro) O'Neill (1924-1986), apesar de vez por outra preso pela Pide, acabou escolhido para fazer seu *slogan*. Então O'Neill criou *Vá de Metro, Satanás*, obviamente inspirado na fórmula do exorcismo da Igreja Católica, *Vade retro satana*. O mesmo dístico que, desde 1789, vem gravado no verso das medalhas de São Bento, com as letras V.R.S.N.S.M.V. — do latim *vade retro satana nunquam suade mihi vana* (Retira-te, Satanás, nunca me aconselhes coisas vãs). Apesar de inspirado, e para tristeza do poeta, a administração do Metro vetou a publicidade.

Voltando Coca-Cola a Portugal só em 1977, depois da Revolução dos Cravos, no governo socialista de Mário Soares.

Tintas Berryloid

Outra publicidade sugestiva Pessoa fez para as tintas Berryloid. O texto, depois publicado em *Folhas de Poesia* (1959), é apresentado como um enorme e estranho conto (resumo):

> Eu explico como foi (disse o homem triste que estava com uma cara alegre)... Ano passado comprei um carro muito azul. Limpava sempre esse carro. Mas cada vez que o limpava, ele teimava em se ir embora. O azul ia empalidecendo, e eu e a camurça é que ficávamos azuis. Não riam... A camurça ficava realmente azul: o meu carro ia passando para a camurça. Afinal, pensei, não estou limpando este carro: estou-o desfazendo. Antes de acabar um ano, o meu carro estava metal puro: não era um carro, era uma anemia. O azul tinha passado para a camurça. Mas eu não achava graça a essa transfusão de sangue azul. Vi que tinha de pintar o carro de novo. Foi então que decidi orientar-me um pouco sobre a questão dos esmaltes. Um carro pode ser muito bonito, mas, se o esmalte com que está pintado tiver tendências para a emigração, o carro poderá servir, mas a pintura é que não serve.

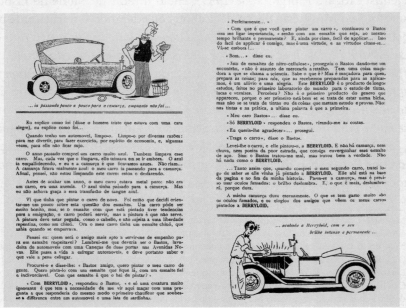

Propaganda das Tintas Berryloid

Nesse ponto entra na história certo sr. Bastos, dono de uma oficina de reparações — que, até aqui, não fazia parte da trama. Com o recém-chegado sr. Bastos respondendo ao homem triste, que estava com uma cara alegre:

> Só uma criatura muito ignorante é que tem necessidade de me vir aqui maçar com uma pergunta a que responderia do mesmo modo o primeiro chauffeur que soubesse a diferença entre um automóvel e uma lata de sardinhas.

Recomendando, afinal, o dito sr. Bastos, ao "homem triste", o uso das tais tintas Berryloid; após o que "passa-se camurça, mas é preciso usar óculos fumados: o brilho deslumbra". O texto era ilustrado com desenhos ingênuos de carros brilhando. Comercialmente, outro desastre.

O ramo das invenções

Traço pouco conhecido, em Pessoa, é seu gosto pelas invenções. Foram muitas, quase todas concebidas em sua imaginação, devidamente catalogadas e logo abandonadas, sem conseguir com elas nenhum proveito econômico:

- **Código de cinco letras.** Com esse código, seria possível a classificação de informações para permitir economia nas comunicações telegráficas. A ideia era "condensar numa meia-palavra, a partir de um código de cinco letras, cada unidade (palavra ou frase)". Em 20 de outubro de 1915, dirige carta à Eden Fisher & Co. Ltda., de Londres, e recebe resposta, em 14 de novembro, recusando a proposta devido à gravíssima depressão no mercado dos códigos, por conta da Primeira Guerra.

- **Crosswords (ou advertwords).** Uma espécie de "palavras cruzadas publicitárias" para comercialização nas lojas inglesas. A elas teria acesso o público pela aquisição de selos, ao preço de um xelim cada, a serem coladas em um entry form (formulário de ocupação). Caso se obtivessem 300 mil concorrentes, seria possível ofertar prêmios de até 4 mil libras — à época, uma pequena fortuna.

- **Aristography.** Novo sistema de taquigrafia, que consta de uma "lista de tarefas" de 1913, baseado em código que poderia ser usado em português, espanhol, francês e inglês — o typewriters. Tenta vender o invento, "preferivelmente na base de um pagamento imediato + um pagamento mensal estipulado"; só que, ainda reflexo da Guerra, não encontra comprador.

– **Pasta para papéis.** Pasta vulgar, com três pedaços de pano colados em cada uma das três capas, com sinais específicos (A, B e C). Justifica a ideia dizendo que "a pasta fica inteiramente fechada por um processo simples". Mas não dá ao invento maior importância.

– **Novo carreto de máquina de escrever.** Esse carreto é rolete de ferro que engrena com os dentes em alguns sistemas de cunhos, "como na Blickensderfer" — "tendo, porém, a roda uma só linha de algarismos". Pensa, primeiro, aplicar o modelo em uma máquina registradora, desenhando números e uma gaveta; depois, evolui para uma máquina de escrever. Nela, o carreto B se desloca sob os impulsos do carreto A, no qual estão letras e sinais. "O carreto onde se imprime não corre, correndo antes o sistema que escreve." Mesmo perdidos esses planos, é razoável supor que se trataria de um precursor das esferas que mais tarde substituiriam as hastes com letras das antigas máquinas de escrever elétricas — sem que tenha merecido a glória por uma invenção que, depois, faria sucesso pelo mundo.

– **"Death of the envelope" (morte do envelope).** Pessoa define como "cartasobrescrito", ou "papel-carta-envelope", esse papel engenhosamente dobrado em seis. A parte 1, com endereço do destinatário; a parte 2, para o remetente; as partes de 3 a 6, destinadas ao texto. O papel "dispensa o emprego do envelope" e se fecha "por processo simples". Um antecessor do aerograma, popularizado na Segunda Guerra. Desenho desse envelope se vê numa carta endereçada à Frederico Ferreira & Ávila Lda. (3/11/1919), onde logo depois trabalharia. Trata-se de algo bem parecido com a carta-envelope, cor de laranja, hoje largamente utilizada pelo correio brasileiro — com o texto indo por dentro, sendo aposto destinatário na capa e o endereço no reverso da página, após o que deve ser o papel dobrado e colado.

– **Jogo de futebol para mesa.** Em duas "listas de tarefas" de 1913, já constava essa iniciativa inovadora. Porque o popular matraquilho (no Brasil, totó ou pebolim) acabou patenteado mais tarde (janeiro 1937), em Barcelona (Espanha), por Alejandro Finisterre.[438] Tivesse vivido mais tempo, Pessoa lamentaria certamente não ter investido na comercialização desse produto que o tempo converteria em um êxito absoluto.

---

[438] A origem do jogo é curiosa. Soterrado num dos bombardeios de Madri (1936), na guerra civil espanhola, seu criador curou-se em hospital de Montserrat; e lá conheceu outros jovens, como ele, incapacitados de jogar futebol. Assim, inspirada no tênis de mesa, nasceu a ideia desse jogo em que homenzinhos de madeira chutavam uma bola de pingue-pongue.

- **Outros jogos.** Ficaram, na Arca, relação de quatro outros jogos — entre eles um de críquete e outro de astrologia, sobre os quais planeja requerer patente e faz estratégias de comercialização; além de numerosas anotações sobre resultados de jogos de futebol na Inglaterra, com indicação dos seus públicos — dados que parecem indicar o número de potenciais compradores para alguns desses jogos.

O anuário indicador

Mas suas maiores esperanças de enriquecer estão mesmo depositadas em um *Anuário ou indicador sintético, por nome e outras quaisquer classificações* — uma alternativa, com menos da metade das páginas, aos dois enormes volumes do *Anuário Comercial de Portugal*. Nessa invenção, "todas as indicações linguísticas são substituídas por sinais convencionais, sendo a obra consultável em qualquer língua por meio de uma chave explicativa redigida nesta língua". Como diz, "o Anuário fica assim redigido em língua nenhuma". Antecipando o que ocorreria com o *Windows*. A partir desses princípios, pensa também editar um "dicionário multi-Campos, que se chamaria *Dicionário ortográfico, prosódico e etimológico da língua portuguesa*, servindo de fundamento para um dicionário completo.[439] "O anuário é registrado no Departamento da Propriedade de Portugal, sob o número 14.345, em 27 de outubro de 1925; e chega a dirigir proposta de comercialização, em 27 de novembro, ao Banco Angola e Metrópole. Uma escolha natural, dado já haver antes tratado, com essa instituição financeira, dois empréstimos a serem intermediados pela F.N. Pessoa — um para estradas de rodagem, outro para obras na cidade de Lisboa.

Mas, logo, o banco vai à falência. Seu diretor, Arthur Virgílio Alves dos Reis, na juventude já falsificara diploma em que se dava como formado pela universidade inglesa de Oxford. Adulto, montou engenhoso sistema que fraudava autorizações do Banco de Portugal à casa Waterlow & Sons (de Londres) — para emitir, em duplicata, cédulas de 500 escudos que eram entregues ao banco do próprio Alves Reis. Dois meses após o registro da criação do Anuário, em dezembro de 1925, começam as investigações sobre a fraude no Banco. O julgamento tem início em 6 de maio de 1930. Pessoa comparece a três das cinco audiências realizadas e escreve sobre esse "ru-

---

[439] No original, por cima da palavra *completo*, está escrito como variante *integral*.

moroso processo" de "setenta e oito volumes e vinte e seis apensos". Alves dos Reis acaba condenado, assumindo todas as responsabilidades e liberando os restantes corréus. Em 1945, sai da prisão, deixa de fumar, sofre com hemorroidas, vira pastor evangélico e vê morrer a mulher num hospital de doidos. Pouco depois, em 10 de julho de 1955, careca e paralítico, é enterrado em caixão de pinho comum — sofrendo, a família, para pagar os 800 escudos da conta do funeral. Ao sentir que as negociações não progrediriam, Pessoa prepara versão em francês (em 30/1/1926) do texto, originalmente escrito em inglês, descrevendo o funcionamento desse Anuário — com título de *Breve explicação da patente de invenção portuguesa nº 14.345*. Em 6 de março desse 1926, escreve à Guérin Frères, na 10, Rue de Laborde (Paris), propondo sua comercialização. Sem notícias de interesse, por ele, na França ou em qualquer outro lugar. A partir daí, são definitivamente arquivados os sonhos de ser milionário com essas invenções.

> Sim. Sei bem
> Que nunca serei alguém.
> Sei de sobra
> Que nunca terei uma obra.
> Sei, enfim,
> Que nunca saberei de mim.
> Sim, mas agora,
> Enquanto dura esta hora,
> Este luar, estes ramos,
> Esta paz em que estamos,
> Deixem-me crer[440]
> O que nunca poderei ser.

Sem título (8/7/1931), Ricardo Reis

---

[440] Numa primeira versão, "Deixem-me crer *até ver*". O mesmo Reis, numa das "Odes" de 1914, já antecipa essa ideia: "Sossegadamente não cremos em nada, pagãos inocentes da decadência."

Habent sua fata libelli
(Os livrinhos têm seu próprio destino. Terêncio Mauro)

Os livros

"Deus quer, o homem sonha, a obra nasce."
Mensagem ("O infante"), Fernando Pessoa

O novo desejado

Pessoa tem a discreta (nem tanto) ambição de ganhar o Nobel de Literatura. Mas ficaria no desejo. "Não penso nada do Caeiro, do Ricardo Reis ou do Álvaro de Campos. Nada disso poderei fazer, no sentido de publicar, exceto quando me for dado o Prêmio Nobel. E pensar, meu querido Casais Monteiro, que todos estes têm que ser, na prática da publicação, preteridos pelo Fernando Pessoa" (carta de 13/1/1935). Bem no íntimo, sonha com o largo reconhecimento. Por isso escreve tanto em inglês, chegando a propor que "devemos transformar o inglês no latim do mundo inteiro". Mas em seu caso, e mesmo com absoluto controle sobre a técnica, jamais conseguiu, nessa outra língua, a naturalidade que tinha na materna. Premonitoriamente, até reconhece isso, em 1932, quando escreve prefácio para *Alma errante*, do emigrado russo Eliezer Kamenezky: "Não é português nem se pode portanto esperar que maneje com qualquer íntima destreza o que é uma das mais complexas, sutis e opulentas línguas do mundo." Nem se dá, essa escolha, pela influência notória que sofre de escritores como Poe, Shakespeare ou Walt Whitman; mas, sobretudo, para que seus versos tenham "probabilidades europeias (não se tome esta frase no sentido de Prêmio Nobel iminente)". Porque, assim acreditava, seria a única língua capaz de lhe garantir esse galardão. José Saramago o desmentiria, em 1998, escrevendo em português; e nem sequer teria, Pessoa, o privilégio efêmero de portugueses que chegaram a ser indicados ao prêmio: João Câmara (1901), João Bonança (1907), Sebastião Magalhães Lima (1909), António Correia de Oliveira (15 vezes, a partir de 1933), Maria Madalena de Martel Patrício (14 vezes, entre 1934 e 1947), Teixeira de Pascoaes (5 vezes, entre 1942 e 1948), Júlio Dantas (1950) e Miguel Torga (1960). "A única compensação moral que devo à literatura é a glória futura de ter escrito as minhas obras presentes."

> Se eu morrer novo,
> Sem poder publicar livro nenhum,
> Sem ver a cara que têm os meus versos em letra impressa,
> Peço que, se se quiserem ralar por minha causa,
> Que não se ralem.
> Se assim aconteceu, assim está certo.
>
> Mesmo que os meus versos nunca sejam impressos,
> Eles lá terão a sua beleza, se forem belos.
> Mas eles não podem ser belos e ficar por imprimir,
> Porque as raízes podem estar debaixo da terra
> Mas as flores florescem ao ar livre e à vista.
> Tem que ser assim por força. Nada o pode impedir.
>
> "Poemas inconjuntos", Alberto Caeiro

Organização dos escritos

Em 1929, pressente o fim próximo e começa cuidadosamente a ordenar papéis, completar poemas, datilografar textos espalhados na Arca. Porque talvez, assim me disse Yvette Centeno, *Pessoa não queria separar vida e obra, fazendo da obra a sua verdadeira vida.* "Pensei, primeiro, em publicar anonimamente, em relação a mim, estas obras." Mas "ninguém deverá deixar atrás de si 20 livros diferentes, salvo se for capaz de escrever 20 livros diferentes"; e "nenhum de nós, desde o gato até mim, conduz de fato a vida que lhe é imposta". Sabe ser "quem se adiantou demais aos companheiros de viagem"; e percebe "que o tempo que perdi no que fiz o não ganhei senão na ilusão, agora desfeita, de ter valido a pena fazê-lo". A revista *Presença* lhe propõe publicar livro com poemas seus. Promete *O guardador de rebanhos*; mas pede seja, em troca, publicado um que lhe foi confiado pelo amigo Sá-Carneiro antes de morrer, *Indícios de ouro*. Em nota manuscrita, está o plano inicial das obras:

(1) Caeiro, completo;
(2) Ricardo Reis, vários livros de Odes;
(3) Notas para a recordação[441] (porque, nelas, fala do próprio Campos);

---

[441] Trata-se de *Notas para a recordação do meu mestre Caeiro* (sem data), assinadas por Álvaro de Campos.

(4) Um livro de Álvaro de Campos;

(5) A discussão em família.[442]

No ano mesmo de sua morte, como se vê da carta a Casais Monteiro (13/1/1935), afinal decide-se por "um livro de versos grande — um livro de umas 350 páginas — englobando as várias subpersonalidades de Fernando Pessoa ele-mesmo". "Os heterônimos (segundo a última intenção que formei a respeito deles) devem ser por mim publicados sob o meu próprio nome (já é tarde, e portanto absurdo, para o disfarce absoluto). Formarão uma série intitulada *Ficções do interlúdio* ou outra coisa qualquer que de melhor ocorra. O mais provável, aliás, com respeito ao primeiro livro dos heterônimos, é que faça conter, não só o Caeiro e as *Notas do* Álvaro de Campos, mas também uns três ou cinco livros das *Odes* do Ricardo Reis." Assim, com todos juntos, "regresso a mim. Alguns anos andei viajando a colher maneiras de sentir. Agora, tendo visto tudo e sentido tudo, tenho o dever de me fechar em casa no meu espírito e trabalhar, quanto possa e em tudo quanto possa, para o progresso da civilização e o alargamento da consciência da humanidade". Para essa decisão, tem uma explicação simples: "A máscara, se pudesse manter, era inútil o esforço mental preciso para mantê-la." Em prefácio que escreve, diz: "Posso gozar a visão do futuro, ao ler esta página, pois efetivamente a escrevo; posso orgulhar-me, como de um filho, da fama que terei"; e espera ver o livro "impresso em outubro". Noutra carta, ao mesmo Casais Monteiro (20/1/1935), diz que "até a data, devem ser publicados *O banqueiro anarquista*, uma novela policiária e mais um ou outro escrito que as circunstâncias possam evocar". Mas não seria assim, de fato; que suas *Obras completas* (apenas parte de seus escritos) viriam só sete anos depois de sua morte, pela Editora Ática, por mãos de Luís de Montalvor e João Gaspar Simões.

Relação dos livros que escreveu

"Algumas obras morrem porque nada valem. Outras têm o dia breve que lhes confere espírito passageiro. Outras coexistem com uma época inteira. Outras, ainda, duram tanto quanto dura aquela civilização. Mas outras duram além. Essas atingem aquela maturidade de vida que é tão mortal

---

[442] Reunindo diálogos dos heterônimos, entre si e com ele próprio.

como os Deuses." Talvez por isso tenham sido tão poucos os livros que publicou. Por não aceitar menos que o melhor. Mesmo sabendo, como na sentença de Mallarmé, que *tudo no mundo existe para acabar em um livro*. Só que não é fácil afirmar, com precisão, nem sequer o que seja um livro. Definição mais usual é a da Unesco, para quem seria *publicação impressa, não periódica, com um mínimo de 49 páginas, sem contar as capas*. O que leva a situações paradoxais. "Ode Marítima" (930 versos), por exemplo, embora não tenha sido editado como livro, é quase duas vezes maior que *35 Sonnets* (490) ou *Mensagem* (581). Seja mesmo qual for essa definição, mais confiável e justo talvez fosse considerar, aqui, apenas os assim nomeados por ele próprio.

Na revista *Presença* (nº 17, dezembro de 1928), lembra suas obras de até então: "Antinous e 35 Sonnets, juntos, em 1918, e English Poems I-II, e English Poems III, também juntos, em 1922. Publicou, além disso, em 1923. Sobre um Manifesto de Estudantes... e, em 1928, Interregno — Defesa e Justificação da Ditadura Militar em Portugal." Após o que, adverte, "nenhum destes textos é definitivo. O autor prefere considerar como apenas aproximadamente existentes". Numa nota biográfica escrita mais tarde, em 30 de março de 1935, está: "Obras que tem publicado: A obra está essencialmente dispersa, por enquanto, por várias revistas e publicações ocasionais. O que, de livros ou folhetos, considera como válido, é o seguinte: 35 Sonnets (em inglês), 1918; English Poems I-II e English Poems III (em inglês também), 1922; e o livro Mensagem, 1934, premiado pelo Secretariado da Propaganda Nacional, na categoria Poemas." Depois diria: "Fernando Pessoa não tenciona publicar livro nem folheto algum. Não tendo público que os leia, julga-se dispensado de gastar inutilmente, nessa publicação, dinheiro seu que não tem." Apesar disso, e bem pesado, talvez deva ser esta a relação:

Ultimatum. O texto, originalmente, se destinou a *Portugal Futurista*, revista que nasceu da Sessão Futurista do Teatro República (hoje, Teatro São Luís). Junto a muitos outros manifestos, ali também publicados: *O Futurismo* (interpretado por B.R.), *Manifeste de Peintres Futuristes* (Boccioni e outros), *Ultimatum Futurista* (Almada), *Manifesto Futurista da Luxúria* (Saint-Point), *O Music-Hall* (Marinetti). Mas poucos dos 10 mil exemplares da revista (que não voltou a circular) foram comercializados, dado ter sido a edição imediatamente apreendida pela polícia. O *Ultimatum* foi então publicado como edição autônoma, pela Tipografia P. Monteiro. Talvez por ser só uma *separata*, não o considerava de fato um livro. Esse manifesto, no estilo, reproduz os de Marinetti — *Le futurisme* (1911), *Tripoli italiano* (1911), *Manifesto tecnico de la letteratura futurista* (1912); mas, no conteúdo, é sobretudo um ato de protesto contra a humilhação do *Ultimatun* britânico de 11 de janeiro de 1890 (depois veremos). À pequeneza que sente contaminar Portugal. No número 2 da revista *Athena*, diz que "A minha teoria estética e social no *Ultimatum* resume-se nisto: na irracionalização das atividades que não são (pelo menos ainda) racionalizáveis. Como a metafísica é uma ciência virtual, e a sociologia é outra,

proponho a irracionalização de ambas — isto é, a metafísica tornada arte, e a sociologia tornada só política. É isto, em resumo, o que defendi no meu *Ultimatum*". Sem nenhuma modéstia, para ele, "a peça literária mais inteligente produzida pela Grande Guerra" (trechos):

> Mandado de despejo aos mandarins da Europa! Fora.
> (...)
> Ultimatum a eles todos, e a todos os outros que sejam como eles todos!
> Se não querem sair, fiquem e levem-se.
> Desfile das nações para o meu Desprezo!
> (...)
> Deixem-me respirar!
> Abram todas as janelas!
> (...)
> Homens-altos de Lilliput-Europa,[443] passai por baixo do meu Desprezo!
> (...)
> Passai esterco epileptoide sem grandezas...
> Passai bolor[444] do Novo...
> Vem tu finalmente ao meu Asco...
> Proclamem bem alto que ninguém combate pela Liberdade ou pelo Direito! Todos combatem por medo dos outros!
> Homens, nações, intuitos,[445] está tudo nulo!
>   MERDA!

---

[443] *Lilliput* é um país imaginário, criado pelo clérigo anglicano irlandês Jonathan Swift (1667-1745), descrito no livro *As viagens de Gulliver*. Nele, seus habitantes mediriam apenas 15 centímetros de altura.
[444] Mofo.
[445] Intenções.

A Europa tem sede de que crie, tem fome de Futuro!
O que aí está não pode durar, porque não é nada!
Eu, da Raça dos Navegadores, afirmo que não pode durar!
Proclamo isso bem alto, e bem no auge, na barra do Tejo, de costas
para a Europa, braços erguidos, fitando o Atlântico e saudando
abstratamente o Infinito!

"Ultimatum", Álvaro de Campos

35 Sonnets, by Fernando Pessoa. Lisbon, Monteiro & Co.,190 Rua do Ouro, 192, 1918, com 20 páginas. Os poemas, segundo se acredita escritos entre 1908 e 1912 (a maioria), foram continuamente corrigidos até sua publicação em 1918. No estilo do soneto shakespeariano — 12 versos em sequência com rimas ABAB CDCD EFEF, mais dois um pouco à direita, em rimas GG —, se explicariam porque Pessoa vislumbrava, nos 154 sonetos[446] do escritor inglês, "complexidade que quis reproduzir numa adaptação moderna". Não obstante, por vezes usou rimas aproximadas: *are* e *for*, *abroad* e *ignored* ("Poem I");  *hole* e *soul*, *world* e *hurded*, ("Poem III"); e assim por diante. Depois, faz inúmeras correções (datadas de 6/11/1920) que já passam a constar das edições posteriores. Ainda planeja acrescentar 15 poemas para compor o que seriam seus *50 sonnets*; e, em seguida, pensa aumentar ainda mais esse número — primeiro para 71, depois para 80 *sonetos ingleses*. Na contracapa de um exemplar, escreve *Other sonnets*; e, mais, relação de oito *primeiros versos*. Ignora-se onde entrariam, no livro, esses novos sonetos. Em qualquer caso, não como sequência aos publicados; pois o poema XXXV da edição, aquele que se refere "ao nosso nascimento e ao nosso sangue", como nenhum dos demais tem o sentido de final do livro. O poema aqui escolhido, escrito em inglês como todos os outros da série, expressa um isolamento que o poeta tenta desesperadamente atravessar.

---

[446] Montez Magno, no conto "O soneto 155", diz (brincando) que o crítico inglês Edwin Booth descobriu, dentro de antiga edição das obras de Marlowe, um soneto que tinha *acima, quase ilegível, o número 155*, começando pelo verso *Quando o tempo marcar a minha fronte*.

Ao escrever ou falar ou mesmo quando vistos
Permanecemos imperceptíveis. O que somos não pode ser
Espalhado para palavra ou atitude.
Nossa alma está infinitamente distante de nós.

Não importa o esforço de dar vontade aos nossos pensamentos e de
Tornar a nossa alma plena das artes de expressão,
Os nossos corações permanecem imutáveis.
Naquilo que nos mostramos somos ignorados.

O abismo de alma para alma não pode ser atravessado
Por qualquer habilidade de pensamento ou ardil que nos desvende.
Ficamos reduzidos ao nosso eu

E ao enunciar o que somos ao pensamento
    Não passamos de sonhos de nós mesmos, almas em lampejos
    Cada uma para cada um dos sonhos de outrem.[447]

"Sonnet 1", Fernando Pessoa

Antinous, A Poem, by *Fernando Pessoa. Lisboa, 1918,* novamente edição da Monteiro & Co., 16 páginas. Nas edições subsequentes consta a indicação, em inglês, de ter sido essa inicial (de mil exemplares) posteriormente revisada pelo próprio Pessoa: "Uma versão mais antiga e muito imperfeita de Antinoo foi publicada em 1918. A versão presente tem o fim de anular e substituir aquela, da qual é essencialmente diferente." Já foi descrito antes.

English Poems I-II, by *Fernando Pessoa. Lisboa, Edição de Olisipo, 1921.* Reedição (mil exemplares) de duas plaquetas publicadas em 1918. Segundo Pessoa, "É preciso conhecê-la realmente bem [a língua inglesa] para compreender

---

[447] Pessoa usa com frequência essa imagem. "Cada sonho meu é imediatamente, logo ao aparecer sonhado, encarnado numa outra pessoa que passa a sonhá-la, e eu não." Em "O Marinheiro", por exemplo, *Veladoras* (sentinelas) sonham que sonham com um marinheiro, enquanto ele vê quem o está sonhando. Jorge Luis Borges encerra conto ("Las ruinas circulares"), dizendo que um forasteiro *com alívio, com humilhação, com terror, compreende que ele também era uma aparência que outro estava sonhando.*

o texto completo e compacto desses poemas." No escolhido (com sacrifício do ritmo, na tradução, para ser fiel a suas palavras), espelha-se o eterno jogo entre a vida e a morte:

> Amo a este mundo e a todos estes homens porque não hei de
>   amá-los por muito tempo. Que morremos
> Não acredito, atados que somos às leis maiores
> Mas que perdemos este mundo não há como negar.
> Essa luz que no mar se desdobra em luzes;
>
> Essa brisa tão suave quando menos a sentimos;
> Pode ser trocada por visão mais divina
> Ou brisa mais verdadeira; mas estas restarão perdidas.
> Como estranho ardil da criança doente, mas que possuía a
>   infância, nela eu lamento
>
> Talvez em algum sublime mundo longínquo e inerte;
> A infância que jamais esquecerei.
> Não, esses jogos dos sentidos — este mundo, estes homens —
> Caros hoje por estarem presentes, e caros quando então estiverem
>   perdidos.

"Poem 82", Fernando Pessoa

English Poems III, *by Fernando Pessoa*. Edição da *Olisipo, 1921*. Novamente 1.000 exemplares. Com *Epithalamium* (já descrito antes) e *Inscriptions* (Inscrições), entre elas as que se seguem:

I
Passamos e sonhamos. A Terra sorri. A virtude é rara.
Idade, dever, deuses pesam sobre a nossa consciente exultação
Espere pelo melhor e para o pior prepare-se
A soma da sabedoria decisiva assim o declara.

VII
Situei meu prazer como um recipiente diferenciado
Severo, a parte, meu, olhei na direção onde os Deuses pareciam olhar
Atrás de mim esgueirou-se a sombra comum
Sonhando que não dormia, sonhei meu sonho.

"Inscriptions", Fernando Pessoa

O interregno – Defesa e justificação da ditadura militar em Portugal. Lisboa, Offis. da Sociedade Nacional de Tipografia, 59, Rua do Século, 1928. Trata-se de um folheto político escrito a pedido do Núcleo de Ação Nacional e vendido, nas ruas, a 50 centavos de escudos cada.[448] "Interregno na sua forma original deveria ser apenas um manifesto anônimo. O Ministério do Interior impediu a saída do manifesto, a não ser que viesse assinado e convertido em livro — isto é, folheto —, pois assim não era [então] preciso ir à censura, que, tendo

sido consultada sobre o manifesto, pusera várias objeções." Depois, complementa: "Há que rever tudo isto e talvez que repudiar muito." Em nota de 1935, diz que "deve ser considerado como não existente". Decida o leitor, pois, sobre sua inclusão nessa relação.

Mensagem. A capa da edição é despojada, cor laranja no centro e pequena moldura amarelo-clara. Por cima, apenas o nome do autor, *Fernando Pessoa*; pouco abaixo, em letra maior, o título *Mensagem*, no terço superior da

---

[448] Em exemplar por Pessoa dedicado a António Ferro, esse preço está riscado com caneta. Como se tivesse vergonha de cobrar algo por um texto assim. Valendo registrar nesse exemplar, ainda, o fato de haver numerosas marcas a lápis em passagens do livro — sem ser possível precisar se feitas por Ferro ou (o que por vezes ocorria nos livros que ofertava) pelo próprio Pessoa.

página; e bem embaixo, compondo a edição, *Lisboa, 1934, Parceria António Maria Pereira, 44 Rua Augusta, 54*. Maiores comentários no capítulo "Mensagem", adiante.

O mistério de *Alma errante*

Em 1932, impresso nas Oficinas Gráficas da Empresa do Anuário Comercial, é publicado em Lisboa o livro *Alma errante*, do emigrado russo Eliezer Kamenezky. *Com um prefácio de FERNANDO PESSOA* — assim consta, com destaque, na capa; mais, por dentro, desenho do rosto do autor por José Malhoa

(1855-1933, do *Grupo do Leão* e naturista como o retratado), com nome escrito não no alfabeto russo (cirílico) mas em hebraico (iídiche). "Eliezer é judeu russo, vagamundo temporariamente parado, idealista e romântico como são todos os judeus, quando não são o contrário" — avisava Pessoa, já no início desse prefácio. Nascido em 7 de abril de 1888 (mesmo ano em que nasceu Pessoa), na cidade russa de Bachmut (hoje Artemivsk, Ucrânia), partira aos 15 anos do porto de Odessa, como clandestino, sem mesmo saber qual o destino do navio. Assim correu mundo, andando até mesmo no Brasil. Só em 1917 visitou Portugal, decidindo morar em Lisboa

pelos anos 1920, na Travessa da Mãe-d'Água, 26, terceiro andar — segundo informa Ernesto Martins, que chegou a trabalhar com Kamenezky e nesse apartamento ia quase todas as noites. Com barbas de Rasputim, cabeleira farta, grandão, vegetariano e sempre de sandálias, era decididamente uma figura estranha. Tanto que chegou a desempenhar papéis secundários em três filmes portugueses: *Revolução de maio*, *O pai tirano* e *Aldeia da roupa branca* — realizados por António Lopes Ribeiro, que viria a ser padrinho do casamento de Ophelia Queiroz. Mais tarde (em 1939), choraria ao ver natimorto aquele que teria sido seu único filho; e desde então, viveu sua vida com cabelo agora cortado rente, já sem barba e sem mais rir, até o fim, em 1957.

Para sobreviver em Lisboa, nos primeiros tempos, dá conferências sobre as virtudes de ter uma alimentação natural e andar nu, mas, logo, dedica-se ao comércio de antiguidades (bricabraque) em São Pedro de Alcântara, 71, no Bairro Alto (ao cimo do Elevador da Glória) — onde muitas vezes Pessoa, segundo se conta, *passava pelas brasas* (fazia a sesta) em *chaise-longue* que havia na cave do estabelecimento. Essa *cave*, bem descrita, era só um cubículo espremido de metro e meio de altura, no qual havia estrutura de ferro e um colchão por cima; lá indo Pessoa não depois do almoço, mas só no fim das tardes — para se recuperar dos *copinhos de aguardente* e poder enfrentar as noitadas etílicas com seus companheiros. Quando Ernesto Martins assumiu esse espaço (em transação com o próprio Kamenezky), para lá instalar sua *Biblarte — Livreiros, Antiquários,* encontrou as paredes rabiscadas com versos de Pessoa; escondidos agora, sob tinta branca de pintores desavisados, inúteis os esforços para recuperar esses textos.

Alma errante acabou sendo o único livro que publicaria, marcado por ilusões amorosas e saudades do passado. Nada contra o lirismo de tão nobres sentimentos, não fosse por um detalhe; é que, à altura em que foi escrito o livro, e mesmo já falando português com alguma fluência, ele simplesmente não sabia escrever nessa língua. Nem nunca soube nada de francês, inglês e espanhol — o depoimento é do mesmo Ernesto Martins. Tanto que nas dedicatórias feitas para fregueses, por sobre sua assinatura, punha só uns garranchos (tidos, pelos leitores, como palavras que não conseguiam ler).[449] A confirmar essa versão, um exemplar de *Alma errante*, por ele dedicado em 22 de agosto de 1952 *Ao senhor José Pereira dos Santos*; e, mesmo 20 anos depois de ter sido o livro publicado, ainda revela pouca intimidade com a gramática — *oferese*, em vez de "oferece"[450] —, e uma letra desenhada que mais parece com a de um escolar, ao início de seus estudos. Segundo Martins, e isso lhe teria sido informado pelo próprio Kamenezky, o russo escrevia em sua língua

---

[449] Segundo me disse Martins, ele próprio pediu a Kamenezky que escrevesse essas dedicatórias de forma legível, respondendo o russo — *Ó Martins, é isso que quero, senão vão descobrir que não sei escrever em português.*

[450] Em outro exemplar, este dedicado a Martins (8/9/1950), escreve *ofereso* (em vez de "ofereço"), e *meo*, em lugar de "meu". Apesar disso, em 2 de março de 1932, aparece um exemplar do livro dedicado *ao meu caro amigo Fernando Pessoa do seu sincero amigo e admirador,* em português castiço (e letra redonda, bem diferente de como escreveria em português), assinado pelo próprio Kamenetzky; sendo legítimo acreditar que pediu a alguém que escrevesse as palavras da dedicatória e as tenha copiado, no exemplar, ou que tenha subscrito dedicatória escrita por terceiro.

materna algumas lembranças e inspirações em papéis pequenos que, dobrados, eram conservados em caixas vazias de sapatos (chegou a ter mais de 15 delas) — Martins, com o dedo, aponta o local em que então ficavam, hoje ocupado por livros raros. Quando aparecia Pessoa na loja, lia para ele (em português) esses papéis (escritos em russo). O amigo tomava nota e, dias depois, lhe entregava poemas prontos em troca da remuneração por seus serviços, de 20 escudos por encomenda.

Não foi o único episódio assim na vida de Pessoa, visto que em março de 1931 foi editado, pelo Rotary Club de Lisboa, *O tabaco, vício brando e útil*, de Carlos Eugênio Moitinho de Almeida — segundo Teca, escrito pelo irmão a pedido desse amigo. Só que o caso de agora era mais grave. Com Moitinho foi amizade; enquanto que, com Kamenezky, foi por dinheiro. Para tentar comprovar a origem dos versos, busquei seus rastros — mesmo tendo, os poemas do livro, baixa qualidade. Podendo ter se dado que Pessoa tenha escrito esses versos imaginando como Kamenezky os escreveria, num estilo intencionalmente medíocre. Inclusive para acobertar as pequenas transações econômicas ocorridas entre os dois. E as palavras do livro nos dão informações valiosas. Como referências a *Sonatas de Beethoven, Prelúdios de Chopin, Idílios de Mendelssohn* ou *Músicas de Schubert,* todos compositores da preferência de Pessoa; quando, sendo russo aquele comerciante, mais natural seria citar alguns dos muitos compositores de sua terra. Ou versos declarando que violeta é sua *flor predileta*, quando flor nacional da Rússia é a camomila (uma espécie de margarida). Ou ainda o hábito bem pessoano (e comum à época, é certo) de editar em maiúsculas, no meio das frases, algumas palavras fortes como Amor, Justiça, Mistério, Morte (três vezes), Natureza (quatro), Oceano e Pensamento. Para não falar em quadrinhas que, na inspiração e no estilo — *desvirtuados pelas assimetrias do verso heptassilábico e a transgressão do estilo rimático*, palavras de Teresa Sobral Cunha —, fazem lembrar as "Quadras ao gosto popular":

> Como tu, sou só na vida:
> Como tu, não tenho ninguém:
> Como tu, choro cantando,
> Pensando se existe alguém.

> Minha vida é triste fado,
> Nascido de amarga dor.
> Minha alma reza cantando,
> Lembrando o perdido amor.

Em alguns casos, temos ainda como que referências a poemas do próprio Pessoa: uma espécie de ave-maria; uma memória do diálogo da cotovia (de Shakespeare), que Pessoa por longo tempo admitiu escrever ele próprio; a ideia de que morrem, não os que morrem, mas aqueles que não mais lembramos; ou um abraço na *lua irmãzinha*, lembrando sua implicância com São Francisco (que chamava a água de *minha irmã*). Há também versos que, com boa vontade, poderiam passar por dele — uma distração, no caso, dado ser mesmo (quase) impossível escrever tanto sem deixar algo de bom. Como, por exemplo: *Eu amo o silêncio e a mística escuridão da noite/ Que me envolve no seu manto negro;*[451] ou *Nessa noite escura, muito escura/ Triste como a noite, triste como o mar.*[452] Em outros mais, é como se Pessoa estivesse escrevendo sobre pedaços de sua própria vida. Como nesse poema, um dos dois dedicados a certa *Judite F.* (a mulher de Kamenezky era uma alentejana que se chamava Arnilde), mais parecendo a descrição do início de sua relação com Ophelia:

> Lembras-te daquele dia do nosso primeiro encontro. Quando, olhando-me, rias perdidamente — lembras? Se te não lembras, lembro-me eu...
>
> Pensava que eras sonho do meu sonho[453] E vivia sonhando contigo. Mandei-te alguns versos.
>
> Pedaços da minha alma sonhadora.
> Versos cheios de ternura e de amor espiritual
> Escrevi-te algumas cartas
> Narrando sinceramente o estado da minha alma,
> A grande simpatia que sentia por ti...

Continuando o levantamento, voltei olhos para o título do livro, inspirado no poema que se segue ao de abertura, *Alma errante, leve como o vento! Vagabundeio pelo mundo inteiro.* Lembrando a dispersão da própria vida de Kamenezky, claro, antes de fincar raízes em Lisboa. Ou evocando o ucraniano (Nicolai Vassilievitch) Gógol (1809-1852), e suas *Almas mortas.*[454] Ou

---

[451] Em "Dois Excertos de Odes" (1914), era outra a cor desse manto: *Vem, noite silenciosa e estática,/ Vem envolver na morte manto branco/ O meu coração...*

[452] Em uma "Ode" de 1911, Reis lembra o *Mar Morto*, um *Mar sem porto, um como que não lugar.*

[453] Essa construção, já vimos, é bem de Pessoa.

[454] Dividida em três cantos, como a *Comédia* de Dante (antes) ou *Mensagem* de Pessoa (depois). Dele foi publicado só o primeiro canto, *Inferno* — em que vigarista, Tchichilov, chega em uma aldeia para comprar almas mortas; queimada pelo autor (por duas vezes) a continuação do livro, da qual sobraram apenas cinco capítulos.

Guerra Junqueiro, que em seu *Pátria*[455] escreveu: *Lá partiu, lá partiu! Alma errante e quimérica*. Mas também o próprio Pessoa, que usa essa expressão em numerosos versos — dos quais o mais remoto (por volta de 1915) está na monumental "Ode Marítima", de Álvaro de Campos:

> Ó alma errante e instável da gente que anda embarcada,
> Da gente simbólica que passa e com quem nada dura.
> Que sempre o navio volta ao porto
> Há sempre qualquer alteração a bordo!
>
> Ó fugas contínuas, idas, ebriedade do Diverso!
> Alma eterna dos navegadores e das navegações!
>
> "Ode Marítima", Fernando Pessoa

Reli depois, com atenção redobrada, o prefácio de Pessoa. Sem uma única palavra sobre os poemas do livro. Em troca ressaltando a pouca intimidade do *autor* com o idioma da terra em que escolheu viver: "Eliezer não é português, nem se pode portanto esperar que maneje com qualquer íntima destreza a que é uma das mais completas, sutis e opulentas línguas do mundo." Como que a dizer que o autor jamais poderia exprimir, nessa outra língua, "a ideia e a emoção" que "se refletem no vocabulário e no jogo sintático" dos poemas. O texto encerra com palavras sugestivas: "Nenhum judeu, grande poeta que fosse, seria capaz de escrever... o profundo movimento lógico da ode grega"; ou "escrever como Ésquilo"; sem contar que, "é claro, nenhum judeu seria capaz de escrever este prefácio". Nem escrever esse livro, parece sugerir (por não saber escrever em português, claro). Como se Pessoa fosse deixando impressões digitais, no papel, à espera de quem por elas desse depois.

Seguindo a pesquisa, ainda considerei a hipótese de não ter sido este o único livro escrito a pedido desse judeu russo. Nesse passo chegamos ao romance *Eliezer*, dado como de Kamenezky — publicado na Itália (Editorial Lucarini), por Amina Di Munno, que o atribuiu a Pessoa. Tal como o faria António Tabucchi. A hipotética datação do texto dá-se a partir da narração de encontro do russo, em nossas terras, com aquele que depois seria presidente dos Estados Unidos do Brasil, Washington Luiz (Pereira de Souza, 1870-1957) — eleito em 1926 e deposto em 1930. Ocorre que em 1918, aqui mesmo em terras brasileiras, foi publicado, no *Almanaque Vege-*

---

[455] Pessoa, em alguns momentos, chegou a considerar esse livro mais importante que *Os lusíadas*.

tariano,[456] uma breve biografia de Kamenezky que não refere esse encontro. Donde deve ter sido escrito, o romance, entre 1918 e 1926. A tese de que seja obra do russo se mostra insustentável. Para começar, os originais foram datilografados em quatro máquinas, todas familiares a muitos outros escritos pessoanos. Num inglês similar, segundo Luciana Stegagno Picchio, àquele que Pessoa usava em sua prosa. Uma cópia do livro permaneceu na Arca, em papel-carbono, com 322 páginas (em parte numeradas, páginas 13 a 86, com letra de Pessoa). Segundo a "Equipe Pessoa", similar, *na disposição do texto na página e nas características gerais da datilografia, às de Pessoa*. Além de detalhes de estilo, tudo indicando que *quem datilografou o romance em inglês foi Pessoa*.

Texto original dele ou apenas uma tradução? Também não pode haver dúvidas sobre isso. Como já vimos, Kamenezky jamais o poderia ter escrito em português. Nem em nenhuma das três outras línguas usadas da Europa, também já vimos (dado não as conhecer). Sobram russo e hebraico — línguas que nem Pessoa nem mais (quase) ninguém na Lisboa daquele tempo conhecia. O que pressuporia várias traduções sucessivas antes que, por fim, Pessoa o pudesse traduzir para o inglês. Sem contar que (já residindo em Lisboa) uma tradução inglesa, anterior ao lançamento do romance em Portugal, resultaria claramente improvável. De resto, caso o trabalho de Pessoa fosse mesmo limitado à tradução, por que consumiria tantas horas corrigindo os originais e fazendo acréscimos? Não sendo igualmente crível que se tenham perdido o (suposto) original e a (suposta) primeira tradução da obra — que jamais sua dedicada viúva teria dado fim a manuscritos (para ela, pelo menos) tão valiosos. Essa mulher tanto o adorava que não admitiu ser só seu o nome de rua que lhe queriam atribuir, tendo reivindicado que a seu lado figurasse o nome do marido perdido — Rua Arnilde e Eliezer Kamenezky, no concelho de Redondo, distrito de Évora; [457] Por tudo isto, mais plausível é a hipótese, portanto, de que Kamenezky tenha relatado, para Pessoa, a sua própria vida; recebendo o poeta, pelos serviços, os correspondentes honorários — tão necessários, quando se considere sua conhecida escassez financeira.

Como se ainda não bastasse, busquei poemas de *Alma errante* que estivessem no espólio de Pessoa — visto que guardava cópia de tudo que escre-

---

[456] Um tipo de publicação comum, já naquele tempo, como o famoso *Almanaque Vegetariano Ilustrado de Portugal e Brasil* — editado no Porto em 1913.

[457] Nessa rua, no número 44, está o simpático restaurante *O Barro*, de cozinha alentejana.

via. Uma busca simplificada, por ser já público o depoimento de Yvette Centeno — que, compulsando o Envelope 91 da Arca, lá encontrou 36 dos 57 poemas de *Alma errante*. Sendo publicada, no número 56 (julho de 1986) da revista *Colóquio/Letras*, uma relação dos seus primeiros versos. Boa parte desses poemas, nas cópias que ficaram na Arca, marcada por correções e variantes feitas pelo próprio Pessoa. Os restantes (ou alguns deles, talvez) estarão em outros envelopes, ainda não identificados — como o poema "À memória de Florbela Espanca", que não constava desse Envelope 91 e acabou no livro (elevando o número inicial para 37). Ou poderão mesmo não ser de Pessoa, sobretudo aqueles em que constam versos frustes como *Envolvo-te no meu amplexo;* ou *O melhor modo de rezar/ É boas ações praticar;* ou *A sepultura das almas mortas/ São os corpos dos vivos*, demasiadamente distantes de qualquer toque pessoano. Cabendo considerar a intervenção de alguma outra mão naquele processo editorial. Pesando tudo, pois, permanece o mistério do romance *Eliezer* — provavelmente escrito por Pessoa; e mais importante, por ter sido publicado, o de *Alma errante* — que, como no caso anterior, também será de Pessoa.

Segundo mistério, *What the tourist should see*

Em fins de 1925 ou pouco depois, Pessoa datilografa, em inglês, um guia de Lisboa, *What the tourist should see*. Não obstante sem data, a idade do texto pode ser presumida por inúmeras referências: ao "monumento ao jornalista França Borges" (descerrado em 4/11/1925); ou ao quinzenário "*A Ilustração*, que iniciou muito recentemente sua publicação", sendo esse jornal também de 1925. O guia não foi publicado nem oferecido a nenhuma editora, permanecendo em silêncio na Arca. A publicação viria só 71 anos depois de sua morte, em 2006, por mãos de Teresa Rita Lopes. Com pequena alteração na tradução do título — *O que o turista deve ver*.[458] Trata-se de um texto banal, convencional, perdido em *formas adverbiais de intensidade...*, com abusos de superlativos que melhor caberiam nos textos publicitários: "um dos maiores teatros", "esplendor total", "mais notável do gênero na Europa", "um admirável corrimão" — tudo como destacado por Gilda Santos. Sem uma única frase, em todo o texto, que lembre o verdadeiro Pessoa. Bréchon o define bem: *Texto pobre, sem emoção, sem poesia, sem humor, não*

---

[458] Com *deve,* em lugar do mais correto *deveria*.

existe qualquer traço do gênio. Findando o livro de repente, como se o texto fosse continuar, depois de falar no "elétrico da Gomes Freire", perdendo ali seu autor a chance de ao menos uma última frase que merecesse registro digno. Ou talvez, admite Teresa Sobral Cunha, o *livro ficara inacabado possivelmente pela pouca importância para seu urdidor.*

Em favor de ser considerado texto de Pessoa está o fato incontestável de ter sido por ele datilografado; de ter sido guardado na Arca; ou a probabilidade de se incluir entre os projetos patrióticos que acalentava, próximo por exemplo do idealizado (e nunca concluído) *All about Portugal.* Mais nada. A ninguém, nem mesmo aos amigos, deu ciência de sua existência. Sem contar que, em 1924, já aparecera no mercado o primeiro volume (*Generalidades – Lisboa e arredores*) de um *Guia de Portugal*, com o prestígio de ser editado pela Biblioteca Nacional de Lisboa. Organizado por Raul (Sangreman) Proença (1884-1941), colaborador da revista *A Águia* e cofundador da revista *Seara Nova.* Não havendo público, assim, para mais um guia, e nem mesmo razão para que fosse escrito. O professor de jornalismo António Valdemar, açoriano e laureado com a medalha de honra da Sociedade Portuguesa de Autores, sugere não ser um livro de Pessoa, mas apenas versão dele, para o inglês, de texto de terceiro — talvez do dito Raul Proença, ou de Gustavo de Matos Sequeira, ou de Nogueira de Brito. Só que nunca apareceram os originais de tal guia, para dar suporte à tese de Valdemar. E nenhum outro autor o reclamou. Sem mais dados para confirmar a hipótese, fica o caso reduzido a simples especulação, desprovida de maior interesse estético, e que nem caberia numa biografia, dada sua baixa qualidade. Antes, pois, textos de Pessoa dados como escritos por terceiro (Kamenezky); depois, um livro não publicado, e que a ninguém causaria estranheza caso se viesse a provar ser de algum autor especializado em guias.

Livros não completados ou não editados

Pessoa pensa escrever muitos outros livros, ou os escreve mesmo em parte, como *The transformation book (or Book of tasks); Book of war; A guerra alemã; A república aristocrática; As sete salas do palácio abandonado; Breviário; Canções de derrota; Canções de Lisboa; Chuva de ouro; Considerações pós-revolucionárias; Da ditadura à república; From Portugal; Legendas, Monarquia, Sinfônicas, Suíte árabe,* um *Dicionário ortográfico, prosódico e eti-*

mológico da língua portuguesa ou O diamante negro[459] — após o que escreveu *some title like this* (Algum título como este). Outros livros chegou mesmo a deixar prontos, sem os publicar; como, em 1917, *The mad fiddler*[460] — inspirado na lenda do Flautista de Hamelin. Trata-se de alegoria em cinco partes (correspondentes a 37 poemas), datilografada num inglês moderno (distante do arcaísmo dos primeiros poemas ingleses), retratando rabequista que passa por uma aldeia e toca para seus acomodados habitantes — neles despertando, com sua música estranha, "uma luminosa inquietação" (*restlessness*) que vem da consciência do fracasso, de que "toda alma é só lamento", aflorando o desejo de um futuro diferente "como a bandeira desfraldada que surgiu". Em nota solta, avalia sua criação: "*The mad fiddler* reúne a obra infantil e inferior da minha imaginação indisciplinada." Como diz nos "Four sorrows" (Quatro lamentos) do livro, "seja o que for que sonhemos, todo o sonho é já verdade". Envia os originais à casa editora Constable & Co., de Londres; recebendo em 6 de junho de 1917, como resposta, *Após termos examinado os poemas, não vemos possibilidade de proceder à respectiva publicação.* Os manuscritos, em vez de serem encaminhados a outro editor, vão parar na Arca. Deles, destaco poema que expressa uma bela visão da morte.

> Vieram os anjos e a procuraram
> Encontraram-na ao meu lado.
> Ali onde as suas asas lhe trouxeram.
> Os anjos a levaram embora;
> Ela havia deixado o seu lar, o brilhante dia de Deus
> E veio ao meu lado morar.
> Ela me amava porque o amor
> Não ama senão as coisas imperfeitas.

---

[459] Sem nenhuma ligação com nosso *Diamante Negro*; que Leônidas da Silva, dado como inventor do gol de bicicleta, por essa época era ainda jogador do São Cristóvão. Chegando ao Vasco, time preferido pelos patrícios, apenas em 1934. Só para lembrar, a propaganda dos famosos chocolates *Diamante negro*, dado como sendo aquele que *restitue as energias*, no jornal tinha não a figura desse negro baixinho, mas rechonchuda branca, de touca, à beira de uma piscina.

[460] Esse título, nas traduções do livro, é por vezes dado como *O violinista louco*. Em favor dessa tradução temos poema (sem título) de 15 de junho de 1915, ano do mais antigo rascunho do poema de abertura de *The mad fiddler*, que diz: "Porque, violino velho, antiga lenda, o lar." Juntando essa *lenda* a um *violino*. Em outras, o instrumento muda — como José Blanc de Portugal (*O louco rabequista*) ou Luísa Freire (*O rabequista mágico*). Mas prefiro traduzir como *O rabequista louco* por constar expressamente de poema em português (sem título, 1/3/1917), contemporâneo de *The mad fiddler*, no qual Pessoa usa a expressão completa: *Rabequista Louco/ Tocando lá fora/ Qualquer coisa pouco/ Mas com que a alma chora...*

Os anjos vieram do alto
E a levaram para longe de mim.
Levaram-na para sempre
Entre as suas asas luminosas
É verdade que deles era ela irmã
Tão próxima a Deus quanto eles.
Mas ela me amava porque
O meu coração carecia de uma irmã
Eles a levaram embora
E foi isso o que aconteceu.

"Nothing" (Nada), Fernando Pessoa

Fama volat

(A fama voa. Virgílio)

As revistas

> *"De que serve a liberdade de pensamento a quem, por sua condição social, não pode pensar?"*
>
> "Liberdade das plebes", Fernando Pessoa

Escrever em revistas

O Brasil teve seu primeiro contato com o modernismo no começo do século 20. Graça Aranha falava na comunhão das *três raças* — *a melancolia* portuguesa, a *metafísica do terror* dos índios e a *infantilidade africana, em seu terror cósmico*. Quase o mesmo sentimento de Ronald de Carvalho, para quem a própria alma brasileira se formou *da saudade portuguesa adoçada pela sensibilidade ibérica, da inquietação indígena e do travo do sentimento resignado dos africanos*. Gilberto Freyre desvendava os mistérios da alma brasileira, compreendendo o processo de integração aqui produzido pelo colonizador português. Câmara Cascudo dava sinais de seu viés primitivista. Oswald de Andrade lançou um *Manifesto antropofágico*. Menotti del Picchia inflamou o público com sua *estética guerreira*. Mário de Andrade, mais um grupo de vanguardistas, realizou, entre 11 e 18 de fevereiro de 1922, a Semana de Arte Moderna. Villa-Lobos apresentou suas *Danças africanas*, no Teatro Municipal de São Paulo, de casaca e chinelos — na verdade por estar com um pé ferido, embora o público tenha interpretado o fato como *futurista*. E, para ser apresentado nesse teatro, Manuel Bandeira escreveu *Os sapos*, a história de um *sapo-cururu* que é *senador da República*. Como não pôde comparecer ao evento, Ronald de Carvalho leu seu texto — recebendo uma vaia monumental logo após esses versos finais:

> Lá fugido do mundo
> Sem glória, sem fé,

No perau[461] profundo
E solitário, é
Que soluças tu,
Transido de frio
Sapo-cururu
Da beira do rio...[462]

Em Portugal, o vendaval futurista que corria mundo iria também contaminar a literatura. Uma *geração nova* passou a se encontrar nos cafés da Baixa, especialmente na Brasileira. *Engraçadinhos* — assim, no início, se diria serem. As revistas literárias são o caminho escolhido para expressar essa visão de *estrutura, força e morte*, como a define Maria Aliete Galhoz. "Tem Fernando Pessoa colaborado constantemente, sempre pelo acaso de pedidos amigos, em revistas e publicações, de diversas índoles", diz em *Presença* (nº 3, 1927). "Tenho pensamentos que, se pudesse realizá-los e torná-los vivos, acrescentariam uma nova luz às estrelas, uma nova beleza ao mundo e um maior amor ao coração dos homens", escreve em 1907. Pessoa, por essa época, já se preparava para ser Pessoa. Mas esse ardor por novidades se vê nele, mais claramente, a partir de 1910, quando é proclamada a República. No mesmo ano em que nasce, no Porto, uma revista do Movimento Saudosista — órgão da Renascença Portuguesa.

Revista *A Águia*

Trata-se de *A Águia*, que tinha como diretor literário Teixeira de Pascoaes — segundo Júlio Brandão, *uma bexiga de porco a rebentar de vaidade*; enquanto, para Pessoa, seria "um dos maiores poetas vivos e o maior poeta lírico da Europa atual". No número 4 (abril de 1912), Pessoa publica seu primeiro artigo destinado ao grande público, "A nova poesia portuguesa sociologicamente considerada". O texto abre a revista — algo importante, dada sua pouca idade (23 anos) e a dos outros colaboradores desse número, escritores já consagrados como Alexandre Herculano, Camilo Castelo Branco e Coelho Neto. Nesse artigo, após comparações com a França de Victor Hugo e a Inglaterra de Shakespeare, Pessoa vaticina o breve surgimento, em

---

[461] Precipício.
[462] Em 13 de agosto de 1933, Pessoa acaba poema (sem título), com palavras parecidas: *Coaxam ao fim/ De uma alma antiga que tenho enorme/ As rãs sem mim.*

Portugal, do Supra-Camões que "deslocará para segundo plano a figura até agora primacial de Camões". O próprio Pessoa, no íntimo, imagina. Para Eduardo Lourenço, com esse artigo ele se apresenta como um *Anjo Exterminador que vem da cultura anglo-saxônica e aparece tão espetacularmente na cena de um Portugal tranquilo*. Logo depois, nos números 11 e 12 (novembro e dezembro de 1912), publica *A nova poesia portuguesa no seu aspecto psicológico*, em que sustenta a tese de que a poesia deve ter como fundamento "o vago, a sutileza e a complexidade". Trata-se, aqui, de texto mais amplo (com 50 páginas), mais trabalhado e mais criativo. Só que as relações com a revista tinham dias contados. Dando-se que ano seguinte (em 3/3/1913), no semanário *Teatro – Revista de Crítica*, dirigido por Boavida Portugal, Pessoa critica o livro de Afonso Lopes Vieira, *Bartolomeu Marinheiro* (trecho):

> O sr. Lopes Vieira quer escrever como uma criança escrevendo para crianças. Escrever como uma criança é tolerável sendo criança, porque o ser criança o torna tolerável. Visto que estes livros para crianças são o seu sono, bem se pode dizer que dorme como uma besta. O Sr. Lopes Vieira é criminoso. É-o por três razões: está estragando com o seu gato por lebre da simplicidade, está tornando ridículos assuntos que conviria tratar com uma decência que a estupidez nunca tem, e porque quem escreve "que era antes o mar? Um quarto escuro onde os meninos tinham medo de ir" merece uma inquisição de professores. Educados na estupidez pela leitura das obras infantis do sr. Lopes Vieira, os homens do Portugal de amanhã terão por Shakespeare o sr. Júlio Dantas, por Shelley o sr. Lopes Vieira... e serão espanhóis.

Ocorre que Vieira era um dos mais assíduos colaboradores de *A Águia*, e tão rude crítica teria seu preço. A revista ainda publica, em agosto de 1913, texto de Pessoa enviado bem antes — "Na Floresta do Alheamento", apresentado como fragmento do *Livro do desassossego, em preparação*. Mas se recusa a publicar um *drama estático* intitulado "O marinheiro" — em que uma donzela é velada em seu caixão, sobre uma mesa, e três mulheres que a velam falam da vida e da morte. Dele depois diria Pessoa, numa carta a Côrtes-Rodrigues (4/3/1915): "*O marinheiro* está bastante alterado e aperfeiçoado... O final, especialmente, está muito melhor... Não é coisa de que me envergonhe, nem — creio — me venha a envergonhar." Indignado com essa recusa, Pessoa redige folheto (para seu bem, não publicado) opondo-se à "orientação de espírito lusitanista ou saudosista" da revista, ainda recomendando a seus membros "aprender português", "ler os clássicos" e usar "de mulher com regularidade e sem timidez". Nada a estranhar em quem, por essa época, ainda estava testando seus limites. Mas deixa de completar o folheto, ao compreender que a revista não se disporia a ser veículo de tanta ousadia. E jamais o publicaria.

Revista *A Renascença*

Na busca por outros caminhos, em *A Renascença* (fevereiro de 1914) — revista dirigida por Carvalho Mourão e que tem como redator (José) Coelho Pacheco —, publica, sob título conjunto de "Impressões de crepúsculo", (I) um poema sem título, que começa pelo verso "Ó Sino da minha aldeia"; e (II) "Impressões", propriamente, que começa pelo verso "Pauis de roçarem ânsias pela minha alma em ouro...". Como curiosidade, a revista pede aos leitores livros para comentar, de logo avisando que *só excepcionalmente publicaremos a crítica de livros que não tivermos recebido*. Sem contar que, no editorial, diz: *A minha* [da revista] *ânsia és tu! A minha vida será minha ânsia!* Uma ânsia que não iria longe, deixando de circular a revista, para quem o assinante era um *leitor cruel*, logo após seu primeiro número. "A R[enascença] morreu à nascença", diz Pessoa. E não lhe faria falta, pois, no íntimo, sente-se já preparado para caminhar com seus próprios pés. Começam a nascer os seus "outros eus"; e essa *irrupção dos heterônimos,* sugere Octavio Paz, *prepara a explosão de* Orpheu.

Revista *Orpheu* nº 1

Em fins de 1914, já se podia sentir que um novo tempo estava para nascer na literatura portuguesa. Alguns projetos ficaram pelo caminho, como o da revista *Diogène* — que seria escrita alternadamente em francês e inglês, para "levar ante a Europa a nossa irreverência para com ela". Começa-se então a discutir a criação de uma revista interseccionista. Em fevereiro de 1915, Luís de Montalvor acabava de regressar do Brasil e, em noitada no Montanha, sugere a Pessoa e Sá-Carneiro fazer uma revista trimestral. A ideia ganha corpo. No grupo, mais velho é Raul Leal, com 28 anos; mais novo, António Ferro, 19; e Pessoa, então com 26, é o mais (culturalmente) importante — a *base da pirâmide*, segundo Almada. Além deles, Alfredo Guisado, Almada Negreiros, Amadeu de Sousa Cardoso, Augusto de Lima, Côrtes-Rodrigues, Eduardo Guimarães, Eduardo Viana, José Pacheco, Luís de Montalvor, Ronald de Carvalho, Sá-Carneiro, Santa-Rita Pintor. Para título, pensa-se em *Contemporânea*, definindo seus compromissos com a modernidade; ou *Lusitânia*, no tanto em que deveria representar a literatura de Portugal e do Brasil — um título, depois, aproveitado por José Pacheco; ou *Europa*, indo além do provincianismo lisboeta. Em 28 de julho de 1914, Sá-Carneiro escreve: *A Europa! A Europa! Como ela seria necessária*. Os títulos andavam na boca do grupo desde 1912; mas, sugerido por Montalvor, seria mesmo *Orpheu* — em complemento, *Revista Trimestral de Literatura*. Para Maria Aliete Galhoz, *símbolo de que a literatura, o acaso e a vida se tocaram estranhos*.

A revista, em Portugal, diz ter sede na Rua do Ouro, 190, e, no Brasil, na Rua Humaitá, 104, Rio de Janeiro. Registrada em nome de Mário de Sá-Carneiro, seus primeiros diretores foram um brasileiro que morava em Portugal, Ronald de Carvalho, e um português, que depois viria morar no Brasil, Luís de Montalvor. O mesmo que, na introdução, descreve o sentimento dos que fazem a revista *como um exílio de temperamento, de arte que a querem como um segredo ou tormento*. Editor, responsável legal pela publicação, era António Ferro. Pessoa declara ter ficado "contentíssimo com a nossa ilegalidade", posto ser o "menino Ferro" ainda menor de idade. Em nota, lembrando conversa com Sá-Carneiro, esclarece o episódio: "O Ferro não se importa com isso?, perguntei. O Ferro? Então você julga que eu consultei o Ferro? Nessa altura desatei a rir. Mas, de fato, informou-se o Ferro e ele não se importou com a sua editoria involuntária, nem com a ilegalidade dela." Assim se deu porque, palavras de Alfredo Pedro Guisado, *se surgisse qualquer complicação, a sua responsabilidade não teria consequências*, posto que, dado ser ainda menor, segundo as leis portuguesas não seria responsável por nada. O preço do exemplar avulso, em Portugal, é 30 centavos de escudo. No Brasil, 1.500 réis fracos. O primeiro número trimestral, com 83 páginas impressas, está pronto em fins de março. A tiragem é só de 450 exemplares, quando revistas similares (como *Teatro*, de Boavida Portugal) tinham 1.000.

ANO I — 1915 / Nº 1   JANEIRO-FEVEREIRO-MARÇO

SUMÁRIO

Luís de Montalvor   *Introdução*
Mário de Sá-Carneiro   *Para os "Indícios de ouro"* (poemas)
Ronald de Carvalho   *Poemas*
Fernando Pessoa   *O marinheiro*[463] (drama estático)
Alfredo Pedro Guisado   *Treze sonetos*
José de Almada Negreiros[464]   *Frisos* (prosas)
Côrtes-Rodrigues[465]   *Poemas*
Álvaro de Campos   *Opiário e Ode triunfal*[466]

Capa desenhada por José Pacheco

A capa, mulher entre duas velas como se fossem pilares, evoca a Sacerdotisa do Tarô — que mais tarde Pessoa iria lembrar em "O último sortilégio", do "Cancioneiro", representando a figura da *Grande Deusa*. Após o sumário, na edição, consta o lançamento (*à venda no fim de abril*) do livro

---

[463] Aquele texto que havia sido recusado por *A Águia*.

[464] Negreiros se qualifica, em seu artigo, como *desenhador* (no Brasil seria *desenhista*). Pessoa, em dedicatória (13/1/1935) numa edição de *Mensagem*, lembra esse tempo e diz "Viva, bebé do Orpheu".

[465] Pouco antes, em correspondência à revista *A Águia* (aos cuidados de Álvaro Pinto, 24/2/1913), diz em um P.S.: "O nome do rapaz é Côrtes-Rodrigues. Isto para que ponha no Sumário a devida acentuação, para que se não julgue que é Cortês."

[466] Em carta ao editor inglês Harold Monro (1915, sem data precisa), diz ter sido "talvez a melhor coisa que publicamos em *Orpheu*".

Céu em fogo, de Sá-Carneiro, e relação de *obras dos colaboradores* — entre elas uma de Álvaro de Campos, anunciada como *Arco do triunfo, em preparação*. Ignora-se a que texto corresponda. Talvez fosse uma reunião de poemas; dado que, ao fim da "Ode triunfal", consta indicação de pertencer a *um livro chamado* Arco do triunfo, *a publicar*. Pessoa, além de "O marinheiro" (escrito em 11/12 de setembro de 1913), publica mais dois poemas não previstos no planejamento original — "Opiário" e "Ode triunfal", de Álvaro de Campos, após o que se lê *publicado por Fernando Pessoa*. Na carta a Casais Monteiro (13/1/1935), explica: "Foi preciso, à última hora, arranjar qualquer coisa para completar o número de páginas. Sugerindo Sá-Carneiro que eu fizesse um poema *antigo* de Álvaro de Campos — um pouco de como o Álvaro de Campos seria, antes de ter conhecido Caeiro e ter caído sob a sua influência." Em carta a Frank Palmer (sem data, 1915), tratando de um "suplemento em inglês" que pensa editar, confessa que "nossa revista contém certos poemas e trabalhos em prosa que são *repreensíveis* de um ponto de vista estritamente moral". O primeiro exemplar é vendido em 26 de março de 1915.

A reação da imprensa é dura e corrosiva: a começar, logo no dia 30 de março, em duas colunas de primeira página de *A Capital* com título "Os poetas do *Orpheu* foram já cientificamente estudados por Júlio Dantas há 15 anos ao ocupar-se dos Artistas de Rilhafoles" (um manicômio). Dia seguinte, André Brun lhes dedica uma de suas "Migalhas" (no mesmo *A Capital*): *Quando vi o Orpheu nas mãos de Praxedes supus que tal leitura lhe tivesse alterado as faculdades mentais.* Em *A Vanguarda* (6/4), José Barcelar pede: *Deixemos em paz os novos e enfatuados maluquinhos das letras pátrias.* Depois: *Os Bardos do "Orpheu" são doidos com juízo, Arte exótica, Os poetas do Orpheu e os alienistas* (*A Luta*, 8/4); *Orpheu nos infernos, Do noivo ao futuro sogro* (*A Capital*, 14/4); *Rilhafolescamente... a humanidade avança... mais 200 anos e o mundo será um grande manicômio* (*O Povo*, 12/4); "Poetas paranoicos", por Júlio Dantas (*A Ilustração Portuguesa*, 19/4); "Orpheu nos infernos" (*O Jornal*, 8/5); "O sonho dum verme" (*A República*, 10/5). Nem seus autores são poupados. Seriam, no mínimo, *inofensivos futuristas*. O psiquiatra Júlio de Matos (1857-1923), então reitor das universidades de Lisboa e depois diretor de Rilhafoles, declara que Pessoa e amigos *são rapazes, não é verdade? Mas tudo aquilo é muito ordinário*, e completa: *literatura de manicômio*. Segundo Jorge de Sena, são *consultados eminentes psiquiatras sobre se seriam doidos ou não*. Um pequeno jornal pede que, no segundo número da revista, sejam traduzidos para português os textos do primeiro.

O escândalo é enorme. Mesmo reconhecendo que "parte da venda foi derivada do desejo de rir", assim confessa a José Pacheco, *Orpheu* consegue ser "um triunfo absoluto". A Côrtes-Rodrigues (4/4/1915), exultante, Pessoa escreve: "Somos o assunto do dia em Lisboa." O sucesso de *Orpheu*, no fundo, é esse escândalo. Antes, só 100 exemplares haviam sido vendidos nas livrarias, mas, logo, os restantes 350 se esgotam. Às críticas do *Diário de Notícias* responde, em 4 de junho de 1915, dizendo: "Não é à crítica que me quero referir, porque ninguém pode esperar ser compreendido antes que os outros aprendam a língua em que falam. Repontar [*responder asperamente*] com isso seria absurdo. Os gênios inovadores foram sempre, quando não tratados como doidos — como [Paul] Verlaine e [Stéphane] Mallarmé,[467] como parvos — como [William] Wordsworth, [John] Keats e [Dante Gabriel] Rossetti[468] —, ou como, além de parvos, inimigos da pátria, da religião e da moralidade, como aconteceu a Antero de Quental."[469]

Revista *Orpheu* nº 2

Entre os dois primeiros números de *Orpheu*, agrava-se dramaticamente a situação política. Portugal se prepara para entrar na Primeira Guerra (a declaração oficial de guerra, feita pela Alemanha, viria só em março de 1916) e vive movimentos insurrecionais contraditórios, conservadores e revolucionários. Em 14 de maio de 1915, um setor do Exército se junta ao Partido Democrático e toma o poder. O general Joaquim Pimenta de Castro, chefe do governo, acaba destituído. Manuel de Arriaga, presidente da República, é substituído por Teófilo Braga. A revista sofre com o clima de incerteza e medo que se sente nas ruas. O número 2 (abril-maio-junho) já é dirigido por Fernando Pessoa e Mário de Sá-Carneiro. Os antigos diretores terão sido substituídos por já não ser tão boa, sua relação com os velhos companheiros — tanto que de Paris, mais tarde, Sá-Carneiro se refere à *gatunice*

---

[467] Verlaine deu dois tiros em seu amante Rimbaud e Mallarmé quis escrever um *Livro absoluto*.
[468] Eram, todos, autores românticos.
[469] É que Antero Targino de Quental (1842-1891) participou, por toda a vida, de conspirações revolucionárias socialistas.

do Montalvorzinho. Ou então, e mais provavelmente, essa alteração deveu--se a temperamentos muito diferentes. Ronald de Carvalho exercia o papel de representante da revista no Brasil, o que não se revelou importante; enquanto Montalvor era, sobretudo, um organizador. E nenhum dos dois apreciava o gosto pelo escândalo, como Pessoa ou Sá-Carneiro — que terão decidido, eles mesmos, fazer uma revista que viveria enquanto pudessem quebrar regras e rotinas. O segundo número, com tiragem maior, de 600 exemplares, é posto à venda em 28 de junho de 1915. A capa, toda preta, é apenas o nome por cima e um grande 2 cor de prata.

ANO I — 1915 / Nº 2	ABRIL-MAIO-JUNHO
SUMÁRIO	
Ângelo de Lima[470]	*Poemas inéditos*
Mário de Sá-Carneiro	*Poemas sem suporte*
Eduardo Guimarães	*Poemas*
Raul Leal	*Atelier* (novela vertígica)
Violante de Cysneiros (?)[471]	*Poemas*
Álvaro de Campos (engenheiro)	*Ode marítima*
Luís de Montalvor	*Narciso* (poema)
Fernando Pessoa	*Chuva oblíqua*
	(poemas interseccionistas)

Colaboração especial do futurista
Santa-Rita Pintor
(4 hors-textes duplos). [472]

Continuam as críticas: *Artistas de Rilhafoles* (*A Capital*, 28/6, no próprio dia do lançamento), indicando Sá-Carneiro como um *rapaz mastodôntico com alma de criança; Os incompreendidos* (*O Século*, 1/7); *Gente para tudo* (*A Ca-*

---

[470] Lima (1872-1921) era um internado no hospício de Rilhafoles, desde quando (em dezembro de 1901) foi preso no Teatro D. Amélia, de Lisboa (hoje São Luís), por *proferir obscenidades*. Em uma *Autobiografia*, tenta provar sua capacidade de compreender os desvios que em si mesmo reconhece; sem sucesso, que morreria nesse hospício.

[471] O texto, apesar da interrogação, é de Armando Côrtes-Rodrigues, então estudante do Curso Superior de Letras. Segundo confessou depois, *o pseudônimo foi adotado dada a hostilidade dos professores à Revista*. Especialmente Adolfo Coelho, "um ignorante instruído". No texto, está: "Poemas dum anônimo ou anônima que diz chamar-se Violante de Cysneiros." No fim da vida, Côrtes-Rodrigues esclarece que o nome do pseudônimo havia sido ideia do próprio Pessoa — que terá feito brincadeira com Camões, uma vez que Violante é nome de um seu amor da juventude. Sem contar que, em meio a tantos homens, afinal haveria uma mulher no índice. Côrtes-Rodrigues voltou a usar esse como que heterônimo, depois de *Orpheu*, no semanário *O Autonômico* — do lugar onde nasceu, Vila do Conde.

[472] Deixou de constar, nessa relação, a colaboração de Alfredo Pedro Guisado — por se ter perdido o original manuscrito de um ciclo de poemas que escreveu para esse número, intitulado *Queda*.

pital, 5/7); *A rapaziada do Orfeu* (*O Século Cômico*, 8/7); *A prova do Zé Maluco* (*O Sport de Lisboa*, 17/7). Como se fosse pouco, o próprio Pessoa se diverte escrevendo outras, nunca publicadas, num papel pautado: "Acaba de aparecer o segundo número de uma revista para mulheres chamada *Orpheu*. Os súcios [marginais], trajados de artistas, andam por aí a fingir de homens por fora. Invertidos a querer uma literatura social, é a primeira vez que se vê desde que o mundo é mundo. O que toda esta cáfila [corja] de degenerados pensa fazer com s[ua] literatura não se sabe. É preciso que se saiba quem é que está lendo."

Malquerenças com o dr. Afonso Costa

Na noite de 3 de julho de 1915, Afonso Augusto da Costa — chefe do Partido Democrático (a *esquerda dura*), antigo primeiro-ministro (de janeiro de 1913 a janeiro de 1914) e atual ministro de Justiça e Cultos do governo Teófilo Braga (1910-1911) — sofre grave acidente. Temendo ser alvo de atentado, ao ouvir o som de uma explosão decide saltar do bonde em movimento, e, na queda espetacular que se segue, fratura o crânio. Antes, Pessoa escrevera diversos poemas em que lhe fazia críticas candentes, dando-o como um reacionário do espírito "dolorosamente ridículo". Pensando nele, chegou até a projetar um opúsculo que se chamaria *A oligarquia das bestas* — assim eram conhecidos, pelo povo, os governantes da Primeira República. Costa reagira àquelas críticas com artigo que acabou publicado em *A Capital*, citando uma récita paúlica *representada por... pernas* destinadas a garantir recursos ao *Orpheu*. Para ele, seria só um *drama dinâmico* intitulado "A bebedeira" — referência ao próprio Pessoa, claro. Dia seguinte ao da queda, endereçada a Miguel Guimarães (de *A Capital*), chega carta assinada pelo "respeitador e criado Alavaro de Campos, engenheiro e poeta sensacionista".[473] Nela, em alusão à chacota de Costa, diz que o "drama que tencionamos apresentar se chama *Os jornalistas*", onde "se veem apenas os doze pés de três jornalistas"; e finda por aplaudir "a hora tão deliciosamente dinâmica em que a própria Providência Divina se serve dos carros elétricos[474] para seus altos ensinamentos". Depois, ainda brincaria: "Qual é a coisa/ Qual é ela/ Que entra pela porta/ E sai pela janela?" Respondendo ele mesmo, sem piedade: "botão". Almada revela ter Pessoa confessado, mais

---

[473] Curioso nessa carta é que assim está o nome, errado e sem acento; datilografada a carta em vermelho, enquanto a assinatura (igualmente datilografada) está em azul.

[474] No Brasil, *bonde* — uma palavra que vem de como aqui eram conhecidos os vagões da *Bond & Share*, companhia inglesa que explorava o serviço de transporte coletivo sobre trilhos.

tarde, *que no momento em que escreveu o artigo se encontrava em manifesto estado em embriaguez.* Nesse e em muitíssimos mais, por toda a vida.

A Capital reage, em 6 de julho, dizendo que *os poetas do* Orpheu *não passam de criaturas de maus sentimentos*; e refere-se aos *futuristas do* Orpheu como se fossem *pobres maníacos, criaturas de vis e baixos sentimentos... ridículos e maus.* Por baixo da crítica, ironicamente em desenho futurista, anúncio de um restaurante — *Querem lanchar bem e cear melhor? Vão à Argentina, Rua 1º de Dezembro, 75.* Só que esse lanche, aqui, era o próprio futuro da publicação. Alguns dos colaboradores de *Orpheu* protestam contra a violência daquele texto e passam em *A Capital* para expressar solidariedade, entre estes Alfredo Pedro Guisado e António Ferro — que publicam carta, em *O Mundo*, repudiando o escrito e se desligando da revista. Sá-Carneiro, de Paris, defende Pessoa em carta a *O Jornal*, publicada em 7 de julho; mas, ao amigo, tão somente pergunta se o *Afonso Costa afinal morreu ou não?* Pessoa chega a escrever, em resposta ao artigo de *A Capital*, um texto ainda mais violento (resumo): "O chefe do Partido Democrático não merece a consideração devida a qualquer vulgar membro da humanidade. Um sapo que misteriosamente se tornasse fera... Sua ação tem sido a dum ciclone, devastando, estragando, perturbando tudo, com a diferença a favor do ciclone, que o ciclone, ao contrário do Costa, não emporcalha e enlameia." Mas essa resposta, só bem depois encontrada entre seus papéis, não seria enviada aos jornais. Na preparação de um ensaio, mais tarde, o compara a João Franco, chefe do governo monárquico de D. Carlos: Franco seria "um tirano de merda"; enquanto Costa, "um tirano de caca", definido como "Lenine de capote e lenço", "um Judas", "traidor", "vil como um vil ator", "homem sem relevo espiritual, sem relevo de caráter", "sinistro chefe de regimentos de assassinos e de ladrões". Ano seguinte ao episódio, em 27 de junho de 1916, contra esse mesmo Costa ainda escreveria (trecho):

> Ora porra!
> Nem o rei chegou, nem o Afonso Costa morreu quando caiu do carro abaixo!
> E ficou tudo na mesma, tendo a mais só os alemães a menos...
> E para isto se fundou Portugal!
> Arre, que tanto é muito pouco!
> Arre, que tanta besta é muito pouca gente!
> Arre, que o Portugal que se vê é só isto!
> Deixem ver o Portugal que não deixam ver!
> Deixem que se veja, que esse é que é Portugal!
> Ponto.

Agora começa o Manifesto:
Arre!
Arre!
Ouçam bem:
ARRRRRE!

Ora porra!
Então a imprensa portuguesa é
que é a imprensa portuguesa?
Então é esta merda que temos
que beber com os olhos?
Filhos da puta! Não, que nem
há puta que os parisse.

"Manifesto", Álvaro de Campos

Em inglês, depois, se encontrou na Arca nota, na qual um suposto jornalista relata o episódio: "Um sensacionista quase foi linchado por escrever a um vespertino lisboeta uma carta insolente em que se congratulava pelo fato de Afonso Costa — o político português mais popular — ter caído de um elétrico e se encontrar às portas da morte." A partir dos anos 1930, de alguma forma, é mesmo natural que o conceito que tinha sobre Costa vá mudando. Sobretudo porque, ainda que gostasse pouco dele, menos ainda gostava de Salazar. "Nego-lhe o meu apoio; não posso negar-lhe o meu respeito."[475] Para além, ainda declara: "Se todo o poder político tivesse ficado nas mãos de Afonso Costa, o país teria sido bem governado e administrado." "Faço-lhe justiça constrangidamente, porque preferia dizer mal dele."

A falência de *Orpheu*

Orpheu, para Eduardo Lourenço, *foi a experiência mais radical de quanto a história de nossa poesia dá conta... Na verdade foi como se, descrentes* [os responsáveis pela revista], *tivessem entrevisto Deus na poesia.* Pessoa quer continuar. Mas o clima político, alguns problemas da edição e sobretudo a falta de recursos seriam fatais. O primeiro número rende 95 mil-réis. O segundo, nem isso. Não são pagas as faturas desses dois números na Tipografia do Comércio. Recorre-se ao pai de Sá-Carneiro — que, falido e vivendo longe (na África), nada pode fazer. A morte de *Orpheu* resulta

---

[475] Costa, nos tribunais, defende o poeta Guerra Junqueiro (1907); e depois, na ditadura de Sidónio Pais (1918), exilou-se na França.

inevitável. Sá-Carneiro, em carta de 13 de setembro de 1915, diz a Pessoa que tem *desgraçadamente de desistir*. Preocupado com o amigo, sugere: *A morte do* Orpheu *você atribua unicamente a mim, explique que eu em Paris me não quero ocupar do* Orpheu, *que sou o único culpado*; e pede-lhe que continue a edição sozinho, se encontrar recursos para tanto. Segundo se diz, o passivo foi pago pelo pai de Sá-Carneiro — ante o compromisso do filho de que não mais assumiria responsabilidades financeiras com a revista. Pessoa terá escrito, em fins de setembro (não há cópia dessa carta), demonstrando esperanças em que a revista pudesse continuar. Sá-Carneiro responde: *Você tem mil razões:* Orpheu *não acabou*. E acredita que, *em algum tempo, haverá de continuar*. O futuro mostraria que estavam errados.

Revista *Orpheu* nº 3

A partir de agosto de 1915, confirma Nuno Júdice, *deixa-se de falar na revista*. Pessoa registra seu título, para evitar fosse apropriado por Santa-Rita Pintor, que talvez pretendesse lhe dar sequência — tanto que registrou, como seu, o título "3".[476] Sá-Carneiro expressa o que, para ele, seria um horror, *Santa Rita maître de* Orpheu, *acho pior que a morte*; e, de Paris, sugere um *sumário de* Orpheu 3 (carta de 30/8/1915). Apesar dessa falência, ainda seria preparado mais um número — dele restando, hoje, só provas de suas 73 páginas:

SUMÁRIO

Introdução

Mário de Sá-Carneiro	*Poemas de Paris*
Albino de Menezes[477]	*Após o rapto*
Fernando Pessoa	*Gládio e Além-Deus*
Augusto Ferreira Gomes	*Por esse crepúsculo,*
	A morte de um fauno...
José de Almada Negreiros, poeta	
sensacionista e Narciso do Egito	*A cena do ódio*

---

[476] É que a capa do segundo número de *Orpheu*, já vimos, é só um fundo todo negro com título e mais um enorme 2 prateado, ocupando quase toda a página. No mais famoso quadro de Pessoa, pintado por Almada Negreiros, essa capa se vê bem na sua frente, sobre uma mesa.

[477] Alguns estudiosos de Pessoa, dada a proximidade dos nomes, confundem esse autor — o madeirense Albino Espiridião de Menezes (1889-1949) — com Alfredo Pedro Guisado, que usava o heterônimo Albino de Menezes. Do Albino real, que lhe foi apresentado por Lúcio de Azevedo, escreveu Pessoa em seu diário (4/4/1913): "Encontrei o Albino de Menezes e vim com ele até o Largo de Santa Bárbara. Uma ou duas ideias literárias de segunda ordem."

D. Tomáz de Almeida	*Olhos*
C. Pacheco[478]	*Para além d'outro oceano*
Castelo de Moraes	*Névoa*

A edição ainda contaria com quatro *hors-textes* de Pessoa, mais quadros de Amadeu de Souza Cardoso, e chega a ser parcialmente impressa na tipografia Monteiro. Pessoa datilografa, em fita roxa, texto que começa assim: "Eh-lá. Acaba de publicar-se o terceiro número de *Orpheu*. Esta revista é, hoje, a única ponte entre Portugal e a Europa, e, mesmo, a única razão de vulto que Portugal tem para existir" como nação independente. Mas o terceiro número é vendido a peso, como papel velho; sendo publicado, a partir dos originais, só 69 anos mais tarde. Pouco depois daquele texto datilografado, escreve à pena este outro, também com tinta roxa (resumo): "Circunstâncias várias, sobretudo de ordem financeira, conduziram à suspensão temporária da revista *Orpheu*." Logo em seguida, substitui esse como que rascunho por texto à máquina, agora em fita azul: "Razões de ordem financeira, que são motivadas sobretudo (ou exclusivamente) pelo encarecimento do papel de impressão, levam Orpheu a suspender sua publicação temporariamente."

A história de *Orpheu* chega ao fim, depois de tão poucos números, como quase todas as revistas literárias da época. Apesar disso, o vulcão de uma geração futurista não desapareceria. A Côrtes-Rodrigues, em 4 de setembro de 1916, anuncia "uma nova edição da revista para logo", a "ser feita com rosas e estrelas em um mundo novo". Sá-Carneiro lamenta, *Que lindo* Orfeu 3 *poderíamos fazer! Que desgraça tudo isto!* Em carta a Côrtes-Rodrigues (4/3/1915), se vê que a intenção era "aguentar a revista até pelo menos o 4º número para que ao menos um volume fique formado". Na Arca, restaram dois cadernos escolares preparados por Sá-Carneiro (mais sete de recortes, colados pelo próprio Pessoa), com matérias da imprensa — 79 ao primeiro número, 24 ao segundo. Em setembro de 1917, ainda pensa Pessoa em lhe dar sequência, como se vê de uma nota na página final da edição do *Ultimatum* — "*Orpheu* acabou. *Orpheu* continua."[479] Mas *Orpheu* continuaria só no coração dos que a sonharam.

---

[478] O texto é dedicado "à memória de Alberto Caeiro".

[479] A frase é repetida em artigo no número 3 da revista *Sudoeste*, editado no ano em que morreu.

Jornal *Ação* e revista *Contemporânea*

Mais tarde, algumas revistas literárias são lançadas: *Exílio*, dos irmãos Santa-Rita; *Centauro*, de Montalvor; *Portugal, a monthly review of the country, its colonies, commerce, history*; *Portugal Futurista*, de Almada, logo apreendida pela polícia. Todas com apenas um número. Em 1919, nasce também o jornal *Ação*, em homenagem ao "grande morto" — o presidente-rei Sidónio Pais. Geraldo Coelho de Jesus era diretor e Pessoa, redator. Exemplares são queimados nas ruas. "Os democráticos que eu conheço estão indignadíssimos comigo." E o jornal seria editado só até o terceiro número. Em 1922, por mãos de José Pacheco (diretor) e Agostinho Fernandes (editor), nasce a revista *Contemporânea* — mesmo nome que um dia se pensou para *Orpheu*. Nela, Pessoa publica "António Botto e o ideal estético em Portugal", "O banqueiro anarquista" e os 12 poemas de "Mar português" (um dos quais acabou substituído na edição de *Mensagem* — veremos a seguir). Ano seguinte, "Trois chansons mortes", "Carta ao autor de 'Sáchá'",[480] "Lisbon revisited (1923)" e "Spell". Para Pessoa seria, "de certo modo, o mesmo de *Orpheu*. Mas que diferença! Que diferença!!"

Sobretudo não gosta de ver, na própria capa, uma *Portaria de louvor* (11/4/1923) em que o ministro da Instrução Pública presta homenagem à revista. Tudo tão diferente da rebeldia de antes. Por isso fica a saudade, "tanta saudade, cada vez mais tanta — daqueles tempos antigos do *Orpheu*". Em seguida, ainda seria diretor (responsável pelo conteúdo literário) de outra revista importante, junto com o pintor Rui Vaz (que cuidava de sua programação visual e garantia os recursos necessários à edição). Era *Athena*.

---

[480] *Sáchá, comentários à vida moderna*, foi escrito em 1923 por Francisco Manuel de Metello.

Revista *Athena*

Criada para dar um "fim criador à civilização", sob inspiração da "deusa da Harmonia e da Ciência na Arte", seu primeiro número (outubro de 1924) tem como subtítulo *Revista de arte*. No editorial, diz Pessoa que "não se aprende a ser artista. Cada um tem o Apolo que busca, e terá a Athena que buscar". Dela são editados cinco números, de outubro de 1924 a fevereiro de 1925 (este, de fevereiro, dado a público só em junho). Alguns amigos são convidados a participar, como Almada, Botto, Ferreira Gomes, Leal, Mário Saa, Montalvor. Há nela, também, inéditos de Sá-Carneiro e Henrique Rosa; além de "O corvo", de Poe, que considera Pessoa ter traduzido "ritmadamente, conforme o original".[481] No fundo, com a revista, quer dar voz a seus heterônimos: Ricardo Reis ("Odes") no número 1, o único sem anúncios; Álvaro de Campos ("O que é metafísica?"), mais o poema "Mário de Sá-Carneiro", no 2; o próprio Pessoa (alguns poemas) e Campos ("Apontamentos para uma estética não aristotélica"), no 3; Caeiro (poemas de "O guardador de rebanhos") e Campos (segunda parte dos "Apontamentos para uma estética não aristotélica"), no 4; Caeiro (parte dos "Poemas inconjuntos"), no 5. Depois desse último número, deixa de circular a revista. Por falta de recursos. Ou por não ser mais necessária, posto já estarem no mundo seus outros eus. Ainda pensa em lançar uma *Revista de Lisboa*, para a qual prepara sumário que teria os últimos poemas de Sá-Carneiro e mais trabalhos de Raul Leal, Almada Negreiros e dele, além de uma tradução de Shakespeare, *A tempestade* (em Portugal, *A tormenta*). Mas, então, já se ocupa de outra revista, agora dirigida a empresários.

Revista de Comércio e Contabilidade

Em janeiro de 1926, nasce a *Revista de Comércio e Contabilidade* — com sede na Rua Coelho da Rocha 16, 1º andar, onde moravam Pessoa e o cunhado.

---

[481] Salvo as limitações da língua, deveria dizer; como, no poema, a repetição *Raven* (corvo), *Raven, Raven*, que (na pronúncia britânica) quase corresponderia a *Never* (nunca, lido o título de trás para a frente), *Never, Never* — algo impossível de se reproduzir em português. Para Ivo Barroso, uma tradução que não corresponde ao gênio que era Pessoa.

Diretor administrativo e editor era Francisco Caetano Dias (1897-1969) — segundo o *Anuário Comercial de Portugal* de 1922, *tenente da administração militar*. Ano seguinte (1923), quando casa com Teca, é capitão e, mais tarde, será tenente-coronel. Tem curso de economia (incompleto) e de contabilidade pelo Instituto Superior do Comércio. Depois de se reformar, passa a fazer peritagem contábil profissionalmente — entre outras para a Corticeira Robinson, a Fábrica de Tapeçarias de Portugal e a Ourivesaria do Carmo, onde compra joias para a mulher — com *desconto de amigo*, assim define Manuela Nogueira. Publica livros sobre técnica e leitura de balanço: *Aritmética e cálculo comercial* (1928), *Noções gerais de comércio* (1931), *Técnica de leitura de balanços* (1936). Chefe de contabilidade da Câmara Municipal de Lisboa, chegou a ser (em 1962) diretor financeiro da Cia. Portugal e Colônias. Sua filha Manuela Nogueira me confessou que essas tantas atividades decorreriam de serem seus soldos *insuficientes para atender às necessidades familiares*. A revista retoma projeto que Pessoa concebe para empresa que não chegou a funcionar, Cosmópolis. Bastando uma simples leitura para saber quem são os autores dos textos. Aqueles de técnica comercial, em tipo de letra normal, são todos do cunhado, enquanto uns poucos desses (diferentes no tema e no estilo), bem como todas as pequenas notas em itálico, são claramente de Pessoa. E eram muitos os anúncios que exibia: máquinas de datilografar (Fortuna, Remington, Royal, Smith Premier, Torpedo, Underwood), acumuladores Tudor Italiano, J. Anão, papéis químicos Ellans, penas de escrever Soennecken, sabonete Cúria, tintas Enil, viúva Marques e arquivos Kardex — à prova de fogo, de roubo e de erro.

No editorial do primeiro número, redigido por Pessoa, está que "toda teoria deve ser feita para poder ser posta em prática e toda prática deve obedecer a uma teoria". Entre os textos que escreve, ali, alguns escapam do convencional: "Exemplo de um preceito moral: *Não faças aos outros o que não queres que eles te façam*. Exemplo de um preceito racional: *Conhece-te a ti mesmo*. Exemplo de um preceito prático pouco moral: *Se quiseres enganar alguém por intermédio de um enviado, engana primeiro esse enviado, porque então*

ele mentirá com convicção. Exemplo de um preceito pouco sensato: *Quem não deixa nada ao acaso pouco fará mal, mas fará muito pouco*. O primeiro preceito é, em uma forma ou outra, de diversos templos religiosos. O segundo, inscrição num templo grego,[482] é atribuído a um sábio da Grécia que provavelmente nunca existiu.[483] Dos dois últimos, o primeiro é do florentino [Francesco] Guicciardini [1483-1540] e o segundo do inglês [George Saville, 1633-1695, marquês de] Halifax." Mas, depois de seis números, e apesar dos muitos anúncios que exibe, a revista deixa de circular. Pessoa depende desse *comércio* e dessa *contabilidade* para sobreviver; enquanto, na alma, sejam temas que andam longe dele. Sem contar que pouco depois, e não por acaso, já está de volta às edições literárias.

Revista *Presença*

Em 10 de março de 1927 é publicado, em Coimbra, o primeiro número de uma *folha de arte e de crítica* dirigida por João Gaspar Simões, José Régio e Branquinho da Fonseca, mais Adolfo Casais Monteiro (até o número 26).[484] Seria o *segundo modernismo* — sendo Pessoa, bom lembrar, responsável pelo primeiro. Havia, então, um elo de continuidade com a geração de 1915, *a mais literariamente consciente de todas as gerações literárias portuguesas*. Em vez da

revolução estética de *Orpheu*, agora uma *revolução moral* — assim a própria revista se define. Chefe desse movimento, José Régio assina o editorial do primeiro número. No terceiro (abril 1927), em artigo assinado pelo mesmo Régio, a revista presta homenagem àquele que seria a maior figura da literatura portuguesa contemporânea: *Fernando Pessoa tem estofo de Mestre, e é o mais rico em direções dos nossos chamados modernistas*. Régio e Simões vão

---

[482] A frase completa, como vimos, é *Conhece-te a ti mesmo e conhecerás o Universo e os seus mistérios*, e estava à entrada do Oráculo de Delfos — templo dedicado a Apolo, em que sacerdotisas previam o futuro.
[483] Aqui enganou-se Pessoa, como também já vimos, pois a citação é de Sócrates (470-399 a.C.).
[484] Branquinho se desliga da revista redigindo violenta carta, em 16 de junho de 1930, assinada juntamente com Miguel Torga e Edmundo de Bettencourt. Mas voltaria depois a se aproximar da revista, reagindo à censura de Salazar.

a Lisboa para conhecer o mestre — é aquele encontro em que são recebidos, no café Montanha, por um Pessoa que se põe na pele de Álvaro de Campos. Régio não gosta da recepção; mas, a partir daí, tem com ele correspondência que chega a 12 cartas de Pessoa. Simões compreende melhor seu caráter instável; e permanecem amigos íntimos, até o fim, para ele escrevendo Pessoa 51 cartas (das quais duas se extraviaram). *Presença* foi a mais longeva dessas revistas, com 54 números entre 1927 e 1938;[485] dois mais em uma segunda fase, em 1939-1940; e um número especial em 1977, para comemorar seu cinquentenário. No número 47 (dezembro de 1935), José Régio implora aos censores de Salazar: *Dai-nos licença de humilde e provisoriamente existir*. Nela, Pessoa publica boa parte de sua obra: o oitavo poema de "O guardador de rebanhos", de Caeiro; três "Odes" de Ricardo Reis; "O andaime", "Depois da feira" (do "Cancioneiro"), "Eros e Psique", de Pessoa; e, de Álvaro de Campos, "Ode marítima", "Qualquer música", "Escrito num livro abandonado de viagem", "Gazetilha", "Aniversário", "Apontamento" — além, claro, de "Tabacaria."

A Revista

Em *A Revista (de arte e erudição)*, de 1929, pertencente à Solução Editora, publica no nº 1 *Adiamento*, de Álvaro de Campos; e, nos nºs 2 e 4, trechos do *Desassossego* (além, nesse último, de uma brincadeira de Campos detratando "O Marinheiro" de Pessoa). Diretor é o amigo José Pacheco, que logo desiste para relançar *Contemporânea* — a partir daí não mais escrevendo, para a revista, todo seu grupo. Segundo especialistas, Pessoa teria tido, nela, uma participação empresarial — do que seria prova ter sido impressa nas mesmas oficinas de *Athena*. Algo, em virtude de suas precárias finanças, altamente improvável.

---

[485] Apesar de poucos anúncios: Garagem Simões, Farmácia Nacional (que vendia o calicida *Express*), Ampolas 33 (para *imunização artificial*), Uroquinol (contra o ácido úrico), Rainha da Hungria (para *cuidados da pele*) e Boião Bisnaga (para afecções em geral).

Revista *Norma*

Em 1935, já próximo da morte, ainda faz planos para um derradeiro periódico que seria *Norma — Revista quinzenal de literatura e sociologia*, a ser lançada no vigésimo aniversário de *Orpheu*. Chega a projetar as matérias que deveriam constar do primeiro número, que começaria pelo artigo "Fátima". Em editorial que rabisca, explica: "A palavra *Norma*, que dei à revista por título, significa, como se sabe, *regra*; não *qualquer* regra, mas uma regra mental, imposta pelo indivíduo a si mesmo. Se alguém entender que *norma* não quer dizer isso, não será um tolerante [variante era *liberal*] como eu que lhe negará o direito de o pensar." Mas não teria tempo de tentar esse projeto.

Jornais

Pessoa escreveu também para jornais. Muito. Uma relação nem sempre tranquila. Em texto incompleto, "A hora do diabo", assim responde esse Diabo a observação de certo D. Marco: "Mas deixemos isso, que é puramente jornalístico. Lembremo-nos de que sou o diabo. Sejamos, pois, diabólicos." Algo próprio em quem acredita que "o jornalismo tem a força direta das artes inferiores nos homens" e "não é senão ser literatura naquele dia, ou nos poucos dias". Por conta de contratempos que vai tendo pela vida com esses jornais, diz que "há uma cisão quase completa, se não completa, entre o jornalismo e a superioridade intelectual"; ou que "o público não quer a verdade, mas a mentira que mais lhe agrade".

> Quando se diz que o jornalismo é um sacerdócio, diz-se bem, mas o sentido não é o que se atribui à frase. O jornalismo é um sacerdócio porque tem a influência religiosa dum sacerdote; não é um sacerdócio no sentido moral, pois não há, nem pode haver moral no jornalismo.[486]

> "Argumento do jornalista", Fernando Pessoa

---

[486] Baudelaire, no livro (que deixou incompleto) *Meu coração desnudado*, disse coisa parecida: *Não compreendo que uma mão pura possa tocar num jornal sem uma convulsão de repugnância... É impossível percorrer uma gazeta qualquer, seja de que dia for, ou de que mês, ou de que ano, sem nela encontrar, a cada linha, os sinais da perversidade humana mais espantosa.* Eça, em *A correspondência de Fradique Mendes*, o segue: *Todo jornal destila intolerância, como um alambique destila álcool.* E Balzac, em *Ilusões perdidas*, como que completaria: *Se a imprensa não existisse, seria preciso não inventá-la.*

Episódio marcante em sua vida tem início quando, em 4 de abril de 1915, começa a circular em Lisboa *O Jornal*. Lá escreve dez textos, quatro de críticas literárias e seis na seção *Crônica da vida que passa*... — revezando com o escritor Albino Espiridião de Menezes e o jornalista Nuno de Oliveira. Segundo o primo Eduardo Freitas da Costa, também ele próprio (esse primo), Tomás de Almeida e Fernando de Carvalho escreveram lá. A primeira dessas crônicas (5 de abril) diz que "política, religião e vida social são apenas graus inferiores e plebeus da estética". A segunda (8 de abril) é sobre o "sentimento da disciplina do povo português", incitando a construir "uma anarquia portuguesa". A terceira e mais conhecida (11 de agosto), sobre "o excesso de imaginação dos portugueses". A quarta (15 de abril), sobre a "Grande Guerra" em curso na Europa. A quinta (18 de abril), sobre "manifestações populares". Até aí tudo bem, apesar de serem opiniões polêmicas. Mas, na sexta[487] (21 de abril), faz referências ao "meu amigo João do Amaral [jornalista monárquico e diretor da revista *Aqui Del-Rei!*], ... um santo rapaz, até inteligente", e outras figuras dessa direita — como Crispim (Eugênio Severino de Azevedo), que engrossaram o coro contra *Orpheu*. Nela, critica uma recém-inaugurada associação de classe do integralismo lusitano, o Centro Monárquico de Lisboa, e compara seus membros aos motoristas de Lisboa que "conduzem mal por falta de treino".

> Quando surgiu a indústria automobilística, foi preciso criar a classe dos chauffeurs. Ninguém, a não ser um ou outro atropelado mais plebeu, se resolveu decerto contra a imperícia inicial dos guiadores de carros. Estavam aprendendo o ofício — o que é natural, ganhando a vida — o que é respeitável. Depois ficaram sabendo da sua arte e, embora a maioria continue guiando mal, o fato é que são chauffeurs definitivamente. Ora o critério da humana tolerância que se aplica aos chauffeurs... triste seria que o não quiséssemos aplicar aos artistas monárquicos.

Foi uma ideia infeliz. Dia seguinte os motoristas, não compreendendo que alvo daquela ironia eram (não eles, mas) os monárquicos, protestam ruidosamente à frente do periódico. Sem contar que ditos monárquicos, ainda hostilizados em Portugal, reagiram com vigor. Membros da Carbonária, maior das sociedades secretas portuguesas, querem vingança. Chega a ser cercado o restaurante Irmãos Unidos, em busca desses *malucos do*

---

[487] Pessoa chegou a redigir mais uma, sobre *a tristeza das celebridades*. Nessa última, que ficaria inédita, diz: "É preciso ser muito grosseiro para se poder ser célebre à vontade."

Orpheu — assim dizem. Mas Pessoa havia fugido pelos fundos, refugiando-se em um galinheiro na Praça da Figueira. Ao pintor e ceramista lisboeta (apesar de alguns dos seus sobrenomes) Jorge Nicholson Moore Barradas (1894-1971), que andou pelo Brasil, justifica sua retirada estratégica: "Mas você bem vê... eu não tinha corpo para apanhar tanta pancada." Dia seguinte os diretores de *O Jornal*, Boavida Portugal e Baramoura Trajoso, no local destinado à coluna, publicam sob o título *Explicação necessária,* a seguinte nota: *Devido à falta de compreensão de qual seja uma folha independente, demonstrada nas frases grosseiras do sr. Fernando Pessoa, ontem, por lapso aqui publicadas, deixou este senhor de fazer parte da colaboração d'O Jornal.*

Relação de revistas e jornais em que escreveu

Pessoa escreveu, pela vida, em 50 jornais ou revistas, neles sendo publicados 134 textos em prosa e 300 poemas. Na Biblioteca Nacional, parte desses escritos estão nos envelopes 135-135D.

- *A Águia*
- *A Capital*
- *Ação*
- *A Galera*
- *A Ideia Nacional*
- *A Informação*
- *A Renascença*
- *A Revista* (da Revista Editorial)
- *A Revista* (da Solução Editora)
- *Athena*
- *A Vida Portuguesa*
- *Centauro*
- *Contemporânea*
- *Descobrimento*
- *Diário de Lisboa*
- *É Real!*
- *Exílio*
- *Fama*
- *Folhas de Arte*
- *Fradique*
- *Girassol*
- *Ilustração Portuguesa*
- *Jornal do Comércio e das Colônias*

- *Litoral*
- *Mensagem* [488]
- *Momento*
- *Mundo Português*
- *Notícias Ilustrado*
- *O Heraldo*
- *O Imparcial*
- *O Jornal*
- *O Raio*
- *Orpheu*
- *Portugal*
- *Portugal Futurista*
- *Presença*
- *República*
- *Ressurreição*
- *Revista de Comércio e Contabilidade*
- *Revista Portuguesa*
- *Revolução*
- *Sol – Diário Independente*
- *Solução Editora*
- *SW (Sudoeste)*
- *Teatro: Jornal d'Arte*
- *Teatro: Revista de crítica*
- *Terra Nossa*
- *The Athenaeum*
- *The Durban School Magazine*
- *The Natal Mercury*

---

[488] Esse título, segundo seus editores, representa *uma homenagem da geração ao único poeta português igualável a Camões, muito embora a revista* Mensagem *não seja uma revista de homenagem a Fernando Pessoa.* Essa revista mereceu seis edições; passando, a partir do segundo número, a se designar *Manifesto duma geração.*

Davus sum, non Oedipus

(Sou Davo e não Édipo.[489] Terêncio)

Aleister Crowley

> *"O homem e a hora são um só*
> *Quando Deus faz e a história é feita.*
> *O mais é carne cujo pó*
> *A terra espreita."*
>
> *Mensagem* ("D. João, o Primeiro"), Fernando Pessoa

O pior homem da Inglaterra

Em 1930, Pessoa conhece o "poeta, mago, astrólogo e *mistério* inglês que em vulgar se chama (ou chamava) Aleister Crowley". Edward Alexander Crowley, nascido em Leamington Spa (12/10/1875), era filho de um cervejeiro da Irmandade de Plymouth (seita cristã dissidente da Igreja da Inglaterra) e de uma *beata meio estúpida* que vivia sempre irritada com esse que considerava a própria Besta. *A Bíblia* foi o único livro que lhe deram para ler na infância. Era conhecido por muitos nomes: Allick, Anticristo, Bruxo de Thelema,[490] Conde Vladimir, Diabo, Lord Bolekine, Master Therion (nos livros), Perdurabo,[491] Svareff ou, simplesmente, 666 — este último, em clara referência ao apocalipse canônico (revelações de João, no último livro do Novo Testamento). "Quem for dotado de inteligência calcula o número de um homem e o seu número é 666."[492] No ocultismo, *666* é *a luz do Sol*. E não terá passado despercebido a Pessoa que o Padre António Vieira em

---

[489] Davo, um simples escravo, não se podia comparar a um adivinho de enigmas como Édipo.

[490] *Thelema* (equivalente grego à palavra *vontade)* ficava na aldeia de Cefalu (na Sicília), descrita por (François) Rabelais (1494-1553) em *Gargântua e Pantagruel* como uma pequena casa usada como templo. Crowley demonstra simpatia pela ideia de que um grupo de pessoas, convivendo de forma honesta, pudesse manter um comportamento honrado e virtuoso; mas, talvez por lhe faltarem esses predicados, acabaria expulso da *Abadia* três anos depois de nela ser admitido.

[491] *Frater Perdurabo* foi o nome que tomou, como *neófito*, ao ingressar na *Golden Dawn*.

[492] A bem da verdade João, nessa citação, não referia qualquer demônio ou Anticristo, mas o imperador Nero, de Roma; posso que, somados os valores numéricos correspondentes ao imperador Nero, na escrita hebraica, o resultado é 666.

1666, inspirado por Bandarra e pelo profeta Daniel, tenha declarado ser 666 um sinal do próprio apocalipse — após o que viria a Redenção. Ainda criança, Crowley cuspia na água benta e martirizava moscas para desafiar Deus. No Oriente, consta que matou um indígena para beber seu sangue e sentir o prazer de gosto até então desconhecido. Era dado aos excessos sexuais e ao álcool. A partir de 1919, também às drogas (cocaína, heroína, mescalina), no vício tendo iniciado amigos como Aldous Huxley — que sob efeito dessas drogas, em 1954, escreveu *Céu e Inferno e As portas da percepção*. Figura contraditória, seu conterrâneo (William) Somerset Maugham (1874-1965) o descreve acidamente em *O Mago*. Com tantos predicados Crowley chegou, pelos jornais britânicos, a ser considerado *o pior homem da Inglaterra*.

Crowley tem três paixões: alpinismo — escalou o Kanchenchunga, no Himalaia, sem equipamentos ou cilindros de oxigênio; xadrez, chegando a ganhar campeonatos menores; e, sobretudo, magia negra. Aos 20 anos, sabe grego e latim. Não conclui seus estudos em Cambridge, estuda budismo na China e passa definitivamente a se chamar Aleister. Em 1898, se inicia na Ordem Hermética da Golden Dawn (Aurora Dourada), fundada só dois anos antes por MacGregor Mathers, na qual assume a divisa de S. Rabelais — *do what thou wilt shall be whole of the Law* (em tradução livre, a única lei é fazer o que se quer). Mas logo a despreza. Imagina então ser a reencarnação de Edward Kelly, médium de John Dee e astrólogo da Rainha Isabel I (séc. XVI). A irmã de um dos seus amigos seria para ele a *Dama Escarlate* — segundo o Apocalipse (XVII, 3:8), *mulher sentada sobre uma besta escarlate com sete cabeças e 10 chifres, que tinha na mão um cálice de ouro com as impurezas de sua prostituição*. Casa-se com ela, em 1902, e a converte em sua assistente. Mas a vida foi cruel com dita mulher, Rose Edith Kelly; que, perdida a filha que tiveram, se tornou alcoólatra e morreu em um manicômio. Depois essa Dama Escarlate, para ele, passou a ser Maria Tereza Ferreira de Miramar (sua segunda mulher). E, em seguida, Hanni Jaeger.

Crowley proclama ser a última encarnação do conde Alessandro di Cagliostro, criador em Viena da Ordem Maçônica Egípcia, que findou seus dias em uma prisão romana onde repetia sempre a mesma frase — *Quero acabar entre as rosas, porque as amei na infância*. No Cairo (Egito), entra em contato com Aiwass, ministro de Hoor-Paar-Kraat — um ente superior que lhe dita, em três dias, o *Liber Al vel Legis* (em latim meio enviesado,

Livro da Lei). Aiwass, para comentadores de sua obra, seria Hórus, deus egípcio do Céu (equivalente ao grego Apolo) — representado sob a forma de um falcão, tendo como olhos o Sol e a Lua. Em plena Primeira Guerra, chega a ser admitido na famosa Loja 33, de forte presença no comando alemão. Em 1929, é expulso da Itália por Mussolini e refugia-se em Fontainebleau. Ano seguinte, seria também mandado embora da França, onde os jornais o descrevem como um *Rasputim inglês*. Nos Estados Unidos, escreve a ópera *Sexualis*; e, em 67 horas ininterruptas, o poema dramático *Tannhäuser* — sobre a vida desse trovador errante alemão (1205-1268) convertido em lenda por seu povo. Ao fim da Segunda Guerra, tido como espião alemão, prudentemente diria ser agente do *Intelligence Service* inglês. Não fosse pouco, o próprio Crowley confessa que também faz comunicações com o além. Para Pessoa, mais que tudo, é franco-maçom no 33º grau do Rito Escocês Antigo e Aceite. Tudo documentado por Luís Miguel Rosa, em sua importante monografia sobre o tema.

O encontro

Em 6 de março de 1917, Pessoa encomenda ao editor Frank Hollings o *Book 777* de Crowley. Mas a relação, entre os dois, ainda esperaria 12 anos, tendo início em 4 de dezembro de 1929, quando envia cheque à Mandrake Press (Londres) para pagar dois livros que encomendara — entre eles, a autobiografia *Confissões de Aleister Crowley*. Na correspondência, acrescenta: "Se tiverem como se comunicar, como provavelmente terão, com o sr. Aleister Crowley [proprietário da editora], talvez possam informá-lo de que seu horóscopo não está correto; e que, se ele calcula que nasceu às 23hs, 16m, 39s, de 12 de outubro de 1875, terá Carneiro 11 no seu meio céu, com o correspondente ascendente e cúspides" (extremidade, em forma de ponta, da região iluminada de planeta ou satélite). O inglês responde a *D. Fernando*, uma semana depois, confessando ter poucos conhecimentos de astrologia e agradecendo pelas informações. Nesta, e em todas as outras cartas que envia, o chama de *care frater* (caro irmão), começa reproduzindo o lema da Abadia de Thelema e encerra com seu próprio lema, *love is the law, love under will* (o amor é a lei, o amor submisso à vontade). Em resposta de 15 de dezembro de 1924, ao *carissime frater*, Pessoa manda seus *English poems*; e, em um *post scriptum*, solicita "o favor de pedir ao seu datilógrafo para desanexar Portugal da Espanha".

Como Pessoa informa não poder viajar (carta de 29/5/1930), Crowley anuncia que irá visitá-lo, *mas sem dizer a ninguém*. No diário, anota Crowley: *Eu fui obrigado a partir imediatamente para Lisboa, a fim de estabelecer uma delegação da Ordem sob a responsabilidade de Dom Fernando Pessoa*. Em 28 de agosto, um telegrama comunica: *Crowley arriving by Alcantara please meet* (Crowley chegando no *Alcântara*, favor encontrar-se). O paquete, atrasado desde quando partiu de Vigo, fica retido próximo ao porto por densas brumas, "Que D. Sebastião venha pelo nevoeiro"; e chega a Lisboa não em 1º de setembro, como previsto, mas um dia depois. Crowley anota, em seu diário, a impressão que lhe causa a cidade: *Deus tentou uma vez acordar Lisboa com um terremoto; teve de desistir, pois não valia a pena.* Afinal em terra, aquele homem grande, estranho e vestindo capa preta, avança para um trêmulo Pessoa e diz: *Então que ideia foi essa de me mandar um nevoeiro lá para cima?* Enquanto Pessoa, por essa época, já não estava em condição de mandar em nada. Nem na sua vida, muito menos em nevoeiros.

Crowley fica primeiro no Hotel de L'Europe e, depois, no Hotel Paris do Estoril, dividindo quarto com senhora suspeitosa, que chama de *monstro*, a alemã (assim se supunha) Hanni Larissa Jaeger, 19 anos — que conheceu quando servia de modelo no estúdio do pintor alemão Steiner. A mesma que foi responsável pelo fim do segundo casamento de Crowley. De *hereditariedade carregadíssima* — como teria Crowley confidenciado a Pessoa. Não devem ter sido suas exatas palavras; dado ser essa expressão, "hereditariedade carregada", frequente em textos anteriores de Pessoa. Almoçam juntos no domingo, 7 de setembro, e maravilhado com Hanni, escreve Pessoa, três dias depois, poema erótico comparando seus "seios altos" a "dois montinhos que amanhecem"; ainda perguntando, no último verso, "ó fome, quando é que eu como?". Só metáfora, claro. Ela também aprecia o encontro e, por baixo dos bilhetes que Crowley manda a Pessoa, escreve frases como *you are wonderful* (você é maravilhoso), após o que se assina *Anu*. Não diminutivo de Hanni mas, como ela própria insiste em dizer nas cartas, a área anatômica preferida por seu amante — o ânus. Em bilhete a Pessoa (14/10/1930), por isso, lembra não aceitar que se possa duvidar do *fato de minha virgindade*, dizendo ainda que *desejaria ter nascido rapaz*. Em 30 de outubro, declara que Crowley seria, *na verdade, duas pessoas: ele e um irmão. São gêmeos, que fizeram o papel um do outro. Agora que o mau está morto, como merece, o segredo está desvendado. Mas, então, qual dos dois amei eu?* Com personagens assim, tudo se pode mesmo esperar.

O misterioso desaparecimento de Crowley

Em 25 de setembro desse 1930, desaparece Crowley. Sem pagar as contas dos hotéis em que ficou, como de hábito. Segundo o *Diário de Notícias* (Lisboa) de 27 de setembro, teria se suicidado no Mata-cães de Cascais.[493] O médium londrino A.V. Peters declara ter psicografado, num transe, comunicação em que Crowley lhe disse *ter sido empurrado dos rochedos abaixo por um agente da Igreja Católica Romana*; e a Scotland Yard manda um agente a Lisboa, para investigar. No local do suposto suicídio é encontrada, pelo jornalista e poeta Augusto Ferreira Gomes, cigarreira que seria de Crowley; e carta, em papel timbrado do primeiro dos hotéis em que ficou (o L'Europe):

> L G P   Ano 14, Sol em Balança
> Não posso viver sem ti. "A outra Boca do Inferno"...
> Apanhar-me-á
> — não será tão quente como a tua.
> Hijos.
>   Tu Li Yu

Num bilhete de 21 de setembro, se vê que Crowley quer *to do a suicide stunt to annoy Hanni* (simular um suicídio para preocupar Hanni), após o que completa *arrange details with Pessoa* (combinar detalhes com Pessoa). Não só isso. Também aspira a escapar dos credores que o perseguem por ter falido sua editora. Segundo parentes (o cunhado, a sobrinha) e (quase todos os) comentadores de sua obra, o próprio Pessoa teria participado dessa encenação, inclusive escolhendo o local do suicídio — talvez porque pouco antes, em 4 de janeiro, se tivesse suicidado na mesma Boca do Inferno o poeta Guilherme de Faria (1907-1929). A trama teria contado, também, com um amigo de Crowley em Sintra, o brasileiro Pedro Carvalho Monteiro, proprietário da famosa (entre os ocultistas) Quinta da Regaleira e mais conhecido por *Monteiro dos Milhões*. Talvez quando visitou Sintra para se encontrar com o jogador de xadrez Eduardo Pelleu, que lá tinha uma casa.

---

[493] O nome do local (a 16 quilômetros da saída de Cascais, na direção do Cabo da Roca, ponto mais ocidental da Europa) se deve à crença de que, dali, se atiravam ao mar ninhadas de cachorros de rua. Fica à beira de estrada que vai dar na gruta marítima da Boca do Inferno — buraco nas rochas de um despenhadeiro onde, segundo guias turísticos, *o oceano se precipita rugindo*. Esse nome, Boca do Inferno, se explica por nunca devolver o corpo de suas vítimas.

Também o assíduo companheiro Ferreira Gomes, coincidentemente muito ligado ao jornal que publicou aquele desaparecimento; o mesmo que, no local, *descobre* sua cigarreira — exótica, oriental, que poderia mesmo pertencer a alguém como ele. Convidado a reconhecer o objeto, declara Pessoa ser de Crowley — quando sabe, perfeitamente, ser emprestada pelo cunhado Caetano Dias, que a comprou em Zanzibar. A versão é confirmada pelo verdadeiro proprietário do objeto a vários amigos. Pessoa decifra o misterioso bilhete (resumo):

> Ano 14 é sem dúvida o ano presente (1930). LGP não sei o que é. Mas deve ser o nome artístico de Mrs. Jaeger. Hijos também não sei o que é,[494] suponho que seja uma palavra mágica. Tu Li Yu sei é o nome de um sábio chinês, que viveu uns três mil anos antes de Cristo,[495] e de quem Crowley dizia ser uma encarnação presente. Importante: sol em balança.

A conclusão é que se trata de uma fraude; explicando Pessoa que "o sol entra no signo da Balança às 18 horas e 36 minutos de 23 de setembro", após o que completa: "Um astrólogo pode pôr datas falsas; o que não é lícito é falsear uma data escrita em sinais dos astros." Depois declara ao *Notícias Ilustrado* (5/10) ter, em 24 de setembro, visto "Crowley ou seu fantasma dobrando a esquina do Café La Gare" — ainda hoje funcionando no Largo Dom João da Câmara, esquina com a Rua 1º de Dezembro; e, dia seguinte, "Crowley ou seu fantasma entrar na Tabacaria Inglesa" — também ainda hoje funcionando na Praça Duque de Terceira, 19. Logo descobrindo, a Polícia Internacional, que Crowley placidamente atravessou a fronteira de Vilar Formoso, em 23 de setembro, tomando a direção da Alemanha — para onde já fora sua amante americana (como depois se verificou), brigada com ele. Três dias antes da partida de Crowley, e atendendo a conselho de um amigo de Pessoa (o cônsul americano em Lisboa, Lawrence Shepard Armstrong), partira do Terreiro do Paço, no vapor *S.S. Werra*, para Bremen, com bilhetes fornecidos por esse cônsul. Mas só depois de se despedir do poeta. Seja como for, ainda no fim desse ano, Pessoa se diverte com o episódio. Tanto que, em carta a Gaspar Simões (6/12/1930), diz: "O Mestre Therion desapareceu, não se sabendo se se suicidou (como a prin-

---

[494] Pessoa o sabia, Hijos era uma variação imperfeita de *Hanni Jaeger Save Our Souls* (Hanni Jaeger, salve nossas almas).

[495] Tu Li Yu era só uma brincadeira com a expressão em inglês *toodle-oo* (algo como *até logo*).

cípio eu mesmo acreditei), se simplesmente se escondeu, se foi assassinado (estranha hipótese, em princípio, mas que, ao que me consta, é — ou pelo menos foi — a do policial inglês que aqui esteve a investigar o caso)." Mais tarde ainda traduz poemas seus, de gosto muito discutível, segundo Helena Barbas suprimindo epígrafes e *imagens mais evidentemente eróticas* ou alterando o *sentido de certas passagens*. Entre eles, "Hymn to Pan" (Hino a Pã), prefácio de *Magic in theory and practice*, de Mestre Therion, publicado na revista *Presença* (número 33, julho-outubro de 1931), que acaba assim:

> Carne em teu osso, flor na tua vara.
> Com patas de aço os rochedos roço
> De solstício severo a equinócio.
> E raivo, e rasgo, e roussando fremo,[496]
> Sempiterno,[497] mundo sem termo,
> Homem, homúnculo, mênade,[498] afã,
> Na força de Pã.
> Iô Pã! Iô Pã Pã! Pã! Iô Pã!

O verdadeiro fim de Crowley

Pessoa chega a escrever parte dos dez capítulos por ele planejados para conto policial, "The mouth of hell" (A boca do inferno), referência ao próprio local do desaparecimento. No enredo que imagina, um detetive inglês tenta descrever o suicídio. Mas logo abandona o projeto e, no fim do ano seguinte (1931), deixa de comunicar-se com Crowley. Tempos depois, ainda recebe carta exigindo tradução prometida para um texto seu, em que diz: *Depois de me suicidar, passei a residir na Alemanha*. Pessoa reproduz a informação em carta a Gaspar Simões (1/11/1931): "Crowley, depois de se suicidar, passou a residir na Alemanha." Em seguida, voltaria para a Inglaterra — onde já esquálido, cabeça raspada e uma barbicha branca, sobrevive com enormes sacrifícios: faz horóscopos; vende pílulas de um elixir da vida, confeccionadas com seu próprio sêmen; e elabora um *thoth tarot*, pintado por (Marguerie) Frieda Harris (1877-1962), ainda hoje largamente usado na Europa. Os últimos anos passa em sua terra natal, Hastings, pobre

---

[496] Faço barulho.
[497] Sem princípio nem fim.
[498] Mulher dissoluta.

e quase sem amigos. Em 1º de dezembro de 1947, pronuncia suas últimas palavras, *eu estou perplexo*; após o que morre, afinal, com bem mais que os 55 anos que tinha no tempo de seu *suicídio*. Mais tarde, ainda teria sua foto na capa de um dos discos dos Beatles — *Sgt. Pepper's Lonely Hearts Club Band*,[499] de 1967, misturado a gente como Bob Dylan, Carl Jung, Einstein, Fred Astaire, o Gordo e o Magro (em Portugal, *Bucha e Estica*[500]), Karl Marx, Lawrence da Arábia, Marilyn Monroe, Marlon Brando e Shirley Temple; além de Hitler, segundo se especula, escondido por trás do desenho de Ringo Starr. Dela excluídos, por razões variadas, Brigitte Bardot, Gandhi, Jesus Cristo, o Marquês de Sade e Nietzsche.[501]

---

[499] Banda do Clube dos Corações Solitários do Sargento Pimenta, um clube que nunca existiu. O título do disco vem da designação de pacotes de sal e pimenta (*Salt'n'Pepper*) encontrados em todas as mesas de restaurantes da Inglaterra; mais o nome de um clube para pessoas solitárias que funcionava próximo a um ponto de ônibus de Penny Lane, o *Lonely Hearts Club*.

[500] Nada a estranhar pelos brasileiros, pois The three Stooges (Os Três Bufões), por nós conhecidos como Os três Patetas, na terrinha são conhecidos como *Os três Estarolas* (Janotas).

[501] Essa capa, segundo entendidos, representaria o funeral de Paul McCartney — razão pela qual, sobre sua cabeça, se vê uma solitária mão dando adeus.

Ad astra per aspera
(Aos astros chega-se por caminhos difíceis. Provérbio latino)

O mundo esotérico

"Sou o Cristo negro.
O que não crê, nem ama."

"Primeiro Fausto (O mistério do mundo, XX)", Fernando Pessoa

Dotes mediúnicos

Fernando adorava as ciências ocultas. Segundo a irmã Teca, *tentava conhecer o caráter das pessoas através do formato da cabeça, lia sua palma da mão ou tentava hipnotizar-se olhando fixamente uma luz.* Esse ardor, nele, continuará para além da infância. De 1912 a 1914, como vimos, Pessoa mora com tia Anica. A "revolucionária", assim a chama, é aristocrata, culta, de "temperamento nervoso", com cabelos todos brancos (apesar de seus 50 anos) e ainda escreve lastimáveis sonetos de amor. Mas interessa-nos agora, nessa tia Anica, ser dada às coisas do além. E ter iniciado Pessoa no gosto pelo mistério. À noite, faz sessões de espiritismo para se comunicar (ou tentar fazê-lo) com os mortos, usando uma prancheta levada à casa pelo próprio sobrinho. Muito popular em fins do século 20, nessa pequena tábua se apoia um lápis que escreve mensagens do além, pelos espíritos ou por força dos dedos daqueles que estão em volta da mesa.

Lembrando esse tempo, e se considerando só iniciante, lamenta o fato de ser um "elemento atrasador nas sessões semiespíritas". Em carta a essa tia Anica (24/6/1916), então na Suíça, confessa: "Aí, por fins de março (se não me engano), comecei a ser médium. Imagine. Estava uma vez em casa, de noite, tendo vindo da Brasileira, quando senti vontade de, literalmente, pegar numa pena e pô-la sobre o papel. Há mais curiosidade do que susto, ainda que haja às vezes coisas que metem um certo respeito. O que me incomoda um pouco é que eu sei pouco mais ou menos o que isto significa. Não julgue que é a loucura. Não é: dá-se, até, o fato curioso de, em matéria *de equilíbrio mental,* eu estar bem como nunca estive. Além disso, já o próprio alvorecer dessas faculdades é acompanhado duma misteriosa sensação de isolamento e de abandono que enche de amargura até o fundo da alma," razão pela qual se considera "profeta do demônio ou ave-preta". Tia Anica voltaria a vê-lo só em fins de 1923; mas então já não havia, nele, sequer rastros dessa mediunidade. Yvette Centeno ainda me chamou atenção para *um pequeno documento, encontrado no espólio, em que afirma que a mediunidade diminui as capacidades intelectuais e por essa razão não deve ser praticada.*

Segundo me confirmou o astrólogo Paulo Cardoso, 2.700 *papéis de sua Arca eram astrológicos, nada tinha acontecido por acaso em suas obras.* "Do estudo da metafísica, das ciências, passei à ocupação de espíritos mais violentos" e "gastei apavoradas noites debruçado sobre volumes de místicos". Na tentativa de sistematizar essa evolução, António Quadros propõe uma primeira fase, do *estádio filosófico,* que vai de 1905-6 até 1915-6; depois um *estádio neopagão,* que vai até 1920; seguindo-se um *estádio gnóstico,* que vai até o fim de sua vida. José Manuel Anes simplifica, considerando haver uma *Primeira Fase Esotérica,* que vai até 1920, com ênfase na astrologia e na teosofia; e uma *Segunda Fase Esotérica,* depois, com ênfase na gnose, na alquimia, na magia, na cabala e nas ordens de templários, rosa-cruzes e maçons. O próprio Pessoa confessa atração pelo mundo místico, ao dizer que seu destino "pertence a outra lei, de cuja existência Ophelinha nem sabe, e está subordinado cada vez mais à obediência dos mestres que não permitem nem perdoam".

> Pergunta — Em que crês?
> Resposta — Sou cego.
>   P — Quem és?
>   R — Sou nu.
>   P — O que tens?
>   R — Só a mim.
>   P — Queres ser recebido nesta ordem para nela teres a luz?
>   R — Quero, se ma mostrarem.
>   P — Q[ueres] para dela teres a veste?
>   R — Quero, se m'a vestirem.
>   P — Q[ueres] para nela teres guarida?
>   R — Quero, se ela me for dada.
>
> "Ritual de iniciação", Fernando Pessoa

Escrita automática

Nesses primeiros tempos, começa a praticar "escrita automática", chegando a psicografar texto do tio Manuel Gualdino da Cunha (morto em 25 de janeiro de 1898), uma "assinatura bem conhecida de mim" — vindo-lhe esse tão estimado tio Taco uma vez apenas, logo devolvido à paz da eternidade. "Quem é que fala?", pergunta angustiado, "fazendo-me desenhos cabalísticos ou maçônicos ou escrevendo-me números, como resposta". Outras vezes respondem os espíritos, em uma caligrafia infantil, perguntas sobre negócios, literatura, se deveria mudar de casa ou sobretudo sua (ausência de) vida sexual. "Umas coisas, sem relevo nem interesse, sem importância", são comunicações "por assim dizer anônimas", que não consegue compreender, "coisas que me perturbam um pouco" — segundo os próprios espíritos porque *nenhuma comunicação está autorizada a ser correta em todos os seus pormenores.* Faz perguntas, em voz alta, e esses espíritos respondem por sua mão:

— Sim. Não: Eu digo isto porque é verdade.
— Não conheces nenhum deles.
— Não. Totalmente errado.
— Estou a dizer a verdade. Nenhuma boca diz mentiras.
— Nunca me interrogues.
— Há dois fatos a considerar, o que tu pensas e o que sei. Mistura os dois e faz aparecer a verdade.
— O teu destino é demasiado elevado para eu o dizer.
— Destino, o Deus sem nome.
— Serás preso em 1917.
— Verme. Basta! Verme brilhante.
— Agora vai trabalhar, imediatamente.
— Vai-te embora.
— Nada mais.

Parte desses textos psicografados aparecem riscados na Arca; tantos, e com tanta frequência, que não parecem verdadeiras comunicações do além. Consulta um amigo, "ocultista e magnetizador", em busca de explicação para o fenômeno — Fernando de Lacerda, conhecida figura nos meios espirituais daquele tempo, para Gaspar Simões e Ángel Crespo; ou Mariano Santana, para o primo Eduardo Freitas da Costa. Seja quem tenha sido esse amigo, a partir da informação de que um dos números recebidos tem quatro algarismos, conclui haver cinco pessoas na sala. Quatro delas seriam só ouvintes. "Quem é a quinta pessoa neste quarto, que estende o braço e nos interrompe?" Fica satisfeito com a resposta, posto ser ele próprio; sinal de existir "não autossugestão, mas mediunidade legítima". Os espíritos fazem comunicações assim "para dar essa garantia"; dado haver, dizem, *uma substância e uma forma. A forma vem de ti e a substância de mim. Nenhuma comunicação é inteiramente minha. Nenhuma é totalmente criação tua.* Depois, aos poucos, deixa Pessoa de dar importância a essa *escrita automática*, cada vez menos frequente a partir de 1916-1918; nele aparecendo, a partir de então, e esparsamente apenas, ao lado de poemas e textos em prosa.

> De quem é o olhar
> Que espreita por meus olhos?
> Quando penso que vejo,
> Quem continua vendo
> Enquanto estou pensando?
> Por que caminhos seguem,
> Não os meus tristes passos,
> Mas a realidade
> De eu ter passos comigo?
>
> Às vezes, na penumbra
> Do meu quarto, quando eu
> Para mim próprio mesmo
> Em alma mal existo,
> Toma um outro sentido
> Em mim o Universo.

"Episódios/A múmia (III)", Fernando Pessoa

Visão astral

Essa "mediunidade escrevente" é substituída por uma "mediunidade vidente", logo começando a experimentar "aquilo a que os ocultistas chamam de *visão astral* e também a chamada *visão etérica*" — em que seus olhos transformam em éter todas as substâncias. Fecha os olhos "e há uma sucessão de pequenos quadros, muito rápidos, muito nítidos (tão nítidos como qualquer coisa do mundo exterior)". Chega a pressentir a morte do amigo Sá-Carneiro, na distante Paris, e lhe escreve carta relatando o ocorrido: "O fato é que a sua grande crise foi uma grande crise minha, e eu senti-a, como já lhe disse, não só pelas suas cartas, como, já de antes, telepaticamente, pela projeção astral (como *eles* dizem) do seu sofrimento." Essa carta não seria enviada, visto que já Sá-Carneiro encontrara o consolo que tanto buscava na "Mater-Dolorosa das angústias dos tímidos e das tristezas dos desprezados". Consegue também enxergar a "aura magnética de algumas pessoas": de si, "irradiando-se das mãos", e de terceiros — como, na Brasileira, "as costelas de um indivíduo através do terno e da pele". Depois, suas próprias carnes começam a se rebelar. O braço direito levanta-se independentemente de sua vontade. O corpo inteiro "cai para um lado, como se estivesse magnetizado" ou bêbado — o que, dados os rios de álcool que consome, nem seria mesmo de estranhar.

O próprio nascimento dos heterônimos, acredita, seria manifestação dessa mediunidade. "Já sei o bastante das ciências ocultas para reconhecer que estão sendo acordados em mim os sentidos chamados superiores para um fim qualquer que o Mestre desconhecido, que assim me vai iniciando, ao impor-me essa existência superior, me vai dar um sofrimento muito maior do que até aqui tenho tido, e aquele desgosto profundo de tudo que vem com a aquisição destas altas faculdades." Também sabe que "os místicos da má hora e do sacrifício sentem ao menos, com o corpo e o quotidiano, a presença mágica do mistério". Sobre o tema escreve texto, "Um caso de mediunidade", em que teoriza sobre "espíritos comunicantes", "epidemias dançantes da Idade Média" e a respeito de como "o espiritismo deveria ser proibido". Analisa sua própria situação e conclui tratar-se de um "estado mórbido", razão pela qual declara que "a mediunidade resulta de um desequilíbrio mental, análogo ao produzido pelo alcoolismo, sendo muitas vezes o estado prodrômico da loucura declarada", anotando ainda episódios de "histeroneurastenia" e "autossugestão". Essas visões nele se manifestam de muitas maneiras. Certa vez, ao se olhar no espelho, percebe que "a minha cara desaparece e me surge uma fácies [forma de um corpo] de homem de barba, ou um outro qualquer — são quatro, ao todo, os que assim me aparecem". Três deles, imagina-se, eram Alberto Caeiro, Ricardo Reis e Álvaro de Campos. O restante, Raphael Baldaya (que "tinha longas barbas"); ou, mais provavelmente, António Mora (que "usava barba branca"). Heterônimos, portanto. Gente que existia só em sua imaginação. Encerrando dita carta à tia Anica (24/6/1916), em que relata esses episódios, diz: "Enfim, será o que tiver de ser."

> Outra vez te revejo,
> Mas, ai, a mim não me revejo!
> Partiu-se o espelho mágico em que me revia idêntico,

E em cada fragmento fatídico vejo só um bocado de mim —
Um bocado de ti e de mim!...

"Lisbon revisited (1926)", Fernando Pessoa

Astrologia

Astrologia é doutrina que permite conhecer melhor o homem e a natureza; formando, juntamente com a magia e a alquimia, as bases do Esoterismo — daí vindo seu natural interesse pelo tema. Em nota de 1906, já confessa "grande amor pelo espiritual, pelo misterioso e pelo obscuro", mas seus primeiros textos astrológicos sérios viriam só a partir de 1908. Num, diz que "o número representativo do mal é o número 1, porque é o que divide; o número representativo do bem é o número 3, porque é o que une". Três, como os heterônimos principais — Caeiro, Reis e Campos. Pelos astros, tenta compreender melhor seu passado e seu futuro, com datas de fatos ocorridos a partir de um ano e dois meses. "Teremos grandes perdas financeiras, com ausência de divertimentos e brilho exterior, falta de auxílio, e até talvez traições por parte de amigos. Vênus está em oposição com *Pars fortuna* (o lado da sorte), na 2ª, o que intensifica a ação maléfica contra o dinheiro."[502] Mas "a astrologia é somente o nome que damos a uma forma da imaginação; o romance e o tratado de astrologia são romances sobre assuntos diversos, que entre si diferem, menos que o romance de capa e espada do romance de costumes ou o conto policial da novela amorosa".

Em fevereiro de 1915, depois de viajar tia Anica para a Suíça, decide se estabelecer no ramo dos horóscopos. Deixa 318 deles prontos, com três publicados: de uma mulher (1916), do amigo Raul Leal (também de 1916) e de um desconhecido (1934). Na Arca, fica também relação de horóscopos feitos ou por fazer — no total, 98 documentos. A partir de 1916, faz ainda mapas astrais de personalidades como Cesário Verde, Chopin, D. João III, D. Sebastião, Goethe, Isaac Newton, Marinetti, Napoleão, Shakespeare, Victor Hugo, Yeats; amigos, como Alberto da Cunha Dias, Almada Negreiros, Amadeu de Souza Cardoso, Armando Côrtes-Rodrigues, João Camoesas, Raul da Costa, o primo Vitoriano Braga; heterônimos — Caeiro, Reis e Campos; acontecimentos, como a Revolução Francesa; e até entidades,

---

[502] O texto é dado como de *sexta-feira, 16 de agosto*. Sem indicação de ano. Pelo calendário, provavelmente o ano de 1918. Dado se dever afastar outros anos em que agosto têm sexta no dia 16 — que são 1912 (muito antes, nele, desse tipo de escrita) e 1929 (muito depois).

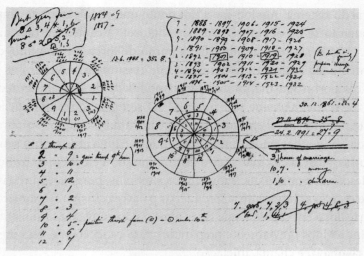

Cálculos astrológicos de Pessoa

como Portugal (vários, na busca do correto) ou a revista *Orpheu* — que teria, como *data de nascimento*, "26 março 1915, às 7 p.m., 1º número vendido". Na Arca, ficam ainda um *Tratado* sobre astrologia, assinado por Raphael Baldaya; um *Sistema de astrologia* e *Introdução ao estudo do ocultismo*; além de texto, em inglês, pelo qual tenta descobrir o astro que vai ser responsável por sua morte (resumo):

> O que, no meu horóscopo, pode ser considerado como aquele aspecto letal? Em um tipo de opinião, o doador da vida pertence ao Sol, com Lua e ascendente, que são os mais livres de aspectos maléficos; e quando um aspecto definitivamente maléfico afeta esse ponto mais livre, a morte ocorre. Segundo este critério, o doador da vida é o Sol; porque tanto a Lua quanto o ascendente são afetados por Saturno, respectivamente, pela conjunção e o quadrado. Qual, entretanto, é o aspecto do Sol, que pode ser considerado como obscuro? Se considerarmos o ascendente como definidor da vida em geral, então devemos procurar os aspectos maléficos do ascendente.
>
> "Ensaios em Astrologia", Fernando Pessoa

Teosofia

Pessoa também se fascina por esse conjunto de doutrinas religiosas místicas ou iniciáticas. Numa carta a Sá-Carneiro (6/12/1915), diz: "A teosofia apavora-me pelo seu mistério e pela sua grandeza ocultista." "Conheço a essência do sistema. Abalou-me a um ponto que eu julgaria hoje impossível, tratando-se de qualquer sistema religioso. O caráter extraordinariamente vasto desta religião-filosofia; a noção de força, de domínio, de conhecimento *superior* e extra-humano que ressumam [revelam] as obras teosóficas perturbou-me muito." "A possibilidade de que ali, na teosofia, esteja a verdade *me hante* [me possui]." "O significado real da iniciação é que este mundo visível em que vivemos é um símbolo e uma sombra, que esta vida que conhecemos através dos sentidos é uma morte e um sono, ou, por outras palavras, o que vemos é uma ilusão." Percebe que "o homem deve descobrir por si o que mostram os símbolos, porque, assim, viverá a vida deles, não se limitando a aprender as palavras em que são mostrados"; e adverte, logo em seguida, que esses temas "não convém se ministrem senão a indivíduos previamente preparados para os receber. A esta preparação se chamava, e chama, iniciação".

O movimento é criado por Helena Petrovna Hahn — nascida prematuramente, no sul da Rússia (Ekaterinoslav), em 30 de julho (12 de agosto, pelo calendário russo) de 1831. Neta da princesa Helena Dolgotouki, da linhagem dos czares Romanoff, ao casar com o velho general Nikifor Blavatsky (em 1848), governador da província de Lirivan, passa a se assinar apenas Helena Blavatsky. Mas abandona o marido, três meses depois do casamento, para viver uma vida atribulada. Apoia Garibaldi, na Itália (1866); trabalha com espíritos no Cairo (de 1870 a 1872); vai a Nova York, para fundar a Sociedade Teosófica (setembro de 1875); no Ceilão, assume os cinco votos do budismo (1880); e a Londres volta, para morrer, em 1891. Mulher de estranha constituição psíquica, parecia escrever o que lhe seria ditado por inteligências superiores. Segundo se conta, o fazia corretamente em grego, latim, hebraico, sânscrito e outras línguas exóticas, que nem sequer conseguia ler em seu estado normal. Tinha o dom de se comunicar com mundos invisíveis, incluindo o dos mortos. É "fora de dúvida que recebera uma mensagem e uma missão de superiores incógnitos". Pessoa traduz em 1916, para a Livraria Clássica Editora, texto de sua autoria, *A voz do silêncio e outros fragmentos seletos do livro dos preceitos áureos*. Também de um de seus discípulos, *MC* (iniciais de Mabel Collins, 1851-1927), *Luz sobre o caminho* e *Carma*.

A partir de 1915, é orientador e tradutor de uma *Coleção teosófica e esotérica* da Clássica Editora, de Lisboa, com sede na Praça dos Restauradores 17. Nesse ano ainda traduz, para a coleção, *Ideais da teosofia*, de Annie Wood Besant — que nasce em Londres (1847), casa-se com o vigário de Sibsey (Inglaterra), Frank Besant, de quem logo se separa; é condenada por obscenidade, ao publicar livro defendendo o controle da natalidade (1877); junta-se ao livre-pensador Charles Bradlaugh (1833-1891); e adere ao socialismo, ligando-se a Bernard Shaw. Depois de abraçar a teosofia de Blavatsky, funda o Colégio Central Indu (1897) e incorpora-se na luta pela autodeterminação do país, pregando sempre que *é com o amor que a liberdade se compra* e chega a ser presa por isso. Preside a sessão inglesa da Sociedade Teosófica e morre em Aydar, Índia (1933). Besant adota, como filho, aquele que depois será um dos maiores filósofos indianos, com nome que cumpre a tradição brâmane: é *Krishna*, como todo oitavo de dez irmãos — uma homenagem ao deus Sri Krishna, do qual sua mãe natural, Sanjeevamma, era devota; e é *Jiddu*, seu nome da família — Krishnamurti Jiddu, assim era conhecido.

Nesse mesmo 1915, também traduz *Compêndio da teosofia*, de Charles Webster Leadbeater; e em 1916, do mesmo autor, *Auxiliares invisíveis* e *Clarividência*. Leadbeater é um escritor enormemente profícuo, com mais de uma dezena de livros importantes. Nasce na Inglaterra (1847) mas, criança ainda, vem morar no Brasil, onde o pai se emprega numa empresa que explora o ramo das estradas de ferro. De volta ao seu país, recebe *ordens sacras* da religião anglicana (1878), adota a teosofia (1883), torna-se vegetariano e vai ser discípulo de Jinarãjadãsa, no Ceilão. Em Aydar, ensina teosofia e língua inglesa àquele filho adotivo de Besant, Krishnamurti Jiddu (1903). Investiga suas vidas pregressas e considera estar destinado a ser veículo do senhor Maitreya (ou Cristo), o *Instrutor do Mundo*, um acontecimento longamente aguardado pelos teósofos. No fim, Leadbeater é nomeado bispo na Austrália. E desencarna, finalmente, em Sydney (1937). A partir de 1913, Pessoa escreve seus primeiros poemas esotéricos sobre esses temas, sobretudo em inglês. Em carta a Sá-Carneiro (6/2/1915), considera que a teosofia contém "os princípios cristãos elevados"; e a Gaspar Simões (carta de 26/10/1930) confessa que "a mesma nuvem paira sobre os cinco poemas a cujo conjunto chamo ALÉM-DEUS."[503]

> Da minha ideia do mundo
> Caí...
> Além-Deus! Além-Deus! Negra calma...
> Clarão de Desconhecido...

---

[503] Em maiúsculas, no original.

Tudo tem outro sentido, ó alma,
Mesmo o ter-um-sentido...

"Além-Deus IV, A queda", Fernando Pessoa

Mas, aos poucos, desaparece o encanto pela criadora do movimento, e a pouca estima por Blavatsky se espraia por seus discípulos. De um deles — o escritor irlandês William Butler Yeats (1865-1939), Prêmio Nobel de Literatura em 1923 — até diz, no *Ultimatum*: "Fora tu, Yeats da Céltica Bruma, à roda de poste sem indicações, saco de podres que veio à praia do naufrágio do simbolismo inglês." Definida por vezes como *mártir incompreendida do século 19* (palavras de Mário Roso de Luna), para Pessoa não havia dúvida, "Madame Blavatsky era um espírito confuso e fraudoso."

Ritos iniciáticos

A partir de 1920, já maduro, começa a ter outros interesses ocultistas. Em notas para um *Ensaio sobre a iniciação,* diz que a magia busca "transcender o intelecto pelo poder" e "a gnose transcende o intelecto por um intelecto superior". Essa gnose resulta em movimento religioso e iniciático que prega a salvação pelo conhecimento espiritual, libertando o homem do plano terrestre e o conduzindo a planos superiores. Não só isso. Também adere à alquimia — união dos contrários, ciência ou arte sagrada que busca a transmutação dos corpos, em razão de sua espiritualização; só que, e *a despeito do que tem sido aventado* (refere-se, aqui, a comentários de Kuzawsk e Centeno), *o poeta de* Mensagem *nunca foi alquimista*, diz Manuel J. Gambe. Centeno mais tarde confirma ter sido, nesse campo, apenas um *leitor atento*. Fascina-se igualmente pela cabala (do hebraico *Qabalah*).[504] Pessoa se define como "fiel à tradição secreta em Israel (a Santa Kaballah)", "fonte de todo o iluminismo". Em carta a Gaspar Simões (16/10/1930), remete poema que adverte ser uma interpretação dramática da "magia de transgressão"; e lembra que "se, por alguma circunstância, achar melhor não publicar [na revista *Presença*], não hesite em não o publicar". Na carta seguinte (22/10/1930), dá as razões: "Podia bem ser que esses assuntos lhe fossem

---

[504] Tradições hebraicas que interpretam o velho testamento, confiadas por Deus a Adão, daí passando a seus filhos.

repugnantes ou antipáticos"; e, na que vem em seguida (26/10/1930), "Deveras e realmente não posso dar-lhe explicação nenhuma sobre a gênese particular desse poema." Sem razões aparentes para tanto mistério, vez que o poema é sobretudo homenagem a Virgílio, escrito que foi precisamente no dia do seu aniversário — 15 de outubro. Dois mil anos depois. O mesmo dia em que nasce Álvaro de Campos. Escrito em três versões, com ligeiras diferenças, trata-se de "O último sortilégio":

> "Já me falece o dom com que me amavam.
> Já me não torno a forma e o fim da vida
> A quantos que, buscando-os, me buscavam.
> Já, praia, o mar dos braços não me inunda.
> Nem já me vejo ao sol saudado erguida,
> Ou, em êxtase mágico perdida,
> Ao luar, à boca da caverna funda.
> (...)
> "Converta-me a minha última magia
> Numa estátua de mim em corpo vivo!
> Morra quem sou, mas quem me fiz e havia,
> Anônima presença que se beija,
> Carne do meu abstrato amor cativo,
> Seja a morte de mim em que revivo;
> E tal qual fui, não sendo nada, eu seja!."

> "O último sortilégio", Fernando Pessoa

A Ordem de Cristo

Nos caminhos por onde andou, Pessoa escolheu "vencer o amor à vida como vida e o temor da morte como morte" e isso conseguiu "vencendo o mundo, a carne, o diabo". Sempre sem grandes compromissos. Em 1932, numa nota, se diz longe de qualquer instituição; e isso confirma na famosa carta a Casais Monteiro (13/1/1935): "Não pertenço a ordem iniciática nenhuma"; embora em "nota biográfica" (março de 1935), contraditoriamente, declare ser um "iniciado, por comunicação direta entre Mestre e Discípulo, nos três graus menores da Ordem Templária de Portugal" — uma congregação já extinta em seu país por D. Diniz, no início do século 14. Como que confirmando declarações de bem antes, em que diz pertencer à Ordem de Cristo — também extinta, no próprio ano em que o poeta nasceu (1888), e sucessora em Portugal da Ordem dos Templários.[505] A explicação mais aceita entre estudiosos parte de palavras suas: "Iniciado Divino é, por exemplo, um Shakespeare. A este tipo de iniciação vulgarmente se chama gênio", por haver, "no gênio, um elemento obscuro — aquele elemento obscuro, real mas difícil de definir, chamado mediunidade quando assume certos aspectos". A poesia, no fundo, terá sido um ritual para sua iniciação. Dessa fase são textos delirantes como "The duke of Parma" — em que as três pessoas da Santíssima Trindade discutem, buscando saber qual delas realmente existe.

Esse gosto pelo hermetismo, para certos estudiosos, seria uma questão central na obra de Pessoa. Nessa corrente se situa Paulo Costa, para quem *o esoterismo não é um caso de simples apropriação de "temas esotéricos" para ilustrar sua poética; é o seu verdadeiro modo de ser-poeta.* Enquanto para outros, com mais razão, seria só mais um entre seus muitos gostos. Octavio Paz, por exemplo, diz que *para todos os poetas de tradição moderna a poesia é um sistema de símbolos e analogias, paralelo ao das ciências herméticas. Paralelo, não idêntico: o poema é uma constelação de sinais de luz própria.* Como que confirmando, assim está no próprio Pessoa: "Não procures nem creias, tudo é oculto." No *Fausto*, diz que "o único mistério, tudo e em tudo, é haver um mistério no universo"; e logo completa, agora com a ironia de Campos: "sim é claro, o universo é negro, sobretudo de noite".

---

[505] Templários eram cavaleiros de ordem religiosa católica instituída pelo nobre francês Hugues de Payns e mais outros soldados veteranos, em Jerusalém (1118 ou 1119), nas proximidades do Templo de Salomão, para defender o *Santo Sepulcro* (túmulo de Cristo) — hoje numa basílica em Jerusalém — e o *Santo Sudário* (mortalha de Cristo) — hoje guardado na capela de São João Batista, em Turim (Itália). Seriam inspirados na muçulmana *Ordem dos Assassinos*, da Síria, fundada em 1090 por Hassan ibn Sabbah. Essa Ordem, pela violência de seus membros — haxxixiu, aqueles que consomem haxixe —, seria a própria origem do sentido que se dá, hoje, à palavra *assassinos*.

Certum est quia impossibile est
(É correto, porque é impossível. Tertuliano)

A maçonaria

> *"Quando, despertos deste sono, a vida*
> *Soubermos o que somos...*
> *Conhecemos pois toda a*
> *Escondida Verdade...?"*
>
> "No túmulo de Christian Rosencreutz (I)", Fernando Pessoa

A seita Rosa-Cruz

Para compreender a importância da maçonaria, em Fernando Pessoa, é preciso voltar no tempo. Tudo começa com seita fundada por um peregrino nascido em 1378, às margens do rio Reno, o alemão Christian Rosencreutz. Filho de família fidalga, embora pobre, é educado por monge que lhe ensina grego, latim e hebraico. Falecendo esse preceptor na ilha de Chipre, em peregrinação que faziam à Terra Santa, estuda com mestres do misticismo em Damasco, Egito, Marrocos e Arábia. Em 1407, volta à Alemanha, funda a Casa Sancti Spiritus (um hospital para necessitados) e lança as bases do que seria depois a Ilustre Ordem Rosa-Cruz, "fraternidade dos que esperam o dia em que as rosas florescerão sobre a cruz da humanidade". Segundo lenda, essa ordem teria sido criada mesmo antes de Rosencreutz, na cidade alemã de Kassel, por volta do ano 46, quando o sábio Ormus e seis discípulos foram convertidos por Marcos, O Evangelista. Mais provavelmente, é estruturada só em 1614 com o manifesto *Fama fraternitatis R.C.* (Testemunho da fraternidade Rosacruz). Outros manifestos importantes para a ordem, todos pregando a necessidade de reforma na sociedade humana, foram *Confessio fraternitatis* (Confissão da fraternidade), de 1615; e *Chemische Hochzeit* (algo como *Bodas anímicas de*) *Christiani Rosencreutz*, dado como de 1616 (embora escrito em 1459, quando Rosencreutz tinha 81 anos). Morto em 1484, o local de sua cripta permaneceu em segredo por 120 anos.

> Mas se a Alma sente a sua forma errada,
> Em si, que é Sombra, vê enfim luzido

O Verbo deste Mundo, humano e ungido,
Rosa Perfeita, em Deus crucificada.
(...)
Calmo na falsa morte a nós exposto,
O Livro ocluso contra o peito posto,
Nosso Pai Rosaeacruz conhece e cala.

"No túmulo de Christian Rosencreutz (II e III)",[506] Fernando Pessoa

"Na fórmula do Concílio, o gênio é que é a santidade. Pode o homem ser deus. Mas só sendo inteiramente o que humanamente é... Cada homem é ele só. Não pode pertencer a Ordem nenhuma. A fórmula da RC é esta: liberdade, igualdade, fraternidade. Liberdade quer dizer não se subordinar a nada. Igualdade quer dizer que, tendo cada um esta liberdade, cada um será igual a qualquer outro. Fraternidade é ninguém se opor a outrem, desde que seja o que é." O símbolo que identifica essa ordem é uma rosa vermelha no centro de uma cruz dourada, com cinco "pétalas" que têm "em si os elementos do martírio ou do sofrimento, que são os espinhos". Trata-se da "dupla essência, masculina e feminina, de Deus — a Cruz". Assim, "aquele que foi a Rosa crucificada e em Si crucificou a Rosa se impôs em seu martírio uma coroa de espinhos; e por isso se entende que esse elemento de cinco partes é o símbolo da Rosa-Cruz". Segundo crença da ordem, sete irmãos vêm ao mundo como homens sempre que se faz necessário; enquanto outros cinco jamais abandonam o templo, dedicando-se a trabalhos internos. Sete rosas e cinco pontas de estrela representam essas Doze Grandes Hierarquias Criadoras. Além delas mais uma, Cabeça da Ordem, apenas pressentida pelos fiéis. Inspirado na seita, escreve: "Cristo proíbe-nos de julgar, porque nós vemos os atos e não os corações. A religião cristã não olha ao mundo das ações, do fato consumado, olha apenas ao que o homem é no que vai revelado nos atos. *A César o que é de César*, disse o Cristo, ao mundo real o que lhe pertence. A experiência humana aprendeu que o melhor e o mais alto de nós está como Cristo, crucificado e atado à cruz do mundo real, com as suas dores e os seus males. Ele, a Rosa da Emoção."

Que símbolo fecundo
Vem na aurora ansiosa?

---

[506] Os três sonetos que em conjunto correspondem a esse *No túmulo,* enviados para publicação em 1935 na revista *Sudoeste,* dirigida pelo amigo Almada Negreiros, foram vetados pela censura de Salazar.

Na Cruz Morta do Mundo
A Vida, que é a Rosa.

Que símbolo divino
Traz o dia já visto?
Na Cruz, que é o Destino,
A Rosa, que é o Cristo.

Que símbolo final
Mostra o sol já desperto?
Na Cruz morta e fatal
A Rosa do Encoberto.

Mensagem ("O encoberto"), Fernando Pessoa

Essa compreensão do mundo se revela, nele, em uma dimensão grandiosa: "Temos que viver intimamente aquilo que repudiamos. Nada custa, a quem não é capaz de sentir o Cristianismo, repudiar o Cristianismo; o que custa é repudiá-lo, como a tudo, depois de verdadeiramente o sentir, o viver, o ser. O que custa é repudiá-lo, ou saber repudiá-lo, não como forma da mentira, senão como forma da verdade. Reconhecer a verdade como verdade, e ao mesmo tempo como erro: viver os contrários, não os aceitando; sentir tudo de todas as maneiras, e não ser nada, no fim, senão o entendimento de tudo — quando o homem se ergue a este píncaro está livre, como em todos os píncaros, está só, como em todos os píncaros, está unido ao céu, a que nunca está unido, como em todos os píncaros." Rosacruzes famosos foram Bacon, Camões, D. Dinis (o rei poeta de Portugal), Giordano Bruno, Goethe, Hermann Hesse, Isaac Newton, Johann Sebastian Bach, Leonardo da Vinci, Lutero, Nostradamus, a rainha Isabel, René Descartes, Richard Wagner, Shakespeare, Spinoza, Victor Hugo. Apesar de tantos expoentes, aos poucos essa dimensão mágica vai perdendo importância para Pessoa. "O misticismo é apenas a forma mais complexa de ser efeminado e decadente. O único lado útil da inutilidade." Passa então a considerar religião e política manifestações inferiores em relação à filosofia e à sociologia. "Os chefes religiosos, e também os políticos, apelam para o que de menos elaborado há no homem — os seus sentimentos. Com isso conseguem manipular e fanatizar", ainda proclamando que "não há homens salvadores" e "não há Messias". Mas "a chamada Fraternidade de Rósea-Cruz (não de Rosa-Cruz)" tem, nele, uma outra e mais importante dimensão. Como confirma Yvette Centeno, *pareceria absurdo citar esta subcorrente cristã, se a importância dela na história não fosse, apesar de ser oculta, enor-me.* Uma importância transcendente, para Pessoa, porque dela deriva a maçonaria, "entrada pela Ordem do Templo, passada pelos rosicrúcios, erguida pela Ordem de Cristo".

A força da maçonaria

Tudo começa nas antigas corporações medievais dos mestres construto-res de igrejas e catedrais. A expressão *maçom livre (freemason)*, registra-da pela primeira vez em Londres (1375), referia-se a pedreiros com per-missão para viajar pela Inglaterra. Daí veio a *franc-maçonnerie* — com o sentido de agregar quem lapidava pedras e homens. Com origem nas len-das de Ísis e Osíris (no Egito), e passando pelos templários, essa antiga ordem secreta, "que derivou de um ramo dos Rosa-cruz", renova nele uma visão abrangente da fé. "Todas as religiões são verdadeiras, por mais opos-tas que pareçam entre si. São símbolos diferentes da mesma realidade. São a mesma frase dita em várias línguas." É uma atitude de entrega, "como quem diz a mesma coisa em línguas diferentes. Deve haver portanto to-lerância para com todas as religiões. Um maçom pode ser tudo menos ateu"; enquanto, ele próprio, é "o que só sabe o mistério tornado carne. Eu sou o inferno". "Sou o Cristo negro pregado na cruz ígnea de mim mes-mo." Mas, talvez, nunca tenha mesmo Pessoa se filiado a ela. "Não sou maçom... não sou porém antimaçom." De resto, inexiste um único registro nesse sentido, em qualquer de seus papéis. Nem em qualquer documento maçom que tenha sido tornado público. Única referência é ter sido, como diz, "iniciado por comunicação direta de mestre e discípulo nos três graus menores da Ordem Templária de Portugal". Uma ordem que nem mais existia, em Portugal. Apesar disso proclama, para ela, estes Mandamentos (resumo):

1. Não tenhas opiniões firmes, nem creias demasiadamente no valor de tuas opiniões.
2. Sê tolerante, porque não tens a certeza de nada.
3. Não julgues ninguém, porque não vês os motivos, mas só os atos.
4. Espera o melhor e prepara-te para o pior.
5. Não mates nem estragues, porque, como não sabes o que é a vida, exceto que é um mistério, não sabes o que fazes matando ou estragando.

6. Não queiras reformar nada, porque, como não sabes a que leis as coisas obedecem, não sabes se as leis naturais estão de acordo, ou com a justiça, ou, pelos menos, com a nossa ideia de justiça.

7. Faze por agir como os outros e pensar diferentemente deles.

"Mandamentos de uma nova lei de Deus", Fernando Pessoa

Maçonaria e Salazar

Marca mais expressiva desse compromisso ocorre em 15 de janeiro de 1935; quando o deputado salazarista José Cabral apresenta, à Assembleia Nacional, projeto de lei que proíbe todas as sociedades secretas — entre elas, a Maçonaria. Atendendo a um desejo de Salazar, que pretendia não mais sofrer com a influência (segundo ele) maléfica dos maçons em Portugal. O grão-mestre da maçonaria portuguesa, Norton de Matos, em 31 de janeiro dirige-se ao presidente da Assembleia Nacional pedindo-lhe que reconsidere o projeto. Sem sucesso. Menos educado, Pessoa reage com veemência e publica no *Diário de Lisboa*, em 4 de fevereiro, um libelo contra essa iniciativa — *Associações secretas, análise serena e minuciosa a um projeto de lei apresentado ao Parlamento*, em que diz: "Posso, desde já, denunciar ao sr. José Cabral uma associação secreta — o Conselho de Ministros." Ignoram-se as razões pelas quais a Comissão da Censura deixou de vetar essa publicação. "Apresenta o projeto o sr. José Cabral que, se não é dominicano, deveria sê-lo,[507] de tal modo o seu trabalho se integra em natureza, como em conteúdo, nas melhores tradições dos inquisidores... Não existem mais que duas associações secretas, a Companhia de Jesus e a Franco-Maçonaria (o Grande Oriente)." Para Pessoa, essa maçonaria se revela mais que uma "sociedade secreta", é sobretudo "ordem iniciática", não tendo o governo poder para erradicar "uma organização internacional mais poderosa que ele". Afinal pregando o boicote, a Portugal, por maçons de todos os países. O texto é em seguida objeto de edição autônoma — com incompreensível supressão de trechos inteiros e alterações em diversas outras passagens —, *A maçonaria vista por Fernando Pessoa*.

Em 8 de fevereiro de 1935, a direção-geral dos Serviços de Censura baixa circular proibindo qualquer *simples referência... a esse assunto* por parte de

---

[507] Referência a Salazar; que, não obstante naquele tempo se dizer fosse *jesuíta*, era mesmo dominicano — como o "sr. José Cabral deveria sê-lo", sugere Pessoa.

Pessoa. A reação salazarista é tremenda. José Cabral aproveita e responde a *Fernando Pessoa e outros beócios da mesma estirpe*, com o artigo "Chove no Templo", publicado no *Diário de Lisboa* (6/3/1935), em que o chama de *mimoso anfíbio*. Dia seguinte, no mesmo jornal, o jornalista Alfredo Pimenta escreve "A verdade sobre a franco-maçonaria", denunciando os malefícios dessa associação. Pessoa já não gostava dele desde quando (em *Carta-prefácio*) elogiou o livro de Vasco Reis — aquele que derrotou *Mensagem*, adiante se verá. E responde, em papel que ficou na Arca (dado ter a censura impedindo  sua publicação), criticando Pimenta e Cabral: "O que estava por trás de ambos — a Patroa [Salazar] —, assim também, neste opúsculo, não visei em realidade o deputado néscio [Cabral] ou o jornalista charlatão [Pimenta]... Que me relevem os dois criados." Governo e maçons, todos o atacam. Só Francisco Rolão Preto, chefe dos camisas-azuis, demonstra simpatia por sua causa ao escrever o artigo "Não" — menos por solidariedade, sobretudo porque um ano antes Salazar proibira o Movimento Nacional-Sindicalista (que fundou, em 1932) de funcionar. O projeto é aprovado por unanimidade, em 21 de maio, convertendo-se na Lei nº 1.901 — da Ilegalização das Sociedades Secretas. Com votos, até, de deputados maçons. Na Arca, fica esta nota em forma de poema:

> Solenemente
> Carneirissimamente
> Foi aprovado por toda a gente
>
> Que é, um a um, animal
> Na assembleia nacional
> Um projeto do José Cabral.
>
> Está claro
> Que tudo
> É desse pulha austero e raro
> Que, em virtude de muito estudo,
>
> E de outras feias coisas mais
> É hoje presidente do conselho

Chefe de internormais [508] animais
E astro de um estado novo muito velho
(...)
Olhem, vão pra o Salazar
Que é a puta que os pariu.

Sem título (sem data), Fernando Pessoa

Nota biográfica

Pessoa, no fundo, não se entrega a nenhuma dessas doutrinas. Richard Zenith pondera: *Quando alguém afirma que acredita, convictamente, na astrologia, na Rosa-Cruz, na cabala, no misticismo, no espiritismo ou em qualquer outro ismo, é porque não leu bem toda a sua obra.* Assim se deu com *o poeta, que acreditava em cada uma dessas doutrinas e duvidava delas todas.* Mas se o hermetismo, a seita Rosa-Cruz ou a maçonaria se revelam importantes em sua vida civil, não terão maiores repercussões para seus escritos. Em 30 de março do ano de sua morte, reafirma suas crenças nesta *nota biográfica* (resumo):

> Ideologia política: Conservador do estilo inglês, isto é, liberal dentro do conservantismo, e absolutamente antirreacionário.
>
> Posição religiosa: Fiel à Tradição Secreta do Cristianismo, que tem íntimas relações com a Tradição Secreta em Israel (a Santa Cabala) e com a essência oculta da Maçonaria.
>
> Posição Iniciática ....
> ....
> ....
>
> Posição patriótica: Partidário de um nacionalismo místico, um sebastianismo novo, que substitua toda infiltração católico-romana espiritualmente, se é que no catolicismo português houve alguma vez espiritualidade. Tudo pela Humanidade; nada contra a Nação.[509]
>
> Posição social: Anticomunista e antissocialista.
>
> Resumo destas últimas considerações: Ter sempre na memória o mártir Jacques de Molay, grão-mestre dos Templários, e combater, sempre e em toda a parte, os seus três assassinos — a Ignorância, o Fanatismo e a Tirania.[510]

---

[508] Variável era *infernanças*.
[509] Reação crítica ao lema de Salazar, *Tudo pela Nação, nada contra a Nação.*
[510] Em texto posterior, troca esses conceitos por "Estupidez, Rotina e Incultura".

Ante victoriam ne canas triumphum
(Não cantes o triunfo antes da vitória. Provérbio latino)

O supra-Camões

"Nunca pretendi ser senão um sonhador.
Pertenci sempre ao que não está onde estou
e ao que nunca pude ser."
Livro do desassossego, Bernardo Soares

A construção de um estilo

Pessoa, com o correr dos anos, se sente mais e mais maduro ao escrever. "Encontro-me agora em plena posse das leis fundamentais da arte literária. Shakespeare já não me pode ensinar a ser sutil, nem Milton a ser completo. Deixei de me interessar por pessoas que são apenas inteligentes — Wells, Chesterton, Shaw." O mesmo (George Bernard) Shaw, seu contemporâneo, que (em *Maxims for revolutionists*) como que lhe diz: *É temerário ser sincero, a não ser que se seja igualmente estúpido*. No *Ultimatum*, em uma espécie de resposta, declara que Shaw é um "charlatão da sinceridade e artista menor", posto o considerar "o forro do fraque do avesso". E segue a vida. "Hoje, ao tomar de vez a decisão de ser Eu, de viver à altura do meu mister, reentrei de vez na divina consciência da minha Missão. Hoje só me quero tal e qual meu caráter nato quer que eu seja; e meu gênio, com ele nascido, me impõe que lhe não deixe de ser." É como se soubesse, e bem, "da terrível e religiosa missão que todo homem de gênio recebe de Deus". Simples na aparência, quase anônimo pelas ruas onde anda, tem "consciência cada vez maior" de seus dons superiores; e decide, finalmente, "se tenho de sonhar, por que não sonhar os meus próprios sonhos?".

> Até os meus exércitos sonhados sofreram derrota
> Até os meus sonhos se sentiram falsos ao serem sonhados
> Até a vida só desejada me farta — até essa vida...
> "Lisbon revisited (1926)", Álvaro de Campos

Pessoa e a poesia portuguesa

Em maio de 1912, na revista *A Águia*, publica seu segundo artigo importante, "Reincidindo". Nele, nomeia os poetas a conduzir o renascimento literário de Portugal — Antero, Junqueiro, Nobre, Pascoaes — e distingue quatro fases da literatura, que se relacionam com "a alma do povo que as produz": "O período criador, o dos precursores, o dos iniciadores e o da decadência, que pode ser brilhante". Segundo ele, a "grande literatura é elitista" e "não exprime a alma do povo, *representa-a, interpreta-a*"; após o que renova o vaticínio de um "ressurgimento assombroso para Portugal". Depois vêm as entrevistas de Boavida Portugal no jornal *República*. A iniciativa é convertida em livro, *Inquérito literário*, que Boavida dedica a *Pessoa, camarada inteligente e leal*. São convidados a depor Gomes Leal, Lopes de Mendonça, Malheiro Dias, Teixeira de Pascoaes e outras personalidades da época; tendo a sua, como título, "Do Agostinho em torno de Pessoa". Entre as quatro perguntas feitas aos entrevistados, nesse inquérito, especialmente a terceira interessa a Pessoa: *Existirá uma renascença literária em Portugal?* As respostas começam a ser publicadas em setembro, com algumas críticas educadas e outras nem tanto. Teixeira de Pascoaes, convertido no hipócrita personagem de Molière, é considerado um *Tartufo vaidoso e ignorante* que escreve *burrices numa prosa de colegial*. Pessoa recebe citações contraditórias — umas contundentes, outras generosas. Para ele, àquela altura, ainda não está clara a visão (que depois teria) do Quinto Império, mas já sabe que o futuro prometido não virá das armas. Em complemento, no fecho de outro artigo publicado na revista *A Águia*, em dezembro de 1912 ("A nova poesia portuguesa no seu aspecto psicológico"), diz: "E a nossa grande Raça partirá em busca de uma Índia nova, que não existe no espaço, em naus que são construídas d'aquilo de que os sonhos são feitos. E o seu verdadeiro e supremo destino, de que a obra dos navegadores foi o obscuro e carnal antearremedo, realizar-se-á divinamente."

A partir daí, a mudança é radical. O "Supra-Camões", vaticinado em *A Águia*, ganha estrutura. "A analogia impõe mais. Diga-se de um Shakespeare." Por vezes, troca a expressão, "Super-Camões, lhe chamamos e lhe chamaremos". É que, para ele, "Portugal começa a sacudir a pesada carta da tradição antinacionalista representada pelo italianizado Camões, pelos seguidores da literatura espanhola e pela afrancesada idiotice de que Bocage é um dos lamentáveis representantes"; razão pela qual prevê, "para muito breve, o aparecimento do poeta Supremo da nossa raça, o poeta Supremo da Europa, de todos os tempos". A imagem ganha tons mais amplos e menos óbvios. Em *Mensagem,* por exemplo, a Coroa portuguesa é representada por um homem sem linhagem, Nuno Álvares Pereira (1360-1431) — beato, escudeiro da rainha D. Leonor e guerreiro que depois ingressou no mosteiro do Carmo como irmão donato, passando a se chamar Nuno de Santa Maria. Para o povo, passou a ser *o santo condestável* — beatificado em 1918 e canonizado em 2009. Segundo Pessoa, a verdadeira nobreza está mais no espírito que no sangue. Em anotações que ficaram na Arca, se vê que certo dr. Alonso Cavalheira prevê "que virá um rei novo, que não será filho de rei nem de rainha, e que o seu nome não tivera até agora rei nenhum". O próprio Pessoa, assim crê firmemente, rei de um reino da língua. Mesmo já havendo antes soberanos portugueses com seu nome, Fernando, nem tudo é perfeito.

Por volta de 1917, começa a perceber que Portugal vive um "período de pobre e deprimida vida social" e "de mesquinha política". Por essa altura, já havia morrido Sá-Carneiro e, no íntimo, também seu mestre Caeiro. Está em busca de novos caminhos. Escreve o violento *Ultimatum,* de Campos; e, tendo em vista a influência ainda exercida entre os seus por Camões, critica "o petrarquismo[511] dos tristes poetas do nosso Renascimento", explicitando seu desprezo pelo "italianismo dessa gente". Seriam escritores "originais uma só vez, que é a inevitável. Depois disso, não evoluem, não crescem". "A pobreza e a monotonia, nos nossos homens de talento literário, salta ao coração e confrange [oprime] a inteligência." Vai além. "Toda a literatura portuguesa clássica dificilmente chega a ser clássica." "Quase nunca é portuguesa. É provençal, italiana, espanhola e francesa, ocasionalmente inglesa." Para ele, um autor deve ter sobretudo compromisso com sua terra. Recita de cor, por exemplo, Camilo (d'Almeida) Pessanha (1867-1926), autor de *Clepsidra* e uma das maiores figuras do simbolismo português — o mesmo que um dia lhe foi apresentado, na Pastelaria Suíça, pelo general Henrique Rosa (duas vezes se encontraram, ambos nessa pastelaria). Logo escreve poema, "À la manière de Camilo Pessanha" (26/7/1914),

---

[511] Francesco Petrarca (1304-1374), italiano de Arezzo, foi o primeiro dos grandes humanistas do Renascimento. Na frase, "petrarquismo" tem o sentido de *antiguidade.* Ironicamente, (quase) toda a obra poética que Pessoa escreveu em seu próprio nome (salvo textos místicos ou nacionalistas) foi depois reunida com o mesmo título do mais conhecido livro de Petrarca — publicado em 1470, depois de sua morte, *O cancioneiro.*

que acaba em um lamento: "A tua flauta chora."[512] Em 1915 (a carta está sem data), escreve a Pessanha: "Fez-me V. Exa. a honra, e deu-me o prazer de recitar alguns poemas seus. Guardo dessa hora espiritualizada uma religiosa recordação." Após o que trata de temas sérios, ligados ao jornalismo. Pessanha, por essa época, já vive em Macau (China), onde casa (em verdade, compra uma mulher) e cria família. Não há registro de resposta, mas vários poemas seus constam entre os que seriam publicados em *Orpheu* 3 (1916).

Também admira (com limitações), e traduz para o inglês, aquele que é por todos considerado, até então, o maior poeta português, Luís Vaz de Camões. Em carta a William Bentley (sem data, 1915), resume seu entendimento: "Camões é um grande poeta épico e um razoavelmente bom poeta lírico. Mas é assinalavelmente desprovido de todas as qualidades puramente intelectuais com as quais a poesia mais elevada é construída. Não tem em si profundidade; não tem uma profunda intuição metafísica. Não tem fantasias. Não tem imaginação, propriamente dita. Repare no Adamastor,[513] que foi o melhor que ele fez. Note a extraordinária incapacidade para conceber os grandes pormenores, veja como ele cai no superficial e no mesquinho, mesmo no centro da sua inspiração. Camões é tão pouco inteligente como pouco imaginativo." Resumindo, "anda longe de ser um Dante ou um Shakespeare". Mais secamente ainda, trata-se apenas de um "zarolho[514] italianizado". Por tudo então, no íntimo, considera-se maior que ele. "Tenho uma grande admiração por Camões (o épico, não o lírico), mas não sei de elemento algum camoniano que tenha tido influência em mim, influenciável como sou. É que o que Camões me poderia ensinar já me fora ensinado por outros. A exaltação e a sublimação do instinto de pátria são fenômenos inensináveis em substância." Sem contar que "a construção e a amplitude do poema épico, tem-nas Milton (que li antes de ler *Os lusíadas*), em maior grau que Camões". Depois passa a dizer que "Camões, conquanto grande, não está, nas letras, à altura em que está nos feitos o Infante D. Henrique[515]

---

[512] Referência ao primeiro verso de um poema de Pessanha, "Os barcos de flores", que diz: *Só, incessante, um som de flauta chora.*

[513] No Canto V de *Os lusíadas*, esse Titã (rebelado contra Júpiter) é um gigante que representa o Cabo das Tormentas.

[514] A expressão se explica por ter Camões perdido um olho, em 1547, lutando contra os mouros de Malzagão.

[515] *O Navegador* (1394-1460), responsável pelo enorme desenvolvimento da navegação portuguesa, pelo historiador Duarte Leite definido como *sóbrio na mesa, abstêmio e virgem*, alguém em quem *luxúria e avareza nunca em seu peito houveram repouso.*

ou o Vice-Rei da Índia Afonso de Albuquerque".[516] Bem secamente, "Camões é *Os lusíadas*", sem que ocupem, "*Os lusíadas*, um lugar entre as principais epopeias do mundo; só a *Ilíada, A Divina Comédia* e o *Paraíso Perdido* ganharam essa elevação". Não se afirmando sua influência nem mesmo em Portugal, onde considera "obra capital do que há até agora de nossa literatura" *A pátria*, de (Abílio Manuel) Guerra Junqueiro. A *Os lusíadas*, "honrosamente, o segundo lugar".

Comunismo e cristianismo

Para Pessoa, "o comunismo é um dogmatismo sem sistema. Se o que há de lixo moral e mental em todos os cérebros pudesse ser varrido e reunido, e com ele se formar uma figura gigantesca, tal seria a figura do comunismo, inimigo supremo da liberdade e da humanidade, como o é tudo quanto dorme nos baixos instintos que se escondem em cada um de nós". Apesar disso há, em sua obra, uma instigante relação entre o comunismo e a religião; para ele derivando, o "misticismo bolchevista", do cristianismo. "O comunismo é declaradamente — na teoria como na prática — antinacional e antiliberal. O catolicismo é, pela estreiteza do seu dogma e a intolerância de sua ação, contrário à liberdade de pensamento e à liberdade da expressão dele." Vai mais longe nessas críticas. "A Igreja Católica Apostólica Romana é uma instituição de fins aparentemente religiosos, mas cuja ação real é desviar de toda a integração que possa ter no progresso e no bem do gênero humano. A Igreja de Roma é o Anti-Homem e a Anti-Nação. Em ambos sendo comuns o fanatismo e o dogmatismo." E chega a estabelecer relação entre os milagres de Lourdes e o comunismo.

> Quais milagres de Lourdes, meu amigo!
> Milagres da Rússia.
> Curar paralisias!
> Curar egoísmos, isso é que é milagre,
> Ah Lourdes, Lourdes, quantas Lourdes há!
>
> Sem título (sem data), Fernando Pessoa

A partir de 1917, com a criação do Santuário de Fátima, percebe que começa a nascer uma "Lourdes portuguesa". "O milagre é o que o povo

---

[516] Um dos maiores conquistadores do século XVI (1453-1515); tomando, para a Coroa portuguesa, Goa, Malaca e Ormuz.

quer, e o que o povo compreende. Que o faça Nossa Senhora de Lourdes ou de Fátima, ou que o faça Lenine — nisso só está a diferença." Em 1935, escreve: "Fátima é o nome de uma taberna de Lisboa onde às vezes... eu bebia aguardente. Um momento... Não é nada disso — Fátima é o nome de um lugar, que se chama Cova de qualquer santa. Nesse lugar viram um dia umas crianças[517] aparecer Nossa Senhora, o que é, como toda gente sabe, um dos privilégios infantis a que se não parte a corda."[518]

Bandarra

Aos poucos, vai começando a ter visões grandiosas. "Os meus sonhos eram de muitas espécies, mas representavam manifestações de um único estado de alma. Ora sonhava ser um Cristo, a sacrificar-me para redimir a humanidade, ora um Lutero, a quebrar com todas as convenções estabelecidas, ora um Nero, mergulhado em sangue e na luxúria da carne.[519] Ora me via numa alucinação, o amado das multidões, aplaudido, ora o amado das mulheres, atraindo-as arrebatadoramente para fora das suas casas, dos seus lares." Esses sonhos prenunciavam, segundo acreditava, seu destino grandioso. "Pertenço a uma geração que ainda está por vir." Então proclama, em 1928, "abandonemos Fátima por Trancoso" — por haver em Trancoso, no concelho da Guarda, nascido quem tanta importância teria em sua vida. Trata-se de um estranho leitor da Bíblia — Gonçalo Annes (1500-1545, ou 1556, ou 1560), conhecido como Bandarra, que a história registraria apenas como um pobre sapateiro. Pessoa já revelara encanto pelo Monge Dolando, ao traduzir glosas que escreveu em latim no século 14. Agora seria esse "em cuja alma vivia, ninguém sabe como, o mistério atlântico da alma portuguesa". Pessoa tinha dois livros dele, *Trovas de Bandarra* (1866) e *Profecias* (1911), em que estão textos assim:

---

[517] Prova do desapreço de Pessoa por Fátima é, mesmo, não ter citado o nome das crianças portuguesas que lá viram Nossa Senhora — Lúcia de Jesus dos Santos (10 anos), Francisco Marto (9 anos) e Jacinta Marto (7 anos). Embora tenha depois citado outra criança que viu Nossa Senhora, só que em Lourdes (França) — referindo-se ao "deplorável fato de uma menina chamada Bernadete [Marie-Bernard] Soubirous se antecipar a esta notável visão do celestial terceirizado".

[518] Essa expressão, "a que se não parte a corda" (com o sentido de tolerância), já naquele tempo era obsoleta.

[519] São referências a Âncio Nero (37-68), imperador de Roma. É que Nero, famoso pela "luxúria da carne" de suas monumentais orgias, passou também à história por sua crueldade na perseguição aos cristãos; e mergulhou em sangue, ainda mais, quando condenou à morte sua mãe (Agripina) e sua mulher (Otávia). Com sangue banhando até seu próprio fim, ao se suicidar.

Depois de se ter passado
Os noventa mais vereis
Vi aquele desejado
Que há de fundar novas leis.

Verá o Leão fatal
Que de Portugal lhe vem
O que lhe há de fazer mal
Aquele escondido Rei.

Em Pessoa, Bandarra evoca numerosos personagens. O tibetano Rei César, de Ling. O Encoberto das profecias de Santo Isidoro, de Sevilha. As lendas do Rei Artur, da Inglaterra e do País de Gales. Também aqueles que eram cantados pelas *coplas* (poesias populares) *valencianas:* Jean de Roquefaillarie, frei Pedro de Frias ou o monge cisterciense calabrês Joaquim de Fiore — que reinterpretou o Quinto Império como o do Evangelho Eterno, descrevendo o mito das três idades no seu *Livro das figuras*. Para ele, a história da humanidade percorreria três tempos, segundo as três figuras da Trindade: a lei mosaica, idade do Pai; a lei evangélica, do Filho; e a futura lei do evangelho, do Espírito Santo. Cada uma delas com 42 gerações de 30 anos, a primeira começando com Adão, a segunda com Jesus e a terceira com o nascimento do Anticristo, em 1260. O ensaísta e professor Joel Serrão adere à profecia e proclama: *O verdadeiro patrono do nosso país é esse sapateiro Bandarra.* Pessoa acredita, com o coração, nesse vaticínio.

Não foi nem santo nem herói,
Mas Deus sagrou com Seu sinal
Este, cujo coração foi
Não português, mas Portugal.

Mensagem ("O Bandarra"), Fernando Pessoa

Trata-se de profecias escritas, em 1530 e 1531, por Bandarra e seus seguidores — embora dadas, todas, como do sapateiro. "Bandarra é um nome coletivo pelo qual se designa, não só o vidente de Trancoso, mas todos quantos viram, por seu exemplo, a mesma Luz." Em 1934, no prefácio para o livro *Quinto império,* de Augusto Ferreira Gomes, proclama: "As profecias são de duas ordens. As que têm em si uma grande luz e as que têm em si uma grande treva. Aquelas são o fio do labirinto, estas o mesmo labirinto. Umas e outras, porém, se completam. Tanto que se podem ver, porque a luz afasta as trevas, mas sem trevas se não veria a luz. A melhor luz que temos neste mundo não é mais que treva visível." Impressiona Pessoa, mais que tudo, a trova XI do Corpo Segundo:

> Augurai, gentes vindouras
> Ou o rei[520] que de aqui há de ir
> Vos há de tornar a vir
> Passadas trinta tesouras.

A explicação sobre essa expressão, *tesouras*, transfere a Raphael Baldaya — para quem as regras proféticas se referem sempre a números. "Na numeração romana há três: o dois (II), que é como a tesoura ainda não reunida como tal; o cinco (V), que é parte da tesoura reunida; e o dez (X), que é a tesoura inteira aberta." Essas *trinta tesouras* da profecia, em um primeiro momento, seriam 1640, 1733 e 1888. A primeira data, 1640, ano da Restauração Portuguesa. A segunda, 1733, "o auge do nosso período de esterilidade rica, do nosso repouso do poder". A terceira, 1888, o da extinção da Ordem dos Templários; e, como se não fosse pouco, do seu próprio nascimento. Também importante, em 1888, foi a libertação dos escravos no Brasil, embora Pessoa não tenha dado ao fato nenhuma importância. No fim, relaciona essas tesouras como "Independência, Grandeza e Império", a partir de datas mais prováveis — que seriam 1640, 1888 e 2198. Mantendo a primeira e a terceira (agora convertida em segunda) datas originais, e remetendo ao futuro a restante delas. Em qualquer caso, chave para a compreensão do próprio sentido das profecias estaria na primeira quadra de Corpo Terceiro:

> Em vós que haveis de ser Quinto
> Depois de morto o Segundo
> Minhas profecias fundo
> Nestas letras que VOS Pinto.

Ali estão os três tempos de todas as profecias, segundo as *letras* que são *pintadas*. "A palavra VOS, no quarto verso", representaria o tempo da força (*Vis*), o do ócio (*Otium*) e o da ciência (*Scientia*). Dependendo das transcrições, "essa palavra [VOS] tem a variante AQUI em alguns textos", nos dois casos usando maiúsculas e representando variantes àqueles mesmos

---

[520] Esse rei, para ele, era D. Sebastião.

conceitos de antes: o tempo das armas (*Arma*), o do sossego (*QUies*) e o da inteligência (*Intellectus*). As palavras nos versos, VOS e AQUI, são transcrições dessas iniciais, indicando os tempos que deveriam percorrer. Nos textos, estão sonhos que Pessoa sente como seus: de uma nau "levando a bordo el-rei D. Sebastião, e erguendo, como um nome, alto, o pendão do Império". A essência da profecia está nos dois primeiros tempos, que representam a história de Portugal; com o terceiro, da ciência (ou da inteligência), prefigurando o Quinto Império que sucederá Roma.

Seguindo a regra do terceiro corpo das profecias de Bandarra, Pessoa crê que nasceria em Portugal, no ano de 1888, "o poeta supremo de todos os tempos". João da Silva Tavares consagra seu *Vida amorosa de D. Pedro IV* a *Fernando Pessoa — O Desejado, finalmente aparecido*. E o ocultista Augusto Ferreira Gomes dedica seu livro de versos *Quinto império* (1934) — aquele que tem prefácio firmado pelo próprio Pessoa — *A Fernando Pessoa, nascido no ano certo*.

António Mora escreve sobre o novo Desejado: "Por este homem e por esta obra estamos, sem que ninguém o sinta, no limiar de uma nova era." Porque "o futuro de Portugal está escrito já, para quem saiba lê-lo, nas trovas de Bandarra, e também nas quadras de Nostradamus". É um sonho grandioso. "Esse futuro de Portugal é sermos tudo. Conquistamos já o Mar: resta que conquistemos o Céu, ficando a Terra para os Outros, os eternamente Outros, os Outros de nascença, os europeus que não são europeus porque não são portugueses." Depois, animado com essas descobertas, no fecho de artigo publicado na revista *A Águia* ("A nova poesia portuguesa no seu aspecto psicológico"), antevê:

> E a nossa grande Raça partirá em busca de uma Índia nova, que não existe no espaço, em naus que são construídas "daquilo de que os sonhos são feitos". E o seu verdadeiro e supremo destino, de que a obra dos navegadores foi o obscuro e carnal antearremedo, realizar-se-á divinamente.
>
> "Profecia", Fernando Pessoa

Em suas premonições, acredita que "o exame das épocas históricas mostra que os gênios aparecem, com mais frequência, nas épocas de desintegração social. Dir-se-ia, à primeira vista, que a desordem os gera". Fala de seu país, de seu tempo e dele próprio. "Entre o que vive e a vida, pra que lado corre o rio?" O rio de Pessoa corre na direção do futuro. "Pertenço à nação dos navegadores e dos criadores de impérios." Mas, impaciente, se pergunta: "Que serei eu daqui a cinco anos? Os meus amigos dizem que eu serei um dos maiores poetas contemporâneos." Em 1928, prevê que "dentro de 10 anos se confirmaria o vaticínio de Bandarra". Nos dois casos, errou apenas no número de anos, que antes disso lhe vem "o sono, o sossego, o não ser nada, a morte sempre ansiada". A profecia não se realizaria, pelo menos com ele vivo. Já Bandarra não teve um futuro grandioso como o que vaticinou. Preso pela Inquisição de Lisboa (23/10/1541) sob acusação de ser cristão-novo, e depois dos interrogatórios de praxe nos autos de fé, acabou mandado para casa com a promessa de não mais se aventurar nos mistérios do sacro depósito das Escrituras. Não era ninguém. Nem mais se ouviu falar dele. Até que veio o padre António Vieira.

Padre Vieira e o sonho de Nabucodonosor

Esse "Imperador da língua portuguesa", figura messiânica e teólogo do Quinto Império, para Pessoa é "o maior artista de nossa terra, grão-mestre que foi da Ordem Templária de Portugal". "António Vieira[521] é de fato o maior prosa-

---

[521] Vieira, nascido em 1608, vive no Brasil a partir dos 8 anos. Volta a Portugal, em 1641, para pregar na Capela Real e desempenhar funções como embaixador. Em 1653, desembarca no Maranhão, embrenha-se pelo interior, atravessa rios a canoa e anda milhares de quilômetros a pé, chegando ao Rio Amazonas, onde provavelmente foi escrito seu *Quinto Império do Mundo*. Volta a Portugal, para ser condenado pela Inquisição ao silêncio e à clausura (1662); até que finalmente, e sem mais prestígio, regressa definitivamente ao Brasil, em 1691, para morrer seis anos depois. Na Bahia, que segundo título de um poema de Gilberto Freyre, é *de todos os santos e quase todos os pecados*.

dor — direi mais, é o maior artista — da língua portuguesa. E o é porque o foi, e não porque se chamasse António" — como ele próprio, Fernando António, não custa lembrar. "A ter que escolher entre Chateaubriand[522] e Vieira, escolheria Vieira sem necessidade de meditar." Em *Apologia das coisas profetizadas*, se ocupa Vieira de dois temas centrais. *O primeiro pertencente ao passado, em que se afirma haver sido Bandarra verdadeiramente profeta, e haver falado em seus escritos com verdadeiro espírito de profecia. O segundo pertencente ao futuro, em que interfere como coisa certa haverem de cumprir as coisas que no mesmo livro de Bandarra estão preditas, de que se tira por consequência a ressurreição e segunda vida del-rei.* Em seguida declara que *Bandarra, na vida ou depois de morto, dera olhos a cegos e pés a mancos e ressuscitara mortos em confirmação de suas profecias.* Na visão de um novo tempo, fixa Vieira suas *Cinco consequências* (das quais a terceira se perdeu), mais importante delas sendo a quinta (resumo): *Com a destruição do Império Otomano se há de levantar no mundo um novo império e monarquia, assim o diz e supõe Bandarra.* A partir dessa crença Vieira proclama, em 1642, que Portugal seria o Império do Mundo. A Pessoa encanta especialmente o sonho do imperador da Babilônia, Nabucodonosor,[523] interpretado pelo profeta Daniel. *A primeira e principal profecia que temos deste império é de Daniel.* O texto consta do *Sermão da ação de graças* pelo nascimento do príncipe D. João. No próprio prefácio, explicita Vieira o sentido que dá ao seu livro: *As outras histórias contam as coisas que se passaram; esta promete dizer aquelas que estão por vir.* Assim o sonho é por ele descrito (resumo):

> Nabucodonosor, aquele grande monarca, pôs-se uma noite a considerar se o seu império seria perpétuo; e adormecendo com estes pensamentos, viu aquela famosa estátua tantas vezes pregada nos púlpitos, cuja cabeça era de ouro, o peito de prata, o ventre de bronze, os pés de ferro. Uma grande pedra a derrubava e fazia em pó, e a mesma pedra crescendo em um monte de tanta grandeza que enchia toda a terra. Daniel lhe declarou o significado. A cabeça é o primeiro império, dos assírios; o peito, o segundo, dos persas; o ventre o terceiro, dos

---

[522] François René de Chateaubriand (1769-1848), notável expoente do movimento romântico, tem como obra-prima o relato de sua própria vida — *Memórias do além-túmulo* (Machado de Assis escreveu, parecido, *Memórias póstumas de Brás Cubas*). Morre um ano depois da publicação do livro, em Paris. Sem enviar depois nenhum registro, a seus leitores ou amigos, de onde então estaria. Como curiosidade, Chateaubriand usou seu próprio nome para designar o principal personagem de *René ou les effets de la passion*. Entre um autor romântico e um visionário, Pessoa preferia o segundo.

[523] Pessoa, no prefácio que fez para *Quinto Império*, de Augusto Ferreira Gomes, escreve o nome como constava do Velho Testamento, Nebucadnezar.

gregos; o quarto, dos romanos; o quinto dominará o mundo e será reconhecido e obedecido por todo ele. Tudo que abraça o mar, tudo que alumia o sol, tudo que cobre e rodeia a terra será sujeito a este Quinto Império.

Aquele texto de Vieira, que fixa as bases do Quinto Império, é *História do futuro*, escrito provavelmente entre 1642 e 1662. Pessoa confessa que o foi "lendo até o fim, trêmulo, confuso; depois rompi em lágrimas felizes". E "tudo isso me toldou de instinto, como uma grande emoção política". Deu-se que "o meu mestre Vieira", fiado nas profecias de Bandarra, acreditava que esse Quinto Império seria ao mesmo tempo de Cristo e do Rei de Portugal — D. João IV, O Restaurador, por quem foi nomeado *pregador da corte*. Morto esse rei em 6 de novembro de 1656, no mesmo ano escreve carta para D. Afonso VI, O Vitorioso, referindo-se a D. João como aquele que teria inaugurado um tempo de grandeza como *sua majestade que está no céu* (D. Sebastião).

> O céu estrela o azul e tem grandeza.
> Este, que teve a fama e à glória tem,
> Imperador da língua portuguesa,
> Foi-nos um céu também.
> (...)
> Mas não, não é luar: é luz e etéreo.
> É um dia; e, no céu amplo de desejo,
> A madrugada irreal do Quinto Império
> Doira as margens do Tejo.
>
> *Mensagem* ("António Vieira"), Fernando Pessoa

A utopia do Quinto Império, descrita por Vieira, remonta à mitologia judaico-cristã. Segundo essa tradição bíblica, depois da Babilônia viriam os impérios dos medas, dos persas e dos gregos. O quinto seria o Reino de Deus. Avançando no tempo, e já na Idade Média, a crença é que, depois da Babilônia, se seguiram o dos medas, o dos persas e o dos gregos — continuando, esse Quinto Império, a ser o de Deus, o do Evangelho Eterno, com uma nova encarnação e um novo pentecostes. Para Vieira, os quatro impérios anteriores seriam o assírio, o persa, o grego e o romano, após o que se daria o único dos reinos sob a cruz de Cristo. Enquanto para Pessoa, em uma primeira nota, seriam "early" (o cedo), "greece" (o grego), "rome" (o romano), "britanic" (o britânico) e um indefinido "(?)". "Quanto ao que quer dizer Roma... não direi se o sei ou não sei... Quem puder compreender que compreenda." Depois, em 1934, passam a ser o grego, o romano, o cristão e o europeu renascentista; a que se seguiria o Império da Cultura, o *Quinto Império* português.

> E assim, passados os quatro
> Tempos do ser que sonhou,
> A terra será teatro
> Do dia claro, que no atro
> Da erma noite começou.
>
> Grécia, Roma, Cristandade,
> Europa — os quatro se vão
> Para onde vai toda a idade.
> Quem vem viver a verdade
> Que morreu D. Sebastião?
>
> *Mensagem* ("O Quinto Império"), Fernando Pessoa

Em um dos exemplares de *Mensagem*, com a mesma tinta da dedicatória que fez "ao primo Victoriano" (Braga), Pessoa sublinhou as palavras "quatro Tempos", "Grécia", "Roma", "Cristandade" e "Europa".

Esse império uniria forças distintas: "O lado esquerdo da sabedoria, ou seja, a ciência, o raciocínio; e o seu lado direito, ou seja, o conhecimento oculto, a intuição, a especulação mística, a cabala." Assim seria porque "só pode realizar utilmente o Império espiritual a nação que for pequena, em quem, portanto, nenhuma tentativa de absorção territorial pode nascer". A inovação de Vieira é dar um sentido real a esse mito incorpóreo, sendo português aquele que, para ele, seria o *primeiro imperador do mundo*. Sem indicar seu nome. Só que, para Pessoa, não havia dúvida: esse rei era D. Sebastião. E isso inclusive diz numa carta (20/4/1930) a Keyserling.[524]

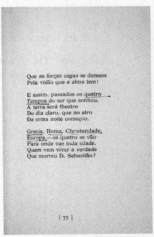

Anotações do exemplar de *Mensagem*

---

[524] Hermann Alexander Keyserling (1880-1946), filósofo (e conde) alemão, fundou em Darmstadt (1920) uma Escola de Sabedoria na qual proclamava a primazia da intuição sobre a inteligência; o mesmo que, no início de 1930, promoveu (em Lisboa) um conjunto de conferências sobre a alma de Portugal.

Depois da Batalha de Alcácer-Quibir, onde o nosso Rei e o senhor Dom Sebastião foi atingido pelas aparências da morte — não sendo senão símbolo, não era possível morrer — a alma portuguesa, herdeira, por razões e desrazões que não é legítimo explicar ainda, da divindade da alma helênica, fortificou-se na sombra e no abismo... pelo primeiro movimento divino... do segundo estado da Ordem Secreta que é o fundo hierático da nossa vida.

"Tenho por irmãos os criadores da consciência do mundo — o dramaturgo atabalhoado W. Shakespeare, o mestre-escola J. Milton, o vadio Dante Alighieri, e, até, se a citação se permite, aquele Jesus Cristo que não foi nada no mundo... O que escrevo hoje é muito melhor mesmo do que poderiam escrever os melhores." Pessoa acreditava que seu destino era continuar o sonho grandioso de Dom Sebastião. Não por acaso *Mensagem* tem três *Avisos*: o primeiro é "O Bandarra"; o segundo, "António Vieira"; e um terceiro, sem título, que seria ele próprio, Pessoa. Tanto que sugere isso, claramente, no começo deste terceiro aviso:

Escrevo meu livro à beira-mágoa.
Meu coração não tem que ter.
Tenho meus olhos quentes de água
Só tu, Senhor, me dás viver.
(...)
Quando, meu sonho e meu Senhor?

Mensagem ("Os Avisos, terceiro"), Fernando Pessoa

Arma virumque cano

(Canto as armas e o varão. Virgílio)[525]

A lenda de D. Sebastião

> *"Louco, sim, louco, porque quis grandeza*
> *Qual a Sorte a não dá."*
>
> *Mensagem* ("D. Sebastião, rei de Portugal"), Fernando Pessoa

E Portugal se cumpriu

Para compreender a obra, é preciso antes conhecer o cenário de influências que a cercam — no caso, "o Portugal que se levanta do fundo surdo do destino", com uma "*alma* da própria terra, emotiva sem paixão, clara sem lógica, enérgica sem sinergia, que encontrará no fundo de cada *português*, e que é verdadeiramente um reflexo espelhante deste céu azul e verde cujo infinito é maior perto do Atlântico". Pessoa testemunha as enormes transformações por que passa o país: o fim trágico do reinado, com o assassinato do rei D. Carlos (1908); o início caótico da República (1910); as dores da Grande Guerra (de 1914-1918); o ambiente que leva à ascensão de Salazar (1928) e à institucionalização do Estado Novo (1933). Mas a dimensão do "Portugal-infinito", em seu íntimo, começa bem antes — com a própria formação do país.

> Quem te sagrou criou-te português.
> Do mar e nós em ti nos deu sinal.
> Cumpriu-se o Mar, e o Império se desfez.
> Senhor, falta cumprir-se Portugal!
>
> *Mensagem* ("O infante"), Fernando Pessoa

A Península Ibérica foi, sucessivamente, ocupada por muitos povos. Segundo lenda Túbal fundou, na embocadura do Sado, século e meio de-

---

[525] Camões evoca essas palavras iniciais da *Eneida* no primeiro verso de *Os lusíadas* — *As armas e os barões assinalados*. Já os versos de Virgílio foram, por sua vez, inspirados no primeiro verso da *Ilíada*, de Homero: *Canta-me, ó deusa*.

pois do Dilúvio, cidade que teria o nome desse neto de Noé — Setúbal; e Ulisses, herói grego da *Odisseia* de Homero, às margens do Tejo um povoado que seria Lisboa.[526] Lá estiveram também legiões das majestosas águias de Roma; além de suevos, visigodos e bárbaros de lugares muitos. Do mar ainda viriam fenícios, pelas Colunas de Hércules;[527] e por terra celtas, depois de seca devastadora nas suas lavouras. Mas os grandes invasores daquelas terras seriam mesmo os mouros (árabes da Mauritânia) muçulmanos, a partir de 711, ocupando aquela península por mais de 500 anos, até quando foram expulsos de Portugal (em 1257) e da Espanha (em 1492). Além de apóstolos do cristianismo, para ali inicialmente conduzidos por São Tiago Maior — um Santiago venerado especialmente na cidade espanhola que mais tarde se chamaria *Campus Stellae*, hoje Compostela.[528] Para Teixeira de Pascoaes, a própria *saudade nasceu da fusão que se fez, no povo lusíada, do sangue romano com o sangue semita;*[529] e, por isso, ela é *pagã e cristã*. Ali viveram também tribos lusitanas. Lusitânia vem de *luz*.

Pouco a pouco então se forma, naquelas terras, o reino de Espanha — que se mantém unido e forte até quando assume o trono Afonso VII. Com ele, o império periga. Começa uma guerra civil. Portugal está pronto para nascer. Pessoa chega a considerar que esse nascimento teria ocorrido em 1096, quando D. Henrique se apoderou do Condado Portucalense; mas logo irá reconhecer ter sido D. Afonso Henriques (1110-1185), o Conquistador, "primeiro rei de Portugal", "único imperador que tem, deveras, o globo mundo em suas mãos" — embora, para a Cúria Romana, sobretudo fosse um *intrépido exterminador dos inimigos do nome cristão*. O próprio Cristo crucificado então aparece num raio de luz a D. Afonso (em 1139), na manhã da batalha de Ourique, levando-o a derrotar cinco reis mouros, razão pela qual estão suas cinco chagas na bandeira daquele país nascente. Começa, naquele momento mágico, a história de um povo.

---

[526] Para alguns estudiosos, o nome desse herói seria, etimologicamente, a origem da palavra Lisboa — a cidade de Ulisses, então *Felicitas Iulia Olisipo, Ulisses+pona*, donde *Ulissipona, Ulissipo, Lisboa*. Mas tudo talvez não passe mesmo de invenção romântica.

[527] Assim era conhecido, pelos povos antigos, o Estreito de Gibraltar. A expressão consta de um texto de Platão (*Críticas*), que narra a guerra *travada entre os que habitavam fora e dentro das Colunas de Hércules. Entre gregos e os reis da Atlântida, uma ilha mais extensa que a Líbia e a Ásia somadas.*

[528] Conta a lenda que um eremita de nome Pelágio, no século IX, foi atraído por clarão ao bosque de Libredon. Informado, o bispo Teodomiro (de Íria Flávia) ordenou escavações no local e lá encontrou uma arca de mármore com os ossos do santo.

[529] Sem foi um dos filhos de Noé; sendo *semita*, por consequência, palavra que designa o povo judeu.

Nem rei nem lei, nem paz nem guerra,
Define com perfil e ser
Este fulgor baço da terra
Que é Portugal a entristecer.

Mensagem ("Nevoeiro"), Fernando Pessoa

Alguns séculos se passam até que vem D. João III, O Piedoso. Velara oito filhos e, assim quis o destino, já se preparava para fazer o mesmo com o último — João, casado com D. Joana, filha de Carlos V de Áustria. A tez pálida desse príncipe esquálido, própria dos que não têm mais futuro, faz com que já não se espere tenha prole; e os portugueses temem que, "na ausência de um herdeiro homem ao trono", a coroa seja dada a um espanhol. Mas, alvíssaras, afinal lhe nasce um macho, em 20 de janeiro de 1554, dia de São Sebastião — embora o pobre D. João, morto 20 dias antes, jamais tenha sabido que sua semente vingara. "Depois da morte do príncipe, seu pai, é ansiosamente esperado por todo o povo, e acaba conhecido, na expectativa de que a criança fosse do sexo masculino, como *O Desejado*." Em 1557, também falece o avô D. João III. Herdeiro do trono é aquela criança frágil, com só 3 anos, em honra do santo batizado com seu nome, Sebastião. Uma presença definitiva na vida e na obra de Pessoa.

O Desejado

A regência do futuro rei é confiada à avó rainha, Catarina de Áustria, viúva de D. João III. Por pouco tempo, que logo estaria de volta à terra natal. Desacostumada ao complicado jogo das intrigas palacianas, acaba transferindo tão duro (para ela) encargo ao cunhado, tio-avô de D. Sebastião, o cardeal D. Henrique. Um homem que teve, na Igreja, carreira esplendorosa; sabia grego, hebraico e latim; antes dos 15 anos já era prior de Santa Cruz de Coimbra; aos 22, arcebispo de Braga; aos 27, inquisidor-mor de Portugal e possessões ultramarinas; aos 34, cardeal. Mas o tempo lhe foi cruel. Em 1562, com apenas 50 anos, era só um trapo se preparando para encontrar a "acolhedora de todos os sonhos vagos". Por pressão da Corte, em 16 de junho de 1557, assume Sebastião seu posto bem cedo, no próprio dia em que completa 14 anos. Para ser o décimo sexto rei de Portugal, sétimo e último da dinastia de Avis. Como preceptor, no preparo para chegar ao trono, é escolhido o padre jesuíta Luís Gonçalves da Câmara — que faz dele um monge, ao estilo da Companhia de Santo Inácio de Loyola. Segundo o regimento de sua educação, *que el-rei Nosso Senhor, tanto que for de nove anos, se tire de entre as mulheres e seja entregue aos homens.* Recebe também rígida instrução militar dada por um aio, D. Aleixo de Menezes, filho de um veterano das guerras de África e Índia. Essa formação, para além dos rigores da própria educação, tem uma dimensão épica. A criança fica fascinada com o romantismo das Cruzadas e, em seu íntimo, sonha com heróis cavaleiros. Numa folha em branco, escreve: *Em sendo grande, haverá de conquistar a África.* D. Miguel de Menezes, Conde de Vila Real, comenta: *A letra boa está. Mas só se V. Alteza nos deixar seis ou sete filhos machos.* Era uma premonição.

O novo rei se revela, também, um homem estranho. Em Alcobaça, abre as sepulturas de Afonso II, de Afonso III e de suas mulheres, apenas pelo prazer de contemplar seus restos mortais. Na igreja da Batalha, tira da tumba o esqueleto de D. João II, O Cruel, décimo terceiro rei de Portugal, põe a espada que lhe pertencera nos ossos da mão e com ela corta os ares em ritual macabro de glorificação. Segundo o historiador Costa Lobo, *à sua compleição, ávida de sensações espasmódicas, somente comprazam os exercícios violentos de tauromaquia, dos torneios, ou o arfar do baixel* [barco], *esbatido pelos escarceios* [grandes ondas] *da borrasca.* É que D. Sebastião gosta de ir ao meio do Tejo, nos temporais, apenas pelo prazer de demonstrar nada temer. Herdeiro de Joana, a Louca, assim é descrito por D. Álvaro de Las Casas: *De carnes brancas como o mesmíssimo campo de neve, de cabelos mais louros que o ouro, com a pele mais fina que a seda e os olhos mais azuis que o amor. Fronte ampla, nariz finíssimo, mãos senhoriais, boca pequena e vermelha como um belo morango.* Pelas manhãs tem um corrimento, zelosamente conferido por seu fidalgo camareiro, que preocupa os da Corte. Segundo se acredita, por conta de uma gonorreia. Para Gregorio Marañón, apenas *espermatorreia*, em razão do excesso da gala que não usa. É que, segundo Costa Lobo, no *frescor da idade repugnavam-lhe os agrados femininos.* Pedro Calmon resume: *Ele nunca quis se casar.*

A preparação da aventura

Portugal, segundo Oliveira Martins, *era uma nação de loucos perdidos, e o moço rei encarnava toda a loucura do povo. A nação e o rei, nas bordas do precipício, dançavam alegres.* Para outro historiador, António Sérgio, *não é propriamente a imprudência o que deploramos em Sebastião, mas a estupidez, o desvairamento, a tontaria, a explosividade mórbida, a ferocidade inútil, a pataratice constante desse impulsivo degenerado.* Um exame isento de seu curto reinado, no plano administrativo, deixa impressão diferente; que se preocupou com o controle dos gastos públicos, com a definição de limites do poder do Estado e por ser sempre justo em todas as suas ações. Mas isso é pouco para alguém como ele; e o Desejado considera ser seu dever conquistar novas terras para Portugal, honrando a "fundação do primeiro Império, onde o sol nunca se põe". Para que a pátria possa retomar seu destino, divinamente traçado, quer ser *capitão de Portugal na África* — assim diz. Um *capitão de Cristo*. O historiador Antero de Figueiredo resume: *Dom Sebastião era um rei medieval, vestido à moda da Renascença. Entre ele e o seu povo havia um século de distância.* Apesar dessas tantas evidências de insensatez, recebe apoio de muitos. Incluindo intelectuais, como Pedro António Coimbra; e poetas, como o renascentista António Ferreira.

Também o louva um fidalgo manco, nascido de família galega, que deixou o olho direito nas areias de Ceuta. Arruaceiro e perdulário, tantas vezes dormindo nas cadeias de Tronco ou de Goa, esse ex-provedor de defuntos sobrevive fazendo versos em troca de comida. O mesmo que naufragou na foz do rio Mecon (Camboja), perdendo tudo o que tinha, e que conseguiu se salvar nadando com só um braço — posto manter longe da água (segundo lenda), no outro, um rascunho de *Os lusíadas,* afinal publicado em 1572. Por essa obra Luís Vaz de Camões foi beneficiado, por D. Sebastião, com uma *tença* (pensão por serviços) de 15 mil-réis anuais, por três anos, concedida em razão da *suficiência que mostrou no louvor que fez das coisas da Índia,* e desde que cumprida a *obrigação de vida na corte.* Um valor modesto. O que ganhava um pedreiro ou um carpinteiro. Metade da renda anual de escriturários e desenhadores públicos. Para comparar, o cronista (assim se dizia então dos historiadores) oficial da corte, João de Barros, que escreveu *Décadas da Índia,* na mesma época recebia 300 mil-réis anuais vitalícios. Depois de morto Camões, como um mendigo qualquer, em 1580, sua mãe, Ana Vaz, requereu à corte o pagamento da última prestação dessa tença. Sem registro de que a tenha recebido. No Canto I de *Os lusíadas,* Camões exalta o jovem rei:

> Vós, tenro e novo ramo florescente
> De uma árvore, de Cristo mais amada
> Que nenhuma nascida no Ocidente

Cesárea ou Cristianíssima chamada.[530]
(...)
As verdadeiras vossas são tamanhas
Que excedem as sonhadas, fabulosas
Que excedem Rodamonte e o vão Rugeiro
E Orlando,[531] inda que fora verdadeiro.

E, no Canto X (e *último*, como escreve Camões), o exorta à ação:

Ou fazendo que, mais que a de Medusa,[532]
A vista vossa tema o monte Atlante,
Ou rompendo nos campos de Ampelusa[533]
Os muros de Marrocos e Trudente,
A minha já estimada e leda Musa
Fico que em todo o mundo de vós cante,
De sorte que Alexandro em vós se veja,
Sem à dita de Aquiles ter inveja.[534]

A epopeia moura

Também recebe el-rei conselhos de homens prudentes; como o cardeal D. Henrique, antigo regente do Reino, que o adverte sobre o risco de perder a *navegação e o comércio do Brasil, que se vai fazendo um grande Estado*; afinal recomendando ser *melhor defender o adquirido que adquirir o novo*.

---

[530] D. Sebastião, rei de Portugal (*tenro e novo ramo florescente*), seria mais amado por Deus que os reis da Alemanha (*Cesárea*) e da França (*Cristianíssima*).

[531] Esses personagens referidos por Camões — Rodamonte, Rugeiro e Orlando — são figuras criadas pelo poeta italiano (Ludovico) Ariosto (1474-1533) em *Orlando furioso*. Depois um escritor menos conhecido, Matteo Maria Boiardo (1441-1494), publicou *Orlando innamorato* (Orlando enamorado), em continuação à história de Ariosto. Com os mesmos personagens. Esses livros inspiraram Cervantes — que os cita, logo no começo do *Quixote*. No poema de Ariosto, principal personagem é Orlando (grafia degenerada de Roland, por vezes traduzido como Roldão ou Robão), um dos 12 pares de Carlos Magno, com sua famosa espada Durindana — que matava inimigos a um simples toque. Os demais, Rodamonte e Rugeiro, são personagens que não têm maior expressão no romance. Sendo esse *Rugeiro*, do verso, na verdade Rugiero — trocando seu nome, Camões, para ajudar na rima de *verdadeiro* (prática nele, aliás, bastante comum). Seja como for, para Camões, as façanhas do jovem rei Sebastião seriam ainda maiores.

[532] Medusa era uma das três górgonas (com cabeça de serpente), que transformavam em pedra todos os que as olhassem.

[533] Ampelusa é o cabo Epartel, em Tânger (África).

[534] O sentido dessa expressão final do poema (em outras palavras, *sem ter inveja à glória de Aquiles*) é o mesmo com que Homero cantou Aquiles na *Ilíada*. Segundo Camões, *vós* (D. Sebastião) *sereis cantado por mim*. Em *Os lusíadas*, só para lembrar, as duas primeiras estrofes do poema e as duas últimas, por formar um só período, devem ser lidas em conjunto.

Mas Sebastião não ouve ninguém. Ao duque de Alba pergunta se sabe *a cor do medo*.[535] O duque responde: *Tem a cor da prudência, meu Senhor*. D. João Mascarenhas recomenda que, caso fosse à África, *levasse mortalha para enterrar o reino*. Em resposta o jovem rei diz ser ele *velho, tonto e covarde*. Tem informação de que os mouros estão divididos, por ter sido o herdeiro legal do trono do Marrocos, Abd el Melik, um ano antes desterrado pelo usurpador Muley Ahmed bin Abdullah. Melik lhe pede auxílio para voltar ao poder; e, ante seus olhos, naquele continente mouro, abre-se a chance de iniciar um novo tempo de glórias. O jovem rei decide, num rompante, lançar-se nessa conquista. Em 14 de junho de 1578, na Sé de Lisboa, é batizado o estandarte real, e o povo se fascina com o esplendor de tantas vestes coloridas. Todas as famílias importantes de Portugal estão representadas na expedição. Em 25 de junho, "Foi-se a última nau, ao sol aziago [que traz má sorte], erma, e entre choros de ânsia de presago [o que prevê]". Afinal chega a seu destino, África. Sempre África. Planos militares não há nenhum. Tão grande é a temeridade da empreitada que membros da corte chegam a cogitar prendê-lo. Antes o fizessem. A ideia da divisão dos mouros seria um erro grave; dado que logo estariam juntos seus dois reis contra esse inimigo comum representado pelo invasor português. O embate já não tem sentido. Só o ensandecido rei parece não perceber isso.

> A noite cobre o campo que o Destino
> Com a morte tornou abandonado.
> Cessai, com cessar tudo, o desatino.
>
> Só no luar que nasce os pendões rotos
> Estrelam no absurdo campo desolado
> Uma derrota heráldica de ignotos.
>
> "O desatino", Fernando Pessoa

Alcácer-Quibir

Quatro de agosto de 1578, véspera do dia de Nossa Senhora das Neves. Os exércitos se olham parados, cada um em sua margem do rio Mahazon. O silêncio é pavoroso. Ouve-se o zumbir das moscas, tão comuns naquele calor sufocante, e o choro de 200 bebês portugueses nos braços das mães — posto virem com D. Sebastião, de Portugal, 800 jovens com seus pais,

---

[535] Em carta a Sá-Carneiro (14/3/1916), Pessoa quase repete a expressão: "De que cor será o sentir?"

para ocupar aquela terra depois da vitória prometida. São, ao todo, 17 (ou 18) mil homens — uns *mil e tantos indivíduos da nobreza,* no dizer de Joaquim Ferreira, mais 3 mil mercenários alemães e holandeses, 1.500 (ou 3 mil) aguerridos espanhóis, 500 fidalgos vindos de Castela e 600 (ou 900) italianos mandados pelo papa; além de, segundo Oliveira Martins, *aventureiros, devassos, pedintes, temerários e vaidosos.* Não esperava D. Sebastião era que, na outra margem, houvesse um mar de 40 mil mouros (ou 120 mil, as fontes divergem relativamente a todos esses números). Então decide passar o rio, mesmo sabendo que, no caos da aventura, não haveria nenhum apoio às suas tropas. É que, sem guerrear, morrerão de fome todos aqueles que o acompanham. Começa a batalha nas areias em frente às muralhas de Alcácer-Quibir, coração do Marrocos. *Ksar-el-Kébir* quer dizer *grande castelo.* Ele próprio chefia 600 cavaleiros mal-armados e mal-treinados. A derrota, com a chegada de novas tropas mouras que vêm de toda parte, é inevitável. Apesar disso, aos gritos de *São Jorge!* arremete contra aquele mar de homens, numa *embriaguez de sangue e heroísmo.* Assim descreve a cena final o historiador João Ameal:

> Caem muitos, cada vez mais, em clareiras trágicas. Nos ataques que faz a cavalaria inverossímil, fica metade primeiro, depois, metade dessa metade; por fim, há apenas um grupo de centauros fantásticos, cujas espadas vermelhas giram sem parança, a rutilar ao sol da África. Os cavalos morrem uns após outros; as armas partem-se. Muda de ginete e volta jubiloso, delirante, insensível, a cortar na seara dos mouros. Já se torna certa a derrota. Começam as instâncias para que o Rei se ponha a salvo, Dom Sebastião não ouve, não pensa, não admite outra coisa que não seja bater-se até o fim. Muda outra vez de cavalo, cedido por Jorge de Albuquerque Coelho, seriamente ferido. E continua numa alucinação, a atirar cutiladas no espaço como inconsciente e extasiado. "Meu senhor, que remédio teremos?", interroga num desespero o valido[536] Cristóvão de Távora. Logo Dom Sebastião responde, triunfante no meio da derrota, confiado na recompensa eterna — "o do céu, se as nossas obras o merecerem".

É o fim. A batalha dura, segundo os muitos depoimentos, entre 30 minutos e 6 horas. Para os padrões da época, um tempo brevíssimo. No chão, ficam 7 (ou 42) mil corpos. Depois da chacina, vem o trabalho de amarrar prisioneiros — tantos que não há cordas suficientes. "O conceito de império que tivemos caiu em Alcácer-Kibir." Foi, assim completa o relato Ameal,

---

[536] *Valido* é aquele que está sob a proteção de alguém desde pequeno.

o *grandioso desfecho da loucura portuguesa. Fecho genuinamente medieval — suicídio épico da luta de Cavalaria.* São imprecisos os registros do que aconteceu depois. D. Sebastião de Resende diz que *vestira-lhe um gibão de holanda*[537] *branca e, atravessando-o na sela do cavalo, montara nas ancas, levando-o consigo.* Outro fidalgo, D. Francisco de Souza, declara ter voltado a Portugal com documento firmado por Belquior do Amaral, assegurando *ter ele próprio enterrado o cadáver do monarca.* Muitas outras versões ainda se ouviriam sobre o destino de D. Sebastião, sempre cercado por mistério. Desaparece o homem, nasce a lenda.

> Não voltou mais. A que ilha indescoberta
> Aportou? Voltará da sorte incerta
> Que teve?
> Deus guarda o corpo e a forma do futuro,
> Mas Sua luz projeta-o, sonho escuro
> E breve.
> (...)
> Não sei a hora, mas sei que há a hora,
> Demore-a Deus, chame-lhe a alma embora
> Mistério.
>
> *Mensagem* ("A última nau"), Fernando Pessoa

E D. Sebastião desaparece

Em 29 de agosto de 1578 (a batalha se deu no dia 4), Portugal recebe a notícia de que seu trono já não tem dono: "Nosso Rei e senhor D. Sebastião foi atingido pelas aparências de morte", diz Pessoa em carta ao Conde de Keyserling (20/4/1930). Mas teria mesmo morrido D. Sebastião nessa batalha? A dúvida decorre de não haver nenhuma prova dessa morte. Considerando que reis em batalha estão sempre cercados por séquitos, seria mesmo quase impossível ter sido sequer ferido sem que um grupo de companheiros testemunhasse a cena. E muitos são os depoimentos que indicam ter escapado. Vincent Leblanc, dos poucos sobreviventes do batalhão de Marselha, chega a dizer que vira seu cadáver em um caixão de cal viva, mas depois retifica: *Ouvi dizer que era o corpo de um suíço, e que o rei D. Sebastião, tendo sido derrubado de seu cavalo, fugira.* Assim também o atesta frei Bernardo da Cruz, acompanhante da expedição: *El-rei deu de andar para detrás, e se foi saindo do campo*

---

[537] Tecido de linho, muito fino.

de batalha, já sem haver mouro algum que o seguisse. Outros depoimentos confirmam que fugitivos portugueses teriam primeiro chegado à Fortaleza de Arzila (no Marrocos), entre eles um mascarado, *e se embarcaram embuçados* (disfarçados) *em um navio da armada que logo se levantou* na direção de Portugal. O próprio capitão do forte confirma isso. Consta que o médico João Mendes Pacheco lhe fez curativo, na casa de D. Cristóvão de Távora, em Guimarães — chamado pela própria viúva desse companheiro de batalha. Dr. Mendes Pacheco seria preso e condenado às galés pelo rei da Espanha, mais tarde, sem acusação precisa do crime que teria cometido.

Longe dessas muitas histórias consta que D. Sebastião, depois de viver no Sinai por 20 anos sob o nome de Savachão, quer que a Igreja pressione o rei da Espanha (e agora, também, de Portugal) a lhe devolver o trono. Assaltado a caminho da Santa Sé, e com trajes de mendigo, vai parar em prisão de Veneza. Mas é tanta sua insistência para ser recebido pelo papa que a Cúria romana indica, para as investigações de praxe, o respeitado frade dominicano Estêvão de Sampaio. Uma escolha natural, vez que já antes havia tido sucesso em dez outros casos de investigações. Goza da confiança dos cardeais. E dito frei Estêvão não tem dúvida de que se trata mesmo do Desaparecido. A carta que escreve a Roma, com suas conclusões, é espantosa:

> Juro-lhes, pela Paixão de Jesus Cristo, que ele é tão verdadeiramente o rei D. Sebastião como sou Frei Estêvão. Se isto não é assim eu seja condenado não somente por mentiroso, mas por renegado, blasfemador e herético. Fui lá e regressei. Soube secretamente que dos dezesseis sinais que tinha no seu corpo desde a infância, ele os tem todos, e sem contar as cicatrizes das feridas da batalha.

Esses sinais são, entre outros: *mão direita maior que a esquerda, beiço grosso na parte direita, sinal pardo e cabeludo na espádua esquerda, um calo grande no dedo mínimo; faltando-lhe ainda um dente, no queixo anterior, extraído que fora por Sebastião Netto, todo o lado direito maior que o esquerdo, um dedo a mais no pé.* Cumpririam destinos diferentes esses tão diferentes personagens. Frei Estêvão foi executado na Praça de Sanlúcar de Barrameda, Espanha, enquanto Sebastião continuou reivindicando a coroa perdida. Em três Breves (escritos papais), três papas confirmam ser mesmo ele: Clemente VIII (em 1598), Paulo V (em 1617) e Urbano VIII (em 1630). Teria D. Sebastião, ao tempo desse último Breve, 76 anos. E viveria no Marrocos. Segundo confirma o próprio Urbano VIII, *com filhos e mulher —*

uma prostituta, Estrela, a quem chama de princesa. Segundo outros, termina seus dias no mosteiro de Limoges, envergonhado pela derrota em Alcácer-Quibir — dizendo sempre a Deus, nas rezas, ser um *rei sem reino*. Mas essas versões não têm maior importância para a história de Portugal. Importante é que o jovem rei não volta.

O país se prepara para o resgate dos prisioneiros. Em fins de julho do ano seguinte, 1579, chegam ao Marrocos 80 fidalgos chefiados por D. Francisco da Costa, enviado pelo reino como embaixador. Sua missão é libertar os mais ilustres daqueles presos em cativeiro, muitos deles crianças. Ajusta--se uma indenização de 400 mil cruzados. Ao embaixador faltam 150 mil. Fica naquela terra, como refém, enquanto fosse feito o pagamento; tanto tempo que, diz-se, *sentado o fez, pois que de pé lhe doeriam as pernas*. E por lá mesmo morreria, junto aos que não voltaram. Sem rei português, o trono passaria por direito a um espanhol; mas, durante anos, viveu Portugal a esperança de que estivesse D. Sebastião entre aqueles presos. Talvez dessa espera tenha vindo a fantasia de ainda se encontrar vivo, preparando-se para reassumir o trono, quem sabe em alguma das "Ilhas do Fim do Mundo" — segundo Pessoa, as "Ilhas Afortunadas".[538]

> Que voz vem do som das ondas
> Que não é a voz do mar?
> É a voz de alguém que nos fala,
> Mas que, se escutarmos, cala,
> Por ter havido escutar.
> (...)
> São ilhas afortunadas,
> São terras sem ter lugar,
> Onde o Rei morre esperando.
>
> *Mensagem* ("As ilhas afortunadas"), Fernando Pessoa

Contribuem (e muito) para a lenda de um D. Sebastião ainda vivo três fatos. Primeiro, no próprio ano em que desaparece (1598), o sangue derramando por 18 dias no túmulo de seu pai D. João — prova, para os portugueses, de que sofre pelo filho. Segundo, o ter escapado intacto, no incêndio do

---

[538] Essas *Ilhas Afortunadas*, que então se situariam no *Mar Oceano* (atual Atlântico), a depender das lendas vão mudando de lugar — Açores, Cabo Verde, Canárias, Madeira; ou talvez fossem as Ilhas de São Brandão, num mar em que se viam monstros, demônios, anjos e pássaros que cantavam em latim. Nessas ilhas estaria o Jardim do Éden. E ali teria também vivido o rei Artur, da Inglaterra.

Hospital de Todos os Santos (Lisboa), apenas o retrato do rei desaparecido. Terceiro, mais tarde, a própria encenação do enterro. Do Marrocos, o novo rei espanhol encomendou cadáver que certamente não era o do Desejado, arrastado em procissão lenta do Algarve até Lisboa. A chegada teatral do cortejo fúnebre aos Jerônimos, onde hoje aquele corpo está, só faz aumentar as suspeitas do povo português, posto que se mandou gravar em latim, no mausoléu, sugestiva inscrição:

> Se o boato for verdadeiro, neste túmulo jaz Sebastião
> Que a morte prematura arrebatou nas plagas africanas
> E não digas que o rei se engana que acredita que ele esteja vivo [pois] de acordo com uma lei revogada, a morte [para ele] foi como se fosse a vida.

A sucessão de D. Sebastião

Desaparecido Sebastião, o trono português é ocupado pelo cardeal D. Henrique, com 66 anos e já se preparando para subir aos céus. Ou descer aos infernos, não se sabe bem. É conhecido como o Casto, mas seu celibato se revela um erro terrível. O Senado da Câmara de Lisboa pede que case; e o velho clérigo se encanta com a chance de uma já não mais esperada vida amorosa. Como adolescente, busca então aquela com quem iria dividir cama. Recusa a viúva de Carlos IX, da França, que considera ser para ele muito velha; recusa Isabel, segunda filha do imperador Maximiliano II, que considera muito feia; e, para esposa, escolhe as jovens carnes de Maria, filha mais velha do duque de Bragança, que nem 14 anos tem. Ao papa Gregório III, em 7 de outubro do mesmo 1578 em que sobe ao trono, pede autorização para se casar. Mas são já grandes os sofrimentos daquele corpo alquebrado. Tão fraco está que se alimenta com leite tomado em peito de mulher, tendo a honra de lhe servir como ama dona Maria da Mota — de nobre prole, casada com Rui Fernandes Cota. Depois, constrangido e lamentoso, desiste de seu intento, quando afinal compreende que já não tem forças para reproduzir. Começa o ano terrível de 1580. Peste e fome enfraquecem Portugal. Em Lisboa, 25 mil são enterrados por causa dessa epidemia. O cardeal desaparece em 31 de janeiro. Segundo o historiador Manuel Amaral, *sua morte não foi lamentada por ninguém*. Assume D. António, prior do Crato e filho bastardo de D. Luís (este, por sua vez, filho do rei D. Manuel I), e não consegue unir o clero ou pessoas influentes. Foi rei por um mês, tempo suficiente apenas para cunhar moedas com seu rosto e dar emprego a familiares.

Filipe II da Espanha, primo de Sebastião, avança. Toma a fortaleza de São Gião. É a chave do Tejo. Reúne ostensivamente o exército nas fronteiras. Suas galés entram pelo Tejo e têm vitória definitiva sobre as tropas do prior do Crato, em 25 de agosto de 1580, na batalha de Alcântara. Depois, ainda enfrentaria numerosos embusteiros que se apresentavam afirmando ser o próprio D. Sebastião. Um oleiro de Alcobaça, que se dizia rei de Penamacor (1584), e acabou condenado a remar nas galés. O pedreiro Mateus Álvares, tido como Rei de Ericeira (1585), que distribuiu títulos de nobreza, montou um pequeno exército para atacar simpatizantes do reino de Castela e morreu decapitado em Lisboa. Depois, frei Miguel dos Santos tentou sagrar rei certo Gabriel, mais conhecido como Pasteleiro de Madrigal (1595); conseguindo, este, apenas a proeza de se fazer amar por D. Ana de Áustria. O pasteleiro e seu mentor acabaram enforcados. Por fim, em 1598, foi a vez de Marco Túlio Catizone, conhecido como O Calabrês, que seria um emissário de D. Sebastião. Catizone acabou decapitado (ou enforcado) em 1603. A dinastia espanhola teve sequência. Depois de Filipe II, O Prudente, de 1580 até 1598 vieram Filipe III, O Piedoso, até 1621; e, último deles, Filipe IV, O Grande, [539] "três dinastias filipinas" — até 1º de dezembro de 1640, quando se dá a Restauração Portuguesa, voltando Portugal a ser um reino soberano.

"A Restauração, livrando-nos da maior vergonha externa, não nos livrou nem trouxe quem nos livrasse da vergonha interna. Ficamos independentes como país e dependentes como indivíduos." Em 9 de março de 1808, ainda sob ocupação pelas tropas francesas de Junot, teve o povo mais um sinal de que voltaria Sebastião. Dando-se que o lisboeta José Carlos da Costa, residente na Rua das Taipas, encontrou ovo em que estavam estampadas as iniciais V.D.S.R.D.P. — que toda gente sabia ser *Viva Dom Sebastião Rei de Portugal*. Um presságio. Pessoa sente que "os anos passam e seu povo sonha ter, novamente, um Rei português". Porque, "no sentido simbólico, D. Sebastião é Portugal. Portugal que perdeu a grandeza com D. Sebastião e que só voltará a tê-la com o regresso dele — regresso simbólico — como, por um mistério espantoso e divino, a própria vida dele fora simbólica". Os portugueses anseiam, cada vez mais intensamente, pela volta do Encoberto. A esse anseio se convencionou chamar *sebastianismo*.

---

[539] Em Portugal, esses Filipes são conhecidos com um número a menos — Filipe II é Filipe I, e assim por diante. Como aconteceu no Brasil, em que o D. Pedro IV português acabou conhecido, entre nós, como Pedro I. *Por causa do fuso horário*, segundo velha piada lusitana.

Ad perpetuam, rei memoriam

(Para a lembrança perpétua da coisa. Primeiras palavras das bulas papais)

Novos tempos

> *"Vibra, clarim, cuja voz diz.*
> *Que outrora ergueste o grito real*
> *Por D. João, Mestre de Aviz,*
> *E Portugal!"*
>
> "Quinto império", Fernando Pessoa

A decadência de Portugal

No final do século XIX, a Revolução Industrial mudara o velho mundo, conformando o papel periférico de economias como a de Portugal. Não fosse pouco, e o previsível fim do tráfico negreiro iria também interferir na lógica política do continente africano, com repercussões terríveis nos países que ali mantinham possessões. Em territórios sob administração portuguesa, apesar de iniciada com o marquês de Pombal um século antes, a prática se encerraria em 1878 — bem depois do *Slavery Abolition Act* (Ata de abolição da escravidão) inglês de 1822, e do *Decret de L'Abolition de L'Esclavage* (Decreto da abolição da escravatura) de 1848, da França, os dois outros países europeus que mais se dedicavam a esse comércio. No Brasil, ainda mais tarde, em 13 de maio de 1888, precisamente um mês antes do nascimento de Pessoa. Não só isso. Também no campo das relações internacionais há mudanças profundas. O Tratado do Zaire, firmado em Londres, reconhecia posses portuguesas sobre o rio Icomati; mas leis não seriam suficientes para preservar um domínio que, desde muito, já se deteriorara. O governo inglês de Lorde Salisbury proclama o *Ultimatum,* em 11 de janeiro de 1890, determinando que *todas e quaisquer forças militares portuguesas no Chire e no País dos Macololos e Machonas*[540] *se retirem,* sob pena de serem dizimadas.[541] A guerra é iminente. Um cruzador inglês ancora nas

---

[540] Povos alegadamente sob proteção britânica, numa região que fica entre Angola e Moçambique.

[541] Aqui referia-se o governo britânico a expedição que, sob o comando de Serpa Pinto, subia o rio Chire em direção ao lago Niassa.

costas de Portugal. O episódio é conhecido, nas escolas portuguesas de hoje, apenas pelo nome de *mapa cor-de-rosa*.[542] Para o historiador Victor Eleutério, esse *mapa cor-de-rosa tinha a cor de um sonho ruinoso de grandeza, ao estilo do Quinto império.*

Na própria noite desse fatídico 11 de janeiro, o rei D. Carlos, o Diplomata, anuncia que *resolve ceder às exigências para salvar os interesses do Estado*. Fim das últimas esperanças de um Portugal grandioso. Nas ruas se vê frustração e ódio. A *Gazeta de Portugal* concita a que *se faça justiça a essa gente e que não haja demoras nem delongas*. Edição extraordinária de *A Província* publica "Manifesto pela pátria", de Antero de Quental e Luís de Magalhães. No Martinho da Arcada, a multidão grita *abaixo os piratas*. Revoltas republicanas são sufocadas. "Por que razão está a Nação assim dividida contra si mesma? A razão é fácil de ver, porque o caso é daqueles para que pode haver uma só razão. Estamos divididos porque não temos uma ideia portuguesa, um ideal nacional, um conceito missional de nós mesmos." D. Carlos, ante seus súditos, passa a ser *aliado natural da Inglaterra*. Ou *cúmplice do ultraje*. E o *Ultimatum*, assim define Nuno Severiano Teixeira, ganha a *dimensão trágica de derrota nacionalista*. Pessoa, em 1917, daria esse título a manifesto em que manda literalmente "às favas todos os que se conformam com a pequeneza do espírito".

A reação popular

Em Lisboa, placas (toponímicas) são arrancadas e nomes trocados. A Travessa dos Inglezinhos passa a ser conhecida como *Travessa dos Ladrões*; e a Travessa do Enviado de Inglaterra, como *Travessa do Diabo que o Carregue* — só na boca do povo, que a municipalidade nunca formalizou essas mudanças. Uma *libra* passa a ser uma ladra, uma *inglesada* é um roubo, um *beef* é um patife. O próprio ensino público da língua inglesa é questionado. José Alberto de Vasconcelos publica, em *O Século*, "Os sete pecados mortais" — um acróstico de *O Inglez*, conforme a grafia da época:

---

[542] Era essa a cor do mapa anexo ao acordo de 1886, entre França e Portugal, na tentativa de criar um domínio português unindo os territórios de Angola e Moçambique — já sagrado, antes, na Conferência de Berlim (1884-1885).

sOberba
luxúrIa
iNveja
preGuiça
guLa
cólEra
avareZa

Em 1890, o consagrado músico e pintor lisboeta Alfredo (Cristian) Keil (1850-1907) compõe "A portuguesa", com versos do capitão de mar e guerra Henrique Lopes de Mendonça (1856-1931), que passa a ser cantada nas ruas com refrão que diz assim:

Às armas, às armas!
Sobre a terra sobre o mar,
Às armas, às armas!
Pela Pátria lutar
Contra os bretões marchar, marchar!

"A portuguesa" acaba proclamado Hino Nacional em 19 de junho de 1911, pela Assembleia Nacional Constituinte; mas sua letra foi alterada, em 16 de junho de 1957, pelo Conselho de Ministros — substituídos os antigos *bretões* por nova rima, *canhões*. Dado não parecer adequado, em um hino nacional, restrição tão forte a país (já então novamente) amigo como a Inglaterra. Prejudicando o sentido, claro. Que ninguém gosta de *marchar, marchar*, sabendo que essa marcha será *contra os canhões*. Ficou assim mesmo, dos males o menor:

Pela Pátria lutar
Contra os canhões marchar, marchar!

Pessoa sente na alma essa degradação da nacionalidade. "Todos os dias os jornais me trazem notícias de fatos que são humilhantes para nós, portugueses. Ninguém pode conceber como eu sofro com eles. Ninguém pode imaginar o profundo desespero, a enorme dor que perante isto se apodera de mim." Acirram-se as lutas contra a monarquia. Já é visível a falência política e militar da Casa de Bragança. Há cheiro de sangue nas ruas.

O regicídio

1º de fevereiro de 1908, sábado. Pouco depois do almoço, no Terreiro do Paço, dois homens se preparam para mudar a história de Portugal. O professor primário Manuel (dos Reis da Silva) Buiça (1876-1908), com vistosa barba negra, esconde uma carabina Mannlicher sob o capote varino que cobre todo seu corpo até os pés. Alfredo (Luís da) Costa, um franzino empregado de comércio, traz no bolso um revólver Browning FN 7.65. Minutos antes, almoçavam tranquilos e bebiam cerveja no Café Gelo — ainda hoje funcionando na Praça Dom Pedro IV (no Rossio). Com eles, mais três companheiros da Carbonária — que se opõe à monarquia. A família real passa férias tranquilas no palácio de Vila Viçosa, distrito de Évora, a 150 quilômetros de Lisboa. Nesse paço ducal dos Braganças, descansa D. Carlos — aclamado rei em 28 de dezembro de 1889, depois de morto D. Luís, O Popular. D. Carlos, assim o descreve um autor insuspeito como o republicano Fialho de Almeida, é *superior, inteligente, culto, bravo e mesmo generoso; o político mais inteligente do seu tempo e o único, de todos, que tinha caráter.* Ao longo dos 15 quilômetros de sua tapada, naquela mata que abraça todo o palácio, desde princípio de janeiro D. Carlos se diverte atirando em veados e corças; sem saber o rei caçador que, logo depois, a caça seria ele próprio. Agora, volta a Lisboa com sua mulher, dona Amélia — que Pessoa chama "D. Amélia de Orleans", evocando a família em que nasce —, e o primogênito, príncipe D. Luís Filipe, que em sete semanas faria 21 anos. Seu outro filho, D. Manuel de Bragança, Duque de Beja, tem pouco mais que 19 e espera os pais em Lisboa. D. Amélia ainda tenta convencer o rei a ficar por mais alguns dias. Em vão. Tivesse acontecido e outras seriam as crônicas, da família e de Portugal.

"Era meio-dia e já pesava uma esperança má. O céu, para os lados do Castelo, era limpo mas de um mau azul." Chegam a Lisboa no vapor *D. Luís*, em fim de tarde sem uma única nuvem. A vida de D. Carlos corre perigo, todos sabem; mas, como se nada pudesse lhe acontecer, pretende à noite assistir a uma ópera, no São Carlos — *Tristão e Isolda*, de Richard Wagner, a história de um amor eterno e fatal. O assunto de todas as conversas é a descoberta, na terça-feira anterior, de uma intentona revolucionária republicana chefiada por conjurados designados Grupo dos 18. A revolução, imaginam os da corte, não viria. Mas *já que a revolução falha, resta o crime,* diz o historiador João Ameal. O médico António José de Almeida

(1866-1929), que depois seria presidente da República (1919-1923), está preso. Na véspera daquele dia terrível, o ministro da Justiça, Teixeira de Abreu, vai a Vila Viçosa com um Decreto-lei de exceção que autoriza a deportação, para distantes colônias de ultramar (entre elas o Timor), dos condenados pela conspiração. D. Carlos toma a pena e diz: *Estou a assinar minha sentença de morte.* Era como se pressentisse o que estava por acontecer. João Franco (1855-1925), chefe do governo, retalia seus opositores com mão de ferro. Pessoa não gosta dele.

> Um Deus cansado de ser Deus...
> Para fazer alguma coisa
> E não passar a eternidade em branco
>   Fez o João Franco.

"João Franco", Fernando Pessoa

Preocupado com os retardos usuais de cortejos como aquele que iria ocorrer, pede o rei à comitiva que siga logo ao palácio. O cocheiro Benedito Caparica segura as rédeas de um tipo de carruagem aberta, com capota descida e puxada por parelha de cavalos escuros, que chamam *landau*. O príncipe D. Luís Filipe é o primeiro a subir. A farda não disfarça o Colt 38 que traz no bolso. Depois dele, D. Manuel. Vão à frente. O rei fica à esquerda, no banco de trás. A rainha, depois de receber flores de uma criança, se senta à direita do marido. O sorriso que traz no rosto não conservaria por muito tempo. D. Carlos põe a mão no bolso do capote e acaricia a coronha do Smith & Wesson 32, sem coldre, do qual nunca se separa. Começa o cortejo. As pessoas tiram respeitosamente os chapéus. Nem todos.

Quase em frente ao Ministério da Fazenda (hoje, estação dos Correios), ouve-se um tiro que vem do centro da praça. Era o sinal para que se iniciasse a fuzilaria. Próximo à esquina do Terreiro do Paço com a Rua do Arsenal, bem ao lado da estátua de Dom José, Manuel Buiça abandona um quiosque verde em que esperava, dá poucos passos e põe o joelho em terra. Está no meio da rua, 5 metros por detrás da carruagem. Então tira a espingarda do capote e, calmamente, aponta para seu rei. A escolta real, despreparada e atônita, não o impede. Ouve-se o estalido seco do primeiro tiro. Depois outros. Aquele primeiro acerta o pescoço de D. Carlos, lhe quebra a coluna e sai pelo maxilar inferior. O rei esboça um gesto de levar as mãos ao pescoço. O segundo atinge seu ombro esquerdo e, depois, uma lanterna do landau. "Duas criminosas balas o mataram." Tomba então sobre D. Amélia, antecipando cena que as televisões mostrariam bem depois, em 22 de novembro de 1963, com o presidente Kennedy. Quase a mesma cena que António Machado descreveu em "O crime foi em Granada":

Morto, caiu Federico [García Lorca]
— Sangue pela fronte e chumbo nas entranhas —
...Que foi em Granada o crime
Saibam — Pobre Granada —, em sua Granada...

Alfredo Costa sobe no estribo da carruagem, pelo lado esquerdo, e dispara mais duas vezes sobre as costas daquele corpo já sem vida. A rainha se joga sobre a cabeça do agressor, ainda com o ramo de flores na mão, tentando impedir que continue a atirar. Ouvem-se claramente seus gritos — *infames, infames!* O príncipe D. Luís Filipe se levanta e aponta o Colt para Costa; mas, antes que atire, este o atinge em um dos pulmões. Ainda assim, consegue disparar quatro vezes. Costa cai por terra, ferido, para ser morto por espada e tiros pela polícia. Ao levantar, D. Luís Filipe se converte num alvo fácil. E Buiça continua a atirar. Uma de suas balas atinge o príncipe na face esquerda, logo abaixo do malar, e sai pela nuca. D. Manuel, ao tentar amparar o irmão, é atingido no braço por bala que vem das calçadas. O cocheiro, mesmo ferido em uma das mãos, avança com os cavalos em direção ao Arsenal da Marinha — à beira do Tejo, entre o Terreiro do Paço e a Praça do Município. O soldado de infantaria Henrique da Silva Valente tenta alcançar Buiça, que lhe crava uma bala na coxa; sendo o assassino logo morto, por estocada, pelo tenente Francisco Figueira Freire. A escolta real ainda atira várias vezes sobre ele. Pessoa resume a cena em texto de Méluret: "Nada de mais compreensível que o assassinato do rei Carlos de Portugal."

Populares que estão perto são amontoados pela polícia e barbaramente agredidos. Um inocente, Sabino Costa, é morto com dois tiros na cabeça. A imagem do atentado fica gravada num desenho de Bestrame, publicado (a cores) no *Petit Journal*, de Paris e depois reproduzido (em preto e branco) na *Ilustração Portuguesa*. Segundo relato de José Brandão, que presencia a cena, a carruagem *está alagada de sangue*. A rainha mãe, dona Maria Pia de Saboia, lembrando o Decreto que seu filho assinara um dia antes, dirige-se a João Franco e diz: *Eis a sua obra, senhor Presidente.* Os corpos de Buiça e Costa são deixados em um canto da Câmara Municipal. Segundo Pessoa, falaram "pelos vencidos" e foram "a alma de um povo todo".

Mais tarde é aberta subscrição pública em favor desses que para o povo eram heróis e seus túmulos se enchem de flores. "A maravilhosa beleza das corrupções políticas... E de vez em quando o cometa dum regicídio." O príncipe é deixado em maca de ferro e lona crua. O rei, bem próximo, sobre colchão e almofadas. Sem lençol nem fronhas. Tem os lábios já pálidos e um filete de sangue escorrendo pelo canto da boca. Em seus bolsos, revólver, lenço, um charuto Águilas que jamais fumaria e um relógio oxidado, preso à cinta por corrente de ouro, marcando aquela que seria sua hora — cinco da tarde. O cenário se completa, com dois tocheiros e um crucifixo antigo, mais padre e sacristão para encomendar suas almas. A arte imita a vida. Em 1935, ano da morte do próprio Pessoa, Federico García Lorca escreveria poema dedicado a um toureiro, "A captura e a morte" (de *Pranto para Ignacio Sánchez Mejías*[543]), quase reproduzindo aquela cena (trecho):

> Às cinco horas da tarde
> Eram cinco da tarde em ponto.
> (...)
> Um ataúde com rodas é cama
> Às cinco horas da tarde.
> Ossos e flautas soam-lhe ao ouvido
> Às cinco horas da tarde.
> (...)
> As feridas queimavam como sóis
> Às cinco horas da tarde.
> (...)
> Eram as cinco em todos os relógios.
> Eram cinco horas da tarde em sombras.

O último rei

O infante é coroado rei. Segundo voz corrente, e ainda na carruagem do atentado, diz com rosto de medo: *Vamos embora, vamos embora.* É contido pela mãe austera, que lhe lembra: *Tens de cumprir o teu dever até o fim.* Essa vontade de ir-se embora seria só adiada. À noite, D. Manuel II afasta João Franco e forma novo ministério. Mas o tempo da nobreza estava irremediavelmente no fim. E aquele jovem era educado demais, amável demais e

---

[543] Ano seguinte o próprio Lorca (1898-1936), por ser homossexual, seria fuzilado por milícia franquista. Pelas costas.

despreparado demais para governar o caos em que se convertera Portugal. Sem contar que, palavras de Henrique Rosa (tio de Pessoa), *deixou-se dominar pela mãe, pela padralhada, pelas camarilhas cortesãs*. Num curto reinado foram seis ministérios. Pelas ruas se conta que o chefe do governo, (Antônio) Teixeira de Souza (1857-1917), teria se vendido aos republicanos. Segundo Pessoa, "dizer que o sr. T[eixeira] de S[ouza] vendeu a M[onarquia] é o mesmo que dizer que a morte de um doente é causada pelo estado contagioso que a precede". O exemplo do Brasil, que se havia convertido numa República (em 1889), excita a imaginação dos portugueses.

Dois anos depois do atentado, em 3 de outubro de 1910, o chefe republicano Miguel Bombarda (1851-1910) é assassinado. Por um louco, segundo o governo. O povo não acredita nessa versão. Dia seguinte, 4 de outubro de 1910, retira-se o rei ao Palácio de Mafra; e embarca em segredo, com mãe e avó paterna (Maria Pia), para Plymouth e seu exílio na Inglaterra — onde casaria (em 1913) com Augusta Vitória, princesa de Hohenzollern--Sigmaringen. Seria depois conhecido não apenas como O Patriota, também como O desventurado (por ter perdido a coroa), O Rei-Saudade (após a proclamação da República) ou O Estudioso (por seu amor pelos livros antigos). Em 19 de janeiro de 1919, ainda seria proclamada uma volta à monarquia no Porto. Mas esse Reino da Traulitânia — assim ficou conhecido —, que chegou a se espraiar por todo o Norte do país, duraria apenas 25 dias. O destino de D. Manuel seria mesmo cumprido em Twickenham (Inglaterra). Lá escreve os três volumes de *Livros antigos portugueses 1489-1600* e lá morre, 22 anos depois daquele dia cinzento em que partiu. Sem ter nunca voltado àquela terra que já não era sua.

A República

Quatro de outubro de 1910, terça-feira. A primeira página de *O Século* anuncia: *A essa hora, no castelo de São Jorge, que tinha a bandeira azul e branca, foi içada a bandeira republicana.* Vermelha, *rubro veio*, cor de pau-brasil. Mais um dia e na varanda central dos Paços do Concelho, reproduzindo os regimes da França e da Suíça, é oficialmente proclamada uma República Parlamentar. Os membros do novo regime saem da pequena aristocracia burguesa formada por famílias tradicionais da época. "A democracia é a vizinha do andar de cima (que deita lixo para o meu quintal)." São tempos de tormenta. Velhos ressentimentos vêm à tona. O escritor e filósofo positivista (Joaquim) Teófilo Braga (1843-1924), um dos fundadores do Partido Republicano, é presidente da República em governo provisório que vai até 3 de setembro de 1911. Homem forte desse governo é o jovem ministro da Justiça e Cultos, de quem Pessoa teria depois horror, Afonso (Augustus da) Costa (1871-1937). Em 28 de maio de 1911, são eleitos 226 deputados. A Assembleia Nacional Constituinte, na sessão inaugural, abole a monarquia e declara *Beneméritos da Pátria* todos os que combateram pela bandeira rubra; afinal votando, em 18 de agosto de 1911, uma constituição parlamentarista, democrática e curta, com só 87 artigos. Para historiadores como António Reis, *a única originalidade da Constituição de 1911 foi a substituição do rei pelo presidente.*

Novo presidente, dessa nova república, é o velho político e advogado Manuel de Arriaga (Bruno da Silveira, 1840-1917). Mas esse "Constitucionalismo não fez senão trazer-nos um regime político inteiramente estranho a todas as condições, materiais ou culturais, da nossa verdadeira índole. Destruiu e espoliou inútil e estupidamente, tendo em mira apenas a nossa impossível adaptação a um regime que nenhum sentimento português queria e que toda a inteligência verdadeiramente portuguesa instintivamente repugnava". Seus primeiros anos são quase tão complicados e instáveis quanto os últimos da monarquia — feitos de críticas na imprensa, manifestações populares, greves e decepções. "Somos incapazes de revolta e agitação. Quando fizemos uma *revolução* foi para implantar uma coisa igual à que já estava." No governo há "bandidos da pior espécie (muitas vezes, pessoalmente, bons rapazes e bons amigos)", "gatunos com seu quanto de ideal verdadeiro, anarquistas natos ou grandes patriotismos internos, de tudo isso vimos na açorda falsa que se seguiu à República". "O país estava preparado para a monarquia: para a república é que não estava." Como diz no *Ultimatum*, o "Portugal-centavos" é só "resto de Monarquia a apodrecer República".

O encantamento com aquela República, em Pessoa, dura pouco. Ainda assim, "a haver um plebiscito entre regimes votaria, embora com pena, pela República". Essas mudanças repercutem, imensamente, na compreensão que viria a ter do mundo. "Cada vez mais ponho na essência anímica do meu sangue o propósito impessoal de engrandecer a pátria e contribuir para a evolução da humanidade. É a forma que em mim tomou o misticismo da nossa Raça." Passa então a sentir, no íntimo, revolta e desalento.

"Pertenço a uma geração que perdeu todo o respeito pelo passado e toda a crença ou esperança no futuro. Vivemos por isso do presente, com a gana e a fome de quem não tem outra coisa." No sentimento dos portugueses fica o vazio. "Somos um grande povo de heróis adiados. Partimos a cara a todos os ausentes, conquistamos de graça todas as mulheres sonhadas, e acordamos alegres, de manhã tarde, com a recordação colorida dos grandes feitos por cumprir. No meio disto, a República não acaba. É difícil distinguir se o nosso passado é que é o nosso futuro, ou se o nosso futuro é que é o nosso passado." Aproveitando imagem de Guerra Junqueiro (em "A caridade e a justiça"), *nuvens esverdeadas corriam pelo ar como grandes manadas de búfalos.*

A Primeira Guerra

Em textos que psicografa como More, Pessoa se pronuncia a favor da Alemanha, por não ver "outro caminho aberto como individualismo disciplinado que o domínio da Europa por um povo forte esmagado". O escritor João de Barros apela aos intelectuais portugueses, no jornal *O Mundo*, para que formem fileiras com os aliados. Em seu próprio nome, Pessoa redige uma resposta a Barros, não enviada aos jornais: "Acho que é chegada a hora de dizer alto e claro ao povo português quando é a *verdade portuguesa* sobre a guerra. Em contrário ao apelo de D. João de Barros, a alma portuguesa deve estar com a sua irmã, a alma germânica. Para o Portugal presente, oprimido e esbatido, como para a Alemanha humilhada do princípio do século passado, o que existe que os levante é uma tradição de Império, e, em ambos os casos, uma tradição inteiramente quebrada e envelhecida." Para ele há, "em ambos os casos, um curioso sentimento de misticismo nacional". "Entre nós, a lenda mística e nacional de D. Sebastião. No caso da Alemanha é a lenda de Frederico Barbarrossa,[544] que voltaria para restituir o império e a grandeza." Mas a história do seu país seria outra. No início de 1916, a Inglaterra pede que Portugal apreenda navios mercantes alemães então no porto de Lisboa. O pedido é atendido em 23 de fevereiro. Sem sucesso os entendimentos diplomáticos para evitar esse arresto, em 9 de março a Alemanha declara guerra a Portugal. *O Mundo*, dois dias depois, dá a notícia em primeira página: *A Alemanha declarou guerra a Portugal e*

---

[544] Esse *Barba-Vermelha* era um imperador romano-germânico que invadiu a Itália, destruiu Milão (1162) e depois morreria afogado (1190) em viagem ao Oriente, durante a terceira cruzada.

Portugal altivamente aceitou o repto germânico. Começa, para os portugueses, a Primeira Grande Guerra; e, a partir de 28 de março de 1916, a censura prévia em todas as publicações.

Quanto tempo durará a guerra? pergunta, em 30 de julho de 1916, o *Jornal da Mulher.* As guerras europeias eram quase todas curtas. Na entre búlgaros e sérvios (1885), e na entre turcos e gregos (1887), foram apenas semanas. Nas duas balcânicas, de 1912-1913, o tempo foi o mesmo. A franco-prussiana se decidiu em um mês. Mas duraria anos essa Grande Guerra. Para a vida cultural ela tem importância porque regressam a Lisboa intelectuais que estavam no estrangeiro, sobretudo Paris — Amadeu de Souza Cardoso, José Pacheco, Luís de Montalvor, Raul Leal, Santa-Rita Pintor e, por breve tempo, Sá-Carneiro. Em Portugal, cai o governo republicano de Afonso Costa. A energia com que dirige os destinos da nação é insuficiente para lhe dar legitimidade. Mesmo correligionários o hostilizam. Assume o carioca Bernardino (Luís) Machado (Guimarães, 1851-1944), em um governo breve (1915-1917), e logo são nomeados ministros sob o comando de Victor Hugo Azevedo Coutinho. Aos olhos do povo, são *os miseráveis de Vitor Hugo* — referência óbvia à obra do escritor francês Victor Hugo (1802-1885), *Les misérables.* Outro governo breve. Em seu lugar, assume (Joaquim) Pimenta de Castro (1846-1918) — que, em 1915, do governo sai para a prisão. O futuro está escrito, quando "o mais velho dos deuses, o Tempo, lhes concedeu [aos aliados] a vitória". Finda a Guerra, em 28 de junho de 1919, com o tratado de Versalhes.

Em 1918, a sensação de Lisboa já é Carlos Gardel — com sua voz diferente e a forma de pentear o cabelo para trás, empastado com brilhantina. Nos cabarés da Baixa e da Praça da Alegria, sobretudo o Maxime, só se dança tango. A vida social da cidade retoma seu curso. O país é o maior produtor europeu de volframio, minério indispensável à produção de armamentos. Com a guerra, fortunas são ganhas e logo esbanjadas por novos-ricos conhecidos como *volframistas.* Os mesmos que acendem cigarros com notas de 100 mil-réis, adquirem livros a metro e exibem várias canetas de tinta no bolso externo do casaco — apesar de (quase todos) não saberem escrever. Depois vem o tempo do rádio e chegam as primeiras fábricas de cimento. O país abandona uma economia agrária e dá início a seu primeiro grande ciclo de industrialização, passando a importar aço, automóveis, carvão, ferro, óleos, papéis, equipamentos para trens e máquinas agrícolas. Tudo sugere mudanças. Na literatura também.

Uma nova literatura portuguesa

Em 1914, Pessoa considera que três caminhos se abrem para a literatura portuguesa: "Entregar-se ao mundo exterior, deixar-se absorver por ele...; pôr-se ao lado, num sonho todo individual, reagindo passivamente contra a vida moderna"; ou "metendo esse ruidoso mundo, a natureza, tudo *dentro do próprio sonho* — e fugindo da realidade nesse sonho. É o caminho português (tão caracteristicamente português)". No ano seguinte, explicita melhor essa visão (resumo): "Dos três nacionalismos, o primeiro e inferior é aquele que se prende às tradições — o nacionalismo de Bocage e dos arcados em geral, até Castilho. O segundo é aquele a que se prende a alma direta da nação — o de um Bernardim Ribeiro, no seu grau inferior, e de um Teixeira de Pascoaes no seu alto grau. O terceiro integra todos os elementos cosmopolitas — no grau inferior, o de Camões; no seu alto grau, ainda o não tivemos entre nós, mas há-o em Shakespeare, em Goethe, em todos os representantes sublimes das culminâncias literárias das nações." Falava dele próprio, claro, o Supra-Camões.

Talvez pela primeira vez na vida, enfim, sabia por onde e para onde ir. Escolhe o terceiro desses caminhos. A literatura portuguesa que vai dos estertores da monarquia até o início da ditadura de Salazar reflete anseios por uma redenção sebastianista. "Tornamos a ser portugueses de nacionalidade, mas nunca mais tornaremos a ser portugueses de mentalidade. Nem portugueses, nem nada." Para ele, os portugueses haviam herdado "a descrença na fé cristã" e "criado em si uma descrença em todas as outras fés". Esse ambiente explicita a consciência dolorosa de decadência e renova anseios de grandeza e esperança, sentimentos em que se fundaria a própria busca por uma nova identidade, que seria a "ideia nacional". Pessoa acredita nas previsões proféticas de uma ressurreição gloriosa, tentativa de reconstruir a história sob inspiração da utopia do Quinto Império; aquele que, afinal, cumpriria o destino grandioso de Portugal. Começa a nascer, como um ato de fé, *Mensagem*.

ATO IV

Em que se conta do desassossego e de seu destino

Patriæ magnitudini

(À grandeza da pátria.)

Mensagem

> *"Braços cruzados, fita além do mar.*
> *(...)*
> *O limite da terra a dominar*
> *O mar que possa haver além da terra."*
>
> *Mensagem* ("D. João, o Segundo"), Fernando Pessoa

A sagração de Portugal

Pessoa, desde cedo, pensa escrever um grande livro dedicado aos heróis de Homero. São dois, ambos ligados à guerra de Troia. Um, na *Odisseia,* é Ulisses, filho de Laerte e Anticleia, rei de Ítaca, ainda hoje lembrado por conceber o Cavalo de Troia. Em grego, Ulisses é *Odisseus.* O outro, na *Ilíada,* é Aquiles, filho de Tétis e Peléu, guerreiro cruel e sanguinário, morto quando Apolo guiou uma flecha de Páris na direção do único ponto vulnerável de seu corpo — aquele pelo qual foi seguro pela mãe, ao ser banhado no rio Estige, o calcanhar. Em grego, Troia é *Ílion.* Esse livro, inicialmente *Homeriadae,* passou depois a ser *Portugal* — mais, como complemento, *Bosquejo* [esboço] *Épico.* Até pouco antes da data na qual seria finalmente editado, em carta a Gaspar Simões (28/7/1932), o define como "um livro pequeno de poemas, tem 41 ao todo". Pronto, seriam 44 — e, talvez não por acaso, 4 + 4 = 8. Como as oito letras de *Portugal* ou *Mensagem.* O título definitivo se inspira em Anquises, filho de Cápis e Temiste, que guardava rebanhos no Alto do Ida (perto de Troia) — por ter esse personagem da *Eneida* (de Virgílio) fornecido a um filho, Peleias, a própria fórmula do Universo, que Pessoa rabisca em variantes:

MENS AG|ITAT MOL|EM[545]

MENSA GEMMARUM[546]

---

[545] O espírito move a matéria.

[546] A mesa das pedras preciosas.

MENSAGEM[547]
ENS GEMMA[548]
MENS AGEM

A mudança no título ocorre quando já está sendo impresso o livro. No exemplar entregue à editora, batido à máquina e com data de 23 de agosto de 1934, aparece o título original cortado, a lápis; e por baixo, escrito à mão com letra desenhada, *Mensagem*. Assim se deu porque "o meu velho amigo [Alberto] da Cunha Dias me fez notar — a observação era por igual patriótica e publicitária — que o nome da nossa Pátria estava hoje prostituído a sapatos,[549] como a hotéis a sua maior dinastia.[550] *Quer v. pôr o título do seu livro em analogia que portugalize os seus pés?* Concordei e cedi, como concordo e cedo sempre que me falam com argumentos. Tenho prazer em ser vencido quando quem me vence é a Razão, seja quem for o seu procurador". Não só por isso. Também teme pareça demasiado pretensioso aos leitores; que, no íntimo, não considerava estar sua obra "à altura da Pátria". Pesando tudo, no fim, reconhece que "o título *Mensagem* está mais certo do que o título primitivo". Em sua primeira versão, o livro deveria representar "feitos portugueses como provenientes da guerra entre os velhos e os novos deuses — Hiperion e Apolo[551] etc. (o cristianismo onde

Primeira página de *Mensagem*, como enviado à editora

---

[547] O espírito atua.
[548] O ente pérola.
[549] Referência a *A Portugal, a fábrica de calçados mais antiga e importante do país*, de Manuel Narciso da Silva — com sede na Rua Vigorosa, 704, Porto (telefone 295). Dois versos de *Mensagem* acabaram, depois, sendo *A epígrafe do Roteiro* dessa fábrica — segundo Pizarro, Ferrari e Cardiello (que não indicam esses versos).
[550] Essa "maior dinastia" é a de Avis. Cleonice Berardinelli esclarece a citação lembrando ter sido esse nome, Avis, dado a *um belo palacete, em Lisboa, transformado num hotel de luxo* (*inaugurado em 1933*). Sem contar que Bragança era também nome de um conhecido hotel lisboeta.
[551] Hiperion, um dos antigos Titãs, com sua irmã Teia gerou Hélio (o Sol), Selene (a Lua) e Eos (a Aurora) — *deuses de baixo*, que viviam nas profundezas da terra e do mar. A comparação se explica por ser Apolo um dos *deuses de cima* (habitantes das alturas celestes), deus asiático já da segunda geração dos Olímpicos. Bem mais jovem, portanto, que Hiperion.

fica? como entra aqui? como *attrait* [atrativo] empregado pelos velhos deuses para afastar os homens da fé na raça de Jove?).[552] Netuno com as tempestades, Jove com os raios, Vênus[553] com a corrupção... Marte, seduzido por Vênus,[554] com as conquistas que derivam da *Descoberta*". Essa referência a uma *descoberta* é curiosa, por referir não propriamente a descoberta de outras terras, mas de outra linguagem. Como observa Lavoura Lopes, *enquanto os humanistas do Renascimento descobriram o mundo antigo em latim, os portugueses do século XV contribuíram para o Renascimento com a descoberta dos novos mundos em vernáculo.*

Mensagem e *Os lusíadas* expressam a mesma ideia da exaltação nacional; razão por que, nos rascunhos, anota Pessoa o próprio sentido que tem o livro — um "*epic fragment*". Em razão disso, para dar tom de passado ao texto, opta por uma grafia arcaica — *y* em vez do *i*, letras mudas, consoantes dobradas e exortações em latim. Camões reverencia D. Sebastião na missão desafiadora de construir um império, situando memória e esperança no mesmo plano; enquanto Pessoa, apesar de respeitar o passado, antevê o futuro grandioso de seu povo — uma *concepção diferente do heroísmo*, em que o *objeto da esperança se transferia para o sonho e a utopia.* Jacinto do Prado Coelho o sentiu pela primeira vez. Harold Bloom estranha que Camões não esteja em *Mensagem*; o que resulta mesmo natural, por querer Pessoa substituí-lo como expressão máxima da literatura portuguesa. O texto se espelha em obras clássicas, sobretudo a divina *Comédia*, que se situa na Guerra Santa de 1.300. Nela, Dante Alighieri (1265-1321), após vadear os nove círculos do Inferno e já no alto da montanha do Purgatório, é conduzido ao Paraíso por

---

[552] Jove, o grande deus de Roma, é Júpiter — equivalente ao Zeus grego. Nessa guerra a que se refere Pessoa, e depois de derrotar os Titãs, prestigiou seus pares: o mar deu a Netuno, o inferno a Plutão; e reservou, para si próprio, o céu e a terra. Jove aparece já no quinto verso da *Ilíada*.

[553] As divindades romanas aqui citadas são, todas, ligadas à navegação. Netuno, já vimos, é o deus romano do mar — equivalente ao grego Posídon. Vênus, antiga divindade latina do amor, na Grécia equivale a Afrodite. Segundo lenda, seria filha de Urano, que teve os órgãos sexuais cortados por Cronos e jogados ao mar. Daí nasceu essa deusa. Afrodite quer dizer *espuma*, a espuma do mar de Netuno.

[554] Para entender a citação, é preciso remontar a Hefesto — deus coxo do Fogo, o mais feio e mais hábil dos deuses. Segundo a *Ilíada*, sua mãe Hera discutiu com Zeus, tomando esse filho o partido da mãe. Irado, Zeus o atirou do Olimpo abaixo. Hefesto caiu por um dia inteiro e, ao anoitecer, veio dar na terra. Ou talvez, mais provavelmente, a própria mãe o jogou, por vergonha de seu defeito físico. Para se vingar, construiu Hefesto um trono de ouro que tinha correntes, onde a mãe imprudente se sentou e ficou presa. Para libertar Hera, se casou Afrodite (Vênus) com Hefesto; mas, sendo um casamento só de conveniência, logo o traiu com muitos. Incluindo Marte, Deus romano da Guerra e da Agricultura — equivalente ao Ares grego, filho de Zeus e Hera. A corrupção do texto é amorosa. Uma corrupção *erótica* no sentido grego da palavra — inspirada em Eros, deus do amor.

seu amor (platônico) Beatrice Portinari. A *Comédia* tem cem poemas divididos em três *cantos* — Inferno (34 poemas), Purgatório (33) e Paraíso (33). Mesma estrutura reproduzida em *Mensagem,* com também três *corpos* — Brasão (19 poemas), Mar Português (12) e O Encoberto (13). Tome-se ainda, como prova dessa inspiração, versos do canto XXVI do "Inferno", da *Comédia,* em comparação com "O mostrengo" (Monstrengo), de *Mensagem*:

Comédia	"O mostrengo"
52. Quem é que vai no lume dividido?	De quem são as velas onde me roço?
79. Ó vós que vejo neste exílio alpestre.	O Mostrengo que está no fim do mar.[555]
139. Por três vezes levou-o de roldão.	Três vezes do leme a mão ergueu.

Estrutura de *Mensagem*

Abaixo do título, uma citação latina explicita o sentido histórico da obra: *Benedictus dominus deus noster qui dedit nobis signum* (Bendito seja o senhor nosso Deus, que nos deu o sinal). Este *signum* é o da batalha de Ourique, contra os muçulmanos, em que Cristo (segundo a lenda) aparece a D. Afonso — depois convertido em uma das cinco chagas das armas de Portugal. O primeiro de seus corpos, sob a citação *Bellum sine bello* (Guerra sem guerra), é *Brasão* — na heráldica, conjunto de símbolos que marcam os escudos distintivos de metal (aqui representados por Campos, Castelos, Quinas, Coroa e Timbre), antecipando as ações gloriosas dos fundadores de Portugal. Com sete castelos, que reproduzem *o mito das sete idades* — a observação é de António Quadros —, embora se divida o sétimo desses castelos em dois, D. João, o Primeiro e D. Fillipa de Lencastre, casal que deu origem à Dinastia de Avis. Representa a ascensão. O segundo corpo, sob a citação *Possessio maris* (A posse do mar), é *Mar Português* — com personagens que honraram seu povo nas descobertas das grandes navegações, prenunciando novos horizontes. Segundo o astrólogo Paulo Cardoso, em 12 poemas que resultam uma *transposição rigorosa dos 12 signos do zodíaco.* Representa o apogeu. O terceiro corpo, sob a citação *Pax in excelsis* (Paz nas alturas), é *O Encoberto* — com símbolos e avisos que prefiguram novos tempos, uma terceira idade redentora, que se inicia com D. Sebastião no sonho grandioso do Quinto Império e finda com a imagem do nevoeiro — onde "tudo é incerto e derradeiro".

---

[555] Em uma primeira versão, "O *morcego* que está no fim do mar"; que o poema, ao ser originalmente publicado na revista *Contemporânea,* volume 2, números 4, 5 e 6 de 1922, se chamaria *O morcego* — como era conhecido o cabo da Boa Esperança. Morcego (*Die Fledermaus*) é também título de uma opereta de Johann Strauss.

Representa o declínio. Ao fim do livro, mais uma citação latina evocando ritos iniciáticos dos rosa-cruzes — *Valete frates* (Valeu, irmãos).

Mensagem é também marcado pelas profundas influências que o autor acredita sofrer dos astros. Como escreve em "A hora do Diabo", "Vivemos neste mundo dos símbolos, ao mesmo tempo claro e obscuro — treva visível, por assim dizer; e cada símbolo é uma verdade substituível à verdade até que o tempo e as circunstâncias restituam a verdadeira". Por isso escreve uma *Nota preliminar*, em que esclarece (resumo):

> O entendimento dos símbolos e dos rituais (simbólicos) exige do intérprete que possua cinco qualidades ou condições, sem as quais os símbolos serão para ele mortos, e ele um morto para eles. A primeira é a **simpatia**. Tem o intérprete que sentir simpatia pelo símbolo que se propõe interpretar. A segunda é a **intuição**, aquela espécie de entendimento com que se sente o que está além do símbolo, sem que se veja. A terceira é a **inteligência**, de discursiva que se tornará analógica, e o símbolo poderá ser interpretado. A quarta é a **compreensão**, de que certos símbolos não podem ser bem entendidos se não houver antes, ou no mesmo tempo, o entendimento de símbolos diferentes. A quinta é menos definível, direi a uns que é a **graça**, a outros que é a **mão do Superior Incógnito**, falando a terceiros.

Início de *Mensagem*

A ideia de um livro assim nasce, em Pessoa, quando volta para Portugal. Jorge Nemésio lembra esboço de poema com a mesma inspiração, "Legendas", que é de 1905. Em 1910, faz rascunhos de outro poema, "Portugal", que no estilo *prefigurou a Mensagem por vir* — palavras de Fernando Cabral Martins. [556] Enquanto, para Gaspar Simões, *mais remota referência... remonta à concepção da poesia "Gládio", de 21 de julho de 1913*. Em Paris (carta de 7/1/1913), Sá-Carneiro aprova o título que lhe terá sido indicado por Pessoa, e recomenda que não o revele a mais ninguém, sob pena de ver surgir *nas livrarias qualquer plaqueta anêmica e imbecil com esse nome*. A "ideia patriótica, sempre mais ou menos presente nos meus propósitos, avulta agora em mim", diz em carta a Côrtes-Rodrigues (19/1/1915). O primeiro

---

[556] Apesar de tantas evidências em contrário, para Ariano Suassuna, *Mensagem* teria se inspirado no poema "Sagres" (1898), de Olavo Bilac — levado na bagagem do autor em viagem que fez a Lisboa em 1912. Segundo ele, *toda essa ideia central de* Mensagem *já aparecia no poema Sagres. Inclusive com o modismo do valor simbólico das maiúsculas que dão ao Mar, por exemplo, o sentido de Monstro-Mundo a vencer, como figura do Fado ou do Destino*. Fique o registro.

poema que escreve é "D. Fernando, Infante de Portugal" (21/7/1913) — "Deu-me Deus o seu Gládio, porque eu faça/ A sua santa guerra". Depois vêm "O mostrengo" (9/9/1918), "Padrão" (13/9/1918), "Prece" (31/12/1922) e "Ascensão de Vasco da Gama" (10/1/1922). Por volta de 1928, decide conferir unidade a esses poemas; e então escreve, nesse mesmo ano, mais 11, entre eles "Afonso de Albuquerque";[557] um em 1929; dois em 1930; três em 1933; e 10 em 1934, o último de 2 de abril desse ano, "Os Colombos" — "Outros haverão de ter/ O que houvermos de perder". Doze não têm data. Mesmo depois da primeira edição de *Mensagem*, com caneta nas próprias páginas do livro, continua Pessoa a corrigir seus versos — em acentos, pontuações e palavras. E não em um único exemplar, como seria natural, fazendo essas anotações quando lhe ocorriam. Prova desse critério são pelo menos três exemplares anotados: um hoje na Casa Fernando Pessoa; outro dedicado "ao Eduardo Malta, com um abraço amigo do admirador, FP 13/1/1935"; e um terceiro, dedicado "ao [primo] Victoriano [Braga]"; não correspondendo as anotações, todas entre si diferentes, ao total das alterações que já constam da segunda edição.

Em *Mensagem*, Pessoa explicita compromissos com sua nação que vive "um dos momentos mais críticos (no sentido original da palavra) da remodelação do subconsciente nacional". Tanto que foi posto à venda "propositalmente em 1º de dezembro" (de 1934), data gloriosa da *Restauração de Portugal* (em 1640) — quando voltou o país, depois de 60 anos sob domínio espanhol, a ter um rei português. A empresa editora, Parceria Antonio Maria Pereira, tanta importância deu ao livro que ocupou com ele toda sua vitrine da Rua Augusta, 44. Em seguida, lamentaria ter sido seu primeiro livro da "fase madura", um sentimento marcado mais pela decepção. A revisão foi feita, quase toda, por Augusto Ferreira Gomes. *Apresentação gráfica*, como se vê na última capa, é *da Editorial Império*, de Armando Figueiredo; depois declarando Figueiredo à revista *Átomo* que, ao lhe pedir para editar *Mensagem*, indicou o autor "não ter dinheiro para pagar, de pronto, esse trabalho", propondo fazê-lo "na medida das suas possibilidades". Talvez não tenha sido exatamente assim. José Blanco sugere *que foi o próprio António Ferro quem, do saco azul[558] do SPN,[559] financiou a impressão do livro*. Em texto inédito,

---

[557] Em sua homenagem, escreveu e abandonou variável que quase reproduz versos de Camões em *Os lusíadas: Melhor é recebê-lo sem os ter/ Que possuí-los sem os merecer* — a observação é de Cleonice Berardinelli. Nessa variável abandonada, escreveu Pessoa que *Mais vale o império que a glória, e mais/ Que a gratidão o merecê-lo*.

[558] *Saco azul*, no Brasil, seria equivalente a *mala preta*.

[559] Secretariado de Propaganda Nacional — um como que Ministério da Cultura de Portugal, que tinha como secretário esse amigo António Ferro.

Blanco vai mais longe, indicando que o fato lhe foi revelado pelo *pintor Paulo Ferreira, à época jovem colaborador do SPN*.[560] Apesar do crédito da fonte, não é provável. Quase com certeza se referiu Ferreira ao dinheiro da premiação atribuído a Pessoa pelo próprio Ferro. Em qualquer caso correndo, seu editor, o risco de ser vítima daquilo que Pessoa chamava de "processo do saudoso Manuel Peres Vigário". Segundo se passou a dizer, desde então, de um *conto do vigário*. Há duas versões para essa expressão.

O conto do vigário

Na versão brasileira, tudo começa em novembro de 1807, quando Napoleão decide invadir Portugal. Para o comando das tropas escolhe Jean Andoche Junot (1771-1813), seu general preferido desde os tempos da ocupação do Egito, o *filho dileto das vitórias*. Desde 1805, esse maçom já era embaixador da França em Lisboa; só que agora, esquecendo a diplomacia, volta a Portugal comandando 23 (ou 40) mil soldados. Era conhecido como *O Tempestade*. E logo chega em Abrantes, um lugar militarmente estratégico — posto que da torre do castelo se consegue ver a 80 quilômetros de distância. O nome vem de *Aurantes*, por conta do ouro que ali se encontrava nas areias do Tejo. Acaba vitorioso, não pela força das palavras, mas pelo poder persuasivo de tantas baionetas; passando Junot, depois, a ser o próprio duque de Abrantes. Mais tarde se suicidaria em um acesso de loucura,[561] o que não conta para nossa história de agora. Certo é que sua tropa — composta por doentes maltrapilhos, com calçados destroçados por lama e pedra —, segundo suas próprias palavras, *está estafada...*, e quer dar-lhe carne, legume, vinho e algum pão para que recuperem as forças. Lá se prepara para a batalha (que espera se dê) pela tomada da capital, Lisboa — onde já de fato governa D. João VI, posto não estar mais a rainha D. Maria (A Louca) sequer em condição de se vestir sozinha. Nessa espera, por cinco dias, um emissário do futuro rei lhe relata — *Tudo como dantes, quartel-general em Abrantes*. Convertida a frase em provérbio, também no Brasil, com pequena variação — *Tudo como dantes, no quartel de Abrantes*.

---

[560] Ferreira (1900-1967), quando andou pelo Rio de Janeiro (1937), retratou numerosas personalidades da vida brasileira. Mais tarde, já voltando a morar em Lisboa (1959), foi diretor do Museu do Chiado.

[561] É que Junot, assim atesta o historiador Rocha Martins, *recebera um golpe na cabeça que lhe rasgou até a fronte e que o fizera passar por morto na batalha de Lonato* [1795]. *Arruaceiro, estroina e desequilibrado, passaria metade da vida a querer emendar os erros cometidos na outra metade* — e assim foi até quando decidiu estancar tanta angústia.

Junot afinal marcha, sem encontrar nenhuma resistência. *A opção* [de lutar] *não estava ao alcance do inseguro e medroso príncipe regente*, palavras do historiador Laurentino Gomes. A Lisboa chega em 30 desse novembro, por uma das "sete colinas" que a cercam — o Alto de Santa Catarina. Com seus olhos vendo as oito naus, cinco fragatas, três brigues, faluas muitas e 30 navios mercantes em que parte, ao seu exílio brasileiro, toda a corte portuguesa — com tralhas de todos os gêneros, roupas, ilusões perdidas, joias, objetos de arte, saudades, 60 mil livros, esperanças e 15 mil homens a bordo, tantos e tão apinhados que uma praga de piolhos obrigou quase todos a raspar suas cabeças. A começar por Carlota Joaquina, mulher de D. João, que à Bahia chegou portando vistoso turbante, logo convertido em moda pela burguesia local. Junot, então, *Ficou a ver navios do Alto de Santa Catarina*. Outro provérbio, no Brasil sem referência àquele alto — *Ficou a ver navios*. Ainda tentou atingir as embarcações em fuga, desde a Torre de Belém; mas por conta de nevoeiro denso e chuva torrencial, ou por muito azar, acertou apenas uma. Em meio a essa nobreza viajante estava simpático falsário, anunciado como herdeiro de riquíssimo vigário português; o mesmo que depois retornou a Portugal, placidamente, deixando o comércio do Rio de Janeiro inundado por notas promissórias. Jamais pagas, claro.

Na versão de Pessoa, *conto* é moeda (mil escudos, ou um milhão de réis) e *Vigário*, sobrenome.[562] Escolhido de propósito, claro, que já se dizia naquele tempo, dos muito espertos, serem *vigaristas*. Em carta ao *Notícias Ilustrado* (sem data, 1929), e por conta do que escreveu, Pessoa sugere que "os vigaristas são homens de linha". A explicação para a expressão é dada em divertido texto, "A um grande português — Narração exata e comovida do que é o conto do Vigário", publicada primeiro no número 1 da revista *O Sol* (30/10/1926); e também, depois, em *O Notícias Ilustrado* (suplemento semanal do *Diário de Notícias* de Lisboa, 18/8/1929), agora com título "A origem do conto do Vigário" (resumo):

> Vivia, num concelho do Ribatejo, um pequeno lavrador e negociante de gado chamado Manuel Peres Vigário. Chegou uma vez ao pé dele um fabricante de notas falsas e disse-lhe: "Sr. Vigário, ainda tenho aqui algumas notazinhas falsas de cem mil-réis que me falta passar. O Sr. quer? Largo-lhas por vinte mil-réis cada uma." Sucedeu que dali a dias tinha o Vigário que pagar a dois

---

[562] Não muito comum, é certo. Nas *Páginas Amarelas* (Lista telefônica) de Lisboa, para o ano de 2010, há só um doutor Vigário.

irmãos, negociantes de gado como ele, o saldo de uma conta, no valor certo de um conto de réis. No primeiro dia de feira, em que se deveria efetuar o pagamento, estavam os dois irmãos jantando numa taberna obscura da localidade, quando surgiu à porta, cambaleante de bêbado, o Manuel Peres Vigário. E, puxando da carteira, perguntou se se importavam de receber tudo em notas de cinquenta mil-réis. Os irmãos disseram que não se importavam; mas, como nesse momento a carteira se entreabrisse, o mais vigilante dos dois chamou, com um olhar rápido, a atenção do irmão para as "notas", que se via que eram de cem mil-réis. O Manuel Peres contou tremulamente vinte notas, que entregou. Um dos irmãos guardou-as logo, nem perdeu tempo em olhar para elas. Depois, por natural efeito da bebedeira progressiva, disse que queria um recibo. Não era costume, mas nenhum dos irmãos fez questão. Então Manuel Peres ditou como em tal dia, a tais horas, na taberna de fulano, "estávamos nós a jantar" (e por aí fora com toda a prolixidade estúpida do bêbado), tinham eles recebido de Manuel Peres Vigário, do lugar de qualquer coisa, a quantia em notas de cinquenta mil-réis.

Quando, no dia seguinte, houve ocasião de se trocar a primeira nota de cem mil-réis, o indivíduo que ia recebê-la rejeitou-a por falsíssima. Rejeitou do mesmo modo a segunda e a terceira. E os dois irmãos, olhando então bem para as notas, verificaram que nem a cegos se poderiam passar. Queixaram-se à polícia, e foi chamado o Manuel Peres, que ergueu as mãos ao céu em graças da bebedeira que o havia feito exigir um recibo estúpido. Lá dizia o recibo: "Um conto de réis em notas de cinquenta mil-réis". Se os dois irmãos tinham notas de cem, não eram dele, Vigário, que as tinham recebido. Ele lembrava-se bem, apesar de bêbado, de ter pago vinte notas, e os irmãos não eram (dizia Manuel Peres) homens que lhe fossem aceitar notas de cem por notas de cinquenta, porque eram homens honrados e de bom nome em todo o concelho. E, como era de justiça, o Manuel Peres Vigário foi mandado em paz.

O concurso

Em 29 de novembro de 1933, o Secretariado da Propaganda Nacional anuncia a criação de cinco prêmios literários, com exigências específicas:

- **Prêmio Eça de Queiroz, Romance**
  Uma intenção amplamente construtiva
  Valor: 10 mil escudos

- **Prêmio Alexandre Herculano, História**
  Firme critério patriótico
  Valor: 6 mil escudos

- **Prêmio Antero de Quental, Poesia**
  A) Ao melhor livro de versos não inferior a 100 páginas, com inspiração bem portuguesa e, mesmo, de preferência, um alto sentido de exaltação nacionalista.
  Valor: 5 mil escudos.
  B) A um poema, ou poesia solta, onde as mesmas qualidades e intenções se manifestem.
  Valor: 1 mil escudos.

- **Prêmio Ramalho Ortigão, Ensaio**
  Espírito nacional e inovador
  Valor: 4 mil escudos

- **Prêmio António Enes, Jornalismo**
  Assunto de largo alcance nacional
  Valor: 2 mil escudos

As inscrições, que deveriam se dar até 1º de julho de 1934, tiveram data alterada para 31 de outubro desse ano. Segundo José Blanco, *decisão do próprio secretário, António Ferro, com o fim de permitir a inscrição do livro de Pessoa.* Vai mais longe Blanco, admitindo uma conspiração dos amigos Augusto Ferreira Gomes, Alberto da Cunha Dias, Almada Negreiros e o próprio Ferro, que desejavam lhe fosse atribuído o prêmio de poesia. Falta, nessa relação de Blanco, Luis de Oliveira Guimarães, que se preocupava por estar Pessoa *muito poupado, daí ter* [Guimarães] *ajudado o Ferro a inventar um prêmio para lhe dar...* "Como [o livro] estava pronto, incitaram-me a que o publicasse." Quem incitou? Esses amigos? Ou talvez apenas Ferro? À noite, Pessoa costumava receber em casa todos eles, para leitura de textos. Bom lembrar que antes, em 17 de julho de 1923, assinara protesto de intelectuais portugueses contra a proibição de *Mar alto*, livro do próprio Ferro — o mesmo que, por afeto explícito, o dedicou *ao formoso talento e à bela alma* de Pessoa, com *muita amizade e admiração*. Em outro, *Salazar: o homem e sua obra*, a dedicatória tem como destinatários *Pessoa, Campos e Reis, três grandes nomes da literatura contemporânea*. Pessoa, em 11 de março de 1933, agradece "pelo exemplar triplicentemente dedicado".

Na repartição que dirige, o SPN, Ferro abriga muitos amigos de Pessoa: Almada Negreiros, Augusto Ferreira Gomes, Paulo Ferreira; mais (em 1936) Ophelia Queiroz, a pedido de seu sobrinho Carlos Queiroz, que lá também trabalhava. Em correspondência de 27 de abril de 1933, Pessoa pergunta se haveria para o amigo Armando Teixeira Rabelo "um lugar condigno na Repartição de Propaganda", por fim invocando o "antigo companheirismo". A resposta é precisa: *São poucos os lugares e estão preenchidos*. Completada a carta com palavras que retratam bem aqueles tempos: *Não é só você que se desdobra... Não é só você que é, ao mesmo tempo, Fernando Pessoa e Álvaro de Campos. Eu, por exemplo, sou António Ferro e diretor do Secretariado.* Após o que encerra: *O sr. diretor responde-lhe acima. O António Ferro diz-lhe que se interessou muito pelo seu pedido e que fará por ele o que puder na primeira oportunidade.*

O livro "estava pronto em setembro e eu julgava, até, que não poderia concorrer ao prêmio — pois ignorava que o prazo, inicialmente previsto para final de julho, fosse alargado até o fim de outubro. Como, porém, já havia exemplares prontos de *Mensagem* em fim de outubro *da era do Cristo de Nazaré*, fiz entrega dos que o Secretariado exigia", confessa em carta a Casais Monteiro (20/1/1935). A versão de Pessoa não se sustenta ao simples exame do livro; que outra das condições do concurso para livros é ter, no mínimo, 100 páginas; e *Mensagem* tinha, precisamente, 101[563] — numeradas, sintomaticamente, só até o número 100. Delas, apenas 52 com poemas, além de três com finais desses poemas, muitas em branco ou apenas anunciando títulos — que, em situação normal, ficariam sobre os poemas; fazendo com que, na página que seria a 101, ficasse o complemento de índice que se anuncia na página 97; e, na que seria a 102, nome e endereço do Editorial Império. Só se explicando tantas páginas em branco, com enorme aumento nos custos de produção, por ser necessário atender àquela exigência do concurso para livros — de que tivesse, ao menos, 100 páginas.

Muitos dos poemas de *Mensagem* haviam sido já publicados. Em 1922, os 12 de *Mar Português* na revista *Contemporânea* (volume 2, números 5 e 6) — embora um desses antes publicados, "Ironia",[564] tenha sido substituído por "Os Colombos". Em seguida, também "O infante D. Henrique", "D. João Segundo" e uma primeira versão de "Afonso de Albuquerque" (1933), na revista *O Mundo Português*. Valendo lembrar que, posteriormente à entrega dos exemplares, ainda seriam publicados, no Suplemento Literário do *Diário de Lisboa* (14/12/1934), com ilustrações de Almada

---

[563] Aqui enganou-se Pessoa, ao avaliar o espaço que teria o índice depois de editado; tendo admitido, dado não o poder prever com exatidão, que se encerraria dito índice na página 100 — precisamente o número de páginas exigidas. Tanto que, no projeto do livro, a indicação de ter sido *composto e impresso em Lisboa* vem por ele marcada a lápis nas páginas que seriam 101/102.

[564] Assim dizia esse poema esotérico, "Ironia", que não constou da versão final de *Mensagem*: *Faz um a casa onde outro pôs a pedra./ O galego Colón, de Pontevedra,/ Seguiu-nos para onde nós não fomos./ Não vimos da nossa árvore esses pomos.// Um império ganhou para Castela,/ Para si glória merecida — aquela/ De um grande longe aos mares conquistado./ Mas não ganhou o tê-lo começado.*

Negreiros "O infante", "O mostrengo" e "Prece". Sem que essas edições tenham interferido no concurso; uma vez não ser exigido que os poemas fossem inéditos — outro indício de ser mesmo, esse concurso, dirigido a Pessoa. "O livro estava exatamente nas condições de concorrer" — refere-se, no ponto, ao requisito da *exaltação nacionalista*. "Concorri!" E complementa: "Não o fiz, devo dizer, com os olhos postos no prêmio possível do Secretariado, embora nisso não houvesse pecado intelectual" — a explicação é de 13 de janeiro do ano seguinte. Em 31 de dezembro de 1934, o primeiro andar do restaurante Tavares vivia clima de festa, assim descrito pelo *Diário de Lisboa*: *Durante o almoço, no intervalo de cada prato, o dr. António de Menezes* [secretário dos júris] *foi lendo as atas das reuniões referentes a cada prêmio.*

Julgamento dos outros prêmios

O Prêmio Eça de Queiroz (Romance) ficou sem ganhador; apesar de reconhecer o júri *notáveis qualidades em algumas das obras que lhes foram submetidas*. Nem mesmo restaram premiados *Amores infelizes*, de João Gaspar Simões, ou *Herói derradeiro*, de Joaquim Paço d'Arcos. Com o SPN, ao não atribuir este prêmio, economizando 10 mil escudos — valor que corresponderia ao eventual premiado. Uma providencial economia.

O Prêmio Alexandre Herculano (História) foi atribuído a *D. Maria I*, de Caetano Beirão da Veiga, *considerado um trabalho de grande merecimento*. Com o júri ainda destacando *A caravela portuguesa*, do comandante Quirino da Fonseca, e *Alexandre Herculano*, de Vitorino Nemésio.

O Prêmio Ramalho Ortigão (Ensaio) foi atribuído a *No limiar da idade nova*, de João Ameal, *interessantíssima obra que, no seu aparecimento, foi bastante assinalada pela crítica*. Ameal, só para lembrar, era salazarista de carteirinha.

O Prêmio António Enes (Jornalismo) foi atribuído ao livro de entrevistas *Portugal, vasto império*, de Augusto da Costa, *largo inquérito valorizado por depoimentos... alguns acerca do sentido da colonização portuguesa e do nosso futuro como Nação Imperial*. Por sugestão do júri, foi também atribuído prêmio extraordinário para *Os voronoffs da democracia*, de Fernando Pamplona, que recebeu 2 mil escudos — parte daqueles 10 mil não pagos, pelo SPN, ao prêmio de Romance. Com sobra de 8 mil escudos, portanto, à disposição para qualquer fim.

Segundo o mesmo *Diário de Lisboa, no final do banquete António Ferro declarou que esses prêmios literários, criados pelo SPN, limitavam-se este ano a uma simples tentativa para despertar em Portugal as lutas do espírito*; elogiando o concurso por ter revelado *autores como Vasco Reis ou roubando-os do seu isolamento, como no caso de Fernando Pessoa.* Por fim, tudo regado a muito vinho, *o Sr. Tenente-Coronel Costa Veiga enalteceu a obra de António Ferro. Os premiados compareceram no final do almoço, sendo muito aplaudidos.* Entre eles, só não estava Pessoa.

Julgamento do Prêmio Antero de Quental

O júri do Prêmio Antero de Quental (Poesia) era composto por quatro membros:

– *Um poeta de grande nome nacional.* Foi escolhido Alberto Osório de Castro (1868-1946), ligado à geração da revista *Boemia Nova*, advogado por Coimbra, presidente do Supremo Tribunal de Justiça e do Conselho Superior de Administração Pública, que acabara de publicar *Exiladas.*

– *Um poeta da nova geração literária.* Foi escolhido o advogado e poeta saudosista Mário Beirão, (1892-1965).

– *Dois críticos literários em exercício na imprensa de Lisboa.* Foram escolhidos o tradicionalista Acácio de Paiva, 71 anos (1898-1989), e a professora e escritora Teresa Leitão de Barros, 36.

António Ferro destinou a si próprio o encargo de ser supervisor do júri; e o direito de dar voto de desempate, caso necessário. Mais uma prova de ser mesmo esse prêmio destinado a Pessoa; posto bastarem, para *Mensagem*, dois votos — dado que, havendo empate, Ferro certamente beneficiaria o velho amigo. Mas não teria chance de fazê-lo pois ganhou, por maioria, *A romaria*, do frade franciscano Vasco Reis.[565] *Obra de genuíno lirismo português, que revela uma alta sensibilidade de artista e que tem um valor marcadamente cristão e popular,* disse o júri. *Prêmio logicamente atribuído a um poema que manifestava os atributos mais coerentes de uma estética salazarista,* segundo Alfredo Margarido. *Coletânea de versos simplórios,* para Carlos Felipe Moisés. *Obrinha para marçanos* [aprendizes de caixeiros] *e costureiras, e de ridículo valor literário, um momentâneo abuso de água benta,* palavras de Gaspar Simões. Depois, em conferência de 1977, e ainda mais duramente: *Um poema caricato.* Casais Monteiro escreve a Pessoa (10/1/1935): *Não acho absurdo — acho pelo contrário normal — que um júri ache "Romaria" bom e "Mensagem" bom. Mas, que o mesmo júri que acha*

---

[565] Reproduzindo o que ocorrera em 1887, no julgamento do Prêmio D. Luís, da Academia Real de Ciências — quando *A diligência*, de Eça de Queiroz, perdeu o primeiro lugar para uma peça de teatro menor, *O duque de Vizeu*, de Henrique Lopes de Mendonça.

bom o livro de Vasco Reis, ache também bom o seu, isso é que me deixa side-rado. Mensagem teria sido desclassificado, oficialmente, por não atender ao requisito das 100 páginas. Mas a razão real terá sido certamente outra. Porque também o livro vencedor do concurso tinha menos que 100 páginas de versos, 93 apenas; usando-se, na edição de *A romaria,* o mesmo recurso de folhas em branco e solitários números de capítulos para atender àquela exigência do número de páginas.

Mas como votou o júri? Perdidas as atas do julgamento, cabe só especular. Osório de Castro certamente votou contra. Segundo ele, *ao ler "A romaria", tivera a sensação que lhe produziria a aparição de um Cesário Verde ou um António Nobre.* Um voto para *A romaria.* Outro, provavelmente, foi do velho (ex) amigo Mário (Gomes Pires) Beirão. Que Beirão já não era aquele que mandava a Pessoa livros dedicados *com muita amizade e a mais alta admira-ção pelo seu talento (Cintra)*; ou, quase as mesmas palavras, em *homenagem de maior admiração por seu talento (O último lusíada).* Apesar de ter sido, um dia, próximo a Pessoa, Sá-Carneiro até considerava terem sido escritos por Beirão, à maneira de Fernando Pessoa, o soneto "Ausente" e certos versos de "Sintra". O próprio Pessoa chegou a ser seu confidente, entre 1912 e 1914, quando mantiveram correspondência frequente. Em carta, fala no "seu parente espiri-tual John Keats" e diz que "v. é tão perfeito e muito mais perfeito" (6/12/1912). Em outra, o considera "grande poeta e grande artista"; e como professor, referindo-se a um discípulo, comenta poesias recebidas indicando que "ne-nhuma delas parece marcar um novo estado dentro de sua obra. Tenho curio-sidade em saber em que sentido você vai evoluir" (19/7/1914). Se o soubesse, não gostaria desse futuro. A partir de 1914, distancia-se do grupo de rebeldes literários que tem Pessoa como chefe, mantendo-se fiel ao saudosismo da Re-nascença Portuguesa — a mesma que editara seus quatro primeiros livros. Desde então, não mais se escreviam; e, com o tempo, a distância aumentou. Pessoa se opunha ao Estado Novo; enquanto Beirão, eternamente cândido, continuava um apaixonado pelas promessas de Salazar. Tanto que escreveu a letra do hino da Mocidade Portuguesa — organização juvenil que ensinava aos jovens a ideologia do Estado Novo. Esse hino, exaltando o "clamor das tubas", prova de que Beirão não evoluiu na sua poesia, começa assim:

Lá vamos, cantando e rindo
Levados, levados, sim
Pela voz de som tremendo
Das tubas — clamor sem fim.
Lá vamos, que o sonho é lindo!

Torres e torres erguendo.
Clarões, clareiras, abrindo!
Alva de Luz imortal,
Que roxas névoas despedaçam
Doira o céu de Portugal!

Beirão se vinga do seu jeito. Escondido. Não lhe valendo a lembrança de Oscar Wilde, *Os verdadeiros amigos apunhalam pela frente*. Dois votos para *A romaria*, pois. Como o julgamento se deu por maioria, falta um. Sem maiores indícios, aposto em Acácio de Paiva para esse terceiro voto — apenas por conta de sua idade avançada. Em trecho da ata perdida, transcrita no *Diário de Lisboa* só parcialmente, assim se manifestou o júri (resumo): *O autor tem 23 anos e é completamente desconhecido do público, exercendo atualmente a sua nobre atividade espiritual como missionário franciscano no interior da província da Beira, em Moçambique*.

Um prêmio para *Mensagem*

Continua o *Diário de Lisboa*, na transcrição da ata: *Quanto à segunda categoria, o prêmio foi atribuído a* Mensagem, *de Fernando Pessoa, para o júri um alto poema de evocação e de interpretação histórica, que tem sido merecidamente elogiado pela crítica... Seu autor, isolado voluntariamente do grande público, é uma figura de marcado prestígio e relevo nos meios intelectuais de Lisboa e uma das personalidades mais originais das letras portuguesas*. É que Ferro, coincidentemente ordenador de despesas do governo, jamais deixaria o velho amigo desamparado; e *Mensagem* acaba por receber o prêmio destinado a poemas com menos de 100 páginas — *atendendo ao alto sentido nacionalista da obra e ao fato do livro ter passado para a segunda categoria apenas por uma simples questão de número de páginas*; decidindo, *o diretor do SPN... elevar para 5.000 escudos o prêmio atribuído a* Mensagem *de Fernando Pessoa*.

Sobre esse ponto não há consenso. Para muitos, ainda hoje, esse prêmio de consolação teria sido conferido pelo próprio Ferro, a Pessoa, para beneficiar um amigo em necessidades. Só que essa posição, ao exame dos fatos, não se sustenta. Em oposição a ela temos declaração de Eduardo Freitas da Costa, que sustentou existir mesmo esse prêmio de *segunda categoria*, para poema ou poesia solta, em que *os versos integrados se manifestem*; desde que, como o da primeira categoria, fosse *publicado de 1º de julho de 1933 a 31 de outubro de 1934*. Não só ele. Também António Quadros indicou haver mesmo um prêmio de mil escudos para livros com menos de 100 páginas;

cabendo a Ferro apenas a decisão de elevar esse valor para 5 mil escudos. Além de conferir esse prêmio a um livro — em vez de poesia solta, como pedia o regulamento (não custa lembrar). Certo que sempre se poderá dizer serem suspeitos, esses depoimentos; posto que dados por um primo de Pessoa (Freitas) e um filho de Ferro (Quadros). Não obstante, o fato resta inquestionável quando se considere texto de A.N. (Albano Nogueira), sob título "Uma iniciativa cultural", na p. 15 da revista Presença (nº 40, dezembro 1933), em que se confirma a existência das duas categorias para o Prêmio Antero de Quental. Dando legitimidade a esse depoimento, considere--se ainda que o autor do artigo, falando em nome da revista *Presença*, critica duramente o concurso. E o próprio Ferro. Ainda sugerindo fosse, o Prêmio Antero de Quental, dado ao sr. António Correia de Oliveira. Não se podendo cogitar, pois, de que estivesse protegendo Pessoa ou Ferro — dado que, à época do artigo, sequer haviam sido abertas as inscrições do concurso. Seja como for, o prêmio foi pago. Há recibo, na Torre do Tombo, que confirma esse pagamento. De resto, sobravam recursos para tanta liberalidade. É que, economizados os 10 mil escudos do prêmio de romance, foram gastos apenas 2 mil o prêmio extra de jornalismo; e assim, mesmo acrescentando alguns mil escudos aos mil que supostamente já caberiam a *Mensagem*, ou pagando 5 mil de um prêmio inventado, o SPN ainda poupou alguns milhares de escudos no concurso.

O depoimento de Luis de Oliveira Guimarães é importante, para compreender o que verdadeiramente se passou: *Como o júri de um concurso de poesia do SPN não tivesse escolhido* Mensagem, *o Ferro ficou muito pesaroso. Eu também achei que a obra do padre não valia grande coisa. Pusemo-nos então a ver se se podia criar um galardão extra, uma espécie de prêmio sobressalente para o Pessoa. Lá conseguimos arranjar um de cinco contos, bastante dinheiro... O ambiente que havia tornava-se propício, pelo seu sentido de justiça, a essas situações, os cafés, os teatros, as livrarias, revelavam-se espaços abertos à solidariedade e à má-língua. O Chiado tornara-se uma coscuvilhice* [intriga] *pegada. Caía lá tudo.* Ferro, é certo, toma essa decisão para amparar um companheiro mergulhado em dívidas; mas, também, por talvez ser o único no julgamento capaz de verdadeiramente compreender a grandeza de *Mensagem*. Quase a mesma impressão dos críticos do seu tempo. Uma única resenha foi restritiva, de Tomás Ribeiro Colaço, para quem eram poemas excessivamente intelectuais, *muitas vezes, e apenas, telegramas de um notável poeta... que raros decifrarão.*[566] As demais resultaram

---

[566] Uma crítica natural, para gente do Estado Novo como ele, diretor que era do semanário de extrema-direita *O Fradique*.

positivas, até de salazaristas como João Ameal e João de Castro Osório. *O Diabo* (jornal que se opunha à ditadura), por exemplo, encerra crítica sobre a obra dizendo: *Ainda que seu autor nunca mais escrevesse um verso, o seu nome ficaria para sempre ligado à mais rica poesia portuguesa*. E *Presença* (nº 46, de outubro de 1935) proclama: *Pela originalidade, a segurança e a força quer das intenções, sentimentos e ideias quer dos meios de expressão — é um desses livros superiores que só muito de longe e longe aparecem*.

Esse prêmio para poemas com menos de 100 páginas corresponde a bastante dinheiro, sobretudo para quem tem ganhos incertos como Pessoa. Hoje, sem contar a inflação, algo como 3.500 euros. Na época, segundo pesquisa de António Mega Ferreira, *um relógio "Longines" de ouro de dezoito quilates custava mil escudos*; sendo bastante, o prêmio, para comprar *mais de cem toneladas de bacalhau graúdo*. Pessoa paga todos os credores — entre eles Júlio Trindade, pelo álcool fornecido todas as noites na esquina de sua casa. E vive algum tempo em paz. Sem *meter vales à caixa* na Casa Moitinho — segundo o filho do proprietário, Luís Pedro Moitinho de Almeida. Mas sobra-lhe pouco; e, logo, passa a fazer novas dívidas. Ao morrer, poucos meses depois, só ao mesmo Trindade já deve 600 escudos. Talvez por conta de tantas dívidas considera essa premiação, "em condições especiais, para mim muito honrosa". Em breve "comentário" (sem título), publicado no *Diário de Lisboa* em 4 de janeiro de 1935, vai mais longe e diz ter sido o prêmio dado "justissimamente" a *A romaria*. Um poema "adorável", de "um admirável artista". "Não conheço livro, em prosa ou verso, que interprete tão pagãmente, tão cristãmente, a alma religiosa de Portugal. Isso já não é Portugal. É talento." José Blanco me disse não ver, nessas palavras, *qualquer ironia*. Para mim, tenho que o exagero no elogio aponta em sentido contrário; tanto que não por acaso, em texto posterior, diz Pessoa ter se vingado "com luva branca[567] de meu rival".

A entrega do prêmio

O baile em que se fez a entrega dos prêmios (de acordo com notícia de um jornal de Lisboa), inicialmente marcado para o dia 14, ocorre em 21 de fevereiro de 1935. Apenas alguns dias depois de ter Pessoa (em 4/2) escrito aquele artigo explosivo, "Associações secretas", em favor dos maçons; e de ser proibido, pela censura, de falar sobre o assunto (em 8/2). Segundo *O Século, lá estiveram todos os premiados*. Salazar fez discurso inflamado sobre a subordinação das artes à política, lembrando *os princípios morais e patrió-*

---

[567] No Brasil, a expressão equivaleria a *luva de pelica*.

ticos que estão na base deste movimento reformador [o Estado Novo] *e impõem à atividade mental e às produções da inteligência e sensibilidade dos portugueses certas limitações, devendo mesmo traçar-lhes algumas diretrizes.* Manuela Nogueira lembra que, à hora da premiação, *encontram-no muito encolhido numa carruagem do comboio para o Estoril.* Do convite, encontrado intacto na Arca, constava como exigência *traje de noite.* Ao barbeiro Manassés, Pessoa dá uma desculpa esfarrapada (literalmente) para essa ausência — a de não ter "farpela [roupa] para a festa".[568] Como disse um ano antes, em "Datilografia", "pobre do que perdeu o lugar oferecido por não ter casaco limpo com que aparecesse".

A romaria

A romaria, de Vasco Reis, é dedicado *à minha mãe.* Em *Carta-Prefácio do Sr. Dr. Alfredo Pimenta*, monárquico e opositor da maçonaria, assim o livro é definido: *Nossa terra está necessitada de livros sãos que sejam belos — coisa rara entre nós e fora de nós, pois nos consumimos pendularmente entre dois polos: ou beleza mórbida ou inocência enfadonha. O seu livro concilia as duas qualidades essenciais: é puro e é belo.* Depois das críticas que recebeu por sua posição em favor dos maçons, agora essa louvação a Vasco Reis. Pessoa responde com texto que fica na Arca, "Barril de lixo" (resumo): "O Sr. Doutor Alfredo Pimenta é homem que lê ao quilo e estuda ao metro. Resultado — ignorância quilométrica. Há psiquiatras que dizem que os imbecis têm uma acentuada tendência aritmética. O Sr. Doutor Alfredo Pimenta faz milagres. Lê livros escritos em línguas que não conhece; compreende perfeitamente assuntos de que não sabe nada. O Sr. Doutor A[lfredo] P[imenta], sem saber latim, é, pelo menos *honoris causa,* Doutor em Improbidade." *A romaria*, ironicamente, reproduz o mesmo gosto de Pessoa por citações latinas — como na própria capa, sob o título, a inscrição *Si quaeris miracula* (Se procuras milagres); e, outra ironia, começa lembrando as festas do santo a quem deve Pessoa o seu nome:

---

[568] *Com que roupa que eu vou?*, diria mais tarde *um português fagueiro e sem dinheiro,* na marchinha de Noel Rosa (*Com que roupa?*).

Ena![569] pai.
Que alegria por aí vai!
Santo António teve um dia,
De alto lá, p'ra Romaria!

Em seguida, temos uma sequência de expressões de gosto discutibilíssimo: *Auroral lindo e Divino, sois o Carro Triunfal, Ó alma de passarinho*; além de inacreditáveis diálogos, como este:

BOLCHEVISTA (chicoteando o macho):[570]
Arre macho! up! up! vais a dormir, diabo!
Tens vocação p'ra frade e ócio de nababo!...
Porca de vida a minha!
ENTREVADINHA:
Ó filho, tem paciência!
A Dor é sempre um bem nas mãos da Providência!...
BOLCHEVISTA (desabrido):
Caladinha, mulher! ou temos salsifré![571]
Se vês que o macho arreia, então vai tu a pé...

Findando o livro, com esta exortação:

E disse a Frei António:
"És português;
És bom e humano; és santo — anda comigo!
Sê pródigo conosco, atende os teus!"
— E o Mal foi nuvem,[572] que o sol desfez...

Vasco Reis, para Gaspar Simões, era só um *cândido franciscano, tão pobre de talento quanto o fundador da sua ordem era pobre de bens deste mundo*. Seus contemporâneos não ficaram dele com impressão muito diferente. Nascido Manuel Joaquim Reis Ventura (1910-1992), o autor, à época do concurso missionário em Moçambique, logo abandona a batina. E seu nome poético. Passa então a escrever prosa, assinando-se como Reis Ventura; e artigos de economia, com seu nome de batismo completo. Era como se tivesse vergonha de ter escrito *A romaria*. Em 1973, considera esse concurso *um equívoco que profundamente me molesta. Não há termo de comparação entre "Mensagem" e*

---

[569] Em Portugal, interjeição de surpresa, alegria, admiração. No Nordeste brasileiro, equivaleria a *Eita!*
[570] *Macho*, aqui, é mulo — filho de cavalo e jumenta (ou de jumento e égua).
[571] *Salsifré* é um baile popular.
[572] No verso, com o sentido de *dor*.

o poema dos meus 19 anos, chamado "A romaria". Embora regularmente figurasse "A romaria", em primeiro lugar, não pode haver dúvidas em termos de comparação com a obra magnífica desse gênio; e completa, numa carta a *O Jornal* (publicada em 19/11/1985), dizendo que seus *versinhos de adolescente nem sequer existem,* e *quem ganhou o prêmio foi mesmo Pessoa.*

Pessoa e o início caótico da República

Para compreender as razões por trás do julgamento de *Mensagem*, distante dos méritos apenas literários, é preciso voltar no tempo. Pessoa vive o fim da monarquia sem mais acreditar nela; e, apenas dois anos depois de proclamada a República, já se desencanta com as novas figuras da corte. "Quando fizemos uma revolução foi para implantar uma coisa igual à que lá estava... Foi um gesto infantil, de superfície e fingimento". Segundo Joana Amaral Dias, a obsessão de Pessoa pela *ideia de ordem* o remete à busca do pai, *uma figura de autoridade.* Por isso, talvez, repudia o "republicanismo dessa gente"; começa a elaborar uma *Teoria da república aristocrática,* retomando o sentido grego do termo *aristos* (os melhores); e anseia por um "Cromwell a vir",[573] que Portugal exigia alguém com esse perfil.

> Com lixo, dinheiro dos outros, e sangue inocente,
> Cercada por assassinos, traidores, ladrões (a salvo)
> No seu caixão francês, liberalissimamente,
> Em carro puxado por uma burra (a do Estado) seu alvo,
> Passa para além do mundo, em uma visão desconforme,
> A República Democrática Portuguesa.
>
> "Marcha fúnebre", Fernando Pessoa

Três personagens, nele, poderiam talvez encarnar esse Cromwell português. Primeiro, o general (Joaquim) Pimenta de Castro (1846-1918), "um dos melhores ditadores de nossa história" — que dirige Portugal, em 1915, por pouco mais de três meses. Segundo, o general Sidónio (Bernardino Cardoso da Silva) Pais (1872-1918), um "indisciplinador de almas" — também aplicando Pessoa, por vezes, essa expressão a si próprio. O "Rei-Média",

---

[573] Oliver Cromwell (1599-1658) derrotou as tropas reais em Naseby (1645), instituiu uma Corte de Justiça que condenou à morte o rei Carlos I (1649) e dissolveu o Parlamento (1653). Exerceu o poder com mão de ferro, sob o título de *Lord Protector* da Inglaterra. A referência decorre de ter o país, sob seu comando, vivido evidente progresso. Só para lembrar, Cromwell foi substituído em 1660 por Carlos II (1630-1685), instituidor do *habeas corpus* e casado com a princesa portuguesa Catarina de Bragança — a mesma que inaugurou, na Inglaterra, o hábito do *chá das cinco.*

assim o chamava Álvaro de Campos, foi ministro do Fomento e das Finanças no governo de João Chagas (1911) e embaixador em Berlim (1912-1916). Filiado ao Partido Unionista de Brito Camacho, chefiou insurreição militar contra a entrada do país na Primeira Guerra. Vitoriosa essa insurreição, e instalada a República Nova em 8 de dezembro de 1917, Sidônio dissolve o parlamento, censura a imprensa, prestigia os monarquistas e faz-se nomear primeiro-ministro de uma Junta de Salvação Pública; sendo finalmente eleito, em 9 de maio de 1917, presidente da República quando pela primeira vez se votou em Portugal para presidente da República (eleições para deputados havia desde os tempos da monarquia). Para Pessoa, segundo José Blanco, seria a própria *reencarnação do rei D. Sebastião*. Por pouco tempo, que logo o critica: "Sua regência foi célebre pela imoralidade, pela prolixa vergonha nos negócios escusos e nos crimes políticos." Tinha o perigoso hábito de se misturar à multidão. Alvo fácil, sobrevive a um primeiro atentado em 6 de dezembro de 1918; mas não aos três tiros do segundo, logo depois, "no piso superior da Estação do Rossio — na noite de 14 de dezembro de 1918, quando vai tomar o expresso do Norte" que o levaria ao Porto. Foi enterrado na Igreja de Santa Engrácia[574] — elevada mais tarde à condição de Panteão Nacional por lá estarem outros presidentes como Teófilo Braga e Oscar Carmona; escritores como Almeida Garrett, Guerra Junqueiro e João de Deus; e o marechal Humberto Delgado.[575] A esse presidente Pessoa dedica trovas ("Um dia o Sidónio torna/ Estar morto é estar a fingir") e, em 27 de fevereiro de 1920, este poema épico de 240 versos:

> Longe da fama e das espadas,
> Alheio às turbas ele dorme.
> Em torno há claustros ou arcadas?
> Só a noite enorme.
>
> Porque para ele, já virado
> Para o lado onde está só Deus,
> São mais que Sombra e que Passado
> A terra e os céus.
>
> "À memória do presidente-rei[576] Sidónio Pais", Fernando Pessoa

---

[574] Diz-se *Obras de Santa Engrácia*, mais em Portugal que por aqui, a tudo que não tem fim; porque, iniciada a construção da igreja em 1683, viria ela a se completar só três séculos depois. Em 1755, foi destruída por um terremoto; e em 1921, como se fosse maldição, devorada pelo fogo.

[575] Também, por algum tempo, a fadista Amália (da Piedade Rebordão) Rodrigues (1920-1999) — na sala dos escritores, agora denominada sala da Língua Portuguesa. Transferidos seus restos, depois, para o Panteão Nacional.

[576] O poema, quando publicado na revista *Ação* (do Núcleo Nacional), teve censurada a palavra Rei — que para o governo, ao evocar D. Sebastião, prestigiava a monarquia.

A partir de 1925, começa a maior crise da república. Uma primeira tentativa de golpe de Estado, em 18 de abril, fracassa. Mas outras viriam. Em 11 de dezembro, o presidente Manuel Teixeira Gomes (1860-1941) se demite e parte para o exílio. Bernardino Machado, presidente expulso por Sidónio Pais (1917), é eleito para um segundo mandato, cabendo a chefia do governo, pela sexta vez, a António Maria da Silva (1872-1950). Mas só até 28 de maio de 1926, quando outro golpe leva ao poder uma junta militar que tem como homem forte o general (António Oscar de Fragoso) Carmona (1869-1951). As restrições de Pessoa ao parlamentarismo explicam sua adesão espiritual a esse golpe. (Manuel) Gomes da Costa (1863-1929) é nomeado presidente da república. Por pouco tempo; pois, em 9 de julho, também ele estaria no exílio. Carmona, presidente nomeado em 16 de novembro de 1926 — e depois eleito (com 100% dos votos, sem nulos nem abstenção), como candidato único, em março de 1928 —, permanece no cargo até sua morte, em 18 de abril de 1951. Estão criadas as condições históricas para o surgimento do terceiro daqueles personagens.

Salazar, o homem e a hora

António de Oliveira Salazar nasceu em 28 de abril de 1889 — ao norte de Coimbra, em Vimeiro, Santa Comba Dão. De família modesta, antigo seminarista em Viseu, foi regente da cadeira de Economia e Finanças na Faculdade de Direito de Coimbra. Em 1921, eleito deputado pelo Centro Católico, renuncia no primeiro dia de mandato. Afinal, em 27 de abril de 1928, passa a ser ministro das Finanças do novo governo. Para Pessoa, no começo, é "o homem certo, na hora certa". Exerce controle sobre as contas de todos ministérios, por só ele poder autorizar despesas, e dirige o governo sem ouvir ninguém. *Sei muito bem o que quero e para onde vou*, repetia sempre essa frase. Ano seguinte, contra todas as expectativas dos portugueses, já consegue *superávit* nas contas públicas.[577] E, em 5 de julho de 1932, torna-se (na

---

[577] O fato não deve estranhar a quem conheça como administrava sua casa, mesmo depois de já ser primeiro-ministro. Sempre com austeridade. Pagava *do próprio* [bolso] *a governanta*, segundo seu biógrafo Franco Nogueira. Essa descrição é complementada por outro biógrafo, Joaquim Vieira — que entre outros achados prova não ter tido, como se pensava, relações íntimas com sua governanta de toda vida, D. Maria de Jesus Caetano Freire (morta *virgem como veio ao mundo,* segundo autópsia do diretor do Lar João XXIII, em Alvalade.) Vieira revela que custeava eletricidade, água, combustível e telefones domésticos. As roupas eram cerzidas até quando dessem. Tinha horta, para evitar a compra de couve, nabiças, feijão-verde e batatas. E também criava pombos, patos, perus e galinhas (chegou a ter mais de 500), que usava nas refeições ou vendia ao Hotel Aviz, a preço de mercado, complementando o orçamento doméstico.

prática) ditador plenipotenciário — embora fosse (de direito) apenas presidente do Conselho de Ministros. Salazar, como Hitler e Mussolini, nunca foi presidente da república. "Confio no professor Salazar por um motivo primário e dois motivos secundários. O motivo primário é aquele de ter as duas notáveis qualidades que ordinariamente falecem no português, a clareza firme da inteligência, a firmeza clara da vontade. Dos motivos secundários, o primeiro é o que tenho notado de realmente *feito*, e que antes não se fazia. O segundo desses motivos é o acréscimo do nosso prestígio no Estrangeiro. Disse que confio porque confio. Não vou mais longe." Em 1928, Pessoa escreve *Interregno — Defesa e justificação da ditadura militar em Portugal*, um *Manifesto Político do Núcleo de Ação Nacional*. Esse "interregno" é o tempo que separa a Primeira República do Estado Novo, nele se vendo a importância que dava à ordem. "Se uma nação fosse uma aldeia, bastaria a polícia; como é uma nação, tem que ser a Força Armada inteira", após o que declara — "Sim, sou situacionista." Não por muito tempo.

Um Salazar tiraninho

Aos poucos, o governo começa a revelar traços autoritários, restringindo as liberdades públicas de falar, publicar, se reunir. Em 1932, reagindo contra a censura, Pessoa já fala na "mão irônica do Prof. Oliveira Salazar". "Chegamos a uma época singular, em que nos aparecem todos os característicos duma decadência." Seus primeiros textos críticos remontam a 1930. Entre eles um, em resposta a manifesto da União Nacional, que começa assim: "Desejo, pelo presente escrito, contraditar os princípios expostos no manifesto, um tanto ou quanto alfabético, que o Governo fez por leitura em 30 de julho... A tese do Prof. Salazar é um apanhado de princípios políticos já conhecidos... A minha tese, ao contrário, trará resultados de absoluta novidade." O Estado Novo Corporativo se formaliza com a Constituição (de 11 de abril) e o Estatuto do Trabalho Nacional (de 23 de setembro, ambos em 1933). A partir daí, Pessoa passa a denunciar o "sovietismo direitista da União Nacional", em que há uma "teocracia pessoal". Para ele, "a Ditadura Portuguesa se mantém por duas razões: o medo do comunismo e a insuprimibilidade de Salazar. *É o alcoolismo sociológico*". Em Portugal, diz-se também ser um *seminarista*, lembrando os dez anos que passou em Viseu (até 1917). Segundo Pessoa, era um "seminarista da Contabilidade" — dado ter sido, como vimos, ministro das Finanças. Depois, comparando Salazar a Mussolini e Hitler, declara que "assistimos à cesarização [aquele que se torna déspota, como Júlio César] de um contabilista", "O Chefe do Governo não é um estadista, é um arrumador", um *"cadáver excêntrico*, tipo do perfeito executor da ordem. Tudo quanto faz se ressente dessa penumbra dos Reis malogrados". Ficou por essa época famoso, em Portugal, um bacalhau *à Salazar;*[578] devendo-se, o nome do prato, a que nele não se põe azeite — porque, segundo o povo, *se for magro não o merece e se for gordo não precisa.*

BACALHAU À SALAZAR

Ingredientes: ½ kg de bacalhau, 1 kg de batatas, 50 ml de vinagre, 2 dentes de alho, pimenta-do-reino.

Preparo: Lave e dessalgue o bacalhau. Em panela, coloque bacalhau, batatas descascadas e água, até que cubra tudo. Quando estiver cozido, coe a água e coloque o bacalhau em travessa. Tempere com vinagre, alho, pimenta e sirva.

Esse malquerer com Salazar aumenta, depois, na reação aos maçons. Em carta a Casais Monteiro (30/10/1935), diz ter substituído a regra lógica da censura "não se pode dizer isso ou aquilo" pela soviética do "tem que se dizer aquilo ou isto". Passa então a se referir a ele, publicamente, sempre com restrições: "É só um dedo, um dedinho. E pelo dedo se conhece o Anão."[579] Como um ato de resistência, em 16 de março de 1935, escreve poema que acaba publicado só depois de sua morte — em 2 de setembro de 1937, no número 9 da revista *Seara Nova.* Abaixo do título, uma indicação entre parênteses — "Falta uma citação de Sêneca". Não se sabe qual seria, mas talvez pensasse em *Os verdadeiros bens, sólidos e eternos, são aqueles da razão (Epístola 74).*

> Ai que prazer
> Não cumprir um dever,[580]
> Ter um livro para ler
> E não o fazer!

---

[578] No caso, uma ironia. Salazar até gostava de uma torta de bacalhau desfiado, mas seu prato preferido eram mesmo sardinhas fritas com salada de feijão-frade.

[579] Esse *Anão*, com maiúscula no texto, refere-se ao próprio Salazar; substituído, com sentido de ironia, o gigante do provérbio latino *Ex digito gigas* (pelo dedo se conhece o gigante).

[580] Os versos quase reproduzem outros de Álvaro de Campos, "O ter deveres, que prolixa coisa!"; ou "Ah a frescura na face de não cumprir um dever". Só que, agora, refere-se a seu país; dando-se que Salazar exige, dos intelectuais, compromissos com o Estado Novo. Isso diz, enfaticamente, no discurso de entrega do prêmio a que concorre *Mensagem,* quando discorre sobre *certas limitações e diretrizes* que os *princípios morais patrióticos, do governo, impõem à atividade mental e às produções da inteligência e da sensibilidade.* No próprio prefácio de seu livro *Discursos,* por exemplo, declara Salazar que *os escritores portugueses deveriam, em todos os seus escritos, seguir as diretrizes do Estado Novo.* Esse prazer do verso, então, seria outro. O prazer de descumprir as determinações de um tirano.

Ler é maçada.[581]
Estudar é nada.

O sol doira
Sem literatura.

O rio corre, bem ou mal,
Sem edição original.
E a brisa, essa,
De tão naturalmente matinal,
Como tem tempo não tem pressa...

Livros são papéis pintados com tinta.
Estudar é uma coisa em que está indistinta
A distinção entre nada e coisa nenhuma.

Quanto é melhor, quando há bruma,
Esperar por D. Sebastião,
Quer venha ou não!

Grande é a poesia, a bondade e as danças...
Mas o melhor do mundo são as crianças,
Flores, música, o luar, e o sol, que peca
Só quando, em vez de criar, seca...[582]
O mais do que isto
É Jesus Cristo,
Que não sabia nada de finanças[583]
Nem consta que tivesse biblioteca...

"Liberdade",[584] Fernando Pessoa

Enviado à censura da Polícia de Vigilância e Defesa do Estado — PVDE
(convertida na Pide, em 1945) —, como se exigia à época, o penúltimo

---

[581] No *Desassossego*, dizia que "sentir é uma maçada"; mas a frase ganha novo sentido, agora, sugerindo Pessoa que ler escritos de louvação ao Estado Novo seria mesmo só "maçada".

[582] Esse sol não seria o real, a que se refere Search em 1908, "Eu amo o sol com enorme prazer" (em "A day of sun"); ou o que cita na própria *Mensagem* ("Os castelos"), representado por Ulisses, "Sol que abre os céus". Mas um outro, só metáfora, que refere ao citar António Telmo — para quem *Dizer o sol ou dizer Portugal é o mesmo*. Esse "sol" do poema, *sol da liberdade em raios fúlgidos*, será seu próprio país. No caso Portugal (*o Sol*) que, em vez de "criar" com a democracia, "seca" sob a censura de Salazar.

[583] Salazar, antes professor de Economia e Finanças em Coimbra, passou depois (1928) a ser ministro das Finanças de Portugal. Mas, para Pessoa, um mero *seminarista*, entendedor de finanças, jamais poderia se comparar ao próprio Cristo.

[584] Mesmo título de poema anterior, de Alexander Search ("Liberty"), que começa dizendo: "Oh, sagrada Liberdade, querida mãe da Fama". Um poema que teve recusada sua publicação pelo *The Natal Mercury*, dada a veemência das acusações contra a política da Inglaterra, na África do Sul.

verso (o tal do "não sabia nada de finanças") foi cortado,[585] e acabou liberado só dois anos depois — quando eram outros os censores e já estava morto Pessoa. Mas a companheiros de café, como Manuel Mendes, entrega sua versão original. No próprio ano em que morre, ainda escreveria três outros poemas com título único de "Salazar" — todos de 29 de março, assinados pelo heterônimo Um Sonhador Nostálgico do Abatimento e da Decadência e publicados só depois da Revolução dos Cravos. Muitas cópias são tiradas pelo próprio Pessoa; e amigos, como Luiz Rei Santos (um dos participantes do I Salão de Independentes da Sociedade Nacional de Belas-Artes), os recitam de cor. Aos poucos, por força das recitações, alguns acabaram ganhando variantes, sendo mais confiável a versão que ficou na Arca. O primeiro é só uma brincadeira com seu nome:

> António de Oliveira Salazar.
> Três nomes em sequência regular...
> António é António[586]
> Oliveira é uma árvore.
> Salazar é só apelido.
> Até aí está bem.
> O que não faz sentido
> É o sentido que tudo isto tem.

Depois, vem o mais famoso deles:

> Este senhor Salazar
> É feito de sal e azar.
> Se um dia chove,
> A água dissolve
> O sal,
> E sob o céu
> Fica só azar, é natural.
>
> Oh, com os diabos!
> Parece que já choveu...[587]

---

[585] Pessoa responde a Salazar com um "Fado da censura", que tem esse estribilho: *Neste campo da Política/ Onde a Guarda nos mantém,/ Fado, responde a Censura;/ Olho, mas não vejo bem.*

[586] Como o próprio Pessoa, que é Fernando António.

[587] Mais tarde, também Manuel Bandeira escreveria brincadeira com o nome de Salazar, quando lhe pediram para homenagearem o presidente Craveiro Lopes, em visita a Academia Brasileira de Letras. Assim começa: "Craveiro, dá-me uma rosa", que começa assim: *Craveiro, dá-me uma rosa!/ Mas não qualquer, General:/ Que quero, craveiro, a rosa/ Mais linda de Portugal!/ Não me dês rosa de sal./ Não me dês rosa de azar./ Não me dês, Craveiro, rosa/ Dos jardins de Salazar!*

O terceiro poema começa por criticar o fato de não gostar, Salazar, dos bares que Pessoa frequenta:

Coitadinho
Do tiraninho!
Não bebe vinho.[588]
Nem sequer sozinho...

Bebe a verdade[589]
E a liberdade.
E com tal agrado
Que já começam
A escassear no mercado.

Coitadinho
Do tiraninho!
O meu vizinho
Está na Guiné

E o meu padrinho
No Limoeiro[590]

Aqui ao pé.[591]
E ninguém sabe por quê.

Mas, enfim, é
Certo e certeiro
Que isto consola
E nos dá fé.

Que o coitadinho
Do tiraninho
Não bebe vinho,
Nem até
Café.

---

[588] Ao contrário do verso, Salazar bebia mesmo vinho. E bem. Sem esquecer que, também, era produtor desses vinhos. O *barão* Abel de Santiago me disse ainda lembrar quando, indo de Lisboa a Santa Comba, Salazar fazia refeições no restaurante-café Santiago (Avenida dos Combatentes da Grande Guerra, 7, em Leiria), pertencente a seu pai, Abel Coelho Santiago. E, lá, pedia sempre o vinho tinto da casa. Depois, em 1946, dito Abel Coelho assinou abaixo-assinado redigido por Victor Meireles, exigindo eleições livres no país, e Salazar nunca mais pôs os pés no seu restaurante.

[589] No referido "Interregno — defesa e justificação da ditadura militar em Portugal", diz Pessoa: "O princípio da verdade está no conhecimento do erro"; e, em "O marinheiro": "Isso é tão estranho que deve ser verdade". Álvaro de Campos completa: "Estou hoje vencido, como se soubesse a verdade." Só que essa "verdade", agora, desaparecera do mercado sob as mãos pesadas de Salazar.

[590] Limoeiro, como vimos, é um presídio.

[591] "Ao pé" porque ficava bem próximo ao Chiado.

Em seguida (29/7/1935) vem outro (sem título), agora sério e assinado com seu próprio nome, criticando já não Salazar, mas o próprio Estado Novo por ele representado. Aqui citamos, para ideia da veemência do texto, apenas suas primeira e última estrofes:

> Sim é o Estado Novo, e o povo
> Ouviu, leu e assentiu.
> Sim, isto é um Estado Novo
> Pois é um estado de coisas
> Que nunca antes se viu.
> (...)
> Que a fé seja sempre viva
> Porque a esperança não é vã!
> A fome corporativa
> É derrotismo. Alegria!
> Hoje o almoço é amanhã.

E também esse "Poema de amor em Estado Novo" (8-9/11/1935), mais uma vez firmado em seu nome, do qual igualmente se citamos as primeira e última estrofes:

> Tens o olhar misterioso
> Com um jeito nevoento,
> Indeciso, duvidoso,
> Minha Maria Francisca[592]
> Meu amor, meu orçamento!
> (...)
> Bem sei: por esses meus modos
> Nunca me podes amar.
> Olha desculpa minhas todas
> Estou seguindo as diretrizes
> Do professor Salazar.

Havia razões de sobra para essas críticas. Em minuta de carta ao Presidente Carmona (1935), está: "Não sabia que a ordem nas ruas, nas estradas, nas pontes e nas esquadras tinha de ser comprada por tão alto preço — o

---

[592] Referência (provável) a D. Maria I, batizada como Maria Francisca Josefa Antônia Gertrudes Rita Joana — rainha de Portugal, entre 24 de março de 1777 e a data de sua morte, 20 de março de 1816, no Rio de Janeiro. Era conhecida como *a Piedosa*, por sua devoção religiosa; ou como *a Louca*, por conta de doença mental que a acompanhou nos últimos 24 anos de vida. Para Pessoa, a loucura de Salazar equivaleria à da velha rainha.

da venda a retalho da alma portuguesa." O cenário de relativa liberdade, nas manifestações culturais, era devido ao velho companheiro e secretário António Ferro — supervisor do júri, bom não esquecer. Sendo até natural que essa convivência entre ditador e intelectual não pudesse mesmo durar. Logo depois, Ferro seria enviado (*exilado*, sugere Manuela Parreira da Silva) para longe de Portugal, ocupando cargos públicos em Berna e Roma. Ironicamente, seu último livro, editado quando já estava morto, é *Saudades de mim*. No episódio do concurso, terá então entendido o júri que *Mensagem* andava longe das orientações do governo; e, sobretudo, não ficava bem premiar quem já lhe vinha fazendo oposição. As críticas de maior contundência não haviam ainda chegado ao grande público, é certo; mas eram bem conhecidas nos lugares por onde andava, e no seu grupo de amigos, muitos deles ligados ao Estado Novo. Um exemplar é enviado a Salazar. O agradecimento, em cartão impresso do secretariado da Presidência do Conselho, chega sem assinatura.

> Mais valia publicar um decreto-lei que rezasse assim:
> Art. 1. A[ntônio] d[e] O[liveira] S[alazar] é Deus
> Art. 2. Fica revogado tudo em contrário, nomeadamente A Bíblia.
>
> Sem título (1935), Fernando Pessoa

O destino de *Mensagem*

"Tenho estado velho por causa do Estado Novo", escreveu pouco antes de morrer. "O argumento essencial contra uma ditadura é que ela é ditadura." "O Prof. Salazar, não tendo prestígio, se deixou investir na aparência dele. É a sua túnica de Nessus."[593] Comentando o discurso de Salazar, na entrega do prêmio, diz que esse "aldeão letrado afastou de si a inteligência portuguesa que ainda o olhava com benevolência, já um pouco impaciente,

---

[593] Referência à lenda grega segundo a qual o centauro Nesso (equivalente ao romano Nessus) tentou estuprar Dejanira, mulher de Héracles (equivalente ao romano Hércules). Para se vingar, dado saber que seria depois vítima de Héracles (como foi, morto por flecha envenenada com o sangue da Hidra de Lerna), deu à mulher um líquido que era mistura de seu sangue e seu sêmen; e lhe disse que, se um dia faltasse o amor do esposo (caso em que também ela correria risco de vida), então tecesse para o marido uma túnica e a embebesse com aquele líquido. Assim ocorreu. Com a túnica, que não podia ser desvestida, se convertendo na segunda pele do herói e o queimando por dentro, pouco a pouco; até que Héracles, dado não suportar tanta dor, acabou por se queimar vivo. Salazar, para ele, usava a roupa de um prestígio que não merecia, como uma segunda pele que não conseguia desvestir.

e uma tolerância já vagamente desdenhosa". "Quis alçar-se a um pedestal onde mal se acomoda, a um trono onde não sabe como sentar-se." "António de Oliveira Salazar permitiu que Portugal deixasse de ser um país para ser só apelido: o Portugal Salazarista e não o Portugal dos portugueses." Enquanto Pessoa, naquele tempo, anseia por um regime verdadeiramente democrático. Mais aberto às mudanças que o mundo vivia. Quer um país livre. *Mensagem* é também um gesto de reação a essa opressão. Um grito em favor da pátria. Como que pressentindo seu destino, encerra o livro com esta exortação:

> Nem rei nem lei, nem paz nem guerra,
> Define com perfil e ser
> Este fulgor baço da terra
> Que é Portugal a entristecer —
> Brilho sem luz e sem arder,
> Como o que o fogo-fátuo[594] encerra.
> Ninguém sabe que coisa quer.
> Ninguém conhece que alma tem,
> Nem o que é mal nem o que é bem.
> (Que ânsia distante perto chora?)
>
> Tudo é incerto e derradeiro.
> Tudo é disperso, nada é inteiro.
> Ó Portugal, hoje és nevoeiro...[595]
>
> É a Hora!
>   Valete, Fratres.

Mensagem ("Nevoeiro"), Fernando Pessoa

"É a Hora!" Não a hora de *Mensagem*. Nem de Portugal. É a hora dele, Pessoa. *Vulnerant omnes, ultima necat* (Todas as horas ferem, a derradeira mata). "Valete, Fratres" — adeus, irmãos, que lhe sobrava então muito pouco tempo.

---

[594] *Fogo-fátuo* é uma luz que aparece, à noite, nas sepulturas. No *Desassossego*, fala dos "fogos-fátuos que a nossa podridão espira", que "são ao menos luz nas mesmas trevas".

[595] Esse final do poema lembra, em sua melancolia, o Canto X de *Os lusíadas*: *Não mais, Musa, não mais, que a Lira tenho/ Destemperada e a voz enrouquecida,/ E não do canto, mas de ver que venho/ Cantar a gente muda e endurecida.*

Fugit irreparabile tempus

(O tempo não volta mais. Virgílio)

Museu de Cascais

"No dia triste, o meu coração mais triste que o dia...
No dia triste todos os dias...
No dia tão triste..."

"Nuvens", Álvaro de Campos

Última esperança

Com o passar do tempo, e cada vez mais, Pessoa quer morar em alguma "vila quieta da província". Em sonhos, via uma "pequena casa de campo", "isolada, caiada de branco e de silêncio", "uma réstia de parte do sol", com "flores no jardim, hortas, pomares", "vinhas", "ramos embalados pelo vento", "árvores à beira da estrada", "o pinhal da Quinta". Ali poderia "acordar entre o ruído dos galos e das galinhas e o rumorejar matutino de casa", conversar com "alegres camponeses e raparigas ditosas", "ouvir correr os rios", fazer "passeios por um campo que nunca existiu" e dormir depois dos "serões de petróleo".[596] Essa ideia vai ganhando forma, nele, sobretudo a partir de 1919. Num "plano de vida" que escreve, dá conta de que pretende "alugar uma casa fora de Lisboa — por exemplo, em Cascais — e pôr lá todos os meus pertences, deixando a Emília[597] a cuidar dela, com a vida organizada, sem medos nem preocupações". Cascais "quer dizer um ponto qualquer fora de Lisboa, mas perto, e pode querer dizer Sintra". A partir de 1931, pronta a casa da irmã nesse mesmo Cascais, lá passa quase todos os fins de semana. Perto dos sobrinhos. E "se algum dia me suceder que consiga levar

---

[596] É que a energia elétrica chegou a Lisboa só em fins do século XIX. No interior, ainda mais tarde e aos poucos. Alimentos eram então conservados em gavetas de sal. À noite, candeeiros alimentados por gás iluminam as casas em "serões de petróleo". Conservador, dizia o Barão de Teive: "Não creio na Virgem Maria nem na eletricidade." Como diz o próprio Pessoa na "Ode Triunfal", "Eia, eletricidade, nervos doentes da matéria."

[597] Emília, criada (e ex-amante) de Manuel Sengo, por esta altura servia Pessoa.

ao bom calvário a cruz da minha intenção, encontrarei um calvário nesse bom calvário, e terei saudades de quando era fútil, fruste [rude] e imperfeito".

A tese, entre estudiosos, não é consensual. Richard Zenith, por exemplo, em conversa me expressou convicção de que Pessoa jamais admitiu morar longe de Lisboa. Mesma opinião de Yvette Centeno. Mas penso que, no fim, desejou mesmo escapar daquela vida incerta que levava. Assim também me disse considerar Teresa Rita Lopes. As limitações econômicas, mais e mais, são para ele um martírio. "Não posso, infelizmente, abandonar os escritórios e meu trabalho (não posso, é claro, porque não tenho rendimentos)." Sente-se condenado a ser só "um pobre bibliófilo parado, sempre sobre o livro recurvado", servindo "a um arcaico passado". Em 29 de novembro de 1929, em carta a Ophelia, anuncia a intenção de "sair de Lisboa" para ter "um certo isolamento" e reorganizar sua obra. Ophelia reage: *O que é isso de ir para Cascais? Não vais, pois não? É para me assustar!! Há de ser marido, não há de ser? Não me quer para sua mulherzinha?* Mas nenhum desses intentos se materializaria. Nem teria meios para poder escrever sem sustos, nem iria fazê-la sua *mulherzinha*. O amigo e poeta António de Navarro (de Vilar Seco, 1902-1980), dois anos depois de sua morte, declarou que Pessoa lhe confessara o desejo de ganhar o dobro do que ganhava *num lugarzinho modesto em que pensou mas que não lhe facultaram.* Esse lugar era o Museu de Cascais.

> Tudo isto é nada,
> Mas numa estrada
> Como é a vida
> Há muita coisa
> Incompreendida...
> (...)
> Assim a brisa
> Nos ramos diz
> Sem o saber
> Uma imprecisa
> Coisa feliz.
>
> Sem título (9/5/1934), Fernando Pessoa

O concurso

Em 1º de setembro de 1932, pensa que vai conseguir essa paz que sempre buscou quando lê, em *O Século*, edital de um concurso para conservador-bibliotecário do Museu Conde de Castro Guimarães — que começara a funcionar pouco antes, em 1930. O museu tem sede em Cascais, numa casa-vila majestosa e tranquila da Avenida Rei Humberto II de Itália. Bem ao lado está pequena capela (consagrada a São Sebastião) do século 17, com terraço de época. À frente, fonte e a nudez de uma estátua de Joseph Bernard (*Mulher jovem dançando com seu filho*). E, por trás, um grande parque hoje pertencente à zona de proteção do museu. Quase a descrição da casa na qual sonhou findar seus dias. Em 16 de setembro, habilita-se ao cargo indicando ser "escritor" que reside "provisoriamente em Cascais, na rua Oriental do Passeio, porta 2"; apresenta, como título, o "Exame Intermediário da Universidade do Cabo da Boa Esperança"; informa ter sido "concedido ao requerente" o "Prêmio Rainha Vitória, de estilo inglês"; e invoca, em seu favor, testemunhos de Gaspar Simões e Pierre Hourcade — apesar de terem, então, só 29 (Simões) e 24 anos (Hourcade).

Para comprovar conhecimentos em francês, junta publicação do poema *Trois chansons mortes* (Três canções mortas). Em inglês, quatro poemas escritos nessa língua, além de críticas sobre trabalhos seus nos suplementos literários do *Times* (de Londres) e do *Glasgow Herald*. Indica título das revistas literárias portuguesas em que escreve, acrescentando: "Quanto a serem ou não estes escritos de reconhecido mérito, melhor poderão V. Sas. averiguar com perguntas casuais nos meios literários e artísticos portugueses." Por fim, declara ser "hoje conhecido no país, sobretudo entre as novas gerações, a um ponto quase injustificável para quem se tem abstido de reunir em livros suas obras". À exigência do regulamento (artigo 6º), que pede ao candidato "reconhecida competência e idoneidade", responde que esses atributos "não são susceptíveis de prova documental — incluindo até elementos como o aspecto físico e a educação, que são indocumentáveis por natureza". O requerimento, sem razão aparente para isso, é acompanhado por uma versão em inglês.

Outro julgamento

A Comissão Administrativa do museu, segundo biógrafos de Pessoa, é composta pelo presidente da Câmara de Cascais, pelo secretário de Finanças e por um delegado das Belas-Artes. Sem registro dos seus nomes. Não terá sido exatamente assim; uma vez que, em 1932, não havia um *presidente da Câmara* em Cascais. Depois do golpe de 1926, e até 1937, só comissões administrativas — à época, na cidade, chefiadas pelo tenente António

Rodrigues Cardoso. Delegado de Belas-Artes era o dr. José de Figueiredo; não passando à história o secretário de Finanças — sem registro do seu nome nem mesmo no museu. Pessoa é o candidato mais qualificado e quer o cargo desesperadamente. Mas "não há coisa que eu tenha querido, ou em que tenha posto, um momento que fosse, o sonho só desse momento, que se me não tenha desfeito debaixo das janelas como pó parecendo pedra caída de um vaso de andar alto. Parece, até, que o Destino tem sempre procurado, primeiro, fazer-me amar ou querer aquilo que ele mesmo tinha disposto para que no dia seguinte eu visse que não tinha ou teria". Assim se passaria também agora.

Em 17 de outubro de 1932, é escolhido para o cargo Carlos Bonvalot, pintor com quadros no importante Museu Nacional de Arte Contemporânea de Portugal (morto dois anos depois, com apenas 40 anos). Uma escolha não de todo inadequada; dado que o museu, conhecido por sua biblioteca, exibia também quadros famosos. Até mesmo do próprio Bonvalot. As razões desse julgamento são ainda hoje obscuras. Talvez se dera por ter Bonvalot amigos influentes. Ou porque o setor da biblioteca não fosse, ali, grande o suficiente para ser ocupado por alguém do ramo. Ou, quem sabe?, o museu, conservador, não desejasse entre seus contratados alguém com as características dos *rapazes do* Orpheu. Ao dr. Rui Trindade, ocupante do cargo então pretendido por Pessoa (conservador do Museu) quando fiz as pesquisas, perguntei a razão real dessa recusa. Confessou não saber; mas considerou que talvez pelo fato *de não ter, Pessoa, diploma de curso superior.* Luís Pedro Moitinho de Almeida testemunha: *Um dia estava tão desesperado que chegou a cair em cima da mesa do café Montanha, chorando. Foi quando lhe faltou o ingresso, como bibliotecário, no Museu de Castro Guimarães.* O fato é confirmado por outro amigo, Francisco Peixoto, que declara tê-lo visto *banhado em lágrimas.* No museu teria um salário certo, que o dispensaria de perambular por escritórios; ou da vergonha de ter, na porta, os fraques vermelhos dos cobradores da Procural. Poderia pagar suas dívidas, comprar os livros que quisesse e morar em apartamento com espaço para pôr suas coisas sem se preocupar com a próxima mudança; ou, melhor, ocuparia de vez o quarto que lhe era reservado na casa da irmã. Talvez, até, pudesse pensar em casar com Ophelia. Sem contar que, situando-se Cascais próximo a Lisboa, estaria quando quisesse com seus velhos companheiros de café. Mas a derrota era sua companheira inseparável.

Sou quem falhei ser.
Somos todos quem nos supusemos.
A nossa realidade é o que não conseguimos nunca.
(...)
Na alma, e com alguma verdade;
Na imaginação, e com alguma justiça;
Na inteligência, e com alguma razão —
Meu Deus! meu Deus! meu Deus!
Quantos Césares fui!
Quantos Césares fui!
Quantos Césares fui!

"Pecado original", Álvaro de Campos

O princípio do fim

É sua última tentativa de retificação de vida, diz António Mega Ferreira. Depois, resta só esperar que o destino cumpra seu curso. "Tenho assistido, incógnito, ao soçobro lento de tudo quanto quis ser." "Um dia talvez compreendam que cumpri, como nenhum outro, o meu dever nato de intérprete de uma parte de nosso século; e, quando o compreendam, hão-de escrever que na minha época fui incompreendido, que infelizmente vivi entre desafeições e friezas, e que é pena que tal me acontecesse." Já havia, então, perdido a ilusão de ficar rico. "O meu passado é tudo quanto não consegui ser." Como não confia na sorte, nem lhe sobram escudos, recusa os bilhetes de loteria da Santa Rita, oferecidos pelo Menino do Castelo — o mais famoso *cauteleiro* da Lisboa daquele tempo, que nas ruas vendia esses bilhetes com versos feitos na hora ou em pregões como *cá está a grande, há horas felizes* ou *amanhã é que anda a roda* [roleta]. Porque "não tirei bilhete para a vida". Conta-se que um dia, no Martinho da Arcada, lhe perguntou o cauteleiro: *O sr. Pessoa quer quatrocentos contos?* Respondendo Pessoa "Não, muito obrigado. Pague dois cafés e guarde o resto para si".

Suas empreitadas, no campo dos negócios e das invenções, não deram em nada. Agora, tinha medo de lhe faltar o mínimo para sobreviver. Quarto iria ter, sempre, na casa da irmã Teca. Mas havia o resto. "Um bocado de sossego com um bocado de pão, não me pesar muito o conhecer que existo, e não exigir nada dos outros nem exigirem eles nada de mim." As tendências que estimulou não escaparam aos estreitos limites dos poucos que se interessavam pelas revistas literárias em um pequeno país como Portugal.

"Todos os meus escritos ficaram inacabados." Dois anos depois, com *Mensagem*, perderia também o Prêmio Antero de Quental para livros. "Do desejo de glória lentamente me despi, como quem cheio de cansaço se despe para repousar." Em carta que escreveu a João de Lebre e Lima (3/5/1914), tão antes, fizera "uma confissão sonhada da inutilidade e dolorosa fúria estéril de sonhar". Agora, tem certeza disso. A profecia de Bandarra não se realizaria — ao menos, não com ele vivo. O Nobel não veio. Nem viria mais nada. "Mais tarde, talvez... Sim, mais tarde... Um outro, talvez... Não sei...".

> O que tem de ser
> Será, quer eu queira que seja ou que não.
> (...)
> Não há mais sossego, nem menos sossego sequer,
>   Para o meu esperar.
>   O que tem que não ser
> Algures será, se o pensei; tudo mais é sonhar.

Sem título (28/12/1928), Fernando Pessoa

Stultum facit fortuna quem vult perdere
(O destino enlouquece aquele a quem quer destruir. Publílio Siro)

Um caso clínico

"Estou no fundo de uma depressão sem fundo.
O absurdo da frase falará por mim."
Carta a Sá-Carneiro (14/5/1916), Fernando Pessoa

Prenúncios de doença mental

"Viagem entre almas e estrelas, pela Floresta dos Pavores... e Deus, fim da estrada infinita, à espera no silêncio de sua grandeza" — assim define seu estado de espírito, em carta a Côrtes-Rodrigues (19/5/1915). Sem dramas excessivos. A própria irmã Teca testemunha: *Ele sempre teve medo da loucura, Fernando toda a vida teve o pavor de enlouquecer como a avó, ou de morrer tuberculoso como o pai.* Pessoa sabe ser diferente dos outros e sofre com isso. "Em mim, é como se o inferno risse", "na loucura grasnada do universo morto, o cadáver rodante do espaço físico, o fim de todos os mundos flutuando negro ao vento, disforme, anacrônico, sem Deus que o houvesse criado." Os primeiros sinais vêm cedo. Ainda em Durban, reclama da pouca atenção que lhe devotam: "Na minha família não há compreensão do meu estado mental — não, nenhuma. Riem-se de mim, escarnecem-me, não acreditam", "a minha família não entende nada". Uma avaliação injusta, posto que pouco poderiam fazer. Em anotação de 25 de julho de 1905, ainda com 17 anos, lembra "cena" que protagonizou com a tia-avó Rita, no fim da qual "senti de novo um desses sintomas que cada vez se tornam mais claros e sempre mais horríveis em mim, uma vertigem moral. Na vertigem física há um rodopiar do mundo externo em relação a nós: na vertigem moral, um rodopiar do mundo interior. Parece-me perder, por momentos, o sentido da verdadeira relação das coisas". Em apontamentos de 1905, percebe que "estes sentimentos vão-se tornando comuns" e "parecem abrir-me o caminho para uma nova vida mental, que acabará na loucura". Dois anos mais, em 25 de julho de 1907, quase reproduz a frase no diário, demonstrando preocupação com essa *"new mental life which shall of course be madness"* (nova vida mental que certamente deve ser loucura). Ano seguinte, o desespero aumenta: "Ó Deus, não me deixes enlouquecer."

> Esta velha angústia,
> Esta angústia que trago há séculos em mim,
> Transbordou da vasilha,
> Em lágrimas, em grandes imaginações,
> Em sonhos em estilo de pesadelo sem terror,
> Em grandes emoções súbitas sem sentido nenhum.
>
> Transbordou.
> Mal sei como conduzir-me na vida
> Com este mal-estar a fazer-me pregas na alma!
> Se ao menos endoidecesse deveras!
> Mas não: é este estar entre.
> Este quase,
> Este poder ser que...
> Isto.
>
> Sem título (16/6/1934), Álvaro de Campos

Angustiado com a dimensão do que acredita ser sua loucura, escreve a dois antigos professores da Durban High School, Belcher e Maggfor, e solicita diagnóstico sobre paciente que seria ele próprio — assinadas as cartas como se fossem de um médico lisboeta, o dr. Faustino Antunes. Ao lado, anota: "Eu dado como doente mental." Ernest A. Belcher foi seu mestre em línguas, tão próximo que Pessoa chegou a ser um dos subeditores de revista que dirigia. Em resposta (14/7/1907), lembra que *suas composições inglesas eram em geral notáveis e por vezes raiavam o gênio*; refere a paixão do aluno por Carlyle e o censura por isso, dado *que Carlyle é o último homem a ser imitado por um rapaz ainda imaturo*.[598] Sem registros da resposta de Maggfor. A Geerdts (então no Lincoln College) terá escrito duas cartas, das quais ficaram (como nas anteriores) só rascunhos. Uma, dando parabéns pela bolsa. Outra, em que ao lado anota "Eu dado como morto", diz: "O malogrado F.A.N. Pessoa, que supomos ter-se suicidado, fez explodir

---

[598] É que o escocês Thomas Carlyle (1795-1881) interpretava a história a partir da vida dos seus heróis. Escreveu sobre Cromwell, John Sterling, Frederico II da Prússia, além de uma *História da Revolução Francesa*. Em *Past and present* (1843), por exemplo, defendeu a tese de que toda sociedade deveria ser sempre liderada por um homem de gênio. Belcher, no fundo, apenas desejava que seu aluno sonhasse menos com feitos grandiosos e se dedicasse mais aos estudos.

uma casa[599] de campo em que estava a viver, morrendo ele e várias pessoas. Um crime (?) que causou uma enorme sensação em Portugal. Incumbiram-me de inquirir, tanto quanto seja possível, acerca de sua condição mental. Qual era a opinião que dele tinham?" A carta, uma espécie de questionário dividido em oito partes, encerra-se assim: "Devo pedir-lhe o máximo de sigilo nesse assunto. Além disso, pode ter sido (e oxalá o tenha sido) um acidente. É apenas minha obrigação inquirir acerca de sua condição mental para determinar se esta catástrofe foi um crime ou um mero acidente. Ficar-lhe-ia muito grato por uma resposta rápida."

Geerdts envia resposta à Rua Bela Vista, onde morava Pessoa com a tia Maria, assim definindo o antigo colega (4/10/1907): *Não tive, de fato, nenhuma oportunidade de pôr à prova a sua força de vontade. Era tímido e inofensivo e evitava associar-se aos colegas. Não me recordo de nenhuma peculiaridade que pudesse sugerir nele, mesmo que vagamente, o desequilíbrio mental. Posso dizer que tinha em seu poder algumas histórias em quadrinhos francesas e portuguesas indecentes. Dedicava todo o seu tempo livre à leitura. Peço que me informe um pouco quanto à doença de Pessoa: se está completamente louco ou se tem ainda alguma possibilidade de se recuperar.* Geerdts reconhece o autor da carta; mas responde protocolarmente, como se acreditasse mesmo na consulta. Recorda que *todos os colegas se acostumaram a vê-lo ganhar sempre os primeiros prêmios* e não fornece diagnóstico nenhum — embora soubesse, e bem, que o velho companheiro andava por caminhos tortuosos. Já com 75 anos, numa entrevista ao colega H.D. Jennings, completa essa descrição: *Sim,* [conhecia] *muito bem. As nossas carteiras eram pegadas. Um rapazinho com uma cabeça grande. Era duma inteligência brilhante, mas um pouco doido. Era muito mais inteligente que eu.*

O medo da loucura

"Sou doido e é isso que me é difícil de entender. É, não sei, se um privilégio, se uma doença." Falta-lhe só o diagnóstico correto. Nessa busca, escreve (em 20/6/1919) a Hector e Henri Durville, dois psiquiatras que eram diretores do Instituto de Magnetismo e Psiquismo Experimental — 23 Rue Saint-Merri, Paris. A pretexto de obter informações sobre um curso de magnetismo por correspondência, lhes expõe seu drama (resumo): "Do ponto de

---

[599] No ano seguinte (1908), Search escreve: *"Burn his house"* (Queimar sua casa).

vista psiquiátrico, sou um histeroneurastênico. O elemento neurastênico domina o elemento histérico, e isso concorre para que não tenha eu os traços histéricos exteriores. Mudo de opinião dez vezes por dia. Como a maior parte dos neurastênicos natos, domino quase sempre os resultados exteriores, ou dinâmicos, dessas manifestações íntimas. O fato é que, desde o ano passado, tenho estado sob o influxo de estados nervosos de diversas formas e feitios, que por um longo período me arrancaram da vontade até o desejo de não fazer nada." Os especialistas que consultei asseguram ser descrição tecnicamente correta. Antes, em inglês, escreveu: "Uma das minhas complicações mentais — horrível para além das palavras — é o medo da loucura, que em si próprio já é loucura." O apontamento, assinado por Search, é dividido em três seções: *Agonia, Delírio* e *Documentos da Decadência Mental.* "O paradoxo não é meu: sou eu." Em resumo, "Não sou mau nem cruel: sou louco." Estudando a produção desse heterônimo, diz Luísa Freire que *quase vemos a loucura aproximando-se.* Como nesse poema de 1908.

> Ó Deus, se estás acima de tudo
> Ouve a frágil prece que lanço
> Como uma chama que salta sem controle
> Para fora do inferno que é a minha alma.
> Ó Deus, não me deixes ficar insano.
> (...)
> Derrama sobre mim todas as tristezas e males e
> Tudo o mais que enche um espírito ferido.
> (...)
> Emudecido de horror e terror;
> Mas a loucura, a loucura absoluta,
> Mantém longe da minha mente trêmula
> (...)
> Tortura-me de todas as formas possíveis,
> Deixa que eu seja desprezado, esmagado e pisado;
> Mergulhado em agonia plena e consciente, deixa
> Transformar-me em temor, em cuidados
> Mas a loucura, a loucura, Oh meu Deus;
> Não deixes que a loucura venha até a mim!

"Prayer" (Oração), Alexander Search

Em 15 de novembro de 1915, tem "alguns pequenos e curiosos temores de espírito"; e logo depois, dia 26, "por três vezes durante o dia e à noite crises de uma espécie curiosa de vertigem — com gênero absolutamente físico — mas estive lúcido o dia todo". Em seus delírios de grandeza sonha ser Nero, Lutero, Jesus Cristo. No íntimo, se compara a Shakespeare, em quem via "a compreensão profunda dos estados trágicos da vida — a paixão intensa, a perturbação profunda, a loucura". No *Fausto*, diz: "Eu sou o Cristo Negro, pregado na cruz ígnea de mim mesmo." Mas "Cristo era um louco, é verdade. O que é um louco?" "Vocês, os médicos, estudam as várias doenças mentais, sintomas, manifestações, etcetera e tal, mas não tratam de averiguar o que diabo pensarão aqueles sujeitos em si, no que se não vê nos sintomas, vocês compreendem bem. A psiquiatria... a psiquiatria... não sei bem como se diz." Em francês, escreve: "Eu sou louco, eu o sei, mas o que é ser louco? Ninguém o sabe." A ideia o persegue. "Só lamento não ser criança, para que pudesse crer nos meus sonhos, ou não ser doido, para que pudesse afastar da alma todos os... [fantasmas, talvez] que me cercam." Nessa época, e sobretudo nos anos próximos, uma angústia mais funda parece tomar conta dele. Sem que nenhum olhar, ou gesto, o denunciasse perante outros. A sobrinha Manuela Nogueira, por exemplo, me confirmou não ter nunca presenciado uma cena sua de desequilíbrio.

"É preciso certa coragem intelectual para um indivíduo reconhecer destemidamente que não passa de um farrapo humano, aborto sobrevivente, louco ainda fora das fronteiras da internabilidade", com "ganas de gritar dentro da cabeça" e sem ter "ninguém em quem confiar. Não posso incomodar os meus amigos com estas coisas. Sou tímido e tenho repugnância em dar a conhecer as minhas angústias. Ai de mim! Pobre Alastor! Oh Shelley,[600] como eu te compreendo! Sinto-me abandonado como um náufrago no meio do mar. E que sou eu senão um náufrago, afinal?" Mais tarde, é como se estivesse conformado: "A loucura, longe de ser uma anomalia, é a condição normal humana. Não ter consciência dela e ela não ser grande

---

[600] Alastor era o deus da vingança na mitologia grega; e também título de um poema de 720 versos escrito, em 1816, por Percy Bysshe Shelley (1792-1822) — "Alastor, or the spirit of solitude" (Alastor, ou o espírito da solidão). Shelley, maior poeta lírico inglês, é autor de dramas, ensaios e poemas como "Ode ao vento oeste". Pessoa o cita, pela primeira vez, em carta a Boavida Portugal (sem data, 1912); e, a partir daí, com grande frequência. A José Osório de Siena (1932), diz que "foi talvez Shelley aquele com cuja inspiração mais convivi". No *Desassossego*, está que "amei como Shelley" — nos textos, citado sempre só pelo sobrenome. Na Arca, ficou um jogo da velha que fez com os números de seu nascimento — um 4, um 8 (de agosto talvez), mais um 9 e um 2 (sem que se compreenda o sentido disso). Curioso é que outro monstro, que lembra esse Alastor, foi criado não pelo próprio Shelley, mas por sua segunda mulher — Mary Wollstonecraft Shelley (1797-1851), autora de *Frankenstein*.

é ser homem normal. Não ter consciência dela e ela ser grande é ser louco. Ter consciência dela e ela ser pequena é ser desiludido. Ter consciência dela e ela ser grande é ser gênio." Como ele próprio, claro.

> Que é do teu menino? Está maluco.
> Que é de quem dormia sossegado sob o teu teto provinciano?
> Está maluco.
> Quem de quem fui? Está maluco. Hoje é quem sou eu.
>
> Se ao menos eu tivesse uma religião qualquer!
> Por exemplo, por aquele manipanso[601]
> Que havia em casa, lá nessa, trazido de África.
> (...)
> Pois o que é tudo senão o que pensamos de tudo?
>
> Estala, coração de vidro pintado![602]
>
> Sem título (16/6/1934), Álvaro de Campos

Tanta inquietação limita suas relações. "Amigos nenhum. Só uns conhecidos que julgam que simpatizam comigo e teriam talvez pena se um comboio me passasse por cima e o enterro fosse em dia de chuva." E limita mais amplamente ainda seus afetos. "Compreendi que era impossível a alguém amar-me, a não ser que lhe faltasse todo o senso estético — e então eu o desprezaria por isso." Segundo psiquiatras, um sintoma de *autodepreciação*. Em comunicação mediúnica de 1917, o heterônimo Wardour aconselha: "Começa a trabalhar numa cura da mente." Mas isso estava para muito além de suas forças. Em 1920, expressa o desejo de "ir para uma casa de saúde para o mês que vem, para ver se encontro ali um tratamento que me permita resistir à onda negra que me está caindo sobre o espírito". Em carta a desconhecido "Meu Exmo. amigo" (31/8/1920), mais uma vez lembra: "O Decreto de 11 de maio de 1911 permite que o próprio doente requeira esse internamento... Vinha pedir-lhe o favor de me dizer como e a quem faço esse requerimento, e com que documentos." A carta se funda no fato de que, devido a esse de-

---

[601] *Manipanso* é um ídolo do antigo Congo — hoje noroeste de Angola, Cabinda, Gabão e República Democrática do Congo.

[602] Trata-se de imagem tipicamente portuguesa. Coração de vidro, por aquela época, era um quadro quase sempre colocado na parede da sala das casas — em que esse coração, sangrando, era o de Cristo. O vidro pintado era posto em forno para fixar a tinta; mas, talvez pelo efeito das altas temperaturas a que era submetido, restava frágil; e, de quando em quando, quebrava em um estalo. Antes (1/10/1928), num poema sem título, já havia dito: *O meu coração quebrou-se/ Como um bocado de vidro/ Quis viver e enganou-se.*

creto, pôde o amigo dr. Carlos Dias ingressar em um hospital psiquiátrico. Pessoa, em diversas ocasiões, refere essa possibilidade, até nas conversas com a própria Ophelia. Ela escreve, em 30 de maio de 1920: *Talvez não precise do tal Decreto (13 de maio, não é)*. Bem depois, já na segunda fase da relação, voltaria ao tema em carta de 23 de setembro de 1929: *Lembro-me quando o Fernandinho me queria fazer convencer que ia dar entrada num manicômio, e que queria que Osório fosse comprar o Decreto de 28 ou 25 de maio*[603]... *Quem me dera nesse tempo! Também é verdade que este pode vir a ser melhor para mim ou para nós*. Em comunicação mediúnica de 1929, chega a dizer que "a alma é o rosto da estrada"; perguntando-se, depois: "Será idiotice, loucura, crime ou gênio — esta dor aqui?"

> Esta espécie de loucura
> Que é pouco chamar talento
> E que brilha em mim, na escura
> Confusão do pensamento,
>
> Não me traz felicidade;
> Porque, enfim, sempre haverá
> Sol ou sombra na cidade
> Mas em mim não sei o que há.
>
> Sem título (sem data), Fernando Pessoa

Angústia na correspondência

Conquanto se preserve perante estranhos, não faz segredo do que sente junto a pessoas que lhe são próximas. O tema, presente em numerosíssimas passagens da obra, está posto com cruel esplendor na sua correspondência. Segundo especialistas consultados, a linguagem dessas cartas, tecnicamente precisa e atualizada (para a época), sugere ter Pessoa lido bastante sobre o tema. Seguem trechos de algumas:

> "As minhas faculdades de análises tornaram-se uma coisa que eu sei que tenho mas não sei onde está. Sou o Atlas involuntário de um mundo de tédio." (22/1/1913, carta a Jaime Cortesão)

---

[603] As datas do Decreto, nessas cartas, estão equivocadas. Que trata-se de Decreto do Governo Provisório, publicado no Diário do Governo nº 111, em 13/05/1911, conhecido como *Lei dos Manicômios*. Em que, no artigo 33, está que *as admissões voluntárias podem ser promovidas pelos próprios doentes* (e, mais, seis situações distintas, como pais ou filhos).

"Estou atualmente atravessando uma daquelas crises a que, quando se dão na agricultura, se costuma chamar crise de abundância. Você dificilmente imaginará que Rua do Arsenal,[604] em matéria de movimento, tem sido a minha pobre cabeça." (1/2/1913, carta a Mário Beirão)

"Assaltou-me um tédio de tal maneira profundo que não o posso exprimir senão expondo-lhe que sinto uma mão a estrangular-me a alma." (3/5/1914, carta a João Lebre e Lima)

"Vai caminhando para cessar um estado de espírito em que há tempo tenho habitado, e que nem me deixa colaborar em mim próprio." (25/5/1914, carta a Álvaro Pinto)

"Em torno de mim está tudo se afastando e desmoronando... Talvez a glória saiba a morte e a inutilidade, e o triunfo cheire a podridão." (5/6/1914, carta a dona Maria, sua mãe)

"Estou numa abulia absoluta, para fazer qualquer coisa me custa como se fosse levantar um grande peso ou ler um volume de Teófilo."[605] (19/11/1914) "A minha crise é do gênero das grandes crises psíquicas." (4/1/1915) "Eu ando há muito... com vontade de lhe falar fraternalmente do meu caso de natureza psíquica" (19/1/1915, cartas a Côrtes-Rodrigues)

"Estou outra vez preso de todas as crises imagináveis, mas agora o assalto é total. Estou psiquicamente cercado." (6/12/1915, carta a Sá-Carneiro)

"Não sei se realmente julgará que estou doido. Creio que não. Pedia-lhe o favor de não falar nisso a ninguém. Não há vantagem nenhuma e há muitas desvantagens, algumas, talvez, de ordem desconhecida." (24/6/1916, carta à tia Anica)

"Cerebral interior, como a maior parte dos neurastênicos natos, domino quase sempre os resultados exteriores, os dinâmicos, dessas manifestações íntimas." (10/6/1919, carta — já referida — a Henri e Hector Durville)

"Creio estar sofrendo um acesso de loucura psicastênica. É recomendável o internamento em manicômio." (31/8/1925, carta a "meu Exmo. amigo" — que não se imagina quem tenha sido)

---

[604] A Rua do Arsenal, na época, uma das mais ativas de Lisboa, vai da Praça Duque da Terceira até o início da Rua da Alfândega.

[605] (Joaquim Fernandes) Teófilo Braga (1843-1924), por duas vezes presidente de Portugal (1910 e 1915), escreveu dezenas de livros e foi membro correspondente da Academia Brasileira de Letras. Problema é que, apesar de pertencer à *geração de 70* (1871-1880), que tinha uma linguagem própria e inovadora em relação à literatura de então (já prenunciando a geração do próprio Pessoa), os livros de Teófilo eram sempre muito grandes — como *História da literatura portuguesa* (1870), em quatro volumes.

"Partiu-se a corda do automóvel velho que trago na cabeça, e o meu juízo, que já não existia, fez tr – tr – r – r – r..." (9/1/1929) "Estou num daqueles dias que nunca tive futuro. Sou doido." (29/9/1929, cartas a Ophelia Queiroz)

"Aquela leve alienação mental, que é um dos meus privilégios mais [Álvaro de] Campos, tem estado permanentemente à minha cabeceira." (6/12/1929). "Sou um histeroneurastênico com a predominância do elemento histérico na emoção e do elemento neurastênico na inteligência e na vontade (minuciosidade de uma, tibieza de outra)." (11/12/1931) "Tenho estado estes últimos meses, intelectualmente, em licença sem vencimento." (12/5/1932, cartas a João Gaspar Simões)

"Não sei se sou simplesmente histeroneurastênico. Tendo para esta segunda hipótese, porque há em mim fenômenos de abulia que a histeria, propriamente dita, enquadra nos registros de meus sentidos." (13/1/1935, quase reproduzindo relato feito antes a José Osório de Oliveira; carta a Adolfo Casais Monteiro)

"O fato é que, desde o ano passado, tenho estado sob influxo de estados nervosos de diversas formas e feitios, que por um longo período me arrancaram da vontade até o desejo de não fazer nada: tenho-me sentido uma espécie de filme psíquico de um manual de psiquiatria, seção psiconeuroses." (10/10/35, um mês antes do fim, carta a Tomás Ribeiro Colaço)

A neurose e seus personagens

Como escritor, resulta mesmo natural que seu estado mental acabe transferido para personagens que vai criando. "É na instabilidade por temperamento que devemos filiar as criações dos heterônimos, que são a outra face da despersonalização. É à luz dos conhecimentos da clínica mental que se explicam as míticas transfigurações que assombram e iludem quem não possui preparação para penetrar num psique anômalo", escreve em junho de 1930. Search vive a vida temendo enlouquecer e usa frequentemente a expressão *"soul hell"* (inferno da alma). Nos anos 1906-1908, escreve "Pedaços de loucura"; e planeja reunir escritos em prosa sob o título *Documentos sobre a decadência mental*. O Barão de Teive, Pessoa conhece em clínica psiquiátrica de Lisboa. António Mora é um internado na Casa de Saúde de Cascais. David Merick escreve *Contos de um doido*. Marvell Kisch, *Os milhões de um doido*. Diniz da Silva começa poema confessando "sou louco". Florêncio Gomes escreve um *Tratado de doenças mentais*. De Frederick Wyatt, diz Pessoa que "mais lhe valia ser doido". Friar Maurice é louco, embora nunca o tenha confessado. O ex-sargento Byng, heterônimo do heterônimo Horace James Faber, "apresentava incapacidade de raciocínio em relação às coisas comuns". E, em *O caso Vargas*, Abílio Quaresma compara "bebedeira com a loucura. A semelhança, postas de parte diferenças externas, é absoluta: a mesma falta de domínio em si mesmo, a mesma emergência de tendências reprimidas, por essa falta de domínio, a mesma incoordenação de ideias, de emoções e movimentos, ou a falsa coordenação de umas ou de outras". *Maktub*, estava mesmo escrito.

Primeiros diagnósticos

Não há consenso entre os autores. Para o dr. Mário (António Caldas de Melo) Saraiva, médico de Vilar (concelho do Cadaval) e autor de dois livros sobre a saúde mental de Pessoa, seria um *feliz psicopata, confuso e contraditório*, com *sintomas da esquizofrenia*. O dr. Luís A. Duarte Santos, professor catedrático da Faculdade de Medicina da Universidade de Coimbra, sugere: *Personalidade? Esquizoide (dúvidas sobre a existência de traços ciclotímicos ou cicloides). Psicose? Paranoia e esquizofrenia*. O dr. Taborda de Vasconcelos, provavelmente único clínico que o tratou, diagnostica: *Psicopata de natureza esquizoide;* logo esclarecendo que *o esquizoide é, em última análise, um indivíduo que se defende eliminando realidades e se vai distanciando assim até refugiar-se permanentemente num último reduto, pela força do seu desterro íntimo, que Jung designa por introvertido*. Em resumo, para Taborda, trata-se apenas de *um psicopata que sofre*. A especialista em grafologia Simone Evin, a pedido de Armand Guibert (um dos primeiros estudiosos de Pessoa na França), analisa uma página sua; e, mesmo declarando não conhecer-lhe a obra (o que nem sequer remotamente seria crível), tem coragem de considerar seu caso *desagregação e estilhaçamento da personalidade que se traduziu em muitas ocasiões pelo vento da loucura,* concluindo que *o poeta ri dos seus contemporâneos, mas duma maneira perigosa. Há mais de um título para ele, há cinismo, corrigido felizmente por uma grande bondade, nobreza, sentimento de fraternidade universal, qualidades que permitiram ao poeta escapar a um destino trágico (suicídio ou loucura)*. Dalila Pereira da Costa, comentadora das obras de Pessoa, é ainda mais seca: *Um psicopata*. Enquanto, para José Martinho, *teve a lucidez de se saber um louco que não precisou de asilo*. Só que há mais gosto pelo escândalo que ciência, na pressa dessas opiniões.

O diagnóstico correto

Em busca do correto diagnóstico, procurei especialistas para discutir seu caso; e houve consenso, entre eles, de que Pessoa não se enquadra na definição psiquiátrica de *louco*. Se o fosse, não chegaria aos 47 anos sem crise que exigisse internação. A prova é sua vida. Tem todos os atributos genéticos para enlouquecer, como a avó Dionísia, mas se defende com sua neurose — nele um prêmio, um dom que o fez escapar da psicose. *A saúde da neurose o salvou*, diz o eminente psiquiatra pernambucano Samuel Hulak. Decididamente, para ele, Pessoa não seria um esquizofrênico. Mesma opinião de Bastos e Albuquerque, para quem tem *transtornos egodistônicos da psicossexualidade*; ou de Francisco Manuel da Fonseca Ferreira, para quem *admitir que Pessoa sofreu de uma síndrome mental maior, como a esquizofrenia, não parece sustentável... Soa nitidamente a um exagero forçado e injustificado*. Em síntese, não tem psicose maníaco-depressiva, modernamente conhecida como *transtorno afetivo bipolar*; nem qualquer outra psicose que alterasse o juízo da realidade. Seu perfil caracterológico é o de uma personalidade esquizoide — aquela que tem um comportamento destoante da média, a quem não faltam traços descontínuos de histeria.[606] Os especialistas consultados consideram, assim, tratar-se de um esquizoide com traços depressivos, fóbicos e compulsivos.

Ocorre que Pessoa também é, sobretudo, um melancólico que quase nunca conclui suas tarefas. Deixa no meio seu curso universitário. A maioria dos poemas fica sem título ou data. Não acaba nem dá forma ao *Desassossego* — o livro, como hoje o conhecemos, é reunião de textos que deixou em envelopes; mais outros tantos que lhe foram depois atribuídos, por estudiosos, em razão do estilo ou da contiguidade dos temas. A vida nele, em boa medida, imita um sonho, com a decisiva colaboração do álcool. Adulto, é como se fosse outro. Um personagem que inventou seu criador. Ele mesmo confessa: "Fernando Pessoa não existe, propriamente falando." Dizer que o escritor acabou dando vida ao homem Fernando António Nogueira Pessoa não será, portanto, nenhum exagero. Parafraseando o poeta Jean-François Casimir Delavigne (1793-1843), *os loucos são admiráveis nos seus momentos de lucidez*. Em muitos casos, como o de Pessoa, revelando-se gênios.

---

[606] O conceito, inicialmente reservado apenas a mulheres (*histeros*, em grego, é útero), aos poucos acabou estendido também aos homens. O próprio Pessoa diz: "Se eu fosse mulher... Mas sou homem — e nos homens a histeria assume principalmente aspectos mentais; assim tudo acaba em silêncio e poesia"; ou "O homem é um animal histérico, mas pouco histérico na normalidade".

Ao dr. Samuel Hulak, pedi um diagnóstico que elaborou *à maneira de Pessoa*, em forma de carta *ao Exmo. Sr. Prof. Sigmund S. Freud.*[607] Nela, seu suposto paciente (resumo) *diz sofrer de crises de angústia e beber desmesuradamente; refere fobias, inclusive a de ficar louco (há casos na família); sente-se acometido de tristeza profunda; e, além da comorbidade tão conhecida da psiquiatria, entre quadros melancólicos e alcoolismo, tem a clássica queixa de astenia, abulia e anedonia, principalmente pela manhã, com atenuação à noite. Pelo relato que fez, pareceu-me ser ainda virgem. Nada nele encontrei que justifique ser homossexual; pareceu-me, isto sim, dessexualizado. A armadilha de sua neurose tornou-se a solução de sua saúde mental, evitando uma psicose. Temo ainda por um núcleo masoquista que não o impeça na busca do suicídio crônico através do alcoolismo ou de alguma doença consuntiva.* Médicos usam imagem do filósofo existencialista Karl Jaspers (1883-1969) para definir doentes mentais: *neurótico* seria o relógio com mecanismo imperfeito, enquanto *louco* seria o relógio quebrado. Se assim for, o relógio de Pessoa funciona todo o tempo, e perfeitamente, embora as horas que marca nem sempre estejam certas.

A neurose e a obra

De parte a busca por diagnósticos, subsiste para muitos uma sutil relação entre a doença e sua obra, mistura de loucura e consciência da loucura. *A expressão "my science learn'd"* [minha ciência aprendida] *insinua expressamente a intimidade do autor com o problema "gênio e insônia" e esta intimidade agrava ainda o seu estado de crise*, segundo Georg Lind. Assim se deve considerar o fenômeno da heteronimia, até mesmo para ele próprio, "a origem dos meus heterônimos é o fundo traço de histeria em mim". Alguns comentadores sugerem contextualizar seus escritos em relação à doença. Mário Saraiva, por exemplo, não consegue ver essa obra além do homem que a produz: *Ler Fernando Pessoa sem a prevenção indispensável*

---

[607] Há uma ironia em se expor, precisamente a Freud, o caso de Pessoa; dado não ter o poeta, por ele, nenhuma afeição. No *Estoico*, diz o Barão de Teive: "Este é um dos casos para os quais todos nós devemos ser como Freud. É impossível não nos individuarmos para uma explicação sexual." E, em carta a Gaspar Simões (11/12/1931), está: "Freud é em verdade um homem de gênio, criador de um critério psicológico original e atraente, se assenta numa interpretação sexual. Ora, a meu ver (é sempre *a meu ver*) o Freudismo é um sistema imperfeito e estreito." Em texto solto, vai além: "Registro, com orgulho, que pratiquei, falando de Freud, uma imagem fálica e uma imagem irônica, assim sem dúvida ele o entenderia. O que concluiria, não sei. Em qualquer caso, raios o partam!". Tudo levando a crer que não gostaria, Pessoa, de ver consulta sobre seu caso feita precisamente a Freud.

conduz a uma interpretação falsa e fantasiosa da leitura e da personalidade do escritor. Sua conclusão é de que, conhecido esse quadro, a *figura literária e humana de Fernando Pessoa sai muito ferida.* Duarte-Santos aceita isso, entendendo que *um estudo psicopatológico de Fernando Pessoa se impunha para melhor conhecimento da própria obra.* Taborda de Vasconcelos vai mais longe: *Nada o impede de conceber e realizar uma obra vultosa, em cuja composição, por mais estranho que pareça, afinal todas as anomalias de sua vida colaboraram.* Celeste Malpique como que conclui: *Persiste no esquizoide a tendência para viver na fantasia, num espaço transacional de sonho..., onde podem ser criados... companheiros imaginários, personagens. E quando essa fantasia... é móvel, rica e encontra suporte na expressão artística literária, pode ser fonte de criatividade, como aconteceu com Fernando Pessoa.*

Longe dessas posições, penso que a questão deve ser posta com menos emoção. *A figura do narrador não existe,* palavras de Saramago; *um livro é, acima de tudo, expressão de seu autor.* Razão pela qual, no fundo, trata-se de um debate sem sentido. "Escrevem-se versos, passa-se por doido; e depois por gênio, se calhar." Há doentes mentais medíocres, e há também os superiores. Razões que os levam a escrever são secundárias. Vale o que se faz. Vale o melhor da obra. Conhecer as fraquezas do homem não diminui essa obra; bem ao contrário, a torna especial. Valoriza o autor. Seu conterrâneo Eça de Queiroz, por exemplo, vivia em permanente conflito com familiares — por ser filho de mãe desconhecida[608] e ter um temperamento

---

[608] Eça, nascido em 25 de novembro de 1845, foi registrado apenas pelo pai — o carioca José Maria Almeida Teixeira de Queiroz. Segundo certidão de batismo (1/12/1845), na Matriz Colegiada de Vila do Conde, tendo como padrinhos uma ama pernambucana, Ana Joaquina Leal de Barros, e o próprio Senhor dos Aflitos — *que tocou com seu resplendor o mesmo batizando.* A mãe seria quem sabe aquela com quem se casaria o pai mais tarde (em 3/9/1849), Carolina Augusta Pereira d'Eça — segundo familiares, mulher de *um gênio violentíssimo,* mas também *inteligente, irônica, rica, feia e sempre elegante.* Ou teria sido uma desconhecida senhora casada, como sugere José Hermano Saraiva — baseado no fato de serem o pai de Eça, assim como também seu pai (avô de Eça), juristas respeitáveis; em razão do que só deixariam de nomear a mãe, ao registrar esse filho, caso fosse ela casada com outro — o que impediria esse registro de nascimento. Não impressionando Saraiva ter a criança (que morava com o avô) passado a usar o sobrenome Eça (da suposta mãe), quando, aos 13 anos, se matriculou no Colégio da Lapa (no Porto). Nem as numerosas cartas em que Carolina se refere a ele por *meu filho.* Certo é que passou Eça a frequentar o ambiente familiar só depois de terminar o curso de Direito em Coimbra (no verão de 1865), já com 20 anos, e apenas de quando em quando. Seu reconhecimento, como filho legítimo do casal, deu-se com uma pungente carta da (suposta) mãe Carolina (25/12/1885), às vésperas do casamento de Eça (10/2/1886). Posto que, sem indicação do nome da mãe na certidão de nascimento, não poderia contrair núpcias perante a Igreja — segundo as regras eclesiásticas da época. Para seu primeiro biógrafo (dele e de Pessoa), João Gaspar Simões, *terminava assim, aos 41 anos, a amargura, o drama da bastardia.* Seja como for, ja-

complicado. Mas não por isso deixaram seus romances de ser superiores. O amigo Ângelo de Lima diz, ao próprio Pessoa: *Nunca vos excedeu ou igualou algum poeta do mundo.*[609] Assim, como "um louco que sonha alto, contribuo talvez para engrandecer o universo; porque quem, morrendo, deixa escrito um verso belo, deixou mais ricos os céus e a terra e mais emotivamente misteriosa a razão de haver estrelas e gente".

Rubem Alves, comparando Pessoa a outros que também tiveram *vida mental rica*, diz que nenhum deles tinha saúde mental: *Eram lúcidos demais para isso.* Segundo ele, o corpo humano é como um computador, em que o *hardware* é o equipamento e o *software* um conjunto de símbolos que foram programados a partir de palavras, podendo um computador enlouquecer por defeitos do *hardware* ou do *software*. A conclusão do mestre é que *a música que saía de seu software era tão bonita que seu hardware não suportou.* Em carta a Adolfo Casais Monteiro (13/1/1935), a propósito de sua *neurose*, Pessoa confessa: "Estes fenômenos fazem explosão para dentro e vivo-os eu a sós comigo. Assim, tudo acaba em silêncio e poesia." Cumprindo anotar que também no seu caso, com certeza, a obra está para além da frágil condição do pobre homem que a escreveu.

> Um internado num manicômio é, ao menos, alguém,
> Eu sou um internado num manicômio sem manicômio.
> Estou doido a frio,
> Estou lúcido e louco,
> Estou alheio a tudo e igual a todos:
> Estou dormindo desperto com sonhos que são loucura
> Porque não são sonhos.
> Estou assim...
>
> Sem título (16/6/1934), Álvaro de Campos

---

mais escreveu Eça uma única carta àquela que só tão mais tarde, e quando já era famoso (verdade ou não), confessou ser sua mãe. Eça era sócio correspondente (Cadeira 2) da Academia Brasileira de Letras.

[609] A frase tem o exagero próprio dos loucos — entre estes seu autor, um internado no Manicômio Bombarda (Rilhafoles).

Bonum vinum lætificat cor hominis

(Um bom vinho alegra o coração do homem. Ditado latino)

A espantosa lucidez da bebida

> *"Borracheira*[610] *às vezes dá*
> *Uma assombrosa lucidez."*
>
> Sem título (1931), Fernando
> Pessoa

Um irresistível gosto pelo álcool

É como se houvessem nascido um para o outro. Ao chegar em casa, por vezes, Pessoa finge-se de bêbado. Para divertir as crianças ou *ralar a minha irmã, evidentemente, porque ela era tão conservadora quanto ele radical, tinha horror à bebida e costumava sempre acusar o Fernando de beber demasiado* — diz o irmão João Maria. Essa irmã Teca lembra que *frequentemente, à hora do almoço, ia até a janela esperar por ele. Mal me via começava a fazer de bêbado: andava aos zigue-zagues, tropeçava, atirava o chapéu ao candeeiro. Dizia-lhe mas que vergonha, que vergonha, vão pensando que tu és maluco.* O problema é que Pessoa *bebia demais* — palavras da sobrinha Manuela Nogueira. E em quantidades a cada ano maiores. "Todos os meus gestos mais certos, as minhas ideias mais claras, e os meus propósitos mais lógicos, não foram, afinal, mais que bebedeira nata." Assim faz porque toda sua "atividade mental" deixa de funcionar "quando desassistida dos vapores casuais de uma beberragem alcoólica". Baudelaire, em "Embriagai-vos" (dos seus *Pequenos poemas em prosa*), escreveu: *É necessário estar sempre bêbado. Tudo se reduz a isto; eis o único problema. Mas de quê? De vinho, de poesia, ou de virtude, como achardes melhor. Contanto que vos embriagueis.* Pessoa, pela vida, agiu sempre como se acreditasse nessas palavras.

Para Francisco Manoel Fonseca Ferreira, *os indivíduos habituados adaptam-se progressivamente a doses cada vez mais elevadas de álcool, podendo*

---

[610] Em algumas edições do poema (como a da Nova Aguilar), essa expressão é substituída por sua equivalente *bebedeira*.

apresentar estado de aparente sobriedade, com níveis de alcoolemia que provocariam estados de intoxicação, mais ou menos graves, em não habituados. Assim também lhe acontecia; que, dada uma enorme resistência aos efeitos secundários do álcool, jamais passou por vexames públicos. Seus vizinhos António Manuel Rodrigues de Seixas e Carlos *Bate-Chapa* Campos, que o viam passar todos os dias na Rua Coelho da Rocha, me confirmaram: *Nunca o vimos embriagado.* Algumas vezes, quando a família recebia convidados para jantar, Pessoa ficava no seu quarto — assim me disse o presidente da república portuguesa Mário Soares; sobretudo, é razoável supor, quando já havia consumido parte de sua inseparável garrafinha. Mas talvez quisesse apenas estar longe de visitas que não conhecia, gente para quem era um estranho; tanto que um dia, segundo declaração de Manuela Nogueira, *não querendo atender uma visita, pediu para lhe dizer que estava bêbado.*

João Gaspar Simões responde pela versão de que Pessoa era um bêbado inveterado. Os "venenos necessários" de Pessoa eram, para ele, *venenosos eflúvios.* Porque *bebia muito mais do que seria razoável.* Um testemunho não plenamente confiável; dado que, apesar da correspondência trocada pela vida, só em março de 1935 passou a residir em Lisboa. Quando já Pessoa se preparava para morrer. Fisicamente, pois, se encontraram pouco. Augusto Ferreira Gomes, por exemplo, se insurge contra essa imagem: *Deus me livre de lhe vir agora dizer que o Fernando Pessoa era um abstêmio cândido e puro... Bebia muito bem e nos últimos anos talvez um pouco mais do que devia. Daí, porém, ao abandalhamento como quer o seu biógrafo* [Gaspar Simões], *talvez muito lamentoso que ele não tivesse acabado numa valeta como o Poe,*[611] *... meu Deus, que diferença!* Mas Pessoa, no íntimo, talvez considerasse que esse prazer valia sua pena: "Cada qual tem o seu álcool. Tenho álcool bastante em existir. Bêbado de me sentir, vagueio e ando certo."

---

[611] Poe, nascido em 1809, não teve uma vida tranquila. O pai, ator de pouco sucesso, abandonou a família quando o filho tinha só 2 anos; e logo morreu a mãe. Acolhido por casal sem filhos, John e Frans Allan (a adoção nunca foi oficializada), acrescentou esse sobrenome ao seu; até que, morta Mrs. Allan, se desentendeu com dito pai *adotivo* (por dívidas de jogo) e substituiu, nos livros, aquele sobrenome completo pela letra A — passando a se assinar, a partir de então, Edgar A. Poe. Em 1847, Virginia Clemm, prima que tinha 13 anos quando se casaram secretamente (em 1835), morreu de uma tuberculose em que sangrava abundantemente e Poe passou a beber ainda mais. Dois anos depois, em Baltimore, o poeta morreu bêbado em uma valeta — uma imagem que apavorou Pessoa, por toda a vida, dado temer lhe pudesse ocorrer algo assim.

Bebidas preferidas

"Com mão mortal elevo à mortal boca em frágil taça o passageiro vinho"; e "não dou ao vinho, do qual todavia não me abstenho, o nome de alimento ou de necessidade de vida". Desses, aprecia os chamados *Vinhos de Lisboa*: alguns brancos — Bucelas e Gaeiras; ou tintos de mesa, especialmente o Colares, da zona sul da Estremadura, preparado a partir da uva moscatel — *Colares peçonhento*, como dizia Eça em *O primo Basílio*. Ophelia, numa carta de 6 de abril de 1920, refere outra preferência: *Ainda bem que o Sr. Crosse está de saúde*[612] *mas que ele tenha cuidado com o "vinho de madeira",*[613] *e o Sr. Álvaro de Campos com o balde,*[614] *se ele não sabe nadar morre afogado, coitadinho...* Só que seu vinho preferido é outro, razão pela qual sonha com "garrafas daquele vinho do Porto que ninguém pode comprar". Também tenta o absinto, na companhia de Sá-Carneiro; mas logo o abandona, em razão dos problemas gástricos que lhe causa. Aprecia conhaque (Macieira), em Portugal mais conhecido como *brandy* — *"so I let my heart smart, and I drink brandy"* (então deixo o meu coração esperto, e bebo *brandy*).[615] Porém, mais que tudo, preferia o *bagaço* (ou *bagaceira*).[616] *Bagaços, tomados a meio da manhã ou da tarde*, segundo sua

---

[612] Referência a carta de Pessoa do dia anterior, em que fala de um heterônimo: "A. [A.] Crosse está de saúde — uma libra de saúde por enquanto, o bastante para não estar constipado."

[613] Esse vinho de madeira, usado como aperitivo ou tempero, é bem licoroso. Produzido na Ilha da Madeira e engarrafado no continente, ganhava sabor especial em razão do balanço das ondas na viagem — ao contrário dos vinhos verdes, produzidos no Minho e na Galiza, que se deterioravam ao viajar.

[614] Outra referência à mesma carta, em que Pessoa diz: "Adeus: vou-me deitar de cabeça dentro de um balde de cabeça para descansar o espírito. Assim fazem todos os grandes homens — pelo menos quando têm 1º espírito; 2º cabeça; 3º balde para meter a cabeça." Depois, em uma "Ode" de 14 de março de 1931, Reis diria: "Meu balde exponho à chuva, por ter água."

[615] Aguardente envelhecida em tonéis de madeira, geralmente carvalho, que com o tempo matura e perde aquele travo de bebida crua destilada (próprio de nossa cachaça). A palavra tem origem holandesa — *brandewine*, em inglês traduzida para *burnt wine* (vinho queimado), daí *brandy wine* e finalmente *brandy*.

[616] Aguardente de uva, equivalente à *grappa* italiana e à *eau-de-vie* francesa. Muito apreciada em Portugal, nunca fez sucesso no Brasil — onde sempre se preferiu uma aguardente diferente, feita de cana-de-açúcar. Para garantir os tributos que vinham com a bagaceira, chegou a ser proibido pela Coroa o consumo de qualquer outra bebida por aqui, o que acabou convertendo nossa cachaça em símbolo de resistência à dominação portuguesa. Bebida de patriota. Só depois do terremoto que arrasou Lisboa (1755) e os cofres da realeza, passou a corte a aceitar o consumo dessa cachaça nas suas colônias, em troca do imposto que vinha junto com a garrafa. Mantendo, contudo, o ranço da colonização; tanto que mesmo depois, por exemplo na Revolução Pernambucana de 1817, brindar com bebida importada significava unir-se aos estrangeiros.

sobrinha Manuela Nogueira. *Bebidas brancas*, para António Ferreira Gomes. *Copinhos de aguardente*, para Eugênio Lisboa. Apenas *aguardente*, para António Quadros. Preferivelmente, da marca Águia Real. "Ah, bebe! A vida não é boa ou má." A poesia e o álcool, nele, andaram sempre juntos.

> O bêbado caía de bêbado
>
> E eu, que passava,
> Não o ajudei, pois caía de bêbado,
> E eu só passava.
> O bêbado caiu de bêbado
> No meio da rua.
> E eu não me voltei, mas ouvi. Eu bêbado
> E a sua queda na rua.
>
> O bêbado caiu de bêbado
> Na rua da vida.
> Meu Deus! Eu também caí de bêbado
> Deus.
>
> Sem título (sem data), Fernando Pessoa

A arte de beber

Em carta a Ophelia, diz: "Não te admires de a minha letra ser um pouco esquisita. A razão é a de eu ter descoberto aqui em casa um vinho do Porto esplêndido, de que abri uma garrafa, já bebi metade." Numa carta em que se assina como Íbis, diz ter sito escrita "no estilo do Abel" — a Casa Abel Pereira da Fonseca, mais conhecida como Adega Val do Rio. Ophelia, em resposta, pede *que não vá ao Abel*. Noutra carta, Ophelia lamenta ter ele preferido *o Abel à minha pessoa. Bem sei que a minha companhia não é assim grande coisa. Mas... pelo menos não subo à cabeça.* Em mais outra: *Não tem ido ao Abel, pois não? faz muitíssimo mal, é um veneno que toma, e depois o meu filhinho adoece e sofre e não tem graça nenhuma, estraga-se pelas suas próprias mãos. Faz-lhe mal ao fígado, ao estômago, aos intestinos, enfim não lhe causa senão estragar.* Em outra ainda: *O Abel tem aguardente doce, mas a boca do Bebé é doce e talvez um pouco ardente, mas assim está bem.* Todas essas cartas são de setembro de 1929; valendo notar que referências a bebidas na correspondência com Ophelia, quase inexistentes na primeira fase da relação, passam a ser comuns na segunda, nove anos depois.

Na carta a Casais Monteiro (13/1/1935) em que explica a origem de seus heterônimos, entende necessário esclarecer: "Interrompo [a carta]. Não estou doido nem bêbado"; algo mesmo natural em quem diz "falta sempre uma coisa, um copo, uma crise, uma frase". A Gaspar Simões confessa ter sido "insistentemente solicitado a acabar de escrever à máquina por um amigo meu, ainda mais bêbado do que eu, que acaba de chegar e não estima embebedar-se sozinho"; e, noutra carta, diz estar, "definitivamente, cansado e sedento". Simões sugere ter *cólicas de aguardente, a qualquer hora do dia, de pé, diante da primeira taberna que se lhe deparasse*; e lembra que, nesses casos, um dos seus gostos era escrever em inglês. *Sob a ação do álcool, na excitação agradável ou desagradável que nele provoca a fricção com a paisagem, deixava correr a pena, como acontecera em Portalegre, ao escrever Alentejo seen from the train.* Mas sobre esse episódio do porre de Portalegre, onde foi comprar as máquinas de sua tipografia Íbis, sugere José Blanco que *se o não leve muito a sério*; por tratar-se, para ele, apenas de *uma brincadeira.* "Tenho elementos espirituais de boêmio, desses que deixam a vida ir como uma coisa que se escapa das mãos"; além de um pigarro alto, de bêbado, que se ouve longe. Na "sobreloja de uma casa de pasto, não comi bem, nem bebi o de costume. E como, ao sair eu, o criado verificando que a garrafa de vinho ficava em meio, voltou-se para mim e disse: Até logo, Sr. Soares — e desejo as melhoras". Este senhor é Bernardo Soares, o próprio Pessoa; e a recomendação procede, que só não estando bem deixaria pela metade sua garrafa de vinho. Soares retribui a gentileza e agradece "ao criado que acaba de me fazer a fraternidade de me desejar melhoras".

"Se um homem escreve bem só quando está bêbado dir-lhe-ei: embebede-se. E se ele me disser que o seu fígado sofre com isso, respondo: o que é o seu fígado? É uma coisa morta que vive enquanto você vive, e os poemas que escrever vivem sem enquanto." Em muitos momentos, "ergue a cabeça de sua vida anônima" e descobre que ela é só "loucura natural, grande desconhecimento, bebedeira nata" — uma expressão que aparece repetidamente nos seus textos. Então sente "um marasmo, como um começo de bebedeira", que "elucida-me a alma de coisas". Em 1926, no número 2 da *Revista de Comércio e Contabilidade*, em artigo com título "As algemas", protesta contra a Lei Seca nos Estados Unidos, por considerá-la uma "intromissão intolerável do Estado na vida dos cidadãos, um fator perturbante no livre jogo econômico". Comentando essa lei de 1917, vigente ao tempo do artigo, diz que "o movimento antialcoólico é dos maiores inimigos do desenvolvimento da vontade". Por essa ou outra razão, acabou revogada pelo presidente Roosevelt em dezembro de 1933. Pessoa deve ter, à sua maneira, agradecido.

> Este é o dia, este é o dia
> Em que de Baco[617] vai esplender[618]
> Toda a alegria.
> Vinde colher, vinde colher
> As flores para a vossa orgia.
> Vinde colher para as perder.
> Vinde colher por vossas dores.[619]

> "Auto dos bacantes", Fernando Pessoa

"Só de pensar uma palavra eu compreenderia o conceito de Trindade." Todas as manhãs, ao sair de casa ainda em jejum, para na leiteria em que o amigo trabalha — situada bem na esquina das ruas Coelho da Rocha e Silva Carvalho. O estabelecimento, já vimos, pertence a António Lopes; mas nele é sempre atendido por um empregado, o amigo Julio Trindade. Dirige-se ao balcão, põe sobre sua quina o dedo indicador da mão direita[620] e diz: "Dê-me 7." Esse "7" era um copo de vinho tinto[621] que custava 70 centavos — trocando a moeda, 7 tostões. Voltando à casa, todo começo de noite, repete o gesto no balcão e diz apenas "2, 8 e 6"; e logo vem Trindade com uma caixa de fósforos (20 centavos), um maço de cigarros Bons (80) e um cálice de conhaque Macieira (60) — novamente, trocando a moeda, 2, 8 e 6 tostões. Cigarro e fósforos põe no bolso, o cálice vira de um só trago. Então, tira uma garrafinha preta que sempre guarda na pasta e entrega ao Trindade, que logo a devolve já com rolha. E cheia de aguardente. É o estoque para uma noite. Repõe a garrafa na pasta e sai sem pagar. Pela manhã, o quarto está sempre desarrumado. Na mesa, papéis com palavras douradas

---

[617] Baco é o deus do vinho.

[618] Resplandecer.

[619] Ao lado escreveu, em inglês, *"no, no, no"* — prova de que considerou ruins os versos.

[620] A cena me foi descrita, com gestos, por António Seixas (filho do barbeiro Manassés) e Carlos *Bate-Chapa* — os mesmos que, do outro lado da rua (em frente à barbearia), eram testemunhas diárias da cena.

[621] O hábito de tomar vinho pela manhã, comum ainda hoje em várias regiões da Europa, se enraizou em Portugal desde o terremoto de 1755; posto que muitos morriam de peste, contaminados pela água, enquanto o vinho protegia da doença. Como primeira refeição, era então usual consumir o próprio vinho ou uma *sopa de cavalo cansado* feita de vinho tinto, legumes, canela e pão torrado. Com receita quase igual, no Nordeste brasileiro, há uma *sopa de cachorro cansado* que reproduz, com pequenas variações, a receita original (embora sem usar vinho).

pelo "poente impossível de montes altos, vastos e longínquos". Segundo me disse Manuela Nogueira, esses papéis eram lidos para seus pais *no final do almoço*. Pelo chão, pontas de cigarro e a garrafinha preta. Sem rolha e vazia. Quando vem o senhor Manassés, para a barba diária, lhe faz sempre o mesmo pedido em tom reverencioso. *Era um senhor muito delicado, o sr. Pessoa*, testemunha Manassés. O pedido é para ir ao Trindade encher novamente a bendita garrafinha.

> O nosso patrão é pai
> Faz-nos o bem.
> Bebamos à saúde dele,
> E à nossa também!
>
> Não falte trigo pra semente
> Remédio ao doente,
> Nem vinho à gente!
>
> "Bachiana medieval", Fernando Pessoa

O amigo Martins da Hora confessa que, quando *não se conseguia encontrá-lo, para isso só havia uma maneira: deixar recado no Abel Pereira da Fonseca, que era o único sítio onde ia com regularidade, pois que para tudo o mais nunca tinha horas e dias certos. Mas nunca, em tantos anos que durou o nosso convívio, notei o menor indício de demência...* Outro amigo, Luís Pedro Moitinho de Almeida, relata: *Muitas vezes assisti a cenas como esta: o sr. Pessoa que estava trabalhando, em via de regra, à máquina de escrever, visto que não minutava o que datilografava, levantava-se, pegava no chapéu, compunha os óculos, e dizia com ar solene: "Vou ao Abel." Ninguém estranhava essa atitude. Num único dia foram tantas as idas "ao Abel" que me permiti dizer ao "Senhor Pessoa", num dos seus regressos ao escritório: "O senhor aguenta como uma esponja!", ao que ele imediatamente respondeu, com as suas habituais ironias — "Como uma esponja? Como uma loja de esponjas, com armazém anexo." Era o único defeito — se era defeito — que lhe conheci.*

Alcoólico crônico

Nos escritos médicos, bebedores usualmente são divididos em três grupos distintos: o dos *bebedores sociais (social drinkers)* — que não apresentam manifestações psíquicas ou orgânicas expressivas; o dos *bebedores problemas*

— que, mesmo demonstrando alguma tolerância ao álcool, revelam manifestações secundárias ao seu excesso; e o dos *alcoólicos crônicos* — que acabam por sofrer manifestações graves decorrentes da dependência da ingestão de álcool. Já para a Organização Mundial de Saúde, *alcoólico crônico é o consumidor pesado que, com dependência física ou psíquica do álcool, pode desenvolver um quadro de privação manifestado por tremores, agitação, ansiedade, pânico, que poderia evoluir para* delirium tremens. Pessoa, bebendo muito e desde bem cedo, corresponde a esse modelo clássico de um alcoólico crônico. Aos 18 anos, como Charles Robert Anon, confessa já sofrer ataques de dipsomania (uma incontrolável necessidade de beber). Com 19, numa carta em inglês a Teixeira Rabelo (22/8/1907), refere estar "nuns poucos momentos de concatenada atividade mental, não desassistida dos fumos casuais da bebida alcoólica".

Alcoólicos, quase sempre, funcionam só com álcool; e, usualmente, bebem de manhã para eliminar os tremores produzidos pela bebida. Hemingway, ao acordar, só tomava gim. Não só ele. Donald W. Goodwyn, *chairman* do Kansas University Medical Center, conclui estudo sobre o tema dizendo que *o alcoolismo é uma epidemia entre os escritores*; indicando, como dependentes, Charles Bukowski, Edgar Allan Poe, Emily Dickinson, Ernest [Miller] Hemingway, Eugene O'Neill, Henry Thoreau, Lillian Hellman, Mark Twain, Mary McCarthy, [Gerard] Nerval, Paul Verlaine, [Francis] Scott Fitzgerald, Tom [as Clayton] Wolfe, Truman Capote, William [Harrinson] Faulkner. Ocorre que, diferentemente da maioria de bebedores crônicos, Pessoa não apresenta sinais físicos ou psíquicos tão comuns nessas situações. A própria qualidade da letra não autoriza concluir que sequer tenha tido lesões neurológicas ou psíquicas pronunciadas; sendo o tipo de vida que mantém, até próximo do fim, incompatível com doenças neuropsíquicas causadas pelo álcool.

O presidente Mário Soares me contou que em 1985 — era primeiro-ministro, então —, nas comemorações dos 50 anos da morte do poeta, providenciou, em 15 de outubro, a remoção dos seus restos mortais aos Jerônimos. Atendendo a exigências burocráticas, teria sido necessário abrir o caixão para recolher seus ossos, e o corpo estava intacto, como que embalsamado. A conclusão dos que viram a cena é que, em vez do formol usado nos processos de mumificação, havia nele álcool. Muito álcool. Álcool que, pela vida, teria como que encharcado todas as suas carnes, conservando o corpo. Mas esse fato não permite conclusões assim. Porque formol, quimicamente, não é álcool. É aldeído. Com distintos compostos orgânicos. Alcoóis têm o radical (parte da molécula) oxidrila OH — átomo de oxigênio ligado ao hidrogênio; enquanto aldeídos têm o radical CHO — átomo de carbono, que se liga ao hidrogênio e ao oxigênio; resultando tal integridade, sempre, da constituição física do morto, do microclima da região ou das propriedades geológicas do sítio em que foi sepultado. Tanto que, para a Igreja Católica, casos assim de *incorruptibilidade do corpo* já não são aceitos como um dos dois milagres exigidos para reconhecimento de santidade.

Essa versão foi também defendida pelo escritor Emiliano Monge. Para ele, seis anos antes, uma comissão de notáveis teria decidido por esta remoção. Não fosse pouco, ainda refere à reação de um dos seus membros, António de Sagadaes: *Jamais esquecerei o sobressalto que me infundiu essa visão inespera-da, era como estar diante do mesmo homem que havia visto várias vezes em minha infância, como ter em frente uma foto sua.* Só que a cena não é crível. Encarregado pela família de acompanhar esses procedimentos, o sobrinho de Pessoa, Luiz Rosa, me confirmou: *Ora, os caixões colocados em jazigo têm por baixo outro caixão, de chumbo, com a tampa soldada, onde o corpo foi enterrado. Logo, não se poderia jamais ver e verificar se o corpo estava mesmo intacto.* O que nos leva, provavelmente, a só mais uma lenda sobre Pessoa.

Delirium tremens

A dependência do álcool se agrava, com o tempo; e chega a ter *delirium tremens* — reproduzindo a cena com os heterônimos Abílio Quaresma e ex-Sergeant Byng. Para melhor compreender a gravidade do quadro, cumpre considerar que esse evento médico segue em progressão. Na fase inicial, dita *prodrômica*, manifesta-se um estado psíquico de extrema ansiedade — com sudorese, tremores e distúrbios do sono; até que vem, depois, um *período de estado* — caracterizado por confusão mental, desorientação, inquietação, hipo ou (mais frequentemente) hipertermia e alterações da sensopercepção, com presença de alucinações liliputianas (visão de elementos diminutivos) e zoopsias (visão de animais); podendo ainda, o paciente, apresentar convulsões. Pessoa sentia, na carne, todos esses sinais. A primeira crise teve no Estoril, em casa da irmã. Ali, depois, várias outras vezes irá cair no chão. Outra crise teria tido no Rossio, madrugada alta — próximo ao Café Gelo, no espaço onde ficam as cabines telefônicas. Uma terceira poderia ter tido na Rua Coelho da Rocha — quando tiveram de arrombar a porta para socorrê-lo, por ter perdido os sentidos à entrada do banheiro. Contra suas próprias expectativas, resiste a essas crises finais; e, poucos dias antes de sua morte, escreve poema em inglês com título "D.T."[622] — certamente, *delirium tremens*. Porque, no *delirium*, o alcoólatra sente animais asquerosos próximos a seu corpo e começa a se debater para escapar deles. Tudo perfeitamente descrito nestes versos:

> Na realidade outro dia,
> Batendo o meu sapato na parede
> Matei uma centopeia
> Que lá não estava de forma alguma.
> Como é que pode?
> É muito simples, como vê
> Só o início do D.T.
> Quando o jacaré cor-de-rosa
> E o tigre sem cabeça
> Começam a crescer
> E exigir serem alimentados
> Como não tenho sapatos
> Para os matar
> Penso que devo começar a pensar
> Será que eu deveria parar de beber?
>
> Quando as centopeias vierem
> Sem problema
> Posso vê-las bem
> Até duplicadas
> Mando-as para casa
> Com meu sapato
> E, quando todas forem para o inferno,
> Irei também.
>
> Então, como um todo
> estarei verdadeiramente feliz
> Porque com um sapato Real e verdadeiro
> Matarei a verdadeira centopeia
> Minha perdida alma...
>
> "D.T.", Fernando Pessoa

---

[622] Em algumas publicações, esse título é suprimido.

O poema é logo remetido ao irmão Luís Miguel, em 15 de outubro de 1935; e na Arca ficou rascunho, também em inglês, de carta (resumo):

> Querido L...
>
> Quando escrevi no outro dia a minha intenção era de enviar-lhe uma cópia do poema alcoólico ou pós-alcoólico, do qual recitei de cor os primeiros versos para você e para E...[623] De alguma forma esqueci, mas o estou enviando agora, ficando entendido que isso nada tem a ver com qualquer coisa que eu tencionasse publicar em inglês, dado ser obviamente inadequado para publicação. É só para você ver a natureza do danado do poema. Por alguma intervenção irônica da máquina de escrever, ou do papel-carbono, a cópia está toda torta, o que, entretanto, é bem consistente com a desordem do poema.

Um como que suicídio lento

Pessoa bebe álcool logo que acorda e por todo o dia, sem contar a inevitável garrafinha das noites. Com o tempo, constata a progressiva debilidade do corpo e nada faz para alterar essa rotina. Um quadro de não estranhar, considerada sua neurose — que neuróticos quase nunca se suicidam bruscamente. São processos lentos e sempre conscientes. Como o alcoolismo. "Perguntais o que quero. Beber ao ponto de não saber se bebo ou se bebi." Estuda o próprio caso nos livros e faz diagnóstico de si mesmo que confirma o vaticínio do seu próprio horóscopo. A segunda crise, assim acredita, seria mortal. "E você vê-me, Ruy [Santos], renunciar à aguardente?" Esse amigo constata ser seu estado *lastimável*. Conhece a história de MacGregor Mathers (do *Temple of the Golden Dawn*) e seu "fim terrível, embrutecido pelo álcool. É um caso pungente". E teme que lhe ocorra algo parecido. Definitivamente, "estava bêbado, já não sabia vestir o dominó que não tinha tirado". Álvaro de Campos escreve poema, referindo esse como que caminho para o suicídio:[624]

---

[623] Não há registro de quem seria esse "L". Talvez o próprio Luís Miguel. Já o "E", para Manuela Nogueira, *seria a cunhada de Pessoa, Eve.*

[624] Para boa parte dos especialistas, endereçado ao próprio Pessoa. Em posição diversa, e segundo penso correta, Cleonice Berardinelli me chamou atenção para o fato de ter sido escrito em 26 de abril de 1926 — a data exata do décimo aniversário de morte do querido Sá-Carneiro. Suicida, então, seria não o próprio Pessoa, mas só o velho amigo que se foi.

Se te queres matar, por que não te queres matar?
Ah, aproveita! que eu, que tanto amo a morte e a vida.
Se ousasse matar-me, também me mataria...
Ah, se ousares, ousa!
(...)
Fazes falta? Ó sombra fútil chamada gente!
Ninguém faz falta; não fazes falta a ninguém...
(...)
Primeiro é a angústia, a surpresa da vinda
Do mistério e da falta de tua vida falada...
Depois o horror do caixão visível e material,
E os homens de preto exercem a profissão de estar ali.
Depois a família a velar, inconsolável e contando anedotas,
Lamentando a pena de teres morrido.
E tu mera causa ocasional daquela carpidação,
Tu verdadeiramente morto, muito mais morto que calculas...
(...)
Encara-te a frio, e encara a frio o que somos...
Se queres matar-te, mata-te...
Não tenhas escrúpulos morais, receios de inteligência!...
Que crepúsculos ou receios tem a mecânica da vida?[625]

Sem título (26/4/1926), Álvaro de Campos

Armando Ventura Teixeira, seu barbeiro no Chiado, testemunha: *O Fernando — que a gente não sabia que era um grande poeta — bebia uma garrafa de aguardente que até a gente pensava que o Fernando queria se matar.* O dr. Jaime Neves chega a proibi-lo de beber: *Um cálice a mais de aguardente e seria o fim.* Pessoa não lhe atende. "Estou hoje vencido, como se soubesse a verdade." "E eu, que odeio a vida com timidez, temo a morte com fascinação." Não há consenso, entre especialistas, com relação ao fato. Para Teresa Rita Lopes, *não enlouqueceu nem se suicidou, os seus Outros enlouqueceram e mataram-se por ele.* Em conversa que tivemos, reafirmou não considerar tenha como que se suicidado. Mesma opinião que me foi expressa por Teresa Sobral Cunha. Cleonice Berardinelli, em outra conversa, disse que *foi se matando aos poucos, sem a intenção de se matar, o que não é a mesma coisa.* Em posição diferente, Ireneu Cruz sustenta que, em casos como o seu, *a mais plausível forma de suicídio deveria ter sido pelo*

---

[625] Variante que escreveu foi: "Que escrúpulos ou receios tem a *química* da vida?".

meio do álcool. Jorge de Sena tem a mesma opinião. *Terá sido um suicídio exemplar, executado a frio durante vinte e cinco anos de poesia. Um suicídio a goladas de álcool.* Usando palavras de Hiudéa Rodrigues Boberg, *foi um suicídio lento.* Segundo a psiquiatra Celeste Malpique, *o poeta não se suicidou; foi apagando com jatos delusórios, lume brando do processo depressivo que, nunca extinto, acabaria por o consumir embebido em álcool como anestésico.* Para o médico Taborda de Vasconcelos, *Fernando Pessoa pode e deve considerar-se um suicida em potencial. Um suicida que se consumou.*

> E hoje sou apenas um suicídio tardo,
>   Um desejo de dormir que ainda vive.
>
> Mas dormir a valer, sem dignificação nenhuma.
>   Como um barco abandonado
> Que naufraga sozinho entre as trevas e a bruma.
>
> Sem título (28/8/1927), Fernando Pessoa

Por tudo, então, a ideia de ter mesmo como que se suicidado deve necessariamente ser considerada; imitando nesse gesto, como visto, seus heterônimos Barão de Teive, Marcos Alves e Marino. Ainda que dizendo, como no *Desassossego,* que "o suicídio é a covardia". Porque, e mesmo quando não fosse uma decisão consciente, no fundo talvez preferisse um fim mais limpo. "Assim vivi, assim morri a vida, calmo sob mudos céus." Sabia ser inevitável a humilhação de morrer na cama, prostrado e impotente. "Entremos na morte com alegria! Caramba." E prefere encurtar a velhice com seus *copinhos de aguardente.* "O que há de febre na vida simples abandona-me; uma calma completa me invade." E é cada vez mais comum vê-lo bêbado. "Consoladora dos que não têm consolação, lágrimas dos que nunca choram, hora que nunca soa — livra-me da alegria e da felicidade."

> Sábio é o que se contenta com o espetáculo do mundo,
>
>   E ao beber nem recorda
>   Que já bebeu na vida,
>   Para quem tudo é novo
>   E imarcescível[626] sempre.
>
> "Odes" (19/6/1914), Ricardo Reis

---

[626] Que não murcha.

Acta est fabula
(A peça acabou)[627]

O desalento

> "*A morte paira como uma ave perdida.*"
> Anotação em inglês (4/5/1922), Fernando Pessoa

Um destino funesto

Pessoa aos 40 anos

Chega 1935, seu derradeiro ano, e já vão longe os sonhos do passado. "Pobre da minha vida." Pouco antes, em 1930, escrevera: "Aos 20 anos eu ria do meu destino funesto; hoje conheço o meu destino banal. Aos 20 anos aspirava aos principados do oriente; hoje contentar-me-ia, sem pormenores nem perguntas, com um fim de vida tranquilo aqui nos subúrbios, dono de uma tabacaria vagarosa." Sente-se abandonado como um "predestinado à derrota", condenado a consumir tão preciosas horas em escritórios comerciais que nada têm a ver com seu ofício de escritor, reduzido a esse "intervalo entre o que sou e o que não sou, entre o sonho e o que a vida fez de mim". Duro preço a pagar pela sobrevivência. "A vida é uma estalagem onde tenho que me demorar até que chegue a diligência do abismo."[628] Nesse ano derradei-

---

[627] Palavras com que se anunciava, no antigo teatro romano, o fim dos espetáculos. Equivale ao *Ite, Missa est* (Ide, a missa findou) dos católicos.

[628] Essa expressão, "diligência do abismo", na tradição judaica poderia ser alusão ao carro de fogo em que o profeta Elias foi levado ao céu. Hipótese remota, posto quase não haver referências à história das religiões em sua obra. Talvez lembre o adivinho Anfiarau, filho de Ecles e Hipermestra. Em combate às portas de Tebas, matou Melanipo, que ferira no ventre o amigo Tideu. Cortou-lhe a cabeça e depois a levou para Tideu, que comeu seu cérebro. Derrotado em batalha, fugiu Anfiarau até a margem do Ismeno; e, quando já ia ser alcançado por Periclímeno, seu protetor Zeus o trouxe para

ro, diz que "nada e a ninguém importa o que faz e pensa um poeta obscuro". Mesmo o ato de escrever começa, para ele, a ser penoso. "Pouco a pouco quebraram-se todos os laços. Em breve ficarei sozinho." Só então verdadeiramente compreende, no íntimo, que "meu passado é tudo quanto não consegui ser" e "meu destino é decadência".

> Há tanto tempo que não sou capaz
> De escrever um poema extenso!
> Há anos...
> Perdi tudo que me fazia consciente
> De uma certeza qualquer no meu ser...
> Hoje o que me resta?
> O sol que está sem que eu o chamasse...
> O dia que me não custou esforço...

Sem título (1934), Álvaro de Campos

O amigo Gaspar Simões vai a Lisboa para colóquio, em *O Século*, sobre a *Tendência do romance contemporâneo* (28/3/1933). Pessoa, convidado, não aparece por lá. "Tive pena que a sua estada em Lisboa, quando da sua conferência, coincidisse com alguns dias de maior invisibilidade minha" (carta de 2/4/1933). Simões compreende bem as verdadeiras razões dessa ausência e não se incomoda. "Grandes como são as tragédias, nenhuma delas é maior do que a tragédia de minha própria vida", que "eu já não sou eu. Sou um fragmento de mim conservado num museu", "um daqueles trapos de limpar coisas sujas, que se levam para a janela para secar, mas se esquecem, enrodilhados, no parapeito". Quase não vê João Maria, que volta de Londres para morar em Lisboa com a mulher Eve. O outro irmão, Luís Miguel, em lua de mel com sua mulher Eileen, fica impressionado com seu estado. É primavera de 1935. Tiram algumas fotos juntos e Pessoa manifesta intenção de ir visitá-los na Inglaterra. Mas sabe que não o fará. "Estou farto de mim, objetiva e subjetivamente. Estou farto de tudo."

> Estou tonto,
> Tonto de tanto dormir ou de tanto pensar,
> Ou de ambas as coisas.
> (...)

---

junto de si — entreabrindo a terra num abismo que o engoliu junto com sua diligência, seu cocheiro e seus cavalos. No texto, então, a citação quer dizer *morte*.

Afinal
Que vida fiz eu da vida?
Nada.

Sem título (12/9/1935), Álvaro de Campos

Um futuro de incertezas

O pequeno mundo que habita está quase todo ali, à mão. Para fazer barba e cortar cabelo, continua se valendo sobretudo de Manassés, que vai bem cedo a sua casa. Várias vezes esse barbeiro o encontra com a roupa da véspera, inconsciente, debruçado sobre a mesa de trabalho. "Lembro-me de quando era criança e via a manhã raiar sobre a cidade. Via a manhã e tinha alegria; hoje vejo a manhã e fico triste." Então, fecha-se no quarto cada vez mais. "As quatro paredes do meu quarto pobre são-me, ao mesmo tempo, cela e distância, cama e caixão." A família está quase sempre em Cascais. A irmã Teca pede ao amigo Julio Trindade que a avise, caso algo de anormal aconteça; mas não era por ele bem-vinda, essa tutela, posto continuar sem aceitar as limitações da saúde. "Se adoeço, o que mais me pesa é que obrigo alguém a tratar-me, coisa que me repugnava de fazer a outrem. Nunca visitei um amigo doente. Sempre que, tendo eu adoecido, me visitaram, sofri cada visita como um incômodo, um insulto, uma violação injustificável de minha intimidade."

> O sono que desce sobre mim,
> (...)
> É o sono da soma de todas as desilusões,
> É o sono da síntese de todas as desesperanças,[629]
> É o sono de haver mundo comigo lá dentro
> Sem que eu houvesse contribuído em nada para isso.
> (...)
> Meu Deus, tanto sono!...
>
> Sem título (22/8/1935),[630] Álvaro de Campos.

---

[629] Na página de rosto do *Rubeayat* de Omar Khayyam, escreveu ideia parecida: "Há cansaços profundos da alma — dos que excedem todas as esperanças e todos os desejos."

[630] O poema, quando publicado na revista *Presença* (edição 52, julho de 1938) como "Um inédito de Álvaro de Campos", ganhou outra data — 28/8/1935.

"Minha dor é silenciosa e triste como a parte da praia onde o mar não chega." Sente-se nele por essa época, assim define Cleonice Berardinelli, uma *febre de além*. "Tenho a impressão de que vivo nesta pátria informe chamada o Universo. E então desce em mim, surdamente, lentamente, a saudade antecipada do exílio impossível." Num primeiro horóscopo, prevê que viveria até os "68 anos e 10 meses, aproximadamente". Noutro, soma os números de seu nascimento, segundo uma fórmula própria "13.6.1888 = 35 = 8", o mesmo oito que, em numerologia, quer dizer sucesso, prestígio, arrogância; e, ao lado, anota a data presumível de sua morte: "30.12.1961 = 22 = 4", quatro, sinal de perseverança e inflexibilidade. Talvez tenha rido, por ver que os conceitos dessa numerologia decididamente andavam longe do seu caso. Sem confiar nos cálculos, refaz seu horóscopo (em 1934) e vê, nos astros, que lhe sobra pouco tempo. Em 1935, agradece livro enviado pelo jornalista António Marques Matias (diretor da revista literária *Momento*), dizendo: "Ignoro a sua idade, mas suponho que tem a virtude de não ser muita." Matias tinha só 24 anos. Dele poderia até dizer, como na frase atribuída a Shaw, que *juventude é doença que tem cura*; e Pessoa, com 47, já estava curado. Prevê a morte para 30 de junho do ano seguinte, sete meses a mais que a data certa. A explicação me foi dada pelo eminente astrólogo professor doutor Luís Filipe Teixeira, catedrático da Universidade Lusófona de Humanidades e Tecnologias de Lisboa: *A diferença está na hora base do levantamento do mapa genetlíaco* (de nascimento) *e nas correspondentes "progressões". E essa diferença foi de cerca de vinte minutos, o que dá o erro quando das projeções (o sol anda em torno de "progressões", um grau por cada ano de vida).* Já em 1935, revê seu horóscopo. A nova previsão aponta para 1937, equívoco de dois anos. Por acreditar que ainda lhe sobra esse tempo, resiste em que lhe chamem um médico às vésperas da morte. Aos amigos astrólogos, pede que confirmem esses números. Raul Leal, um dos consultados, não lhe dá a resposta que vê nos astros — segundo confessou, apenas *para não o entristecer ainda mais*. A Jorge de Sena, Leal revela que se daria não em 1937; mas antes, em data próxima àquela inicialmente prevista pelo próprio Pessoa, com certeza em 1935.[631]

Creio que irei morrer.
Mas o sentido de morrer não me move,

---

[631] Em outra carta (de 1957), dirigida ao mesmo Sena, Leal diz que sua própria morte se daria em 1967; enganando-se, também ele, que se deu pouco antes — em 18 de agosto de 1964.

Lembro-me que morrer não deve ter sentido.
Isto de viver e morrer são classificações como as das plantas.
Que folhas ou que flores têm uma classificação?
Que vida tem a vida ou que morte a morte?

"Poemas inconjuntos", Alberto Caeiro

O gênio e seu tempo

"Quanto mais nobre o gênio, menos nobre o destino." Pessoa percebe que a vida finda e se considera um fracassado. Sem ter o reconhecimento que, no íntimo, julga merecer, como tantos outros grandes homens antes (e depois) dele. Refletindo sobre esse fato, ensaia um arremedo de explicação: "Cada época reage às formas da época precedente. E venera os gênios que viveram em oposição a seu tempo. O que um gênio pode esperar dos seus conterrâneos é o desprezo", e "nada prejudica tanto um homem na estima dos outros quanto o senso de que ele *pode ser* melhor que eles. O desapreço, incolor como é, assume uma tonalidade de inveja. A hesitação no saber que um homem pode ser melhor que nós é tão enervante como se alguma coisa desagradável nos possa acontecer". Por isso, "pode-se admitir que o gênio não é apreciado em sua época porque é a ela oposto. Quanto mais universal o gênio, tanto mais facilmente será aceito pela época imediata seguinte, porque mais profunda será sua crítica implícita de sua própria época". "Nunca se tornam famosos em duas ou três épocas mais tarde. Um pequeno gênio ganha fama, um gênio ainda maior ganha despeito, um deus ganha crucificação."[632]

Pessoa sente-se como esses deuses, vivendo "uma era anterior àquela em que vivo", sabendo que viverá depois na fama dos seus escritos. "Quantas vezes eu mesmo, que rio de tais seduções da distração, me encontro supondo que seria bom ser célebre, que seria agradável ser ameigado, que seria colorido ser triunfal! Mas não consigo visionar-me nesses papéis de píncaro senão com uma gargalhada do outro eu. Vejo-me célebre? O aplauso chega onde moro e colide com a mobília tosca do meu quarto barato, com o reles que me rodeia e me amesquinha desde a cozinha ao sonho. Morrerei como tenho vivido, entre o *bric-à-brac* dos arredores." Em minuta de carta não enviada a Gaspar Simões (1929), confessa: "Para mim só a celebridade (a larga celebridade) seria o sinônimo psíquico de liberdade." Uma celebri-

---

[632] Um dos livros que tinha Pessoa em sua estante, bem a propósito, era *A irmandade do gênio*, de John Ferguson Nisbet.

dade que não teria em vida. Em *Além do apenas moderno*, Gilberto Freyre como que se refere a ele ao lembrar que *Uma vida coletiva é também plural. O que, entretanto, parece certo é que há tempos que morrem. Morrem para um homem que, como homem, os ultrapasse.*

Não me queiram converter a convicção: sou lúcido.

Já disse: sou lúcido.
Nada de estéticas com coração: sou lúcido.
Merda! Sou lúcido.

Sem título (sem data), Álvaro de Campos

Lembranças da mãe

Logo após perder dona Maria, em 1925, escrevera "O menino de sua mãe" — "Tão jovem! que jovem era! (agora que idade tem?)". Essa falta da mãe, passados tantos anos, lhe dói cada vez mais. Afinal, "aquele homem que foi o teu menino envelheceu". "Estou tão cansado no meu abandono. Vai buscar, ó Vento, a minha Mãe. Leva-me na Noite para a casa que não conheci." Para ela então escreve, agora em francês, outro poema — tão diferente daquela quadra "à minha querida mamã", de quando era criança:

Mamãe, mamãe
Tua[633] criança
Cresceu
E se tornou apenas mais triste
(...)
Em qualquer lugar onde me escutes
Vê, eu sou sempre tua criança
Tua pequena criança
Que cresceu
(...)
Eu voltarei a teu[634] amor
Uma criança
Em teus braços
Para sempre
Mamãe, mamãe
Oh, mamãe.

"Mamãe", Fernando Pessoa

---

[633] Primeiro escreveu e depois riscou "votre", um tratamento distante.
[634] Novamente escreveu e riscou "votre".

Passa o tempo

Desde fins de 1934, começa a se preparar para a morte; e passa a organizar seus papéis na Arca, metodicamente. A comparação com o caos de antes torna tudo evidente. "A tragédia foi esta, mas não houve dramaturgo que a escrevesse." Ano seguinte, no Martinho da Arcada, o amigo Augusto Ferreira Gomes tira aquele que seria seu último retrato. Como cenário, talvez por pressentimento, escolhe mesa diferente da que sempre usava — agora redonda, de madeira, bem mais solene.

Última foto no Martinho

Nesta foto de 1935 está gordo, ombros encurvados, pele inchada, cabelos poucos, testa proeminente, beiço flácido, olhos já sem o antigo brilho. O nariz judeu ganha tons de vermelho e violeta, próprios de quem bebe muito. Ali, onde antes escrevera tantos poemas, agora fica tardes inteiras solitário. Sem fazer nada. Outras vezes, é como se estivesse ausente; e fixa, por longos tempos, um ponto qualquer da parede. Apenas o pigarro e a tosse, próprios de fumantes, denunciam sua presença. Numa noite, encontra Carlos Queiroz e, com olhos molhados por lágrimas, pergunta "como está a Ophelia?". Aperta-lhe as mãos com força e diz "bela alma". Nada mais. Como se estivesse falando para ele mesmo. E sem nem sequer se dar ao trabalho de ouvir a resposta — que Ophelia, se é que algum dia fizera parte de sua vida, já de muito havia dela escapado.

> Aqui, agora, rememoro
> Quanto de mim deixei de ser
> E, inutilmente, ... choro
> O que sou e não pude ter.

Sem título (1924), Fernando Pessoa

Agora, ali no seu pequeno mundo, espera só "a imensidade vazia das coisas, o grande esquecimento". Porque "isso de alegria está na Ilha Longínqua,[635] aquela que V. sabe e eu sei e nenhum de nós sabe". No corpo, é já outro. "Fui em tempos poeta decadente; hoje creio que estou decadente." O verão vai findando. "Não tenho para onde fugir a não ser que fuja de mim." Jorge de Sena o vê *já velhote, quando estava apenas nos seus quarenta anos;* e testemunha: *Pessoa envelheceu vertiginosamente. Sem nada perder da sua distinção "britânica", parecia vinte anos mais idoso do que realmente era.* A antiga elegância no trajar desaparecera. Em um último encontro com Almada Negreiros, esse amigo lembra do *chapéu enterrado na cabeça, de gabardina alvadia* [alva], *assaz suja por sinal.* Descrição muito semelhante faz dele Gaspar Simões, por essa época: *Roupas amarrotadas, as calças curtas, os braços a fugir das mangas e o chapéu um pouco machucado na cabeça sempre tombada para a direita, desmanchavam a antiga dignidade, davam-lhe um ar de vadio e pedinte* — evocando o amigo nessa descrição, sem o dizer, poema que um dia Pessoa escrevera:

> Sim, ser vadio e pedinte, como eu sou,
> Não é ser vadio e pedinte, o que é corrente:
> É ser isolado na alma, e isso é que é ser vadio,
> É ter que pedir aos dias que passem, e nos deixem, e isso é que é ser
> > pedinte.

> Tudo mais é estúpido como um Dostoievski ou um Gorki.[636]

Sem título (sem data), Álvaro de Campos

---

[635] Provavelmente uma das Ilhas Afortunadas, no Mar Oceano, onde teria D. Sebastião vivido seus últimos anos — para os que acreditam não ter mesmo morrido em batalha.

[636] É curioso que estejam os dois juntos, no verso. Fiodor Mikhailovitch Dostoievski (1821-1881) era um liberal e já estava morto; enquanto Alexei Maksimovitch Pechkov, dito Máximo Gorki (1868-1936), fundador da literatura realista e social no seu país, era um contemporâneo de Pessoa. Em comum, na citação, apenas o fato de serem ambos escritores e russos.

Os mortos de Pessoa

"Os mortos! Os mortos que me amaram na minha infância. Quando os evoco, toda a alma me esfria e eu sinto-me desterrado de corações, sozinho na noite de mim próprio, chorando como um mendigo o silêncio fechado de todas as portas." Agora, eram apenas ele e "os fantasmas de meus mortos eus", como definiu em *The mad fiddler*. "A mim, quando vejo um morto, a morte parece-me uma partida. O cadáver dá-me a impressão de um trajo que se deixou. Alguém que se foi embora e não precisou de levar aquele terno único que vestira." E "todos quantos amei me esqueceram na sombra". Quando se sente assim, "contava os mortos que tive na família". O pai morre tuberculoso, em casa, quando tem apenas 5 anos (1893). O irmão Jorge (1894), em Lisboa. A avó materna, Madalena Pinheiro Nogueira (1896), na Ilha Terceira. O tio Manuel Gualdino da Cunha (1898), em Pedrouços. Duas irmãs: Madalena Henriqueta (1901), em Durban, e Maria Clara (1906), em Lisboa. A querida avó paterna Dionísia (1907), no hospício de Rilhafoles. A mãe do padrasto, dona Henriqueta Margarida Rodrigues (1909), numa casa de saúde em Belas. A tia-avó Maria e a tia-avó Adelaide (1911), em Lisboa. A tia-avó Rita (1916), em Pedrouços. O padrasto (1919), em Pretória. Veríssimo Caetano Dias (pai do cunhado) e a sobrinha Leonor, em Lisboa, mais o tio Henrique Rosa e a mãe (1925), na Quinta dos Marechais. A "tia" Lisbela (1929), em Lisboa. O primo Mário, tuberculoso, em Lisboa (1932). "Onde estarão os vivos?"

"Os mortos nascem, não morrem." Também sente falta dos amigos. Sampaio Bruno (1915), em Lisboa — o mesmo que, para Pessoa "morreu logo que morreu". Sá-Carneiro (1916), em Paris. Santa-Rita Pintor, António Ponce de León e Amadeu de Souza Cardoso (1918), em Lisboa, no mesmo ano em que morreu o "presidente-rei" (expressão do próprio Pessoa) Sidónio Pais. Almada Negreiros escreve: *o nosso grupo inicial está reduzido a quatro: um escritor, Fernando Pessoa; um músico, Ruy Coelho; um pintor, Eduardo Viana; e eu.* Depois ainda se foram Gomes Leal e Ângelo de Lima (1921), em Lisboa, também este em Rilhafoles. Guerra Junqueiro (1923), em Lisboa. Antonio Sardinha (amigo de Unamuno), em Lisboa (1925). Camilo Pessanha (1926), em Macau, mesmo o tendo visto tão pouco. Boavida Portugal (1931), em Lisboa. José Pacheco (1934), em Lisboa. Ronald de Carvalho, no Rio, vítima de um acidente de automóvel (1935) — logo depois de ser eleito, num concurso, *Príncipe dos Prosadores Brasileiros*. Tantos mais. É como se todos, à sua volta, estivessem "morrendo entre bandeiras desfraldadas, na última tarde de um império em chamas". E chora porque "a um velho que vê morrerem em seu redor os seus companheiros de infância, a sua morte parece próxima".

> Primeira Veladora: Deve qualquer história ter fim?
> Terceira Veladora: Bem sei que não valeu a pena... É por isso que o achei belo...
> Segunda Veladora: De eterno e belo há apenas o sonho.
> Primeira Veladora: Por que é que se morre?
> Segunda Veladora: Talvez por não se sonhar bastante...

"O marinheiro", Fernando Pessoa

A última foto, aos 47 anos

"De repente, sinto aqui o frio de ali. Toca-me no corpo, vindo dos ossos. Respiro alto e desperto. O homem, que cruza comigo sob a Arcada ao pé da Bolsa, olha-me com uma desconfiança de quem não sabe explicar. O céu negro, apertando-se, desceu." Está reduzido a só uma "lembrança que consiste em se ir desvivendo". "Entre as quatro paredes do meu quarto dorme todo o desespero sem remédio de um coração a quem Deus abandonou"; e se pergunta "quando acabará isto tudo, estas ruas onde arrasto a minha miséria, e estes degraus onde encolho o meu frio e sinto as mãos da noite por entre os meus farrapos?". Ainda pensa que, em outubro, publicará seu "livro-grande". "Mas o sol um dia, se alumiou, deixará de alumiar; se deu vida, dará fim à morte; outras espécies de eternidade fingidas alimentarão almas de outras espécies. Inúteis Cristos outros subirão em vão a novas cruzes." Enfim, "seja como a sorte quiser". E seguiria pela vida, sem mais esperanças, "a menos que surja qualquer complicação imprevista". Surgiu.

> Segunda Veladora: Talvez... Não importa...
> Que frio é isto? Ah, é agora... é agora!... Dizei-me isto
> Dizei-me uma coisa ainda...

"O marinheiro", Fernando Pessoa

Ars longa, vita brevis
(A arte é longa, a vida é breve. Hipócrates)

O fim

> *"Nunca supus que isso que chamam morte*
> *Tivesse qualquer espécie de sentido..."*
> "Sá-Carneiro", Fernando Pessoa

A hora vem

"No claro dia, agora, frente a frente, leiamos a nossa sina." Afinal, a hora de decifrar o "doloroso enigma da vida" chega e está pronto. "Leve eu ao menos, para o imenso possível do abismo de tudo, a glória da minha desilusão como se fosse a de um grande sonho." Só que "é mais dolorosamente que isso". É "o mal-estar de estar vivendo o cansaço de se ter vivido"; "o mal-estar de ter que viver, ainda que noutro mundo, o cansaço, não só de ontem e de hoje, mas de amanhã também, da eternidade, se a houver, e do nada". Os primeiros ventos quentes anunciam a primavera de seu último ano, 1935. Pressente que não verá outra. "Quando vier a Primavera, se eu já estiver morto, as flores florirão da mesma maneira." Pouco antes escrevera quase as mesmas palavras: "Quando tornar a vir a Primavera, talvez já não me encontre no mundo." Assim seria. Em 2 de junho, escreve mais um poema contra a ditadura de Salazar, como quem tem já certeza do fim; e, nele, lamenta o destino de Portugal como se falasse de si mesmo:

> Lenta, a raça esmorece, e a alegria
> É como uma memória de outrem.
> (...)
> Pesa em nós o passado e o futuro.
> Dorme em nós o presente.
> (...)
> Tanto, tanto! Que é feito de quem foi?
> Ninguém volta?
> Nada. Nem fé nem lei, nem mar nem porto.[637]

---

[637] A estrutura do verso lembra *Mensagem* ("Nevoeiro"): "Nem rei nem lei, nem paz nem guerra."

Só a prolixa estagnação das mágoas,
Como nas tardes baças, no mar morto,
A dolorosa solidão das águas.

"Elegia na sombra", Fernando Pessoa

Depois da primavera vem o verão; mas, logo, também "esse verão apagou-se"; e já não há, nos jarros das janelas de Lisboa, os lírios, os cravos, os manjericões de folhas miúdas e as alfavacas de folhas maiores do tempo em que nasceu. "As flores do campo da minha infância, não as terei eternamente." "Tudo quanto pensei, tudo quanto sonhei, tudo quanto fiz ou não fiz — tudo isso irá no outono, como fósforos gastos ou papéis amarrotados. Tudo quanto foi minha alma, desde tudo a que aspirei à casa vulgar em que moro, tudo vai no outono, na ternura indiferente do outono." Um "outono que começa em nós", "como um vago sono sobrevindo dos últimos gestos de agir". Fisicamente, todos veem, não está bem. *Andava amargo,* diz António Manassés. Em minuta de carta a Casais Monteiro, que fica incompleta, avisa que nada mais destinará "para *Presença* ou para qualquer publicação ou livros". Começa, então, aquele que seria seu derradeiro novembro. Bem antes, em 22 de abril de 1922, encerrara poema dizendo: "Hoje não espero nem o muito encanto/ De haver esperado, quero o fim." Agora era o fim dessa espera. Publica os três últimos artigos: no *Diário de Lisboa* (dia 11), "Poesias de um prosador", sobre livro do amigo Cunha Dias; no mesmo número 3 da revista *Sudoeste*, "Nota ao acaso", de Álvaro de Campos, discutindo a questão da sinceridade na arte; e "Nós, os de Orpheu", exaltando os antigos companheiros da revista, que encerra dizendo "quanto ao mais, nada mais". Os amigos não se dão conta de que falava de si próprio. Escreve também os últimos poemas em outras línguas. Em inglês, "The happy sun is shining" (O alegre sol está brilhando), um título incompatível com seu estado de espírito; e, em francês, "Le sourire de tes yeux bleus" (O sorriso de teus olhos azuis, ou tristes), sem que se conheça o/a destinatário/a dos versos. Em sua própria língua, 11 dias antes de morrer, ainda escreve um derradeiro poema que se encerra dizendo:

Há doenças piores que as doenças,
Há dores que não doem, nem na alma
Mas que são dolorosas mais que as outras.
Há angústias sonhadas mais reais

Que as que a vida nos traz, há sensações
Sentidas só com imaginá-las
Que são mais nossas que a própria vida.
(...)
Por sobre a alma o adejar[638] inútil
Do que não foi, nem pôde ser, e é tudo.

Dá-me mais vinho, porque a vida é nada.

Sem título (19/11/1935), Fernando Pessoa

Os últimos dias

Vinte e seis de novembro de 1935, terça-feira. Está sozinho em casa. Tem a primeira crise, com dores abdominais e febre. Nada ainda muito grave, tanto que dia seguinte estará melhor. E continua em sua rotina exasperante, como se nada lhe houvesse acontecido. Mas "hora a hora a expressão me falha. Hora a hora a vontade fraqueja. Hora a hora sinto avançar sobre mim o tempo. Hora a hora me conheço, mãos inúteis e olhar amargurado, levando para a terra fria uma alma que não soube contar, um coração já apodrecido, morto já e na estagnação da aspiração indefinida, inutilizada". O essencial é que "estou hoje vencido, como se soubesse a verdade. Estou hoje lúcido, como se estivesse para morrer".

Que é feito de tudo?
Que fiz eu de mim?
Deixa-me dormir,
Dormir a sorrir
E seja isto o fim.

Sem título (4/11/1914), Fernando Pessoa

Vinte e sete de novembro, quarta-feira. Depois de um dia comum de trabalho, já quase noitinha, vai ao Martinho da Arcada. Premonitoriamente, desse Martinho disse um dia Sá-Carneiro: *Martinho... Não sei por que, mas esse café — Não os outros cafés de Lisboa, esse só — deu-me sempre a ideia dum local onde se vem findar uma vida: estranho refúgio, talvez, dos que perderam todas as ilusões.* Vê Almada Negreiros entrar e, demasiado cansado, não se levanta para o cumprimento habitual. Logo, senta-se com

---

[638] Pairar.

eles Gaspar Simões.[639] Os amigos estranham seu vestir com desleixo, o laço na gravata preta por fazer, tudo tão diferente dos bons tempos. Está agitado e pigarreia muito. Pesam-lhe no corpo todas as dores de todas as angústias. E uma febre que não passa. "A hora, como um leque, fecha-se." Teca faz aniversário no Estoril; mas uma viagem até lá para o jantar, considerando seu estado, era demais — mesmo sabendo que, com essa ausência, rompia uma tradição de muitos anos. Pede ao vendedor de jornais que, em seu nome, mande um telegrama de parabéns à irmã; dando-se que esse homem guardou o dinheiro no bolso e não passou telegrama nenhum. À noite, bem mais perto, prefere estar na casa do amigo Armando Teixeira Rabelo. Sente cólicas e não dá ciência disso aos presentes. Segundo António Quadros, *teve nesta noite uma grave crise hepática* (o primo Eduardo Freitas da Costa diz que foi na madrugada de 26 para 27). Ao sair, cambaleia e ri de uma maneira estranha que Simões imagina decorrer do álcool. Olha o céu, como quem procura a *primeira estrela que eu vejo*, para pedir o impossível; e caminha na direção da rua dos Douradores, talvez à procura dos rastros de Bernardo Soares. Seu estado é visivelmente grave.

> Ó madrugada, tardas tanto... Vem...
> Vem, inutilmente,
> Trazer-me outro dia igual a este, a ser seguido por outra noite igual a
> esta...
> Vem trazer-me a alegria dessa esperança triste.
> (...)
> Vem, madrugada, chega!
>
> "Insônia", Álvaro de Campos

Vinte e oito de novembro, quinta-feira. "A manhã rompeu, como queda. Desenganemo-nos da esperança. Desenganemo-nos, ó Velada, do nosso próprio tédio, porque se envelhece de si próprio." Manassés vai ao apartamento, para a barba, e se horroriza com seu estado físico. Ficam em silêncio, como se Pessoa não tivesse ânimo sequer para conversar. Ou como se nada mais tivessem para dizer um ao outro. Apesar disso, mais tarde, consegue se aprontar e sair para trabalhar. O cunhado o procura, preocupado com ausência no aniversário da irmã na noite anterior; perguntado sobre o telegrama, diz que não chegou; e, vendo-o disposto, imagina estar bem. No

---

[639] Para Simões, assim disse em conferência de 1977, esse encontro se teria dado no dia seguinte — que, palavras suas, *dois dias mais morre ele no hospital.*

fim do dia, Pessoa volta para casa, no seu caminhar tranquilo de sempre. *Sem cambalear*, confirmam António Seixas e *Bate-Chapa*, que se lembram de tê-lo cumprimentado. À noite, está novamente só. Sente dores e lamenta não ter a quem recorrer. Mas, talvez confiando nas previsões do seu próprio horóscopo, imagina que logo estará melhor. "Sossega, coração inútil, sossega! Sossega, porque nada há que esperar." No ano anterior, em 9 de agosto, escrevera: "Hoje é a quinta-feira da semana que não tem domingo... Nenhum domingo." Sua última semana seria aquela. E era quinta-feira, como no verso. Houve o domingo dessa semana, claro, "um domingo às avessas" do qual Pessoa já não seria testemunha. "Sempre alguém ao domingo", ele não, "não no meu domingo". Seu último dia seria sábado. O depois de amanhã daquela quinta-feira.

> Depois de amanhã, sim, só depois de amanhã...
> Levarei amanhã a pensar em depois de amanhã,
> E assim será possível; mas hoje não...
> Não, hoje nada; hoje não posso.
> (...)
> Não, não queiram saber mais nada, é segredo, não digo.
> Só depois de amanhã...
>
> Tenho sono como o frio de um cão vadio.
> Tenho muito sono.
> Amanhã te direi as palavras, ou depois de amanhã...
> Sim, talvez só depois de amanhã...
>
> O porvir...
> Sim, o porvir...
>
> "Adiamento",[640] Álvaro de Campos

Vinte e nove de novembro, sexta-feira. O porvir, tão ansiado, afinal se aproxima. "Meu Deus, que fiz eu da vida?" Mais uma vez está sozinho no apartamento. "A vida não tinha dentro." A irmã continua no Estoril, com uma perna quebrada. Vem-lhe a primeira cólica, bem cedo. A vizinha de porta Virgínia Sena Pereira, que o atende nas ausências dessa irmã, diz à família que seu quadro exige cuidados. Não há consenso sobre essa data; segundo Taborda de Vasconcelos, o aviso teria se dado dois dias antes; ou na véspera, para o sobrinho de dona Virgínia (o poeta Jorge de Sena) e o primo Eduardo

---

[640] No manuscrito original, o título seria "Suspiro do ar".

Freitas da Costa. Chama-se o primo de Pessoa (e seu médico), o dr. Jaime Pinheiro de Andrade Neves — *um inútil, diz uma das pessoas próximas*, lembra Robert Bréchon sem identificar o autor do comentário. Esse primo decide levá-lo ao hospital. Àquela hora, com ele, também estão o amigo íntimo Armando Rabelo; um companheiro do escritório em que então trabalhava, Francisco Gouveia; e Carlos Eugênio Moitinho de Almeida, proprietário da Casa Moitinho de Almeida.[641] Pessoa pede para fazer a barba, e chamam seu vizinho Manassés.[642] Lembrando que seu telegrama não chegara, no aniversário da irmã, encarece que um dos amigos lhe passe outro. "Vou fazer as malas para o definitivo." Veste pijama de calça comprida e blusão, amarrado com uma fita na cintura. Vai até a estante e retira de lá o menor livro (9 por 13 centímetros) que encontra: *Sonetos escolhidos,* de Bocage — que, em 1921, lhe havia sido dado *com o respeito que lhe merece o seu talento* pelo prefaciador da obra, o amigo íntimo (Alberto) da Cunha (Dias).[643] Põe o livrinho no bolso direito. Está pronto. Uma automaca[644] o leva embora dessa casa à qual jamais voltaria. "Perdi a esperança como uma carteira vazia."

> Talvez a vitória seja a morte, e a glória
>   Seja ser só memória disso
> E talvez vencer seja mais morrer
>   Que sobreviver... Que é a morte? É ocaso...
> A vida é só tê-la, vivê-la e perdê-la.
>
> "A um revolucionário morto", Fernando Pessoa

Hospital São Luís dos Franceses

"Trazei pajens; trazei virgens; trazei, servos e servas, as taças, as salvas e as grinaldas para o festim a que a Morte assiste! Trazei-as e vinde de negro, com a cabeça coroada de mirtos [ramos de murta]. Vai o Rei a jantar com a Morte no seu palácio à beira do lago, entre as montanhas, longe da vida, alheio ao mundo." Mas sua vida nem sempre imita a arte; que o "palácio

---

[641] Provavelmente para proteger seu filho Luís Pedro, então com 23 anos e muito amigo do enfermo, Moitinho deixa de lhe dar notícia do fato; tendo, declarado mais tarde esse filho que *numa fria manhã de dezembro recebi, com surpresa, a notícia da morte de Fernando Pessoa.*

[642] Apesar dos muitos registros que indicam ter sido chamado seu barbeiro do Chiado, Armando Ventura Teixeira, mais confiável (e lógico) é o depoimento de Gaspar Simões — que refere *o vizinho barbeiro.*

[643] A ele Pessoa havia dedicado seu "Gládio", primeiro na frustrada *Orpheu* 3 e depois em *Athena.*

[644] Maca montada em automóvel, predecessora das ambulâncias de hoje. Mas os depoimentos são novamente contraditórios. Para uns, essa ida ao hospital teria se dado no automóvel de Moitinho; para outros, no de Rabelo.

antigo", com que sonhou, não fica à beira de nenhum lago. Nem está próximo de montanha nenhuma. Trata-se de um dos melhores e mais caros hospitais particulares da Lisboa daquele tempo, o São Luís dos Franceses. Fica no Bairro Alto de São Roque, na Rua (Simão da) Luz Soriano, 182 — lugar calmo e sombreado, com bancos de ferro à volta, a menos de um quilômetro do apartamento em que nasceu. "Disseram-me hoje que tinha entrado para o hospital, para ser operado." É conduzido ao quarto 30 (mais tarde, renumerado para 308) — o mesmo em que, como vimos, morrerá depois o amigo Almada Negreiros (em 1970). Tão distante do que pressente, em "O marinheiro", "um quarto que é sem dúvida num castelo antigo".

Diferente do verão, a luz é pouca naquele quarto acanhado — 3 metros por 4, cama de ferro como as de todos os hospitais, um armário alto, outro pequeno com telefone por cima, sofá para dois lugares, cadeira e mesa de cabeceira moderna. Entre cama e janela fica o rendado miúdo de um mosquiteiro, embaçando a paisagem, cenário perfeito para verso que antes escrevera — "Há entre mim e o mundo uma névoa que impede que eu veja as coisas como verdadeiramente são"; ou, quase as mesmas palavras do "Primeiro Fausto", "há entre mim e o real um véu". As paredes são limpas, pintadas de uma tinta escura até 2 metros; acima disto, e no teto, branco imaculado. Sem um único quadro. Hoje esse quarto tem, pela frente, o elevador que leva ao primeiro andar. A parede é clara e áspera, salpicada por cimento até 2 metros de altura; e, a partir daí, lisa como antes. O teto é de gesso. Um sofá de dois lugares, bem antigo, fica entre a cama e uma janela que tem grade por fora. Armário, mesa de cabeceira austera e três cadeiras comuns de madeira completam o cenário. Sem grandes mudanças em relação à decoração daquele tempo.

> Pergunta — De onde vens?
> Resposta — Não sei.
> P — Aonde vais?
> R — Não me disseram (sei).
> P — O que sabes?
> R — O que esperei (Nada).
> P — Que vês?
> R — Sou cego.
> P — Que vestes?
> R — Estou nu.
> P — Que tens?
> R — Só a mim.
> P — O que queres?

R — Ver a luz.
P — Que luz?
R — A que houver.
P — Qual é a que houver?
R — A que me for dada.
P — Se te a derem, como a verás?
R — Com meus olhos.
P — Se te a não derem como a verás?
R — Com o meu coração.
P — Se te a nem derem nem não derem, como a verás?
R — Comigo.
P — Que tens ao pescoço?
R — O passado.
P — Que sentes sobre o peito?
R — O futuro.
P — Que tens a teus pés?
R — O presente.
P — O que sentes?
R — A treva, o frio, e o perigo.
P — Como os vencerás?
R — À treva pelo dia, ao frio pelo sol, ao perigo pela vida.
P — E como obterás o dia e o sol e a vida?
R — Não ficando cego, nem nu, nem eu aqui sozinho.
P — Quem te criou?
R — Não sei.
P — Por que o não sabes?
R — Por que nasci.
P — Queres sabê-lo?
R — Sim, porque morrerei.
Mestre do Átrio — Basta que me digas sim.
O Neófito[645] — Sim.
Mestre do Átrio — A paz seja contigo.

"Ritos iniciáticos", Fernando Pessoa

O cenário do festim está pronto. Em vez de pagens, virgens ou servos, é acompanhado apenas por austeras enfermeiras. Sem música ou dança, há lá só aquele silêncio que prenuncia eternidade. Luís Pedro Moitinho de Almeida confirma, citando depoimento de amigos: *Não se lhe ouvia um queixume. Só dizia o que era preciso.* "Quem sabe se morrerei amanhã?"

---

[645] Em "Iniciação", publicado (em maio de 1935) no número 35 de *Presença*, o texto se encerra com uma lembrança: "Neófito, não há morte."

Pressente o desastre inevitável e pede um lápis; é que, deitado na cama, tem mesmo que recorrer a ele — dado não lhe ser possível usar o bico da pena com que quase sempre se escrevia, naquela época, por só funcionar com essa pena para baixo. E por não haver onde repousar o tinteiro.[646] Esse lápis a família guarda, ainda hoje. Então põe no peito sua inseparável pasta preta, sobre ela um papel, e, em inglês, deixa sua última frase escrita:

I know not what tomorrow will bring.[647]

Mesmo no inglês corrente do seu tempo, a frase deveria ter sido *I don't know what tomorrow will bring*. O uso intencional desse estilo arcaico, com *know not*, acentua o sentido literário que quis lhe dar.[648] Já para Pizarro, Ferrari e Cardiello, terá sido *eco evidente de um epigrama de Palladas de Alexandria (To-day let me live well; none knows what may be to-morrow)*, publicado no primeiro volume de Greek Anthology (1916) — um livro que estava nas estantes de Pessoa. Para Jorge Monteiro, em outra versão, escreve a frase evocando *conscientemente as Escrituras (Provérbios, 27:1)* que dizem: *Não te felicites pelo dia de amanhã/ Pois não sabes o que hoje vai gerar.* Segundo sua sobrinha Manuela Nogueira, não foi a primeira vez que disse essas palavras. A confirmar esse depoimento, bom notar que quase reproduz versos incompletos, escritos em 28 de outubro de 1920, depois encontrados na Arca:

I, that know not if I shall live tomorrow,
How but my hope of that live I today.

Não literalmente,

Eu, que não sei se viverei amanhã
Nada tenho senão a esperança de viver hoje.

No *Desassossego*, pressente "a tortura do destino!" e se pergunta: "Quem sabe se morrerei amanhã?" Essas palavras só agora estavam certas. E todos o sabiam, inclusive ele próprio.

---

[646] Em carta de 13 de junho de 1918, escreve a mãe de Pessoa: *Como a cadeira é meio deitada, meio sentada, escrevo a lápis, pois não tenho onde ponha o tinteiro.*

[647] Eu não sei o que o amanhã trará.

[648] Assim também faria o presidente Kennedy, em seu discurso de posse: *Ask not what your country can do for you. Ask what you can do for your country* (Não pergunte o que seu país pode fazer por você. Pergunte o que você pode fazer por seu país).

O último dia

> É talvez o último dia da minha vida.
> Saudei o sol, levantando a mão direita,
> Mas não o saudei, dizendo-lhe adeus,
> Fiz sinal de gostar de o ver antes: mais nada.
>
> "Poemas inconjuntos", Alberto Caeiro.

Trinta de novembro, sábado. "Aquele depois de amanhã", dos versos de antes, afinal chegara. O "*tomorrow*" da última frase, que não sabia o que lhe traria, seria o próprio amanhã. O do dia seguinte. O amanhã sem metafísica. "Ah, que manhã é esta?" As horas passam vadias. "A última tarde já não temo." Essa tarde vai findando "e o poente em cores da dor de um deus longínquo ouve-se soluçar para além das esferas". Escurece. "A noite desce, o calor soçobra um pouco, estou lúcido como se nunca tivesse pensado." No *Desassossego*, confessa: "Só pedi à vida que me não tirasse o sol." Nunca mais o veria. E treme ao pressentir o que está para acontecer. "Bem no fundo de tudo, calada, a noite era o túmulo de Deus." Seja. "Senhor, a noite veio", "com seu negro mistério roto de astros". É uma noite de chuva. Seria sua derradeira.

> Véspera de viagem, campainha...
> Não me sobreavisem estridentemente!
>
> Quero gozar o repouso da gare da alma que tenho
> Antes de ver avançar para mim a chegada de ferro
> Do comboio definitivo,
> Antes de sentir a partida verdadeira nas goelas do estômago,
> Antes de pôr no estribo um pé
> Que nunca aprendeu a não ter emoção sempre que teve que partir.
>
> "Là-bas, je ne sais où...", Álvaro de Campos.

"Fito o meu fim que me olha, tristonho, do convés do Barco todos os barcos" e "cerro os olhos lentos e cheios de sono". Pelas 7 da noite, imaginando que Pessoa está bem, e precisando cuidar da mulher doente em casa, o cunhado volta ao Estoril. No quarto ficam o dr. Jaime Pinheiro de Andrade Neves e um médico do hospital, o dr. Alberto António de Moraes Carvalho. Logo após a partida do cunhado, chegam os amigos Francisco Gouveia, Vítor da Silva Carvalho e Augusto Ferreira Gomes. Certamente, segundo o hospital, havia lá também um capelão e uma enfermeira — talvez religiosa, dado ser esse hospital então administrado pela Ordem de São Vicente de Paula.[649] Aos amigos, segundo informam António Quadros e Gaspar Simões, ainda consegue perguntar com voz clara e alta:

Amanhã a estas horas, onde estarei?

Não há memória do que lhe tenham respondido. "Partir! Meus Deus, partir! Tenho medo de partir!...", escrevera tão antes. Pelas 8h da noite, começa a perder a visão. Em um intervalo de lucidez, e pensando ainda em ler o livrinho que tem com ele, murmura suas últimas palavras:

Dai-me os óculos.[650]

Não lhe deram. Nem haveria serventia para eles. "A morte não virá nem tarde ou cedo." Andam longe os tempos em que diz "agora que estou quase na morte, vejo tudo já claro". Ou, como nos "Poemas ingleses XII", "a vida nos viveu, não nós a vida". Então, foi "como se uma janela se abrisse"; e, meia hora depois,[651] simplesmente, "meu coração parou". Afinal, como premonitoriamente escrevera, "o rio da minha vida findou". O *Ícaro de um sonho*, como o definiu Montalvor, afinal partia na direção das estrelas.

"Viva eu porque estou morto! Viva!" Reproduzindo versos do passado, agora também ele era "as mãos cruzadas sobre o peito e o gesto parado de não querer nada". Por conta de um temporal, os telefones do Estoril deixam por horas de funcionar. A irmã presa na cama e o cunhado que a acompanha só depois sabem dessa morte pelo telefone azul do Estoril, número 356. O cunhado lamenta que tenha estado sem a família naquele momento;

---

[649] Busquei no hospital, hoje do governo francês, nome do capelão e relação das religiosas daquela época. Sem mais registros, ali, de quem eram.

[650] Leyla Perrone-Moisés confronta essa frase com a que Goethe, autor apreciado por Pessoa, disse a uma serva (em 22/3/1832) pouco antes de morrer: *Mehr Licht!* (mais luz). Embora no caso de Goethe, diferentemente do que se costuma pensar (que essa *luz* simbolizaria a verdade, em oposição à religião), e como sustenta Giuseppe Fumagalli ("Chi l'ha detto?"), teríamos apenas um pedido para clarear o pequeno quarto escuro em que estava. Pessoa como que descreve a cena em "Primeiro Fausto" (primeiro tema, XXXIII): *Mas onde estou? Que casa é esta? Quarto/ Rude, simples — não sei, não tenho força/ Para observar — quarto cheio da luz/ Escura e demorada, que na tarde/ Outrora eu ... Mas que importa? A luz é tudo./ Eu conheço-a.* Essas palavras fazem também lembrar o grande Joaquim (Aurélio Barreto) Nabuco (de Araújo, 1849-1910), em Washington (onde era embaixador), que no próprio dia em que morreu (17/1/1910) sussurrou a seu médico: *Doutor, pareço estar perdendo a consciência... Tudo menos isso!...*

[651] Apesar dos muitos relatos que situam a morte por volta das 20h30, no *Assento de Óbito* está só *20 horas*.

pede que marquem o enterro para o fim da manhã de segunda-feira e que providenciem os anúncios fúnebres. Depois, declarará ter tido *um fim desgraçado*. "Quando se vai morrer, é preciso lembrar-se de que o dia morre, e que o poente é belo e é bela a noite que fica." Porque "a Morte é o triunfo da Vida". "Hoje, agora, claramente, ele morreu. Mais nada." Morreu como viveu, perdido "num grande horror de túmulo e de fim".

Os amigos se vão e o corpo fica no quarto sem mais ninguém. As freirinhas do hospital, sabedoras da relação com Ophelia Queiroz, ligam e perguntam se ela não quer se despedir do *amigo* sem que outros a vejam. Essa informação não deve causar tanta estranheza, pois muita gente sabia dessa relação. Na família de Ophelia, com certeza. E, também, no grupo de amigos de Pessoa. Montalvor chegou a flagrar o namoro dos dois. E Almada Negreiros, na própria noite do enterro de Pessoa, fez o mais famoso desenho de seu rosto (capa deste livro); e deu a gravura de presente, nessa mesma noite, a Carlos Queiroz — o depoimento é da sobrinha-neta de Ophelia, Maria das Graças Queiroz. Sendo, Carlos, sobrinho de Ophelia. Certo que, não soubesse da relação, e jamais lhe daria essa gravura. Não sendo assim desarrazoada a hipótese de que uma das freiras pudesse mesmo saber daquele romance interrompido. Pouco depois Ophelia chega e a levam para o quarto por uma entrada lateral, de serviço. A porta é trancada e os dois ficam sozinhos. "Velamos as horas que passam." Então põe a mão sobre a testa do amado e treme, talvez lembrando versos que lera em *The mad fiddler*: "Oh, tua mão no meu cabelo, mão de mãe repousa." Talvez seja só coincidência, mas Almada Negreiros escreveria depois quase essas palavras: *Mãe! Passa a tua mão sobre a minha cabeça!/ E deixa-me morrer com ela sobre mim*. Em um poema, Pessoa quase antevira essa cena (trechos):

> Deixa que a tua mão arrume
> O meu cabelo para trás.
> Deixa teus olhos sorrirem
> Para a inquietude
> Dos meus olhos agora
> Por um momento teus.
> Pareço dormir
> Tudo fracassou.
> Todas as esperanças estão mortas.
> Todas as alegrias são breves.
> Sim deixa tua mão
> Dando-me alívio!

O que a vida é agora
Vale tão pouco
Que até a dor parece quebradiça.
Afasta o meu cabelo
Da dor da minha fronte.
O que eu lamento
Jamais veio a acontecer.

Deixa que meu repouso se agite.
Descanso verdadeiro, venha logo!

"The mad fiddler" ("L' inconnue"), Fernando Pessoa

Em seguida, Ophelia coloca a mão direita dele entre as suas; diz, sussurrando quase, tudo que sempre lhe quis dizer; e apenas o olha, com calma, sabendo que nunca mais fará isso novamente. "Um galo canta. A luz, como que subitamente, aumenta. As três veladoras quedam-se silenciosas e nem olham umas para as outras. Não muito longe, por uma estrada, um vago carro geme e chia." O quarto começa a ficar claro com os primeiros prenúncios do dia. As freiras voltam e dizem que a família pode chegar a qualquer instante. Pensando em momentos assim Pablo Neruda escreveu, na sua "Canção desesperada", que *É hora de partir, oh abandonado*. Ela se levanta e olha pela última vez para aquele rosto que nos sonhos pensou ser seu. Uma das freiras põe a mão no bolso do pijama do morto, retira de lá o livrinho de Bocage e lhe dá. Para que o aceite, diz imaginar que Pessoa gostaria ficasse com ela. Ophelia põe o presente na bolsa e sai por onde veio. Em silêncio. Depois, para que ninguém soubesse dessa despedida, declara ter tido notícia de sua morte pelo sobrinho Carlos Queiroz. Segundo ela, então, *levei a mão à cabeça, dei um grito, chorei muito, por muito tempo*. Só não disse é que chorou a seu lado.

A notícia desse último encontro é quase uma novela. Tudo começa em 1985, por ocasião das comemorações pelos 50 anos da morte de Pessoa. A Portugal, com a missão de fazer documentário sobre a data, foi um dos mais importantes diretores da Rede Globo de Televisão, do Brasil, o jornalista Ronald de Carvalho (homônimo do amigo de Pessoa, quase como um capricho da mão invisível do destino). Ronald pede uma entrevista e Ophelia recusa, em carta que o jornalista ainda hoje guarda. Mas consente que a filme, da janela de seu apartamento, junto à sobrinha-neta Maria das Graças

Queiroz. As duas acenam para a câmara, tudo como exibido nas telas da TV brasileira. À noitinha, já sabendo onde morava, ele se dirige ao apartamento. Ophelia abre a porta, revela surpresa (dado não ter avisado que iria), e reitera que não daria entrevistas. O jornalista diz que ali fora só para dizer que ela era uma mulher linda, após o que lhe oferece uma rosa vermelha e pede licença para lhe dar um beijo na testa. Ophelia, paralisada, não esboça qualquer reação. Após a cena, o jornalista lhe diz boa noite e vai embora. Em silêncio, tanto que seus passos podem ser ouvidos no corredor. Só que Ophelia, saindo de seu transe, diz num rompante: *Volte, por favor. Estou quase para morrer e ninguém vai entender o que aconteceu entre Fernando e eu. Mas só se me der sua palavra de que não tornará públicos esses fatos antes que eu morra.* Ronald assentiu, entraram, e ela contou o encontro. Sentindo-se culpada, talvez, por não ter dado esse testemunho (antes) à sobrinha-neta Maria da Graça (como seria mais natural). O jornalista confessa que, já imaginando pudessem duvidar dele, chegou a cogitar em redigir a declaração, em forma de matéria jornalística, para que ela o confirmasse com sua assinatura. Mas, antes que pudesse fazê-lo, Ophelia declarou: *Como ninguém vai acreditar nesse relato, dou-lhe este exemplar como prova.* Era o próprio livrinho, dentro de um envelope de papel castanho, destes de padaria, onde desde o distante 1935 estava guardado. E ainda hoje está. Esse livrinho é considerado, no inventário de A biblioteca particular de Fernando Pessoa (Pizzarro, Ferrari e Cordiello), como Livro cuja localização se desconhece. Mas bem cuidado anda, tanto que foi visto por cerca de 500 mil visitantes na exposição "Fernando Pessoa, plural como o Universo", realizada em São Paulo (2010) e no Rio (2011). A dedicatória (*ao Fernando Pessoa oferece o prefaciador estas páginas para ...* [ilegível] *na sua vida literária com o respeito que lhe merece o seu talento e o seu ...* [ilegível], IV – 1921), é firmada por da Cunha, organizador e prefaciador do livro. Conferi com outras suas, em outros livros; e, considerando serem rigorosamente iguais, letra e assinatura, não pode haver a mais remota dúvida de ter sido mesmo oferecido a Pessoa, esse exemplar, pelo amigo Alberto da Cunha Dias. Em seguida, Ophelia entregou ao jornalista uma foto sua, de quando ainda era jovem, com dedicatória feita na hora. E disseram adeus, sem mais se verem nessa insensata vida. Perguntado por que não tornou público esse relato, logo em seguida à morte de Ophelia, o jornalista respondeu: *Estava à espera de que surgisse o momento certo. Como* (a seu juízo) *o momento não chegou, autorizei o relato* neste livro.

Eu, eu mesmo...
Eu, cheio de todos os cansaços
Quantos o mundo pode dar.
(...)
Mas eu, eu...
Eu sou eu,
Eu fico eu,
Eu...

Sem título (4/1/1935), Álvaro de Campos.

O enterro

Primeiro de dezembro, domingo. O caixão é levado à Capela do Cemitério dos Prazeres, para que o velem. Amigos tentaram providenciar os anúncios na noite anterior, mas não circulariam jornais no domingo, nem na segunda pela manhã (2/12), em razão do feriado do dia 1º de dezembro — data da Restauração Portuguesa. Só se consegue avisar os mais próximos. "É domingo e não tenho o que fazer" — escreveu no *Desassossego* em 1/2/1930, um sábado. Nesse domingo de agora nada faria mesmo. Seu papel era o de ficar deitado, mudo, imóvel, porque "Velo, na noite em mim, meu próprio corpo morto".

Que mais querem? Acabei.
Nem falta o cenário da vizinha, ó manhã de outro tempo,
Nem o som (cheio do cesto) do padeiro na escada
Nem os pregões que não sei já onde estão —
Nem o enterro (outra vez) na rua,
Nem o trovão subido da madeira das tabuinhas de defronte no ar e verão,
Nem... quanta coisa, quanta alma, quanto irreparável!
(...)
Meu repouso pão com manteiga boa à janela!
Basta, que já estou cego para o que vejo!
Arre, acabei!
Basta!

"Cul-de-lampe",[652] Álvaro de Campos

---

[652] *Cul* (assento)-*de-lampe* (lâmpada) é expressão que designa base de colunas, adornos ou parte final (mais grossa) dos canhões. Assim se diz, também, de vinhetas ao fim dos capítulos de um livro — reproduzindo fisicamente esse adereço, em que a segunda linha é menor que a primeira, a terceira menor que a segunda, e assim por diante. Um título, adequado ao término do poema, que quase descreve uma vida findando.

Dois de dezembro, segunda-feira, Pelas 11 horas, em silêncio, parte o cortejo na direção de um túmulo raso do Cemitério dos Prazeres, onde é posto numa prateleira do jazigo da querida avó Dionísia, pertencente à família. "Fui eu e a minha sepultura." O *Diário de Notícias* descreve: *No préstito* [cortejo] *incorporaram-se os Srs. Drs. Alfredo Guisado, Jaime Neves e Jaime Azanoal; António Ferro, José Marques de Oliveira, Manassés Ferreira* [de] *Seixas, Ângelo Martins Fernandes, Pedro Rodrigues de Oliveira, Joaquim A. da Silva Vale Lobo Fernandes, Moutinho da Silva Rodrigues, F.R. Dias, Raul Narciso da Costa, D. Sara Félix da Cunha, Armando Costa, F.N. Gouveia, A. Allem, Ângelo Duarte da Silva Ramos, Fernando Ramos, Vítor de Carvalho, Fernando da Silva, Moitinho de Almeida, Afonso Lucas, Francisco Costa, Albertino Soares, Nogueira de Brito, José Castelo de Morais, João Soares da Fonseca, Silva Tavares, António Pedro, Raul Leal, José Rato de Carvalho, Armando Teixeira Rebelo, António da Silva, Rozendo Jesus, Diogo Osório Ferreira Rebelo, José de Almeida Roque, José Bento dos Reis, Manuel Serras, Francisco Moreira da Silva Roque, José da Costa Freitas, Eduardo Freitas da Costa, António de Sousa, J. Araújo, Artur Narciso da Costa, Augusto Ferreira Gomes, Vitoriano Braga e Augusto Santa Rita.*

> Adeus, adeus, adeus, toda a gente que não veio despedir-se de mim,
> Minha família, abstrata e impossível...
> Adeus dia de hoje, adeus apeadeiro[653] de hoje, adeus vida, adeus vida!
>
> "Là-bas, je ne sais où...", Álvaro de Campos

Faltam nessa relação D. Emília, governanta de Pessoa — segundo testemunho de Eduardo Freitas da Costa;[654] os amigos da Cunha Dias e João Gaspar Simões, segundo Luiz Pedro Moitinho de Almeida; e Almada Negreiros — que ao voltar do enterro, na Brasileira, fez o mais conhecido desenho de seu rosto, em traços finos, nanquim preto sobre papel branco, com chapéu, óculos e gravata-borboleta.[655]

Depois, diria Negreiros que, em *um dia de 1935, o poeta foi pessoalmente enterrar o corpo que o acompanhou toda a vida.* Sem contar que lá estavam,

---

[653] Nas ferrovias, lugar onde não há estações mas os trens param, para que usuários possam subir ou descer. No caso, *o passageiro* Pessoa que descia da vida.

[654] A exclusão talvez tenha decorrido de não ser comum, naquele tempo, que mulheres comparecessem a enterros de homens que não fossem da família.

[655] Há três desenhos, quase idênticos. O primeiro foi esse, logo dado a Carlos Queiroz (o depoimento é do pintor Paulo Ferreira). Os outros dois, um está hoje na Fundação Calouste Gulbenkian; e o restante foi vendido em leilão no Palácio do Correio Velho de Lisboa (20/5/2008).

Desenho de Almada dado a Carlos Queiroz

também, seus 127 heterônimos — acompanhantes de toda a vida e que não o abandonariam exatamente na última hora. Gilles Germain até diz: *Nem Álvaro de Campos nem os outros assistiram às exéquias. A explicação que se dá habitualmente dessa extravagância é que eles nunca existiram, o que é absurdo.* Enfim, "tudo era [mesmo] absurdo como um luto". Montalvor pronuncia a oração fúnebre.[656] Pessoa escrevera 20 anos antes, a pedido do mesmo Montalvor, texto que bem retrataria a cena de agora: "Deus escuta-me talvez, mas de si ouve, como todos que escutam. A tragédia foi esta, mas não houve dramaturgo que a escrevesse." A seus pés o amigo dramaturgo, com seu inseparável monóculo e já revelando uma enorme calvície, disse (resumo):

> Não deviam, nem podiam, os que foram pares com ele no convívio da sua Beleza, vê-lo descer à terra, ou antes, subir, ganhar as linhas definitivas da Eternidade, sem enunciar o protesto calmo, mas humano, da raiva que nos fica da sua partida. Não podiam os seus companheiros de *Orpheu*, antes os seus irmãos, do mesmo sangue ideal da sua Beleza, não podiam, repito, deixá-lo aqui, na terra extrema, sem ao menos terem desfolhado, sobre a sua morte gentil, o lírio branco

---

[656] Anos depois (em 2/3/1947) Montalvor, em gravíssima crise financeira e com problemas familiares, se jogou de carro no Tejo, com mulher e filho; e não houve, no seu próprio enterro, quem lhe dedicasse uma oração fúnebre.

do seu silêncio e da sua dor. Lastimamos o homem, que a morte nos rouba, e com ele a perda do prodígio do seu convívio e da graça da sua presença humana. Somente o homem, é duro dizê-lo, pois que ao seu espírito e ao seu poder criador, a esses deu-lhes o Destino uma estranha formosura, que não morre. O resto é com o gênio de Fernando Pessoa.

"Reza por mim, Maria,[657] e eu sentirei uma calma de amor sobre o meu ser. Como o luar sobre um lago estagnado." Nesse diálogo, Pessoa/Fausto pergunta: "Choras? Fiz-te chorar?" Após o que responde Maria: "Sim... Não... Eu choro apenas de te ver triste." Fausto: "Tu amas-me, Maria?" E Maria: "Sinto o teu pavor, quando penso em ti... Ah, como te amo." Após o que Fausto encerra o diálogo: "Amor! Como me amarga de vazia em meu ser esta palavra... Não, não chores."

Há primeiro em todos um alívio
Da tragédia um pouco maçadora de teres morrido...
Depois a conversa aligeira-se quotidianamente,
E a vida de todos os dias retoma o seu dia...
Depois, lentamente esqueceste.[658]
Só és lembrado em duas datas, aniversariamente:
Quando faz anos que nasceste, quando faz anos que morreste,
Mais nada, mais nada, absolutamente nada.

Duas vezes no ano pensam em ti.
Duas vezes no ano suspiram por ti os que te amaram,
E uma ou outra vez suspiram se por acaso se fala em ti.

Sem título (26/4/1926), Álvaro de Campos

A morte nos jornais

"Morrer é só não ser visto." A cerimônia, assim a descreve Gaspar Simões, é *discreta e lágrimas poucas ou nenhuma. Sem memória de lágrimas*, confirma Luís Pedro Moutinho de Almeida. Os jornais dos dias seguintes noticiarão essa morte com destaque adequado a sua importância, para as letras portuguesas, em 28 anúncios: 12 em Lisboa, quatro no Porto, dois em Coimbra e um em Braga, Faro e Sintra, mais quatro nos Açores e três na

---

[657] Maria é nome de Nossa Senhora; de duas rainhas de Portugal; de sua mãe; de Ophelia *Maria* Queiroz; e de um heterônimo (Maria José); mas, no caso, trata-se de uma personagem de *Fausto*.

[658] Para o padre Daniel Lima, o verso deve ser *esquecem-te*. Como não consegui localizar o original do poema, na Biblioteca Nacional de Lisboa, fica o registro.

Madeira. Com equívocos naturais: como o de que teria morrido na *Casa de Saúde das Amoreiras* (*A Pátria*); ou que *era formado em letras pela Universidade de Inglaterra* (*O Século*); ou que *era autor insigne de Orfeu* (assim grafado o título, em *O Comércio*); ou que teria deixado *entre mãos um romance* (*Diário do Minho*). Seguem alguns desses textos (trechos):

> Fernando Pessoa era citado pelo suplemento literário do *Times* como se fora escritor inglês. Como as letras em Portugal não sustentam ninguém, empregou-se num escritório comercial. Adoecera há três dias e recolheu a uma casa de saúde, onde morreu anteontem em silêncio, como sempre viveu, fugindo à publicidade e afogando-se na morte discretamente, tal como passara na vida.

> *Diário de Lisboa*, 2/12/1935

> Fernando Pessoa, desde muito novo, entregou-se às letras, mas nunca viveu delas, visto que da literatura pouca gente tem vivido em Portugal.

> *Diário do Minho* (Braga), 3/12/1935

> A sua passagem pela vida foi um rastro de luz e de originalidade. Do fundo da sua tertúlia, a uma mesa do Martinho da Arcada, era sempre o mais novo de todos os novos que em volta dele se sentavam. Desconcertante, profundamente original e estruturalmente verdadeiro, a sua personalidade era vária como vário o rumo da sua vida. Tudo nele era inesperado. Desde a sua vida, até aos seus poemas, até à sua morte. Inesperadamente, como se se anunciasse um livro, correu a notícia da sua morte. Se morreu, se a matéria abandonou o corpo, o seu espírito não abandonará nunca o coração e o cérebro dos que o amavam e admiravam.

> *Diário de Notícias* (Lisboa), 3/12/1935

> Quis ser original e, de certo modo, conseguiu-o no *Orfeu*. Quis ser perfeito e alcançou-o na *Mensagem*.

> *Diário da Manhã* (Lisboa), 3/12/1935

> Fernando Pessoa, um dos mais gentis espíritos que nos foi dado conhecer, faleceu ontem. Era poeta, e não um fazedor de versos, dos muitos que enxameiam por aí, pejando as montras das livrarias.

> *A República* (Lisboa), 3/12/1935

> Fernando Pessoa reunia na sua extraordinária personalidade — sem dúvida a mais complexa da literatura portuguesa — todos os elementos de atração intelectual. Quando o grande público desconhece um grande poeta, a culpa nunca é do poeta. Só há gênios ocultos em povos incultos. Por isso, a sen-

Foto do enterro, com António Ferro atrás do caixão

sação dos que acompanharam o que restou do homem foi esta — e foi unânime — a de ter-se apagado a luz mais bela.
Boletim da Emissora Nacional (Lisboa), 5/12/1935

O Diabo envia à família a expressão do seu pesar.
O Diabo (Lisboa), 8/12/1935

Morreu Fernando Pessoa. Caíra já a noite. A véspera do 1º de dezembro estivera duma beleza gloriosa e o sol descansava agora para cantar ainda mais alto, no dia seguinte, o seu louvor à terra portuguesa.
Avante (Lisboa, jornal do Partido Comunista Português), 16/12/1935

Fernando Pessoa morreu. Esta breve notícia não quer senão significar sem atraso o frio que nos deixa no coração a tua partida antecipada, Fernando Pessoa. Mas o poeta nunca morre. Morrem, sim, aqueles que toda a vida se empenham por negar a eternidade. Fica-nos a tua alma.
Presença (Coimbra), número 47, dezembro de 1935

Fernando Pessoa era porventura o maior poeta português deste século. Engrandecido pelo seu isolamento, obscurecido pela sua obra só parcialmente publicada, é cedo ainda para julgá-lo.
Manifesto (Coimbra), 1/1/1936

"A vida é a hesitação entre uma exclamação e uma interrogação. Na dúvida há um ponto final." Nada a lamentar; que, para ele, "morrer é continuar". Afinal, cumpre-se o destino. "Seja a morte de mim em que revivo." Sophia de Mello Breyner Andresen lhe dedica poema ("Fernando Pessoa"), uma colagem de seus versos — alguns completos, outros tomados como inspiração; e encerra adaptando "Escrito num livro abandonado em viagem", "fui como ervas"; mais, literalmente, os dois primeiros versos de "Abdicação". Nele, a poetisa chora (trecho):

> Teu canto justo que desdenha as sombras
> Teu corajoso ousar não ser ninguém
> Tua navegação com bússola e sem astros
> E és semelhante a um deus de quatro rostos
> E és semelhante a um deus de muitos nomes
> Foste como as ervas não colhidas.
> Toma-me, ó Noite Eterna, nos teus braços
> E chama-me teu filho.

Pessoa morreu? Viva Pessoa!

Nunc dimittis servum tuum, Domine

(Agora, Senhor, podeis deixar partir o teu servo. Simão, depois de ter visto o Messias)

De que morreu Pessoa?

> *"Os fantasmas dos meus mortos eus*
> *Fazem parte de minha carne agora."*
> "The mad fiddler", Alexander Search

Dificuldades para um diagnóstico

De que morreu Pessoa?, eis a questão. Para responder, antes de tudo, é preciso considerar o cenário primitivo da medicina àquele tempo. Para exames de imagem, único recurso era a radiografia (desde 1895). O uso de plasma, como transfusão, apenas começava. Sulfas são de 1936; bancos de sangue, de 1937; penicilina, de 1944; ultrassonografia, endoscopia, tomografia, ressonância magnética e outros exames sofisticados viriam só na segunda metade do século XX, tudo bem depois de sua morte. Em Portugal, longe dos grandes centros da Europa, atendimentos médicos domiciliares ainda eram rotina. Hospitais destinavam-se apenas a casos graves, quase sempre terminais; e mais pareciam asilos — lugares a que se ia para amainar dores de feridas crônicas, fazer amputações, lancetar grandes abscessos e morrer. Sem informações médicas mais detalhadas, resta especular sobre o diagnóstico.

Cirrose

Referência mais comum, entre autores, é que a morte se deu por cirrose, a partir do álcool que consumiu pela vida. Cirrose é fibrose grosseira que endurece o fígado e o leva a falência.[659] Pode também evoluir para grande conjunto de consequências físicas — disfunção sexual, atrofia testicular,

---

[659] De acordo com dados atuais, isso ocorre em 20 por cento da população de alcoólicos. Segundo Donald W. Goodwin, *depois dos barmen, mais escritores morrem de cirrose do fígado que gente de outras ocupações.*

aumento das mamas, queda de pelos; além de lesões vasculares da pele, em forma de aranha, conhecidas como *telangiectasias aracniformes* — dado seu tamanho diminuto, não facilmente reconhecíveis por quem convive com o paciente. Sem registro de nenhum destes sinais em seu caso. Não obstante, o histórico de Pessoa sugere ser mesmo grande a chance de haver tido cirrose. Talvez até mais que apenas uma grande chance. É esse aliás o diagnóstico do dr. Bastos Tigre, depois de examiná-lo pelos anos 1920. Com o conhecimento que se tem hoje, é bem sabida a relação epidemiológica direta entre cirrose e alcoolismo, num período de 25 anos, avançando à medida que aumenta o volume de ingestão de álcool. Praticamente nula até uma ingestão diária de 40 gramas, evolui para percentual de 50 por cento ao atingir 200 gramas, sem aumentos estatísticos a partir de então. Pessoa bebe mais que esses 200 gramas. Na tentativa de calcular o montante de álcool diário por ele consumido, Francisco Manuel Fonseca Ferreira contabiliza uma garrafa de vinho a cada refeição principal, seis cálices de aguardente ao longo do dia, mais uma garrafa de vinho (ou mesmo garrafão) durante a noite.[660] Provavelmente, a quantidade era ainda maior. A começar pelos seis cálices de aguardente, ao longo do dia, que parece uma conta modesta. Sobretudo no período próximo da morte. Sem contar que à noite, em vez de vinho, quase sempre recorre mesmo a aguardente de sua bendita *garrafinha*.

Mas não é cirrose, com certeza, a causa de sua morte. Nem nenhuma doença hepática crônica descompensada. Tivesse efetivamente sofrido algo assim, dificilmente exibiria o vigor intelectual e a grandeza da produção do seu último ano de vida. Sabemos que se sentiu mal, teve dores abdominais e internou-se no hospital. Tudo muito rapidamente. Mas, para que morresse de cirrose, teria necessariamente demonstrado antes, além de desnutrição e fraqueza muscular (*adinamia*) intensa, também alguns dos sintomas clássicos que acompanham o estágio terminal de todas as cirroses. Em breve resumo:

a) *Icterícia* – em que apresentaria o corpo amarelado.
b) *Ascite* – em que aumentaria o volume do seu abdome. As calças ficariam com alguns botões sempre abertos e, nas pernas, demasiado grandes; posto que essa ascite, enquanto faz o restante do corpo defi-

---

[660] Um cálculo, nesse ponto específico (mesmo não o tendo referido), que parece apoiado em declaração da irmã Teca; quando lembra, em entrevista ao *Jornal de Notícias*, que à noite *via garrafões de vinho que comprava e tinha no seu quarto*.

nhar, aumenta só a cintura do paciente — daí vindo sua designação popular, *barriga-d'água*.

c) *Distúrbios neuropsíquicos* – em que teria tido necessariamente agravadas, pelo álcool, disfunções neurológicas (como tremores, sobretudo nas mãos) e obnubilação (perturbação da consciência).

d) *Hemorragia digestiva alta* – com perda de sangue. Caso essa perda seguisse o trânsito digestivo normal, teria as fezes enegrecidas; e, quando não, vomitaria sangue — um sintoma que, dado ter pai tuberculoso, logo chamaria a atenção dos amigos, da família, dos colegas de escritório, sobretudo porque são hemorragias geralmente volumosas.

e) *Coma* – por falência funcional do fígado ou complicações infecciosas.

Sem nenhuma referência qualquer a nenhum desses sinais no relato dos amigos que com ele estiveram nos últimos dias. Nem no dos médicos que o atenderam. Mas não só por isso, deve-se afastar definitivamente a hipótese de ter sido cirrose a causa de sua morte. Sobretudo porque cirrose não causa dor abdominal aguda, apenas essa constatação bastaria.

Outras causas possíveis da morte

As dificuldades para um diagnóstico então aumentam. Na certidão de óbito, da 5ª Conservatória (hoje, com registro transferido à 7ª Conservatória do Registro Cível de Lisboa, folha 805, assento número 1.609), está *obstrução intestinal* — sem informações sobre o que teria levado a essa obstrução. Um evento pouco provável pela falta de distensão abdominal, de movimentos peristálticos visíveis ou vômitos. De resto, esse diagnóstico seria fácil de ter a um simples auscultar do abdome; caso em que se poderia notar forte presença de sons hidroaéreos bem característicos, decorrentes da movimentação dos intestinos. O gastroenterologista Ireneu Cruz admite a hipótese de ter contraído, na África do Sul, *hepatite B ou C* — latente, então, por mais de 30 anos. Só especulação, dificílima de avaliar. Até porque essas hepatites não provocam o quadro abdominal apresentado por Pessoa. Seria também razoável, sempre em tese, que pudesse ter tido tuberculose (a doença que vitimou seu pai) ou outros males do pulmão, por ser um fumante inveterado. E não custa lembrar que teve sempre gripes fortes pela vida — "dor de garganta", como diz em seu diário. No início três por ano, ao passar do tempo foram ficando bem mais frequentes. E tantas eram que preferia dormir em um quarto interno do apartamento, longe do frio que no inverno penetrava pelas janelas. Mas tuberculose, mesmo intestinal, jamais daria um quadro agudo como o seu. Disso também não morreu.

No Livro de Registro do Hospital São Luís dos Franceses, o diagnóstico do dr. Jaime Neves é *cólica hepática*. Mas cólica hepática, atualmente chamada *cólica biliar*, não resulta do consumo de álcool. E nem mesmo tem a ver com o fígado, por decorrer de obstrução na vesícula — sendo sua causa mais comum a litíase. Trata-se de dor abdominal de grande intensidade que vai aumentando e depois diminui, em contrações espasmódicas — com tudo se repetindo em seguida, por ondas, na maioria das vezes irradiando para o dorso ou a omoplata direita. Trata-se, em linguagem vulgar, de pedra (*cálculo*) na vesícula. Sem contar que essa expressão, *cólica hepática*, retrata uma dor contínua — e não aquela, em espasmos, própria de cólicas como as que teve. O diagnóstico do dr. Jaime Neves, por tudo, merece pouca fé. Caso assim se desse, e mesmo com os conhecimentos científicos da época, já se sabia que, sem intervenção médica, morreria em poucos dias — dada a ocorrência inevitável de septicemia e falência de órgãos. Fosse mesmo esse, o mal, e quase certamente seria operado. Até porque cirurgias de vesícula já eram praticadas com alguma regularidade no Portugal daquele tempo. Mais provável é que, ante as incertezas no diagnóstico, tenha o primo doutor anotado uma causa qualquer no prontuário médico, suficiente para justificar a morte.

No território das hipóteses, cumpriria examinar variáveis que podem ter ocorrido, entre elas: *aneurisma dissecante da aorta,* com sintomas não apresentados por Pessoa — palidez intensa, sudorese, taquicardia, desmaios, estado de choque; *apendicite aguda,* quando então teria tido uma dor moderada e contínua, que o acompanharia até o fim — o que, segundo todas as testemunhas, não ocorreu; *colecistite aguda,* um processo de evolução mais demorado que, acaso ocorresse, e certamente viria acompanhado de comprometimento no nível de consciência; *diverticulite aguda do intestino grosso,* em que haveria dores no abdome inferior, febre, sangramento intestinal ou queixas de distúrbios do ritmo intestinal, todos sugestivos desse evento; *infarto do miocárdio,* sem elementos clínicos para reforçar a tese; *trombose de vasos mesentéricos* — hipótese que só mereceria considerações caso pudesse o diagnóstico ser confirmado por necropsia; *úlcera péptica*, que levaria a dores ritmadas no estômago, por ocasião da ingestão de alimentos — uma queixa inocorrente em Pessoa. Além de *pe-*

ritonite, em que apresentaria quadro de dor abdominal contínua e muito aguda, o que também certamente não apresentou. Nesse caso, teria então deteriorado gravemente e jamais conseguiria escrever toda uma frase, literariamente rebuscada e com letra precisa, numa língua que não era a sua — "*I know not what tomorrow will bring*". Nem perguntaria, com absoluta lucidez, "Amanhã, a estas horas, onde estarei?". Ou, ainda querendo ler, não diria com tanta ênfase a frase "Dai-me os óculos" — posto que, no caso, lhe faltaria controle mental até mesmo para pedir esses óculos.

A *causa mortis* provável: pancreatite

A mais provável hipótese médica é mesmo abdome agudo, decorrente de pancreatite; um quadro, regra geral, não precedido por antecedentes clínicos. Tudo como ocorreu com Pessoa. A essa conclusão também chegou, antes, Francisco Manuel Fonseca Ferreira. Comum em alcoólicos, essa pancreatite é caracterizada por dor muito forte no abdome, associada com frequência a um quadro de choque grave e distúrbios metabólicos importantes. Aumentando as chances estatísticas dessa hipótese, considere-se que certamente já não tinha um pâncreas sadio. Sem contar a possibilidade, comum em pancreatites, de ocorrer um quadro de dor tão forte (semelhante à de litíase biliar), no abdome superior, que poderia levar a desmaios — por conta de enzimas pancreáticas que caem na corrente sanguínea, na cavidade abdominal e/ou na retrocavidade dos epíploos. Quando o encontraram sem sentidos à entrada do banheiro, nos dias que precederam sua morte, talvez tenha tido apenas um episódio de hipoglicemia — frequente em alcoólicos que bebem dias a fio (quase) sem comer — ou *delirium tremens*, não há como saber; só que, mais provavelmente, teria sido um desses desmaios característicos da doença responsável por sua morte. Tudo levando a crer que as dores que sentiu devem ter mesmo sido surtos dessa pancreatite, a causa da sua morte.

Supremum vale
(Adeus para sempre. Ovídio)[661]

Post-scriptum

"A vida é breve, a alma é vasta."
Mensagem ("O das quinas"), Fernando Pessoa

Os restos mortais

Consummatum est (Tudo está consumado). "Acabei. Convém, porém, não acabar ainda." Com essa morte, começa verdadeiramente a vida de Fernando Pessoa. "A arte é a infância triste de um deus, a desolação humana da imortalidade pressentida"; e "quando a erva crescer em cima da minha sepultura, seja este o sinal para me esquecerem de todo". Mas não morreu, deveras. Apenas levou "o cadáver da fé perdida para o jazigo da ilusão"; sendo hoje, consensualmente, considerado *único, isolado e superior a todos os poetas portugueses* de seu tempo — palavras de Casais Monteiro. Provavelmente o maior, entre todos. Em pesquisa realizada pela televisão RTP1 (em 2007), para escolha dos grandes portugueses da História, ficou em oitavo lugar — com 2,4 por cento dos votos; e acabou por inspirar moeda, emitida pelo Banco de Portugal, de 2,50 euros. *É possível que Pessoa, enquanto produto de exportação, valha mais do que a Portugal Telefônica* — disse, em 2008, o ministro da Cultura José António Pinto Ribeiro. Cumpriu-se, afinal, a profecia de Bandarra. "Tenho esperança de algum dia, depois de morrer, encontrar aqueles poucos filhos que criei e espero achá-los belos na sua imortalidade de orvalho." O tempo é senhor da razão. Em 1954, Jorge de Sena escreveu: *O país se lembra de lhe dever um túmulo ao lado dos grandes da pátria.* Assim seria. Cinquenta anos depois dessa morte, em 1985, seus despojos foram transferidos aos Jerônimos.[662] No belo claustro desse Mosteiro de Santa Maria de Belém, aos pés do Tejo, está o

---

[661] Palavras de Orpheu, quando perde Eurídice.
[662] São Jerônimo (347-420), por ter feito a tradução da Bíblia para o latim (denominada *Vulgata*), é na Igreja considerado *padroeiro dos tradutores*.

solitário túmulo de Pessoa (autoria do escultor Lagoa Henriques, o mesmo que fez sua estátua junto à Brasileira).[663] Na coluna de granito mariscado, a placa em aço é sóbria. "Nem estátua nem lápide narre quem foi o que foi todos nós." Lá está só *Fernando Pessoa, 1888-1935*; e na parte inferior, em baixo relevo no próprio granito, mais estes versos:

> Não basta abrir a janela
> Para ver os campos e o rio.
> Não é bastante não ser cego
> Para ver as árvores e flores.

> 20/4/1919 Alberto Caeiro[664]

> Não: Não quero nada.
> Já disse que não quero nada.
> Não me venham com conclusões!
> A única conclusão é morrer.

> 1923 Álvaro de Campos[665]

> Para ser grande, sê inteiro:[666] nada
> Teu exagera ou exclui.
> Sê todo em cada coisa. Põe quanto és
> No mínimo que fazes.
> Assim em cada lago a lua toda
> Brilha, porque alta vive.

> 14/2/1933 Ricardo Reis[667]

Palavras finais

Em "O marinheiro", pergunta a Primeira Veladora: "Deve qualquer história ter fim?". Algumas sim. Entre essas as que contam a trajetória dos

---

[663] Segundo seu projeto original, os ossos de Pessoa deveriam ter sido postos dentro dessa coluna. Só que, no curso da operação, não se conseguiu abrir o caixão de chumbo em que estava o corpo e teve-se que enterrar o próprio caixão, inteiro, entre os tijolos do claustro. Por baixo da coluna, pois.

[664] Início de poema (sem título) usualmente publicado, junto a outros, como "Poemas inconjuntos".

[665] Início de "Lisbon revisited (1923)".

[666] Bem antes, como Jean-Seul de Méluret, em francês redigiu essa regra de vida: "Sê todo em cada coisa, porque ser todo em cada coisa é estar certo"; e depois, num poema sem título (12/9/1935), insiste na tese — agora, posto que a morte vem, em seu próprio nome: *A vida é terra e o vivê-la é lodo./ Tudo é maneira, diferença ou modo./ Em tudo quanto faças sê só tu/ Em tudo quanto faças sê tu todo.*

[667] Uma de suas últimas "Odes" datadas.

escolhidos pelos deuses. E "Quem tenha lido as páginas deste livro, que estão antes desta, terá sem dúvida formado a ideia de que sou um sonhador." Assim se deu, sem dúvida, mas seu destino era sonhar maravilhas. "Fim: os Deuses não vão nos falar, nem tampouco o Destino. Os Deuses estão mortos e o destino é mudo." Seja como for, a história está escrita. Apesar de tantas páginas, melhor forma talvez de encerrar o relato de sua vida seja apenas lembrar trecho do primeiro dos seus "Dois excertos de odes", mais conhecido como "Ode à noite". Entregue a Sá-Carneiro em 1914, o poema foi publicado (no número 4 da *Revista de Portugal*, de Vitorino Nemésio) apenas depois de sua morte, em julho de 1938. Comentando essas odes, Sá-Carneiro diz: *Vamos lá, Pessoa... Continuo a dizer, meu amigo, que as produções de Alvarozinho vão ser das melhores coisas do... Pessoa.* São "palavras magníficas"; e, com elas, o poeta quase toca o céu:

> Vem, noite, antiquíssima e idêntica,
> Noite Rainha nascida destronada,
> Noite igual por dentro ao silêncio, Noite
> Com as estrelas lantejoulas rápidas
> No teu vestido franjado de Infinito.[668]
>
> Vem, vagamente,
> Vem, levemente,
> Vem sozinha, solene, com as mãos caídas
> Ao teu lado, vem
> E traz os montes longínquos para o pé das árvores próximas,
> Funde num campo teu todos os campos que vejo,
> Faze da montanha um bloco só do teu corpo,
> Apaga-lhe todas as diferenças que de longe vejo,
> Todas as estradas que a sobem,
> Todas as várias árvores que a fazem verde-escuro ao longe.
> Todas as casas brancas e com fumo entre as árvores,
> E deixa só uma luz e outra luz e mais outra,
> Na distância imprecisa e vagamente perturbadora,
> Na distância subitamente impossível de percorrer.
> (...)

---

[668] Essa abertura do poema quase reproduz versos de *Il penseroso*, escrito (em 1663) por John Milton: *Vem, Freira pensativa, devota e pura;/ Sóbria, compromissada e modesta;/ Vestida em manto da fibra mais escura;/ Fluindo com uma cauda majestosa;/ E estola negra de crepe muito fino/ Envolvendo ombros decentes.*

Que tudo perde as arestas e as cores
E que no alto céu ainda claramente azul
Já crescente nítida, ou círculo branco, ou mera luz nova que vem

A lua começa a ser real.

"Dois excertos de odes", Álvaro de Campos.

Despedidas de Pessoa

"Devo escrever o meu livro. Tremo de pensar qual possa ser a verdade. Ainda que seja má, tenho que escrevê-lo. Queira Deus que a verdade não seja má", ainda quando soubesse que "este livro é a minha covardia". Aqui está ele, "páginas arrancadas, na máquina de um presente infeliz, à saudade imensa de um futuro melhor". Mas, para encerrar, prefiro uma visão redentora; e assim reúno por um instante breve, numa unidade falsa e não obstante coerente, palavras que escreveu em numerosos textos ao longo da vida, com a consciência de que seu "caminho agora é outro, onde cessam os astros e a luz do sol não é lei nem dia". Passo-lhe a palavra, então, para suas despedidas:

> O trabalho está feito. O martelo foi lançado. Saúdo todos os que me lerem, e deixo escrito neste livro a imagem do meu desígnio morto. Farewell, farewell for ever. Adeus para sempre, rainha das folhas. Deponho a pena, acabo minha solitária peregrinação. A vida é um intervalo entre o que passou e o que passará, intervalo morto entre a Morte e a Morte. E eu vivi a vida inteira. Somos todos mortais, com uma duração justa, nunca maior ou menor. Alguns morrem logo que morrem, outros vivem um pouco na memória dos que os viram e amaram; outros ficam na memória da nação que os teve. Mas a todos cerca o abismo do tempo, que por fim os some.

> Por que escrevo eu este livro? Eu escrevo este livro para mentir a mim próprio. Busquemos sempre o impossível, porque tal é o nosso Fado. Tu, que me ouves e mal me escutas, não sabes o que é esta tragédia! Quem me dera que de mim ficasse uma frase, uma coisa dita de que se dissesse Bem feito! Mas ninguém consegue. Terás a consolação, porque não terás a esperança; terás o esquecimento, porque não terás o desejo; terás o repouso, porque não terás a vida. Depois de depois virá o dia, mas será tarde, como sempre. De tanto lidar com sombras, eu mesmo me converti numa sombra. E tenho saudades de mim.

> What is fame after death? A life that's not a life, my dearest boy. Vêm memórias, com suas saudades ou sua esperança, e um sorriso de magia. Tudo

quanto sou, ou quanto fui, ou quanto penso do que sou ou fui, tudo isso se perde de repente — o segredo, a verdade, a ventura talvez. Death — What is death? A morte é o triunfo da vida. Tudo morto, minha ama, tudo morto. Reza por mim. Sinto que este mesmo sol doira os campos onde não estou. Quanta, quanta solidão. Reza por mim, minha ama.

Cumpri. L'Heure est à Nous! Combattons! Amanhã eu também serei o que deixou de passar nestas ruas, o que outros vagamente evocarão com um "o que será dele?" Não é a morte que quero, nem a vida: é aquela outra coisa que brilha no fundo da ânsia como um diamante possível. Céu vasto, céu azul, céu próximo do mistério dos anjos. Dá-me que eu durma, dá-me que eu me esqueça, senhora dos Desígnios Incertos. O resto é com o Destino. O porvir... Sim, o porvir... Que por detrás da derrota surge pura a solidão negra e implacável do céu deserto. E clareia pequena, ao longe, a primeira estrela. Fim.[669]

Coleta de textos, Fernando Pessoa

Assim se contou, com suas próprias palavras, a vida gloriosa do meu amigo Fernando Pessoa.

---

[669] Pessoa costumava escrever em inglês, ao encerrar seus textos, expressões como "last chapter" ou "end of the book". Tinha também o especial gosto de encerrar poemas em inglês, em francês e mesmo em português, com a palavra "end"; ou, imitando os filmes americanos da época, em alegóricos "the end". Nos textos de sua própria língua, quase sempre apenas escrevia "fim"; às vezes, incorporando esse *fim* ao próprio poema — como um sem título (28/8/1927): "Escrevi numa página em branco, Fim". Sendo dele, o livro, então seja. Dando-se por encerradas, suas despedidas, com este *fim*.

Conveniunt rebus nomina sæpe suis

(Frequentemente os nomes se adaptam às coisas. Ricsardo di Venosa)

Índice onomástico

"No herói, no santo e no gênio
Os Deuses se lembram dos homens."

"Mário de Sá-Carneiro", Fernando Pessoa

Abranches, Adelina, 177

Abreu, Casimiro (José Marques) de, 146

Abreu, Teixeira de, 587

Adresen, Nancy J., 124

Affonso, Ruy, 423

Agualusa, José Eduardo, 232, 363

Aguglia, Mimi, 177

Aguiar, Joaquim Augusto de, 28

Alegre, Manuel, 248

Alencar, Tomás de, 439

Alighieri, Dante, 77, 85, 360, 495, 558, 568, 599

Almada Negreiros, José Sobral de, 67, 90, 162, 171-175, 177-178, 282, 328, 434, 440-441, 471-472, 507-508, 512, 515, 518, 540, 548, 606-608, 668-669, 673, 677, 682, 686-687

Almeida, Carlos Eugênio Moitinho de, 167, 311, 462, 494, 676

Almeida, Fialho de, 586

Almeida, Luís Pedro Moitinho de, 88, 94, 101, 108, 167, 233, 285, 288, 310-312, 462, 476, 477, 613, 630, 653, 676, 678, 688

Almeida, Múcia Guiomar d', 290

Almeida, Tomás de, 290, 328, 523

Alvelos, José, 163

Alves, Clara Ferreira, 53, 68

Alves, Manuel Ribeiro, 290

Alves, Rubem, 646

Amaral, Belquior do, 577

Ameal, João, 576, 586, 608, 613

Amiel, Henri-Frédéric, 318

Anahory, Israel Abraham Cagi, 86, 167

Anderson, Madge 129, 130, 133

Andrade, Carlos Drummond de, 218, 225, 230

Andrade, Jacinto Freire de, 380

Andrade, Mário de, 503

Andrade, Olegário Victor, 395

Andrade, Oswald de, 416, 447, 503

Andresen, Sophia de Melo Breyner, 265, 691

António Sérgio, 572

Antunes, João Lobo, 282

Apollinaire, Guillaume, 176-177, 312

Armand, Michel, 171

Armstrong, Lawrence Shepard, 532

Arriaga, Manuel de, 37, 510, 591

Arroio, António, 167

Assis, Machado de, 565

Astray, Milán, 187

Ataíde, Tristão de, 230

Avellaneda, Alonso Fernández, 229

Azevedo, Pedro de, 17
Bacalhau, Diogo Fernandes, 88
Bachelard, Gaston, 378
Bacon, Francis, 549
Bailey, Paul, 320
Balsemão, Jayme de, 472
Balzac, Honoré de, 121, 189, 522
Bandarra, 360, 528, 560, 561, 563, 564, 565, 566, 568, 632, 699
Bandeira, Manuel, 188, 318, 430, 503, 622
Barbas, Helena, 533
Barbosa, Adoniram, 231
Barradas, Jorge Nicholson Moore, 167, 193, 524
Barreto, João Paulo Emílio Cristóvão dos Santos Coelho, 230
Barros, Ana Joaquina Leal de, 645
Barros, João de, 573, 592
Barros, Teresa Leitão de, 609
Barroso, Ivo, 518
Bastos, Othon, 17
Bastos, Palmira, 110, 177
Baudelaire, Charles, 76, 121, 219, 226, 303, 326, 522, 647
Beirão, Mário 68, 167, 293, 437, 609, 610, 611, 640
Belcher, Ernest A. 634
Ben, Jorge, 231
Bentley, William, 421, 558
Berardinelli, Cleonice, 16, 17, 85, 160, 216, 241, 598, 602, 657, 658, 664
Bernabò, Hector Julio Páride, 230
Bernhardt, Sarah, 177
Besant, Annie Wood, 542-543
Bettencour, Edmundo de, 512
Bettencourt, Rebele de, 176, 231
Bilac, Olavo, 230, 418, 601
Blanco, José, 17, 126-127, 131-132, 167, 476, 602-603, 606, 613, 617, 651
Blavatsky, Helena Petrovna, 115, 372, 542-544
Bloom, Harold 77, 599
Boberg, Hiudéa Rodrigues, 659

Bocage, Manoel Maria Barbosa du, Lídio ou Elmano Sadino, 177, 227, 312, 441, 556, 594, 676, 683
Bombarda, Miguel, 590
Bonvalot, Carlos, 630
Booth, Edwin, 488
Borges, Jorge Luis, 17, 106, 228, 411, 489
Bosie, Lord Alfred Douglas, 76
Botto, António, 90, 126-127, 400, 411, 443, 472-473, 517-518
Bourbon, Francisco, 462
Bourbon, Peixoto, 129
Boyes, Francis, 17
Bradlaugh, Charles, 543
Braga, Teófilo, 60, 348, 510, 512, 591, 617, 640
Braga, Vitoriano, 167, 540, 686
Branco, Camilo Castelo, 30, 232, 398, 504
Bréchon, Robert, 16, 240, 285, 320, 325, 365, 403, 411, 425, 498, 676
Brillat-Savarin, Jean-Anthelme, 302
Browning, Elizabeth Barrett, 117
Browning, Robert, 117
Bruno, Giordano, 549
Bruno, Sampaio, 233, 669
Buiça, Manuel dos Reis da Silva, 586-588
Bukowski, Charles, 654
Byron, Lord (George Gordon Noel), 75, 117, 196, 227, 408, 437
Cabral, José, 551-552
Cabreira Júnior, Thomaz, 184
Calmon, Pedro, 572
Camacho, João Francisco, 183
Camilleri, Andrea, 345
Camões, Luís Vaz de, 558, 573
Camoesas, João, 540
Campoamor, Ramon de, 75
Campos, Carlos Bate-Chapa, 648, 675
Camus, Albert, 225, 226
Caparica, Benedito, 587
Cardoso, Amadeu de Souza, 232, 507, 516, 540, 593, 669
Cardoso, Paulo, 17, 22, 221, 236, 253, 416, 536, 600

Carlota Joaquina, 32, 604

Carlyle, 66, 76, 634

Carmona, general Oscar, 101, 617-618, 624

Carneiro, José Paulino de Sá, 193

Carroll, Lewis, 228

Carvalho e Bourbon, Francisco Peixoto, 92, 129, 462

Carvalho, Ronald de, 16-17, 162, 167, 337, 422, 441, 503, 507-508, 511, 669, 683-684

Carvalho, Vítor da Silva, 680

Carybé, 230

Casais Monteiro, Adolpho, 25, 90, 125, 168, 221, 224, 234, 237, 243, 261-262, 267, 273, 279, 309, 325, 345, 361, 408, 467, 483, 485, 509, 520, 545, 607, 609, 620, 641, 640, 646, 651, 672, 699

Cascudo, Câmara, 419, 503

Castro, Fernanda, 131-132, 372

Castro, Ivo, 223

Castro, Joaquim Pimenta de, 510, 593, 616

Cavalcanti, Maria Lectícia Monteiro, 5, 13

Centeno, Yvette, 17, 160, 168, 484, 498, 536, 549, 628

Cervantes, Miguel de, 180, 229, 574

Cesário Verde, José Joaquim, 230, 251, 253, 256, 309, 310, 540, 610

Chaby, Cláudio Bernardo Pereira de, 28

Chagas, Manuel Pinheiro, 29

Chateaubriand, François René de, 565

Chatterton, Thomas, 227

Chaves, Júlio Joubert, 38

Churchill, Winston, 54, 102

Cobeira, António, 89, 167

Cocteau, Jean, 226

Coelho, Adolfo, 511

Coelho, António Pina, 242

Coelho, Isaias, 379

Coelho, Jacinto do Prado, 252, 317, 599

Coelho, Luís da Costa Leal Furtado, 91-92, 326, 446

Coelho, Nelly Novaes, 309

Colaço, Branca de Gonta, 400

Colaço, Tomás Ribeiro, 612, 641

Coleridge, Samuel Taylor, 223, 249

Collins, Mabel, 542

Comparato, Fabio Konder, 17

Conselheiro, António, 419

Cony, Carlos Heitor, 102

Cortesão, Jaime, 640

Côrtes-Rodrigues, Armando (César), 11, 13, 36, 75, 97, 167, 190, 192, 194, 222, 231, 232, 246, 279, 280, 316, 327, 441, 445, 470, 506-508, 510-511, 516, 540, 601, 633, 640

Costa, (Afonso) Augusto da, 512, 608

Costa, Afonso, 348, 512-514, 593

Costa, Alfredo, 588

Costa, Dalila Pereira da, 642

Costa, Eduardo Freitas da, 95, 97, 100, 331, 451, 455, 523, 537, 611, 674-676, 686

Costa, Eduardo, 416

Costa, Hipólito da, 177

Costa, Manuel Gomes da, 618

Costa, Marcus Noronha da, 17

Costa, Raul Soares da, 274, 446

Coutinho, Victor Hugo Azevedo, 593

Crespo, Ángel, 65, 124, 131-132, 266, 425, 537

Crispim, Antônio, 230

Cromwell, Oliver, 616, 634

Crowley, Aleister, 15, 111, 196, 363, 366, 424, 527-533

Cruz, frei Bernardo da, 577

Cruz, Ireneu, 658, 695

Cruz, Marques da, 427

Cunha e Oliveira, Martinho da, 87

Cunha, Eduardo, 140, 142

Cunha, Euclides da, 420

Cunha, Manuel Gualdino da, 47, 49, 63, 537, 669

Cunha, Maria Xavier Pinheiro da, 46, 63, 244, 275

Cunha, Rita Xavier Pinheiro da, 63, 275

Cunha, Sancho Pessoa da, 86-87, 274, 477

Cunha, Teresa Sobral, 17, 92, 160, 241, 317, 319, 494, 499, 658

d' Almeida, Teresa Diniz, 17
d' Annunzio, Gabriele, 204
d' Arcos, Joaquim Paço, 608
d' Ávila, Lobo, 435
d' Eça, Carolina Augusta Pereira, 645
Dantas, Júlio 163, 171-172, 178, 421, 440, 483, 505, 509
Delavigne, Jean-François Casimir, 644
Delgado, Humberto, 617
Descartes, René, 549
Diamond, Jared, 250
Dias, Alberto da Cunha, 167, 185, 540, 598, 606
Dias, Fernando Correia, 423
Dias, Filomeno, 232
Dias, Francisco José Caetano, 155, 519, 532
Dias, Malheiro, 556
Dias, Saul, 233
Dickens, Charles, 73, 228
Dickinson, Emily, 654
Dostoievski, Fiodor, 227, 668
Doyle, Arthur Conan, 100, 301, 345, 378
Ducasse, Isidoro, 210
Dumas, Alexandre, 472
Dupin, Amandine-Aurore Lugile, 227
Durval, Ester, 233
Durville, Hector e Henri, 635, 640
Einstein, Albert, 350, 534
Eleutério,Victor Luís, 17, 129, 241, 584
Elísio, Filinto, 232, 265
Espronceda, José de, 75, 362, 401
Estêves, Joaquim, 292
Evin, Simone, 642
Falcão, Joaquim, 17
Faulkner, William Harrinson, 654
Félix, José Damião, 139
Fernandes, Millôr, 16, 231
Ferreira, António Mega, 85, 463, 613, 631
Ferreira, Carlos Alberto, 15, 194
Ferreira, Carlos, 195
Ferreira, Francisco Manuel da Fonseca, 643, 694, 697
Ferreira, Paulo, 160, 603, 686

Ferreira, Tomás António Ribeiro, 37
Ferreira, Vergílio, 227
Ferro, António, 160, 167, 184, 232, 279-280, 278-279, 372, 491, 507-508, 513, 602, 606-609, 625, 686, 690
Figueiredo, Antero de, 573
Figueiredo, Numa de, 273
Figueiroa, Lucia, 17
Finisterre, Alejandro, 480
Fitzgerald, Scott, 654
Flaguais, Maria Lia e Jean-Paul le, 17
Flaubert, Gustave, 226, 246, 317-318, 382
Fletcher, Joseph Smith, 376, 448
Folon, Jean-Michel, 23
Fonseca, Branquinho da, 520
Fonseca, Deodoro da, 34
Fonseca, Edson Nery da, 17
Fonseca, Gonçalo Anes da, 88
Fonseca, Quirino da, 608
Ford, Henry, 458
Foucault, Michel, 210
França, Isabel Murteira, 114
France, Anatole, 227, 243, 382, 388
Francis, Paulo, 230
Franco, Augusto, 475
Franco, João, 82, 513, 587-588
Freire, Jacinto, 380
Freire, Luisa, 387, 500, 636
Freire, Padre Francisco José, 73, 232
Freitas, Helena, 274
Freitas, Janio de, 17
Freitas, João Nogueira de, 27, 45
Freyre, Gilberto, 210, 377, 421, 503, 564, 666
Galhoz, Maria Aliete, 262, 317, 438, 507
Gama, Arnaldo, 398
Gambe, Manuel J., 544
Gandhi, Mohandas Karamanchand (Mahatma), 54-55, 534
Garrett, Almeida, 61, 76, 177, 232, 265, 362, 427, 617
Geerdts, Clifford E., 66, 91, 634, 635
Geneviève, 179

Gide, André, 76, 327

Gil, Augusto, 80

Gilman, Arthur, 62

Goethe, Johann Wolfgang von, 76, 194, 222, 303, 350, 370-371, 540, 549, 594, 681

Gógol, Nicolai Vassilievitch, 495

Gomes, Augusto Ferreira, 98, 167, 273, 331, 443, 451, 471, 515, 531, 561, 563, 565, 602, 606, 648, 667, 680, 686

Gomes, Dias, 230, 400

Gomes, José Maria Pereira, 17

Gonzaga, Tomás António, 232

Goodwyn, Donald W., 654, 693

Gorenstein, Saulo, 17, 94

Gracieli, Esteban, 292

Groto, Luigi, 209

Guennes, Duda, 13, 17

Guerra Junqueiro, Abílio Manuel, 75, 169, 232, 256, 327, 354, 362, 375, 411, 496, 514, 559, 592, 617, 669

Guibert, Armand, 642

Guicciardini, Francesco, 520

Guimarães, Eduardo, 167, 422, 441, 507, 511

Guimarães, Ulysses, 203

Guisado, Alfredo Pedro, 167, 185, 232, 246, 279-280, 327, 507-508, 511, 513, 515, 686

Gusmão, Manuel, 215, 218

Hegel, Georg Wilhelm Friedrich, 350

Hellman, Lillian, 654

Hemingway, Ernest, 222, 654

Herculano, Alexandre, 232, 504, 605, 608

Hess, Walter Rudolf, 91

Hesse, Hermann, 549

Hipólito, Nuno, 221

Hitler, Adolf, 102, 267, 393, 534, 619

Hobbes, Thomas, 285, 377

Homero, 250, 569, 570, 574, 597

Hora, Manuel Martins da, 476

Horácio, 71, 137, 261, 262, 264, 266, 362

Hourcade, Pierre, 163, 337, 443, 629

Hourcade, Rémy, 285

Hugo, Victor, 226, 504, 540, 549, 593

Hulak, Samuel, 17, 643, 644

Huxley, Aldous, 283, 377, 415, 528

Jaeger, Hanni Larissa, 528, 530, 532

Jaspers, Karl, 644

Jenkins, Herbert D., 68

Jennings, H.D., 62, 80, 635

Jesus, Geraldo Coelho de, 287, 357, 471, 517

Johnson, Robert, 369

Jorge, Ricardo, 477

Júdice, Nuno, 235, 515

Jung, Carl, 534, 642

Junot, Jean-Andoche, 443, 581, 603, 604

Kafka, Franz, 179

Kamenezky, Eliezer, 411, 483, 492-497, 499

Kant, Immanuel, 155, 231, 294, 350, 403, 405

Keats, John 65, 75, 226, 510, 610

Keil, José Alberto de Alfredo (Cristian), 585

Kellog, Warren F., 128, 452

Keyserling, Hermann Alexander, 567, 577

Kfouri, Juca, 17, 230

Khayyam, Omar, 663

Kierkegaard, Sören, 225-227, 239

La Barca, Calderón de, 214

Lacerda, Fernando de, 537

Lago, Pedro Corrêa do, 145

Lauand, Jean, 214

Lautréamont, Conde de, 210, 378

Leadbeater, Charles Webster, 372, 543

Leal, Gomes, 256, 556, 669

Leal, Raul (Oliveira de Souza), 233

Leal, Raul, 167, 190, 443, 472-473, 507, 511, 518, 540, 593, 664, 686

Leão, Ester, 232

Leblanc, Vincent, 577

Lebre e Lima, João, 316, 632, 640

León, Ponce de, 167, 186, 280, 669

Lima Barreto, 401

Lima e Cunha, Henrique de, 30

Lima, Alceu Amoroso, 230

Lima, Ângelo de, 167, 511, 646, 669
Lima, Padre Daniel, 17, 688
Lind, Georg Rudolf, 318
Lira, Vital, 17
Lispector, Clarice, 101
Liszt, 103
Little Walter, 47
Llosa, Mário Vargas, 208
Lobeira, João da, 232
Lopes, Teresa Rita, 17, 23, 71, 111, 126-127, 160, 241-242, 279, 358, 371, 391, 425, 498, 628, 658
Lopes-Graça, Fernando, 24
Lorca, Federico García, 588, 589
Lorrain, Jean, 121
Lourenço, Eduardo, 11, 17, 42, 85, 116, 234, 236, 247, 318, 436, 505, 514
Luís Miguel, 58, 111, 130, 154, 158, 356, 416, 450, 657
Luna, Jairo Nogueira, 266
Macaulay, Thomas Babington, 66
Macedo, Henrique Veiga de, 17
Macedo, Suzette, 76
Macfadden, Bernarr, 91
Machado, António, 228, 588
Machado, Bernardino, 521, 593, 618
Machado, Luís, 443
Madalena Henriqueta, 58-59, 63-64, 669
Magno, Montez, 488
Malhoa, José, 440, 492
Mallarmé, Sthéphane, 104, 179, 187, 317, 326-327, 422, 486, 510
Malpique, Celeste, 72, 645, 659
Manassés, António, 112, 448, 672
Maquiavel, Nicolau, 459
Marañón, Gregorio, 572
Margarido, Alfredo, 429, 434, 609
Marguerie Frieda Harris, 533
Marinetti, 171, 177, 486, 487, 540
Mário Hélio, 17
Marmelo, Manuel Jorge, 15
Marquês de Pombal, 139, 583
Marquês de Sade, 121, 534

Márquez, Gabriel García, 269
Martins, Ernesto, 492, 493
Martins, Fernando Cabral, 65, 601
Martins, Oliveira, 572, 576
Marx, Karl, 534
Matias, Albertino dos Santos, 53
Matias, António Marques, 664
Mattos, Júlio Xavier de, 395
Maugham, Somerset, 528
Maurras, Charles, 263
McCarthy, Mary, 654
Medicis, Giovanni de, 459
Mega Ferreira, António, 85, 463, 468, 613, 631
Meireles, Cecília, 423
Meireles, Paulo, 17
Melcer, Ioram, 86
Melo e Castro, Ernesto Campos, 274
Melo Neto, João Cabral de, 211, 401
Menezes, Albino Espiridião de, 511, 523
Menezes, D. Aleixo de, 572
Menezes, Emilio de, 421
Michaelis, Nuno, 221
Milton, John, 73, 701
Minkowski, Hermann, 350
Miramar, Maria Tereza Ferreira de, 528
Miranda, Francisco de Sá de, 119
Molière, 75, 222, 227, 556
Moniz, António Egas, 91, 170
Monro, Harold, 508
Montaigne, 246
Montale, Kapp de, 386
Montalvor, Luís de, 111, 151, 167, 177, 232, 266, 421, 441, 485, 507-508, 511, 517-518, 593, 681-682, 687
Monteiro, Adolfo Casais, 168, 221, 325, 520, 641, 646
Monteiro, Pedro Carvalho, 531
Moraes, Carlos Roberto, 17
Moraes, Vinícius de, 93, 229
Morales, Baltasar Gracián y, 231
Morrison, Arthur, 100, 301, 359, 393, 404, 408

Munno, Amina Di, 496
Mussolini, 102, 267, 529, 619, 619
Nascimento, Francisco Manuel do, 232
Navarro, Marcelo, 215
Nemésio, Jorge, 601
Nemésio, Vitorino, 438, 608, 701
Neruda, Pablo, 683
Neves, Jaime Pinheiro de Andrade, 680
Neves, José de Almeida, 132, 435
Nicholas, Willfrid H., 16, 62, 66, 261
Nietzsche, Frederich, 226, 239, 273, 534
Nobre, António, 76, 253, 610
Nobre, Garcia 349, 351, 374
Nogueira, Ana Luísa Xavier Pinheiro, 27
Nogueira, António Xavier Pinheiro, 28
Nogueira, Lucila, 68
Nogueira, Luís António, 37
Nogueira, Madalena Pinheiro, 669
Nogueira, Manuela, 16, 58, 89, 95, 97, 109,
    111, 132, 155-156, 162, 169, 170, 286,
    290, 347, 364, 434, 445, 449, 477, 519,
    614, 637, 647-648, 650, 653, 657, 679
O'Neil, Alexandre, 211
O'Neill, Eugene, 654
Oliveira, António Correia de, 61, 76, 177,
    612
Oliveira, João Correia de, 167, 177, 431
Oliveira, Manuel Santana de, 287
Oliveira, Nuno de, 523
Oliveira, Paulino de, 267
Ormond, Augustine, 65
Ortigão, Ramalho, 11, 232, 411
Osório, João de Castro, 460, 613
Pacheco, José (Paxeko), 167, 184, 209, 232,
    328, 441, 474, 507-508, 510, 517, 521,
    593, 669
Pacheco, José Coelho, 357-358, 506
Pais, Sidónio, 331, 384, 392, 400, 514, 517,
    616-618, 669
Paiva, Acácio de, 609, 611
Paiva, Janice de Souza, 147
Paixão Cearense, Catullo, 422, 423
Palmeirim, António Cruz de Seabra, 357

Palmer, Cecil, 460
Palmer, Frank, 509
Pamplona, Fernando, 608
Pasteur, Louis, 365
Pato, Raimundo António de Bulhão, 438,
    439
Paulo, Alexandre, 23
Paz, Octavio, 11, 247, 506, 546
Pearson, Sir Cyril Arthur 371
Peixoto, Francisco, 92, 630
Perdigão, José de Azeredo, 97
Pereira, José Maria dos Reis, 233
Pereira, Júlio Maria dos Reis, 233
Pereira, Lawrence Flores, 17
Pereira, Nuno Álvares, 557
Pereira, Pedro Theotônio, 472
Pereira, Virgínia de Sena, 447
Perfeito, Idílio, 167
Perrone-Moisés, Leyla, 681
Pessanha, Camilo, 76, 326, 557
Pessôa, Dionisia Rosa Estrela de Seabra, 36
Pessôa, Joaquim de Seabra, 36
Pessoa, Jorge Nogueira, 45
Pessoa, Lisbela da Cruz, 40
Pessoa, Madalena Xavier Pinheiro, 58
Pessoa, Manuel da Cunha, 86
Peters, Padre Theodoro, 17
Petrarca, Francesco, 121, 557
Petrus (Pedro Veiga), 317
Picchio, Luciana Stegagno, 497
Pinheiro, Magdalena Amália Xavier, 38, 40
Pinheiro, Maria Xavier, 46, 63, 244, 275
Pinheiro, Rita Xavier, 63, 275
Pinto, Álvaro, 93, 508, 640
Pinto, Augusto Xavier, 461
Pinto, Olavo, 108, 455
Pinto, Serpa, 23, 27, 583
Pinto, Victor Moura, 17
Pirandello, Luigi, 227
Pixinguinha, 231
Pizarro, Jerónimo, 17, 329, 353
Poe, Edgar Allan, 226, 301, 344-345, 378,
    654

Pope, 76
Portela, Antonio, 17
Portela, Artur, 97
Portela, Celestino, 400
Portinari, Cândido, 230
Porto, Luigi da, 209
Porto, Sérgio, 230
Portugal, Boavida, 77, 167, 505, 508, 524, 556, 637, 669
Portugal, José Blanc de, 500
Preto, Francisco Rolão, 552
Proença, Raul, 499
Proust, 121
Quadros, António, 69, 90, 145, 282, 536, 600, 611, 650, 674, 681
Queiroz, Carlos, 89, 125, 144, 156-157, 162, 219, 279, 606, 667, 682-683, 686-687
Queiroz, Eça de, 11, 25, 232, 239, 256, 274, 299, 303, 313, 362, 364, 371, 411, 417, 427, 434, 440, 605, 608-609, 645
Queiroz, Maria da Graça, 16, 138, 144-145, 162, 684
Queiroz, Ophelia, 17, 86, 89, 93, 95-96, 98-99, 100, 104-107, 110, 124-126, 128-130, 133, 136-164, 166, 239, 280-281, 290, 292, 341, 391, 411, 435, 450, 464, 467, 492, 495, 606, 628, 630, 639, 641, 649
Quental, Antero de, 76, 232, 362, 453, 510, 584, 606, 609, 612, 632
Quincey, Thomas de, 283
Quitério, José, 438
Rabelais, François, 227, 527-528
Rabelo, Armando Teixeira, 460, 468-469, 606, 654, 674, 676
Régio, José, 182, 233, 279, 280, 440, 520, 521
Reis, Arthur Alves Virgílio, 481
Reis, Jaime Batalha, 274
Reis, Vasco, 552, 609, 610, 614, 615
Remi, Georges, 228
Ribeiro, António Filipe Lopes, 163
Ribeiro, Bernardim, 252, 594

Ribeiro, José Carlos Queiroz Nunes, 162
Riddel, Lord, 459
Rigaud, Lucas, 427
Rilke, Rainer Maria, 208, 318
Rimbaud, Arthur, 67, 75, 226, 239, 283, 326, 331, 354, 510
Rimsky-Korsakov, 103
Rio, João do, 230
Robertson, John MacKinnon, 448
Rodrigues, Frei Gil, 303, 371
Rodrigues, Raimundo Nina, 420
Rollinat, Maurice, 76
Ronsard, 121
Roquefaillarie, Jean de, 561
Rosa, Augusto, 177
Rosa, Henrique, 48, 76, 155, 156, 169, 366, 438, 445, 453, 518, 557, 590, 669
Rosa, João Miguel dos Santos, 44, 57
Rosa, Luís 113
Rousseau, Jean-Jacques 117, 166
Rowley, Thomas 227
Sá Mourão, 444
Saa, Mário, 233, 518
Sabino Costa, 580
Sá-Carneiro, Carlos de, 183
Sá-Carneiro, Mário de 14-15, 44, 102, 111, 154, 166-167, 171, 176-177, 183-197, 210, 222, 224, 232, 253-254, 262, 273, 276, 280, 282, 305, 318, 326-330, 333, 346, 356, 367, 373, 402-403, 411, 431, 444, 447, 466, 484, 507-511, 513-516, 518, 539, 541, 543, 557, 575, 593, 601, 610, 633, 640, 649, 657, 669, 671, 673, 701
Sacramento, Mário, 216
Salazar, António de Oliveira, 618, 622, 626
Sales, Francisco de Almeida, 203
Salisbury, Lorde, 583
Sampaio, Albino Forjaz de, 439
Sand, George, 227
Santa Maria, Nuno de, 557
Santana, Mariano, 537
Santa-Rita, Augusto de, 179

Santa-Rita, Guilherme de, 175, 233
Santiago, Abel e Zira de, 17, 623
Santos, Irene Ramalho, 214, 364
Santos, Luís A. Duarte, 642
Santos, Luiz Rei, 622
Saraiva, José Hermano, 645
Saraiva, Mário, 642
Saramago, José, 15, 85, 116, 214, 229, 265, 267-268, 444, 483, 645
Sartre, Jean-Paul, 379
Saville, George (marquês de Halifax), 520
Schimidt, Augusto Frederico, 230
Schopenhauer, 75
Seabra, Alexandre, 180
Seabra, Dionísia Maria Rita Oliveira de, 38
Seixas, António Manuel Rodrigues de, 96, 648
Seixas, Manassés Ferreira de, 96, 686
Sena, Jorge de, 90, 97, 231, 239, 252, 267, 317, 325, 411, 447, 509, 659, 664, 668, 675, 699
Sêneca, 21, 620
Sengo, Manuel António, 451
Serafim, António, 433
Serrão, Joel, 411, 561
Severino, Alexandrino Eusébio, 65, 75, 249
Shakespeare, William, 75-77, 117, 137-138, 141, 164, 171, 209, 233, 249, 303, 309, 316, 349, 366, 370, 439, 460, 474, 483, 495, 504-505, 518, 540, 546, 549, 555, 556, 558, 568, 594, 637
Shaw, Bernard, 543
Shelley, Mary Wollstonecraft, 637
Shelley, Percy Bysshe, 637
Silva, Agostinho da, 448
Silva, António Júdice Bustoff, 464
Silva, Leônidas da, 500
Silva, Manuela Parreira da, 149, 188, 390, 625
Silvano, António Maria Pinheiro, 45, 154, 435, 454-455, 468
Simões, João Gaspar, 11, 26, 163, 168, 213, 279, 425, 440, 450, 468, 485, 520, 641, 648

Soares, Augusto Eduardo, 163
Soares, Mário, 16, 478, 648, 654
Sobral, Mário, 230
Sousa, Fernando de (Nemo), 342, 406
Sousa, João Rui de, 108, 463
Sousa, Manuel de Abreu, 433
Souza, António Teixeira de, 590
Stoker, Michäel, 241, 242, 347
Strauss, Johann, 600
Suassuna, Ariano, 401, 601
Swift, Jonathan, 73, 487
Tabucchi, António, 111, 207, 292, 325, 496
Tahan, Malba, 230
Tas, Marcelo, 17
Tavares, Aurélio de Lira, 230
Teixeira de Pascoaes, 232, 303, 327, 448, 483, 504, 556, 570, 594
Teixeira, Armando Ventura, 96, 658, 676
Teixeira, Bento, 60
Teixeira, Luís Felipe, 17, 236, 411
Telmo, António, 173, 621
Tennyson, Lord Alfred, 65, 76
Thoreau, Henry, 654
Tolstoi, 75
Torga, Miguel, 179-181, 433, 483, 520
Trajoso, Baramoura, 524
Trindade, Francisco, 17
Trindade, Julio, 102, 287, 290, 652, 663
Trindade, Rui, 630
Twain, Mark, 205, 365, 654
Unamuno, Miguel de, 180, 186, 187, 256, 477, 669
Valdemar, António, 461, 499
Valério, Francisco, 232
Valle, Adriano del, 127, 147
Valsassina, Frederico, 448
Vasconcelos, Joaquim Pereira Teixeira de, 232
Vasconcelos, José Carlos, 17, 437
Vasconcelos, Taborda de, 92, 94, 642, 645, 659, 675
Vega, Lope da, 283
Veiga, Pedro (ver Petrus), 317

Verdi, 103
Verlaine, Paul, 67, 75, 326, 510, 654
Verne, Júlio, 75, 381, 399
Viana, Eduardo, 507, 669
Vieira, Afonso Lopes, 505
Vieira, Joaquim, 17, 618
Vieira, Padre António, 367, 527, 564
Vigário, Manuel Peres, 603, 604, 605
Vilaça, Marcos, 17
Villaret, João (Henrique), 17, 90, 177
Villegas, Francisco Gómez de Quevedo y Santibáñez, 398
Voltaire, 75, 227
Wagner, 37, 103
Wagner, Richard, 549, 586
Wallenstein, Carlos, 172

Weber, Max, 75
Wells, George, 448, 555
Werneck, Humberto, 246
Whitman, Walt, 77, 86, 124, 190, 208, 226, 276, 279, 292, 328, 375, 415, 422, 483
Wilde, Oscar, 76, 121, 296, 611
Willemsen, August, 215
Wolfe, Tom, 211, 654
Wordsworth, William, 76, 249, 276, 510
Yacco, Sada, 117
Yeats, William Butler, 540, 544
Zéfiro, Carlos, 230
Zenith, Richard, 17, 76, 84, 216, 234, 241, 253, 353, 355-356, 379, 386-387, 404, 409, 411, 425, 468, 553, 628

Non refert quam multos libros, sed quam bonus habeas
(Não importa quantos livros [filhos] tens, desde que sejam bons. Sêneca)

Bibliografia
(específica sobre Fernando Pessoa)

"Livros são papéis pintados com tinta."

"Liberdade", Fernando Pessoa

Abreu, Maria Fernanda de. "Elementos para o estudo da recepção de Fernando Pessoa nos países americanos de língua castelhana: Argentina e México". In: Actas, IV Congresso Internacional de Estudos Pessoanos, Porto, Fundação Eng. António de Almeida, 1988.

Aguiar, Flávio. "A viagem e o exílio em Mensagem de Fernando Pessoa". In: Actas, IV Congresso Internacional de Estudos Pessoanos, Porto, Fundação Eng. António de Almeida, 1988.

Alcântara, Marco Aurélio. "A musa com Salazar". Recife, *Diário de Pernambuco*, 27 nov. 2010.

——. "Fernando Pessoa contra Salazar". Recife, Jornal da ANE, jan. 2009.

Almada Negreiros, José de. *O quadrado azul*. Lisboa: Edição da Assírio e Alvim, 2000.

——. *Orpheu 1915-1965*. Lisboa: Ática, 1993.

——. *Ultimatum futurista*. Lisboa: Ática, 2000.

Almeida, Beth. *Fernando e suas várias pessoas. Jornal de Letras*, out. 2010.

Almeida, Lindinalvo A. de. "Jogo do amor em Fernando Pessoa". *Estudos Portugueses*, nº 5, Recife, Associação de Estudos Portugueses Jordão Emerenciano, 1995.

Almeida, Luís Pedro Moitinho de. *Acrónios*. Prefácio de Fernando Pessoa. Lisboa: Oficinas Gráficas, 1932.

——. "Fernando Pessoa e a Coca-Cola". *Jornal de Letras, Artes e Ideias*, nº 28 (16 a 29 de março), Lisboa, 1982.

——. "Fernando Pessoa e a magia". In: Academia Portuguesa de Ex-Libris, *Separata do Boletim* nº 12, Lisboa, 1959.

——. *Fernando Pessoa no cinquentenário da sua morte*. Coimbra: Coimbra Editora, 1985.

Almeida, Onésimo Teotónio. "Pessoa, a Mensagem e o mito em Georges Sorel". In: Actas, IV Congresso Internacional de Estudos Pessoanos, Porto, Fundação Eng. António de Almeida, 1988.

Alvarenga, Fernando. *A arte visual futurista em Fernando Pessoa*. Lisboa: Editorial Notícias, s.d.

——. "Do paulismo ao interseccionismo: O encontro com a arte da Europa". In: Actas, IV Congresso Internacional de Estudos Pessoanos, Porto, Fundação Eng. António de Almeida, 1988.

Alves, Clara Ferreira. "Ode ao mar do norte". *Tabacaria*, v. 13, Lisboa, Casa Fernando Pessoa, 2004.

———. "Os dias de Durban". *Tabacaria*, v. 11, Lisboa, Casa Fernando Pessoa, 2003.

Alves, Hélio J. S. *Fernando Pessoa, crítica literária*. Casal de Cambra: Caleidoscópio, 2007.

Anes, José Manuel. *Fernando Pessoa e os mundos esotéricos*. 3ª ed. Lisboa: Esquilo, 2008.

Antunes, Alfredo. *Saudade e profetismo em Fernando Pessoa*. Braga: Publicações da Faculdade de Filosofia, 1983.

———. "Três meditações sobre Fernando Pessoa". *Estudos Portugueses*, nº 5, Recife, Associação de Estudos Portugueses Jordão Emerenciano, 1995.

Antunes, João Lobo. "E no princípio era o mostrengo". *Tabacaria*, v. 12, Lisboa, Casa Fernando Pessoa, 2003.

Arbaizar, Philippe *et alii*. *Fernando Pessoa, Poete Pluriel*. Paris: Les Cahiers, 1985.

Areal, Leonor. "Hipertexto, literatura e Fernando Pessoa". *Tabacaria*, nº 5, Casa Fernando Pessoa, 1997.

Arribat-Paychère, Elisabeth. "As quedas e os caminhos para o cais absoluto na obra poética de Álvaro de Campos". In: Actas, IV Congresso Internacional de Estudos Pessoanos, Porto, Fundação Eng. António de Almeida, 1988.

Auretta, Christopher Damien *et alii*. *Goethe e Pessoa, contemporaneidade de Fausto*. Lisboa: Colibri, 2006.

Avillez, Martim. *Os ensaios*. China: Lusitânia Press, s.d.

Azeredo, Maria da Conceição Fidalgo Guimarães Costa. *Fernando Pessoa educador*. Braga: Appacdm, 1996.

Azevedo, Fernando de. "O poeta, a visão e o rosto". In: *Fernando Pessoa e a Europa do século XX*, Porto, Fundação de Serralves, DL, 1991.

Azevedo Filho, Leodegário A. de. *Fernando Pessoa, seus heterônimos e a emergência do novo*. 2ª ed. Rio de Janeiro: Edição do Autor, 2009.

———. "Sobre as odes de Ricado Reis". In: Actas, IV Congresso Internacional de Estudos Pessoanos, Porto, Fundação Eng. António de Almeida, 1988.

Azoubel, Suzana. "Estudo patográfico de Fernando Pessoa", tese de Mestrado em Neuropsicotia à Universidade Federal de Pernambuco, Recife, 2009.

Baptista, Jacinto Sérgio. *Pessoa, encontros e desencontros*. Coimbra: Quimera, 1992.

Barroso, Ivo. "Pessoa perdido". *Folha de S. Paulo*, 14 nov. 1999.

Bastos, Othon; Albuquerque, Suzana Azoubel. *Estudo ortográfico de Fernando Pessoa*, v. II. 2. ed. Recife: EDUPE, 2010.

Belchior, Maria de Lourdes. "Deus e deuses na poesia de Fernando Pessoa e heterônimos". In: Actas, IV Congresso Internacional de Estudos Pessoanos, Porto, Fundação Eng. António de Almeida, 1988.

Belkior, Silva. *Fernando Pessoa-Ricardo Reis: Os originais, as edições, o cânone das odes*. Lisboa, Imprensa Nacional-Casa da Moeda, 1983.

Bene, Orietta Del."Algumas notas sobre Alberto Caeiro". Separata da revista *Ocidente* (v. 74), Lisboa, 1968.

Berardinelli, Cleonice. *Estudos de literatura portuguesa*. Lisboa: Imprensa Nacional-Casa da Moeda, 1985.

——— (org., introdução e notas). *Fernando Pessoa, alguma prosa*. Rio de Janeiro: Nova Aguilar, 1976.

————— (org., introdução e notas). *Fernando Pessoa, obras em prosa*. Rio de Janeiro: Nova Aguilar, 1995.

—————. *Fernando Pessoa: Outra vez te revejo*. Rio de Janeiro: Nova Aguilar, 2004.

————— (org.). *Poemas de Álvaro de Campos*. Lisboa: Imprensa Nacional-Casa da Moeda, 1990.

————— (introdução e notas). *Poemas de Álvaro Campos*. Rio de Janeiro: Nova Fronteira, 1999.

—————. "Remexendo no espólio pessoano". In: Actas, IV Congresso Internacional de Estudos Pessoanos, Porto, Fundação Eng. António de Almeida, 1988.

—————. "Um Álvaro de Campos desconhecido". *Revista da Biblioteca Nacional*, Lisboa, nº 3, set.-dez. 1988.

—————; Mattos, Maurício (orgs.). *Mensagem*. Rio de Janeiro: 7Letras, 2008.

Berrini, Beatriz. "As viagens do viajante poeta Fernando Pessoa". In: Actas, IV Congresso Internacional de Estudos Pessoanos, Porto, Fundação Eng. António de Almeida, 1988.

Besant, Annie. *Ideias da teosofia* (tradução de Fernando Pessoa). Lisboa: Livraria Clássica Editora, 1915.

Bidaine, Philippe; Reverdot, Jean-Philippe. *Fernando Pessoa*. Paris: Marval, 1990.

Blanco, José. "A verdade sobre 'Mensagem'", texto inédito, sem data.

—————. "Chronologie sélective". *Europe*, nos 710/711, Paris, 1988.

—————. *Fernando Pessoa: Esboço de uma bibliografia*. Lisboa: Imprensa Nacional-Casa da Moeda, 1983.

—————. "Fernando Pessoa ou os caminhos do futuro". In: Actas, IV Congresso Internacional de Estudos Pessoanos, Porto, Fundação Eng. António de Almeida, 1988.

—————. "O meu amigo Fernando Pessoa". *Tabacaria*, v. 11, Lisboa, Casa Fernando Pessoa, 2003.

—————. *Pessoana (bibliografia passiva, seletiva e temática)*. Lisboa: Assírio e Alvim, 2008.

—————. "Variações pessoanas". *Foro das Letras* 9/10, Coimbra, Associação Portuguesa de Escritores Juristas, 2004.

Blavatsky, H.P. *A voz do silêncio* (tradução de Fernando Pessoa). Lisboa: Livraria Clássica Editora, 1916.

Boberg, Hiudéa Rodrigues. "Estudo preliminar sobre as afinidades poéticas entre Fernando Pessoa e Cecília Meireles". In: Actas, IV Congresso Internacional de Estudos Pessoanos, Porto, Fundação Eng. António de Almeida, 1988.

Borges, Alexandre. "Caeiro e a filosofia da negação da filosofia". *Atlântica*, Angra do Heroísmo, 2007.

Borges, Paulo. *O jogo do mundo, ensaios sobre Teixeira de Pascoaes e Fernando Pessoa*. Lisboa: Portugália, 2008.

Botto, António. *Canções*. 2ª ed. Lisboa: Olisipo, 1922.

Brandão, Roberto de Oliveira. "Consciência e modernidade em Fernando Pessoa". In: Actas, IV Congresso Internacional de Estudos Pessoanos, Porto, Fundação Eng. António de Almeida, 1988.

Bréchon, Robert. *Estranho estrangeiro: Uma biografia de Fernando Pessoa*. Lisboa: Círculo de Leitores, 1997.

—————. "Pessoa e Lisboa". *Tabacaria*, nº 7, Lisboa, Casa Fernando Pessoa, 1999.

———. "Pessoa en France". *Europe*, n°s 710/711, Paris, 1988.

Brunetti, Almir de Campos. "Um Agostinho da Silva, uns Fernando Pessoa". In: Actas, IV Congresso Internacional de Estudos Pessoanos, Porto, Fundação Eng. António de Almeida, 1988.

Butler, David. "Joyce e Pessoa: Autores da polifonia". *Tabacaria*, v. 13, Lisboa, Casa Fernando Pessoa, 2004.

Cabral, Leonor S. "O método contextual-dinâmico aplicado a uma ode de Ricardo Reis". In: Actas, IV Congresso Internacional de Estudos Pessoanos, Porto, Fundação Eng. António de Almeida, 1988.

Câmara, Leônidas. "Vitória e derrota em Fernando Pessoa". *Estudos Portugueses*, nº 5, Recife, Associação de Estudos Portugueses Jordão Emerenciano, 1995.

Candelária Maria. *80 poemas sobre motivos de Fernando Pessoa*. Lisboa: TIP. Henrique Torres, 1968.

Cardoso, Lúcio. "Fernando Pessoa", conferência na Faculdade de Direito de Belo Horizonte, s.d.

Cardoso, Paulo. *Mar portuguez: A mensagem astrológica da mensagem*. Lisboa: Editorial Estampa, 1990; 2ª ed., 1991.

———. *Mar portuguez e a simbólica da Torre de Belém*. Lisboa: Editorial Estampa, 1991.

Carvalhal, Tânia Franco. "Fios pessoanos na poesia brasileira". In: Actas, IV Congresso Internacional de Estudos Pessoanos, Porto, Fundação Eng. António de Almeida, 1988.

Carvalho, António Carlos. *Pessoa (figuras míticas)*. Lisboa: Pergaminho, 1999.

———. *Prefácio de Mensagem*. Lisboa: Caixotim, 2007.

Carvalho, João de. *Fernando Pessoa*. São Paulo: Casa de Portugal, 1993.

Carvalho, José G. Herculano de. "Pessoa leitor de Rimbaud". In: Actas, IV Congresso Internacional de Estudos Pessoanos, Porto, Fundação Eng. António de Almeida, 1988.

Castelo, José. "Um pastor para o século 21". *Rascunho*, Curitiba, 2006.

Castro, E. M. Melo e. "O intertexto em Pessoa, ou melhor, o interpessoa, ou melhor: nós". In: Actas, IV Congresso Internacional de Estudos Pessoanos, Porto, Fundação Eng. António de Almeida, 1988.

Castro, Ivo. "A casa a meio do outeiro". In: Actas, IV Congresso Internacional de Estudos Pessoanos, Porto, Fundação Eng. António de Almeida, 1988.

———. *Editar Pessoa*. Lisboa: Imprensa Nacional-Casa da Moeda, 1990.

Cavalcanti (Filho), José Paulo. "Ainda que amar seja um receio". *Massangana*, Ed. Massangana, Recife, 2007.

Cavalcanti, Maria Lectícia Monteiro. "Os sabores de Fernando Pessoa". *Continente Multicultural*, nº 59, Recife, CEPE, 2005.

Centeno, Yvette K. *A filosofia hermética*. Lisboa: Editorial Presença, 1985.

———. "A filosofia hermética na obra de Pessoa". Separata de *Fernando Pessoa no seu Tempo*, Lisboa, Bibioteca Nacional, 1988.

——— (Inédito). *De Fernando Pessoa*. Cadernos de Literatura, Coimbra, INIC, 1979.

———. *Fernando Pessoa: O amor, a morte, a iniciação*. Lisboa: A Regra do Jogo Edições, 1985.

———. "Fernando Pessoa, Ophelia, bebezinho ou o horror do sexo". *Colóquio Letras*, Lisboa, mar.-maio 1979.

———. *Fernando Pessoa: Os santos populares*. Lisboa: Edições Salamandra, D.L., 1994.

———. "O envelope 91 do espólio de Fernando Pessoa". *Colóquio Letras*, Lisboa, nº 56, jul. 1980.

———. "O Espólio / Escolha do Fernando Pessoa", *Colóquio Letras*, Lisboa, nº 54, mar. 1980.

———. "Os trezentos". *Revista da Biblioteca Nacional*, nº 3, Lisboa, set.-dez. 1988.

———; Recikert, Sthephen. *Fernando Pessoa, tempo – solidão – hermetismo*. Lisboa: Moraes Ed., 1978.

Cirurgião, António. *Fernando Pessoa e a filosofia humanística*. Lisboa: Presença, 1985.

———. *Fernando Pessoa: Os trezentos e outros ensaios*. Lisboa: Presença, 1998.

———. *O olhar esfíngico da Mensagem de Pessoa*. Lisboa: Ministério da Educação, 1990.

———. "Os castelos da Mensagem de Fernando Pessoa". In: Actas, IV Congresso Internacional de Estudos Pessoano, Porto, Fundação Eng. António de Almeida, 1988.

———; Reckert, Stephen. *Tempo – solidão – hermetismo*. Lisboa: Presença, 1991.

Citati, Pietro. "L'infini de Pessoa". *Europe*, nᵒˢ 710/711, Paris, 1988.

Coelho, Eduardo Prado. "O Sena é o mais belo rio que passa na aldeia". *Tabacaria*, v. 11, Lisboa, Casa Fernando Pessoa, 2003.

———. "Pessoa et la critique". *Revista Europe*, nᵒˢ 710/711, Paris, 1988.

Coelho, Jacinto do Prado (prefácio e organização). *Fernando Pessoa: Livro do desassossego, por Bernardo Soares*, v. I e II. Lisboa: Ática, 1982.

———. "O Fernando Pessoa de Leyla Perrone. Moisés". *Colóquio Letras*, Lisboa, nº 71, 1983.

Coelho, Joaquim Francisco. "Da cadeira de Álvaro Campos". *Colóquio Letras*, Lisboa, nº 71, 1983.

Coelho, Nelly Novaes. "O livro do desassossego: grau zero da heteronímia fernandina?". *Estudos Portugueses*, nº 5, Recife, Associação de Estudos Portugueses Jordão Emerenciano, 1995.

Coelho, Odette Penha. "Leitura de Álvaro de Campos (Um percurso da modernidade: Da euforia para a disforia)". In: Actas, IV Congresso Internacional de Estudos Pessoanos, Porto, Fundação Eng. António de Almeida, 1988.

Colombini, Dúlio. "Pessoa e metafísica". In: Actas, IV Congresso Internacional de Estudos Pessoanos, Porto, Fundação Eng. António de Almeida, 1988.

Corrêa, Sérgio. "Interseccionismo e sintaxe em Fernando Pessoa". In: Actas, IV Congresso Internacional de Estudos Pessoanos, Porto, Fundação Eng. António de Almeida, 1988.

Costa, Dalila Pereira da. *O esoterismo de Fernando Pessoa*. Porto: Lello Editores, 1996.

Costa, Horácio. "Sobre a pós-modernidade em Portugal: José Saramago revisita Pessoa". In: Actas, IV Congresso Internacional de Estudos Pessoanos, Porto, Fundação Eng. António de Almeida, 1988.

Costa, João Bernard da. "Reencontros". *Espaço Público*, 30 out. 2005.

Costa, José Fonseca e. *Os mistérios de Lisboa (A Lisbon Guide by Fernando Pessoa)*. DVD, JFC filme, 2009.

Courteau, Joanna. "Fernando Pessoa: Às margens do século XX". In: Actas, IV Congresso Internacional de Estudos Pessoanos, Porto, Fundação Eng. António de Almeida, 1988.

Coyne, André. *Portugal é um ente, de l'être du Portugal, fribourg.* Lisboa: Fundação Lusiada, 1999.

Craveirinha, João. *E a Pessoa de Fernando ignorou África?* Lisboa: Editora Universitária, 2005.

Crespo, Ángel. *A vida plural de Fernando Pessoa.* Lisboa: Bertrand Editora, 1988.

———. *Estudos sobre Fernando Pessoa.* Lisboa: Editorial Teorema, 1984.

———. "Le sébastianisme de Fernando Pessoa". *Europe*, nos 710/711, Paris, 1988.

Cruz, Ireneu. *A propósito da morte de Fernando Pessoa, diagnóstico diferencial de cólica hepática.* Lisboa: Acta Médica Portuguesa, 1997.

———. "Fernando Pessoa, a propósito da sua patobiografia". *Boletim do Núcleo de Gastrenterologia dos Hospitais Distritais,* Lisboa 2004.

Cunha, Teresa Sobral. "António Mora: O heterônimo-filosófico". In: Actas, IV Congresso Internacional de Estudos Pessoanos, Porto, Fundação Eng. António de Almeida, 1988.

———. *Cânticos do realismo e outros poemas.* Lisboa: Relógio D'Água, 2006.

——— (org.). *Correspondência com Fernando Pessoa (Mário de Sá-Carneiro).* São Paulo: Companhia das Letras, 2004.

———. *Fausto, tragédia subjetiva, Fernando Pessoa.* Lisboa: Editorial Presença, 1988.

——— (org.). *Fernando Pessoa: Fausto, tragédia subjetiva (fragmentos).* Rio de Janeiro: Nova Fronteira, 1991.

——— (org.). *Fernando Pessoa, quadras e outros cantares.* Lisboa: Letras Pessoanas, 1947.

——— (org.). *Livro do desassossego.* Lisboa: Relógio D'Água, 2008.

———. "Pessoa responde a Campos: Segunda carta a José Pacheco". *Revista da Biblioteca Nacional,* Lisboa, nº 3, set.-dez. 1988.

———. "Planos e projetos editoriais de Fernando Pessoa: Uma velha questão". *Revista da Biblioteca Nacional,* Lisboa, série 2, 2(1), 1987.

Cusastiz, Brunello de. *Esoterismo, mitogenia e realismo político em Fernando Pessoa.* Porto: Caixotin Edições, 2005.

D'Alge, Carlos. "Ressonância da Ode triunfal, de Álvaro de Campos, no poema Taxi, de Adriano Espínola". In: Actas, IV Congresso Internacional de Estudos Pessoanos, Porto, Fundação Eng. António de Almeida, 1988.

DaCosta, Fernando. *Máscaras de Salazar.* Lisboa: Casa das Letras, 2007.

Décio, João. "Para uma poética de Álvaro de Campos". In: Actas, IV Congresso Internacional de Estudos Pessoanos, Porto, Fundação Eng. António de Almeida, 1988.

Decker, Jacques de. "Pessoa como Pessoa". In: *Homenagem a Fernando Pessoa.* Portugal: Fundação Eng. António de Almeida, 1991.

Deguy, Michael. "Complication à souhait". *Europe*, nos 710/711, Paris, 1988.

Dias, Joana Amaral. *Maníacos de qualidade.* Lisboa: A esfera dos livros, 2010.

Deluy, Henri. "Traduction, avec F.P., d'un poème apocryphe de F.P.". *Europe*, nos 710/711, Paris, 1988.

———. *Quatrain complets (au goût populaire).* Perigeaux: Editions Unes, 1988.

Dias, Marina Tavares. *A Lisboa de Fernando Pessoa.* Lisboa: Íbis Editores, 1991 (reedição, 1999).

———. "Fernando Pessoa e o milagre da fotografia". *Tabacaria*, nº 10, Lisboa, Casa Fernando Pessoa, 2001.

———. *Lisboa nos passos de Pessoa.* Lisboa: Quimera Editores, 2002.

Diaz, Adolfo Camilo. *Mentem-me: Diz a verdade; quem matou Álvaro de Campos*. Porto: Campo das Letras, 1998.

Diversos. *Fernando Pessoa e a Europa do século XX*. Porto: Fundação Serralves, 1991.

Diversos. *Fernando Pessoa revisitado*. Recife: Associação de Estudos Portugueses Jordão Emerenciano, s.d.

Dobzynski, Charles. "Les 4 vents de la poésie: tout Pessoa sauf rien... sauf Sá-Carneiro". *Europe*, n°s 710/711, Paris, 1988.

———. "Sonnets des hétéronymes". *Europe*, n°s 710/711, Paris, 1988.

Dori, Salomé. *A vida sexual de Fernando Pessoa*. Lisboa: Palimpsesto, 2009.

Duarte, Luiz Fagundes. "Texto acabado e texto virtual ou a cauda do cometa". *Revista da Biblioteca Nacional*, Lisboa, n° 3, set.-dez. 1988.

Duarte, Zuleide. "Fernando Pessoa e as diversas expressões da modernidade literária portuguesa". *Massangana*, Ed. Massangana, Recife, 2007.

Durand, Gilbert. "Fernando Pessoa: a persistência europeia do mito e o reencantamento da modernidade". In: *Fernando Pessoa e a Europa do século XX*. Porto: Fundação de Serralves, DL. 1991.

Elia, Silvio. "O horaciano Ricardo Reis". In: Actas, IV Congresso Internacional de Estudos Pessoanos, Porto, Fundação Eng. António de Almeida, 1988.

Estibeira, Maria do Céu Lucas. "Uma introdução à marginália de Fernando Pessoa", tese de Mestrado em Literatura Comparada, Lisboa, Faculdade de Letras da Universidade de Lisboa 2002.

Fazzolari, Davi. "Olhares sobre Lisboa, Livro do desassossego" e "O que o turista deve ver", dissertação apresentada à Universidade de São Paulo, São Paulo, 2006.

Fernandes, Filipe. *Organizem-se, a gestão segundo Fernando Pessoa*. Cruz Quebrada – Dafundo: Oficina do Livro, 2007.

Fernandes, Jaime. "A tradição greco-latina nas odes de Ricardo Reis (uma análise quantitativa)". In: Actas, IV Congresso Internacional de Estudos Pessoanos, Porto, Fundação Eng. António de Almeida, 1988.

Fernandes, Maria João. "Do possível retrato". In: *Fernando Pessoa e a Europa do século XX*. Porto: Fundação de Serralves, DL. 1991.

Ferreira, António Mega. *Fazer pela vida, um retrato de Fernando Pessoa o empreendedor*. Lisboa: Assírio e Alvim, 2005.

———. *O Comercio e a Publicidade*. Lisboa: Ed. Cinevoz/Lusomédia, 1986.

Ferreira, Antonio Mega. "Pessoa: propaganda, publicidade". *Egoísta*, n° 24, Lisboa, 2005.

Ferreira, Ermelinda. *A mensagem e a imagem*. Recife: Editora Universitária, 2007.

———. *Dois estudos pessoanos*. Recife: Editora Universitária, 2002.

———. *Leituras, autores portugueses revisitados*. Recife: Editora Universitária, 2004.

——— (org.). *Na véspera de não partir nunca*. Recife: Coleção Letras, 2005.

———; Paiva, José Rodrigues de. *Em Pessoa*. Recife: Editora Universitária, 2007.

Ferreira, Francisco Manuel Fonseca. "Análise médica do alcoolismo de Fernando Pessoa". *Tabacaria*, n° 11, Lisboa, Casa Fernando Pessoa, 2003.

———. *Fernando Pessoa, a penumbra do gênio*. Lisboa: Livros Horizonte, 2002.

———. *O hábito de beber no contexto existencial e poético de Fernando Pessoa*. Porto: Laboratórios Bial, 1995.

Ferreira, Luzilá Gonçalves. *A antipoesia de Alberto Caeiro: Uma leitura de "O guardador de rebanhos"*. Recife: Associação de Estudos Portugueses Jordão Emerenciano, 1989.

Filipe, Sinde. *Fernando Pessoa*. Lisboa: Dinalivro, 2008.

Finazzi-Agrò, Ettore. "Il volo della farfalla: Fernando Pessoa, il tempo e la storia. *Revista da Biblioteca Nacional*, Lisboa, nº 3, set.-dez. 1988.

———. "Pessoa trivial: a viagem, o roubo, a troca". In: Actas, IV Congresso Internacional de Estudos Pessoanos, Porto, Fundação Eng. António de Almeida, 1988.

Fonseca, Cristina (org.). *O pensamento vivo de Fernando Pessoa*. São Paulo: Martin Claret Editores, 1986.

Fonseca, Edson Nery. *Três poetas brasileiros apaixonados por Fernando Pessoa: Cecília Meireles, Murilo Mendes, Lúcio Cardoso*. Recife: Editora Massangana, 1985 (reedição, 2005).

Fontenla, J. L. "Pessoa e a Galiza". In: Actas, IV Congresso Internacional de Estudos Pessoanos, Porto, Fundação Eng. António de Almeida, 1988.

França, Isabel Murteira. *Fernando Pessoa na intimidade*. Lisboa: Publicação Dom Quixote, 1987.

Franco, Gustavo. *A economia em Pessoa*. Rio de Janeiro: Reler, 2006; 2ª ed. revista, Rio de Janeiro: Zahar, 2006.

Freire, Luiza (ed. e trad.). *Alexander Search: Poesia*. Lisboa: Assírio e Alvim, 1999.

———. *Fernando Pessoa: Entre vozes, entre línguas*. Lisboa: Assírio e Alvim, 2003 (reedição, 2004).

———. *Fernando Pessoa: Poesia inglesa (1)*. Lisboa: Assírio e Alvim, 2000.

———. *Fernando Pessoa: Poesia inglesa (2)*. Lisboa: Assírio e Alvim, 2000.

———. "Fernando Pessoa retraduzido". In: Actas, IV Congresso Internacional de Estudos Pessoanos, Porto, Fundação Eng. António de Almeida, 1988.

Freitas, Ana Maria (Ed.). *Quaresma, decifrador, as novelas policiárias*. Lisboa: Assírio e Alvim, 2008.

Freitas, Lima de. "Fernando Pessoa e o paradigma hermético". In: *Fernando Pessoa e a Europa do século XX*. Porto: Fundação de Serralves, DL. 1991.

Freitas, Marcus Vinicius de. "Um rubai de Ricardo Reis". *Tabacaria*, v. 5, Casa Fernando Pessoa, 1997.

Galhoz, Maria Aliete. "*A fortuna editorial de Fernando Pessoa*". In: Actas, IV Congresso Internacional de Estudos Pessoanos, Porto, Fundação Eng. António de Almeida, 1988.

———. "Canções de beber na obra de Fernando Pessoa: Rubai e Rubaiyat na poesia ortónima". *Revista da Biblioteca Nacional*, Lisboa, nº 3, set.-dez. 1988.

——— (Ed.). *Fernando Pessoa: Canções de beber*. Lisboa: Assírio e Alvim, 2003.

——— (anotações). *Fernando Pessoa: obra poética*. 3ª ed. Rio de Janeiro: José Aguilar, 1969.

——— (anotações). *Fernando Pessoa: poemas dramáticos, poemas ingleses, poemas franceses, poemas traduzidos*. 3ª ed. Rio de Janeiro: Nova Fronteira, 1983.

Garcez, Maria Helena Nery. "Fernando Pessoa leitor de Mário de Sá-Carneiro". In: Actas, IV Congresso Internacional de Estudos Pessoanos, Porto, Fundação Eng. António de Almeida, 1988.

Garcia, José Martins. *Fernando Pessoa: "Coração despedaçado"*. Ponta Delgada: Universidade dos Açores, 1985.

Germain, Gilles. "La dernière apparition de Fernando Pessoa", texto avulso, s.d.

Giannetti, Eduardo. "Periferias invisíveis". *Braudel Papers*, São Paulo, 2006.

Gil, José. *Fernando Pessoa ou a metafísica das sensações*. Lisboa: Filosofia, 1996.

Gomes, Augusto Ferreira. "Fernando Pessoa e os seus heterônimos". *O Mundo Ilustrado*, Lisboa, (Natal de) 1952.

———. *Quinto Império*. Pref. Fernando Pessoa. Lisboa: Parceria António Maria Pereira, 1934.

Gomes, Francisco Casado. "A estrutura formal da Mensagem de Fernando Pessoa". In: Actas, IV Congresso Internacional de Estudos Pessoanos, Porto, Fundação Eng. António de Almeida, 1988.

Gonçalves, Robson Pereira. "A questão do sujeito em Fernando Pessoa". In: Actas, IV Congresso Internacional de Estudos Pessoanos, Porto, Fundação Eng. António de Almeida, 1988.

Gonçalves, Zetho Cunha. *Fernando Pessoa, contos, fábulas e outras ficções*. Lisboa: Bonecos Rebeldes, 2008.

Gotlib, Nádia Battella. "De Fernando Pessoa a Clarice Lispector". In: Actas, IV Congresso Internacional de Estudos Pessoanos, Porto, Fundação Eng. António de Almeida, 1988.

Grama, João. "A Lisboa de Pessoa". *Essencial*, nº 12, Lisboa, 2006.

Guerra, Maria Luísa. "Bernardo Soares: A teoria do desconhecimento". In: Actas, IV Congresso Internacional de Estudos Pessoanos, Porto, Fundação Eng. António de Almeida, 1988.

Guerreiro, Ricardina. *De luto por existir, a melancolia de Bernardo Soares à luz de Walter Benjamim*. Lisboa: Assírio e Alvim, 2004.

Guibert, Armand. "Un demi-siecle de passion". *Europe*, nᵒˢ 710/711, Paris, 1988.

Guimarães Fernando. "Fernando Pessoa e o movimento saudosista". *Vila da Feira*, nº 7, Feira (Portugal), 2004.

———. "Fernando Pessoa, le symbolisme français et Max Nordau". *Europe*, nᵒˢ 710/711, Paris, 1988.

———. *Simbolismo, modernismo e vanguardas*. Lisboa: Imprensa Nacional-Casa da Moeda, 1982.

Guimarães, Luis de Oliveira. Entrevista dada a Fernando da Costa, no Jornal Público (25 de junho de 1995).

Gullar, Ferreira. "Fernando Pessoa: A razão poética". *Folha de S. Paulo*, Caderno Mais, 10 nov. 1996.

Hewitt, Júlia Cuervo. "Metafísica da navegação: A negação da metafísica na poesia de Alberto Caeiro". In: Actas, IV Congresso Internacional de Estudos Pessoanos, Porto, Fundação Eng. António de Almeida, 1988.

Hipólito, Nuno. *As mensagens da Mensagem*. Lisboa: Parceria A.M. Pereira, 2007.

Jabouille, Victor. "Materializações da mitologia clássica das odes de Ricardo Reis — Esboço de uma imagética mítica". In: Actas, IV Congresso Internacional de Estudos Pessoanos, Porto, Fundação Eng. António de Almeida, 1988.

Júdice, Manuela; Proença, Pedro. *O meu primeiro Fernando Pessoa*. Lisboa: Dom Quixote, 2006.

Júdice, Nuno. *A era do Orpheu*. Lisboa: Teorema, 1986.

Kamenezky, Eliezer. *Alma Errante*. Pref. Fernando Pessoa. Lisboa: Anuário Comercial, 1932.

Kovadloff, Santiago. "Vallejo y Pessoa: Lo poetico, lo político". In: Actas, IV Congresso Internacional de Estudos Pessoanos, Porto, Fundação Eng. António de Almeida, 1988.

Lancastre, Maria José de. *Fernando Pessoa*. Paris: Hazon-Lumière, 1997.

------. *Fernando Pessoa: Immagini della sua vita*. Milão: Adelphi Edizioni, 1988.

------. *Fernando Pessoa: Uma fotobiografia*. Lisboa, Imprensa Nacional-Casa da Moeda e Centro de Estudos Pessoanos, 1984.

Lanciani, Giulia. "Proposta per una edizione critico-genetica di pauis". *Revista da Biblioteca Nacional*, Lisboa, nº 3, set.-dez. 1988.

Laranjeira, Pires. "Pessoa à procura de pessoa(s): dos ismos aos eus". In: Actas, IV Congresso Internacional de Estudos Pessoanos, Porto, Fundação Eng. António de Almeida, 1988.

Leadbeater, C. N. *Compendio da teosofia*. Tradução Fernando Pessoa. Lisboa: Livraria Clássica Editora, 1921.

Leal, Raul. *Sodoma divinisada*, Lisboa, Olisipo, 1923.

Leme, Carlos Câmara. "Pessoa, o(s) outro(s) e as singularidades de uma rapariga loura". *Egoista*, nº 39, 2009.

Lima, José Lourenço de. "Fernando Pessoa e o culto ao idioma". *Estudos Portugueses*, nº 5, Recife, Associação de Estudos Portugueses Jordão Emerenciano, 1995.

Lind, Georg Rudolf. *Estudos sobre Fernando Pessoa*. Lisboa: Imprensa Nacional – Casa da Moeda, 1981.

------. "Fernando Pessoa e sua loucura". In: Actas, I Congresso Internacional de Estudos Pessoanos, Porto, Brasília Ed., 1978.

------. "Les trois visages d'Alvaro de Campos". *Europe*, nᵒˢ 710/711, Paris, 1988.

------; Coelho, Jacinto do Prado, (org.). *Fernando Pessoa: Páginas de estética e de teoria e crítica literária*. Lisboa: Edições Ática, 1973.

Linhares Filho. "A modernidade da poesia de Pessoa". In: Actas, IV Congresso Internacional de Estudos Pessoanos, Porto, Fundação Eng. António de Almeida, 1988.

Lisboa, Eugênio e Taylor, L. C. *A Centenary Pessoa*. Manchester: Carcanet, 1995.

Lopes, Teresa Rita. "A Europa de Pessoa e a de Sá-Carneiro". In: *Fernando Pessoa e a Europa do século XX*. Porto: Fundação de Serralves, DL, 1991.

------ (introdução, organização e notas). *Álvaro de Campos, livro de versos*. Lisboa: Editorial Estampa, 1993.

------. *Álvaro de Campos: Vida e obra do engenheiro*. Lisboa: Editorial Estampa, 1990.

------. *Et le drame symboliste*. Paris: Éditions de La Différence, 2004.

------. *Fernando Pessoa, a biblioteca impossível*. Lisboa: Empresa Litográfica do Sul, 2001.

------. *Fernando Pessoa, a hora do diabo*. 2. ed. Lisboa: Assírio e Alvim 2004.

------ (coord.). *Pessoa inédito*. Lisboa: Livros Horizonte, 1993.

------. *Pessoa por conhecer: Roteiro para uma expedição*, v. I e II. Lisboa: Editorial Estampa, 1990.

------; Abreu, Maria Fernanda de (orgs.). *Fernando Pessoa, hóspede e peregrino*.Lisboa: Instituto Português do Livro, 1983.

Lourenço, António Apolinário. *Fernando Pessoa*. Lisboa: Edições 70, 2009.

Lourenço, Eduardo. "A imagem à procura de Pessoa". In: *Fernando Pessoa e a Europa do século XX*. Porto: Fundação de Serralves, DL. 1991.

------. "Apoteose ou segunda morte de Fernando Pessoa". *Expresso*, Lisboa, 13 jul. 1985.

------. "Cisão e busca do sentido em Pessoa". *Tabacaria*, nº 2, Casa Fernando Pessoa, 1996.

------. *Fernando Pessoa, rei da nossa Baviera*. Lisboa: Gradiva, 2008.

————. "O jogo de Pessoa". *Tabacaria*, nº 11, Lisboa, Casa Fernando Pessoa, 2003.

————. *O lugar do anjo: Ensaios pessoanos*. Lisboa: Gradiva, 2004.

————. "Pessoa e o tempo". In: Actas, IV Congresso Internacional de Estudos Pessoanos, Porto, Fundação Eng. António de Almeida, 1988.

————. "Pessoa et le temps". *Europe*, nºs 710/711, Paris, 1988.

————. *Pessoa revisitado: Leitura estruturante do drama em gente*, 17º volume da coleção Civilização Portuguesa. Porto: Editora Inova, 1973; 4ª ed. Lisboa: Gradiva, 2003.

————. *Poemas de Fernando Pessoa, Paço d'Arcos*. Visão JL, 2006.

————. "Portugal: identificação e imagem". *Expresso*, Lisboa, 4 jul. 1987.

————; Oliveira, António Braz de. *Fernando Pessoa no seu tempo*. Lisboa: Biblioteca Nacional, 1989.

Lourenço, Jorge Fazenda (apresentação e notas). *Fernando Pessoa: Poemas escolhidos*. Lisboa: Editora Ulisseia, s.d.

Lucas, Flávio. "O drama do ser em Fernando Pessoa". In: Actas, IV Congresso Internacional de Estudos Pessoanos, Porto, Fundação Eng. António de Almeida, 1988.

Lyra, Pedro. "O Ultimatum como fundamento da poética de Pessoa". In: Actas, IV Congresso Internacional de Estudos Pessoanos, Porto, Fundação Eng. António de Almeida, 1988.

Macedo, Helder. "A Mensagem de Fernando Pessoa e as mensagens de Oliveira Martins e de Guerra Junqueiro". In: Actas, IV Congresso Internacional de Estudos Pessoanos, Porto, Fundação Eng. António de Almeida, 1988.

Machado, Luis. *À mesa com Fernando Pessoa*. Lisboa: Pandora Edições, 2001.

————. *Era uma vez um café*. Lisboa: Ed. Café Martinho da Arcada, 2004.

Mãe, Valter Hugo; Reis-Sá, Jorge (org.). *A alma não é pequena*. Famalicão: Centro Atlântico, 2009.

Malpique, Celeste. *Fernando em Pessoa, ensaios de reflexão psicanalítica*. Lisboa: Fenda, 2007.

Marmelo, Manuel Jorge. *Os fantasmas de Pessoa*. Porto: Edições Asa, 2004.

Marques, Paulo. *Fernando Pessoa (cadernos biográficos)*. Lisboa: Parceria A.M. Pereira, 2008.

Martín, José Luís Garcia. "Fernando Pessoa y Miguel de Unamuno: Las razones de un desencuentro". In: Actas, IV Congresso Internacional de Estudos Pessoanos, Porto, Fundação Eng. António de Almeida, 1988.

Martinho, Fernando. "O menino da sua mãe: Poema figurativo". In: Actas, IV Congresso Internacional de Estudos Pessoanos, Porto, Fundação Eng. António de Almeida, 1988.

Martinho, José. *Pessoa e a psicanálise*. Porto: Almedina, 2001.

Martins, Fernando Cabral (coord.). *Dicionário de Fernando Pessoa e do modernismo português*. Lisboa: Caminho, 2008.

———— (coord.). *Dicionário de Fernando Pessoa e do modernismo português*. São Paulo: Leya, 2010.

———— (org.). *Ficções do interlúdio*. Lisboa: Assírio e Alvim, 2008.

———— (org.). *Mensagem*. Lisboa: Assírio e Alvim; 4. ed., 2004; 15. ed., 2007.

Matos, José Sarmento de. "Lisboa, Pessoa e outros". *Tabacaria*, nº 5, Casa Fernando Pessoa, 1997.

Matos, Maria Vitalina Leal de. *A paixão segundo Fernando Pessoa*. Lisboa: Edições Colibri, 2009.

————. "A vivência do tempo em Fernando Pessoa". *Estudos Portugueses*, nº 5, Recife, Associação de Estudos Portugueses Jordão Emerenciano, 1995.

Melcer, Ioram. "Mar oculto em Portugal". Publicado originalmente em hebreu na revista *Dimúi*, 2005.

Meller, Vilson Brunel. "Fernando Pessoa: A epifania do racional". *Estudos Portugueses*, nº 5, Recife, Associação de Estudos Portugueses Jordão Emerenciano, 1995.

Mendes, Firmino Ribeiro. "Walt Whitman e Álvaro de Campos". *Tabacaria*, nº 6, Lisboa, Casa Fernando Pessoa,1998.

Mendes, Joaquim; Dionísio, João. "A ortografia segundo Pessoa e opções editoriais: alguns elementos". *Revista da Biblioteca Nacional, Lisboa*, nº 3, set.-dez. 1988.

Mendes, Pedro Rosa. "As más caras". *Tabacaria*, nº 11, Lisboa, Casa Fernando Pessoa, 2003.

Mendonça, Fátima; Costa, Nuno Félix. "O quarto de Fernando Pessoa". *Tabacaria*, nº 6, Lisboa, Casa Fernando Pessoa, 1998.

Meneses, Philadelpho. "Sobre a tradução dos 35 sonetos ingleses de Fernando Pessoa". In: Actas, IV Congresso Internacional de Estudos Pessoanos, Porto, Fundação Eng. António de Almeida, 1988.

Miguel, Ruy. *Fernando Pessoa, o antidemocrata pagão*. Lisboa: Nova Arrancada, 1999.

Miraglia, Gianluca. "The case of the science master". *Revista da Biblioteca Nacional*, nº 3, Lisboa, 1988.

Miranda, Wander Melo. "Fingimentos da memória: A biografia ficcional de Ricardo Reis". In: Actas, IV Congresso Internacional de Estudos Pessoanos, Porto, Fundação Eng. António de Almeida, 1988.

Moisés, Carlos Felipe. *Roteiro de leitura: Mensagem, de Fernando Pessoa*. São Paulo: Ática, 1996.

Mongelli, Lênia Márcia de Medeiros. "A Mensagem e o espírito de cavalaria". In: Actas, IV Congresso Internacional de Estudos Pessoanos, Porto, Fundação Eng. António de Almeida, 1988.

Monteiro, Adolfo Casais. *Fernando Pessoa: Poesia*. 45. ed. Rio de Janeiro: Agir, 1968.

————. *Fernando Pessoa, o insincero verídico*. Lisbosa: Inquérito, 1954.

————; Sena, Jorge de. *Tradução de alguns dos 35 Sonets de Fernando Pessoa*. São Paulo: Clube de Poesia, 1954.

Mordoro, Rául. *Fernando Pessoa y otros precursores de las revoluciones nacionales europeas*. Madri: Biblioteca Nueva, 2005.

Monteiro, George. "A presença de Pessoa no mundo da língua inglesa". *Tabacaria*, v. 3, Lisboa, Casa Fernando Pessoa, 1997.

————. *Fernando Pessoa and nineteenth-century anglo-american literature*. Kentucky: The University Press of Kentucky, 2000.

————. "Pessoa: Discípulo de Robert Browning". In: Actas, IV Congresso Internacional de Estudos Pessoanos, Porto, Fundação Eng. António de Almeida, 1988.

Mota, Pedro Teixeira da. *Fernando Pessoa: Moral, regras de vida, condições de iniciação*. Lisboa: Edições Manuel Lencastre, 1988.

Mourão Ferreira, David (organização e notas). *Fernando Pessoa, Cartas de amor a Ophelia Queiroz*. Lisboa: Edições Ática, 1978 e (com prefácio) 2009.

Mucznik, Lúcia Liba. "A morte de Fernando Pessoa e as notícias que teve". *Revista da Biblioteca Nacional*, Lisboa, nº 3, set.-dez. 1988.

Negreiros, Almada. *A invenção do dia claro*. Lisboa: Olisipo, 1921.

Nemésio, Jorge. *A obra poética de Fernando Pessoa*. Salvador: Progresso, 1958.

Neves, João Alves das. "A correspondência de Fernando Pessoa com o ocultista Aleister Crowley". *Livros e Leituras, Estudo de Comunicação*, v. 2, nº 5, Lisboa: Universitária Editora, 2006.

———. "Dois poetas: Pessoa e Lorca, o inexplicável desencontro das duas joias da Ibéria". *Jornal da Tarde*, São Paulo, 5 jun. 1999.

——— (introdução). *Estatização, monopólio, liberdade de Fernando Pessoa*. Lisboa: Editora Universitária, 2004.

———. *Fernando Pessoa, poesias ocultistas*. 4. ed. São Paulo: Editora A, 1995.

———. "Os estudos pessoanos no Brasil". In: Actas, IV Congresso Internacional de Estudos Pessoanos, Porto, Fundação Eng. António de Almeida, 1988.

Nogueira, Lucila. *A lenda de Fernando Pessoa*. Recife: Associação de Estudos Portugueses Jordão Emerenciano, 2003.

Nogueira, Manuela (org.). *Fernando Pessoa – Correspondência (1905, 1922)*, Lisboa, Assírio e Alvim, 1998.

———. *Fernando Pessoa, imagens de uma vida*. Lisboa: Assírio e Alvim, 2005.

———. *O melhor do mundo são as crianças: Antologia de poemas e textos de Fernando Pessoa para a infância*. Lisboa: Assírio e Alvim, 1998.

———. "Sobre a exposição 'Uma memória familiar'". *Tabacaria*, nº 1, Lisboa, Casa Fernando Pessoa, 1996.

———; Azevedo, Maria da Conceição. *Cartas de amor de Ofélia a Fernando Pessoa*. Lisboa: Assírio e Alvim, 1996.

———; Zilhão, Teresa; Férin, Madalena; Núncio, José. *Quarteto a solo*. Lisboa: Hugin Editora, 2000.

Oliveira, Maria de Lourdes Abreu; Pereira, Maria Luiza Scher. "Fernando Pessoa: O amor interdito?". In: Actas, IV Congresso Internacional de Estudos Pessoanos, Porto, Fundação Eng. António de Almeida, 1988.

Ordoñez, André. *Fernando Pessoa, um místico sem fé*. Rio de Janeiro: Nova Fronteira, 1994.

Osakabe, Haquira. "Fernando Pessoa e a tradição do Graal". In: Actas, IV Congresso Internacional de Estudos Pessoanos, Porto, Fundação Eng. António de Almeida, 1988.

Padrão, Maria da Glória. "Actualidade europeia de Fernando Pessoa". In: *Fernando Pessoa e a Europa do século XX*. Porto: Fundação de Serralves, DL. 1991.

Pais, Amélia Pinto. *Fernando Pessoa, o menino de sua mãe*. Porto: Ambar, 2007.

Paiva, José Rodrigues de. *Fulgurações do labirinto*. Recife: Associação de Estudos Portugueses Jordão Emerenciano, 2003.

———. "Pessoa/Soares: Uma poética do desassossego". *Estudos Portugueses*, Associação de Estudos Portugueses Jordão Emerenciano, Recife, 1995.

Pámpano, Ángel Campos. *Fernando Pessoa, un corazon de nadie*. Espanha: Galaxia Gutemberg, 2001.

Parreira da Silva, Manuela. *Realidade e ficção, para uma biografia epistolar de Fernando Pessoa*. Lisboa: Assírio e Alvim, 2004.

Paz, Octavio (org.). *Fernando Pessoa, antologia*. Barcelona: Laia, 1984.

———. *Fernando Pessoa, o desconhecido de si mesmo*. 2. ed. Lisboa: Veja, 1992.

Pedrosa, Inês. "A carta do serralheiro para a corcunda". Lisboa: Egoísta, 2008.

———— (org.). *Os lugares de Pessoa (exposição)*. Lisboa: Leya, 2008.

Peixoto, Francisco Balthar. "Fernando Pessoa: Os caminhos da estreia". *Estudos Portugueses*, nº 5, Recife, Associação de Estudos Portugueses Jordão Emerenciano, 1995.

Peloso, Silvano. "A 'Figuração irônica' e a lógica da negação em Fernando Pessoa". In: Actas, IV Congresso Internacional de Estudos Pessoanos, Porto, Fundação Eng. António de Almeida, 1988.

Penteado Filho, José Roberto Whitaler. "Fernando Pessoa como precursor do marketing moderno". In: Actas, IV Congresso Internacional de Estudos Pessoanos, Porto, Fundação Eng. António de Almeida, 1988.

Pereira, Edgar. "Camões e Pessoa: Sugestões a partir de dois nocturnos". In: Actas, IV Congresso Internacional de Estudos Pessoanos, Porto, Fundação Eng. António de Almeida, 1988.

Pereira, Maria Helena da Rocha. *Temas clássicos na poesia portuguesa*. Lisboa: Editorial Verbo, 1972.

Perrone-Moisés, Leyla. "Costa Pinheiro: Uma leitura plástica de Fernando Pessoa". In: Actas, IV Congresso Internacional de Estudos Pessoanos, Porto, Fundação Eng. António de Almeida, 1988.

————. *Fernando Pessoa: Aquém do eu, além do outro*. São Paulo: Martins Fontes, 1982.

————. "Les amours painnes". *Europe*, nᵒˢ 710/711, Paris, 1988.

————. "O futurismo saudosista de Fernando Pessoa". In: Actas, IV Congresso Internacional de Estudos Pessoanos, Porto, Fundação Eng. António de Almeida, 1988.

Pessoa, Fernando. *35 Sonets*. Lisboa: Monteiro e Co., 1918.

————. *A maçonaria vista por Fernando Pessoa*. Lisboa: Secretariado da Propaganda Nacional, 1935.

————. *À memória do presidente rei Sindónio Pais*. Lisboa: Editorial Império, 1940; Lisboa: Nova Ática, 2007.

————. *A nova poesia portuguesa*. Lisboa: Editorial Inquérito, 1944.

————. *A quintessência do Desassossego*. Porto Alegre: Artes e Ofícios, 2007.

————. *Alguma prosa*. Rio de Janeiro: Nova Aguilar, 1976.

————. *Antinous*. Lisboa: Sociedade Tipográfica Editora, 1918.

————. *Apreciações literárias*. Porto: Editorial Cultura, 1951; Aveiro: Editora Estante, 1990.

————. *Aviso por causa da moral*. Europa, tip. Anuário Comercial, 1923.

————. *Barão de Teive a educação do estoico*. São Paulo: A Girafa, 2006.

————. *Contos*. São Paulo: Edições Epopeia, 1986.

————. *Contra Salazar*. Coimbra: Angelus Novus, 2008.

————. *Defesa da Maçonaria*. CEP, s.d.

————. "Deux poémes indédits d'Álvaro de Campos". *Europa*, nºs 710/711, Paris, 1988.

————. *Dialogues sur La Tyrannie*. França, Anabolia Editores.

————. *Elogio da indisciplina e poemas submissos*. Lisboa: Páginas Livres, s.d.

————. *English Poems I.II*. Lisboa: Olisipo, 1921.

————. *English Poems III*. Lisboa: Olisipo, 1921.

————. *Faust, tragédie subjetive*. França, Titres, 2008.

————. *Ficções do interlúdio*. Rio de Janeiro: Record, 1980.

————. Inédito, sem título sobre a Cabala. *Cadernos de Literatura*, n. 4, Coimbra Instituto Nacional de Investigação Científica, 1979.

——. *Le gardeur de troupeaux*. Paris: Gallimard, 2007 (e 2009).

——. *Mensagem*. Lisboa: Parceria Antonio Maria Pereira, 1934.

——. *Mensagem*. Lisboa: Agência Geral das Colônias, 1941.

——. *Mensagem*. 7ª ed. Lisboa: Ática, 1963.

——. *Mensagem*. São Paulo: Martin Claret, 1998.

——. *Mensagem*, edição clonada. Lisboa: Guimarães Editores, 2009.

——. *O banqueiro anarquista*. Lisboa: Edições Antígona, 1981.

——. *O caso mental português*. Lisboa: Padrões Culturais, 2007; Lisboa: Centauro, 2008.

——. *Ode marítima, Ode triunfal, Opiário, Tabacaria*. Porto: Livraria Científica, 1997.

——. *O eu profundo e os outros eus*. Rio de Janeiro: Nova Fronteira, 2001.

——. *O interregno*. Lisboa: Offis. da Sociedade Nacional de Tipografia, 1928.

——. *O guardador de rebanhos*. São Paulo: Landy, 2006.

——. *O poeta fingidor*. São Paulo: Globo, 2009.

——. *Obra poética e em prosa*. Porto: Lello e Irmãos, 1986.

——. *Ode triunfal*. Porto: Civilização Editora, 1997.

——. *Odes de Ricardo Reis*. Lisboa: Ática, s.d.

——. *Os preceitos práticos em geral e os de Henry Ford em particular*. Lisboa: Centauro, 2008.

——. *Poemas dramáticos, poemas ingleses, poemas franceses, poemas traduzidos*.Rio de Janeiro: Nova Aguilar, 1976.

——. "Poemas Inéditos Destinados ao nº 3 de Orpheu". Lisboa: Inquérito, 1953.

——· *Poemas ingleses*. Lisboa: Imprensa Nacional; Casa da Moeda, 1993.

——. *Poèmes páiëns*. Paris: Points, 2008.

——. *Poesia: Ricardo Reis*. São Paulo: Companhia das Letras, 2000.

——. *Poesia completa de Alberto Caeiro*. São Paulo: Companhia de Bolso – Editora Schwarcz, 2005.

——. *Poesias de Álvaro de Campos*. Lisboa: Ática, s.d.

——. *Quando fui outro*. Rio de Janeiro: Objetiva, 2006.

——. *Rebanho*. Ilust. Luci Sciascià Cruz. São Paulo: Massao Ohno Editora, 2000.

——. *Santo Antonio, São João, São Pedro*. Lisboa: Edições A Regra do Jogo, 1986.

——. *Selected Poems*. Trad. Jonathan Griffin. 2. ed. Londres: Penguin, 1982.

——. *Sensacionismo e outros ismos*. Lisboa, Imprensa Nacional – Casa da Moeda, 2009.

——. "Sobre um Manifesto de Estudante". Lisboa, Tip. Anuário Comercial, s.d. (1923).

——. *Sociologia do comércio*. Brasil, JCTM, s.d.

——. *Tabacaria, Bureau de Tabac*. Lisboa: Guerra e Paz, 2006.

——. "Textes inédits et traditions nouvelles". *Europe*, nᵒˢ 710/711, Paris, 1988.

——. *Textos de críticas e de intervenção*. Lisboa: Ática, 1980.

——. *Ultimatum*. Porto: Editorial Cultura, D.L., 1951.

——. *Ultimatum de Álvaro de Campos*. Lisboa: Editorial Nova Ática, 2006.

——. *Ultimatum de Álvaro de Campos, Sensacionista*. Separata de Portugal Futurista, Lisboa, tip. P. Monteiro, 1917.

Petrus (apresentação). *A maçonaria vista por Fernando Pessoa*. Porto: Almagráfica, s.d.

—— (apresentação). *Almas e estrelas*. Porto: Arte e Cultura, s.d.

Picchio, Luciana Stegagno. "L'affaire Pessoa", Arquivo la Repubblica, 2 dez. 1991, (p. 36), Sec. Cultura.

Pires Filho, Ormindo. "Caeiro: Paganismo em prosa e verso". *Estudos Portugueses*, nº 5, Recife, 1995.

Pizarro, Jerónimo (org.). *A educação do estoico*. Lisboa: Imprensa Nacional – Casa da Moeda, 2007.

———. *El "Supra-Camões" — y todas las otras alegrias (sobre los artículos de Pessoa en a Águia)*. Ed. do Autor, 2001.

———. "Fernando Pessoa: Auctor in fabula", tese de Mestrado à Universidade Nova de Lisboa, 2002.

——— (org.). *Fernando Pessoa, escritos sobre gênio e loucura*, v. I e II. Lisboa: Imprensa Nacional – Casa da Moeda, 2006.

———. "Fernando Pessoa, o gênio e sua loucura". *Leituras*, nº 14-15, Lisboa, 2005.

——— (org.). *Fernando Pessoa: o guardador de papéis*. Alfragide: Texto, 2009.

———. "Los robaiyat de Fernando Pessoa: Antologia de um Libro Inconcluso". Lisboa: Ed. do Autor, 2001 (e separata da *Revista Romântica*, dez. 2003).

———; Dix, Steffen. *A arca de Pessoa*. Viseu: ICS, 2007.

———; Ferrari; Patrício; Cardiello, Antonio. *A biblioteca particular de Fernando Pessoa*. Lisboa: Dom Quixote, 2010.

Poppe, Manuel. *Temas de literatura viva: 35 escritores contemporâneos*, Lisboa, Imprensa Nacional — Casa da Moeda, 1973.

Portela, Celestino. *Fernando António, o Pessoa*. Vila da Freira: LAF, 2003.

Porto, Carlos. "Pessoa no palco: Um teatro improvável". In: Actas, IV Congresso Internacional de Estudos Pessoanos, Porto, Fundação Eng. António de Almeida, 1988.

Portugal, José Blanc de. *Tradução e notas de Fernando Pessoa: O louco rabequista*.Lisboa: Editorial Presença, 1988.

Posada, Tarcísio Valencia. *Fernando Pessoa el angel marinero*. Colômbia: Taller El Angel Editor, 1996.

Prieto, Sonia. "Mensagem e Os lusíadas: Convergências e divergências". *Estudos Portugueses*, nº 5, Recife, 1995.

Quadros, António. *Fernando Pessoa*. Lisboa: Editora Arcádia, 1960.

———. *Fernando Pessoa: Vida, personalidade e gênio*. 3. ed. Lisboa: Publicações Dom Quixote, 1988.

———. *Ficção e teatro*. Lisboa: Publicações Europa-América, 1987.

———. *Mensagem e outros poemas afins*. 3. ed. Portugal: Publicações Europa-América, 1990.

———. "O poeta Pessoa, introdução à bibliografia e à obra". In: *Homenagem a Fernando Pessoa*. Editora António Almeida, 1991.

Queiroz, Carlos. *Carta à memória de Fernando Pessoa*. Lisboa: Centauro, 2008.

———. *Desaparecido e Breve Tratado de não versificação*. Lisboa: Edições Ottiva, 1984.

———. *Homenagem a Fernando Pessoa*. Coimbra: Editorial Presença, 1936.

Queiroz, Maria da Graça. *Cartas de Amor de Fernando Pessoa*. Lisboa: Ática, 1978.

Ramos, Auxilia; Braga, Zaida (introdução e organização). *Fernando Pessoa, poesias heterônimas*. Porto: Porto Editora, 2009.

Real, Miguel. *A morte de Portugal*. Porto: Campos das Letras, 2007.

Rebelo, Luís de Sousa. "Paganismo versus cristianismo em Fernando Pessoa". In: Actas, IV Congresso Internacional de Estudos Pessoanos, Porto, Fundação Eng. António de Almeida, 1988.

Rego, Thiago. "Identidades, modernidade e ambiguidade em Fernando Pessoa". *Espaço Acadêmico*, nº 35, 2004.

Reis, Vasco. "A Romaria". 2. ed. Braga: Ed. Missões franciscanas, 1936.

Revista *A Águia*, série completa, Porto, Renascença Portuguesa, a partir de 1912.

Revista *A Renascença*, nº 1 (e único) Lisboa, s/ed., 1914.

Revista *A Revista* (Solução Editora), Série Completa, Lisboa, Imprensa Líbano da Silva, (a partir de 1929).

Revista *Athena*, série completa, Lisboa, Imprensa Libanio da Silva, a partir de 1924.

Revista *Contemporânea*, nᵒˢ 8 e 9, Lisboa, Imprensa Libanio da Silva, 1924.

Revista *Ocidente*, números 77 a 80, Lisboa, Editorial Império, 1944.

Revista *Orpheu*, nº 1, Lisboa, Tipografia do Comércio, 1915 (Ática, 4ª reed., 1984).

Revista *Orpheu*, nº 2, Lisboa, Tipografia do Comércio 1915 (Ática 3ª reed., 1984).

Revista *Orpheu*, nº 3, Lisboa, Edições Nova Renascença, sem data (Ática, 1984).

Revista *Portugal Futurista*, nº 1, Lisboa, 1917.

Revista *Presença*, série completa, Coimbra, a partir de 1927.

Revista *Sudoeste*, série completa, Lisboa, Editora SW, a partir de 1935.

Ribeiro, Anabela Mota; Sena, Susana. "O senhor Pessoa". *Tabacaria*, nº 11, Lisboa, Casa Fernando Pessoa, 2003.

Ribeiro, Maria Aparecida. "Fernando... enfim no palco". In: Actas, IV Congresso Internacional de Estudos Pessoanos, Porto, Fundação Eng. António de Almeida, 1988.

Rivas, Pierre *et alii*. "Veilleuraux confins". *Europe*, nᵒˢ 710/711, Paris, 1988.

Rosa, João Maria Nogueira. "Fernando Pessoa: Como eu o conheci". *Ocidente*, novembro, s.d.

Roza, Miguel. *Encontro Magick, Fernando Pessoa e Aleister Crowley*. Lisboa: Hugin, 2001.

Sábat, Hermenegildo. *Anônimo transparente, uma interpretação gráfica de Fernando Pessoa*. Lisboa: Assírio e Alvim, 2008.

Sacramento, Mário. *Fernando Pessoa: Poeta da hora absurda*. Porto: Editora Inova, 1970.

Santos, Gilda. "As Lisboas de Duas Pessoas". *Revista do Núcleo de Estudos de Literatura Portuguesa e Africana da UFF*, v. 2, nº 2, abr. 2009.

Santos, Irene Ramalho. *Poetas do Atlântico: Fernando Pessoa e o modernismo anglo-americano*. Belo Horizonte: Ed. UFMG, 2007.

Santos, Maria Laura Nobre dos; Cruz, Alexandrina; Montenegro, Rosa Maria; Pimenta, Lídia. "A inventariação do espólio de Fernando Pessoa: Tentativa de reconstituição". *Revista da Biblioteca Nacional*, nº 3, Lisboa, set.-dez. 1988.

Saraiva, Arnaldo. *Conversa acabada (sobre Fernando Pessoa e Mário de Sá-Carneiro)*. Lisboa: Edições V.O. Filmes, 1982.

Saraiva, Mário. "A heteronímia de Pessoa". *Brotéria*, nº 138, Lisboa, 1994.

——. "Fernando Pessoa e a crítica recente (breve balanço)". In: *Fernando Pessoa e a Europa do século XX*. Porto: Fundação de Serralves, DL, 1991.

——. *Fernando Pessoa poeta e tradutor de poetas*. Rio de Janeiro: Nova Fronteira, 1999.

——. *Poemas com sentidos portugueses*. Porto: Câmara Municipal, 2001.

——. *Correspondência inédita de Mário de Sá-Carneiro a Fernando Pessoa*. Porto: Centro de Estudos Pessoanos, 1980.

——. "Anotação ao Sebastianismo", Separata do Boletim da Sociedade de Geografia de Lisboa, Lisboa, jan.-jun. 1985.

——. *O caso clínico de Fernando Pessoa*. Lisboa: Edições Referendo, 1990.

———. *Pessoa ele próprio*. Lisboa: Clássica Editora, 1992.

Saramago, José. "Da impossibilidade deste retrato". In: *Fernando Pessoa e a Europa do século XX*. Porto: Fundação de Serralves, DL, 1991.

———. *O ano da morte de Ricardo Reis*. São Paulo: Companhia das Letras, 1988.

Saúte, Nelson. "Carta de Arthur William Bayly a João Miguel Rosa". *Tabacaria*, v. 11, Lisboa, Casa Fernando Pessoa, 2003.

Scherner, Leopoldo. "O número 3 n'O mostrengo da Mensagem de Fernando Pessoa". In: Actas, IV Congresso Internacional de Estudos Pessoanos, Porto, Fundação Eng. António de Almeida, 1988.

Seabra, José Augusto. "Fernando Pessoa: Uma anarquia poética". In: *Fernando Pessoa, e a Europa do século XX*. Porto: Fundação de Serralves, D.L., 1991.

———. "Pessoa et la 'nouvelle renaissance' de l'Europe". *Europe*, n°s 710 /711, Paris, 1988.

———. "Poética e filosofia em Fernando Pessoa". In: Actas, IV Congresso Internacional de Estudos Pessoanos, Porto, Fundação Eng. António de Almeida, 1988.

Segolim, Fernando. "Caeiro e Nietzsche: da crítica da linguagem à antifilosofia e à antipoesia". In: Actas, IV Congresso Internacional de Estudos Pessoanos, Porto, Fundação Eng. António de Almeida, 1988.

Sena, Jorge de. *Fernando Pessoa: Poemas ingleses*. Lisboa: Ática, 1974.

———. *Fernando Pessoa & Cª heteronímia*. 3ª ed. Lisboa: Edições 70, 2000.

——— (org. e notas). *Páginas de doutrina estética*. Lisboa: Ed. Inquérito, 1946.

Severino, Alexandrino E. "Fernando Pessoa e William Shakespeare: Um estudo comparativo de heteronímia". In: Actas, IV Congresso Internacional de Estudos Pessoanos, Porto, Fundação Eng. António de Almeida, 1988.

Silva, Agostinho da. *Um Fernando Pessoa*. Lisboa: Guimarães Editora, 1996.

Silva, Deonísio. "A vitória de Fernando Pessoa". *Jornal do Brasil*, Rio de Janeiro, 28 dez. 2005.

Silva, José Luis da. "Que importa quien habla – Una mirada sobre la poesia heteronímica de Fernando Pessoa a partir de las ideas de Michel Foucault sobre el discurso y el autor", tese à Universidade Católica Andrés Bello, Caracas, 2004.

Silva, Luís de Oliveira e. *O materialismo idealista de Fernando Pessoa*. Lisboa: Clássica Editora, 1985.

Silva, Manuela Parreira da. *Fernando Pessoa: Correspondência 1905-1922*. Lisboa: Assírio e Alvim, 1999.

———. *Fernando Pessoa: Correspondência 1923-1935*. Lisboa: Assírio e Alvim, 1999.

———. *Fernando Pessoa: Correspondência inédita*. Braga: Livros Horizontes, 1996.

———. "Fernando Pessoa, jornalista anônimo". *Tabacaria*, v. I, Casa Fernando Pessoa, 1996.

———. *Realidade e ficção, para uma biografia epistolar de Fernando Pessoa*. Lisboa: Assírio e Alvim, 2004.

———; Freitas, Ana Maria; Izine, Madalena. *Poesia de Fernando Pessoa, 1902-1917*. Lisboa: Assírio e Alvim, 2005 (São Paulo, Cia. das Letras, 2005).

Silva, Paulo Neves da. *Citações e pensamentos de Fernando Pessoa*. Alfragide: Casa das Letras, 2009.

Silva, Teresa Cristina Cerdeira da. "De Pessoa a Saramago, as metamorfoses de Ricardo Reis". In: Actas, IV Congresso Internacional de Estudos Pessoanos, Porto, Fundação Eng. António de Almeida, 1988.

Silveira, Pedro da; Portugal, Idalina. "Fernando Pessoa: A sua estreia aos 14 anos e outras poesias de 1902 a 1905". *Revista da Biblioteca Nacional*, nº 3, Lisboa, set.-dez. 1988.

———. "Subsídios para uma bibliografia de Henrique Rosa". *Revista da Biblioteca Nacional*, Lisboa, nº 3, set.-dez. 1988.

Silveira, Yvonne de Oliveira. "O marinheiro". In: Actas, IV Congresso Internacional de Estudos Pessoanos, Porto, Fundação Eng. António de Almeida, 1988.

Simões, João Gaspar. *Fernando Pessoa, escorço interpretativo de sua vida e obra*. Lisboa: Inquérito, s.d.

———. "Nos noventa e oito anos de Fernando Pessoa". *Diário de Notícias*, 15 jun. 1986.

———. *Vida e obra de Fernando Pessoa: História de uma geração*. 2ª ed. Lisboa: Editora Bertrand, 1970

———. *Vida e obra de Fernando Pessoa: História de uma geração*. Rio de Janeiro: Nova Aguilar, 1976.

Soares, Fernando Luso. *A novela policial-dedutiva em Fernando Pessoa*. Lisboa: Diabril, 1976.

Souza, Eneida Maria de. "A escrita emblemática de Mensagem". In: Actas, IV Congresso Internacional de Estudos Pessoanos, Porto, Fundação Eng. António de Almeida, 1988.

Souza, João Rui de. "Fernando Pessoa: Um poeta para todo o papel". *Revista da Biblioteca Nacional*, Lisboa, nº 3, set.-dez. 1988.

Souza, João Rui de. *Fernando Pessoa, empregado de escritório*. 2. ed. Lisboa: Assírio e Alvim, 2010.

Souza, Maria Leonor Machado de. *Fernando Pessoa e a literatura de ficção*. Lisboa: Nova Era, 1978.

Stefan, Jude. "Qualquer música". *Europe*, nºs 710/711, Paris, 1988.

Steiner, George. "Quatro poetas, A arte de Fernando Pessoa". *Tabacaria*, nº I, Lisboa, Casa Fernando Pessoa, 1996.

Stoker, Michaël. *Fernando Pessoa: De fictie vergezelt mij als mijn schaduw*. Utrecht: Vitgeuerit Ijzer, 2009.

Suassuna, Ariano. *Olavo Bilac e Fernando Pessoa: Uma presença brasileira em Mensagem?* Lisboa: Arion Publicações, 1998.

Tabucchi, António. "Ce qu'a vu Pessoa". *Europe*, nºs 710/711, Paris, 1988.

———. *Os três últimos dias de Fernando Pessoa: Um delírio*. Rio de Janeiro: Rocco, 1997.

———. *Pessoana mínima: Escritos sobre Fernando Pessoa*. Lisboa: Imprensa Nacional; Casa da Moeda, 1984.

———. *Une malle pleine de gens*. Paris: Christian Bourgois Éditeur, 2002.

Teixeira, Ana Lucia de Freitas. "Álvaro Campos ele mesmo", tese de pós-graduação em Sociologia pela Universidade de São Paulo, São Paulo, 2003.

Teixeira, Luís Filipe B. *A Mensagem do encoberto: Fernando Pessoa à luz do paradigma sebástico*. Lisboa: Edições Salamandra, s.d.

———. "Ciência e esoterismo em Fernando Pessoa". *Tabacaria*, v. 0, Lisboa, Casa Fernando Pessoa, 1996.

———. *O nascimento do homem em Pessoa*. Lisboa: Edições Cosmos, 1992.

———. *Pensar Pessoa*. Porto: Lello Editores, 1997.

Toledo, Marleine Paula Marcondes. "À margem do gênio ou o poeta marginal: Preparativos de Fernando Pessoa para a posteridade". In: Actas, IV Congresso Internacional de Estudos Pessoanos, Porto, Fundação Eng. António de Almeida, 1988.

Trigo, Salvato. "O construtivismo poético ou o mythos aristotélico em Fernando Pessoa". In: Actas, IV Congresso Internacional de Estudos Pessoanos, Porto, Fundação Eng. António de Almeida, 1988.

Trigueiro, Luiz Forjaz e Carlos Lacerda. *Ode marítima de Fernando Pessoa* (com 15 desenhos a cores de Otávio Araújo). Rio de Janeiro: Nova Fronteira, 1975.

Ulacia, Manuel. "Octavio Paz y Fernando Pessoa". In: Actas, IV Congresso Internacional de Estudos Pessoanos, Porto, Fundação Eng. António de Almeida, 1988.

Valdemar, Antonio. "Pessoa no Ministério das Finanças". *Diário de Notícias*, Lisboa, 10 mar. 1996.

Vargas, Milton. "Pessoa: Personagens e poesia". Revista *USP*, nº 50, São Paulo, 2001.

Vasconcelos, Taborda. "Antropologia de Fernando Pessoa". *Ocidente*, nº 367, Lisboa, nov. 1968.

Vega, Hugo Gutiérrez. "Por la carretera de Sinta". *Jornada Semanal*, 25 mar. 2003.

Velter, André. "Nada, fado pour un faust portugais". *Europe*, nºs 710/711, Paris, 1988.

Viana, Antonio Fernando. *Vida e outras vidas em Fernando Pessoa*. Recife: Editora Nova Presença, 2004.

Vícola, Daniel; Oliveira, Jane Kelly de. "Marinheiro à deriva e os ventos pessoanos: uma interpretação dos símbolos em 'O Marinheiro', de Fernando Pessoa". Boletim do Centro de Estudos Portugueses Jorge de Sena, nº 22, Araraquara, Unesp, jan-dez. 2004.

Vieira, Joaquim. *A governanta*. 3ª ed. Lisboa: A esfera dos livros, 2010.

————; Zenith, Richard. *Fotobiografia de Fernando Pessoa*. Lisboa: Círculo de Leitores, 2008.

Vieira, Márcia Maria Rosa. "Fernando Pessoa e Jacques Lacan, constelações, letra e livro", tese de pós-graduação em Letras (UFMG), 2005.

Vieira, Monsenhor Primo. "Fernando Pessoa e o hai-kai". In: Actas, IV Congresso Internacional de Estudos Pessoanos, Porto, Fundação Eng. António de Almeida, 1988.

Vieira, Yara Frateschi. "Pessoa, leitor da antologia grega". In: Actas, IV Congresso Internacional de Estudos Pessoanos, Porto, Fundação Eng. António de Almeida, 1988.

Villanueva Collado, Alfredo; Núñez, Santos Abersio. "El antinous de Fernando Pessoa: Una relectura", Associação Internacional de Amigos da Universidade Livre Iberoamericana em Galicia, 14/2/2005.

Vouga, Vera. "Pessoa: Versos, verso". In: Actas, IV Congresso Internacional de Estudos Pessoanos, Porto, Fundação Eng. António de Almeida, 1988.

Waldman, Berta. "Via de mão dupla". In: Actas, IV Congresso Internacional de Estudos Pessoanos, Porto, Fundação Eng. António de Almeida, 1988.

Willemsen, August. "Fernando Pessoa, o sincero mentiroso". In: *Homenagem a Fernando Pessoa*, Portugal, Fundação Eng. António Almeida, 1991.

Yahn, Gersey Georgett Bergo. "Cronos-Saturno: Uma leitura de Álvaro de Campos e de Luís de Camões". In: Actas, IV Congresso Internacional de Estudos Pessoanos, Porto, Fundação Eng. António de Almeida, 1988.

Zenith, Richard. "A heteronímia: muitas maneiras de dizer o mesmo nada". *Tabacaria*, v. I, Casa Fernando Pessoa, 1996.

—— (org. e apresentação). *Aforismos e afins*. Lisboa: Assírio e Alvim, 2003.

—— (org.). *Cartas*. Lisboa: Assírio e Alvim, 2007.

——. *Fernando Pessoa: A máscara e o espelho*. Lisboa: Instituto Camões, 2004.

—— (org. e prefácio). *Fernando Pessoa: Escritos autobiográficos, automáticos e de reflexão pessoal*. Lisboa: Assírio e Alvim, 2003.

—— (org. e prefácio). *Fernando Pessoa: Escritos autobiográficos, automáticos e de reflexão pessoal*. São Paulo, A Girafa, 2006.

—— (org.). *Fernando Pessoa, Heróstrato e a busca de imortalidade*. Lisboa: Assírio e Alvim, 2000.

—— (org.). *Fernando Pessoa, A little larger than the entire universe*. Nova York: Penguin, 2006.

—— (org.). *Livro do desassossego*. 4ª ed. São Paulo: Companhia das Letras, 2001.

—— (org.). *Livro do desassossego*. Lisboa: Assírio e Alvim, 2006.

—— (prefácio). *Mensagem, de Fernando Pessoa*. Ilustrações de Pedro Souza Pereira. Lisboa: Oficina do Livro, 2006

——. "O meu coração um pouco maior do que o universo inteiro". *Tabacaria*, v. 13, Lisboa, Casa Fernando Pessoa, 2004.

——. "O pré-heterônimo de Boston". Revista Ler, Sextante Editora, Edição 99, 2011.

—— (org.). *Poesia do eu*. Lisboa: Círculo dos Editores, 2006.

—— (org.). *Poesia dos outros eus*. Lisboa: Assírio e Alvim, 2007.

—— (org.). *Poesia inglesa*. Lisboa: Assírio e Alvim, 2007.

—— (org.). *Prosa íntima*. Lisboa: Assírio e Alvim, 2007.

—— (org.). *Prosa publicada em vida*. Lisboa: Assírio e Alvim, 2006.

Zilberman, Regina. "Vanguarda e subdesenvolvimento: Respostas de Fernando Pessoa e Mário de Andrade". In: Actas, IV Congresso Internacional de Estudos Pessoanos, Porto, Fundação Eng. António de Almeida, 1988.

Sumário

Uma edição revista 9

Præludium (Prefácio) 11

ATO I
Em que se conta dos seus primeiros passos e caminhos

O paraíso perdido 21
Nascimento • A aldeia de Pessoa • Portugal • Lisboa • Teatro São Carlos • Origem do nome • O pai • A mãe • A avó Dionísia • A morte do pai • A infância • Dona Maria e sua solidão • O primeiro verso • Segundo casamento da mãe

África branca 51
Uma terra nova • A escravatura • Tempos da Convent School • Durban High School • Viagem a Portugal • Durban Commercial School e University of the Cape of Good Hope • Queen Victoria Memorial Prize • *Intermediate examinations* • As espantosas tempestades africanas • Adeus, África

Regresso a Lisboa 71
Problemas com a família • Leituras preferidas • Um poeta anunciado • Estreia como poeta • Escola do Arco de Jesus • À disposição do destino

Um cavalheiro de triste figura 85
Um espectador da vida • Mistura de fidalgos e judeus • Um homem discreto • O corpo débil do pai • Os olhos míopes • Cabelo, bigode e barba • A elegância no trajar • Uma insônia permanente • O fumo e a libertação dos pensamentos • Selos • A música da juventude • Uma certa embirrança com retratos • Espelho meu • O desamor por cães e gramofonógrafos • Máquinas de escrever • Brincadeiras com os pequenos • A arca • Regras de vida • O retrato final

Temperamento feminino, inteligência masculina 117
As alegrias do amor • Poemas do fenômeno amoroso • "Epithalamium" • "Antinous" • Sexo e heterônimos • Um diagnóstico possível • Pessoa homossexual? • Desejos por mulher • A loura misteriosa • Sexo e comunicações mediúnicas

Ophelia Queiroz 137

O encontro • Início do namoro • Primeira fase da relação • Cartas de amor • Ainda que amar seja um receio • Desencontro • E Dona Maria volta da África • Segunda fase da relação • Saudade dos tempos do amor • Ophelia, depois de Pessoa

**O general bêbado, o Narciso do Egito,
o Adivinhão Latino e outros amigos** 165

Amigos de rua • Os amigos da *Orpheu* • General Henrique Rosa • Almada Negreiros • Santa-Rita Pintor • Miguel Torga • Os amigos do café

Sá-Carneiro 183

O melhor amigo • Paris • As cartas • Um destino alto, raro e caro • O princípio do fim • Preparação do suicídio • A morte e a morte de Sá-Carneiro • Depois da morte

ATO II

Em que se conta da arte de fingir
e dos seus heterônimos

O poeta é um fingidor 201

A precisão da linguagem • O rigor da forma • A ironia • Um discurso de contradições — o oximoro • Versos brancos • Fingir como estética • Fingir como sentimento • Autopsicografia • A arte de fingir

Origem dos heterônimos 221

O dia mais importante • Escrever por heterônimos • Heterônimos brasileiros • Heterônimos portugueses

Os heterônimos 235

Preparação dos heterônimos • Os três heterônimos principais • A arte de ser muitos • Heterônimos e afins

Alberto Caeiro 243

Quem é Caeiro? • Caeiro e o mundo • Os discípulos • O estilo de Caeiro • O guardador de rebanhos • A morte de Caeiro • Textos escolhidos

Ricardo Reis 261

Quem é Reis? • Odes • As musas de Reis • Planos para Reis • O exílio • A morte de Reis • Textos escolhidos

Álvaro de Campos 273

Quem é Campos? • Campos e Caeiro • Campos e Reis • Campos e Pessoa • Os muitos Campos • Opiário • Tabacaria • A tabacaria da "Tabacaria" • Personagens da Tabacaria • A morte de Campos • Textos escolhidos

Alexander Search 301
Quem é Search? • Pacto com o diabo • O papel de Search • A morte de Search • Textos escolhidos

Bernardo Soares 309
Quem é Soares? • O escritório em que trabalha • Rua dos Douradores • O quarto em que mora • Início do *Livro do desassossego* • O estilo do livro • O que poderia ter sido • O destino de Soares • Textos escolhidos

Fernando Pessoa 325
Quem é Pessoa? • Simbolismo • Pauismo • Interseccionismo • Atlantismo • Sensacionismo • Neopaganismo • O menino da sua mãe • Tudo vale a pena, se a alma não é pequena • A maturidade • Textos escolhidos

Todos os heterônimos 341
Biografia dos 127 heterônimos • Outros nomes

ATO III
Em que se conta dos seus muitos gostos e ofícios

Pessoa e o Brasil 415
Saudades do Brasil • Pátria língua • Sebastianismo no Brasil • Os heterônimos e o Brasil • Catulo da Paixão Cearense • Cecília Meireles • A fama brasileira de Pessoa

Os sabores de Pessoa 427
A culinária nos textos de Pessoa • Primeiros sabores • Sabores de casa • Café da manhã • Almoço • Jantar • O prato preferido • Restaurantes e cafés de Lisboa • Brasileira do Chiado • Martinho da Arcada

Os lugares em que mora 445
As casas • Rua Coelho da Rocha • Leiteria Alentejana — uma lenda • Relação das casas em que mora

Os escritórios 455
Os escritórios de Lisboa • Práticas comerciais • Henry Ford • Traduções • Correspondente comercial • Casa Moitinho de Almeida • Relação dos escritórios em que trabalha

As muitas profissões do "Sr. Pessoa" 467
Pequenas rendas • Aventuras comerciais • Tipografia Íbis • Cosmópolis • F.A. Pessoa • Editora Olisipo • F.N. Pessoa • O ramo das minas • Publicidade • Coca-Cola • Tintas Berryloid • O ramo das invenções • O anuário indicador

Os livros 483

O novo desejado • Organização dos escritos • Relação dos livros que escreveu • *Ultimatum* • *35 Sonnets* • *Antinous, A Poem* • *English Poems I-II* • *English Poems III* • *O interregno – Defesa e justificação da ditadura militar em Portugal* • *Mensagem* • O mistério de *Alma errante* • Segundo mistério, *What the tourist should see* • Livros não completados ou não editados

As revistas 503

Escrever em revistas • Revista *A Águia* • Revista *A Renascença* • Revista *Orpheu* nº 1 • Revista *Orpheu* nº 2 • Malquerenças com o dr. Afonso Costa • A falência de *Orpheu* • Revista *Orpheu* nº 3 • Jornal *Ação* e revista *Contemporânea* • Revista *Athena* • *Revista de Comércio e Contabilidade* • Revista *Presença* • *A Revista* • Revista *Norma* • Jornais • Relação de revistas e jornais em que escreveu

Aleister Crowley 527

O pior homem da Inglaterra • O encontro • O misterioso desaparecimento de Crowley • O verdadeiro fim de Crowley

O mundo esotérico 535

Dotes mediúnicos • Escrita automática • Visão astral • Astrologia • Teosofia • Ritos iniciáticos • A Ordem de Cristo

A maçonaria 547

A seita Rosa-Cruz • A força da maçonaria • Maçonaria e Salazar • Nota biográfica

O supra-Camões 555

A construção de um estilo • Pessoa e a poesia portuguesa • Comunismo e cristianismo • Bandarra • Padre Vieira e o sonho de Nabucodonosor

A lenda de D. Sebastião 569

E Portugal se cumpriu • O Desejado • A preparação da aventura • A epopeia moura • Alcácer-Quibir • E D. Sebastião desaparece • A sucessão de D. Sebastião

Novos tempos 583

A decadência de Portugal • A reação popular • O regicídio • O último rei • A República • A Primeira Guerra • Uma nova literatura portuguesa

ATO IV

Em que se conta do desassossego e de seu destino

Mensagem 597

A sagração de Portugal • Estrutura de *Mensagem* • Início de *Mensagem* • O conto do vigário • O concurso • Julgamento dos outros prêmios • Julgamento do Prêmio Antero de Quental • Um prêmio para *Mensagem* • A entrega do prêmio • *A romaria* • Pessoa e o início caótico da República • Salazar, o homem e a hora • Um Salazar tiraninho • O destino de *Mensagem*

Museu de Cascais 627
Última esperança • O concurso • Outro julgamento • O princípio do fim

Um caso clínico 633
Prenúncios de doença mental • O medo da loucura • Angústia na correspondência • A neurose e seus personagens • Primeiros diagnósticos • O diagnóstico correto • A neurose e a obra

A espantosa lucidez da bebida 647
Um irresistível gosto pelo álcool • Bebidas preferidas • A arte de beber • Alcoólico crônico • *Delirium tremens* • Um como que suicídio lento

O desalento 661
Um destino funesto • Um futuro de incertezas • O gênio e seu tempo • Lembranças da mãe • Passa o tempo • Os mortos de Pessoa

O fim 671
A hora vem • Os últimos dias • Hospital São Luís dos Franceses • O último dia • O enterro • A morte nos jornais

De que morreu Pessoa? 693
Dificuldades para um diagnóstico • Cirrose • Outras causas possíveis da morte • A *causa mortis* provável: pancreatite

Post-scriptum 699
Os restos mortais • Palavras finais • Despedidas de Pessoa

Índice onomástico 705

Bibliografia (específica sobre Fernando Pessoa) 715

Este livro foi composto na tipografia Minion Pro,
em corpo 11/14, e impresso em papel off-white
na Gráfica Cruzado.